Die Theologie auf dem Weg in das dritte Jahrtausend

Festschrift für Jürgen Moltmann
zum 70. Geburtstag

*Herausgegeben von Carmen Krieg, Thomas Kucharz,
Miroslav Volf
unter Mitarbeit von Steffen Lösel*

Chr. Kaiser
Gütersloher
Verlagshaus

Die Deutsche Bibliothek – CIP-Einheitsaufnahme

Die Theologie auf dem Weg ins das dritte Jahrtausend:
Festschrift für Jürgen Moltmann zum 70. Geburtstag /
hrsg. von Carmen Krieg ... Unter Mitarb. von Steffen Lösel. –
Gütersloh : Gütersloher Verl.-Haus, 1996
ISBN 3-579-02008-0
NE: Krieg, Carmen [Hrsg.]; Lösel, Steffen; Moltmann, Jürgen:
Festschrift

ISBN 3-579-02008-0
© Chr. Kaiser / Gütersloher Verlagshaus, Gütersloh 1996

Das Werk einschließlich aller seiner Teile ist urheberrechtlich geschützt. Jede Verwertung außerhalb der engen Grenzen des Urheberrechtsgesetzes ist ohne Zustimmung des Verlages unzulässig und strafbar. Das gilt insbesondere für Vervielfältigungen, Übersetzungen, Mikroverfilmungen und die Einspeicherung und Verarbeitung in elektronischen Systemen.

Umschlaggestaltung: Ingeborg Geith, München, unter Verwendung des Bildes
»Humboldt-Stom« von Max Ernst. © VG Bild-Kunst, Bonn 1996
Satz: Weserdruckerei Rolf Oesselmann GmbH, Stolzenau
Druck und Bindung: Hubert & Co., Göttingen
Printed in Germany

Inhalt

Vorwort 9

I. Herausforderungen

Die Welt im 21. Jahrhundert
Herausforderungen an die Kirchen
Konrad Raiser 13

Die letzten Universalisten
Johann Baptist Metz 25

Niederknien und aufrecht gehen
Dorothee Sölle 30

Gibt es in der Theologie »Neues«?
Meditation über ein altes Thema
Dietrich Ritschl 35

Am Wendepunkt
Wird die christliche Religion ihre Adoleszenz überwinden?
Douglas J. Hall 46

Ohne Feind kein Christentum
Theologie und Verkündigung zwischen den »Welten«
Stanley Hauerwas 57

Zwei Jahrtausendwenden
Lukas Vischer 69

Kann man für ein anderes Jahrtausend bereit sein?
John Howard Yoder 80

Die Mühsal der Theologie in der modernen Universität
Nicholas Wolterstorff 88

II. Perspektiven

Christliche Theologie
Wohin an der Wende zum Dritten Jahrtausend?
Michael Welker 105

Theologie, Sinn und Macht
Miroslav Volf 126

Zeit für Gottes Gegenwart
Ingolf U. Dalferth 146

Pneumatische Anstöße
Die Theologie Jürgen Moltmanns, der Feminismus und die Zukunft
Catherine Keller 163

Theologie, Spiritualität und Geschichtliche Praxis
Gustavo Gutiérrez 180

Theologie von den Opfern aus
Jon Sobrino 192

Die Zukunft der Theologie in der Gütergesellschaft
M. Douglas Meeks 205

»Wir müssen die Wahrheit sagen«
Die Berufung zum Theologen
James H. Cone 223

Die vielgestaltige Zukunft der Theologie
John B. Cobb, Jr. 238

III. Themen

Weltethos und Erziehung
Hans Küng 253

Das kirchliche Amt und die Einheit der Kirche
Wolfhart Pannenberg 271

Wenn sich der Horizont bewölkt
Überlegungen zur utopischen Vernunft bei Qohelet
Elsa Tamez 284

Christliche Anthropologie und Geschlecht
Rosemary Radford Ruether 300

Wohnt in meinem Fleisch nichts Gutes?
Elisabeth Moltmann-Wendel 315

Theonomie und/oder Autonomie
Paul Ricœur 324

Protophilosophische Theologie
Michael Theunissen 346

Der Weg der Erfahrung
Bemerkungen zum theologischen Wahrheitsproblem
Christian Link 363

Zur Idee einer Theologie des Lachens
Eine Skizze nach vorn
Gerhard Marcel Martin 376

Vorwort

Die Hoffnung aber...
Die Welt, ein »Durcheinandertal«.[1] Was könnte sie nach dem »Zerbrechen der großen Erzählungen« anderes sein? Dementsprechend quälen sich an der Schwelle des nächsten Jahrtausends auch die Theologinnen und Theologen zwischen »anything goes« und »rien ne va plus«. Die einen blasen Trübsal, andere mahnen zur Geduld, üben sich in Gleichmut und Gelassenheit; die dritten fordern auf, sich im Kampf gegen alle möglichen Mißstände zu bewähren, doch die strahlenden Augen der Hoffnung, sie sind selten. Und dort, wo sie einem begegnen, gehören sie oft Menschen, die in einem älteren Paradigma verwurzelt sind. Ihr Blick ist klar, ihre Augen leuchten, aber sie wollen oder können die Bedingungen der Gegenwart nicht wahrnehmen und sehen von ihr ab. Den meisten anderen leuchten die Augen nicht, sie brennen; brennen, weil sie zulange offen sind, zuviel gesehen haben und hinter ihnen die Leere wohnt. Entsprechend nennt Dürrenmatt im »Durcheinandertal« den Glauben ein unzureichendes Brett über den Abgrund, und Gott, »der große Alte mit Bart«, ist bei ihm letztlich nur als Verbrecher denkbar.

Von Trübsal über Geduld und Bewährung schließlich zur Hoffnung, die nicht zuschanden werden läßt, sah Paulus noch eine unumkehrbare, durch Gottes Geist ermöglichte Wirkungskette (Röm 5, 3-5). Wie viele verhungern auf diesem Weg? Sind wir vom Geist verlassen? Beim Betrachten der Kirchen und Fakultäten hierzulande, drängt sich eher die umgekehrte Wirkungskette auf: Von einem hoffnungsvollen Aufbruch in den sechziger Jahren führte die Bewährung viele zum Gleichmut und noch mehr zur Gleichgültigkeit bis hin zur Trübsal. Und als Theologen und Theologinnen wurden sie zuschanden.

Dieses Buch will dazu beitragen, die fatale Wirkungskette zu unterbrechen. Sein Anlaß – und mehr als bloßer Anlaß – ist der 70. Geburtstag Jürgen Moltmanns. In seiner Theologie hat Jürgen Moltmann wie kein anderer versucht, zukunftsorientiert und gegenwartsnah zugleich zu denken. Von der »Theologie der Hoffnung« bis zur jüngsten Eschatologie »Das Kommen Gottes« zeigt seine Theologie diesen Zug zur Zukunft. Den Satz des jungen Karl Barth: »Christentum ist ganz und gar und nicht nur im Anhang Eschatologie, ist Hoffnung, Aussicht und Ausrichtung nach vorne, darum Aufbruch und Wandlung der Gegenwart« hat Moltmann lebens-

---

1. So der bezeichnende Titel von Friedrich Dürrenmatts letztem Roman (vgl. F. Dürrenmatt, Durcheinandertal, Zürich 1989)

lang buchstabiert und auf allen Feldern der Theologie entfaltet. Seine Hoffnung hatte und hat mit Eskapismus nichts gemein. Weder sucht er die Flucht aus der Gegenwart, noch vernachlässigt er die Vergangenheit in den Gestalten von Tradition und Geschichte. In beiden sucht er vielmehr nach Wegen in die Zukunft. Der Zug zur Zukunft aber hielt sich durch. Es geht ihm in der End-Zeit, in der wir leben, darum, daß das Christentum sich als Weltreligion erweist. Denn den Titel »Weltreligion« verdient nach Moltmann nur (noch) diejenige Religion, die zum Überleben der Welt beiträgt. Gott als den »großen Alten mit Bart« hat Moltmann den Theologen gründlich ausgetrieben, und seine Theologie fürchtet keine Abgründe im »Durcheinandertal«, konstruiert vielmehr unverdrossen manchmal abenteuerliche, aber begehbare und haltbare Hängebrücken. Bis heute begeistert und ermutigt Moltmanns Kreativität, sein klarsichtiger und nüchterner theologischer Enthusiasmus zahllose Menschen überall auf diesem Erdball, innerhalb und außerhalb der theologischen Zunft. Dieses Buch legt davon Zeugnis ab. Zwar spiegelt es nicht die weltumspannende Wirkung seiner Theologie und beschränkt den Kreis derer, die sicherlich gern einen Beitrag zu einer Festschrift für Jürgen Moltmann geschrieben hätten erheblich, versucht aber einen transatlantischen Brückenschlag. Und anders als die meisten Festschriften, ist dies ein programmatisches Buch: Es geht um die Zukunft der Theologie an der Schwelle zum dritten Jahrtausend. Theologinnen und Theologen diesseits und jenseits des Atlantik loten die Möglichkeiten und Bedingungen heutiger Theologie aus und zeigen Perspektiven auf. Leicht modifiziert erscheint diese Festschrift gleichzeitig in den Vereinigten Staaten bei Eerdmans unter dem Titel »The Future of Theology«. Prof. Dr. Miroslav Volf ist dort der federführende Herausgeber.

Trotz ihrer Programmatik war diese Festschrift für ihr Erscheinen wegen der hohen Übersetzungskosten auf Druckkostenzuschüsse angewiesen. Dafür gilt unser herzlicher Dank: Der Evangelischen Kirche der Union, der Evangelischen Kirche in Hessen und Nassau, der Evangelischen Kirche im Rheinland und der Evangelischen Landeskirche in Württemberg. Dank gebührt auch den Übersetzern und Übersetzerinnen der englischen und spanischen Beiträge. Allen voran Steffen Lösel, Sonja von Kleist, aber auch Marion Grau, Jutta Schreur, Dr. Claudia Rehberger, Burkhard Weber, Tatjana und Matthias von Westerholt und Markus Wittig. Auch im Namen von Miroslav Volf danken wir Herrn Manfred Weber vom Chr. Kaiser / Gütersloher Verlagshaus für die konstruktive Zusammenarbeit. Der größte Dank aber gilt Jürgen Moltmann. Er war und ist uns Lehrer und Freund.

Berlin, Anfang Januar 1996   Carmen Krieg und Thomas Kucharz

I. Herausforderungen

Konrad Raiser

Die Welt im 21. Jahrhundert
Herausforderungen an die Kirchen

Einleitung

Weniger als fünf Jahre trennen uns vom Beginn des 21. Jahrhunderts. Je näher das 20. Jahrhundert seinem Ende rückt, desto mehr Menschen beginnen sich darüber klar zu werden, daß wir wohl auf eine Wasserscheide in der menschlichen Geschichte zugehen. Die letzten einhundert Jahre waren ein Zeitalter des dramatisch beschleunigten Wachstums in fast allen Bereichen des menschlichen Lebens. Die Weltbevölkerung hat sich mehr als verdoppelt, von zweieinhalb auf über fünf Milliarden Menschen. Die industrielle Produktion, der Welthandel und das Gesamtvermögen der Weltbevölkerung haben sich auf ein Niveau erhöht, das vor hundert Jahren unvorstellbar gewesen wäre. Wissenschaftliche Entdeckungen und Revolutionen in der modernen Technologie, insbesondere mit ihren Konsequenzen für die Beförderung und die Kommunikation, ließen die Erde zu einem in sich verbundenen globalen Raum werden.

Aber dieses Jahrhundert war auch das Zeitalter, in dem die zerstörerischsten Kriege in der menschlichen Geschichte ausgetragen wurden, die mehr Opfer forderten als alle vorangegangenen Kriege in der aufgezeichneten Geschichte. Darüber hinaus ist die Struktur des Wachstums sehr ungleich verteilt. 80% des Weltvermögens konzentrieren sich in den Händen von weniger als 20% der Weltbevölkerung, die zudem die wissenschaftliche Forschung, die technologischen Innovationen, die großen transnationalen Wirtschaftsunternehmen und die militärischen Machtmittel kontrollieren. Das Bevölkerungswachstum konzentriert sich hingegen in den ärmeren Regionen der südlichen Hemisphäre. Nicht nur haben Armut, Hunger und Krankheiten trotz der Anstrengungen von vier Jahrzehnten Entwicklungshilfe dramatisch zugenommen, sondern immer mehr Bevölkerungsgruppen in den armen Ländern sind vollkommen marginalisiert und von jeglicher Teilnahme am gesellschaftlichen, wirtschaftlichen und politischen Leben ausgeschlossen.

Alle Studien über die uns im 21. Jahrhundert bevorstehende Zukunft stimmen überein, daß der gegenwärtige Kurs der menschlichen Entwicklung nicht aufrechterhalten werden kann. Die wichtigsten Faktoren, die zu Einschränkungen führen müssen, sind die Verfügbarkeit von Ackerland, um ausreichende Nahrung für eine noch immer rapide anwachsende Bevölkerung zu produzieren, und die Verfügbarkeit von Energiequellen, um eine auf Energie basierende Weise der Industrieproduktion zu betreiben. Vorhersagen sind unsicher, aber manches weist darauf hin, daß die Erde bei Nutzung allen potentiellen Agrarlandes ein Maximum von 12 Milliarden Menschen ernähren könnte, eine Zahl, die vielleicht am Ende des nächsten Jahrhunderts erreicht wird. Die negativen Auswirkungen eines solch enormen Wachstums könnten den kritischen Punkt allerdings viel näher bringen. Die wohl wichtigste unter den negativen Auswirkungen ist der beschleunigte Klimawechsel aufgrund der Emission der Treibhausgase in Folge der Verbrennung fossiler Brennstoffe und der intensiven Formen landwirtschaftlicher Produktion. Die globale Erwärmung könnte schon in der Lebensspanne der gegenwärtigen Generation die Art der landwirtschaftlichen Produktion und die Bedingungen menschlichen Lebens kritisch beeinflussen. Die Zeit wird knapp, um Wege zu einer Weise des menschlichen Lebens im Austausch mit der natürlichen Umwelt zu entwickeln, die aufrechterhalten werden kann. Die nötigen Veränderungen gehen über wissenschaftliche, technologische oder strukturelle Innovationen hinaus, und reichen bis in die spirituellen und moralischen Grundlagen der Menschheit. Die Herausforderung richtet sich an die christlichen Kirchen wie auch alle anderen religiösen Glaubensgemeinschaften. Das Weltparlament der Religionen 1993 in Chicago nahm eine Erklärung an in Richtung auf ein »Weltethos«, das uns als Hinweis auf ein neues Bewußtsein für die notwendig werdenden menschlichen Werte dienen kann. Die folgenden Bemerkungen beanspruchen nicht mehr zu sein als Blitzlichter und Anmerkungen für eine Tagesordnung, die erst aufgestellt werden muß.

I. Vom Anthropozentrismus zur Lebenszentriertheit

Der Großteil des beispiellosen Wachstumsprozesses während des letzten Jahrhunderts ist die Frucht langfristiger Auswirkungen der europäischen Aufklärung, die wiederum aus der gegenseitigen Durchdringung von griechischer Philosophie und christlichem Glauben erwuchs. Das wichtigste Kennzeichen dieser Tradition ist die Abtrennung des Menschen und der menschlichen Gemeinschaft von ihrer natürlichen Umwelt. Die Natur wurde zu einer Ressource, die zum Nutzen der menschlichen Gemeinschaft gebraucht und ausgebeutet werden konnte. Diese Entwicklung wurde unterstützt und verstärkt durch eine bestimmte Auslegung des christlichen Schöpfungsverständnisses, das den Menschen ins Zentrum von Gottes Schöpfung stellt, mit dem Mandat versehen, sich die Erde untertan zu machen und sie zu beherrschen. Obwohl dieses Verständnis mit guten Gründen als eine verzerrte Auslegung der biblischen Tradition in Frage gestellt wird, besteht kein Zweifel daran, daß es einen tiefgründigen Einfluß auf die Entwicklung der sich auf den Einfluß der Wissenschaft und Technologie begründenden westlichen Kultur hatte. Die Idee des Fortschritts im Sinne einer kontinuierlichen Verbesserung der menschlichen Lebensbedingungen ist der säkularisierte Ausdruck biblischer Eschatologie.

Am Ende des 20. Jahrhunderts, das Zeuge dramatischster Auswirkungen einer in die Praxis umgesetzten Fortschrittsidee wurde, müssen wir uns nicht nur die Grenzen des Wachstums eingestehen, sondern auch die dunkle und destruktive Seite der Fortschrittsphilosophie. Die anthropozentrischen Grundlagen unserer vorherrschenden Kultur vernachlässigten oder vergaßen, daß das menschliche Leben von der regenerativen Macht der nätürlichen Lebenszyklen abhängig ist. Die wichtigsten Faktoren, ohne die menschliches Leben nicht aufrechterhalten werden kann, sind Wasser, Ackerland, das Klima, Energieressourcen und die Anpassungsfähigkeit der natürlichen Arten an sich verändernde Bedingungen. In jeder dieser Hinsichten führte die vorherrschende industrielle Produktionsmethode und die Wachstumsorientierung der Wirtschaft und des Konsums zu ernstzunehmenden Störungen in der Ökosphäre mit der ständig zunehmenden Gefahr katastrophaler Entwicklungen.

Noch vor zwanzig Jahren, nach der ersten Umweltkonferenz der Vereinten Nationen und dem ersten Bericht des Club of Rome, glaubte man weithin, daß die Sorge um den ökologischen Erhalt der Umwelt ein Hauptanliegen der hochindustrialisierten Länder des Nordens war, und nur allzu leicht die öffentliche Aufmerksamkeit von der Notwendigkeit, gerechte Strukturen in den wirtschaftlichen und politischen Beziehungen zwischen dem Norden und dem Süden zu schaffen, ablenkte. Die Umweltkonferenz in Rio zwanzig Jahre später zeigte in dramatischer Weise das globale Ausmaß der ökologischen Gefahren, die sich nicht um nationale, politische oder ideologische Grenzen kümmern. Die Auswirkungen des ökologischen Abbaus werden in der Tat schon jetzt stärker in den Entwicklungsländern der südlichen Hemisphäre wahrgenommen. Langsam entseht ein Bewußtseinswandel, doch die Entscheidungsfindungsprozesse sind vollkommen inadäquat, um den wachsenden Herausforderungen zu entsprechen.

In der ökumenischen Bewegung schenkt man der Sorge um eine verträgliche Beziehung zwischen der Menschheit und ihrer natürlichen Umwelt seit mehr als einem Vierteljahrhundert wachsende Aufmerksamkeit. Die konzentrierteste Anstrengung wurde hinsichtlich der Sorge um den beschleunigten Klimawechsel unternommen. Die Untersuchungen und Überlegungen beschränkten sich nicht nur darauf, wissenschaftliche, gesellschaftliche und politische Heilmittel zu finden, sondern führten dazu, daß man das christliche Verständnis der Beziehung des Menschen zur Natur in Gottes Schöpfungsplans überdachte. Die wesentliche Einsicht, die aus diesen Studien erwächst, ist, daß wir den Anthropozentrismus unserer Welt- und Geschichtsschau überwinden und die im Zentrum der meisten religiösen Traditionen, unter Einschluß der Bibel, zu findende Lebenszentrierung (life-centredness) wieder ergreifen müssen. Lebenszentrierung impliziert, daß die Menschen eine einfühlsame Beziehung zu allen Lebewesen und zu allen lebenserhaltenden Prozessen erlernen müssen. Die menschlichen Bedürfnisse müssen in ein neues Gleichgewicht mit den Notwendigkeiten und Möglichkeiten gebracht werden, das Leben durch natürliche Lebenszyklen zu erneuern. Die menschliche Geschichte muß als wichtiger, aber begrenzter Teil der Naturgeschichte neu bewertet werden, wodurch grundlegende Voraussetzungen des aufgeklärten Denkens in Frage gestellt werden. Der menschliche Lebensraum ist nicht selbstgenügsam, und seine Sicherheit gegenüber den zerstörerischen Mächten der Natur muß in wechselseitiger Abhängigkeit von der Sicherheit der Natur gegenüber den zerstörerischen Eingriffen des Menschen gesehen werden. Der Wechsel vom Anthropozentrismus zur Lebenszentrierung reicht an die Wurzel unseres Verständnisses von Gott, Welt und Menschheit, unserer Spiritualität und unserer ethischen Normen. Die in den letzten Jahrzehnten zunehmend stattfindende interkulturelle und interreligiöse Begegnung weckte unser Bewußtsein für die entscheidenden Einsichten, die die einheimischen und traditionellen Religionen sowie die östlichen Glaubenstraditionen zur Suche nach einer neuen lebenszentrierten Spiritualität und Ethik beitragen können.

II. Vom Traum der Vorherrschaft zur Anerkennung der Pluralität

Ein Großteil der menschlichen Geschichte wurde von Kämpfen über die kulturelle, religiöse, gesellschaftliche und politische Vorherrschaft zwischen menschlichen Gruppen geprägt. Das Entstehen des Staates und die imperiale Form politischer Herrschaft weiteten die Kämpfe um Vorherrschaft aus und verstärkten sie. Der europäische Kolonialismus, der mit der conquista Lateinamerikas vor fünfhundert Jahren begann, war eine der dramatischsten Weisen, wie kulturelle, religiöse und politische Vorherrschaft über weite Teile der Erde errichtet wurden. Die letzten fünf Jahrzehnte wurden durch den Kampf um die Vorherrschaft zwischen den beiden Supermächten in der Zeit des sogenannten »Kalten Krieges« bestimmt. Mit dem Zusammenbruch des Staatssozialismus und dem Verschwinden der Sowjetunion hatte dieser antagonistische Kampf ein plötzliches Ende. Nach dem Ende des Kalten Krieges stellt sich die entscheidende Frage, ob diese historischen Ereignisse den Weg zur Errichtung einer einzigen Vorherrschaft über die ganze Erde eröffnen, in der die Macht beim Bündnis der hochentwickelten westlichen Industrienationen unter der Führung der Vereinigten Staaten konzentriert ist, oder ob das Ende des letzten Hegemonialkampfes den endgültigen Übergang von den Mustern kompetitiver Hegemonie hin zu einem neuen Zustand anerkannter Pluralität anzeigt.

Mit der zunehmenden gegenseitigen Abhängigkeit der verschiedenen Teile der Erde nahm auch das Bewußtsein um die Pluralität der Religionen, Kulturen, ethnischen und rassischen Identitäten, der Sprachen und Geschichten dramatisch zu. Während die Ausbreitung der auf Wissenschaft und Technologie begründeten westlichen Zivilisation in alle Teile der Erde eine gewisse Homogenisierung der Lebensstile und kulturellen Formen hervorbrachte, stiegen gleichzeitig die Anstrengungen an, einheimische Kulturen, religiöse Traditionen, ethnische und rassische Identitäten zu verteidigen und zu bestärken. So wie der Versuch, eine universale Sprache »Esperanto« zu erschaffen, kaum Erfolg hatte, stellte sich die Erwartung, daß die Unterschiede zwischen den traditionellen Kulturen langsam verschwinden und in einer globale Kultur aufgehen würden, als falsch oder zumindest verfrüht heraus. Sicher, das weltweite elektronische Kommunikationsnetz schafft den künstlichen Anschein einer vereinheitlichten Kultur und Sprache, aber diese ist in zunehmender Deutlichkeit von der alltäglichen Welt der großen Mehrheit der Menschen abgesondert. Der Zusammenbruch des letzten Kolonialreiches, nämlich der Sowjetunion, und seiner stark repressiven Formen ideologischer und politischer Hegemonie, brachten unter den Völkern und Gemeinschaften das Bedürfnis ans Licht, ihre unmittelbaren gemeinsamen Identitäten aufgrund von Kultur, Religion, ethnischer oder rassischer Bande zu bestärken.

Das Wiederauftauchen der Religion im öffentlichen Raum, oft in Form eines militanten Fundamentalismus, kann als eine Form gemeinschaftlichen Widerstandes gegen hegemonistische Ansprüche verstanden werden, aber es stellt uns gleichzeitig vor die Frage, ob Pluralität selbst aufrechterhalten werden kann. Offensichtlich gibt es keinen Weg zurück zur vormodernen Form homogener und selbstgenügsamer Weisen einer menschlichen Gemeinschaft, die sich die gleiche Kultur, Religion, ethnische Herkunft usf. teilt. Die faktische gegenseitige Abhängigkeit der Menschen und die gemeinsame Abhängigkeit von der Natur können ebensowenig beseitigt werden, wie das Wissen um andere Kulturen und Traditionen und die gegenseitige Durchdringung verschiedener Kulturen aufgrund zunehmender Mobilität. Die Menschheit ist gezwungen, Wege einer Anerkennung der kulturellen und religiösen Pluralität als permanentes gesellschaftliches Faktum zu entwikkeln, und sich vom antagonistischen Wettbewerbsverhalten zur kommunikativen Kooperation zu bewegen. Dies wiederum stellt die grundlegendsten gesellschaftlichen und moralischen Orientierunsgpunkte in Frage, die auf der klaren Unterscheidung zwischen »uns« und »den anderen« aufbauen. Diese »Engstirnigkeit« des menschlichen Bewußtseins und moralischen Gewissens muß überwunden und erweitert werden, um die Andersartigkeit der oder des »anderen« nicht als Gefahr, sondern als mögliche Bereicherung zu erkennen. Die meisten der Wurzeln von Exklusivismus und engstirnigem Bewußtsein sind religiöser Natur. Die Anerkennung der religiösen Pluralität als permanentem Kennzeichen der menschlichen Gesellschaft im 21. Jahrhundert bildet eine Herausforderung insbesondere des Christentums und seiner schon lange bestehenden exklusivistischen Tradition. Eine der grundlegenden Aufgaben, welcher sich die Kirchen widmen müssen, ist die Frage, wie ein Dialog zwischen Menschen aus unterschiedlichen religiösen Traditionen, mit unterschiedlichen Kommunikationsformen, und unterschiedlichen Normen der moralischen Orientierung entwickelt werden kann, ein Dialog zumal, der die Situation gesellschaftlicher, kultureller und religiöser Pluralität zu einer dauerhaften statt einer selbstzerstörerischen Situation werden läßt.

III. Von der Globalisierung zu einem Leben mit Einschränkungen

Der offenkundigste Ausdruck des Geistes dieses auslaufenden Jahrhunderts ist die entstehende Globalisierung des menschlichen Lebens, insbesondere auf den Gebieten der Wirtschaft, der Finanzen und der Kommunikation. Die Globalisierung, die sich im unbegrenzten Netzwerk der elektronischen High-Speed-Kommunikation geradezu symbolisiert, beginnt, alle herkömmlichen Formen der Gesellschaftsorganisation, der Machtausübung und der Produktionsweisen zu verändern. Das weltweite Wirtschafts- und Finanzsystem kennt keine Einschränkungen durch nationale Grenzen, politische Souveränität oder ökologische Verträglichkeit. Es wird in Gang gehalten durch die Logik des wettbewerbsgesteuerten Wachstums und behandelt die Erde als Ressource für die fortschreitende Anhäufung von Macht und Reichtum. Die unmittelbarste Konsequenz dieser entstehenden Globalisierung ist die Tatsache, daß eine zunehmende Zahl von Menschen ausgeschlossen und zum schlichten Überleben an den Rändern dieses einheitlichen Systems verurteilt wird.

So eindrucksvoll die Errungenschaften der Globalisierung sind, gibt es doch auch zunehmende Anzeichen für ihre Anfälligkeit. Sie symbolisiert eine Weise menschlicher Macht, die nicht mehr kontrolliert werden kann und somit selbstzerstörerisch wird. In spirituelle Terminologie übersetzt, könnte der Versuch, die globale Einheit zu errichten, als die moderne Version des Turmbaus von Babel bezeichnet werden. Indem sich die Menschheit anmaßt, die Erde als ein einheitliches Ganzes zu behandeln, wird der Unterschied zwischen Schöpfer und Geschöpf aufgehoben. Die Erde als einheitliches Ganzes zu betrachten, ist die Perspektive Gottes, die in Gebet und Anbetung zum Ausdruck kommt. Die Menschheit ist ein Teil von Gottes Schöpfung; ihr sind die Grenzen menschlicher Endlichkeit gesetzt, d.h. letztendlich die Grenzen des Todes. Der möglicherweise selbstzerstörerischen Dynamik des Globalisierungsprozesses kann nur entgegen getreten werden, wenn die Menschen, individuell und kollektiv, wieder lernen innerhalb ihrer Grenzen zu leben.

Die Globalisierung hat begonnen alle herkömmlichen Formen der gesellschaftlichen und politischen Organisation infragezustellen, insbesondere die herkömmliche Form des Nationalstaates und der Nationalökonomie. Im Zeitalter der Globalisierung sind sowohl die nationale Souveränität als auch die internationalen Organisationen, die sich auf Übereinkünfte zwischen souveränen Nationalstaaten gründen, zu ineffektiven Mitteln der Machtausübung und -kontrolle geworden. Besonders die herkömmliche Interpretation nationaler Souveränität in dem Sinne, daß es als akzeptabel gilt, internationale Streitigkeiten mit militärischen Mitteln zu lösen, funktioniert nicht mehr. Sicherheit entsteht im Zeitalter wachsender gegenseitiger Abhängigkeit zwischen Völkern und Staaten nicht länger durch die Anhäufung von Verteidigungsmittel gegen einen potentiellen Feind, sondern nur als gemeinsame oder kooperative Sicherheit, die die legitimen Sicherheitsbedürfnisse der anderen genauso ernst nimmt wie die Sicherheitsbedürfnisse der eigenen Gruppe. Der Wettbewerb als Mittel, knappe Ressourcen im Rahmen des Marktes zu verteilen, wird zerstörerisch, wo er zur Marginalisierung großer Teile der Menschheit und zur bleibenden Schädigung des Ökosystems führt.

Die gegenwärtigen Trends zur Globalisierung müssen umgekehrt werden, indem der Sinn für die umweltverträglichen Grenzen der menschlichen Existenz und Produktion wiedergefunden wird. Die ethischen Grundnormen der großen Religionen basieren in ihrer überwiegenden Mehrheit auf der zentralen Einsicht, daß menschliches Leben in Gemeinschaft und in Verbindung mit der Natur nur auf der Grundlage einer freiwilligen Selbstbeschränkung von Macht und Habgier aufrechterhalten werden kann. Die Anerkennung der minimalen Grenzen, die respektiert werden müssen, wenn die grundlegenden Bedürfnisse des Menschen gestillt werden sollen, muß begleitet werden von einer Anerkennung des akzeptablen Maximums dessen, was erträglich ist, bevor das Übermaß an Macht und Habgier zum Ruin führt.

Die Anerkennung der Grenzen entspricht einem Verständnis der menschlichen Existenz als einem »Sein in Beziehung«. Jeder Mensch ist ein Zentrum von Beziehungen. Die menschliche Identität wird geformt durch prägende Beziehungen mit anderen Menschen, mit der menschlichen Umwelt und letztendlich mit Gott, der nach dem trinitarischen Glauben als vollkommenes Zentrum von Beziehungen verstanden werden muß. In Beziehungen zu leben bedeutet, den oder die »andere« als Grenze der eigenen Freiheit und Macht, der Bedürfnisse und der Sicherheit anzuerkennen. Da die oder der »andere« selbst ein Zentrum von Beziehungen ist, ist die gemeinsame Aufgabe, diese grundlegenden Beziehungen als kommunikative und sich gegenseitig unterstützende Bindungen zu formen. Individuelle Autonomie und nationale Souveränität und alle anderen Formen exklusiver und konkurrierender Ansprüche müssen in ihrer relativen Wichtigkeit gesehen werden, insofern sie nämlich von einem weiteren Netz von erhaltenden und begrenzenden Beziehungen abhängig sind.

Wenn der gegenwärtige Trend zur Globalisierung aus dieser Perspektive betrachtet wird, dann müssen die existierenden Strukturen, die das menschliche Leben organisieren, neu bewertet werden, hinsichtlich ihre Fähigkeit nämlich, die vitalen Beziehungen, von denen menschliches Leben und Überleben abhängt, hervorzubringen und zu erhalten. Hierarchische Kontrollstrukturen und das wettbewerbsorientierte System der Begründung und Anhäufung politischer und wirtschaftlicher Macht, bedrohen unablässig den Erhalt des Beziehungsnetzes. Sie müssen durch solche Formen der gesellschaftlichen, wirtschaftlichen und politischen Organisation ersetzt werden, die sich durch Mitbestimmung und Dezentralisierung auszeichnen und die die Priorität der dem alltäglichen Leben der Menschen entspringenden Ansprüche gegenüber den systembedingten Zwängen der Überbauten anerkennen. In der gegenwärtigen Situation zunehmender Fragmentarisierung als der Kehrseite des Trends zur Globalisierung, ist die Hauptaufgabe der christlichen Kirchen, die allmähliche Wiederbelebung von haltbaren menschlichen Gemeinschaften zu fördern. Dies spiegelt sich in dem wachsenden Interesse wider, welches sich in den Bemühungen abzeichnet, die zivile Gesellschaft gegenüber den formalen Strukturen auf politischer, gesellschaftlicher und wirtschaftlicher Ebene zu stärken. Über Jahrhunderte hinweg formten die Kirchen ihr strukturiertes Leben in Anlehnung an die vorherrschenden Strukturen des Staates oder in der jüngeren Vergangenheit denen der Wirtschaftswelt. Die Herausforderung, die unseren Schritt ins 21. Jahrhundert begleitet, wird es sein, die Kirchen als vitalen Teil der zivilen Gesellschaft zu verstehen, die die potentiell exklusiven Ansprüche von Kultur, rassischer Abstammung oder ethnischer Loyalität überwindet.

IV. Der Weg zu einem neuen Gesicht der Kirche

In den vorangehenden Abschnitten wurde schon eine ganze Zahl an Herausforderungen angedeutet, denen sich die Kirchen auf dem Weg ins 21. Jahrhundert stellen müssen. Diese Herausforderungen verschärfen sich, wenn man den Zustand des Christentums in weltweiter Perspektive ernstnimmt. Während des 20. Jahrhunderts wurde das Christentum wahrhaft ökumenisch, das heißt »alle Enden der Erde« umgreifend. Das Zentrum des Christentums, sowohl numerisch als auch im Blick auf seine Vitalität, verlegte sich von Europa und Nordamerika in die südliche Hemisphäre. Das historische Christentum, welches der Ursprung der ökumenischen Bewegung war und ihrem strukturellen Ausdruck Form verlieh, macht zunehmend Platz für neue Formen des christlichen Glaubens, Lebens und Zeugnisses, die durch den gegenseitigen Austausch mit anderen kulturellen und religiösen Traditionen geprägt sind. Die Pfingstbewegung entwickelt sich zur vorherrschenden Form des Protestantismus in Lateinamerika, und in Afrika geht das Wachstum der afrikanisch-einheimischen Kirchen weiter. Während das historische Christentum selbst in seinem freikirchlichen Ausdruck durch die konstantinische Allianz zwischen Kirche und Staat geprägt war, werden die neuen und wachsenden Formen des Christentums in der südlichen Hemisphäre zunehmend durch ein nachkonstantinisches Bewußtsein gezeichnet. Während darüber hinaus die numerische Präsenz des Christentums in globaler Perspektive mit dem Wachstum der Weltbevölkerung zunahm, veränderte sich der absolute Prozentsatz der christlichen Gläubigen nicht erheblich. Besonders in Asien bilden die Christen, mit Ausnahme von Korea und der Philippinen, die als besondere Fälle betrachtet werden müssen, weiterhin eine sehr geringe Minderheit. Im 21. Jahrhundert wird das Christentum eine Minderheit unter anderen religiösen Minderheiten bleiben, trotz aller Kampagnen zur Evangelisierung und für ein Wachstum der Kirche. In dieser Situation müssen die Kirchen überall lernen, was es heißt, als Salz der Erde zu leben, anstatt sich darauf zu konzentrieren, angeblich christliche Kulturen zu verteidigen.

Als die ökumenische Bewegung in der ersten Hälfte des 20. Jahrhunderts entstand, nannte man sie »die große neue Tatsache unserer Zeit«. Seither wurde der Ökumenismus in das normale Leben integriert, zumindest in das der historischen Kirchen, und es entstand ein weites Beziehungsnetz zwischen den Kirchen. Auf der anderen Seite wurde der Ökumenismus zur Scheidelinie innerhalb des weltweiten Christentums, der eine Gegenreaktion konservativer Evangelikaler und fundamentalistischer Tendenzen innerhalb und zwischen den christlichen Kirchen hervorrief. In einer Zeit, in der historische Barrieren zwischen den verschiedenen christlichen Traditionen überwunden werden, nimmt das Bedürfnis, konfessionelle und doktrinäre Identitäten zu bestärken, ebenfalls zu. Wenn die Herausforderungen, denen sich die Kirchen an der Wende ins 21. Jahrhundert stellen müssen, zutreffend identifiziert worden sind, dann wird es ausschlaggebend sein, ob die Kirchen dazu fähig sind, in ihren Beziehungen die unverwechselbare, im christlichen Glauben begründete Form der Universalität, bekunden zu können. Diese ist von allen Formen der Globalisierung unterschieden, aber sie qualifiziert auch die bloße Anerkennung der Pluralität. »Katholizität« – die christliche Tradition weist mit diesem Begriff auf die universale Weite der Kirche hin – basiert auf dem Eingeständnis, daß die Fülle der Gegenwart Gottes in jeder lokalen Gemeinschaft erfahren werden kann, die sich im Namen Christi versammelt und die ihre konstitutive Beziehung mit allen anderen lokalen Gemeinschaften anerkennt. Die Spannung zwischen lokaler und universaler Kirche, die im Zentrum der gegenwärtigen ökumenischen Diskussionen über die Ekklesiologie stehen, muß umgewandelt werden in ein relationales Verständnis der weltweiten Kirche, das bei der lokalen Gemeinschaft an jedem Ort beginnt. Der ökumenische Charakter und das entsprechende Engagement jeder lokalen Gemeinschaft muß an dem Umfang gemessen werden, in dem sie bereit ist, ihre unauflösliche Beziehung mit allen anderen Gemeinschaften als Teilen des weltweiten Leibes Christi anzuerkennen. Diese Beziehung findet ihren Ausdruck in Formen gegenseitiger Unterstützung und Solidarität, in der Anerkennung der Unterschiede und in gegenseitiger Verantwortlichkeit. Die frühe Kirche drückte diese konstitutive Beziehung in sich entwickelnden Formen konziliaren Lebens aus, von lokalen bis zu sich immer mehr ausweitenden Ebenen hin. Obwohl die Konziliarität aus Gründen der reichsweiten oikoumene gewählt wurde, repräsentierte sie gleichzeitig die effektivste Form des Widerstandes und bestärkte das Wesen der Kirche als einer Gemeinschaft oder koinonia in Beziehung mit dem dreieinigen Gott. Der christliche Ökumenismus, verstanden als die Praxis konziliarer Lebensformen, bleibt heute eine der wichtigsten Formen des Widerstandes gegen die destruktiven Auswirkungen der Globalisierung der modernen Kultur.

Unter den Bedingungen der Pluralität als einem ständigem Kennzeichen menschlicher Gesellschaften im 21. Jahrhundert muß das Verständnis christlicher Mission in grundlegender Weise neu bestimmt werden. Ein Großteil der christlichen Mission in den letzten fünfhundert Jahren folgte dem Modell der Kreuzzüge, die darauf ausgerichtet waren, die christliche Vorherrschaft über andere Kulturen und religiöse Traditionen zu errichten. Das zugrundeliegende Motiv war der Wunsch, die Herrschaft Christi über die ganze Welt zu errichten und das Kommen des Gottesreiches zu beschleunigen. Während der letzten Jahrzehnte hat ein Prozeß des Überdenkens im Blick auf dieses kirchen- oder christuszentrierte Verständnis der Mission eingesetzt. Dieser Prozeß des Umdenkens wurde durch den entstehenden Dialog mit Menschen anderer Glaubenstraditionen bestärkt, aber auch durch das Eingeständnis, daß sich Gottes rettende Gegenwart in der Schöpfung nicht auf seine sichtbare Manifestation in der christlichen Gemeinschaft beschränkt. Insbesondere die Anerkennung von Gottes »Option für die Armen« brachte ans Licht, daß die Armen dem Reich Gottes näher sein mögen als diejenigen, die versuchen sie zu evangelisieren. Eine Mission, die dem Weg Christi folgt, d.h. die den Gleichnissen vom Salz der Erde und vom Weizenkorn, das sterben muß, um Frucht zu bringen, entspricht, bietet eine klare Alternative zur Kreuzzugsmentalität eines Großteils des traditionellen Missionsunternehmens. Dieses Umdenken muß zu einer grundlegend neuen Ortsbestimmung der christlichen Gemeinschaft in der weiteren menschlichen Gemeinschaft führen. Das christliche Zeugnis muß sich von allen hegemonistischen und exklusivistischen Ansprüchen befreien und die Herausforderung eines echten Dialoges mit Menschen anderer Glaubensweisen annehmen.

Angesichts der vorherrschenden Formen der christlichen Kultur, die insbesondere über die letzten zweihundert Jahre entstanden sind, ist die schwierigste der Herausforderungen, vom Anthropozentrismus zu einer lebenszentrierten Spiritualität überzugehen. Dies verlangt ein neues Verständnis der Welt als Gottes Schöpfung und eine Neuinterpretation von Geschichte und Eschatologie. Die herkömmliche Scheidung von Schöpfung und Erlösung muß überwunden werden. Die menschliche Erlösung muß im Rahmen der Hoffnung auf einen neuen Himmel und eine neue Erde gesehen werden, die durch Gottes Gerechtigkeit geprägt sind, d.h. durch das richtige Verhältnis zwischen der Menschheit, der Natur und Gott.

Man hat gesagt, daß im Gegensatz zum 20. Jahrhundert, das durch die explosiven Entwicklungen auf dem Gebiet der Wirtschaft geprägt wurde, das 21. Jahrhundert von der Sorge dominiert werden wird, ein neues Gleichgewicht zwischen den Bedürfnissen menschlichen Überlebens und dem Erhalt und der Integrität der Schöpfung zu entwickeln. Die christlichen Gemeinschaften sind schlecht auf diese Aufgabe vorbereitet. Sie müssen anfangen von anderen Kulturen und religiösen Traditionen zu lernen, wenn sie einen Beitrag dazu leisten wollen, daß diese lebenswichtige Herausforderung angenommen wird. Die Entwicklung neuer Lebensformen muß in kleinen Gemeinschaften beginnen, die ihre Abhängigkeit und gegenseitige Verflochtenheit mit ihrer natürlichen Umwelt anerkennen. Sie brauchen jedoch Strukturen gegenseitiger Unterstützung. Hier gewinnt die ökumenische Bewegung eine neue Bedeutung.

Dies war nur ein erster Hinweis auf die Herausforderungen, welchen sich die Kirchen bei ihrem Schritt ins 21. Jahrhundert stellen müssen. Wie eingangs gesagt, kann die ganze Darlegung nicht mehr bieten als Hinweise und Orientierungen für eine Tagesordnung, die in den kommenden Jahren erst aufgestellt werden muß. Es wird jedoch entscheidend sein, ob die Herausforderungen angenommen werden oder ob die Kirchen sich in eine defensive Selbstisolierung zurückziehen. Deswegen ist die ökumenische Bewegung heute genauso wichtig wie am Anfang des 20. Jahrhunderts, als sie entstand.

Johann Baptist Metz

Die letzten Universalisten

Was ist schon Bündiges über die Zukunft der Theologie zu sagen? Wer weiß es verläßlich? Auch Jürgen Moltmann, der Freund und der Meisterdenker der Hoffnung, dem die folgende Gestikulation mit dem Ungewissen gelten soll, wird es nicht wissen. Diese Ungewißheit hängt ja schon daran, daß es bei der Frage nach der Zukunft der Theologie nicht nur um Inhalte, sondern auch um Verfassung und Selbstverständnis des Theologietreibens gehen müßte. Es wäre also zunächst die Frage zu besprechen, von welcher Art Theologie, von welchen Subjekten, Orten und Adressaten des Theologietreibens hier die Rede sein soll. Ob die bis heute vorherrschende Professionalisierung und arbeitsteilige Spezialisierung nicht in Frage gestellt bzw. ergänzt werden müßte, um überhaupt verheißungsvoll von der Zukunft der Theologie reden zu können. Dazu habe ich meine Wünsche und Vorschläge schon häufiger vorgetragen. Nicht ohne einen Anflug von Resignation gehe ich hier von der arbeitsteiligen und professionalisierten Grundsituation der Theologie aus, wie sie hierzulande nahezu ausschließlich herrscht. Ich spreche also vor allem von der traditionellen Berufstheologie und frage nach ihrer Bedeutung in künftiger Zeit.

Gehen wir also davon aus, daß der Status der Theologie in ihrer akademischen Besonderheit in der uns vertrauten Arbeitsteiligkeit auch ins nächste Jahrtausend hinein bleibt, daß es sie weiterhin an unseren deutschen Universitäten gibt und daß auch die noch nicht – unter dem anonymen und diffusen Anpassungsdruck aus Europa und den USA – um ihre uns heute geläufige Identität gebracht sind: Was wäre die Aufgabe und was, um es ein wenig pathetisch zu formulieren, wäre das Schicksal der Theologie in der künftigen universitären Welt der Wissenschaften? Man betrachte diese Frage nicht als allzu fern vom letztlich praktischen Sinn der Theologie, nicht allzu abseits von ihrem christlichen und kirchlichen Grundauftrag, eine Hoffnung zu verteidigen und eine aus ihr entspringende »neue Art zu leben« mitteilungsfähig zu formulieren. Längst nämlich gehört die Wissenschaftswelt zur maßgeblichen Definition unserer Lebenswelt und beeinflußt unsere zivilisatorischen, kulturellen und religiösen Anschauungen, und sie wird es voraussichtlich immer mehr tun.

Gewiß läßt sich die gestellte Frage nur dann einigermaßen verläßlich und ohne allzu vage schweifende Vermutungen verfolgen, wenn die Antwort an das anzuknüpfen sucht, was sich als riskante Aufgabe der Theologie an der Universität bereits heute abzeichnet. Und was ich dazu zu sagen weiß, ist etwas vermeintlich ganz Einfaches, etwas anscheinend ganz Traditionelles: Die Theologen werden die letzten Universalisten in unserer hochdifferenzierten Wissenschaftswelt sein, und sie werden es – um Gottes und der Menschen willen – bleiben müssen, gelegen oder ungelegen, immer auch mit der Bereitschaft, einen gewissen Ungleichzeitigkeitsverdacht auf sich sitzen zu lassen. (Schließlich gibt es – sit venia verbo – im Leben des Geistes nicht nur rückständige und sektiererische, sondern auch produktive Formen der Ungleichzeitigkeit, so wie es eben auch unproduktive Formen allzu beflissener Gleichzeitigkeit gibt.)

Schon heute sind unsere Universitäten »Universitäten« ohne Universalismus und ohne Universalisten. Nichts scheint verdächtiger als das Universale. Es gilt gemeinhin als die trügerische intellektuelle und moralische Falle schlechthin, die es gerade im Namen der Universitäten auszuräumen gilt, unterstützt von der postmodernen Empfindlichkeit für die immer wieder lauernden Gefahren universalistischer Konzepte und deren kognitiver Entwürdigung von Pluralität und Differenz. Die Spezialisierung unserer Wissenschaftswelt schlägt inzwischen ja nicht nur in den naturwissenschaftlich-technischen Fächern durch, sondern auch in den sog. Geisteswissenschaften und in der Philosophie, der längst das Vertrauen in die Einheit und Universalität der menschlichen Vernunft abhanden gekommen zu sein scheint. So sind wohl heute schon die Theologen die letztverbliebenen Universalisten an der Universität. Und nicht selten bezahlen sie, wo sie ihren unvermeidlichen Universalismus nicht in postmoderner, ästhetischer oder psychologischer Manier preisgeben, mit zunehmender kognitiver Vereinsamung und Isolation im Ensemble der Wissenschaften.

Unverzichtbar sage ich sei der Universalismus der Theologie – gerade auch im Blick auf ihre eigene Zukunft. Denn der Theologe, der nicht sich selbst und nicht andere betrügen will, der Theo-logie treibt, und zwar eben nicht als dies oder das, sondern als den immer neuen Versuch der Rede von Gott, ist und bleibt auf Universalität verpflichtet. Gott ist entweder ein universales, ein Menschheitsthema oder überhaupt kein Thema. Ich weiß, ein solcher Satz kann schrecklich mißbraucht werden und in theologischen und kirchlichen Totalitarismus ausarten. Historia docet. Gleichwohl ist dieser Satz, richtig verstanden, auch ein Satz über die Selbstbegrenzung der Theologie. Ihm zufolge ist Gott nie das Privateigentum der Kirche oder der Theologie.

Aber was hat das mit der Wissenschaftswelt von heute und morgen zu tun? Was hat die ihrerseits mit der Gottesrede zu tun? Ist diese Wissenschaftswelt nicht, um das mindeste zu sagen, in allen ihren Bereichen, also auch denen der Geisteswissenschaften und der Philosophie, von einem methodologischen Atheismus geprägt? Gott kommt in den modernen Wissenschaften nicht mehr vor. Gut. Aber, so möchte ich fragen und mein erstes Anliegen auf den Punkt bringen, kommen denn wir, kommt denn der »Mensch« noch vor in unseren modernen Wissenschaften? Oder ist nicht die Rede von »dem Menschen« inzwischen zum ersten und eigentlichen Anthropomorphismus unserer Wissenschaftswelt geworden – und zwar auch in der zunehmend subjektloser, technomorpher werdenden Systemsprache der Geisteswissenschaften? Auch die Geisteswissenschaftler kommen in der Wissenschaft, die sie treiben, selbst nicht mehr vor. So wird allmählich die gesamte Wissenschaftssprache zu einer sekundären Schicksalssprache, aus der »der Mensch« immer mehr verschwindet, in der er allenfalls noch als trübes »Gespenst« verhandelt wird. Wer indes Theologie treibt, heute und morgen, wer von Gott zu reden sucht, muß immer auch von einem Menschen reden, der nicht nur sein eigenes Experiment ist, nicht nur seine eigene Objektivation, sondern – fundamentaler – sein eigenes Gedächtnis und der nicht nur aus seinen Strukturen und Funktionen, sondern aus seinen Geschichten erkennbar wird.

Ist das indes nur ein ohnmächtiges Postulat oder läßt es sich aus erinnerungsbegabter Vernunft verallgemeinern und so der wissenschaftlichen Welt zugänglich machen? Wo im Wissen des Menschen um sich selbst nichts mehr vermißt wird, wird nicht »der Mensch« gewußt, sondern die Natur bzw. der Mensch als erinnerungslose und subjektlose Natur, als das noch nicht zu Ende experimentierte Stück Natur. Mag sein, daß diese Sicht künftig im Ensemble der Wissenschaften nicht ohne eine Portion metaphysischer Zivilcourage zu vertreten ist. Die wird die Theologie dann eben brauchen – nicht um ihrer Selbstbehauptung willen, sondern um der sich abzeichnenden szientifisch-technischen Überdetermination unserer künftigen Lebenswelt zu wehren. Und wenn mich nicht alles täuscht, dann muß sich die Theologie die geistigen Ressourcen für diesen Widerstand etwas weniger aus der Ideenwelt Athens und etwas mehr aus der anamnetischen Kultur Jerusalems holen.

Es geht mir indes im Blick auf die Zukunft der Theologie noch um einen anderen Universalismus und um die Ermunterung der Theologen, auch hier das Odium der letzten Universalisten gelassen zu tragen. Ich meine jenen Universalismus, den ich auch in den Zeiten postmoderner Empfindlichkeit gegenüber den unleugbaren Gefahren aller universalistischen Orientierungen für unentbehrlich halte. Ich meine den Universalismus der Verantwortung angesichts der allseits beklagten und offensichtlich immer deutlicher werdenden moralischen Erschöpfung Europas, angesichts der zunehmenden Überindividualisierung und Diffusion unserer Lebenswelten, die immer weniger von einem »verbindlichen« Gedächtnis strukturiert und orientiert scheinen. Schon heute ist von universalen Verbindlichkeiten, wenn überhaupt, nur in einem höchst formalistischen Sinn die Rede, eben ausschließlich von einem prozeduralen Universalismus. Gibt es denn überhaupt keine einem konkreten geschichtlichen Ethos entspringende Verantwortung, die als universell bzw. als universalisierungsfähig gelten könnte, ohne imperial oder totalitär zu werden, ohne also die neue (postmoderne) Empfindlichkeit für Pluralität und Differenz, für das Anderssein der jeweils Anderen zu ignorieren?

Nun kennen die Traditionen, denen die Theologie verpflichtet ist, eine aus der Erinnerung an das Leiden geborene universelle Verantwortung. Dieses Leidensgedächtnis wird dadurch zur Basis einer universellen Verantwortung, daß es immer auch die Leiden der Anderen, die Leiden der Fremden und, unbedingt biblisch, sogar die Leiden der Feinde in Betracht zieht und bei der Beurteilung der je eigenen Leidensgeschichte nicht vergißt. Dieses Eingedenken fremden Leids ist nicht nur die moralische Basis intersubjektiver Verständigung, sie reicht tief in die politische Landschaft unserer Welt hinein. Unvergessen ist für mich die Szene, in der der Israeli Rabin und der Palästinenser Arafat einander die Hand reichen und sich gegenseitig versichern, daß man künftig nicht nur auf die eigenen Leiden schauen wolle, sondern daß man bereit sei, auch die Leiden der Anderen, die Leiden der bisherigen Feinde in Betracht zu ziehen. Ich weiß, daß der so geschlossene Friede höchst fragil ist, daß er beiden Seiten große Opfer abverlangt, und es mag sein, daß, wenn diese Überlegungen zu einem »schwachen« und allemal gefährdeten Universalismus erscheinen, diese Vision von der Zukunft aus dem Gedächtnis fremden Leids schon wieder gescheitert ist. Sie bleibt aber exemplarisch für eine Friedenspolitik aus der biblischen memoria passionis, bleibt schließlich exemplarisch für eine universelle Moral, die ihrerseits nicht geleitet ist von einem Mythos der Leidfreiheit.

Dieser Universalismus der Verantwortung entsteht ja nicht etwa auf der Basis eines mühsam addierten Minimalkonsenses, in dem die Konsentierenden am Ende sich selbst nicht mehr erkennen können, sondern auf der Basis eines immer neu zu erringenden Grundkonsenses zwischen den Völkern und Kulturen. Es gibt m.E. eine Autorität, die in allen großen Kulturen und Religionen anerkannt und durch keine Autoritätskritik überholt ist: die Autorität der Leidenden. Fremdes Leid zu respektieren ist Bedingung aller großen Kultur. Und fremdes Leid zur Sprache zu bringen ist Voraussetzung aller universalistischen Ansprüche. Auch und gerade derjenigen der Theologie. Darin liegt zugleich das Gegengift für alle gefährlichen Krankheiten und Versuchungen eines jeglichen Universalismus, auch desjenigen, der letztlich nicht vom Eingedenken fremden Leids, sondern vom Mythos der Leidfreiheit geleitet wäre.

Gewiß – und gerade Jürgen Moltmanns Werk verpflichtet zu diesem Hinweis –, das Christentum ist nicht primär eine Moral, sondern eine Hoffnung; seine Theologie ist nicht primär eine Ethik, sondern eine Eschatologie. Doch gerade darin wurzelt seine Kraft, auch in der vermeintlichen oder tatsächlichen Ohnmacht und Unübersichtlichkeit die Maßstäbe der Verantwortung nicht preiszugeben oder vorschnell zu verkleinern. Der Gehalt dieser universellen Verantwortlichkeit ist, ich weiß, kaum vom Verdacht der überschiessenden Abstraktion zu befreien. Ich formuliere ihn am besten in einer Frage: Gibt es überhaupt ein Leid in der Welt, von dem wir sagen könnten, daß es uns nichts angeht? Gibt es einen Schrei der Leidenden, der nicht für alle Ohren bestimmt ist? Wer diese Fragen ernst nimmt, der hängt nicht irgendwelchen theologischen Allmachtsphantasien nach, der nimmt nur ernst, daß in diesen Fragen nichts anderes artikuliert ist als die schlichte moralische Wendung des Satzes von der Universalität der Kinder Gottes. In seiner politischen Wendung ist dies der Satz von der Gleichheit aller Menschen, ein Satz also, auf den nicht nur etwa die biblischen Traditionen mit ihrem Leidensgedächtnis, sondern auch die Grundgesetze moderner Rechtsstaaten verpflichten. Auch Demokratien sind nicht ohne diesen Universalismus. Der war bisher »traditionell« vorgegeben. Wie aber vergewissert sich die moderne rechtsstaatliche Demokratie dieser Universalität und wie sucht sie sie zu schützen im Stadium sog. posttraditionaler Gesellschaften?

Ob der hier angesprochene Universalismus der Verantwortung immer wieder in Ansätzen gelingt, entscheidet deshalb nicht nur über die Zukunft der Theologie, sondern auch darüber, ob Europa eine Friedenslandschaft sein wird oder, wie nicht wenige befürchten, eine Landschaft eskalierender Bürgerkriege, ob es eine blühende oder eine brennende multikulturelle Landschaft sein wird. Die Theologen als letzte Universalisten: wo sie den hier geschilderten Universalismus nicht preisgeben, müssen sie keineswegs zu sektiererischen Fundamentalisten werden oder zu versteinerten Traditionalisten. Zu sehr hängt von der Rettung dieses Universalismus auch die Zukunft unserer menschlichen Welt ab, deren Konflikte sich augenscheinlich immer mehr in den Bereich der Kulturen und Zivilisationen verlagern.

Mag sein, daß Jürgen Moltmann diesen kleinen Beitrag als »typisch katholisch« empfindet. Aber das wird ihn weiter nicht stören. Denn uns hat immer eine ökumenische Freundschaft verbunden, die ihre Gemeinsamkeiten nicht auf dem Weg über einen Minimalkonsens sucht, sondern die um einen gemeinsamen Grundkonsens ringt, in dem das je Eigene nicht verschwindet, sondern neu und kräftiger zur Geltung kommen kann.

Dorothee Sölle

Niederknien und aufrecht gehen

Die Religion ist in den letzten Jahrhunderten innerhalb der abendländischen Welt gründlich und relevant kritisiert worden. Die drei großen »Meister des Verdachts«, wie Paul Ricoeur sie nennt, Marx, Freud und Nietzsche, haben sie als Opium des Volkes, als kollektive Neurose und als Platonismus fürs Volk entlarvt. Seit einem Vierteljahrhundert setzt der Feminismus dieses Projekt der Demaskierung von Schrift und Tradition fort: Androzentrische Sprache und Symbolik und patriarchale Grundstruktur scheinen integrale Bestandteile der jüdischen und christlichen Tradition. Die Theologie – und ich gehe hier von ihrer aufgeklärteren, der protestantischen Form aus – hat diese Kritik teils mehr, teils weniger integriert. Sie ist »durch den Feuerbach geschritten« und hat ihrerseits eine Hermeneutik des Verdachts entwickelt, die Selbstkritik und Institutionskritik gelernt hat, sich also mit Bibel und Kirche immer erneut kritisch auseinandersetzt. Der lebendige christliche Glaube hat in diesem Prozeß seine Naivität und seinen missionarischen Imperialismus verloren, und er hat gelernt, die prophetische Kritik an Kult und Opfergaben, am »Geplärr deiner Lieder«, wie der Prophet Amos sich ausdrückt (Am 5,23), anzuwenden auf das Christentum und die immer zu reformierende Kirche. Ecclesia semper reformanda!

Dieses kritische Bewußtsein von Christinnen und Christen erscheint mir heute oft wie ein auslaufendes Modell zwischen Fundamentalismus auf der einen und Postmoderne auf der anderen Seite. Ich habe Angst, daß das Christentum in seiner kritischen, aufgeklärten, in einem Dialog mit der wissenschaftlichen Welterklärung befindlichen Gestalt immer weniger Luft zum Atmen und Raum zu wachsen hat. Auf der einen Seite wächst der krudeste Fundamentalismus mit seinen Ängsten vor allem, was »anders« ist; der »feste Glaube« erscheint wie ein Schutzwall *gegen* die apokalyptischen Szenarios, die uns bedrohen. Auf der anderen Seite wachsen post- oder antichristliche Formen von neuer Spiritualität, die den christlichen Glauben umschweiflos verantwortlich machen *für* die apokalyptischen Szenarios. Das Christentum wird dann nur noch als eine Art Schrottreligion wahrgenommen; seine Botschaft ist auf »Macht euch die Erde untertan!«, zusammengeschrumpft, und die gnadenlosen Folgen sind jederfrau sichtbar. Zwischen beiden – der prämodernen und der postmodernen Gestalt von Religion – geht dem »protestantischen Prinzip« die Luft aus.

Die Minderheiten kritischer Christinnen und Christen stoßen zunehmend auf die realen Kräfte und Gewalten der Zerstörung, die längst nicht mehr Religion und Kirche sind. Geld und Gewalt brauchen die religiöse Legitimierung heute immer weniger, sie funktionieren bestens im Namen des Fortschritts und der technischen Rationalität. In dieser Situation muß man sich fragen, ob sich nicht die traditionelle Kritik an der Religion in mancher Hinsicht totgelaufen hat, weil sie die eigentliche Religion, das, woran die überwältigende Mehrheit in den industrialisierten Ländern glaubt, außer acht läßt und keineswegs kritisch hinterfragt. Diese eigentliche Religion ist die Wissenschaft. Sie hat ihre größeren Tempel, wie jeder, der einmal Harvard University mit ihren weißen Säulen und imponierenden Hallen, ihren Haupt- und Nebenaltären, ihren Heiligtümern und Schatzhäusern betreten hat, wissen kann. Sie hat ihre eigenen Priester, Oberpriester und Päpste, sie vollzieht bestimmte Rituale, Ehrungen und Demütigungen, die nach vorgefertigten Mustern ablaufen, sie spricht sündig und heilig. Nur eins hat sie noch relativ wenig gelernt, die Kritik der eigenen Religion. Die Frage, wem bestimmte Forschungsvorhaben nützen, wird im allgemeinen als unwissenschaftlich abgelehnt; die Untersuchung der Prioritäten und der Anwendbarkeit der Forschung in der Praxis, vor allem des Militarismus, gilt als beiläufig.

Wenn Wissenschaft die Hauptreligion der industrialisierten Welt ist, so muß ich mich als ungläubig bekennen. Sie hat die Kriege nicht verhindert, sondern die Tötungskapazitäten verbessert. Sie hat die Verhungernden nicht gespeist, sondern sich dem Weltraum zugewandt. Sie hat eine Megamaschine erzeugt, die alle Natur, alles Geschaffene vergewaltigt. Sie glaubt an ihre eigene zweite Schöpfung, die besser sein soll als die erste. Die Visionen der Wissenschaft sind längst zum Horror geworden; ich erinnere nur an die gängige Verwissenschaftlichung der Folter als Untersuchungsmethode. Reicht es in dieser Weltzeit, wissenschaftlich zu denken? Sind nicht ein anderer Zugang zur Welt, andere Wertsetzungen, die die Wissenschaft in Dienst nehmen, notwendig, ja wird nicht Theologie, die nach einem Wort Walter Benjamins heute klein und häßlich ist, mehr denn je gebraucht, um überhaupt eine andere Vision vom guten Leben im herrschaftsfreien Miteinander zu gewinnen?

In diesem Rahmen will ich versuchen zu sagen, woran ich glaube, was mir unverzichtbar erscheint. In der Befreiungstheologie sprechen wir oft von »Gottes Vorliebe für die Armen«, der opción preferential por los pobres. Es gibt vielleicht in allen Religionen solche »Optionen«, gewählte Entscheidungen verpflichtenden Charakters, und ich verstehe den christlichen Glauben als eine »opción preferential por la vida«, eine Vorliebe für das Leben dem Tod gegenüber. Sein ist besser als Nichtsein, Küssen besser als Nichtküssen, Essen ist dem Hungern nicht nur vorzuziehen, sondern ontologisch überlegen. Diesen ontologischen Überschuß des Seins vor dem Nichts versucht auch die christliche Religion zu artikulieren.

Als ich einem zur Depressivität neigenden Freund diese Art von Lebensglauben zu erklären versuchte, winkte er müde ab. »Du willst mich nur wieder mit Mandelblüten und Mondaufgängen zur Schöpfung verlocken.« In der Tat, das war und ist meine Absicht. Der ontologische Vorrang des Seins vor dem Nichts drückt sich religiös als Glauben an den Schöpfergott und an die gute, gesegnete Schöpfung aus. Gott sah am sechsten Tag, daß »alles sehr gut« war. Gottes Option geht auf Leben aus, mit diesen Augen Gottes will ich auch sehen, ohne zu verleugnen, was dieser Vision – »noch«, wie ich dann gläubig hinzufüge – tödlich widerspricht. Nicht ein Zufall hat uns auf diesen kleinen blauen Planeten verbracht, das Leben selber ruft uns zu, am Leben teilzuhaben in einer Lebensdankbarkeit, die auch im Finstern nicht aufhört, das Leben als Gnade, als Geschenk zu empfinden. Das Leben zu loben ist eine Art Daseinsfrömmigkeit, die ich brauche und die ich zu vermitteln versuche.

Ich glaube an Gott, die schöpferische Kraft, die »dem Nichtseienden ruft, daß es sei« (Röm 4,17), die gut ist und uns als Gute will, das bedeutet ganz und blühend in unserer Fähigkeit, Gott zu spiegeln. Glauben kommt vom deutschen Wort »geloben« und hat nicht in erster Linie die rationale Bedeutung von »annehmen, für wahr halten«, sondern eine existentielle Dimension von »Sich-einlassen-auf, Sich-jemandem-versprechen«. Ich glaube Gott seine gute Schöpfung, wie sie gemeint war, in Gleichheit von Mann und Frau, in Verantwortung und Hegen und Bewahren des Gartens, in unserer Fähigkeit zu arbeiten und zu lieben und somit Ebenbild Gottes zu sein.

Der Ursprung ist zugleich das Ziel; da wir aus Gott kommen, gehen wir auch in Gott hinein; jeden Tag tun wir Schritte auf diese Wirklichkeit Gottes hin. Wir holen die Parteinahme für das Leben aus der Trivialität des Alltags und der Trivialisierung unserer Lebensziele und Wünsche zurück. Dieses Zurückholen nennt meine Tradition »teschuva« oder Umkehr, und eine der tiefsten Erfahrungen und Hoffnungen des Glaubens ist die – weltlich durch nichts garantierte – Annahme, daß wir der Umkehr fähig sind. Ich soll das mir selber glauben; der Unglaube an die Möglichkeit der eigenen Umkehr ist vielleicht das Schlimmste, das die Depression meinem Freund antut. Ich bin aufgefordert und eingeladen, diese Umkehr meinem Nächsten zuzutrauen, auch wenn er oder sie den Kurs auf den Eisberg stur weiterverfolgt, und ich soll sogar den Feinden des Lebens die teschuva zutrauen, ein in der Tat absurdes Unternehmen angesichts der Obsession, mit der die Herren dieser Welt das Projekt des Todes verfolgen. Und doch glaube ich der Tradition die Umkehr als unsere wahre Möglichkeit.

Wie soll ich aber Gott lieben, die Schöpfung loben und bewahren und am Reich Gottes mitarbeiten, ohne zu verzweifeln? Die Hilfe, die meine Tradition mir anbietet, heißt Christus. An ihn zu glauben finde ich vergleichsweise leicht, man braucht nicht Christ im fundamentalistischen Sinn des Wortes zu sein, um sich auf seinen Weg ziehen zu lassen, und man muß die dogmatischen Entstellungen seiner Wahrheit nicht zur Hauptsache machen. Ging es ihm doch selber nie um eine Exklusivität seiner Person, sondern um das, was vor ihm aufschien: Gottes Reich. Wir alle sind Söhne und Töchter Gottes, er ist nur der »Erstgeborene unter vielen Geschwistern« (Röm 8,29), der den nichtjüdischen Menschen der antiken Welt den Gott Israels erschloß. Seine Verbundenheit mit dem Grund allen Lebens war stark genug und ist in allem, was wir von ihm wissen, gegenwärtig, seine Orientierung auf das Ziel ist unzweideutig. In seinem kurzen öffentlichen Leben wurde er immer mehr die Liebe, von der er sprach. An Christus glauben heißt nicht, ihn als einen Heros bewundern, sondern ihm nachfolgen. »Ein jeglicher sei gesinnt, wie Jesus Christus auch war ...« (Phil 2,5).

Aber ist er nicht vollständig gescheitert? Wurde er nicht samt seinem Gottestraum verraten und verleugnet, verurteilt und zu Tode gefoltert? Und ist nicht sein Projekt, das Reich, in dem, was daraus folgte, der Kirche, erst recht verraten und verleugnet, entstellt und tausendfach verbrannt? Als hätten die alten Christen geahnt, was aus der Kirche würde und in welche Verzweiflung dieser Apparat die Nachfolgerinnen des armen Mannes von Nazareth stürzen müßte, haben sie dem Grund des Lebens und dem Anführer und Vollender des Lebens noch eine andere rätselhafte Gestalt des Glaubens hinzugefügt, den Geist Gottes oder, wie wir heute besser, dem hebräischen Wort folgend sagen, die Geistin, die ruach, die lebendig macht.

Ohne den Glauben an die ruach kann ich mir mein Leben nicht vorstellen. Die Vernunft, wenn sie sich denn nicht bloß zuschauend und neutralisierend verhält, strandet an der Verzweiflung. Wenn sie ehrlich ist, kann sie angesichts des Projekts des Todes, das nach wie vor die wichtigste Produktivkraft, die Wissenschaft, beherrscht, nur stranden. (Immer noch arbeitet eine knappe Mehrheit aller Wissenschaftler und Ingenieure am Projekt des Todes, in »military-related industries« und Forschungsaufträgen.) Woher sollen die Minderheiten des Gewissens, die sich dem Sog des Todes widersetzen, die für Bäume und Schmetterlinge und das Wasser ihrer Enkel eintreten, die sich verhaften und verurteilen lassen in gewaltfreiem Widerstand, eine reale Hoffnung nehmen? Ich denke, es ist nicht zuviel gesagt, wenn wir die Geistin Gottes im Widerstand gegen alles, was uns mit dem Töten versöhnen will, sehen. Nach der Tradition gibt der heilige Geist zweierlei: Wahrheit und Mut. Wahrheit bedeutet, daß Gottes Geist die Menschen als der Wahrheit fähig bestimmt. Es ist nicht so, als könnten wir nichts wissen, als seien die Experten ewige Herren und Richter über ein in der glaubenslosen Perspektive als dumm und ahnungslos angesehenes Volk. Als Naturwissenschaftler und Ärzte sich Anfang der 80er Jahre »für den Frieden« konstituierten, mußte ich ein wenig lächeln. Meine Erfahrung war nämlich, daß die Hausfrauen in den Kirchengemeinden es viel eher begriffen hatten ... daß man mit Bomben und Giftgas hungernde Kinder nicht am Leben erhalten kann. Die heilige Geistin hatte sie wahrhaftig gemacht, und das will in einer Welt systematischer, staatlich verordneter Desinformation, wie ein neues Wort für Lüge heißt, viel sagen. Indem Gottes Geist den Menschen Wahrheit gab und sie selber von der tiefen Angst, wahrheitsunfähig zu sein, befreite, führte diese Geistin sie auch weiter zum Mut.

Ich empfinde die Gegenwart oft wie eine von der milden Depressivität intelligenter Männer umhüllte Decke, in der Menschen handlungsunfähig, weil glaubenslos bleiben. Die angeblichen Sachzwänge der industrialisierten Welt und die ihnen entsprechenden Ohnmachtserfahrungen der Leute, die wissen, »man kann nichts machen«, entsprechen einander. Das Wissen ist immer mehr zum Todeswissen degeneriert. Aufklärung allein genügt nicht. Sie kann die herrschende Geistlosigkeit nicht überwinden. An Gottes Geist zu glauben bedeutet vor allem, ihn zu rufen. »Komm, heiliger Geist ...« auch in unsere Leere und in unsere Abhängigkeit von den Drogen, mit denen wir uns umgeben haben. Ein anderes Leben ist möglich, das steinerne Herz kann zu einem fleischernen werden. Daran zu glauben ist unverzichtbar für mein Leben. Ich verlobe mich mit der Geistin, gerade dann, wenn ich in der eigenen Gegenwart im Bereich meiner Klasse, meines Volkes, meiner weltgeschichtlichen Rolle wenig von ihrem Feuer spüre.

Woran ich glaube? Wir leben, wenn wir Gott loben, das Gerechte tun und die Geistin anrufen. Indem wir den aufrechten Gang lernen, lernen wir auch niederzuknien. So verbinden wir uns, die so viel Apartheid und Todeskultur aufbauen, wieder mit dem Leben und dem Liebhaber des Lebens, wie Gott in der Bibel genannt wird. »Ich nehme Himmel und Erde heute über euch zu Zeugen: Ich habe euch Leben und Tod, Segen und Fluch vorgelegt, daß du das Leben erwähltest und du und dein Same leben mögest« (Dtn 30,19). Gott bietet uns das Leben an, das gesegnete gute Leben im Schalom. Und wir können es in Freiheit wählen.

Dietrich Ritschl

Gibt es in der Theologie »Neues«?
Meditation über ein altes Thema

I. Die Frage

Die Frage nach dem »Neuen« in der Theologie soll hier gleichgesetzt werden mit der Frage nach dem »Fortschritt«. Es mag Differenzen zwischen diesen beiden Fragen geben, aber ich ignoriere sie hier. Unter »Theologie« soll hier vor allem – wie im englischen Sprachbereich – systematische Theologie verstanden sein. Gibt es in ihr einen Fortschritt, können ihre Bücher veralten, kann »Neues« klar erkannt und als solches auch ökumenisch rezipiert werden? Oder konkret: sind die Bücher des Jubilars, dem diese Festschrift gewidmet ist, neu im Sinn von »Fortschritt« im Vergleich zu Barth, zu Schleiermacher, zu Thomas, zu Athanasius?

Fortschritt gibt es – dem ersten Eindruck nach – gewiß in den stricte dictu nicht-theologischen Fächern der theologischen Fakultät. Sie sind darum weitgehend »nicht-theologisch«, weil die Historiker und Exegeten, wenn sie ihrem Geschäft nachgehen, weder ihre Arbeitsmethoden noch ihre Urteilskriterien aus der Theologie schöpfen. Sie wollen das auch gar nicht. Freilich mag sie ein theologisches Interesse leiten, sich der Bibel oder einem bestimmten historischen Thema zuzuwenden, oder der Gegenstand ihrer Untersuchung mag theologischer Art sein, aber ihre Fragen, Methoden und Urteile sind es nicht. Man kann in exegetischen und historischen Fächern ein Doktorat erwerben oder als Professor bestellt werden aufgrund von Leistungen, die keinen theologischen Gedanken enthalten. Das mag die Ausnahme sein, sie illustriert aber, was im Prinzip gilt: weder Methoden noch Kriterien sind in diesen Fächern theologisch. (Diese Bemerkungen sind in keiner Weise polemisch gemeint; sie spiegeln das wider, was die Orientalisten an den Alttestamentlern, die klassischen Philologen an den Neutestamentlern und die Historiker an ihren kirchengeschichtlichen Kollegen beobachten und schätzen und worauf im Senat bei Neuberufungen einzig Gewicht gelegt wird.)

Ob es aber in diesen Fächern einen »Fortschritt« gibt? Ob hier Bücher eindeutig veralten können? Gewiss, wenn man sich nicht irritieren lässt von der Fülle der sich widersprechenden Ergebnisse und Sichtweisen, die freilich in allen Geisteswissenschaften den Fortschritt charakterisieren: In der neutestamentlichen Wissenschaft etwa sind in den vergangenen 250 Jahren die grossen theologischen Fragen nach der Auferweckung Jesu, nach Gottes Handeln, nach dem Kreuzestod Jesu als Sühne, nach dem ewigen Leben, nach Gottes Vorsehung und Heilsplan usw. derart unbefriedigend und widersprüchlich beantwortet worden, daß einem alle Lust vergehen kann, nach der nächsten Neuerscheinung Ausschau zu halten. Ähnlich ist es neuerdings – nach einer langen Zeit recht homogener Belehrung und Hilfe für die Prediger – mit den Alttestamentlern, deren »Neues« nur allzu oft im Widerspruch zu anderem Neuen steht. Und die Kirchenhistoriker? Das Neue liegt wohl in den zahlreichen Detailergebnissen aus fleißiger Forschung; oder zeigt es sich in neuen Interpretationen, in veränderten Perspektiven, gar in schuldbewußter Geschichtsschreibung im Hinblick auf die schrecklichen Taten und Versäumnisse der Christen über die Jahrhunderte? Ich hoffe es, fürchte aber, daß es nur selten so ist. Wissen unsere Studierenden heute wirklich »mehr« und »Neues« über die Alte Kirche als die Studenten von H. Lietzmann damals, oder über die Reformation als die Hörer von K. Holl? Ich will ihnen nicht absprechen, was sie ehrlich erarbeitet haben, fürchte jedoch, daß in den Vorlesungen vieler Kirchenhistoriker noch oft die alten Klischees über den abstrakten Charakter der Trinitätslehre oder der chalcedonensischen Christologie, über Kaiser und Papst im Mittelalter, über Thomas und Calvin zu hören sind. Jedenfalls spiegelt sich das in den ungezählten Prüfungen wider, die ich abnehme – alles in furchtbarer nationaler Verengung und mit ständig anmontierten protestantischen Scheuklappen. – Im folgenden soll also nur über Theologie im Sinn der systematischen Theologie (Dogmatik und Ethik) die Rede sein und es soll gefragt werden, ob und wie es hier »Neues« geben kann.

II. Nur neues Ordnen, Gewichten und Vergleichen

Edward Farley in Vanderbilt University, damals mein Kollege in Pittsburgh, hat einmal einen ganzen Urlaub auf die Frage verwendet, wieviele echte Neuerungen in der systematischen Theologie zu beobachten sind. Er kam auf acht oder zehn, leider weiß ich nicht mehr, welche es waren. Farley hat inzwischen, gemeinsam mit David Tracy, Peter Hodgson und manchen anderen kraß unterschieden zwischen ›constructive theology‹ und rein beschreibender, berichtender Theologie. Natürlich kann nur die erstere »Fortschritt« aufweisen. Und es ist ja wahr: in den meisten unserer Bücher und Vorlesungen ordnen und gewichten wir nur neu, was man schon lange wußte und gesagt hat. Wir schieben die Steinchen nur neu hin und her. Und allzu oft berichten wir nur, was andere gesagt haben und fügen unsere kritischen oder zustimmenden Kommentare hinzu. Die Dogmatik ist dann eine in die Gegenwart verlängerte Theologiegeschichte. So lernen unsere Studierenden natürlich nicht, selber theologisch zu denken, konstruktiv Neues zu den großen Fragen zu sagen, die die Gemeinden umtreiben und auch die Menschen am Rande der Kirche. Stattdessen hören wir im theologischen Abschlußexamen – einer ohnehin nach dem überlangen Studium völlig veralteten und gänzlich reformbedürftigen Einrichtung – Barth habe dieses, Moltmann jenes, Pannenberg wieder etwas ähnliches, Tillich jedoch etwas anderes zu dieser oder jener Thematik gesagt. Zu allem Übel schließt die Liste des Auswendiggelernten fast immer nur deutschsprachige Literatur ein. Im Vergleich zu den Sozial- und Humanwissenschaftlern (der Vergleich mit den Naturwissenschaften ist nicht sachgemäß) stehen wir in der Theologie recht schlecht da. In diesem Zusammenhang könnte auch gefragt werden, ob wir eigentlich eine »Wissenschaft« betreiben: Zum Kummer mancher Kollegen bezweifle ich schon lange, daß die (systematische) Theologie eine Wissenschaft ist. Faktisch jedenfalls ist sie das meistens nicht; ideal gesprochen ist sie Weisheit, die sich wissenschaftlicher Methoden bedient.

III. Soll es denn »Neues« geben?

Kann die Forderung der amerikanischen Kollegen nach »constructive theology« überhaupt erfüllt werden? Und wenn, soll sie nur von einigen besonders kreativen Professoren oder nicht auch von den Gemeindepfarrern wahrgemacht werden? Freilich sollen die Pfarrer und Pfarrerinnen nicht »Theologie« predigen, sondern das Evangelium mit der Nachricht, daß Gottes Gnade jeden Morgen neu ist und daß sein Geist uns in die ganze Wahrheit leiten wird. Die Theologie gehört, stricte dictu, an den Schreibtisch bei der Predigtvorbereitung, nicht auf die Kanzel – von echten Lehrpredigten einmal abgesehen – aber könnte dann auch dort »Neues« gedacht werden? Und wenn also Konstruktives, Neues, nicht nur bei theologischen Autoren, sondern auch bei Predigern gedacht wird, so bleibt immer noch die Frage, ob es ein echtes Neues in der Theologie – also im Nachdenken über das Reden von Gott und im Interpretieren der Welt in der Gott-Perspektive – überhaupt geben kann, Neues im Sinne einer Überbietung, Korrektur und Vervollkommnung des Bisherigen. Kann es das wirklich geben? Besteht hier nicht ein Dilemma?

Ich weiß nicht, wie es anderen geht, aber ich komme als ökumenischer Theologe, der anfangs viele Jahre Patristik und Dogmengeschichte gelehrt hat, im Blick auf die Gesamtkirche vom Bild des Baumes oder auch des Flußdeltas nicht los. Natürlich haben diese Bilder ihre Grenzen, schon der Stamm des Baumes oder der Fluß bilden nicht präzis die Vielfalt der biblischen Traditionen ab. Aber die großen Verzweigungen der Kirche in die byzantinische und die orientalische Orthodoxie, in Ost- und Westkirche, in die Kirchen der Reformation und die danach entstehenden Denominationen und Gruppen können sehr wohl mit diesen Bildern beschrieben werden. Was markiert den Beginn der Verzweigungen? Waren es Koagulationen des Bisherigen, ein Sich-Absperren gegen Neues? War das Neue – z.B. bei den Reformatoren – derart kraftvoll, daß es das Bisherige als alt definierte und im Namen des Neuen in seine Grenzen wies und so die Koagulation perfekt machte? Das ist eine mögliche Sicht. Sie ist nicht nur anwendbar auf kirchenhistorische Umwälzungen wie die Reformation, sondern durchaus auch auf Neuansätze in der Theologie, etwa Irenaeus' neues heilgeschichtliches Konzept, die Entfaltung der Trinitätslehre durch Athanasius und die Kappadokier, die Neuentdeckung der paulinischen Gnadenlehre und der Rechtfertigung bei Augustin, des analogen Redens von Gott sowie der Einbeziehung der Natur in die Theologie bei Thomas usw.- bis hin zu Schleiermacher, zum sog. Neuaufbruch der Theologie in den 20er Jahren unseres Jahrhunderts, zu Karl Rahner und dem Vaticanum II, zu den Fortschritten in der ökumenischen Bewegung, zu einer neuen Sicht der Eschatologie und der Neubetonung und -entfaltung der Trinitätslehre bei Jürgen Moltmann, zu einer konstruktiven Rezeption neuerer Sprachphilosophie und Wissenschaftstheorie, zu einer neuen Sozialethik in den USA, zu einer neugefaßten Geistchristologie, Lehre vom Heiligen Geist und den Neuansätzen zu einer neuen biblischen Theologie, zu den verschiedenen Ausformungen der Befreiungstheologie, der feministischen Theologien...

Das Verräterische an dieser Aufzählung sind die dabei unvermeidlichen Wendungen wie »Neuansätze«, »neues Konzept«, »Neuentdeckung«, »Neuaufbruch«, »Fortschritte«, »neue Sicht«, »Neubetonung«, »neugefaßte Lehre«. Soll das heißen, daß das Neue immer nur relativ neu ist, letztlich nur eine Neufassung des Bisherigen, wobei nur in krassen Fällen oder wegen besonderer historischer Umstände und Zufälle mit dem Neuen auch Kirchenspaltungen entstanden? Für letztere Beobachtung spricht, daß heute »dasselbe Neue« oft quer durch die Konfessionsgrenzen akzeptiert ist, ohne die Grenzen zu verändern. Offenbar ist nicht nur das Neue in der Theologie nur relativ neu gegenüber dem Bisherigen, sondern auch die ehemals durch Koagulation und Beharrung bzw. durch die Durchsetzungskraft des Neuen entstandenen Konfessionen. Auch wenn sie sozusagen »ihre Zeit gehabt haben« und die Gründe für ihre Entstehung bzw. ihre damalige Erhaltung großenteils weggefallen sind, so bleiben sie doch noch bestehen: die Äste des Baumes wachsen sehr selten zusammen – um im Bild zu bleiben – und die Arme des Flußdeltas vereinigen sich erst beim Eintritt ins Meer, wenn sie aufhören zu existieren.

Zudem gilt es noch, die »Reichweite« des Neuen zu bedenken: Vielleicht ist mündliche Theologie der Urort der Entstehung des Neuen, vielleicht ist sie, im geglückten Durchbrechen und Überbieten der tausend theologischen und kirchlichen Klischees, die eigentliche, lebendige Theologie vor der Gerinnung in die Schrift. Aber ihre Reichweite ist darum umso geringer.

Die Frage nach dem Neuen in der Theologie müssen wir offenbar auf verschiedenen Ebenen stellen.

IV. In der Sprache befreit und gefangen

Die ungezählten Arbeiten über Sprache und Theologie aus den vergangenen drei Jahrzehnten finde ich insgesamt ungemein interessant. Über sie soll hier nichts gesagt werden. Es muß im Zusammenhang unserer Frage nur auf eine Grundfigur aufmerksam gemacht werden: theologische Wahrheit wird aus dem »Versteck« des Impliziten – aus den biblischen Büchern, den Gebeten und Erfahrungen und Hoffnungen der Gemeinde – zu nachvollziehbaren, kommunikationsfähigen und für die Gläubigen hilfreichen sprachlichen Äußerungen »befreit«. Ein sprechendes Beispiel ist die Trinitätslehre: sie ist in den biblischen Texten und den frühen Liturgien implizit enthalten und erfuhr in ihrer sprachlichen Ausformung nicht nur eine volle, reife Gestalt zur Freude der theologischen Fachleute, sondern sie bietet eine unersetzbare Hilfe für die Gläubigen insgesamt, Neues und Sinnvolles über Gott zu erfahren, zu denken und große Zusammenhänge völlig neu zu verstehen. Es steht ganz außer Zweifel, daß die klassische Trinitätslehre und die ihr wiederum implizite und auf sie zeitlich folgende Christologie – Harnack hin oder her – die Funktion einer Hilfe für die Gläubigen, und nicht nur für ihr Denken, sondern für ihre Doxologie, haben sollte. Die Wahrheit war in die Sprache hinein befreit.(Nicht anders steht es mit anderen Lehren, etwa der reformatorischen Rechtfertigungslehre oder auch mit Maximen wie sola scriptura u.ä.). Zugleich aber entsteht mit diesem Befreiungsprozeß ein Gefängnis der Wahrheit. Die winzige, kaum meßbare Zeit zwischen der Befreiung des Impliziten in hilfreiche, wahre theologische Artikulation, und – nach dieser »gesegneten Sekunde« der Theologie – dem Umkippen in eine sprachliche Gefangenschaft, ist die allen Bemühungen der Theologie eingepflanzte tragische Ironie. Was wir auch im Alltag erfahren können, ist in der Theologie in krasser Weise wahr: die Wahrheit kann zur Gefangenen der Sprache werden; bei steilen Formulierungen, die vom Erzählten besonders weit entfernt sind oder es kühn summieren, muß die Sprache sogar zum Gefängnis werden. Die Wiederholung der Wahrheit im Formelhaften wird zur Lüge. Hier besteht ein furchtbares Dilemma, denn die Liturgie ist ja genau dieses.

Wir entweichen dem Dilemma nur, wenn wir doxologische und explikative Sprache strikt unterscheiden. Die Erinnerung an diese Differenz ist eine wichtige Aufgabe der Theologie. Sie muß sich selber und die Kirche vor der fehlerhaften Gleichsetzung von Ist-Sätzen, die auf verschiedenen Ebenen gelten, beschützen.

Wenn theologische Sprache Verkrustetes auflösen hilft, Sprachgefängnisse knackt und sich somit, wie ich es gerne ungeniert sage, der Kirche gegenüber »therapeutisch« verhält, so bringt sie zweifellos Neues, wenn auch nur relativ im Hinblick auf frühere »gesegnete Sekunden«, als die Wahrheit schon einmal aufblitzte.

Das wäre also eine glückliche, hilfreiche Tätigkeit der Theologie. Ich kann mir schwer einen theologischen Autor vorstellen, der dies nicht auch so sähe. Sie alle wollen Verkrustungen auflösen und verdunkelte Lehren, Termini und Maximen sinnvoll erklären helfen. Umso bedrückender ist, daß viele von ihnen – ich sollte sagen: von uns – meist Mischformen zwischen Klärung und neuer Verschlüsselung bieten. Ich muß zugeben, daß ich heute noch – nach über 45 jähriger Arbeit in der Theologie und mit allen sprachphilosophischen Handwerkszeugen ausgestattet – viele Passagen in Büchern und Aufsätzen besonders von deutschen Autoren gar nicht oder nur mit Mühe verstehe. (Ich fürchte auch, daß die Hörer und Hörerinnen dieser Autoren nur akut verstehen, was in der Vorlesung gesagt wird – es gibt ja ein Momentanverstehen, das nicht vorhält – , daß sie es aber nicht einrasten lassen können in das, was sie schon wissen und verstehen; der Beweis dafür ist die modehafte und klischeehafte Verwendung überkomplizierter Konzepte oder der Rückzug auf ganz einfache, vorgestanzte Formeln im Examen). Aber es geht keineswegs nur um die überkomplizierte Sprache der theologischen Profis, vielmehr ist die Sprache der Kirche mit ihren millionenfach wiederholten, unentschlüsselten Formeln ebenfalls an der Stabilisierung der Sprachgefängnisse beteiligt. Ständig wird neuer Wein in alte Schläuche gegossen.

V. Ein neues Paradigma?

Konrad Raiser hat die von David Tracy und Hans Küng aufgebrachte Rede von einem »Paradigmenwechsel« in der Theologie (bzw. in den Weltreligionen) auf die Ökumene angewendet (Ökumene im Übergang, München 1989). H. Küng hatte in lebendigen Farben seinen eigenen Weg vom Traditionalismus bis zum »postmodernen Paradigma« geschildert (Theologie im Aufbruch, München 1987). Diesen Autoren ist sicher nicht entgangen, daß Thomas S. Kuhns Konzept des Paradigmenwechsels, das er gegenüber Karl Poppers Verständnis eines gleichmäßigen Fortschreitens der Forschung entwikkelte, auf die Naturwissenschaften gemünzt war und daß es problematisch ist, es auf Geisteswissenschaften und auf die Theologie anzuwenden. Es setzt eine Homogenität der Methoden voraus, die es in der Theologie so wohl nicht geben kann. Trotzdem wollen sie gerne vom Begriff des Paradigmenwechsels Gebrauch machen. (Ich habe etwas mehr dazu gesagt in Ökumenische Theologie, Stuttgart 1994, Kap. II). Was ist dem im Hinblick auf unsere Frage abzugewinnen?

Der Paradigma-Begriff hat eine kompliziertere Geschichte, als es heute bei den theologischen Anwendern den Anschein hat: er beginnt bei Aristoteles' Analytiken, findet bei N. R. Hanson und St. E. Toulmin sowie in Wittgensteins »Blue Book« eine komplexe Ausprägung, über die mam besten bei W. Stegmüller (Theorie und Erfahrung, Berlin 1973) Auskunft holt. Der Begriff enthält mehrere distinkte Komponenten, die bezeichnen, was in wissenschaftlicher Forschung an methodischen, theoretischen und beispielhaften Aspekten vorliegt und wie sie sich zum tatsächlichen »Neuen« verhalten, das erkannt wird. Freilich sollte niemandem in der Theologie diese differenzierte Sicht aufgeredet werden, aber wenn schon von diesem Begriff Gebrauch gemacht werden soll, so muß doch deutlich sein, was mit seiner Anwendung erreicht werden soll.

Obwohl einsehbar ist, daß K. Raiser im neuen Modell des konziliaren Prozesses und der auf den gesamten »Haushalt Gottes« bezogenen Theologie ein neues »Paradigma« sieht, ist doch unklar, ob hier mehr vorliegt als eine neue Selektion von biblisch möglichen Themen, eine neue Sichtweise im Licht dieser Themen. Entsprechendes könnte zu H. Küngs Erweiterung bzw. Neuverkopplung von zentralen Themen gesagt werden, obwohl noch nicht deutlich ist, inwieweit seine Doppelthesen, die Theologie der Weltreligionen müsse zugleich »christozentrisch« und auf den gesamten Erdkreis mit allen Kulturen und Religionen ausgerichtet sein, müsse praktisch-pastoral und wissenschaftlich-theoretisch sein – inwieweit dies schon mehr als ein Programm ist.

Hat es nicht schon immer – vor allem aber in der zweiten Hälfte unseres Jahrhunderts – neben den »komprehensiven«, umfassenden (nicht notwendig zum »System« ausgebauten) Theologien monothematische Theologien gegeben? Gerade sie sind oft mit dem Anspruch der Novität aufgetreten. Sie haben ein einzelnes oder ein Bündel von verwandten Themen zur Perspektive der Interpretation bzw. Gesamtdarstellung der Theologie gemacht – oft mit Erfolg (meßbar am ökumenischen Einfluß) und oft auch mit Recht (erkennbar an guten theologischen Begründungen). Ihr Vorteil gegenüber den traditionellen, komprehensiven Theologien ist ihre Relevanz in einer bestimmten Zeit und ihre interpretative Kraft in einer bestimmten Situation. Ihre Begrenzung allerdings liegt gerade in dieser Bezogenheit auf eine Zeit bzw. eine Situation. Die Befreiungstheologien sind das sprechendste Beispiel. Etwas gewagter wäre es, auch die reformatorischen Rechtfertigungslehren als Beispiel zu nennen: wir sind vielleicht noch zu stark in ihrem Bann, um schon zu erkennen, daß auch sie monothematische Theologien waren, die zu anderer Zeit und in anderen Situationen durch andere abgelöst werden können.

Neue Paradigmen – wenn dieses Wort also gebraucht werden soll -bringen zweifellos Neues hervor, vielleicht auch eine neue Totalsicht, aber ihr berechtigter Relevanzanspruch ist gebunden an eine Begrenzung ihrer zeitlichen und situativen Validität. Ihr »Neues« ist eine Komposition theologischer Gedankenketten angesichts neuer Themen, die – ähnlich wie in der Ethik – früher nicht da waren oder nicht gesehen wurden, jetzt aber relevant, vielleicht sogar lebens- und über-lebenswichtig sind.

VI. Ehen mit neuen Philosophien?

Zweifellos haben die verschiedenen Ehen, die die Theologie mit philosophischen Systemen eingegangen ist, jeweils Neues produzieren helfen. Das ist im Hinblick auf den Mittel- und dann den Neuplatonismus in der Alten Kirche mit Händen zu greifen, sodann in bezug auf die aristotelische Philosophie im Hochmittelalter, usw. Jetzt konnte etwas gedacht und gesagt werden, das vorher ungedacht und ungesagt blieb. Neue erkenntnistheoretische und somit sprachliche Bedingungen waren erschlossen und bewährten sich für die theologische Artikulation. Das Neue liegt zunächst nicht im Inhaltlichen der theologischen Aussage, sondern in der Parameter-Funktion des philosophischen Partners die – auch wenn zwischen »manifesten« und »latenten« Parametern unterschieden wird – immer den Charakter einer Variablen hat: außer bei den doktrinären Vertretern einer verchristlichten Philosophie ist im Prinzip immer die Einräumung gegeben, man könnte in anderer Gestalt – mit anderer Philosophie – auch dasselbe sagen. So ist die Philosophie – im besten Sinn – eine Leiter, die – mit Wittgenstein zu reden – weggeschoben werden kann, nachdem sie benutzt worden ist. So friedlich und so sachlich ist es zwar in der Geschichte der Theologie nicht immer zugegangen, trotzdem läßt sich im Nachhinein die Übersetzungsarbeit meistens noch herstellen: wir können den theologischen Gehalt von Chalcedon herausinterpretieren, wie wenn die Väter von 451 das philosophische Konzept von »Natur« nicht gehabt hätten; und Thomas' Gotteslehre, wie wenn er kein Artistoteliker gewesen wäre; und Luther, wie wenn er nicht im Nominalismus verwurzelt gewesen wäre, und – um einen Sprung zu machen – wie wenn Jürgen Moltmann nie von Ernst Bloch und Wolfhart Pannenberg nie von Hegel gehört hätten. Diese Subtraktionsarbeit ist also theoretisch möglich und sie illustriert – dies ist ja nur ein Spiel – daß bei einem theologischen Autor zumindest im Nachhinein die Leiter weggestoßen werden könnte. Mit diesen Spekulationen soll nicht gesagt sein, daß die »Isolierung« des Theologischen – d.h. dann auch: des Neuen -in allen Fällen möglich wäre. In bezug auf die Prozeßtheologie wird man kaum sagen können, daß nach Subtraktion von A. N. Whitehead und Ch. Hartshorne aus den theologischen Gebäuden der Prozeßtheologen und -theologinnen ein »harter Kern« von »neuer« Theologie übrig bliebe. Jedenfalls ist er bisher noch nicht überzeugend vorgeführt worden.

Zudem gilt es zu bedenken, daß es Typen von Philosophie gibt, denen sich die Theologie nicht von sich aus an den Hals werfen muß, weil ihre Themen und Fragen der Theologie zunächst fremd scheinen. Dazu gehört zwar nicht das Gesamtwerk Kants, aber doch seine Erkenntnistheorie, und sicher gehört dazu die Analytische Philosophie. Diese Philosophien nehmen eher eine bedrohliche und warnende Haltung gegenüber der traditionellen Theologie ihrer Zeit ein. Wenn sich die Theologie trotzdem auf sie einläßt, so unterzieht sie sich sozusagen freiwillig dem läuternden Feuer einer Selbstkritik, die ihr nur gut tut – jedenfalls illustriert die Geschichte, daß dies so ist. Ich meine, daß aus dem Fegefeuer der Analytischen Philosophie durchaus Neues hervorgewachsen ist und daß – mit Verlaub zu sagen – die deutschsprachige systematische Theologie diese reinigende Klärung zu ihrem Nachteil bisher weitgehend gemieden hat.

VII. Neues durch Interpretation des Alten

Formal unterschieden kann sich das »Neue« zeigen: a) in neuer Ausdrucksweise des Alten, b) in neuen, über das Alte hinausgehenden Erkenntnissen, und c) in einer Neuentdeckung des Alten durch das Neue hindurch, letztlich in einer Entdeckung Gottes.

Beim »Alten« geht es in der Theologie natürlich um zweierlei: die Bibel und die Tradition. Wenn das Neue, das wir beim Interpretieren finden, nur neu ist in bezug auf die jeweilige Situation, wenn es nur neue Applikation ermöglicht, so ist es – stricte dictu – nicht wirklich neu. Es liegt dann ein letztlich deistisches Gottesverständnis vor: die Wahrheit ist fixiert, niedergelegt, Wiederholung und Applikation ist die einzig verbliebene Aufgabe. Der schöpferische Gott ist verblaßt, der creator Spiritus illuminiert nur noch, er schafft nichts Neues. Solche Theologien haben wir natürlich gehabt und haben sie noch. Das sola scriptura-Prinzip hat uns immer wieder – obwohl das sein eigentlicher Sinn natürlich nicht ist – in dieses Gefängnis geworfen.

Nun ist – wie oben in Nr. IV gesagt – die Interpretation gerade die Kunst, das Gefängnis aufzubrechen. Sie versagt nur so lange, als sie die Wege des Alten nur nachzeichnet, etwa in den biblischen Büchern, oder in der Kirchengeschichte mit geistesgeschichtlicher Methodik, die danach sucht, wer wen beeinflußt hat. Um zum Bild des Baumes oder des Flußdeltas zurückzukehren: Die Interpretation bringt nichts Neues zu Tage, wenn sie der Zahl und Gestalt der Äste, dem Verlauf der Seiten- und Nebenflüsse nachgeht. Wenn sie aber nach den Bedingungen fragt, weshalb die Äste, die Verzweigungen, die Stauungen entstanden und eingetreten sind, weshalb dieses und jenes nicht gesehen und wie damit Gott verpaßt worden war, und wenn sie uns, die Nachfahren, befreien hilft von den Folgen der Fehler und Unterlassungen, wenn sie sich zu »schuldbewußter Historiographie« in Solidarität mit den Vorfahren, – wohl auch zu dankbarer Doxologie – durchringen kann, dann bringt sie nicht nur die Gegenwart in relevante Verbindung zur Vergangenheit, sondern dann entdeckt sie in dieser Verbindung mit dem Alten das Neue, Gott selber.

Ein kardinales Beispiel für eine solche Neuentdeckung, ja, für das Hervorbrechen von wirklich Neuem, ist die Entdeckung der »jüdisch-christlichen Realität« (um Paul van Burens Ausdruck zu verwenden) für die christliche Theologie. Seit dem Einbruch dieses Neuen ist die christliche Theologie – jedenfalls für viele von uns – nicht mehr dieselbe. Wie bei der Drehung eines Kaleidoskops entsteht – auch beim Gleichbleiben der Zahl der Glasteilchen in ihm – ein gänzlich neues Bild.

Dieses Beispiel ist darum von so zentraler Bedeutung, weil hier das Neue nicht einfach durch Deduktion aus alten Texten hervorgebracht wurde: vielmehr ist hier im Spiel als Ableitung aus biblischen Texten und »Anwendung« auf die Gegenwart. Die Interpretation der Gegenwart ist auf die alten Texte angewendet worden. Ist es zu gewagt zu sagen, die Verbindung zwischen dem Alten und dem Neuen läge letztlich in Gott, für unser Erkennen im heiligen Geist? Diese theologische (-trinitarische) Lösung der Frage nach der Verbindung zum Alten ziehe ich der zunächst verlockenden, aber leicht zu Mißverständnissen verleitenden ekklesiologischen Lösung vor: es ist ja nur vorletztlich und nur in sehr gebrochener Gestalt die Kirche, die zwischen uns, den Nachfahren, die Verbindung zu den Vorfahren im Glauben darstellt. (Um das Baum- und Flußbild ein letztes Mal zu verwenden und zu pressen: es war ja die Kirche, die die verkrüppelten Äste zu verantworten hat und die immer wieder den neuen Wein in alte Schläuche füllte).

Es bleibt nun abzuwarten, welche neuen Früchte die Bemühung um eine neue biblische Theologie (etwa die Neukirchener Jahrbücher für Biblische Theologie) zeitigen wird, ob es gelingen wird, in den alten Büchern das Neue in der Weise zu entdecken, daß der Abschied von der herkömmlichen Methode der unvermeidlich arbiträren Selektion und der flachen Deduktion aus Bibelpassagen voll gelingt und das Zusammenspiel von Gegenwarts-Analyse in der Gott-Perspektive und der Suche nach ihm in den alten Texten das Vorgehen bestimmt.

Ferner bleibt abzuwarten – und es ist ein Warten auf bewußte, theologische Entscheidungen –, ob diese Suche nach der Verbindung zwischen der heute neu erfahrenen Gegenwart Gottes und dem Alten in den biblischen Büchern auch ohne Hemmungen ausgedehnt werden kann auf die Interpretation der nachbiblischen jüdischen und christlichen Liturgien und Bücher. Wenn das möglich wird, so kann es auch zu einer ganz neuen und zutiefst theologischen Weise kirchengeschichtlicher Forschung und Lehre kommen. Es kann auch dann von echtem »Fortschritt«, d.h. von kognitivem Gewinn in der theologischen Interpretation gesprochen werden, wenn die interpretierten Texte aus nachbiblischer Zeit stammen – unbeschadet der alten protestantischen Warnung, wir sollten nicht von zwei »Offenbarungsquellen« reden. Es könnten dann Neuinterpretationen der Väter und Lehrer der Kirche – und Synagoge – nicht nur zu Nachzeichnungen ihrer Gedanken, sondern zu neuen Gedanken über Gott führen, Gedanken, die die Interpretierten ihrerseits noch nicht hatten. Es könnte jemand ein Buch über die Trinitätslehre schreiben, das gegenüber Athanasius und Gregor v. Nazianz ganz Neues bringt, das diese beiden aber hoch erfreut hätte, wenn sie es hätten lesen können.

Es gibt Theologien – leider können nur die veröffentlichten akademischen Produkte beurteilt werden und nicht die ungezählten Predigten, die es vielleicht noch viel schöner zeigen – in denen dieses Zusammenspiel von Gegenwartserleben des Neuen in Gott und der Suche nach dem implizit Neuen in den alten Büchern der Bibel und den nachbiblischen Zeugnissen bestimmend sind. Zu ihnen zähle ich – so einseitig und persönlich gefärbt eine solche Aufzählung auch ist – so gänzlich verschiedene Publikationen wie die Bücher von Edward Farley, die Ethikbände von James M. Gustafson, Teile von F. Mildenbergers »Biblischer Dogmatik«, die dogmatischen und sakramentstheologischen Arbeiten von Theodor Schneider, auch Michael Welkers »Gottes Geist« und besonders das ein Jahr vorher erschienene Buch von Jürgen Moltmann »Der Geist des Lebens«, das mir von seinen Büchern am vorbildlichsten erscheint und wirklich Neues sagt. Ihm widme ich diese kleine Serie von Überlegungen mit herzlichen Wünschen und mit einem Satz aus dem genannten Buch (S. 300):«Die Erfahrung des ›fließenden Lichts‹ leugnet natürlich nicht die transzendente Lichtquelle und die Erfahrung des ›lebendigen Wassers‹ vergißt nicht den unerschöpflichen Brunnen, aber es liegt nichts an der Unterscheidung von Quelle und Fluß, sondern alles an der Verbindung. In dieser Gotteserfahrung wird der Geist als ein ›weiter Raum‹ und ein ›flutendes Licht‹, in dem die Betroffenen sich selbst entdecken und sich entfalten, erlebt.«

Douglas J. Hall

Am Wendepunkt
Wird die christliche Religion ihre Adoleszenz überwinden?

Jürgen Moltmann schließt seinen provokativen Aufsatz »Christianity in the Third Millenium«[1] mit einer bewegenden Herausforderung, der ich die leitende Metapher dieses Aufsatzes entnehmen möchte.

> Das Christentum ist eine junge Religion auf dieser Erde. Es ist erst 2000 Jahre alt. Als junge Religion hat es vor allem die jungen Völker mit seinem messianischen Geist erfüllt. Es hat Europa zum Kontinent der Reformationen und Revolutionen gemacht. Es hat das Experiment der modernen Weltzivilisation ins Leben gerufen. Wie keine andere Religion ist das Christentum mit dem Schicksal der modernen Welt verbunden. Darum *müssen auch die Christen ihre Pubertät überwinden und reif und weise werden*. Wir sind nicht zur Weltherrschaft bestimmt, sondern können nur mit anderen Religionen gemeinsam überleben und dem Überleben der Menschheit dienen. Wir können von den älteren Religionen der Menschheit lernen, wie man mit der Erde umgeht. Auch das Christentum wird erwachsen werden und vom Fortschrittsglauben zu den Gleichgewichten des Lebens finden. Auch das Christentum wird seine eigene Schöpfungsspiritualität wiederentdecken und die Resonanzen zur Religion der Erde finden, um in den großen Schöpfungsgesang Gottes einzustimmen, der die Welt erlösen wird.

Die Metapher der Pubertät, die durch diese Äußerung hervorgerufen wird, scheint mir angemessen zu sein, um die christliche Religion als eine Religion, die sich heute in diesem Stadium ihrer Existenz befindet, geschichtlich einzuordnen.[2] Obwohl es Amerikaner und Kanadier verblüffen wird, deren weniger als 500jährige Geschichte die 2000jährige Geschichte des Christentums geradezu als ehrwürdig erscheinen läßt, entwächst das Christentum, wenn man es aus der Perspektive der alten Religionen betrachtet, auf die sich Moltmann bezieht, von der Naturgeschichte der Erde selbst ganz zu schweigen, chronologisch wirklich erst seiner »Pubertät«.

Aber es ist noch in einem anderen Sinne pubertär, der mir wichtiger erscheint: in seinem inneren, spirituell-intellektuellen Zustand. Dies ist im nordamerikanischen Kontext viel offensichtlicher als in den »alten« euro-

---

1. In: Theology Today 51, 1994, 89 (Hervorhebung von mir).
2. Wenn wir diese Metapher gebrauchen, müssen wir jedoch die Unterscheidung zwischen Religion und Glaube stark machen. Sicher muß die *Glaubens*reife vielen zugestanden werden, die chronologisch betrachtet in das Stadium der »Kindheit« des Christentums gehören, vor jedem Anzeichen der »Pubertät«, und in der Tat entlang des ganzen Weges.

päischen Mutterländern. Das europäische Christentum macht seit mindestens zwei Jahrhunderten, vielleicht sogar schon seit dem Zerbrechen der mittelalterlichen Einheit, die schmerzhafte Verwandlung zum Erwachsenen durch. In den Vereinigten Staaten und Kanada verlängerte sich die Pubertät, teils weil eben dieser »messianische Geist« (den, wie Moltmann zurecht bemerkt, die »junge« Religion des Christentums unter den »jungen Völkern« der Erde geweckt hat) so tatkräftig in unserer relativ kurzen Geschichte am Werk war.

Tatsächlich ist es im Zusammenhang des öffentlichen Lebens und seiner Rhetorik gerade eine unkritisch triumphalistische Form des Christentums mit allen Kennzeichen der reinen Pubertät, die immer noch die psychischen Triebwerke insbesondere der Vereinigten Staaten auftankt. Wer die zentrale Rolle der christlichen Rechten während der letzten Kongreßwahlen (1994) beobachtete, konnte nicht umhin, dies wahrzunehmen. Ebensowenig konnte man der Erklärung Präsident Clintons »Zur Lage der Nation« am 24. Januar 1995 zuhören (damit wir nicht fälschlicherweise folgern, daß das Phänomen nur bei einer politischen Partei auftritt), mit ihren unverhohlenen Anspielungen auf Gott und der expliziten Herausforderung an die Geistlichkeit, den »Bund (sic!) (der Regierung) mit Amerika« zu stützen, ohne zu erkennen, wie abhängig die Vereinigten Staaten von Amerika noch immer von der Religion sind, mit der ihre Geschichte verflochten ist.

Während Amerika selbst nur widerwillig seiner Pubertät entwächst, wobei es unweigerlich seine legendäre Unschuld verliert und die tiefen Sorgen der weltweiten Verantwortung erfährt, wird der gesellschaftliche Anspruch auf unbedingte Bestätigung auf Seiten seines geschichtlichen Kultus zunehmend hartnäckiger. Nicht ein gereiftes und weises Christentum wird von der herrschenden Kultur gewünscht, da eine derartige reife Weisheit notwendigerweise viel zu nuanciert für diesen Zweck wäre, sondern ein Christentum, das sich selbst fraglos der Aufgabe hingibt, den amerikanischen Traum wiederherzustellen: d.h. das gleiche Christentum, das von Kaiser Konstantin, von Heinrich VIII. oder auch von den deutschen Fürsten zur Zeit der Reformation, ja (in seiner verkrüppelsten Form) auch von Adolf Hitler gewünscht wurde, nämlich ein pubertäres Christentum.

Unter solchen Umständen fragt man sich: Wird das Christentum fähig sein, seine Pubertät hinter sich zu lassen? Ist das Erwachsenenalter, das Moltmann für die christliche Bewegung anmahnt und vorhersagt, so eindeutig die Zukunft, die uns erwartet?

Die Adoleszenz ist eine Zeit der Turbulenz, aber auch der Erregung, des Wagnisses, des Abenteuers. Im Menschen, besonders bei den männlichen Vertretern dieser Spezies, ist sie untrennbar mit der verwunderlichen Entdeckung der eigenen Macht verbunden: der eigenen Potenz! Diese macht sich

Luft in Ausbrüchen überschwenglicher Freude, die an gefährlichen Leichtsinn grenzen: quietschende Autoreifen mit jungen Männern am Steuerrad! Wenn nicht die Umstände ihre Energien in Schranken halten und leiten, kann sie zu Gewalt und der abscheulichsten Art des Machismo führen. Der von außen beschränkte Jugendliche ist ein Sprengkörper, der nur darauf wartet zu explodieren. Wenn diese aufgestaute Energie nicht in konstruktive Bahnen gelenkt wird, wird sie fast mit Sicherheit destruktiv, in der Regel wohl *selbst*destruktiv. Die Entdeckung der eigenen Macht ist immer eine berauschende Sache.

Das Christentum begann sich im vierten Jahrhundert, wie Amerika im achtzehnten, seiner immensen Macht bewußt zu werden. Es ist meines Erachtens ein Fehler, dies allein äußerlichen Faktoren zuzuschreiben. Als der Heeresoffizier Konstantin ein intuitives Gefühl für die Möglichkeiten dieser neuen Religion entwickelte, sein schwankendes Reich zu stützen, lag das daran, daß die christliche Bewegung, obgleich sehr jung und noch in der Minderheit, schon eine Energiewoge vermittelte, die sterbende Zivilisationen leicht wahrnehmen, da sie sie brauchen! Diese Energie entströmte der christlichen Botschaft selbst, die, trotz ihrer manchmal düsteren Einschätzungen der menschlichen Situation und der Aussichten der *civitas terrena*, eine im wesentlichen hoffnungsvolle und positive Botschaft war. Auf dem politischen Hintergrund aristokratischer Dekadenz und verausgabter Autorität, und dem spirituellen Hintergrund ungeheuerlichen Aberglaubens im Volke und eines Fatalismus unter den Eliten, leuchtete das Christentum in der antiken Welt zweifelsohne als heller Stern der Möglichkeit.

Die Inthronisierung des Christentums in der kurzen, achtzig Jahre andauernden Epoche zwischen Konstantin und Theodosius dem Großen hatte zur Folge, daß diese gesellschaftlich unbegrenzte und (aus offizieller Perspektive) potentiell gefährliche geistliche Energie effektiv politischen Zielen zugeführt werden konnte, Zielen, die nicht nur dem völligen Vergessen wehrten, dem die mediterrane Zivilisation zu verfallen trachtete, sondern auch neue Lebenslust in einer geistlich erschöpften Welt anboten. Mehr als 1000 Jahre lang lieferte das Christentum der europäischen Zivilisation diesen »Enthusiasmus« (*en theos*). Selbst als die Ehe zwischen Christus und der Kultur mit dem Ende des Mittelalters zu scheitern begann, waren die Energien, die vom 15. bis zum 19. Jahrhundert in christliche wie in säkulare Bewegungen flossen, im Grunde christliche Energien. Die europäischen »Reformationen und Revolutionen«, von denen Moltmann spricht, wie auch das Streben nach Wissen und Erforschung, das die Europäer neue Welten finden und das Zeitalter der Wissenschaft einläuten ließ, kann, selbst wenn sie auf der Oberfläche der Geschichte als antichristlich erscheinen, oder erscheinen möchten, auf spirituelle Voraussetzungen im Christentum zurückgeführt werden. Ein Glaube, der die Welt als Gottes Schöpfung und den Menschen als Gottes

Augapfel versteht, was immer man außerdem über ihn sagen kann, und was immer er über sich selbst sagen mag, ein solcher Glaube bringt eine enorme Begeisterung für die Möglichkeiten des Menschen in einer Welt hervor, deren Geschichte sinnvoll und fortschreitend ist.

In den beiden nördlichen Staaten des nordamerikanischen Kontinents wissen wir noch deutlich um die Macht der christlich-religiösen Leidenschaft, solche Ziele zu beeinflußen; denn wir sind nicht nur ein spezifisches Ergebnis dieser Woge geistlichen Eifers in der europäischen Geschichte, sondern wir besitzen in unserer Mitte durchdringende Stimmen, die uns bedrängen, die inzwischen schwindende Kraft unserer Adoleszenz wiederzugewinnen. Unser Blickwinkel auf den »Wendepunkt«, auf den im Titel dieses Essays angespielt wurde, ist deshalb von dem unserer europäischen Zeitgenossen etwas unterschieden. Insofern wir die in der Tat berauschende, wenn auch naive Intensität der Adoleszenz vergleichsweise länger als sie bewahrten, sind wir uns ihres Nutzens bewußter, fürchten uns mehr vor ihrem Verlust, und (das ist am wichtigsten) sind skeptischer, was die »Reife« anbetrifft, die sie ersetzen mag.

Jürgen Moltmanns abschließende Sätze im obigen Zitat gehen von dem Glauben aus, daß der Übergang von der »Pubertät« zur Reife zuhöchst positiv sein kann. Wie ein Individuum, das die Adoleszenz verläßt, ein vernünftiger, kooperativer und verantwortlicher Bürger oder eine entsprechende Bürgerin werden kann, so mag die christliche Religion, die in die große Welt der vielen Glaubensweisen und gemeinsamen Probleme eingeführt wird, aufhören evangelikal aggressiv zu sein, sie mag ihre besten Ressourcen entdecken, um gemeinsamen Bedrohungen des Lebens zu begegnen, und harmonisch in den Chor des »großen Schöpfungsgesang Gottes einstimmen, der die Welt erlösen wird.«

Dies ist ein wunderschönes Szenario, des Mannes würdig, der uns die »Theologie der Hoffnung« gab. Ich möchte es nicht diskreditieren, denn ich hoffe leidenschaftlich, daß die christliche Bewegung ihre *krisis* in einer eben solch reifen Weise begegnen wird. Aber als einer, der mit Jürgen Moltmann einen gemeinsamen Hintergrund in der Tradition, die Luther als *theologia crucis* bezeichnete, teilt, möchte ich einige Wenn und Aber aus dem Blickwinkel einer Kirche und Gesellschaft anbringen, die dem fraglichen Übergang wegen ihrer fortwährenden Nähe zum pubertären Stadium wesentlich näher steht.

Während viele Jugendliche den schwierigen Übergang zum Erwachsenenalter vergleichsweise würdevoll und mit positiven Ergebnissen bewerkstelligen, ist das bei anderen nicht der Fall. Unter günstigen Umständen, besonders wenn sie von verständnisvollen und weisen Erwachsenen umgeben sind, gewinnen Jugendliche eine lobenswerte Reife. Aber wenn eine solche Anleitung fehlt, kann der spätere Zustand der betreffenden Person schlechter sein als der vorherige. Die Leute, die wir Erwachsene nennen, sind allzu oft desillusionierte oder zynische Jugendliche, deren jugendliche Kraft und jugendlicher Idealismus von den Realitäten des Lebens in einer endlichen und sündigen Welt zerschlagen wurde. Je ungastlicher die Welt für heranreifende Jugendliche wird, die ausgerüstet und willens sind ihr zu dienen, desto weitverbreiteter ist das Phänomen einer solchen Desillusionierung. Die jungen Leute erhalten von einer Gesellschaft, die (beispielsweise) nur einen Bruchteil ihrer möglichen Arbeitskraft braucht, um ihre Bedürfnisse zu befriedigen,[3] die Botschaft, daß es besser wäre, im Stadium der Adoleszenz zu verharren.

Einige Faktoren im nordamerikanischen Kontext machen mir Sorge, wenn ich über unseren christlichen »Wendepunkt« nachdenke. Sie lassen mich weniger optimistisch sein, daß sein Ausgang so glücklich sein wird, wie es uns Jürgen Moltmann glauben machen möchte. Ich werde mich auf zwei dieser Faktoren konzentrieren, die gegen die »Reife und Weisheit« sprechen, welche Moltmann als Kennzeichen des Christentums der Zukunft vorhersagt.

Der erste Faktor könnte als die kirchliche Form von Sehnsucht nach der Adoleszenz bezeichnet werden, auf die gerade hingewiesen wurde. In unserem Kontext ist es ein robuster und einfallsreicher Zweig des Christentums, der durch alles, was er sagt und tut, zu verstehen gibt, daß er keineswegs darauf vorbereitet ist, sich von dem militanten, ausschließlichen und welteroberndem Glauben zu verabschieden, der alle Konkurrenten zurückschlug und so unerschütterlich an die Endgültigkeit seiner Lehren glaubte, daß er dazu fähig war, Ergebnisse zu erzielen, die überlegteren und dialektisch ausgeglicheneren Äußerungen des religiösen Glaubens sicher vorenthalten geblieben wären. Dieser Typ des Christentums, der in vielen seiner besonderen Verkörperungen bis vor kurzem von seiner eigenen heiligen Abgeschiedenheit von der bösen Welt überzeugt war, beeilt sich in den letzten Jahrzehnten, das Vakuum aufzufüllen, das die historischen, einstigen *mainline*-Denominationen hinterließen, nämlich die Rolle des religiösen Establishments zu übernehmen. Die überwältigende Mehrheit der Nordamerikaner, deren wichtigstes Informationsmedium das Fernsehen ist, nimmt inzwischen fundamentalistisch-biblizistische Äußerungen des Christentums als normatives Christentum wahr. Dieses Christentum ist nicht nur unwillig, die »Felder, die reif für die Ernte sind«, mit irgendeinem anderen Glauben zu teilen, oder bei den alten Religionen nach Weisheit zu suchen; es betrachtet Plura-

---

3. Jeremy Rifkin, Präsident der in Washington ansässigen Foundation on Economic Trends, behauptet in seinem Buch *The End of Work*, daß »der Weltmarkt bis in 30 Jahren nicht mehr als 20 Prozent der Bevölkerung bedarf, um zu funktionieren.« (Zitiert in: *Brenda Dalgish*, Looking for Work, in: Maclean's 108, 1995, 32.

lismus und Säkularität als Teilaspekte der Malaise der Gesellschaft, und unternimmt kühne missionarische Anstrengungen, die darauf ausgerichtet sind, die Welt, nicht selten »bis zum Jahr 2000« zu christianisieren.

Man kann sagen, um im Bild zu bleiben, daß diese heute als »die christliche Rechte« bezeichnete Art des Christentums sich weigert, die pubertäre Phase zu verlassen. Sie beabsichtigt ihr Streben nach Macht fortzusetzen, wobei sie willentlich einen Schleuderkurs fährt und an ihren Rändern still und heimlich geistliche (gelegentlich auch physische) Gewalt gutheißt, die notwendig ist, um ihre Herrschaft zu sichern.

Der zweite Störfaktor in unserem Kontext ist auf der entgegenliegenden Seite des Spektrums angesiedelt, bei den Christen, die wir grob als den radikalen, lautstarken Flügel des *mainline*-Liberalismus bezeichnen können. Die Parole dieses Teiles ist Inklusivität.[4] In Übereinstimmung mit dem liberalen Universalismus des 19. Jahrhunderts öffnet er sich allen Glaubensrichtungen, Rassen, sexuellen Identitäten und Präferenzen, und ebenso allen Betrachtungsweisen, ausgenommen die, die er für exklusiv hält – insbesondere andere Christen, die auf einem explizit christlichen Glaubensbekenntnis beharren.

Da die Menschen, die in den ehemals führenden Denominationen verbleiben, vor allem aus der Mittelschicht kommen, relativ gut ausgebildet sind und eine natürliche Neigung haben, Unterschiedlichkeiten zu tolerieren, ist es den meisten von ihnen praktisch unmöglich, den radikal-liberalen Gedanken der Inklusivität zu kritisieren, wie unwohl sie sich durch manche Ausdrucksformen der letzteren auch fühlen mögen. Nicht nur in kultureller sondern auch in religiöser Hinsicht sind Menschen dieser Kategorie darauf getrimmt, jedem Sinnsystem, das als »elitär« bezeichnet werden kann, zu mißtrauen. Die ganze Stoßkraft des *mainline* Christentums ging in der Tat auf diesem Kontinent dahin, freundliche, annehmende, gastfreundliche Glaubensgemeinschaften zu erschaffen – »freundliche Kirchen« –, deren Gemeinschaftsleben Christus exemplifiziert, in dem »nicht Jude noch Grieche, ... nicht Sklave noch Freier, ... nicht Mann noch Frau (ist); denn alle (sind) einer ...« (Gal 3,28).

---

4. Die Verwendung von »Inklusivität« in der gegenwärtigen Diskussion über den religiösen Pluralismus läßt sich zum Teil auf die Verwendung des Begriffs bei Karl Rahner zurückführen. Ich benutze ihn hier nicht im Sinne Rahners; vielmehr verstehe ich ihn als Bezeichnung derjenigen Haltung, der die christliche Partikularität peinlich ist. Der Kontext, in dem ein solcher Begriff Anwendung findet, färbt immer seine Bedeutung. Es ist eine Sache, das Konzept der Inklusivität, wie dies bei Rahner der Fall ist, strategisch anzuwenden, in einem kirchlichen Milieu nämlich, welches die unverhohlene Exklusivität des Satzes *extra ecclesiam nulla salus* voraussetzt; es ist etwas durchaus anderes, ein solches Konzept in einem gesellschaftlichen Kontext anzuwenden, in dem jedweder Anspruch auf die Einzigartigkeit der christlichen Offenbarung von der säkularen wie der religiösen Avantgarde in Abrede gestellt wird.

Aber die Hoffnung auf das eschatologisch versöhnende Werk des dreieinigen Gottes ist nicht gleichbedeutend mit einer Ideologie der Inklusivität, in der Versöhnung nicht mehr ein Geschenk der Gnade, sondern eine Realität ist, und deswegen ein »Recht«, das der Struktur des Seins selbst eignet. In Wahrheit bringt das im Namen »Jesus Christus« verdichtete Bekenntnis die Ideologen liberal-christlicher Inklusivität in eine Verlegenheit, die nur dadurch überwunden werden kann, daß man die Partikularität der historischen Person Jesus in einem »Christus« aufgehen läßt, der in Wirklichkeit nur ein Konstrukt der wichtigsten Lehrsätze dieser Ideologie ist.[5]

Wir sehen hier eine Art peinliche *Reaktion* auf die Pubertät, die so ungeschickt in das Stadium angeblicher Reife springt, daß sie nicht nur ihre *Naivität*, sondern auch die Ursache ihres Überschwangs hinter sich läßt. Es überrascht dann nicht, daß diese Art in der Regel akademisch und abgestumpft wird, und in ihrer »politischen Korrektheit« nicht selten aggressiver wird als diejenigen, die hartnäckig an ihren pubertären Glaubensbekenntnissen festhalten. Wenn wir Christen und Christinnen uns in diese Richtung bewegen, da die christliche Gemeinschaft von der konstantinischen in die nachkonstantinische Phase übergeht, werden wir am Ende das verlieren, was uns geschaffen hat, nämlich den Glauben, der in Jesus von Nazareth eine Verwirklichung des Letztgültigen sieht, das, während es über sich hinausweist und sich somit weigert, sich selbst absolut zu setzen, weiterhin der Eingang (»Tür«) zu einer Mitteilsamkeit der Liebe bleibt, die ansonsten völlig abstrakt oder gänzlich dem Blick verborgen bliebe.[6]

Zusammenfassend läßt sich sagen, daß wir uns in der Zukunft mit zwei Programmen auseinandersetzen müssen: auf der Rechten mit einem Christomonismus (Dorothee Sölle nannte ihn »Christofaschismus«), der nicht nur Christus in die Sphäre der Endgültigkeit erhöht, sondern auch bestimmte christologische und andere Dogmen; auf der Linken ein ideologischer Glaube, der Jesus Christus unter seine eigenen, im Vorhinein festgelegten Grundan-

---

5. Was Reinhold Niebuhr vor 40 Jahren in seiner »Intellectual Autobiography« über den christlichen Liberalismus sagte, ist im Blick auf die selbsternannten Radikalen von heute, die sich über den »Skandal der Partikularität« erregen, ebenso wahr, wenn nicht sogar noch zutreffender: »Die ganze moderne Theologie in ihren vielfältigen Aspekten bemüht sich darum, die Absurdität der Idee eines in die Geschichte involvierten und historisch handelnden Gottes abzuschwächen. Man tut dies, indem man die Botschaft der Bibel auf »ewige Prinzipien« in der Ethik oder der Ontologie reduziert ... In dem hoffnungslosen Versuch des modernen Christen, seinen Glauben den intellektuellen Skrupeln der modernen Menschen annehmbar zu machen, verkürzt er ihn zu ontologischen Absurditäten oder zu ethischen Binsenweisheiten.« (*Reinhold Niebuhr: His Religious, Social and Political Thought*, New York 1956, 19.
6. Siehe *Paul Tillich*, Systematic Theology I, Chicago 1951, 150-53.

nahmen über Gott und Welt subsumiert. Vorausgesetzt, daß sich die christliche Bewegung im nordamerikanischen Kontext auf diese Weise polarisieren wird, zeichnet sich am Horizont die Gefahr ab, daß sich das Christentum entweder sektiererisch in simplifizierende Reduktionen seiner selbst auflösen wird, oder daß es in die allgemeine »Spiritualität« absorbiert wird, die derzeit so viele angeblich postmoderne Menschen anzieht. Metaphorisch gesprochen besteht die Gefahr darin, daß das Christentum nicht in der Lage sein wird, vernünftig von der Pubertät zur Reife zu gelangen, sondern, wie es bei so manchem Menschen der Fall ist, entweder eine streitbare Jugendlichkeit ins Erwachsenendasein hineinschleppt, oder eine vorgetäuschte Reife annimmt, die es genau der Lebenskraft berauben wird, durch die es ursprünglich erzeugt wurde. Ob dies nur eine nordamerikanische Gefahr ist, vermag ich nicht zu sagen, aber ich vermute, daß sie *mutatis mutandis* zumindest in den meisten anderen, »neueren« Kirchen des Planeten zu beobachten ist.

Es scheint mir nur einen Ausweg zu geben, wie solche unerwünschten Szenarien wie die Fortsetzung dieser Polarisierung oder die Vormachtstellung einer Position über die andere effektiv verändert werden können. Dieser mögliche Ausweg wird insbesondere den zukünftigen Kurs angeben, den die beiden Gruppierungen innerhalb der gegenwärtigen Konstellation der Kirchen einschlagen werden: die zuvor genannte, nicht auf eine Linie zu bringende Mehrheit der ehemaligen Hauptkirchen, die zwar dem Gedanken der Inklusivität zugeneigt ist, sich aber mit den ideologischen Versionen derselben unwohl fühlt; und die professionellen Gelehrten innerhalb der christlichen Religion, die, wenn sie nur wollten, in der Lage wären, diese Mehrheit beim Verlassen des pubertären Stadiums anzuleiten – eines Stadiums, in dem sie aus inneren und äußeren Gründen mit Sicherheit nicht verharren kann.

Am auffälligsten an dieser gestaltlosen Mehrheit unter den einstigen Hauptkirchen in unserem Kontext ist ihre theologische Verwirrung, die sich in vielen Fällen zu einer dogmatischen Gleichgültigkeit und zum geschichtlichen Gedächtnisschwund steigert, sich bei einer signifikanten Minderheit allerdings als echte Sehnsucht nach Klarheit und Orientierung äußert. Die Menschen in diesem Segment der Kirche mögen zwar eine Versuchung sowohl in der »konservativen« Exklusivität als auch in der »radikal-liberalen« Inklusivität verspüren, fühlen sich aber letztlich in keinem der Lager zuhause. Ihr eigenes Ethos dürstet nach einer stärker nuancierten, nachdenklicheren, weniger doktrinären Ausdrucksform des Glaubens – einer, die von ihnen keine engstirnige, ihnen wesensfremde Lebensauffassung verlangt, und sie nicht davon abbringt, an der Besonderheit der jüdisch-christlichen Tradition festzuhalten.

Eine solche Situation birgt das implizite Verlangen nach *theologischer Tiefe*, die nur diejenigen aufbieten können, die sich einem jahrelangen professionellen Training in den verschiedenen theologischen Disziplinen und verwandten Gebieten unterworfen haben. *Aber* (und das ist vielleicht einer der ausdrücklichsten Vorbehalte, die ich an Moltmanns bewundernswerter Vision der christlichen Zukunft hinzufügen möchte) es ist eine traurige Tatsache, daß die professionellen christlichen Gelehrten, zumindest in Nordamerika, die Kirchen praktisch im Stich gelassen haben, und, unter dem Einfluß des Fachgelehrtentums in all seinen zeitgenössischen Ausformungen, nur noch Dialoge und Monologe innerhalb ihrer Zünfte führen. John Cobb beschrieb es kürzlich so: »Da nur so ein geringer Teil der gelehrten und intellektuellen Arbeit der Theologiefakultäten auf den Dienst an der Kirche ausgerichtet ist, überrascht es nicht, daß die Kirche wenig Interesse an dieser Arbeit hat. Die Gelehrten schreiben für einander und für die Studierenden, denen sie ihre Bücher zum Lesen aufgeben.«[7]

Ich möchte mir eine Tautologie genehmigen: nur ein *denkender* Glaube kann die Pubertät überwinden und »reif und weise werden«. Im Blick auf die Menschen liegt die Bürde auf den Gelehrten, den Lehrern und Lehrerinnen der Kirche. Sie müssen von ihren engstirnigen professionellen Interessen Abstand nehmen und der Gemeinschaft dienen, in der schließlich ihre Existenz allein begründet ist, indem sie ihr dazu verhelfen, eine wahrhaft bekennende Gemeinschaft zu werden. Wenngleich die Gnade und Vorsehung Gottes nicht von menschlichem Handeln abhängig sind, und wenngleich deswegen die Zukunft der Kirche, wie die Zukunft überhaupt, in den Händen Gottes und nicht der christlichen Ausbildenden liegt, hat christlicher *Gehorsam* in unserem historischen Moment doch ausdrücklich mit Theologie zu tun. Es ist eine krankhaft verirrte Lesart der »Zeichen der Zeit«, zu meinen, daß das Handeln dem Denken gegenüber Priorität besitzt. Diese Annahme, die vielleicht die größten Anstrengungen in den alten protestantischen Hauptkirchen hervorruft, mißachtet die Tatsache, daß man gerade in der gedanken-losen Aktivität eine Dimension ansiedeln muß, die zwar nicht berechenbar ist, aber doch offensichtlich die komplexe Problematik unseres Zeitalters mitverursacht. Niemand mit gesundem Menschenverstand könnte einem Denken ohne Handeln zustimmen, oder einem Denken, das dazu dient, einen Zaun zu errichten, auf dem man sich dann als Zuschauer niederläßt. Wenn den Kirchen nicht geholfen wird, wieder nachzudenken, kann man von ihnen nicht mehr erwarten, als wie ein Blatt im Aufwind jeder neuesten Mode, jedes »Ismusses«, jedes Slogans und jeder Genitivtheologie herumgewirbelt zu werden.

Als ein bewußter Protestant bin ich davon überzeugt, daß eine derartige theologische Wiederbelebung des Christentums heute nur von einer wirk-

---

7. *John B. Cobb, Jr.*, Faith Seeking Understanding: The Renewal of Christian Thinking, in: The Christian Century (29 June-6 July 1994), 642f.

lich ökumenischen Bewegung unternommen werden kann, in der diejenigen christlichen Kirchen eine zentrale Rolle spielen, die sich einen lebendigen Dialog mit der *Tradition* bewahrt haben. Nur diejenigen, die sich der Vergangenheit erinnern, können uns helfen in die Zukunft zu gelangen. Das bedeutet sicher nicht, daß wir die Vergangenheit, *irgendeine* Vergangenheit, in die Zukunft mitschleppen müssen; aber es bedeutet sehr wohl, daß die Zukunft eine vielfältige Mischung sein wird. Sie wird zur Wiederholung des *Schlimmsten* der christlichen Vergangenheit, wenn wir uns nicht daran erinnern und damit ringen, wo und was wir waren, wenn also keine Auseinandersetzung mit der Tradition stattfindet (»*traditioning*«). Die liberalen protestantischen Denominationen dieses Kontinents, die sich am stärksten der Moderne anpaßten, geraten in der sogenannten »postmodernen« Ära am meisten ins Schleudern. Deshalb stehen all jene Kirchen – die römisch-katholische, die orthodoxe, die lutherische, die gemäßigten Baptisten, die Mennoniten und andere – in besonderer Verantwortung, denen es aus dem einen oder anderen Grunde nicht gewährt war, die Moderne unkritisch zu übernehmen, weil sie gezwungen waren, sich mit Lehrmeinungen aus der Zeit vor der Aufklärung auseinanderzusetzen.[8]

Eine solche Berufung ist für diese Kirchen nicht einfach, denn (mit bemerkenswerten Ausnahmen) zogen sie sich im allgemeinen aus dem weltlichen Diskurs zurück. Ausnahmen gab es nur dort, wo sie noch damit rechnen konnten, gehört zu werden, allerdings aus Gründen, die nicht in Beziehung zum Evangelium stehen (in einigen Establishments, ethnischen Ghettos, usw.). Was der Rest von uns von diesen kirchlichen Gruppen gerade *nicht* braucht, sind jene Bekenntnisse der unveränderlichen *Lehre*, die sie in ihren allzu-typischen Ausdrücken immer bereit waren mit uns zu teilen (oder

---

8. Dies ist auch die Schlußfolgerung der soziologischen Studie von *Wade Clark Roof* und *William McKinney*, American Mainline Religion: Its Changing Shape and Future, New York 1987, 241: »Wenn eine wiederbelebte öffentliche Kirche wirklich am Horizont steht ... benötigt (sie) Führungsformen und -qualitäten, die in der protestantischen Mitte selten auftraten; eine erneuerte Ökumene und neue, kühne theologische Positionen sind ebenso entscheidend, besonders eine Theologie, die mit der Erfahrung der zur Mittelschicht gehörenden Amerikaner in Einklang steht und ihr Bedeutung gibt.«
9. Ein vielversprechendes Beispiel dessen, was ich meine, ist eine neue Arbeit römisch-katholischer Feministinnen, *Catherine Mowry LaCugna (Hg.)*, Freeing Theology: The Essentials of Theology in Feminist Perspective, San Francisco 1994, ein Werk, das von seiner Herausgeberin als ausgesprochen katholisch beschrieben wird, da alle Essays »durch das katholische Bemühen gekennzeichnet sind, soweit als möglich die Kontinuität mit der christlichen Tradition zu wahren, ja, in der christlichen Tradition soviele befreiende Elemente wie möglich zu suchen.« Siehe die Besprechung von *Maureen Dallison Kemeza,* in: Christian Century 111, 1994, 1121.

uns aufzudrängen!). Was wir von ihnen brauchen ist ein Vorbild an historischer *Verantwortlichkeit*, die sich nicht auf den Erhalt der Kirche und ihrer Lehre, sondern auf den Erhalt des *Lebens* richtet, nämlich des Lebens von Gottes geliebter Schöpfung.[9] Ein solches Vorbild an »theologischer Existenz« kann den Überresten des *mainstream* Protestantismus helfen, ihre Erinnerung an das Wichtigste an ihrer eigenen Vergangenheit zurückzugewinnen, damit die entzweiten christlichen Kirchen gemeinsam eine ausreichende Integrität finden (die sie jetzt nicht besitzen!), um in den kreativen Austausch mit den älteren Glaubensweisen des Planeten zu gelangen, der »zum Dienst am Überleben der Menschheit (und der Erde) arbeiten« wird.

Übersetzt von Steffen Lösel und Sonja von Kleist

Stanley Hauerwas

Ohne Feind kein Christentum
Theologie und Verkündigung zwischen den »Welten«

Ich habe immer Jürgen Moltmanns theologischen Mut und Einfallsreichtum bewundert. Vor einigen Jahren schrieb John Updike in der Zeitschrift *The New Yorker* eine überraschend positive Besprechung über das Werk von Kurt Vonnegut. Er bemerkte, daß Vonnegut der einfallsreichste Romanschriftsteller der Gegenwart sei, der uns helfe, die Absurdität des Normalen zu sehen. Moltmann ist meines Erachtens der Vonnegut der neueren Theologie, da er uns theologisch zwingen will, unsere Welt eschatologisch zu betrachten. In der Hoffnung, den Dank auszudrücken, den wir ihm schulden, verstehe ich diesen Aufsatz als einen (zugegebenermaßen) unzulänglichen Versuch, seinem Beispiel zu folgen, indem ich einmal dem nachgehe, was es in einer sogenannten postmodernen Welt bedeuten mag, zu predigen und Theologie zu treiben.

Ich schrieb diesen Aufsatz ursprünglich für einen Vortrag zum Jahrestreffen der American Academy of Homiletics, das 1994 an der Duke University stattfand. Das Thema der Konferenz war: »Die Predigt im postmodernen Zeitalter«. Ich versuchte dem Thema gerecht zu werden, ohne mich an der endlosen Diskussion darüber beteiligen zu müssen, was unter »Postmoderne« zu verstehen sei. Indem ich mein Stichwort von Moltmann bekam, versuchte ich das Grundmuster der Postmoderne eschatologisch zuzuschneiden und zu bestimmen. Daß die Predigt im Mittelpunkt stand, war offensichtlich durch den Anlaß vorgegeben, aber ich denke, daß dies durchaus im Sinne Moltmanns ist. Im Gegensatz zu vielen anderen zeitgenössischen Theologen schreibt Moltmann eine Theologie, die wie eine Predigt wirkt. Für Moltmann ist das Betreiben von Theologie nicht von der kirchlichen Praxis zu trennen, so wie es eben in der Predigt geschieht. Er zieht keine scharfe Trennungslinie zwischen Theorie und Praxis. Unschwer ist zu verstehen, wie seine Theologie die kirchliche Predigt prägen sollte.

Das ist einer der Gründe, warum Moltmanns Theologie mit Recht für so viele wichtig geworden ist. Man muß sich nie fragen, wie seine Theologie angewandt werden kann, denn seine theologische Arbeit ist von Anfang bis Ende praxisbezogen. Er hat uns geradezu beigebracht, daß eine Theologie, bei der die Frage notwendig wird, wie und ob sie für die Predigt angewandt werden könnte, bereits in sich falsch ist. »Angewandte Theologie« ist fast ein ebenso absurdes Unternehmen wie die kürzliche Erfindung und das Interesse an »angewandter Ethik«. »Praxisbezogen« und »angewandt« sind Adjektive, die durch eine modernistische Vorliebe für »Theorie«, die dann »angewandt« werden muß, legitimiert werden. In dieser Hinsicht war Moltmann postmodern, bevor wir überhaupt wußten, daß wir postmodern waren.

Ich bin gerade postmodern genug, um dem Begriff »postmodern« als Beschreibung unserer Zeit zu mißtrauen. Schon die Bezeichnung »postmodern« führt zwangsläufig dazu, die Denkweisen und Gedankengebäude der Moderne zu privilegieren. Diese Zeit ein postmodernes Zeitalter zu nennen, reproduziert beispielsweise die modernistische Annahme, daß Geschichte durch Periodeneinteilung kontrolliert werden könnte. Die Moderne schafft das »Mittelalter«, das wir, wie wir alle wissen, erleichtert hinter uns lassen können. Gerade die Bezeichnung »postmodern« wiegt uns in der falschen Sicherheit, wir wüßten, wo wir uns befinden, obwohl das im Widerspruch zum postmodernen erkenntnistheoretischen Bedenken steht, daß solches Wissen gar nicht verfügbar ist.

Die Moderne wurde durch eine bewußte Ablehnung der Vergangenheit geschaffen, aber ironischerweise ist nun die Moderne unsere Vergangenheit. Entsprechend liegt »die Postmoderne noch immer auf der Linie der Moderne, so wie Rebellion gegen Rebellion noch immer Rebellion ist, so wie ein Angriff auf die Beschränkungen der Grammatik noch immer in grammatischen Sätzen geschrieben werden muß, so wie ein skeptisches Argument gegen die Strukturen der Rationalität immer noch rational begründet werden muß«.[1] Reinhard Hütter bemerkt zu Recht, daß es »zu den Ironien der Moderne gehört, daß gerade die Modernsten zunehmend die Postmoderne als den letzten Fortschritt der Moderne anpreisen.«[2]

Ich muß zugeben, daß ich als Theologe eine fast perverse Freude an den Kontroversen um die Postmoderne empfinde. Die Moderne, oder zumindest die Gedankengebilde der Moderne, versuchten das Wissen zu sichern, indem sie es allein in der menschlichen Rationalität verankerten. Entsprechend wurde Gott auf die »Lücken« verwiesen oder gänzlich verleugnet. Die Postmodernen sind somit Atheisten, die nur die Moderne hervorbringen konnte. Die Moderne behauptete, daß Gott lediglich eine Projektion aus den Idealvorstellungen und Mängeln des eigentlich Menschlichen sei. Laßt uns also dem einzigen Gott dienen, den einzigen Gott verehren, auf den es ankommt: dem wahren Menschen! In dem Verlangen, in ihrem Atheismus vollkommen zu sein, leugnen die Postmodernen nun, daß der wahre Mensch existiert.

---

1. *J. Bottom,* Christians and Postmoderns, in: First Things 40, 1994, 29.
2. *Reinhard Hütter,* The Church as Public: Dogma, Practice, and Holy Spirit, in: Pro Ecclesia 3, 1994, 334.

Ich finde es jedoch verwunderlich zu beobachten, wie Theologen, sowohl konservative als auch liberale, zur Verteidigung des Menschen, der Vernunft, der Objektivität, des »Textes«, der »moralischen Werte«, der Wissenschaft und all der anderen so sehr umhegten Selbstüberschätzungen der modernen Universität im Namen des »Humanismus« herbeieilen. Es scheint, als ob die Christen vergessen hätten, daß sie der Atheismus auch etwas angeht. Christen glauben nicht an den »Menschen«, wir glauben an Gott – einen Gott, von dem wir darüber hinaus auch noch glauben, daß er uns am Ende alle töten will. Deshalb bekämpfen wir Atomwaffen, nicht weil sie »Mutter Erde« zu zerstören drohen, sondern weil der Gott, dem wir dienen, nicht will, daß ein einziges Leben ungerechterweise getötet wird, selbst dann nicht, wenn ein solcher Tod das Überleben des ganzen Menschengeschlechts sicherte. Es ist uns Christen eigentlich nicht einmal klar, was die menschliche Spezies ist oder welche Stellung sie einnehmen könnte, da wir eigentlich nur wissen, daß wir Geschöpfe, nicht aber inwiefern wir Menschen sind.

Christen sind von daher kaum an der Frage beteiligt, ob wir in einer postmodernen Zeit leben. Wenn wir die Geschichte einteilen oder besser: wenn wir erzählen wollen, wie wir dahin gekommen sind, wo wir heute stehen, müssen wir unser Verständnis von Gottes voraussehender Sorge für seine Schöpfung durch das Volk Israel und durch die Kirche einbeziehen. Israel und die Kirche sind nicht Charaktere in einer Erzählung, die »Welt« genannt wird, vielmehr ist die »Welt« ein Charakter in der Erzählung, die als Kirche bekannt ist und von Gott geschrieben wurde. Ohne die Kirche gibt es keine Welt, die eine Geschichte erzählen könnte. Aus meiner Sicht zählt die Postmoderne lediglich eine interessante Reihe von gesellschaftlichen Entwicklungen auf, die auf der Annahme basieren, daß Gott dabei keine Rolle spielt.

Trotz des imperialistischen Charakters, der diesem Anspruch auf die bedeutende Rolle der Kirche innewohnt, ist es für Christen nicht unbedeutend, diese als Moderne bezeichnete Entwicklung zu verstehen. Wir müssen vielmehr, wie ich gerade andeutete, die Scheidelinie zwischen modern und postmodern nach unseren Kriterien festlegen. Ich befürchte, daß uns dies mit der Moderne nicht gut gelungen ist. Die Haltung der Christen zur Moderne war vor allem von Minderwertigkeitsgefühlen geprägt. Nach John Milbank ist »das Pathos der modernen Theologie ... ihre falsche Demut.«[3] Unsere Predigt und Theologie waren unaufhörliche Anpassungsbemühungen an die Spielregeln der Verständlichkeit, wie sie durch die ökonomischen Gesetzlichkeiten und

---

3. *John Milbank*, Theology and Social Theory: Beyond Secular Reason, Cambridge 1990, 1.

die Geisteshaltung der modernen und besonders der liberalen Gesellschaften hervorgebracht wurden.

Christen in der Moderne dachten, es sei ihre Aufgabe das Evangelium der Welt verständlich zu machen, anstatt der Welt verstehen zu helfen, warum sie nicht ohne das Evangelium verständlich ist. In ihrem Verlangen, am Vorhaben der Moderne teilzuhaben, akzeptierten Prediger und Theologen die Annahme, daß das Christentum ein System von Glaubenssätzen oder ein Weltbild sei, das dazu dient, unserem Leben Sinn zu verleihen. Im Ergebnis wurden unter der Überschrift der politischen Verantwortung in, gegenüber und für die liberale Gesellschaftsordnung die politischen Ansichten, die im christlichen Diskurs entstanden, in die Privatsphäre verbannt. In der Annahme, daß weder von uns selbst noch von unseren nicht- oder halbchristlichen Nachbarn die Mühe abverlangt werden könnte, sich der christlichen Sprache zu stellen, akzeptierten wir die Einstellung, daß der Glaube in die Sprache der Moderne übersetzt werden müsse.

Bei dem Versuch, das Christentum verständlich zu machen, flüchtete man sich ironischerweise zu jenen philosophischen und literarischen Theorien, deren Anliegen es gerade war, den Diskurs vor der Übersetzung zu bewahren. Das bekannteste Beispiel hierfür ist die Bewegung des *New Criticism*. Unter dem Einfluß des *New Criticism* dachten manche, daß das Christentum seine eigene Berechtigung hätte, weil es wie ein schönes Gedicht verstanden werden könnte.

Solch ein Gedicht konnte und sollte natürlich die Verhältnisse des Menschen erhellen. Dabei sollte es allerdings auch belassen werden, da jeder Versuch, das Gedicht »etwas machen« zu lassen, als plump abgetan werden muß. Paul Tillich und Reinhold Niebuhr versuchten, auf recht unterschiedliche Weise, diese beeindruckenden Ideen, die jenen formalistischen Theorien entstammten, durch den ihnen innewohnenden hohen Humanismus theologisch zu rechtfertigen. Was hätte dem modernen Gewissen tröstlicher sein können als die Entdeckung, daß »das, was uns unbedingt angeht«, oder die »Sünde«, wesenhafte und unvermeidliche Charakteristika der menschlichen Situation sind? Man muß nicht einmal zur Kirche gehen, um das zu lernen. Shakespeare tut es auch, vielleicht sogar besser.

Die humanistischen Voraussetzungen des New Criticism entsprechen bestens dem Ästhetizismus der Mittelklasse, die das Christentum besonders in Amerika dominiert – jedenfalls das Christentum, welches die Intellektuellen hervorbringt, die in den meisten kirchlichen Seminaren lehren. Deswegen werden meiner Ansicht nach die gegenwärtige Theologie und Predigt immer noch durch formalistische Voraussetzungen dominiert, selbst wenn diejenigen, die Theologie treiben, predigen oder Homiletik unterrichten, glauben, daß sie solche Theorien theoretisch hinter sich gelassen haben. Es ist nicht leicht, die Denkweisen, die man sich durch den *New Criticism* angewöhnt hat, wieder abzulegen, da sie gut zu den Klasseninteressen passen, wie sie in den kirchlichen Seminaren, in denen die meisten von uns leben, vorherrschen. Selbst die »Neo-Orthodoxie« war nicht frei von diesen Versuchungen, insofern nämlich »Gottes Wort« zur autonomen, sich selbst rechtfertigenden Sache erhoben wurde.

Insbesondere durch die Voraussetzungen des *New Criticism* getäuscht, sehen wir nicht, wie sehr unsere theologischen Ansichten durch Klasseninteressen geprägt sind. Frank Lentricchia äußert in seinem Buch »Modernist Quartet« die faszinierende Beobachtung, daß der modernistische Autor, indem er absolute Originalität gewinnen und einen einzigartigen Text schaffen möchte, sich im Widerspruch zu den Richtlinien des Massenmarktes definiert. Er bemerkt jedoch, daß »der modernistische Wunsch bei Frost und Eliot – ein unabhängiges Selbst gegen die Zwänge des Marktes zu erhalten, ein Selbst, das durch das Schaffen eines einzigartigen Stils gesichert wird – durch den Markt untergraben wird, nicht weil sie gemäß populärer Rezepte schrieben, sondern weil sie uns ihre Gedichte als köstliche Erfahrungen des Voyeurismus geben, als Illusionen des direkten Zugangs zum Leben und Denken des berühmten Autoren. Der Poet ist im Gedicht gefangen, wie ein seltenes Tier in einem Zoo. Das war die einzige Ware, die Frost und Eliot hervorbringen konnten: das modernistische Phänomen als Produkt, die letzte Rache der Massenkultur gegen diejenigen, die sie verachten.«[4]

In ähnlicher Weise täuschten uns Predigt und Theologie darüber hinweg, daß die Bedingungen der Menschheit, die sie mit Hilfe der Voraussetzungen des *New Criticism* zu beleuchten suchten, letztlich nur Bedingungen der Menschen aus der gehobenen Mittelschicht waren. Deswegen wird die oft so beredte und tiefgründige Predigt, deren Ziel es ist, unsere Situation zu erhellen, so schnell vergessen, sie ist geradezu langweilig. Einsichten über die Situation des Menschen gibt es heute überall im Dutzend billiger zu haben. Die meisten von uns würden eine solche Einsicht für ein gutes Mittagessen eintauschen, und zu Recht!

Der hohe Humanismus der zeitgenössischen Theologie und Predigt verschleierte nicht nur die solcher Predigt eigenen Klasseninteressen, sondern festigte auch den Glauben, daß man Christ sein könne, ohne Feinde zu haben. Das Christentum, wenn es als Erhellung der menschlichen Situation verstanden wird, ist kein Christentum, das sich mit der Welt im Krieg befindet. Das liberale Christentum hat natürlich Feinde, aber diese sind die Feinde aller – der Sexismus, der Rassismus, die Homophobie. Und doch behaupten gewis-

---

4. *Frank Lentricchia*, Modernist Quartet, Cambridge 1994, 112f.

se Richtungen des liberalen Christentums, die sowohl theologisch als auch politisch konservativ sein können, daß es dem Christsein eigen ist, gerade keine spezifischen Feinde zu haben. Psalmen wie etwa Psalm 109, die Gott auffordern unsere Feinde und ihre Kinder zu vernichten, können nur als peinliche Überbleibsel »primitiver« religiöser Vorstellungen erscheinen. Ähnlich problematisch sind apokalyptische Texte, die nahelegen, daß Christen Teil einer kosmischen Auseinandersetzung sind.

»Kosmische Auseinandersetzung«, das klingt wie ein Videospiel, das die Kinder aus der Mittelschicht spielen. Die meisten von uns gehen nicht deshalb zur Kirche, weil sie einen Zufluchtsort vor Feinden suchen, sondern weil sie versichert werden wollen, daß sie keine Feinde haben. Entsprechend erwartet man von den Pfarrern und Pfarrerinnen, daß sie dieselbe bürokratische Mentalität veranschaulichen, die ein so charakteristisches Merkmal der modernen Verwaltungsmaschinerie darstellt. Manchmal habe ich den Eindruck, als sei eine Verschwörung mit dem Ziel im Gange, MacIntyres Darstellung des Managers in seinem Buch *After Virtue* (dt. *Verlust der Tugend*) empirisch verifizierbar zu machen.[5]

Daß das Bild des Managers zum Charakteristikum liberaler Politik geworden ist, sollte nicht überraschen, aber ich muß zugeben, noch immer über das Übergewicht solcher Charaktertypen im Pfarramt verblüfft zu sein. Eigentlich überrascht es wenig, daß eine seelenlose Kirche seelenlose Amtsträger ohne jede Leidenschaft hervorbringt. Die Pfarrämter scheinen heutzutage von Leuten dominiert zu werden, die eine panische Angst davor haben, irgendwann in ihrem Dienst tatsächlich einmal mit einer Überzeugung erwischt zu werden, die ihre Zukunftsaussichten beschränken könnte. Sie sehen deswegen ihre Aufgabe darin, ihre Gemeinden zu »managen«, indem sie sich auf eine Politik der allgemeinen Zustimmung spezialisieren, wobei sie selbst immer so nett sind, daß alle ihnen zustimmen können. Die Predigt, die ein solches Amtsverständnis hervorbringt, ist darauf ausgerichtet, unsere angeblichen Gemeinsamkeiten zu verstärken. Schließlich ist eine »gute Kirche« eine Kirche ohne Konflikte. Abtreibung, Selbstmord oder Krieg sind zu kontroverse Themen, als daß Du darüber predigen dürftest. Da ist es schon besser, wenn wir uns auf »Einsichten« beschränken, denn damit stehen wir nicht in der Gefahr, daß wir unser Leben verändern und Konflikte hervorrufen könnten.

Ich muß gestehen, daß eines der Dinge, die ich bei den Southern Baptists mag – und das meiste bei den Southern Baptists mag ich nicht – die Tatsache ist, daß diese Denomination es schafft, in der Öffentlichkeit Streit auszutra-

---

5. *Alasdair MacIntyre,* After Virtue, Notre Dame 1984, 73-76.

gen. Fundamentalisten glauben mindestens noch, daß sie feste Überzeugungen haben sollten, und sie glauben sogar noch, daß sie ihren Überzeugungen gemäß handeln müssen. Das Problem der meisten großen Kirchen ist es, daß wir nicht einmal mehr wissen, wie man einen Streit führt. Lieber ruft man einen Ausschuß ins Leben, der »die Frage untersucht«.

Wenn die Rede von der Postmoderne irgendeine Bedeutung hat, dann doch diese, daß wir uns von der tröstlichen Illusion der Moderne verabschieden müssen, daß man Konflikte verhindern kann oder jemals können wird oder überhaupt verhindern soll. Es gibt keinen unvoreingenommen Standpunkt, der prinzipiell zu sicherem Einverständnis führen könnte. Unsere Schwierigkeit ist es nicht, daß wir Konflikte haben, sondern daß moderne Menschen nicht den Mut haben, die Konflikte herbeizuführen, die wir haben sollten. Statt dessen trösten wir uns mit der Ideologie des Pluralismus und vergessen darüber, daß der Pluralismus nur der Friedensvertrag vergangener Kriege ist, der nun den Siegern dieser Kriege zum Vorteil gereicht.

Man kann nur hoffen, daß Gott diese Zeit nutzt, um die Kirche daran zu erinnern, daß es kein Christentum ohne Feinde geben kann. Das eigentliche Wesen des Christentum besteht ja gerade darin, die richtigen Feinde hervorzubringen. Unser etablierter Status verleitet uns, zu vergessen, daß Christsein bedeutet, Teil einer Armee zu werden, die gegen andere Armeen im Kampf steht. Man sagt, daß in der Versöhnungslehre während des langen Prozesses, den wir als konstantinische Wende bezeichnen, Satisfaktionstheorien und das entsprechende Verständnis des christlichen Lebens als Leben der Innerlichkeit zur Regel wurden. Wo der Kaiser zum Mitglied der Kirche wird, wird der Feind verinnerlicht. Das Problem ist dann nicht mehr, daß die Kirche eine Bedrohung der staatlichen Ordnung darstellt, sondern daß nunmehr meine Begierden in Unordnung geraten sind. In der Moderne bezeichnet man eine solche Verinnerlichung als Pietismus, und dessen theologischen Ausdruck als protestantischen Liberalismus.

Im Gegensatz dazu meine ich, daß wir in unserer Theologie und Predigt davon ausgehen sollten, daß wir für eine Kirche schreiben und predigen, die sich mitten im Krieg befindet eine Einstellung, die man merkwürdig finden mag, zumal wenn sie von einem Pazifisten vertreten wird.

Ich hoffe jedoch, daß die Verwunderung darüber dazu einlädt, die weitverbreitete Vorstellung von christlicher Gewaltlosigkeit, wie sie v.a. von Reinhold Niebuhr vertreten wurde, zu überdenken. Wer sollte es besser wissen als ein christlicher Pazifist, daß Christen sich in einem Krieg gegen den Krieg befinden? Im übrigen brauche ich, wenn ich mich als Pazifist darauf vorbereite, meinem Feind gegenüberzutreten, keine Erleuchtungen über Bedingungen des Menschseins. Ich benötige vielmehr ein sicheres Gefühl dafür, wo der Kampf stattfindet, was auf dem Spiel steht, und wie eine langfristige Strategie aussehen könnte. Aber genau das erreichen die meisten Predigten nicht. Sie helfen uns nicht, unseren Feind ausfindig zu machen, denn sie glauben nicht, daß Christen Feinde haben sollten. Im Namen von Liebe und Frieden verstärkt die christliche Predigt nur den »normalen Nihilismus«, der sich unseres Lebens bemächtigt. Es fällt uns schwer, die Kriege zu erkennen, die schon stattfinden, oder die Kriege, die stattfinden sollten, denn wir denken, daß es irrational sei, daß Menschen andere Menschen um bestimmter »Werte« willen töten sollten.

James Edwards argumentiert in seinem Buch *The Plain Sense of Things; The Fate of Religion in an Age of Values*, daß nichts den Nihilismus, der unser Leben ergriffen hat, besser charakterisiert als die Rede von den »Werten«.[6] Nihilismus ist keine philosophische Verschwörung, die von Nietzsche und einigen französischen Intellektuellen ausgeheckt wurde, um den gesunden Menschenverstand liberaler Amerikaner zu untergraben – in Wirklichkeit war Nietzsche ein großer Feind des Nihilismus. Nihilismus ist heutzutage eher der Normalzustand unseres Lebens, insofern nämlich, als wir alle glauben, daß unser Leben, wie es Edwards ausdrückt, in »sich selbst abwertenden Werten« begründet ist. Unsere Werte werten sich allesamt selbst ab, weil wir ihre Kontingenz gerade daran erkennen, daß sie Werte sind. Nach Edwards ist der »normale Nihilismus schlicht die durch westliche Intellektuelle vollzogene Erkenntnis und Duldung ihrer eigenen historischen und konzeptuellen Kontingenz. Normaler Nihilismus, das ist ganz einfach die Anerkennung der Tatsache, daß, gleich wie glühend und fundamental die eigene Bindung an ein bestimmtes Wertesystem ist, dies alles ist, was man hat: eine Bindung an ein bestimmtes Wertesystem.«

Der normale Nihilismus ist jedoch kein Befinden, das nur Intellektuelle ergreift, sondern bestimmt in einer liberalen Gesellschaftsordnung alle. Edwards macht beispielsweise darauf aufmerksam, daß es keine bessere Veranschaulichung des normalen Nihilismus gibt als die »shopping mall« in der Umgebung.[7] In der »mall« trifft man nicht nur auf ein dichtes Gedränge

---

6. Edwards Buch erscheint in Kürze bei der University of Florida Press. Ich zitiere aus einer Kopie des Manuskripts.
7. Die shopping mall ist fast ein vollkommenes Bild für die Analyse der Postmoderne, die *Fred Jamesian,* Postmodernism: or, the Cultural Logic of Late Capitalism, Durham 1991, vorgelegt hat. Jamesian zufolge ist unsere postmoderne Situation ein Phänomen des Spätkapitalismus. »Früher waren die Ideen einer herrschenden Klasse die beherrschende (oder vorherrschende) Ideologie der bürgerlichen Gesellschaft. Heute sind die fortgeschrittenen kapitalistischen Länder ein Spielfeld stilistischer und diskursiver Heterogenität ohne Normen. Gesichtslose Gebieter schreiben uns weiterhin die wirtschaftlichen Strategien vor, die unsere Existenz einschränken, aber sie brauchen uns nicht länger ihre Rede aufzwingen (oder können es fortan nicht mehr); und die Tatsache, daß in der spätkapitalistischen Welt

von gegensätzlichen Werten, sondern man trägt zu diesem Wertewirrwar noch bei, indem man als Konsument indirekt noch mehr Werte schafft. »In der klimatisierten Behaglichkeit (der Einkaufspassage) kann man von einem Leben ins andere schlendern, von einer mit den passenden Sound-Effekten (piepende Computer; brüllende Löwen) ausgestatteten Welt in die andere. Verschiedene Leben werden vor einem ausgebreitet, die man, vorausgesetzt man hat den nötigen Kredit, frei auswählen kann, um sie sich zu eigen zu machen: devoter Christ; high-tech Yuppie; Führer durch den Down East; großer weißer Jäger. Diese eindrucksvolle Verwandlung des Lebens in einen Lebensstil, die Art und Weise, wie Werkzeuge, Kleider, und Haltungen, die bestimmten Zeiten und Orten angehören, zu Gebrauchsartikeln werden, die an anonyme und unverwurzelte Konsumenten vermarktet werden: dies sind die alltäglichen (wenngleich banalen) Ausdrucksformen unseres normalen Nihilismus.« Nihilismus ist es, wenn wir aus so vielen Kompaktdisketten auswählen können, daß wir am Ende unzufrieden sind, weil wir nicht sicher sein können, das ausgewählt zu haben, was wir wirklich wollten.

Die moralische Herausforderung liegt nicht im übersteigerten Konsumverhalten oder im Materialismus an sich. Eine solche Charakterisierung dessen, was wir als Christen bekämpfen müssen, wäre viel zu oberflächlich und moralistisch. Das Problem ist nicht nur, daß wir zu Konsumenten unseres eigenen Lebens geworden sind, sondern daß wir uns keine alternative Erzählung vorstellen können, da es uns jeglicher Praxis ermangelt, die eine solche Erzählung einsichtig werden lassen könnte. Um es noch einmal anders zu sagen: Es war das Vorhaben der Moderne, Menschen hervorzubringen, die glauben, daß sie keine Geschichte (story) haben außer der Geschichte (story), die sie sich aussuchen, wenn sie keine Geschichte (story) haben. Diese Geschichte (story) wird als die Geschichte der Freiheit bezeichnet, und es wird allgemein angenommen, daß sie irreversibel institutionalisiert wurde: ökonomisch in der Marktwirtschaft, politisch in der Demokratie.[8] Diese Geschichte (story) und die Institutionen, die sie verkörpern sind die Feinde, die wir in der christlichen Predigt angreifen müssen.

Ich bin mir darüber im klaren, daß eine solche Anregung auf Unverständnis stoßen muß. Ich kann sicher nicht meinen, daß die liberale Demokratie der Feind des Christentums ist. Solche Gesellschaften sind ja schließlich so wunderbar tolerant. Sie sind doch sicher nicht gegen Toleranz? Lassen sie

---

die Fähigkeit zur Literatur verloren gegangen ist, widerspiegelt nicht nur die Abwesenheit eines großen gemeinsamen Vorhabens, sondern auch die verlorene Verfügbarkeit der älteren nationalen Sprache selbst.«

8. Für eine ausführlichere Darstellung siehe *Stanley Hauerwas*, Dispatches from the Front: Theological Engagements with the Secular, Durham 1994.

mich ihnen versichern: Ich meine es ernst, ich bin gegen Toleranz. Ich glaube nicht, daß die Geschichte der Freiheit eine wahre oder gute Geschichte ist. Ich glaube nicht, daß sie eine gute Geschichte ist, denn sie ist offensichtlich eine Lüge. Die Lüge wird durch die folgende einfache Frage aufgedeckt: »Wer hat ihnen die Geschichte erzählt, daß sie keine Geschichte (story) haben sollen außer der Geschichte (story), die sie sich erwählten, als sie keine *story* hatten?« Warum sollten sie diese Geschichte (story) ihr Leben bestimmen lassen? Mit einem Satz: die Geschichte der Freiheit ist heute zu unserem Schicksal geworden.

Denken sie nur an den Zentralsatz der Entscheidung des Obersten Gerichtshofs der Vereinigten Staaten im Fall Casey, der sich mit der Frage der Abtreibung beschäftigte: »Freiheit bedeutet im letzten das Recht darauf, die eigene Vorstellung von Existenz, von Sinn, vom Universum und dem Geheimnis des menschlichen Lebens zu definieren.« Erinnern sie sich daran, daß dies von politisch Konservativen geschrieben wurde. Im übrigen ist es genau das Freiheitsverständnis, welches Johannes Paul II. so beredt in seiner Enzyklika Veritatis Splendor verurteilt. Ein Freiheitsverständnis, wie das im Fall Casey vertretene, setzt nach Johannes Paul II. voraus, daß wir fähig sind, selbst »Werte zu erschaffen«, weil die Freiheit hier nämlich den »Primat über die Wahrheit (genießt), bis zu dem Punkt, an dem die Wahrheit selbst als ein Geschöpf der Freiheit in den Blick kommt.«[9]

Im Gegensatz dazu erinnert uns John Paul II., der keine Angst vor Feinden hat, daß die gute Botschaft des Evangeliums, die uns verkündigt wird, lautet: Es nicht unser Schicksal, von solchen Lügengeschichten über die Freiheit bestimmt zu werden. Denn die Wahrheit ist, daß wir nicht frei sind, unsere eigenen Geschichten zu wählen als Gottes gute Schöpfung. Freiheit drückt sich nicht darin aus, daß wir unser Leben erschaffen können, sondern daß wir lernen, unser Leben als Gabe zu verstehen. Wir empfangen unser Leben nicht, als ob es eine Gabe wäre. Unser Leben ist vielmehr ein Gabe. Wir existieren nicht zuerst, und dann gibt uns Gott eine Gabe, sondern unsere Existenz ist Gabe. Der Zauber des Evangeliums stattet uns mit jenen Fertigkeiten aus, die uns befähigen, unser Leben als Geschenk, als geschaffen, anzunehmen, ohne Groll und ohne Bedauern. Diese Fertigkeiten müssen ihren Ausdruck in einer Gemeinschaft finden, die sich durch Taufe, Predigt und Abendmahl konstituiert, da wir durch diese Gottes Geschichte für unser Leben erkennen.

Predigen selbst, d.h. die Verkündigung einer Geschichte, die man ansonsten nicht kennen könnte, ist ein Affront gegen das Ethos unserer Zeit. Als Kirche stehen wir unter dem Wort, weil wir wissen, daß uns etwas gesagt

---

9. In: Veritatis Splendor, 6. August 1993, 35.

wird, was wir ansonsten nicht wissen könnten. Wir stehen unter dem Wort, weil uns gesagt werden muß, was wir tun sollen. Wir stehen unter dem Wort, weil wir nicht an den Wert unserer eigenen Gedanken glauben. Diese Anleitung ist besonders für Menschen wie uns nötig, die wir durch unsere Toleranz verdorben sind.

Die liberalen Nihilisten haben natürlich Recht damit, daß unser Leben zufällig ist, aber ihr Verständnis von Zufälligkeit ist unbegreiflich. Zufällig im Blick auf was? Wenn alles zufällig ist, ist es schlicht uninteressant zu sagen, daß wir zufällig sind. Im Gegensatz dazu wissen Christen, daß ihre Zufälligkeit mit ihrer Geschöpflichkeit zusammenhängt. Zufällig zu sein bedeutet zu erkennen, daß unser Leben nur insofern begreifbar ist, als wir entdecken, daß wir Figuren in einer Erzählung sind, die wir nicht selber geschaffen haben. Die Anerkennung unserer Geschöpflichkeit bringt nicht Toleranz, sondern Demut hervor. Demut entspringt nicht der Annahme, daß niemand die Wahrheit kennt, sondern ist vielmehr eine Tugend, die von unserem Vertrauen darauf abhängt, daß Gottes Wort wahr und gut ist.

Ironischerweise werden eine Pfarrerin oder ein Pfarrer, die eine solche Demutshaltung vertreten, mit großer Wahrscheinlichkeit als arrogant oder autoritär verschrien. Das ist ein Zeichen dafür, daß der »Feind« am Werke ist. Schließlich möchten die Feinde, die oft genug wir selber sind, nicht daran erinnert werden, daß die Erzählungen, die unser Leben ausmachen, falsch sind. Im übrigen muß sich die Kirche, in der so gepredigt wird, auf eine heftige Gegenoffensive gefaßt machen, und sollte sich zudem auf einige Verluste einrichten. Gott hat uns nicht Sicherheit versprochen, sondern vielmehr die Teilnahme an dem Abenteuer des Gottesreiches. Das scheint mir die großartige gute Nachricht in einer Welt zu sein, die im wahrsten Sinne des Wortes an Langeweile verendet.

Gott hat uns, der Kirche Gottes, die verdammt beste Geschichte (story) in der Welt anvertraut. Mit großer Findigkeit ist es uns unter Zuhilfenahme von viel Theorie gelungen, diese Geschichte sagenhaft langweilig werden zu lassen. Nur noch mehr Theorien über die Bedeutung von Inhalten erwarten Dich, wenn Du vergißt, daß die Kirche und die Christen sich im Kampf befinden, und zwar mit spitzfindigen Feinden, die mit Leichtigkeit gewinnen, indem sie überhaupt die Existenz eines Krieges verleugnen.

Gott weiß, was Gott in diesen seltsamen Zeiten zwischen den »Welten« tut, aber er wird uns hoffentlich wieder ermutigen, den Feind mit den göttlichen Waffen Predigt und Sakrament anzugreifen. Ich bete darum, daß wir den Mut und die Demut haben werden, die Feinde mit – wie es Walter Rauschenbusch so schön ausdrückt – »keinem anderen Schwert als der Wahrheit« zu bekämpfen. Nach Rauschenbusch deckt eine solche Wahrheit die Lügen und deren wahres Sein auf, so wie Satan durch den Speer Ithuriels getroffen wurde.»Sie läßt die Ungerechtigkeit auf ihrem Thron beben, toben, spotten, mißhandeln, ihren Speer schleudern, ihr Ziel schützen, und schließlich sich anbieten, der Wahrheit als Vasall zu dienen. Aber die Wahrheit, die solches vollbringen kann, ist keine alte Frau, die – gehüllt in glitzernde Gewänder der irdischen Gewalt und ausstaffiert mit goldenen Ornamenten, die ihr als Ehrenabzeichen von der Ungerechtigkeit für geleistete Dienste verliehen worden waren – tote Formeln der Vergangenheit vor sich hinmurmelt. Die Wahrheit, die Gott als der mächtigste seiner Erzengel dienen kann, ist bekleidet mit Liebe, ihre gewichtigen Glieder sind befreit von unnötigem Gewicht, ihr Blick ist gelassen, ihre auf Gott blickenden Augen schrecklich.«[10] Daß doch unsere Augen, unsere Predigt und unsere Theologie genauso schrecklich seien!

Übersetzt von Steffen Lösel und Sonja von Kleist

---

10. *Walther Rauschenbusch*, The Righteousness of the Kingdom, hg. und eingeleitet von Max. L. Stackhouse, Nashville 1968, 92.

Lukas Vischer

Zwei Jahrtausendwenden

I.

Hartnäckig hält sich die Behauptung, daß die Christen des zehnten Jahrhunderts den Übergang ins zweite Jahrtausend in großer Angst erwarteten. Das Ende der Welt sei nahe, glaubten sie, und Gottes Gericht werde über die Menschen ergehen. Die letzten Jahrzehnte des ausgehenden Jahrtausends seien darum von Bußbewegungen gekennzeichnet gewesen. Felix Dahn (1834-1912) zum Beispiel, Autor des berühmten Romans ›Kampf um Rom‹, schreibt an einer Stelle: »Der Glaube, daß die Welt zu Ende gehe und am Ende des Sommer im Jahre 1000 das Jüngste Gericht stattfinden werde, war im Westen ein Axiom.«[1] Wer sich mit den Quellen näher befaßt, entdeckt bald, daß dies keineswegs der Fall war. Es gibt keinerlei Hinweis darauf, daß das Herannahen des zweiten Milleniums in der Bevölkerung besondere Ängste oder auch nur ungewöhnliche Unruhe ausgelöst hätte. Die ›weitverbreitete Angst‹ im zehnten Jahrhundert ist eine Erfindung gewisser Historiker des 19. Jahrhunderts.

Die Erwartung, daß Gott sein Reich aufrichten und damit dieser zeitlichen Welt ein Ende setzen werde, gehörte von Anfang an zur Verkündigung der Kirche. Diese Erwartung wurde durch das ganze Mittelalter – auch im zehnten Jahrhundert – immer wieder zum Ausdruck gebracht. Immer wieder kann es heißen, daß die Welt ›am altern‹ und das Ende nahe sei. Aus der Mitte des zehnten Jahrhunderts sind uns z.B. Geschenkurkunden überliefert, die mit den Worten beginnen: ›Da das Ende der Zeiten näherrückt‹ oder ›Da das Ende der Zeiten näherkommt und die Welt immer mehr zerfällt‹.[2] Diese allgemeinen Erwartungen werden aber nicht ausdrücklich mit dem

---

1. Zitiert bei *H. von Eicken*, Die Legende der Erwartung des Weltendes und der Wiederkunft Christi im Jahre 1000, in: Forschungen zur deutschen Geschichte, Bd. 23, Göttingen 1883, 305f. Vgl. auch *Auguste Dumas,* in: A. Fliche und V. Martin (ed), Histoire de l'Eglise, Bd. 7 (888-1057), 457ff. »Les hommes du Xe siècle furent beaucoup moins occupés par la crainte de la fin imminente du monde. Quoi qu'on en ait dit, ils ne furent pas obsédés de l'idée qu'elle devait arriver en l'an mille« (457).
2. Vgl. von Eicken, a.a.O. und auch *Henri Focillon*, L'an mil, Paris 1952, 52 (eine Darstellung, die allerdings vor allem was die Anmerkungen und die Interpretation der Quellen betrifft nur mit großer Vorsicht benutzt werden kann).

Jahr 1000 in Verbindung gebracht. In den letzten Jahrzehnten und Jahren des zehnten Jahrhunderts nehmen solche Hinweise sogar eher ab.

In bestimmten Kreisen mag um die Mitte des zehnten Jahrhunderts das Ende der Welt auf das Jahr 1000 erwartet worden sein. Adso († 992 als Abt von Montier-en-Der) widerspricht in seinem Traktat über den Antichrist der weitverbreiteten Meinung, daß das Ende der Welt nahe sei. Dieser Zeitpunkt, erklärt er, ist noch nicht gekommen. Solange fränkische Könige auf dem Throne sitzen, wird die Welt weiterdauern. Ein fränkischer König wird schließlich über das gesamte Reich herrschen und nach der ihm gewährten Zeit nach Jerusalem gehen und Zepter und Krone auf dem Ölberg niederlegen.[3]

Im Jahre 990 ruft Abbo, Abt von Fleury, ein Ereignis seiner Jugend, also etwa um die Mitte des zehnten Jahrhunderts in Erinnerung: »Als Jüngling (adolescentulus) hörte ich einen Prediger vor einer Gemeinde sagen, daß der Antichrist erscheinen werde, sobald das Jahr 1000 vorüber sei ... Ich widersprach dieser Predigt mit Nachdruck und berief mich dabei auf die Evangelien, das Buch der Offenbarung und das Buch Daniel. Auch mein Abt, Richard (seligen Gedenkens), verwarf den Irrtum über das Ende der Welt mit scharfen Argumenten und bezog sich dabei auf Briefe, die er aus Lothringen erhalten hatte. Denn das Gerücht hatte sich damals fast überall verbreitet, daß in dem Jahr, in dem das Fest der Verkündigung auf dasselbe Datum fallen werde wie der Karfreitag, das Ende der Welt unzweifelhaft eintreten werde.«[4]

Wie wurde aber das Jahr 1000 selbst erlebt? Wie verhielt sich die Bevölkerung? Es mag sein, daß die Ereignisse jenes Jahres mit besonderem Interesse und vielleicht mit einer gewissen Sorge beobachtet wurden. Naturkatastrophen und andere ungewöhnliche Ereignisse wurden damals ohnehin als Warnung von Seiten Gottes gedeutet. Raoul Glaber schreibt zum Beispiel in seiner Chronik: »In der Zeit des erwähnten Königs (gemeint ist Sancho III., König von Navarra, 1000-1035), erschien in der Abenddämmerung eines Septembertages ein Stern in der Gestalt eines Kometes am westlichen Himmel und blieb drei Monate sichtbar. Er strahlte so glänzend, daß er den größeren Teil des Himmels mit Licht füllte. Er verschwand jeden Tag mit der Morgendämmerung. Ob es sich dabei um einen neuen Stern handelte, den Gott in den Himmelsraum gesetzt hatte, oder ob das Licht eines bestehenden Sterns als Wunderzeichen verstärkt wurde, kann nur jener sagen, der in

---

3. *Adso*, Libellus de Antichristo, Migne PL, 101, 1295.
4. *Abbo*, Liber apologeticus, Migne PL 139, 471. Abbo spricht von zwei verschiedenen Erwartungen. Verkündigung und Karfreitag fielen nicht im Jahre 1000, sondern 992 auf dasselbe Datum. Vgl. auch Auguste Dumas, a.a.O., 458.

seiner Weisheit alle Dinge auf unaussprechliche Weise ordnet. Gewiß ist aber, daß ein solches Phänomen nie in Erscheinung tritt, ohne ein geheimnisvolles und schreckliches Ereignis anzukündigen.«[5]

Auf diesem Hintergrund ist es denkbar, daß das schreckliche Erdbeben, das Holland im Frühling des Jahres 1000 heimsuchte, oder das Feuer, das Paderborn zerstörte, als göttliche Warnungen gedeutet wurden.[6] Eine Bemerkung Raoul Glabers über das Jahr 1033 ist in diesem Zusammenhang von Interesse: »Nach den vielen und vielfältigen Wunderzeichen, die um das Jahr 1000, sowohl vorher als nachher, geschahen, sagten viele Weise voraus, daß im tausendsten Jahr des Leidens unseres Herrn ähnliche und sogar noch größere Wunderzeichen geschehen würden; und so geschah es auch.«[7] Umgekehrt gab es auch die Meinung, daß das Jahr 1000 alle vorangehenden Jahre übertreffen werde.[8]

Die Hinweise sind spärlich. Sie zeigen deutlich, daß die damalige Zeit dem Jahre 1000 weder negativ noch positiv außerordentliche Bedeutung beimaß. Besonders auffallend ist es, daß Otto III. und sein Hof der Jahrtausendwende keine besondere Aufmerksamkeit zuwandten. Die Regierungszeit des jungen Kaisers war durch ehrgeizige politische Pläne und religiöse Vorstellungen gekennzeichnet. Er setzte sich für die Wiederherstellung des römischen Reiches auf christlicher Grundlage ein und sah sich selbst als das göttliche Werkzeug für die Erfüllung dieser Aufgabe. Viele seiner politischen Aktionen hatten eine symbolisch-religiöse Dimension. In keiner dieser Handlungen aber, auch nicht in denjenigen im Jahre 1000 selbst, findet sich ein Hinweis auf das Ende des Milleniums. Im Frühjahr des Jahres 1000 besuchte er das Grab von Adalbert von Prag in Gnesen, und etwas später befahl er, das Grab Karls des Großen in Aachen zu öffnen, um in der Gegenwart des größten seiner Vorgänger über seine Sendung zu meditieren. Sogar in dem Gedicht, das im Herbst des Jahres 1000 anläßlich seines Einzugs in Rom rezitiert wurde, läßt kein Wort auf eine besondere Bedeutung des Jahres schließen. Das Gedicht endet mit dem einfachen Ausruf: »Gaudeat omnis homo quia regnat tercius Otto, illius imperio gaudeat omnis homo (je-

---

5. *Raoul Glaber*, Les cinq livres de ses histoires, ed. M. Prou, Paris 1886, Buch III, 60. Raoul Glaber war ein Benediktiner. Er lebte ungefähr 990-1047 in verschiedenen burgundischen Klöstern, für eine Weile auch in Cluny. Er ist der Verfasser einer Chronik, die die Zeit von 900 bis 1044 darstellt.
6. Vgl. dazu *Karl und Mathilde Uhlirz*, Jahrbücher des Deutschen Reiches unter Otto II. und Otto III., Bd. 2, S. 346.
7. Glaber, Buch IV/1, 90.
8. In den Annalen von Hildesheim heißt es: Millesimus annus supercrescens statute computacionis numerum, secundum illud quod legitur scriptum: millesimus exsuperat et transcendit omnia annus (zitiert bei Uhlirz, 346).

dermann freue sich, daß Otto III. herrscht, jedermann freue sich über seine Herrschaft).«[9] Wenn überhaupt besondere Erwartungen mit dem Jahre 1000 verbunden waren, kann es sich nur um eine verborgene Bewegung gehandelt haben; sie erfuhr in den letzten Jahrzehnten des zehnten Jahrhunderts jedenfalls keinerlei Intensivierung.

Wie erklärt sich dieser Sachverhalt? Ich denke, daß zwei Beobachtungen in diesem Zusammenhang wichtig sind:

a) Das Jahr 1000 hätte besondere Bedeutung erlangen können aufgrund des Chiliasmus, das heißt aufgrund des Glaubens, daß Satan nach einer Gefangenschaft von tausend Jahren freigesetzt werde und daß nach einer letzten Schlacht das Ende der Welt kommen werde (Offenbarung 20,2-3). Die Historiker, die von der ›großen Angst‹ auf das Jahr 1000 hin sprachen, gaben in der Regel als Grund solche chiliastischen Vorstellungen an. Der Chiliasmus war aber im zehnten Jahrhundert, jedenfalls in theologisch gebildeten Kreisen, nicht verbreitet. Im Anschluß an Tychonius und Augustin hatte sich die Anschauung durchgesetzt, daß mit der im Buch der Offenbarung erwähnten tausendjährigen Gefangenschaft Satans die Zeit von Christi erstem Kommen bis zu seiner Wiederkunft gemeint sei, daß aber die Zahl 1000 nicht wörtlich zu verstehen sei, sondern die Gesamtheit der von Gott bestimmten Jahre bezeichne.[10] Apokalyptische Berechnungen wurden zurückgewiesen. Das heißt nicht, daß nicht immer wieder Versuche gemacht wurden, ein präzises Datum für das Ende der Welt anzugeben. Die bereits zitierten Texte zeigen, daß vereinzelt auch das Jahr 1000 Anlaß zu solchen Spekulationen gab. Wie wir von Raoul Glaber erfahren, galt dies auch für das Jahr 1033, tausend Jahre nach Christi Leiden. Er schreibt angesichts der Katastrophen, die in jenem Jahr geschahen: »Der Glaube kam auf, daß die Folge der Jahreszeiten und die Gesetze der Elemente, die bisher den Gang der Welt bestimmt hatten, in das ursprüngliche Chaos zurückgefallen seien, und das Volk fürchtete, daß das Ende des menschlichen Geschlechts gekommen sei.«[11] Das Entscheidende ist aber, daß die damalige Kirche solchen Vorahnungen widersprach. Abbo von Fleury wies den Prediger in Paris zurecht, und Richard von St. Viktor erklärt später, daß die wörtliche Auslegung der Offenbarung nun, nachdem das Jahr 1000 vorbei sei und keine besonderen Ereignisse mit sich gebracht habe, endgültig unmöglich geworden sei.[12]

9. Zitiert bei Uhlirz, 343.
10. *Wilhelm Kamlah,* Apokalypse und Geschichtstheologie. Die mittelalterliche Auslegung der Apokalypse vor Joachim von Fiore, Historische Studien 285, Berlin 1935, 11f.
11. Glaber, Buch IV/4, 102. Vgl. Dumas, 459.
12. Migne PL. 196. 853.

b) Die zweite Beobachtung betrifft die damalige Zählung der Jahre. Die Zählung ›nach Christi Geburt‹ hatte sich im zehnten Jahrhundert noch nicht allgemein durchgesetzt. Sie war von Dionysius Exiguus (532) eingeführt worden. Anfänglich war sie nur von Forschern in chronographischen Werken benutzt worden. Erst im 8. Jahrhundert finden wir erste Spuren dieser Art der Zählung in privaten und königlichen Dokumenten, und selbst dann sind die Beispiele nicht zahlreich. Die Belege nehmen in der folgenden Zeit allmählich zu. Die Zählung nach Christi Geburt setzte sich aber erst später allgemein durch.[13] Obwohl sie in einzelnen päpstlichen Dokumenten im zehnten Jahrhundert erscheint, benutzt die päpstliche Kanzlei um die Jahrtausendwende das System der Indikationen.[14] Die kaiserliche Kanzlei verwendet verschiedene Systeme gleichzeitig.[15] Der Kalender im Osten zählte ohnehin ›von der Schöpfung der Welt‹. Es war darum von vornherein ausgeschlossen, daß das Jahr 1000 die damalige Phantasie in dem Maße beschäftigte, wie wir aufgrund heutiger Voraussetzungen zu vermuten geneigt sind. Es ist bezeichnend, daß in dem Augenblick, in dem die Zählung ab anno dominicae incarnationis allgemeine Geltung erlangte, dem Übergang von einem Jahrhundert zum nächsten größere Bedeutung beigemessen wurde. Im Jahre 1300 strömten große Zahlen von Pilgern nach Rom. Der damalige Papst Bonifatius VIII. erklärte das Jahr zum Heiligen Jahr und gewährte den Pilgern besondere Ablässe. Die Einführung der Heiligen Jahre ist die päpstliche Antwort auf eine spontane Volksbewegung, die sich aus der neuen Zählung der Jahre ergeben hatte.[16]

II.

Wie ist dieses seltsame historische Fehlurteil über die erste Jahrtausendwende überhaupt möglich gewesen? Es ist sicher nicht zufällig zustandegekommen. Es ist der Ausdruck einer Epoche, die sich sowohl ihrer selbst als auch ihrer Zukunft sicher glaubte und daher mit einer gewissen Selbstgefälligkeit auf jene Frühzeit zurückblicken konnte, als die Menschheit noch in Furcht und Schrecken vor Gottes direktem Eingreifen in die Geschichte und

---

13. *Hans Lietzmann / Kurt Aland*, Zeitrechnung der römischen Kaiserzeit, des Mittelalters und der Neuzeit, Goeschen Nr. 1085, Berlin 1956, 5.
14. *Hermann Grotefend*, Zeitrechnung des deutschen Mittelalters und der Neuzeit, Bd. 2, Hannover 1981, 93.
15. Vgl. dazu: Die Urkunden der deutschen Könige und Kaiser, veröffentlicht durch die Gesellschaft für ältere deutsche Geschichte, Bd. 2, 1, Berlin 1956, 5; außerdem *Paul Kehr*, Die Datierungen der Diplome Kaiser Ottos III., Marburg 1889.
16. *Paolo Brezzi*, Storia degle Anni Santi, Milano 1975, 19ff.

dem Ende der Welt lebte. Eine neue Stufe war seither erreicht worden. Die Menschheit hatte Schritt für Schritt ihre wahre Berufung erkannt und die Verantwortung für ihre Zukunft übernommen. Je unmündiger und hilfloser das Mittelalter dargestellt werden konnte, desto leuchtender und vorteilhafter hob sich davon wie von einer dunklen Folie die eigene Gegenwart ab.

Große Hoffnungen erfüllten das 18. und 19. Jahrhundert. Die Geschichte hatte keineswegs ihr Ende erreicht. Der Menschheit standen noch höhere Stufen bevor. Immanuel Kant brachte etwas vom Geist der Zeit zum Ausdruck, als er davon sprach, daß auch »die Philosophie ihren Chiliasmus habe«, und sich zu der Erwartung bekannte, daß »nach manchen Revolutionen der Umbildung endlich das, was die Natur zur höchsten Absicht hat, ein allgemeiner weltbürgerlicher Zustand, als der Schoß, worin alle ursprünglichen Anlagen der Menschengattung entwickelt werden, dereinst einmal zustandekommen werde«.[17] Wurde diese Vision auch nicht von allen geteilt, hatte sie doch in den Augen der damaligen Zeit unzweifelhaft große Plausibilität.

Was ist aber daraus geworden? Eine merkwürdige Umkehrung hat stattgefunden. Die Menschheit ist heute im Gegenteil wachsend von düsteren Ahnungen über ihre Zukunft beherrscht. Die Situation entbehrt nicht einer gewissen Ironie: Die letzten Jahrzehnte des 20. Jahrhunderts sind ohne Zweifel in weit höherem Maße von Angst gekennzeichnet als das ›dunkle Mittelalter‹ des zehnten Jahrhunderts. Zwar ist nicht Gottes Zorn über die Sünde der Menschheit die Ursache der Unruhe. Es ist vielmehr die Sorge, daß sich der noch vor kurzem so hoch gepriesene Fortschritt als Verhängnis herausstellen könnte. Werden die Kräfte, die dem Menschen zur Verfügung stehen, gemeistert werden können? Oder sind sie in Wirklichkeit »Fallen‹, die wir uns selbst gestellt haben und von denen wir früher oder später ereilt werden? Die Risiken, die der heutigen hoch entwickelten Welt innewohnen, sind offensichtlich. Sind wir fähig, sie wahrzunehmen und entsprechend zu handeln? Oder lassen wir uns in Wirklichkeit sehenden Auges von der Dynamik des einmal eingeschlagenen Kurses in eine unheilvolle Zukunft treiben?

Der ›philosophische Chiliasmus‹ ist natürlich nach wie vor lebendig. Jean-Christophe Rufin hat sicher recht, wenn er darin »une des croyances positives les plus fortement installées dans nos mentalités« sieht. »Alles sträubt sich in uns, wenn es darum geht, einzugestehen, daß die Welt in eine neue Phase eingetreten und die Entwicklung, von drei Jahrhunderten der Expansion getragen, an ihre Grenzen gestoßen und sogar rückläufig sein könnte.«[18] Gegen jede

---

17. *Immanuel Kant,* Idee zu einer allgemeinen Geschichte in weltbürgerlicher Absicht, Sämtliche Werke (Insel), Bd. 1, Leipzig 1921, 235.
18. *Jean Christophe Rufin,* L´empire et les nouveaux barbares, Rupture Nord-Sud, Paris 1991, 31.

Evidenz hält sich der Glaube, daß sich Fehlentwicklungen korrigieren lassen und sich über alle ›Fallen‹ hinweg der Weg in die Zukunft öffnen werde. Gleichzeitig nehmen aber in ideologisch unkontrollierten Augenblicken die Zweifel zu. Sie verbinden sich nicht in erster Linie mit dem Jahr 2000, sondern schaffen sich Ausdruck in der immer wieder neu formulierten Frage, wie tief ins dritte Millenium sich der gegenwärtige Kurs fortsetzen läßt. Der klarste Ausdruck dieser Sorge ist der Begriff der ›nachhaltigen Entwicklung‹ (sustainable development). Denn warum wäre diese Vorstellung je formuliert worden, wenn nicht begründete Zweifel bestünden, daß der gegenwärtige Kurs eben nicht ›nachhaltig‹ sei, sondern früher oder später zu einem Zusammenbruch führen müsse? Die von der UNO-Konferenz in Rio de Janeiro 1992 aufgestellte sog. ›Agenda 21‹ zeigt, welche Bedingungen erfüllt sein müßten, um mit einigermaßen sicheren Schritten ins dritte Millenium eintreten zu können. Sie zeigt aber zugleich, wie weit wir von diesem Ziel heute noch entfernt sind.

Wie werden wir also die zwei Jahrtausende ab anno dominicae incarnationis feiern? An Vorschlägen fehlt es nicht. Die Phantasie zahlreicher Kreise ist schon seit geraumer Zeit in Bewegung, und ich denke, daß wir uns auf allerlei sowohl Wohlgemeintes als auch Unsinniges gefaßt machen müssen. Der neueste Vorschlag stammt von Papst Johannes Paul II.[19] Er fordert die römisch-katholische Kirche auf, in den kommenden drei Jahren den Glauben an Gott Vater, Sohn und Heiligen Geist zu vertiefen, um im Augenblick des Übergangs ins dritte Millenium zu umso freieren Zeugen des Evangeliums zu werden. Er spricht auch von der Notwendigkeit der Buße. Seine Erwägungen bleiben aber darum so wenig überzeugend, weil der Text mit keinem Wort auf die Gefährdung der Lebensgrundlagen und die Verantwortung gegenüber künftigen Generationen eingeht. Die Verletzlichkeit der Menschheit, mehr noch das Risiko der Selbstzerstörung, ist in der römisch-katholischen Kirche noch kaum zum Thema geworden, und man muß sich darum fragen, ob die in dem päpstlichen Schreiben vorgeschlagenen Feierlichkeiten mehr sein werden als eine Art von Exorzismus, der dazu dient, den gegenwärtigen Kurs von den an ihm nagenden Zweifeln zu befreien.

III.

Was ist also an der Schwelle des dritten Jahrtausends die Aufgabe der Theologie?

Angesichts der Gefahren und Risiken, denen wir uns gegenübersehen, ist die Antwort offensichtlich: Sie muß neu zeigen, was es heißt, mit Gottes

---

19. Apostolisches Schreiben Tertio millennio adveniente, 10. November 1994.

Gabe des Lebens verantwortlich umzugehen. Sie kann und darf es nicht hinnehmen, daß das von Gott geschaffene Leben auf dieser Erde durch menschliche Unvernunft aufs Spiel gesetzt wird. Sie muß sich jedem Kurs widersetzen, der die Lebensgrundlagen künftiger Generationen beschneidet oder auf längere Sicht sogar untergräbt. Sie kann und darf sich vor allem nicht damit abfinden, daß das Leben der Schwächeren bereits jetzt den Interessen der Stärkeren, der Akteure des gegenwärtigen Kurses, geopfert wird. Sie weiß sich – gerade am Anfang eines neuen Jahrtausends – zum Anwalt derer berufen, deren Leben und Rechte am unmittelbarsten gefährdet sind.

Der erste Schritt dieses Zeugnisses besteht darin, die Gefahren und Risiken realistisch wahrzunehmen und in der Öffentlichkeit sichtbar zu machen. Die Neigung, sie zu minimieren, ist, vor allem unter denen, die vorläufig noch Vorteile aus der Entwicklung zu ziehen glauben, nahezu unwiderstehlich. Ein gutes Beispiel lieferte die Konferenz der Vereinten Nationen über den Klimawandel, die im Frühling 1995 in Berlin stattfand. Es ging darum, Einigkeit darüber zu erzielen, in welchem Ausmaß die für die globale Erwärmung und damit für die klimatischen Veränderungen verantwortlichen Treibhausgase in den ersten Jahren des nächsten Jahrtausends zu reduzieren seien. Trotz aller Warnungen von wissenschaftlicher Seite war die große Mehrheit der Meinung, daß das Risiko nicht eindeutig genug sei, um sofortiges Handeln zu rechtfertigen. Die Delegierten einigten sich darauf, sich zwei Jahre für weitere Verhandlungen zu geben. Warum sollten die industrialisierten Länder sich zu so tiefgreifenden Maßnahmen entschließen, solange die letzten wissenschaftlichen Ungewißheiten noch immer nicht ausgeräumt sind? Warum sollten sie sich auf etwas anderes einlassen als no regret measures – Maßnahmen also, die sich auch aus anderen Gründen empfehlen? Und doch läßt sich nicht bestreiten, daß das Risiko vorhanden ist und sich aufgrund von Beobachtungen ständig verdichtet. No regret – für wen? Jedenfalls nicht für die Völker der kleinen Inselstaaten und tiefliegenden Küstengegenden, die die Folgen das Klimawandels möglicherweise schon jetzt, aber auf alle Fälle als erste erfahren werden. Es ist eines, Risiken für sich selbst, etwas anderes, sie auf Kosten anderer einzugehen.

Welche theologischen Fragen werden durch ein konsequentes und zugleich realistisches Engagement für das Leben aufgeworfen? Drei seien in Kürze genannt.

1. Die Zerstörung, die bereits angerichtet worden ist, und die Risiken, in denen wir uns befinden, zeigen, daß die Menschheit Grenzen überschritten hat, die sich nicht ungestraft überschreiten lassen. Die Ansprüche, die das menschliche Geschlecht an das Biosystem stellen kann, sind von vornherein begrenzt. Der Mensch muß sich an die ihm gesetzten Maße halten, wenn er

einerseits am Leben der Natur teilhaben und andererseits das Leben der Natur erhalten und bewahren will. Der Mensch ist berufen, Gott in der Gemeinschaft mit der gesamten Schöpfung zu preisen.

Gewiß, er hat auch den Auftrag erhalten, sich die Erde untertan zu machen. Dieser Auftrag ist aber der Gemeinschaft mit allem Lebendigen untergeordnet. Der biblische Auftrag an Adam wird darum mißverstanden, wenn daraus die Einladung zu einer immer weiterreichenden Herrschaft über die sichtbare Welt abgeleitet würde. Und doch ist dieses Mißverständnis nicht allein in der heutigen Gesellschaft, sondern auch in den Kirchen tief verankert. Wenn sich auch in neuerer Zeit andere Interpretationen durchzusetzen beginnen, bleibt die offizielle Linie sowohl auf evangelischer als vor allem römisch-katholischer Seite unerschüttert.»Der nach Gottes Bild geschaffene Mensch hat ja den Auftrag erhalten, sich die Erde mit allem, was dazu gehört, zu unterwerfen ... und durch die Anerkennung Gottes als des Schöpfers aller Dinge sich selbst und die Gesamtheit der Wirklichkeit auf Gott hinzuordnen, so daß alles dem Menschen unterworfen und Gottes Name wunderbar sei auf der ganzen Erde.«[20]

Diese Vorstellung ist im heutigen Denken und Empfinden so tief verankert, daß der Gedanke eines ›Lebens in der Gemeinschaft mit der Schöpfung‹ kaum praktikabel scheint. Und doch stellt sich immer deutlicher heraus, daß es mit bloßen Korrekturen des gegenwärtigen Kurses nicht getan ist. Wer von wirklicher Nachhaltigkeit spricht, kann sich der Folgerung nicht entziehen, daß die Ansprüche an die Schöpfung drastisch reduziert werden müssen. Alle Versuche, Nachhaltigkeit ohne Konsequenzen für den Lebensstil zu verwirklichen, müssen sich über kurz oder lang als Illusion herausstellen. Wenn Leben bewahrt werden soll, braucht es so etwas wie eine Umkehr. Die Rolle des Menschen im Gesamten der Schöpfung muß neu erlernt und eingeübt werden. Sowohl Theologie als auch christliches Leben haben in dieser Hinsicht noch einen weiten Weg zu gehen.

2. Die zweite Frage betrifft die christliche Freiheit. Was ist Freiheit? Und wie soll der moderne Mensch mit der Freiheit, die er gegenüber der Schöpfung gewonnen hat, heute umgehen? Wer von Gemeinschaft mit der Schöpfung spricht, setzt sich dem Verdacht aus, die Rückkehr in ein früheres Stadium der Menschheitsgeschichte zu verlagern. Es gibt aber keine Rückkehr. Es ist nicht möglich, die Errungenschaften von Wissenschaft und Technik zu vergessen und den Zustand wiederherzustellen, in dem dem menschlichen Geschlecht noch weit engere Grenzen gezogen waren. Auch manche

---

20. Zweites Vatikanisches Konzil, Gaudium et spes, n. 34, in: Karl Rahner / Herbert Vorgrimler, Kleines Konzilskompendium, Freiburg 1966, 480.

Schäden, die bereits angerichtet worden sind, lassen sich nicht mehr rückgängig machen. Der Mensch muß im Bewußtsein der ihm gegebenen Freiheit und der heutigen Gegebenheiten handeln. Das Leben in der Gemeinschaft mit allem Lebendigen kann nur aufgrund bewußter Entscheidung Wirklichkeit werden.

Entscheidend ist darum, was wir unter Freiheit verstehen. Haben wir keine andere Wahl, als unser persönliches Leben und dasjenige der Gesellschaft als immer weitergehende Entfaltung zu verstehen? Müssen wir die Erfüllung des Lebens in Leistung, Verwandlung und Expansion sehen? Oder gibt uns das Evangelium Zugang zu einem tieferen Verständnis der Freiheit? Kann sich vielleicht die Sicht durchsetzen, daß menschliches Leben in der Gemeinschaft seine Erfüllung findet und daß darum wirklich frei einzig diejenigen sind, die sich in den Dienst der Gemeinschaft stellen?

Nachhaltigkeit ist nur durch Selbstbegrenzung möglich. Die genauen Grenzen, die sie uns auferlegt, stehen nicht von vornherein fest. Sie müssen ermittelt werden. Sie können aber nur ermittelt werden, wenn wir bereit sind, die erforderlichen Grenzen auch zu respektieren. Die christliche Tradition hat während Jahrhunderten in der Distanz zu den Gütern der Welt ein entscheidendes Merkmal der Freiheit gesehen. Sie hat Zurückhaltung gegenüber der Schöpfung gefordert, um Gott umso freier preisen und dem Nächsten umso konsequenter dienen zu können. Sie hat den Auftrag des Menschen weit mehr als in der Beherrschung in der Betrachtung der Natur gesehen. Diese asketische Tradition bedarf der Erneuerung.

3. Wird die Neuorientierung möglich sein? Wird sich eine tragfähige Basis für die Zukunft herbeiführen lassen? Die Frage läßt sich nicht beantworten, und die christliche Theologie tut gut daran, sich nicht zu raschen – entweder positiven oder negativen – Antworten verleiten zu lassen.

Die ›croyance‹ an eine bessere Zukunft ist auch tief in Theologie und Kirche eingedrungen. Immer wieder wird Gottes Reich – auf subtile oder weniger subtile Weise – mit geschichtlichen Zielen verbunden. Viel christliches Engagement zieht seine Motivation aus Visionen einer besseren Zukunft in der Geschichte. Es ist darum alles andere als selbstverständlich, daß Christen mit Zeichen des Zerfalls umzugehen verstehen. Die fast zwanghafte Vorstellung, daß sich die Spannungen und Konflikte eines Tages auflösen müssen, hindert sie daran, die Risiken, die sie umgeben, wirklich wahrzunehmen und geistlich zu verarbeiten. Zuzugeben, daß die künftige Entwicklung möglicherweise weitere Verluste mit sich bringt, widerspricht der Grundverfassung der heutigen Generation.

Was wissen wir aber über die Zukunft? Haben wir wirklich das Recht, die Auflösung der Widersprüche zu postulieren? Ist wirklich schlüssig, was Kant in der bereits erwähnten Abhandlung sagt: »Was hilfts, die Herrlichkeit und Weisheit des Schöpfers im vernunftlosen Naturreiche zu preisen ... wenn die Geschichte des menschlichen Geschlechts ein unaufhörlicher Einwurf dagegen bleiben soll, dessen Anblick uns nötigt, unsere Augen von ihm mit Unwillen wegzuwenden, und, indem wir verzweifeln, jemals darin eine vollendete vernünftige Absicht anzutreffen, uns dahin bringt, sie nur in einer andern Welt zu hoffen?«[21] Kann dieser ›unbefriedigende‹ Schluß aber wirklich von vornherein ausgeschlossen werden?

Umgekehrt ist es uns genauso verwehrt, aus den Zeichen des Zerfalls ein Szenario des fortschreitenden Zerfalls abzuleiten. Die Zukunft ist uns radikal verborgen. Die Gewißheit der Hoffnung auf Gottes Reich läßt keine Schlüsse auf den Ablauf der Geschichte zu. Das Zeugnis von Gottes Liebe muß unabhängig von bestimmten Hoffnungen und Erwartungen abgelegt werden. Einzig ein Zeugnis, das sich ganz auf Gottes verborgene Gegenwart und Liebe verläßt, wird in den Unsicherheiten, die den Anfang des neuen Jahrtausends kennzeichnen, wirklich glaubwürdig sein.

21. Kant, 239.

John Howard Yoder

Kann man für ein anderes Jahrtausend bereit sein?

Schon seit langem ist es bekannt, daß eine wichtige Dimension der allumfassenden ökumenischen Offenheit Jürgen Moltmanns darin besteht, daß er jenen Positionen besondere Aufmerksamkeit widmete, die von den Historikern herkömmlich als »sektiererisch« bezeichnet wurden, die sie inzwischen aber in neutralerer Beschreibung als Positionen der »radikalen Reformation« bezeichnen. Dies zeigt sich auch darin, daß Moltmann Otto Webers Schrift über den Kongregationalismus, »Versammelte Gemeinde«[1], neu herausgab. Es zeigt sich auch in seinen vielfältigen Beiträgen, die zu einem erneuerten Verständnis der Zentralität des christlichen Friedenszeugnisses[2] führten. Es zeigt sich auch darin, daß Moltmann sich Zeit nahm, kleine Gemeinden der radikalen reformatorischen Tradition selbst aufzusuchen und mit ihnen zu sprechen[3]. Und schließlich sehen wir es an der Bedeutung seiner tiefen Freundschaft mit dem in Rußland geborenen, mennonitischen Literaturkritiker, Sozialpädagogen und Gemeindeältesten Johannes Harder[4].

Es wäre von daher angemessen, den Schluß zu ziehen, wie ich es einmal in bezug auf die theologische Laufbahn Karl Barths[5] tun durfte, daß Moltmann sich im wesentlichen einer Vision annähert, die als eine Wiederaufnahme der

---

1. *Otto Weber*, Versammelte Gemeinde, hg. von Jürgen Moltmann, Neukirchen-Vluyn 1995.
2. Das Bekenntnis zu Jesus Christus und die Friedensverantwortung der Kirche, Gütersloh 1982, eine Deklaration des Moderamen des (Deutschen) Reformierten Bundes. Es könnte bedeutsam sein, daß in der deutschen Nukleardebatte gerade die reformierten Gemeinden diese Programmatik etwas schneller unterstützten als die mehr lutherisch geprägte EKD. Im Jahre 1983 reihte sich auch der Weltkirchenrat in diesen »nuklear-pazifistischen« Strom ein.
3. Exzerpte aus Moltmanns Vorträgen an den mennonitischen Institutionen in Winnipeg (Manitoba) und Elkhart (Indiana) im Herbst 1982 wurden in Following Jesus Christ in the World Today (Institute of Mennonite Studies, Occasional Papers no.4, 1983) veröffentlicht. Er konferierte ebenfalls mit der europäischen ökumenischen Studiengruppe Kirche und Frieden. Es ergäbe ein noch vollständigeres Bild, wenn wir uns auch mit seinen Kontakten zu Baptisten, Kongregationalisten und anderen beschäftigten.
4. Moltmanns Beitrag zu Harders Festschrift »Entscheidung und Solidarität« war ein Aufsatz über Dostojewski und die Theologie der Hoffnung (Wuppertal 1973)
5. *John Howard Yoder*, Karl Barth: How His Mind Kept Changing, in: How Karl Barth Changed My Mind, Grand Rapids 1986, 166-71.

Vision der radikalen Reformation verstanden werden könnte. Wäre das nicht eine besonders passende Antwort auf das ausgehende christlichen Zeitalter?

Jedoch wäre ein solcher Vereinnahmungsversuch nicht nur banal sondern auch unzutreffend, da Moltmann sich zu gleicher Zeit und in ähnlicher Weise den Marxisten, den Juden, den Orthodoxen, den Feministinnen und anderen anerkennend genähert hat. Die Vielfalt seiner Interessen und Beziehungen verbietet jegliches Schubladendenken. Vielmehr, wenn man die Bedeutung der Theologie darin zu erblicken suchte, daß sich die ganze Disziplin oder zumindest eine ihrer führenden Stimmen in eine bestimmte Richtung entwickelt, deren Geschichte erst die nächste Generation schriebe[6], würde man einer der vielen Versuchungen anheimfallen, vor denen die Disziplin auf der Hut sein sollte.

I. Die Versuchung, den Verlauf der Geschichte aus ihr selbst verstehen zu wollen

Gewöhnlich versuchen wir die Zukunft dadurch in den Griff zu bekommen, daß wir sie als eine Fortführung unserer Vergangenheit darstellen. Wir markieren Meilensteine in der Zeit, besonders die großen runden Zahlen wie die Jahrtausende, als ob diese eine augenfällige und bindende Bedeutung hätten.

Genau dieses ständige Bemühen um eine Orientierung, ist sowohl Teil der biblischen Sichtweise als auch eine Versuchung. Es ist Teil der biblischen Vision, als die Sinnhaftigkeit des historischen Geschehens Teil der Verheißung Abrahams war, wobei der Bundesglaube über die stabilisierende Funktion, wie sie in allen Kulturen im allgemeinen durch Religion ausgeübt wird, hinausgeht[7]. Jedoch ist der Wunsch auf die Zukunft vorbereitet zu sein, auch eine Versuchung. Ein solcher Wunsch zeugt vom Verlangen nach Souveränität. Man will der eigenen Verletzlichkeit durch die Zufälligkeit des Schicksals und der Würde des »Anderen« entfliehen. Dabei wird versucht, das eigene Überleben oder Wohlergehen selbst zu bestimmen, anstatt zu vertrauen. Wenn wir nur die Zukunft festlegen könnten, wären wir, so glauben wir, endlich sicher vor den Bedrohungen, die Unwissen, Kreativität und Auseinanderssetzung bedeuten könnten. Aus diesem Grund schuf

---

6. In meinem Freundeskreis wurde die Vermutung geäußert, daß »wenn Christen in Amerika auf die Theologie dieses Jahrhunderts zurückblicken The Politics of Jesus, John Howard Yoder (Grand Rapids 1972) als ein Neubeginn gesehen werde«. Ich bin dankbar für diese Großzügigkeit, doch als Bewertung ist diese Aussage ambivalent.
7. Dies ist der wahre Kern des Kontrasts, in den die »zyklische« Qualität vieler religiöser Weltanschauungen gegenüber dem »linearen« Verlauf des hebräischen und christlichen Denkens manchmal gestellt wird.

unsere Generation die neue soziale Pseudowissenschaft der Futurologie. Wir unterstreichen unser Einverständnis mit irgendeiner zeitgenössischen Idee, indem wir voraussagen, daß man sich ihrer in der Zukunft erinnern wird.

Diese Gedanken, die mir durchaus eine Warnung sind, halten mich nicht davon ab, zu spekulieren und als Antwort auf die Herausforderung unserer Herausgeber einen »programmatischen Essay über die Theologie im einundzwanzigsten Jahrhundert« zu entwerfen. Sie mahnen mich allerdings, von jeglichem Anspruch auf eine verläßliche Voraussage, egal ob sie nun von der unmittelbaren oder der weiteren Vergangenheit aus gezogen wurde, Abstand zu nehmen. Sie führen mich vielmehr dazu, mögliche Konstanten wahrzunehmen, vor allem solche, die von kurzlebigen Veränderungen überdeckt sein könnten.

Karl Barth reagierte richtig auf den epochemachenden Aufstieg des Nationalsozialismus, als er schrieb, daß seine Aufgabe darin bestünde, »weiter Theologie zu treiben, als wäre nichts geschehen«. Es waren die Deutschen Christen, die er dadurch verurteilte, denn sie glaubten, daß eine neue Epoche angebrochen sei, der sich die Theologie anzupassen habe. Um diese mehrjährige Aufgabe »als wenn nichts geschehen wäre« zu erfüllen, arbeitete er stetig an der größten Summa des Jahrhunderts und hörte zugleich nicht auf, aktuelle Ereignisse zu kommentieren, wozu er ein literarisches Instrument mit dem Namen »Theologische Existenz heute« schuf. Genauso ist es 1995 unsere Aufgabe im liebenden und geduldigen Gespräch mit dem Zeitgeschehen, aber ohne ihm, wie von manchen Zeitgenossen, eine Offenbarungsqualität zuzuschreiben ,das zu artikulieren, was im einundzwanzigsten Jahrhundert nicht anders, oder zumindest nur oberflächlich anders sein wird.

Der folgenreichste geschichtliche Übergang, der unser aller Lebenserfahrung zugrundeliegt und von manchen in der Heilsgeschichte als bleibender Sprung nach vorne verstanden wird, ist die sogenannte konstantinische Wende[8]. Die Renaissance, die Aufklärung, die industrielle Revolution und zahlreiche andere wichtige Ereignisse seither haben die unmittelbare Tagesordnung zwar verändert, aber die grundlegende Herausforderung,die durch die Verwechslung von der Guten Nachricht mit der Institution entstand, für die der Sohn des Konstantius Chlorus und eines serbischen Barmädchens, teilweise

---

8. Damit soll nicht gesagt werden, wie dies die kritische aber naive Historiographie oft stillschweigend tut, daß das Christentum bis um ca. 300 keine wichtigen Veränderungen durchgemacht habe. Es gab andere grundlegende Veränderungen in einigen Kirchen und im christlichen Denken, von denen auch angenommen werden kann, daß sie einige Aspekte der ursprünglichen Botschaft preisgegeben haben. Die »apologetischen« Denkweisen könnten dazu beigetragen haben, daß man, als die Privilegien des vierten Jahrhunderts eingeführt wurden, nicht kritisch genug war.

Vertreter, teilweise Nutznießer, und vor allem das Symbol war, konnten sie nicht verdrängen[9]. Unser endloses Bemühen uns selbst zu versichern, daß das, womit wir uns gerade beschäftigen, eine Zukunft hat, ist typisch für unseren kulturellen Stil, der davon geprägt ist, so wie es in unserer weit verbreiteten westlichen Geschichte gelehrt wird, gesellschaftlichen Erfolg für eine Bestätigung zu halten.

Diese verbreitete Ansicht verkörpert sich in den derzeitigen Debatten, die in einigen Zirkeln über »Befreiung« oder »Bewahrung« geführt werden. Auf beiden Seiten dieser Debatte, wird der Zerfall der Regierungen, die Osteuropa für vierzig Jahre unter Kontrolle hatten, als ein Beweis für etwas genommen, das Christen am Geschichtsverlauf bestätigen sollten. Wir beobachten die »Zeichen der Zeit« in Südostasien und Zentralafrika keineswegs mit der gleichen Aufmerksamkeit. Warum erscheint uns der bescheidene Fortschritt, den es in der letzten Zeit in der Verwirklichung politischer Demokratie in Osteuropa und dem Süden Lateinamerikas gab, repräsentativer für die Richtung zu sein, in welche sich diese Welt entwickelt, als die Unbeugsamkeit der kapitalistischen Diktaturen in China oder Indonesien, oder die Massaker und das Versagen des Westens in Bosnien, Somalia, Ruanda und Tschetschenien? Ich behaupte, daß wir das tun, weil wir, indem uns die westliche Geschichte von den Erben der Sieger vermittelt wurde, gelernt haben, Sinnhaftigkeit nur dort wahrzunehmen, wo es Erfolg gibt. Wir assoziieren »Bedeutsamkeit« mit sichtbaren Kontinuitäten.

Wir sind nicht in der Lage die Bedeutung der weitaus zahlreicheren kulturellen »Luftblasen«, die geplatzt sind, wahrzunehmen. Die Archäologen kitzeln zwar unsere Neugier hervor, wenn sie die Spuren älterer »verlorener Zivilisationen«, die der unseren in mancher Weise überlegen waren, bergen, doch zugleich bewirkt unsere Bewunderung für sie, daß wir mit noch größerer Zuversicht unsere Entwicklungslinie, zumal sie schließlich zu uns geführt hat, für Geschichte im eigentlichen Sinne halten.

Was Konstantin einmal für die Welt, die von Britannien bis nach Babylonien reichte, tat, indem er sich den Ruhm für den Sieg über Maxentius und Licinius mit dem Gott der Christen teilte, wurde nocheinmal in den letzten zwei Jahrzehnten von europäischen Märkten und Technologien durch ihre militärische und wirtschaftliche Herrschaft über den Globus wiederholt. Die Welt wurde

---

9. Ich habe einige der wichtigsten Veränderungen, die durch die konstantinische Wende im christlichen moralischen Denken eingeführt wurden in meinem Aufsatz »The Constantinian Sources of Western Social Ethics«, erschienen in: The Priestly Kingdom, Notre Dame 1985, 135-47, zusammengefaßt. Moltmann hat oft auf den Einfluß den »Konstantin« hatte, hingewiesen; vgl. *Jürgen Moltmann*, Experiment Hope, Philadelphia 1975, 105 und Theologie der Hoffnung, München 1964, 281f.

eins, allerdings nicht, weil die jüdisch-christliche Vorstellung von der Einheit des Schöpfer und Erhalters des Kosmos die Menschen überzeugt hätte. Die Welt ist eins, weil Segelschiffe, Schießpulver, Verbrennungsmotoren, Aktiengesellschaften mit beschränkter Haftung und elektronische Kommunikationssysteme eine globale Kultur der Kontrolle geschaffen haben, die stärker ist als auch nur einer der Staaten, den diese Kultur weiterhin benutzt, um die Ordnung zu bewahren. Andere lokale Kulturen und kleinere Nebenflüsse der Geschichte bleiben auf der Strecke, nicht weil sie weniger moralisch und weniger weise wären, oder weil ihre religiösen Praktiken weniger tugendhaft machten, sondern weil sogar Kuala Lumpur einen Aktienmarkt, Coca Cola und japanische Elektronik hat. Die dämonische Autonomie einer vereinheitlichten Welt wurde in kleinem Maßstab sehr deutlich, als im März 1995 eine altehrwürdige britische Bank zusammenbrach, weil sie einem brillanten jungen Techniker in Singapur erlaubte, ein Pokerspiel an der Tokioter Aktienbörse zu veranstalten.

Die Welt des 21. Jahrhundert wird nicht mehr davon Abstand nehmen können, daß sie *eine* Welt geworden ist. Es ist von daher angebracht, daß ich diese eine Eigenschaft unserer gemeinsamen Zukunft (es gäbe viele andere) als Beispiel nehme, um die kritische Aufgabe der Theologie zu erläutern. Wie beurteilt eine Theologie die Tatsache kritisch, daß die Welt eins geworden ist?

II. Sinnfindung von, in und entgegen globaler Einheit

a) Die Welt ist eins vor Gott dem Schöpfer und sie ist vor Gott dem Erhalter dazu berufen, eins zu werden. Das haben wir dem Werk Jesu, dem gekreuzigten und auferstandenen Gesalbten, zu verdanken. Dies war die Botschaft, die Paulus annahm und verkündigte, als er den Menschen in Lystra (Apg.14) und Athen (Apg 17) den alles umfassenden göttlichen Plan beschrieb, der ihre bisherige kulturelle (14. 16) und religiöse (17,23f) Pluralität ablösen bzw. übersteigen würde[10]. Dieselbe Vision entwarf Jeremia, als er die Emigranten in Babylon aufrief, das Wohl der Stadt zu suchen, in die JHWH sie gesandt hatte (29,5ff). Von daher kann es uns nicht gleichgültig sein, daß die Welt eins ist.

b) Dennoch müssen wir wahrnehmen, daß die derzeitige Vereinigung der Welt, die von oben nach unten geschieht[11], auf unzählige Weisen versäumt,

---

10. Beim Apostel beruht diese Bestätigung nicht auf einer empirischen Interpretation des Erfolges der Pax Romana, sondern entwickelte sich aus seiner Fusion des jüdischen Monotheismus mit dem messianischen Zeugnis über die Auferstehung.
11. Von oben« ist nicht nur eine Metapher für gesellschaftliche Macht. Luftverkehr und Satellitenkommunikation sind Symbole und Agenten der neuesten kulturellen Homogenisierung. Daß Paulus die Herrscher dieser Welt als im Kosmos und im himmlischen Bereich lokalisiert denkt (Eph 6,12), ist in einem seltsamen Sinne wörtlich so geworden.

den größten Teil der Menschheit einzubeziehen. Die Millionen, die sich in den Slums von Kalkutta, Mexico City oder Kairo drängen, sind weiter davon entfernt, an der globalen »Zivilisation« teilzunehmen oder das Grundlegendste an menschlichem Wohlstand zu genießen, als ihre Großeltern und ihre heutigen Verwandten, die noch auf dem Lande leben. Der Rohstoffverbrauch und die Verschmutzung, die unsere Flugzeuge, Satelliten und Klimaanlagen verursachen, verringern zunehmend unsere Überlebenschancen. Die Vision von der Einheit der Welt erschreckt daher mehr, als daß sie ermutigt.

c) Die Vision von der Einheit des Diasporajudentums wurde von der Synagoge ins Leben gerufen, d.h. von einer dezentralisierten, nichtklerikalen Struktur, in welcher je zehn Haushalte in der Lage waren, sich zu Gebet und Lob um die Schriftrollen zu versammeln, die sie in Erinnerung und Hoffnung mit Gottes humanisierendem Werk verbanden. Soziologisch betrachtet war die Synagoge eine Alternative zur heidnischen »Religion«, ob diese nun (mit Marduk) die Einheit des Reiches oder (mit Baal) die Fruchtbarkeit einer Agrarwirtschaft feierte. Theologisch betrachtet war der hebräische Monotheismus die Alternative zum Polytheismus, weil der gleiche Name und die gleichen Schriften überallhin mitgenommen werden konnten. Die Synagogen standen den Heiden bereits lange vor Jesu Wirken offen.

d) Die gleiche einende Vision wurde von messianischen Synagogen mit der gleichen Struktur (später als »christlich« bezeichnet) rund um das Mittelmeer getragen, nur daß nun die Einbeziehung der Heiden, und damit potentiell die globale Reichweite der Gemeinschaften, Teil ihrer Selbstdefinition wurde. Über die Versöhnung zwischen Juden und Heiden in der messianischen Synagoge schreibt der »Paulus« des Epheserbriefs, daß schon die bloße Existenz dieser Gemeinschaften die einigende und friedensstiftende Absicht Gottes gegenüber den kosmischen Mächten verkündige. Diese Mächte hatten, mit anderen Worten, teil an der Entzweiung der Menschheit.

Wenn man daran geht, die Gute Botschaft für das einundzwanzigste Jahrhundert wiederzugewinnen, muß man zuallererst konkrete menschliche Gemeinschaften gründen und erhalten, eben »Gemeinde von unten«, wie sie Jürgen Moltmann im gleichnamigen Kapitel in seinem Buch »The Passion for Life«[12] ins Gedächtnis ruft.

e) Es hat sich wiederholt gezeigt, daß die Mächte gerissen genug sind, das prophetische Urteilsvermögen und die welt-schaffende Kreativität des evangelischen Zeugnisses abzulenken. Die Kirche (d. h. die Hierarchie) nach Konstantin war bereit, Bettelorden und Klöster anzuerkennen und zu integrieren, zumal sie damit deren kritisches Potential entschärfte, indem sie die radikale Lebensform des Evangeliums zu einem bloßen Anhängsel degra-

---

12. *Jürgen Moltmann*, The Passion For Life, Philadelphia 1978.

dierte, anstatt sie als Herausforderung an die »allgemein anerkannten« Strukturen des Reiches anzunehmen. Prophetische Stimmen im Protestantismus, wie die von Jan Hus über Luther und Zwingli bis zu Cromwell, wurden wiederum von den neuen territorialen Staatsformen, die aus dem Zusammenbruch der Vision vom Heiligen Römischen Reich aufstiegen, anerkannt und integriert. Die »collegia pietatis« des kontinentalen Pietismus und die Gebetszellen Zinzendorfs trieben den Stachel der Kritik tiefer in die Gesellschaft und in die einzelne Seele, doch in gesellschaftspolitischer Hinsicht erhofften auch sie lediglich eine Erneuerung und keine Überwindung des (konstantinischen) Christentums. In immer neuen Formen wird Kritik vom konstantinischen Ethos zugelassen und integriert, wobei eine Hoffnung geschürt wird, die eher etwas mit dem sozialökonomischen Wohlstand zu tun hat, als mit einer Bereitschaft zum Kreuz und zum Dienst, und wobei der Großteil der Heiden ausgeschlossen bleibt. Diese Formen des Christentums, die sozusagen auf den neuesten Stand gebracht wurden, stellen die Einheit von Kirche und Staat[13], Herrschaftsdienst und Gottesdienst, an einem Ort wieder her, lassen aber zugleich zu, daß die panethnische und globale Einheit geopfert wird[14].

f) Jakobus mahnt seine Leser aus den »Stämmen der Zerstreuten«, nicht vielen Lehrern zu folgen, da Sprache gewöhnlich zersetzend wirkt. Unter »der Zunge«, vor deren Aufsässigkeit er warnt, versteht man nicht allein die individuelle Sprachfähigkeit, so daß dieses stoisch anklingende Bild lediglich eine Warnung vor dem impulsiven Wesen des Einzelnen wäre. Die Bedrohung liegt in der Sprache als solche, die ihre ganze Aufmerksamkeit darauf verwendet, Begriffe zu definieren und Sprachspiele aufeinander anzuwenden, was wir als sophomorphischen Stil bezeichnen. In ähnlicher Weise empfiehlt der Autor des zweiten Timotheusbriefes »die gesunde Lehre, die Du von mir gehört hast« (1.13) und verbietet, »über Worte zu streiten« (2.14). Die Theologie muß demnach die Aufgabe der Sprachkritik übernehmen, d.h. den Diskurs daraufhin überprüfen, ob er der Sache angemessen ist und jedes Definitionsspiel, das auch nur einen Teil des Erbes ausgrenzt oder überspielt, zurückweisen.

---

13. Bei der Interpretation Konstantins und der Zeugen der »radikalen Reformation« steht bei den meisten fast ausschließlich die Moral der Gewalt im Zentrum. Dieses Thema ist typisch, aber nur ein Beispiel. Wenn es für sich genommen wird, wird dem Staat als Handelndem ungebührend viel Raum eingeräumt.
14. In meinem Essay »Christ, the Hope of the World«, in: The Royal Priesthood, Grand Rapids 1994, 198ff. biete ich einem Überblick über die Hartnäckigkeit dieses Christentum-Denkens und die Art und Weise, in der es unseren Anstrengungen verzerrt, die Richtung der Geschichte zu ermitteln.

Diese Beschreibung der ausstehenden Arbeit reicht aus, um den angebrachten Zweifel an einigen als »fundamental« oder »programmatisch« bezeichneten Wortspielen zu bekräftigen. Jeder Anspruch, die Gedankenwelt der Gemeinschaft vom Nullpunkt an zu restrukturieren, ohne die Vermittler bis hin zu den kanonischen Texten miteinzubeziehen, tut gerade das, wovor Timotheus gewarnt worden war.[15] Der didaskalos (Lehrer), dessen Aufgabe es ist, mit der gemeinsamen Sprache in Ehrfurcht vor Gott vorsichtig umzugehen, ist nur einer der vielen Träger des Charismas in der Gemeinschaft, und viele der Charismen sind verbal.[16]

An dieser Stelle mußten wir uns über die Fragen, die durch die Vision von der »einen Welt« im messianischen Judentum angeregt wurden, hinausbewegen zu anderen Fragen, die die innere Integrität der Gemeinschaften betreffen. Doch das Thema ist das gleiche geblieben; spiegelt doch der interne Mikrokosmos (wie man einen Sinn aus dem Innenleben einer Gruppe macht) den Makrokosmos (ob Gott die Welt vereinigt). Die Frage, ob in einer bestimmten Gemeinde in Ephesus oder Korinth Juden und Griechen, Männer und Frauen, Sklaven und Freie versöhnt sind, ist das mikrokosmische Gegenstück zu der Frage, ob der Schöpfer der Welt den Weltfrieden schafft.

Alles, was ich oben darüber schrieb, wie christliche Denker im Licht ihres Erbes über die Sprache ihrer Gemeinschaft wachen sollen – eine Gemeinschaft, die dort stattfindet, wo sich zehn Haushalte zusammenfinden – zeigt, was es heißt, Kirche von unten zu bauen. Anstatt zu fragen, welche Machtstruktur dazu bestimmt scheint, den Staat, das Theater, die japanische Autoindustrie, die Medien oder die Wall Street als der nächste erwählte Bedeutungsträger der nächsten Welle im Fortschritt der Geschichte abzulösen, um dieses neue Surrogat Konstantins des Großen zu feiern, sollten wir wachsam und aufmerksam gegenüber den immerwährenden einfachen Fragen werden, und dabei in Ehrfurcht vor Gott auf unsere Sprache achten. Diese Beschränkung und Konzentration unseres Sendungsbewußtseins ist weder naiv noch anti-intellektuell.

Übersetzt von Steffen Lösel und Marion Grau

---

15. Es gibt natürlich verschiedene Arten diese Abweichung zu interpretieren. Manche versuchen, das ganze Feld mit einem Blick auf die katechetische Integrität zu überblicken, dabei nichts auszulassen und konsistent zu sein. Andere behaupten, daß die theologische Aufgabe darauf »gegründet« werden kann und soll, daß ihre Gültigkeit von Grund auf bestimmt werden soll. Diese »gründerische« Art eines »programmatischen« Zweckes ist fehlgeleitet.
16. Zum Vergleich mein Buch, Fullness of Christ, Elgin 1987. Was dort in Bezug auf die Gemeinde und das monarchistische Pastorentum beschrieben wird, verhält sich analog zu meiner Beschwerde über die akademischen Theologen.

Nicholas Woltersdorff

Die Mühsal der Theologie in der modernen Universität

Über die Zukunft der Theologie schreibe ich mit Zögern. Obwohl mir weder die Theologie im allgemeinen, noch die Theologie Professor Moltmanns im besonderen fremd ist, bin ich von Beruf eher Philosoph als Theologe. Wie kann ich dann über die Zukunft der Theologie reden – einer Disziplin mit ihrer eigenen Geschichte, ihren eigenen Texten, ihren eigenen Kontroversen, ihren eigenen Gedankenmustern, ihren eigenen Maßstäben, ihren eigenen intellektuellen Größen, ihren eigenen Tagesbedürfnissen? Würde es mir gefallen, wenn ein Theologe mich über die Zukunft der Philosophie belehrt?

Es käme darauf an, was dieser Theologe zu sagen hätte und wie er es sagen würde. Ich habe die Erfahrung gemacht, daß Personen, die von außen auf unsere Disziplin sehen, manchmal Dinge bemerken, die unserer Aufmerksamkeit entgleiten, weil wir innerhalb der Disziplin stehen. Sie erinnern uns manchmal an Dinge, die wir nicht eigentlich übersehen haben, sondern die wir eher auf die Seite geschoben haben, weil sie Merkmale unserer Disziplin sind, denen wir uns nicht gerne stellen wollen. Natürlich lassen Philosophen selten Kommentare von Außenstehenden unkritisiert, ganz egal wie scharfsichtig diese nun seien: Hier muß etwas Ignoranz abgelegt werden, Formulierungen müssen präzisiert werden, und so weiter. Trotzdem ist Einsicht in die Praxis der Philosophie nicht auf diejenigen, die sie praktizieren, beschränkt.

Meine Reflexionen über die Zukunft der Theologie werden sicherlich an vielen Punkten meinen Außenseiterstatus verraten. Ich biete sie in der Hoffnung an, daß sie sich, nachdem sie von den Fachleuten einer angemessenen Kritik und Berichtigung unterzogen wurden, als nützlich erweisen werden. Obwohl ich kein Theologe bin, möchte ich mit meinen Gedanken einen Beitrag leisten, weil die Zukunft der Theologie mir sehr am Herzen liegt. Es gibt viele andere, die ebenso denken.

I.

Warum ist das so? Ich glaube behaupten zu können, daß es zum Beispiel außerhalb des Fachbereichs Mathematik nicht viele gibt, denen sehr an der Zukunft der Mathematik gelegen ist. Wir alle wissen genug über die Rolle der Mathematik bei der Entwicklung der Wunder der modernen Welt, um dankbar zu sein, daß die Mathematik so weit gediehen ist. Trotzdem gibt es unter uns nur wenige Nichtmathematiker, für die die Zukunft der Mathematik eine Sache von Wichtigkeit, um nicht zu sagen von *enormer* Wichtigkeit, ist. Warum ist das bei der Theologie offensichtlich anders? Unter Theologie verstehe ich die *fortwährende Reflexion über Gott.* Warum ist es von enormer Wichtigkeit für sehr viele Menschen, daß eine so verstandene Theologie sich weiter entwickelt? Und wer sind diese »sehr vielen Menschen«?

Ich sollte wohl klar stellen, daß ich über *christliche* Theologie schreiben werde. Zum einen kenne ich die christliche Theologie bei weitem am besten, zum anderen ist es auch deutlich mein Eindruck, daß über islamische und jüdische Theologie ganz andere Dinge gesagt werden müßten, als ich über die christliche Theologie sagen werde. In der Tat gibt es nicht wenige Juden und Muslime, die betonen, daß ihre Art von Theologie nur wenig mit einer Theologie zu tun hat, die dem Paradigma der christlichen Theologie entspricht.

Theologie ist »fortwährende Reflexion über Gott«. Oben ging es um den philosophischen Insider, der immer die Formulierungen der einsichtigen Outsider schärfen will. Ist dies eine der Formulierungen eines theologischen Außenseiters, die Theologen gerne präzisiert haben wollen? Werden sie darauf bestehen, daß fortwährende Reflexion über Gott, wenn sie denn Theologie sein soll, einen theoretischen oder wissenschaftlichen Charakter oder etwas ähnliches haben muß?

Vielleicht. Aber ich werde die angebotene Revision ablehnen müssen, sonst werde ich nicht das sagen können, was ich will. Ein Teil der christlichen Kirche verlangt vermehrt nach einer fortwährenden Reflexion über Gott. Für dieses Verlangen gab es seit jeher – und wird es auch zukünftig geben – ganz verschiedene Ursachen. Vielleicht wird dieser Teil der Kirche unterdrückt und sehnt sich danach, besser zu verstehen, was die Gründe dieser Unterdrückung sind, welches die Rolle Gottes dabei ist und was Gott in dieser Sache getan sehen will. Dann erhebt sich jemand in dieser Gemeinschaft und leitet sie dazu an, sich fortwährend mit dieser Frage zu beschäftigen. Natürlich kommt es auch vor, daß niemand auftritt und der Bedarf an fortwährendem Nachdenken unerfüllt bleibt. Unter Umständen übernimmt es jemand von außerhalb der Gemeinschaft, ihr die eigene Antwort überzustülpen. Es ist nicht selbstverständlich, daß immer dann, wenn eine Gemeinschaft es braucht, Leute aus der Gemeinschaft hervorgehen, um sich mit fortwährender Reflexion zu beschäftigen, wenn die Gemeinschaft dieses Bedürfnis gerade spürt. Man sollte es meiner Meinung nach nicht einmal als selbstverständlich betrachten, daß ein bestimmter Teil der christlichen Gemeinschaft eine Reflexion über Gott will, die über das schon Vorhandene hinausgeht.

Ich kann jetzt meinen Ansatz darlegen. Die christliche Kirche in der modernen Welt hat ein dringendes Verlangen nach Theologie, so wie ich sie eben beschrieb, als fortwährende Reflexion über Gott also, empfunden. Dieses Verlangen wurde von einer Reihe von Entwicklungen hervorgerufen: Die Auflösung der Einheit der Kirche; die Suche nach einer neuen sozialen Ordnung, welche imstande sein sollte, die signifikante religiöse Pluralität in eine einzige politische Ordnung einzugliedern; den Aufstieg einer neuen Wissenschaft, die darauf abzielte, Kausalverbindungen nachzuweisen; der Aufstieg der modernen Historiographie; die Vorherrschaft der Unterdrückung; und so weiter und so fort. Viele Menschen trugen dazu bei, auf diese Bedürfnisse zu antworten. Viele von ihnen – beileibe nicht alle – haben ihre Überlegungen und Forschungen im institutionellen Bereich der Universität betrieben. Doch ist es im Lauf der Moderne immer weniger möglich gewesen, diese Arbeit unter der Überschrift der christlichen Überzeugung zu verstehen. Gleichzeitig verliert diese Arbeit mehr und mehr an Bedeutung für die Kirche. Es gibt aber auch bemerkenswerte Ausnahmen. Niemand würde behaupten, daß die Arbeiten von Karl Barth und Jürgen Moltmann nicht von einer christlichen Überzeugung geprägt sind und daß sie keine Bedeutung für die Kirche haben. Aber wenn ich mit meinen theologischen Freunden und Bekannten spreche, die in an der Universität arbeiten, höre ich *von ihnen* oft genau diese Verallgemeinerungen, die ich oben anführte.

Die Frage, der ich mich nun widmen will, ist folgende: Wie kommt es zu der wachsenden Mühsal der christlichen Theologie an der modernen Universität? Wie kommt es, daß die fortwährende Reflexion über Gott, die klar den Stempel der christlichen Überzeugung trägt, und damit auf ein Bedürfnis der Kirchen antwortet, an den spätmodernen Universitäten nicht gedeiht? Liegt dies an der Weise, wie sich die christliche Theologie an die Universitäten anpaßte oder gar angepaßt wurde? Und was ist mit der Zukunft?

Diejenigen Leserinnen und Leser, die nicht mit mir einer Meinung sind, daß es die Mühsal der Theologie gibt – sie sind der Überzeugung, daß Theologie an der Universität auch in der Spätmoderne durchaus eindeutig christlich und brauchbar für die Kirche sei –, werden die folgenden Ausführungen als viel Lärm um nichts und als für sie uninteressant abtun. Damit lägen sie aber falsch. Die meisten, die dieser Meinung sind, würden darauf insistieren, daß die Ursache der Entfremdung der Universitätstheologie von der Kirche darin zu suchen sei, daß die moderne Kirche falsche Ansprüche an ihre Theologen stelle. Die Theologen der modernen Hochschulen reagierten oft geradezu heroisch in ihrer Weigerung, das Verlangen der Kirche zu erfüllen. So zwängen sie die Kirche, sich mit den Fragen zu beschäftigen, die sie stellen *sollte* eher als mit denen, die sie zu stellen pflegt, und sie zwängen die Kirche, die Antworten zu akzeptieren, die sie akzeptieren *sollte* und nicht diejenigen, die sie geneigt ist zu akzeptieren. Wenn wir der Frage nachgingen, warum so viele akademische Theologen so denken, kämen wir bei derselben Fragestellung heraus, der ich nachgehen will, wenn ich meine eigene Frage beantworte. Dies sind nur zwei Seiten derselben Medaille.

II.

Jede Universität, ob im Mittelalter, in der Renaissance oder der Moderne, hat ein Grundverständnis davon, welche Art von Bildung ihrer institutionellen Situation angemessen ist, und ein Konzept davon, was innerhalb des Angemessenen besser oder schlechter ist. Bildung ist keine ewig gleiche Sache, die zu bestimmten Zeiten und Orten wie zufällig in die Geschichte eintritt, sondern eine lang anhaltende gesellschaftliche Praxis, deren Ziele, Methoden, Maßstäbe, Legitimationen und Orientierungssysteme im Lauf der Geschichte stark umstritten sind und immer wieder starken Änderungen unterliegen. Wer also den Versuch unternimmt, einen institutionellen Ort für diese Praxis zu schaffen, muß unweigerlich Entscheidungen in dieser Frage treffen. Die Universität mag so tun als sei es ihr einziges Bestreben, sicherzustellen, daß der unvergängliche Kern der Gelehrsamkeit in ihren Hallen gefunden werde und die ewig gültigen, strikt angewandten Qualitätsmaßstäbe. In Wahrheit bevorzugt sie – und ihnen gibt sie ihre institutionelle Unterstützung – nur einige wenige Modelle jener formbaren, sich immer wieder verändernden und lang andauernden gesellschaftlichen Praxis des Lernens – und schließt damit andere aus.

Mit welchem Verständnis von allgemein akzeptierter und bevorzugter Bildung eine Universität geführt wird, ist gemeinhin nichts fest Umrissenes, das einfach angewandt werden könnte, sondern ist innerhalb der Universität selbst umstritten. Ein Aspekt dieser Auseinandersetzung ist besonders wichtig für unsere weiteren Überlegungen. Die moderne Universität entwickelte sich aus den Universitäten des Mittelalters und der Renaissance. Nicht selten unterstützt die moderne Universität weiterhin aus der Mode gekommene Bildungsmethoden. Diese aufzugeben, so lautet die Begründung, würde bedeuten, einen wichtigen Teil ihrer Tradition zu verstoßen. Welche der modernen Universitäten, die theologische Fakultäten haben, würde heute eine solche einführen, wenn sie nie eine gehabt hätten?

Daraus folgt: Wer im institutionellen Rahmen einer Universität Theologie treibt, steht unter dem Druck, sich in seiner Praxis dem Selbstverständnis dieser Universität in punkto Akzeptanz und Qualitätsanspruch der Bildung anzupassen. Ich vermute, daß eine der wichtigsten Gründe der Mühsal der Theologie an der modernen Universität genau in diesem Punkt zu finden ist. Die Disziplin, welche die moderne Universität ihren Mitgliedern durch ihr Urteil darüber auferlegt, was wissenschaftlich akzeptabel und statthaft ist, hat ohne Zweifel den Aufschwung der Naturwissenschaften und Sozialwissenschaften bewirkt. Sie hat im Gegensatz dazu die Entwicklung einer Theologie behindert, die sich als eine spezifisch christliche versteht und auf die Bedürfnisse der Kirche eingeht.

Lassen Sie mich in aller Kürze und Auswahl darstellen, welches Bildungsideal in meinen Augen zunehmend die Universtitäten der Moderne dominiert, ohne daß damit alle modernen Konkurrenten verdrängt und ohne daß damit traditionelle Verständnisweisen völlig ausgeschöpft worden wären. Ich sollte noch erwähnen, daß ich, wenn ich von der »modernen« Universität spreche, nicht von der Universität der letzten 25 Jahre spreche. Darüber will ich an anderer Stelle noch etwas sagen.

Die vielleicht wichtigste Komponente im Verständnis des universitätsgemäßen Lernens, das die moderne Universität heute dominiert, ist, daß ein solches Lernen ein *allgemein menschliches* Unterfangen ist. Um es im Bild auszudrücken: Bevor wir die universitären Hallen der Bildung betreten, sollen wir all unsere Besonderheiten hinter uns lassen, Besonderheiten wie Geschlecht, Rasse, Nationalität, Religion, soziale Klasse und Alter. Wir sollen einfach als normale erwachsene Menschen eintreten. Wenn es mir nicht gelingt, eine bestimmte Eigentümlichkeit abzulegen, und meine Kommilitonen bemerken es, sind sie angehalten, mich darauf hinzuweisen und mich wieder zum Eingang zurückzuschicken, um dort diese willentlich oder unwillentlich beibehaltene Eigentümlichkeit abzustreifen. Die Geschichte der Schwarzen, die feministische Soziologie, die muslimische politische Theorie und die Befreiungstheologie haben keinen Platz in der öffentlichen Universität, egal wieviel positives über sie in anderen Kontexten gesagt werden kann. Es ist natürlich klar, daß sich Eigentümlichkeit auch *innerhalb* der Hallen der Universität entwickeln, besonders solche, die mit akademischer Spezialisierung zu tun haben: Die Physiker haben Konzepte, Fertigkeiten, Fähigkeiten der Unterscheidung, Überzeugungen, usw., die allesamt für ihre Disziplin unabdingbar, mir als Philosophen aber völlig fremd sind. Aber die Physiker haben sich diese Eigentümlichkeiten *innerhalb* der Bildungsanstalt angeeignet, *nachdem* sie alles abgelegt haben, was nicht zu ihnen *als* normalen erwachsenen Menschen gehört. Innerhalb der Universität lernen und fragen sie nicht als Amerikaner, als Schwarze, als Christen, als Frauen, als Proletarier, sondern ohne jegliche Eigentümlichkeit, nur als gewöhnliche Erwachsene. Man nahm an, daß die Resultate einer so praktizierten Bildung auf lange Sicht zum Konsens unter allen gewöhnlichen erwachsenen Menschen führen, die sich in der Disziplin auskennen. Wenn akademische Bildung oder *Wissenschaft* richtig durchgeführt wird, ist Pluralismus in der Universität ein zufälliges und zeitlich beschränktes Phänomen.

Eine andere fundamentale Komponente im dominanten Verständnis universitätsgemäßer Bildung war eine bestimmte Hierarchie im Ansehen der akademischen Disziplinen. Oben stehen die Naturwissenschaften und die Mathematik, und alles andere rangiert darunter. Unten steht die Theologie, auch die Geisteswissenschaften schneiden nicht viel besser ab. Die Sozialwissenschaften befinden sich irgendwo zwischen den Naturwissenschaften und den Geisteswissenschaften. Dieser Hierarchie des Ansehens liegt ein bestimmtes Verständnis von *wahrer Wissenschaft* zugrunde, das seinen Ursprung in der mittelalterlichen Vorstellung der *scientia* hat, im siebzehnten Jahrhundert aber in bedeutender Weise verändert wurde, vor allem von John Locke und den ihm Gleichgesinnten in der Royal Academy. Der Grundgedanke war, daß die Mathematik und die Naturwissenschaften den Status wahrer Wissenschaften erlangt hatten, andere Disziplinen aber noch nicht. Wenn ihr jeweiliger Newton auftritt und ihre jeweiligen Revolutionen stattfinden, werden auch sie wahre Wissenschaften werden. Wenn man entsprechend von »der Logik« der Wissenschaften spricht, spricht man nicht von etwas, das im Prinzip nur den Naturwissenschaften und der Mathematik zu eigen wäre. Wir sprechen von einer Logik, die jede akademische Disziplin aufweist, wenn sie einmal den Status wahrer Wissenschaft erreicht. Es ist aber nun so, daß Logik jetzt nur in der Mathematik und in den Naturwissenschaften zu finden ist. Aber das ist Zufall. Wir hoffen auf den Tag, an dem alle Disziplinen wahre Wissenschaften geworden sind und »die Logik« der Wissenschaft zum Ausdruck bringen. In der Zwischenzeit können wir eine Hierarchie der Disziplinen entwerfen, die bemißt, wie weit diese noch vom Ideal entfernt sind.

Das dominante Verständnis »der Wissenschaftslogik« war drittens ein im wörtlichen Sinne »grundlegendes« Verständnis: Der Theoretiker sammelt Beweismaterial, das ausschließlich aus den Ergebnissen der Wahrnehmung, dem Bewußtsein und der Vernunft besteht. Seine Schlußfolgerungen sollen dann deduktiv, induktiv oder abduktiv (wobei Abduktion die Schlußfolgerung aus der besten Erklärung ist) auf diesen Daten aufbauen.

Dies, so meine ich, ist das Verständnis von universitätsgemäßer Bildung, das die Universitäten der modernen Welt zunehmend dominierte. Doch, so möchte ich wiederholen, nie so, daß andere Bildungskonzepte ausgeschlossen wurden. Insbesondere wurde die Interpretation von Texten, die in den Universitäten des Mittelalters und der Renaissance so zentral war, nie ganz aufgegeben. Durch die Romantik erlebte sie sogar einen Boom, der in diesem Jahrhundert durch eine die Praxis begleitende Theorie, die Hermeneutik, ergänzt wurde.

III.

Man braucht keinen besonderen Einblick, um die Auswirkungen der Vorherrschaft dieses aufgeklärten Verständnisses universitätsgemäßer Bildung auf die universitäre Theologie der modernen Universität zu erraten. Es übte einen gewaltigen Druck auf die Theologen aus, die argumentative Struktur ihrer Theologie in eine neue, deutlich moderne Struktur umzuformen. Was an dieser Verschmelzung neu ist, kann am besten gezeigt werden, wenn man es mit den recht unterschiedlichen argumentativen Strukturen der mittelalterlichen Universitätstheologie vergleicht.

Das Bildungsverständnis, mit dem Thomas von Aquin arbeitete, war ebenfalls ein letztbegründetes. Aber es war eine andere Art von Grundlegung und brachte entsprechend andere Resultate hervor. Im aristotelischen Konzept der *scientia*, das Thomas und allen anderen mittelalterlichen Theologen gemeinsam war, mußte eine wissenschaftliche Aussage für »irgendjemand«, Gott und die Seligen eingeschlosssen, klar und evident sein, um als Voraussetzung für Wissenschaft zu gelten. Nun sind, so Thomas, die folgenden Eigenschaften der akademischen Disziplinen zu beachten: Es gibt unter ihnen Paare, wobei ein Teil des Paares dem anderen untergeordnet ist. Die Wissenschaftler der untergeordneten Disziplin erkennen aufgrund der Aussagen der Wissenschaftler der übergeordneten Disziplinen, daß bestimmte Aussagen für diese evident sind oder mit Hilfe von eindeutigen Aussagen bewiesen wurden. Die Wissenschaftler der untergeordneten Disziplin verwenden dann ohne weiteres diese Aussagen als Prämissen für die Arbeit in ihrer eigenen Disziplin. Das Lieblingsbeispiel des Thomas für ein solches Paar war das Paar der Mathematik und Physik, wobei die Physik der Mathematik untergeordnet war. Offenbarung bedeutet nun, daß Gott uns mitteilt, was von Gott als wahr gesehen wird. Der Theologe akzeptiert *als Christ* die Schrift als Gottes Offenbarung und ihren Inhalt auf Gottes Wort hin als wahr. Als ein Christ, der *Theologe ist,* verwendet er die Inhalte der Schrift als Prämissen für die Konstruktion der heiligen Lehre. Im Laufe der Entwicklung der so grundgelegten heiligen Lehre war Thomas gerne bereit, Argumente miteinzubeziehen, die sich nicht auf Gottes Aussagen in der heiligen Schrift, sondern nur auf die Ergebnisse der Vernunft, der Wahrnehmung und des Bewußtseins berufen. Dennoch waren für ihn auch gerade solche Argumente eine *Einfügung* in das größere, auf der Schrift basierende Ganze. Und er gab kaum eine Erklärung für seine Arbeitshypothese, daß die Schrift Offenbarung Gottes sei.

Nun aber zu der ganz anderen Form, der die Theologie der modernen Universität ihre Argumentationsstruktur anpassen soll. Natürliche Theologie kann nicht länger als gelegentlicher Einschub in den Rahmen der auf der Schrift basierenden heiligen Lehre auftauchen. Als allgemein menschliches Unterfangen muß sie der auf der Schrift basierenden heiligen Lehre als notwendige Grundlage *vorausgehen*. Ehe nicht diese Grundlage in unserer menschlichen Natur verankert ist, kann man nicht darüber hinausgehen. Das »Hinausgehen über« die natürliche Theologie zu der auf der Schrift basierenden heiligen Lehre kann nur geschehen, wenn es dem Theologen, der einzig an die Überzeugungen unserer menschlichen Natur appelliert, gelingt darzulegen, daß die christlichen Schriften tatsächlich die Offenbarung Gottes darstellen. Der natürlichen Theologie, die als allgemein menschliches Unterfangen im weitesten Sinne durchgeführt wird, muß eine im gleichen Sinne als allgemein menschliches Unterfangen durchgeführte Untersuchung des offenbarenden Status der Schrift folgen. Wenn das Ergebnis dieser letzten Untersuchung die Wahrscheinlichkeit darlegt, daß die christlichen Schriften Gottes Offenbarung sind (oder beinhalten), dann kann man den Rest der eigenen Theologie auf der Basis dieses geoffenbarten Inhalts konstruieren, mit dem Vorbehalt jedoch, daß die eigene Interpretation des Schriftsinns ebenfalls als allgemein menschliches Unternehmen durchgeführt wird.

Dies ist die argumentative Form, der die Theologen der modernen Universität ihre Untersuchungen anpassen mußten. Ich behaupte, daß einer der Hauptgründe für die genannte Mühsal eben dieser Anpassungsdruck ist. Im späten siebzehnten Jahrhundert, als das beschriebene Bildungsverständnis zuerst aufkam, vertraute man weithin, wenn auch nicht überall, darauf, daß der Inhalt der klassischen christlichen Theologie mit Erfolg in diese neue Form gegossen werden könnte. Dann begann der Zweifel und breitete sich aus: Der Zweifel, daß der Glaube an Wunder durch allgemeingültige Beweise gestützt werden könne. Der Zweifel daran, daß die Behauptung, Gott habe sich einzig und allein einer Volksgruppe des nahen Ostens offenbart, durch allgemeingültige Beweise belegt werden könne. Diese Behauptung wurde von vornherein als unwahrscheinlich angesehen. Der Zweifel daran, daß die Behauptung, die christlichen Schriften seien ein verläßlicher Bericht und zuverlässige Aufzeichnung der Offenbarung durch allgemeingültige Belege gestützt werden könne – zeigt doch die – in allgemeingültiger Weise praktizierte – Bibelkritik, daß sie von bestimmten Interessengruppen aus vorhandenen Fragmenten zusammengeflickt wurden. Und so weiter und sofort. Die Theologie verlor ihr in der Schrift begründetes Fundament. Und immer wieder sah sie sich gezwungen, eine Richtungsänderung vorzunehmen, um sich der Beweislage anzupassen. Man kann grob drei verschiedene Formen der Richtungsänderung unterscheiden, mit denen Theologen versucht haben, den Stand der Theologie als Universitätswissenschaft zu behaupten. Einige schlugen den Weg ein, alle Teile der christlichen Überzeugung, die nicht empirisch begründet werden können, schlicht als Glaubensfragen einzuordnen und damit aus dem Kompetenzbereich der Universitätstheologie herauszunehmen. Andere behielten zwar den Wortlaut der traditionellen christlichen Lehre bei, gaben diesen Worten aber eine neue Bedeutung, solange bis der neu bestimmte Inhalt der Forderung nach Letztbegründung entsprach. Heute ist dieser neue Inhalt oft als anti-realistisch zu bezeichnen und ist im Geiste von Kant oder Wittgenstein konstruiert. Wieder andere definierten das Projekt der Theologie selbst neu. Sie argumentierten, daß die Theologie als Reflexion über die Rede von Gott in der christlichen Gemeinde verstanden werden solle, nicht als Reflexion über Gott. Daraus entwickelten sie eine entsprechende Theologie, die so neu konzipiert wurde, daß sie der Forderung nach Letztbegründung entspricht.

Meine Darstellung ist notwendigerweise sehr schematisch. Aber ganz gleich, welche Strategie die Universitätstheologen einschlagen, es ist höchst unwahrscheinlich, daß das Ergebnis den Stempel christlicher Überzeugung trägt, und es ist höchst unwahrscheinlich, daß die Kirche darin viel von der sie unterstützenden Reflexion über Gott finden wird, deren Notwendigkeit sie spürt.

Mancher mag antworten, daß die universitäre Theologie ihre eigene Integrität hat und daß die »Mühsal«, von der ich spreche, eine völlig irrelevante Kategorie ist. Warum sollte man von der Universitätstheologie verlangen, daß sie den Stempel der christlichen Überzeugung trägt? Warum von ihr verlangen, daß die Kirche in ihr die fortwährende Reflexion über Gott findet, nach der sie verlangt? Wenn wir von der »Mühsal« der Universitätstheologie sprechen, sollte es besser um die Mühsal innerhalb der Universität gehen, nicht um die Mühsal im Gegenüber zur Kirche.

Sicherlich kann die Position der Theologie innerhalb der modernen Universität auch als *Mühsal* beschrieben werden. Aber an dieser Stelle will ich gerade über das Verhältnis der Universitätstheologie zu den Bedürfnissen der Kirche sprechen. Dies kann für diejenigen, die universitäre Theologie betreiben, kaum als irrelevant abgetan werden, mit der Begründung etwa, daß die Universitätstheologie ihre eigene, universitätsrelevante Sache betreibe und nur in bezug auf diese zu beurteilen sei. Ein solches Urteil wäre selbstmörderisch. Wenn Menschen nicht mit Überzeugungen und Fragen über Gott zur modernen Universität *kämen*, Überzeugungen und Fragen, die religiösen Erfahrungen und religiösen Gemeinschaften entsprungen sind und durch diese geformt wurden, dann würde die Universitätstheologie am Weinstock vertrocknen. Die drei revisionistischen Unternehmungen, die ich eben beschrieb, würden aus Mangel an Interesse eingehen. Was sie am Leben erhält, soweit sie überhaupt lebendig sind, sind Menschen, die *auftauchen* und aus dem ein oder anderen Grund nach fortwährender Reflexion über Gott verlangen. Wenn solche Menschen *nicht auftauchten*, würden einige der alten theologischen

Texte zwar immer noch von Studierenden der Geisteswissenschaften gelesen werden. Aber der einzige Ort in der Universität, an dem man noch Reflexionen über Gott anstellen würde, wäre unter den freidenkenden Kosmologen und unter einigen Philosophen. Nur in diesen Disziplinen führt die Dynamik, die in der modernen Universität am Werke ist, zur Frage nach Gott. Interessanterweise ist dies ungefähr der Ort, an dem sich Thomas die natürliche Theologie dachte. Würde die Universitätstheologie die Bedürfnisse der religiösen Gemeinschaften nach anhaltender Reflexion über Gott ignorieren, schnitte sie sich selbst von ihrer Grundlage ab.

IV.

Nun zu einer zweiten Dynamik an den Universitäten der modernen Welt, die zur Mühsal der Universitätstheologie beiträgt. Ich werde dies nur ganz kurz behandeln. Im Zentrum der klassischen liberalen Lösung des Problems, das durch die Verschiedenheit der Religionen innerhalb eines einzigen Staatswesens gestellt wird, liegt die Unterscheidung zwischen der öffentlichen und der privaten Sphäre, und das Beharren darauf, daß wir in der öffentlichen Sphäre unsere Handlungen auf das ausrichten und durch das rechtfertigen, was unter den vielen verschiedenen Gottesbildern als neutral gilt und was an Gutem in der politischen Ordnung gefunden werden kann. Es besteht schon immer der Druck, wenigstens einen großen Teil der Universität in der öffentlichen Sphäre anzusiedeln, mit der Konsequenz, daß von diesem Teil der Universität erwartet wird, daß er eine Bildung anbietet, die in den verschiedenen religiösen Gruppen der Gesellschaft unumstritten ist. Solange die Mitglieder des Staatswesens durchweg Christen waren, war alles, was nach außen in die Öffentlichkeit drang, Ausdruck zentraler Einsichten der liberalen Tradition und trug zugleich die Züge des Christentums. Aber sobald es Nichtchristen in großer Zahl gab, mußte das Christentum immer weiter zurücktreten. Zuerst sprach man davon, daß »christliche Werte« die Basis der Universität darstellen, dann von »jüdisch-christlichen« Werten, dann von »religiösen und moralischen« Werten, dann von den Werten »der westlichen Tradition«. Nun ist sogar diese Antwort an manchen Orten nicht mehr akzeptabel. Immer wieder gab es Leute, die darauf bestanden, daß die *Vernunft* die Grundlage der modernen Universität sei. Die Universität findet sich dort, wo die Rationalität am Werk ist. Aber auch diese Antwort ist immer schwieriger durchzuhalten.

Der Druck, den die liberale Lösung auf die Theologie in der Universität ausübt, ist leicht zu erkennen: Theologie muß ohne religiöse Parteinahme unterrichtet werden, und wenn sich der Theologe in seiner Eigenschaft als universitärer Akademiker an die Öffentlichkeit wendet, dann muß er auf eine Art und Weise sprechen, die keine Parteinahme für eine bestimmte religiöse Gruppe verrät. Heutzutage muß er sich damit begnügen, an spirituelle Werte zu appellieren. Und selbst das wird bei manchen Protest hervorrufen. Das einzig Gute an dieser Situation ist, daß es der liberalen Lösung trotz ihrer Wirkungskraft nicht gelungen ist, im modernen Westen volle Akzeptanz zu finden.

V.

Was ist mit der Zukunft? Zuerst muß festgehalten werden, daß die christliche Gemeinschaft keineswegs gezwungen ist, dafür Sorge zu tragen, daß die fortwährende Reflexion über Gott, die sie für ihr Leben als Gemeinschaft der Treue, des Gehorsams und der Hoffnung braucht, an einer Universität der modernen Welt und unter der Disziplin, die diese Universität ihren Mitgliedern auferlegt, stattfindet. In der christlichen Theologie entschied sich eine große Anzahl von Theologen schon sehr früh dafür, ihre Reflexionen in die Form der theoretischen Untersuchung, wie sie von den griechischen Philosophen vorgezeichnet wurde, zu gießen. Seit dann die Universitäten im Mittelalter gegründet wurden, gab es Theologen, die an diesen Formen als institutioneller Basis der Theologie festhielten. Doch diese Entscheidungen waren nicht die gehorsame Antwort auf irgendeinen Zwang, sondern im Grunde weitsichtig. Jedenfalls gab es immer und gibt es auch weiterhin ein ernsthaftes christliches Nachdenken über Gott, das außerhalb der Universität stattfindet, und das nur entfernte Ähnlichkeit mit der Tradition der *scientia* und der Wissenschaft im engeren Sinne des Wortes aufweist. Wenn christliche Theologen heute das Urteil fällten, daß die Universität der Spätmoderne kein Ort ist, an dem fortwährende Reflexion über Gott aus christlicher Überzeugung heraus und als Antwort auf die Bedürfnisse der Kirche stattfinden kann, würden sie einiges, für sie Wertvolles, opfern. Ich habe hier nur von den Mühen der Theologie an der öffentlichen Universität gesprochen, nicht von dem Nutzen, den sie aus ihrer Existenz dort zieht. Aber wenn die Theologie aus der öffentlichen Universität auszöge, hieße das ganz sicher nicht, daß die Theologie als solche abgeschafft wird.
Die öffentlichen Universitäten der westlichen Welt vollziehen zur Zeit einen tiefgreifenden Wandel. Das läßt die Zukunft in faszinierender Weise offen erscheinen. So gibt mancher Wandel Anlaß zu der Hoffnung, daß die Universitäten zu Institutionen werden könnten, in denen die Theologie noch einmal einen Aufschwung erlebt, wie sie ihn in den öffentlichen Universitäten der Postmoderne nicht gehabt hat.Es gibt allerdings eine Entwicklung, die für die Theologie und auch einen Großteil der restlichen Universität be-

drohlich ist. Viele der Universitäten der westlichen Hemisphäre setzen es sich immer mehr zum Ziel, den professionellen und technologischen Bedürfnissen der modernen Gesellschaft zu dienen. Welches Brot backt die Philosophie, fragen sie, und welches die Literaturwissenschaften, die Geschichte, die Musikwissenschaft, die Kunstgeschichte und die Theologie? Wenn die Antwort »keines« ist, bildet sich eine Wolke von Verdächtigungen über ihnen, egal wie beredt argumentiert wird, daß der Mensch nicht vom Brot alleine leben kann.

Die beiden folgenden Entwicklungen sind vielversprechender und nach meinem Urteil auch tiefgreifender. Die Annahme, daß die Universität, mit wenigen Ausnahmen, *allgemein menschliche Bildung* betrieb, wird heute weitgehend als großer Irrtum angesehen. Vielleicht ist es sinnvoll die Mathematik und die Naturwissenschaften als Disziplinen zu betrachten, die eine solche Bildung betreiben, obwohl sogar dies umstritten ist. Aber auch wenn dem so ist, sind sie in dieser Beziehung etwas Besonderes. Was traditionellerweise als allgemein menschliche Bildung durchgegangen ist, wird nun weithin wahrgenommen als Bildung, die in hohem Maße den Bildungskanon westlicher Männer aus der oberen Mittelschicht der Gesellschaft darstellt. Ich möchte hinzufügen, daß diese Charakterisierung nur ein erster Anlauf ist, die Besonderheiten festzustellen, die sich in dieser Form von Bildung widerspiegeln.

Die Antwort auf diese jetzt weitverbreitete Auffassung hätte prinzipiell verschiedene Formen annehmen können. Die Antwort hätte lauten können, daß die Charakterisierung korrekt ist und daß damit alles so ist, wie es sein sollte: Die Hochschulen sollten von westlichen Männern der oberen Mittelklasse der Gesellschaft kontrolliert werden. Oder die Antwort hätte lauten können, daß die Charakterisierung richtig ist, und wir deshalb viel stärker als in der Vergangenheit daran arbeiten müssen, die Hochschulbildung zu einem allgemein menschlichen Unterfangen zu machen. Tatsächlich war die Antwort fast immer, daß, wenn nicht schon die Charakterisierung an sich falsch ist, die Fairneß wenigstens verlangt, an der Hochschule auch für andere Arten von partikularer Wissenschaft Raum zu lassen: Raum für erklärtermaßen feministische Interpretationen von Texten, für eine erklärtermaßen als »NativeAmerican« ausgewiesene Perspektive der amerikanischen Geschichte, für eine erklärtermaßen jüdische Perspektive des Holocaust und der Faktoren die dazu geführt haben, für eine erklärtermaßen palästinensische Perspektive des Konflikts in Nahost, für eine erklärtermaßen befreiungstheologische Perspektive der Theologie, für eine erklärtermaßen schwarze Theologie.

Gleichzeitig mit dieser Entwicklung starb die Vorstellung, daß es so etwas wie *die* Logik der *Wissenschaft* gäbe, und daß wir wissen, worin sie besteht. Ebenfalls starb die Vorstellung, daß es *zwei Logiken* der Wissenschaft gäbe und wir wüßten worin diese bestünden. Die entscheidende Ursache dieses Sterbens war, daß Wissenschaftler, die in den Naturwissenschaften, der Philosophie und auch der Geschichte ausgebildet wurden, sich wichtige Episoden in der Geschichte der modernen Naturwissenschaften ansahen und daraus folgerten, daß es einfach nicht stimmt, daß die Naturwissenschaften der »Logik« gehorchten, die von Locke und seiner Royal Society beschrieben worden war.

Die Antwort auf diese Resultate hätten prinzipiell sein können: »Umso schlimmer für die Naturwissenschaften«. Wenn die Theologie einer Prüfung unterzogen worden wäre, und man die Meinung vertreten hätte, daß die Theologie den an sie gestellten Anforderungen nicht entspricht, wäre die Antwort sicher gewesen: »Umso schlimmer für die Theologie«. Tatsächlich war die Theologie oft auf dem Prüfstand, und die häufige Schlußfolgerung war oft, daß sie den Anforderungen nicht entspricht. Die Reaktion darauf war dann immer: »Umso schlimmer für die Theologie«. Aber das Prestige der Naturwissenschaften in der Gesellschaft machte es allen unmöglich zu sagen: »Umso schlimmer für die Naturwissenschaften«. Die überall verbreitete Antwort war: »Umso schlimmer für die Annahme, daß eine voll anerkannte Bildung diese Logik an den Tag legen muß«. Während der letzten 25 Jahre gab es eine Reihe von Versuchen, »die Logik« der Naturwissenschaft besser zu erfassen und zu umschreiben, immer unter Voraussetzung natürlich, daß es tatsächlich eine solche gibt. Keiner dieser Versuche hat weitreichende Anerkennung gefunden. Und ich denke, man kann mit Sicherheit sagen, daß es heutzutage fast einen Konsens darüber gibt, daß es so etwas wie *die* Logik der Naturwissenschaften nicht gibt, und daß die Logik einer anerkannten Wissenschaft vielfältig ist. Wenn diese Schlußfolgerung aber einmal akzeptiert wird, verlieren andere Bestandteile des aufgeklärten Verständnisses universitätsgemäßer Bildung ihren argumentativen Halt, insbesondere die alte Hierarchie des Ansehens der akademischen Disziplinen. Wenn es keine wahre Logik der *Wissenschaften* gibt, welche die Mathematik und die Naturwissenschaften gut verkörpern, und welche alle anderen Wissenschaften bestenfalls armselig zum Ausdruck bringen, warum werden dann diese anderen als minderwertig beurteilt?

Wir befinden uns immer noch in den frühen Stadien dieses neuen Kräftespiels. Die postmoderne Wissenschaftlichkeit, über die wir bis jetzt verfügen, ist zu einem guten Teil voller Ressentiments und in ihren Ausgangspunkten anti-realistisch geprägt. Meiner Meinung nach gibt es keinen Grund zu glauben, daß dies andauern wird. Ich erwarte, daß wir innerhalb kurzer Zeit eine Wissenschaftlichkeit entstehen sehen werden, die, obwohl sie ebenfalls scharf mit den epistemologischen Voraussetzungen der Moderne gebrochen hat, weder voller Ressentiments noch anti-realistisch in ihren Ausgangspunkten ist. Aber wir haben wenig klare Anhaltspunkte, wie die Universität mit diesen neuen Entwicklungen umgehen wird. Es unterliegt jedoch kaum einem Zweifel, daß die Universität der Zukunft viel toleranter gegenüber partikularistischer, perspektivisch geprägter Forschung sein wird, als sie es in der Moderne war, und damit viel grundlegender pluralistisch.

In einer solchen Universität wären die Faktoren, die ich als Ursache für die Mühsal der christlichen Theologie gekennzeichnet habe, nicht mehr vorhanden. In einer solchen Universität könnte die christliche Theologie sehr wohl gut gedeihen. Sie könnte sich wieder auf intellektuell anspruchsvolle und phantasievolle Weise mit den Fragen beschäftigen, die Christen und andere nötigen, sich eine fortwährende Reflexion über Gott zu wünschen. Die Resultate könnten dann auch wieder den Stempel christlicher Überzeugung tragen. Lassen Sie mich trotzdem hinzufügen, daß die christliche Theologie dieser Art in der neuen Hochschule nur dann toleriert wird, wenn sie entschieden auf das Erbe des Christentums und die Versuche zur Hegemonie, die es begleiteten, verzichtet.

VI.

Da wir uns nun alle auf dem Weg zu einer neuen Universität befinden, die noch nicht in dieser Form existiert, müssen wir uns über zwei grundlegende Themen unterhalten. Wie kann die perspektivische Pluralisierung der Wissenschaft, wie sie die Gerechtigkeit verlangt, gesichert werden, ohne daß der Frieden und die Übereinstimmung des Ziels geopfert werden muß? Wie würde eine Erkenntnistheorie aussehen, die auf Letztbegründung verzichtet, ohne deshalb in Relativismus zu versinken? Um über diese Themen zu reden, müssen wir die Tugenden üben, die für diesen Dialog nötig sind und zwar mit denen, die anderer Meinung sind. Dabei müssen wir der Versuchung widerstehen, jene arrogante Haltung einzunehmen, mit der wir unseren Weggefährten zu erklären versuchen, es gebe überhaupt keine tiefgreifenden Meinungsunterschiede über Gott und das Gute zwischen ihnen und uns; ja, das, was als tiefgreifende Meinungsverschiedenheit erscheine, sei in Wahrheit lediglich eine andere, aber gleichwertige Antwort auf das Mysterium.

Ich hoffe, daß unsere Theologen als *christliche* Theologen an dem Gespräch über diese beiden Frage teilhaben werden. Ich hoffe *sehr*, daß sie helfen werden, die Tugenden zu fördern, die für den Dialog zwischen Menschen, die in Fragen über Gott unterschiedlicher Meinung sind, wirklich notwendig sind. Wenn wir diese Tugenden nicht fördern und praktizieren, ist Bosnien unser aller Zukunft.

Übersetzt von Marion Grau und Steffen Lösel

II. Perspektiven

Michael Welker

Christliche Theologie
Wohin an der Wende zum Dritten Jahrtausend?

I. Christliche Theologie –
am Ende des zweiten Jahrtausends in der Krise!

In vielen Weltgegenden sind die reformatorischen und gegenreformatorischen Kirchen heute wie gelähmt. Schlechte Stimmungen, von Hilflosigkeit und Müdigkeit geprägt, breiten sich aus. Der Glaube erscheint inhaltsleer und sprachunfähig. Die Liebe wird ins Private zurückgenommen und dort im Kampf um Selbstbehauptung oft erstickt. Die Hoffnung ist ziellos, ohne klare Perspektiven oder sogar erstorben. Viele Gottesdienste sind steril, freudlos und schlecht besucht. Die wissenschaftlichen Theologien geraten in den Ruf, abgehoben und unverständlich oder banal und langweilig zu sein.

Dabei gibt es allgemeine religiöse Fragen in Fülle. Menschen fragen nach Perspektiven auf ein stetig orientiertes und gültiges Leben. Zumindest in vager Weise fragen und suchen Menschen nach dauerhafter innerer Festigkeit, nach tragenden Umgebungen, die erfüllt sind von Verantwortungsbewußtsein, Vertrauenswürdigkeit und mit anderen geteilter Freude. Sie fragen und suchen religiös, im Bewußtsein, daß sie jene Festigkeit nicht aus eigener Kraft herstellen und diese Umgebungen nicht erzeugen können. Sie richten sich aus auf Anteilhabe und ein Gelingen jenseits ihrer absehbaren Kräfte und Möglichkeiten. Sie suchen nach Trost angesichts der Endlichkeit und Gefährdetheit des Lebens. Und sie fragen nach dem Sinn ihres Daseins.

Auch reale Nöte, die offensichtlich politisch, ökonomisch, rechtlich und moralisch allein nicht bewältigt werden können, gibt es im Überfluß: Das quälende Bewußtsein der Schuld und Mitschuld an der Unterdrückung und Verelendung schwächerer Menschen in der Nähe und in der Ferne. Die Wahrnehmung von sich ausbreitender Gleichgültigkeit und Brutalität gegenüber Fremden, sozial Schlechtergestellten und Ausgegrenzten, gegenüber schwachen alten Menschen, hilflosen Kindern und abhängigen Jugendlichen. Die Erkenntnis, daß die Menschheit die Natur, die Luft und das Wasser, die Böden und die Wälder, die Tiere und die Pflanzen systematisch und mit großer Geschwindigkeit beschädigt und zerstört. Das dumpfe Empfinden, daß ein Leben in individuellem Erfolgsstreben, Unterhaltungs- und Konsumorientierung sowie in narzißtischer Selbstsuche bis hin zur Sucht schal und verfehlt ist.

Wege, die aus diesen Nöten herausführen, sind kaum absehbar. Je schärfer die bedrängende Lage wahrgenommen wird, desto nichtiger erscheinen alle Ratschläge, Mahnungen und Orientierungsangebote. Zwischen Apathie und Untergangsstimmung richten sich die Menschen in Ratlosigkeit, routiniertem Weitermachen und Zynismus ein.

Im Banne solcher Welt- und Selbstwahrnehmungen stellt sich vielen Theologen und Theologinnen der westlichen Industrienationen heute die Frage: Theologie – wohin im dritten Jahrtausend? Dabei kann die christliche Theologie kaum die selbstkritische Frage vermeiden, ob und inwieweit sie selbst die Orientierungskrise mitverursacht hat.

– Hat die Theologie ihre Aufgabe ernstgenommen, die Menschen mit Gottes Lebendigkeit, Menschenfreundlichkeit, Gottes schöpferischer und rettender Kraft vertraut zu machen? Oder hat sie die Gedanken und Empfindungen der Menschen auf eine jenseitige Instanz mit gedachten »Relationen« zu Welt und Menschen gelenkt oder aber auf bloße Projektionen von Retter und Rettung in je aktuellen Problemlagen und Krisen?

– Hat sie in ihrem Fragen nach Gott die biblischen Quellen der Gotteserkenntnis, die über mehr als ein Jahrtausend hinweg gewachsen sind und die über zwei Jahrtausende hinweg im guten wie im schlechten »Weltkultur« geprägt haben, beharrlich ausgeschöpft? Oder hat sie sich mit theologischen Abstraktionen zufriedengegeben, die bestechen, weil sie einfache integrative Synthesen anbieten und so dem jeweiligen Common sense schnell irgendwie plausible Eindrücke von »Gott« und »Heil« zu vermitteln beanspruchen?

– Hat sie Formen entwickelt, die Menschen verschiedener kultureller und sozialer Sphären ihr jeweiliges Suchen und Fragen nach Gott und ihre Gotteserfahrungen in kritische und schöpferische Zusammenhänge bringen lassen? Oder hat sie sich auf »die Gott-Mensch-Relation« des abstrakten und imperialen modernen Denkens oder auf solche kontextuellen Gotteserfahrungen spezialisiert, die sich gegen die Bereicherung und die Infragestellung durch ihnen fremde Gotteserfahrungen immun halten?

– Hat sie die Kräfte der Unterscheidung von Götzenbildern und Gotteserfahrungen, von Selbsterlösungsillusionen und einer Ausrichtung auf Gottes rettendes Handeln freigelegt? Oder hat sie sich weithin darauf spezialisiert, religiöse Unmittelbarkeitsansprüche und religiösen Moralismus zu verstärken?

– Hat sie für die »Scheidung der Geister« Formen gefunden und entwickelt, die sowohl der Lebendigkeit und Doxa Gottes als auch der kreativen

Freiheit der Geschöpfe Rechnung tragen? Oder hat sie alte, längst durchsichtige Formen der Herrschaft und Selbsterhaltung stabilisiert, wobei sie den Beschwerlichkeiten der wirklichen Freude an der Lebendigkeit Gottes, der wahren Gottesfurcht und der Lebendigkeit menschlicher Gotteserfahrung ausgewichen ist?
Diese selbstkritischen Fragen, ob die Theologie die gegenwärtige religiöse Orientierungskrise nicht mitverursacht hat, lenken den Blick auf eine religiöse Form, die die westliche Welt lange dominiert hat und die nun im Verfall steht: Auf den klassischen bürgerlichen Theismus. Sein Zusammenbruch verstärkt die gegenwärtige normative und religiöse Orientierungskrise ebenso wie halbherzige und unreife Suchen nach Alternativen.

Der Zusammenbruch des klassischen Theismus – ein neuer Anfang für die christliche Theologie?

In vielen Weltgegenden stehen die reformatorischen und gegenreformatorischen Kirchen heute vor dem Zusammenbruch einer Religiosität, die bestimmt ist vom klassischen bürgerlichen Theismus. Dieser Theismus, geprägt von der Vorstellung eines Gottes, der in absoluter Dominanz und Kontrolle sich selbst und alles andere hervorbringt und erhält, zerbricht.[1] Nicht nur die Erosionen in den klassischen Großkirchen der westlichen Industrienationen, sondern auch die rapiden Veränderungen im allgemeinen Ethos, das Evidentwerden der marktförmigen Verfassung der Moralen, selbst die Relativierung des Rationalitätkontinuums und andere »nachmoderne« Entwicklungen lassen schließen, daß die lange Dauerkrise des Theismus (spätestens seit dem Erdbeben von Lissabon) nun in seinen wirklichen Verfall übergeht. Die Beschwörung einer sich selbst und alles andere hervorbringenden transzendenten Persönlichkeit gilt kaum mehr als »wahrer Glaube« und »wahrer Gottesdienst«. Die Vorstellungen einer abstrakten »Allmacht« und »Allgegenwart« Gottes sind theologisch nicht mehr haltbar. Für viele Menschen sind sie untergegangen im Holocaust, in den Weltkriegen, in der globalen Umweltzerstörung, aber auch inmitten von zahllosen von Leid und Ungerechtigkeit gezeichneten Ereignissen, die täglich von den Massenmedien gespiegelt und weltweit publik

---

1. S. zur theologischen Kritik des klassischen Theismus exemplarisch: Jürgen Moltmann, Der gekreuzigte Gott. Das Kreuz Christi als Grund und Kritik christlicher Theologie, Kaiser: München 1972, 193ff.; Eberhard Jüngel, Gott als Geheimnis der Welt. Zur Begründung der Theologie des Gekreuzigten im Streit zwischen Theismus und Atheismus, Mohr: Tübingen 1977, bes. 55ff.

gemacht werden. Der Monotheismus bedarf einer neuen theologischen Erfassung.[2]

Gottes »Allmacht« und »Allgegenwart« müssen theologisch neu begriffen werden.[3] Gott kann unmöglich selbstverständlich und dauerhaft in jeder Raumzeitstelle präsent bzw. auf sie bezogen sein. Es ist neu zu verstehen, was die biblischen Überlieferungen Gottes Unsichtbarkeit und Verborgenheit nennen. Was verstehen sie unter dem Sich-Abwenden, Sich-Senken und Verhüllen von Gottes Angesicht? Was meinen sie, wenn sie vom Betrüben, Dämpfen und Auslöschen von Gottes Geist sprechen, oder vom Verscheuchtwerden und Fliehen des Geistes? Nicht nur und nicht erst im Blick auf das Kreuz Christi müssen die Fragen nach den Zusammenhängen von Gottes Offenbarung und Gottes machtvollem Wirken in der Welt einerseits und Gottes Abwesenheit und der Gottesferne der Welt andrerseits neu gestellt werden.

Gewiß geben Leidenserfahrungen, Orientierungskrisen und Empfindungen der Sinnlosigkeit zur Vermutung Anlaß, daß Gott – zumindest zeitweilig und in Regionen der Welt – abwesend ist. Und doch ist aus den Notlagen allein Gottes relative Abwesenheit nicht zu erkennen. Sie kann nur im Licht der geoffenbarten Gegenwart Gottes in dieser Welt wahrgenommen und dargestellt werden. Erst in der der Herausforderung, Gott und Gottes Gegenwart in dieser Welt im Licht von Gottes Offenbarung angesichts des Zusammenbruchs des klassischen Theismus und der gegenwärtigen religiösen und normativen Orientierungskrise zu erkennen, gewinnt die Frage Kontur: Theologie – wohin im dritten Jahrtausend? In den folgenden Antworten nehme ich reformatorische Denkansätze auf und beschreibe – orientiert an gegenwärtigen Entwicklungen in der Theologie der westlichen Welt, die mich überzeugt und geprägt haben und an denen ich mitwirken möchte, – Richtungen ihrer möglichen (und jedenfalls von mir intendierten) Weiterführung.[4]

---

2. Bonhoeffer, viele Befreiungstheologen und feministische Theologinnen stimmen in dieser Forderung überein. In der Arbeit an konstruktiven Beiträgen zur Lösung dieser Aufgabe habe ich besonders aus Gesprächen mit meinem Kollegen und Freund William Schweiker und der interdisziplinären Arbeitsgruppe »Bible and Theology« gelernt.
3. Vgl. dazu Wilfried Härles Vorschlag, Gottes Allmacht und Allgegenwart als Eigenschaften der Gott wesentlichen *Liebe* zu verstehen: Dogmatik, De Gruyter: Berlin u. New York 1995, 258f. und 264ff.
4. Dabei sind durchgängig programmatische und divinatorische Züge nicht zu vermeiden. So zögerlich die theologische Zunft im Bereich der Wissenschaft auf solche Züge mit Recht reagiert, so sehr verlangt die Themenstellung dieses Bandes allerdings gerade danach.

Die Erneuerung des reformatorischen Aufbruchs als Zukunftsaufgabe christlicher Theologie

Wenn hier von »reformatorischem Aufbruch« gesprochen wird, so ist damit nicht an konfessionalistische Bestandssicherung gedacht. Vielmehr wird versucht, einige der wichtigsten Impulse der reformatorischen Erneuerung der Kirche aufzunehmen, die sich heute auch gegen-reformatorische und nicht-reformatorische Kirchen zu eigen gemacht haben, Impulse, von denen allerdings einige in Teilen der reformatorischen Kirchen verblaßt sind.

Als solche Impulse sehe ich an:
1. Die Suche nach dem lebendigen Gott sowie das Fragen nach Gottes Eingreifen in diese Welt und das Vertrauen darauf (ein Impuls, der in der christlichen Theologie durch die Trinitätstheologie aufgenommen wird).
2. Die biblische Orientierung als Basis und Maß aller tragfähigen christlichen Theologie.
3. Das Verständnis der Kirche als Gemeindekirche und ökumeneweite »Christenheit«.
4. Die kreuzestheologische Konzentration der Theologie und die Abwehr auch subtiler Selbsterlösungsvorstellungen.
5. Die Herausforderung zur Unterscheidung von »Gesetz und Evangelium« als unabschließbare Aufgabe der Theologie, in deren Wahrnehmung auch das Verhältnis von Kirche und Kultur realistisch zu bestimmen ist.[5]

---

5. In meinem Rückbezug auf den »reformatorischen Aufbruch« verkenne ich nicht, daß viele der Reformatoren nur blasse Trinitätstheologien entwickelt und deshalb immer wieder den klassischen Theismus verstärkt haben, daß die Reformation die mittelalterliche Satisfaktionslehre nicht überwinden konnte und daß in der Unterscheidung von »Gesetz und Evangelium« oft mit Zerrbildern von »Gesetz« und hochgradig vagen Vorstellungen von »Evangelium« operiert wurde. Auch bleiben die dichotomisierenden Denkformen der Reformatoren korrekturbedürftig. Schließlich sind ihre Vorstellungen der Gottunmittelbarkeit des Glaubenden oft so ausformuliert, daß sich Personalismus, Individualismus und subjektives Rechtsempfinden darauf berufen und in fataler Weise religiös selbst verklären konnten. Alle diese Formen sind einer theologischen Kritik und Revision bedürftig. Mein Versuch einer konstruktiven und kritischen Aufnahme der reformatorischen Impulse hat reiche Belehrung erfahren von Berndt Hamm, Einheit und Vielfalt der Reformation – oder: was die Reformation zur Reformation machte, in: B. Hamm, B. Moeller, D. Wendebourg, Reformationstheorien. Ein kirchenhistorischer Disput über Einheit und Vielfalt der Reformation, Vandenhoeck: Göttingen 1995, 57-127. Auch danke ich ihm für hilfreiche Gespräche über die folgenden Überlegungen.

1. Trinitätstheologische Aufgaben

Die Theologie steht im dritten Jahrtausend vor der Aufgabe, die Einheit, Lebendigkeit, die besondere Personalität, Wirksamkeit und Doxa des dreieinigen Gottes neu zu verdeutlichen. Dies wird zur Problematisierung herkömmlicher totalitärer, personalistischer oder moralistischer Inanspruchnahmen Gottes führen. Im Blick auf das Verhältnis von Gott und Geschöpfen, Menschen und Gott und seine Ausgestaltungen ist eine realistische Erkenntnis der Einheit, Lebendigkeit, Personalität, Wirksamkeit und Doxa des dreieinigen Gottes zu suchen. Das Verhältnis von Gott zu Gottes Geschöpfen ist aber nicht zu fassen als ein abstraktes Eins-zu-Eins-Verhältnis (Gott und der Mensch), das lediglich mit einem raumzeitlichen »Gefälle« versehen worden ist (Gott geht voran, Gott kommt von oben). Es handelt sich um ein lebendiges und komplexes Verhältnis, das in der Orientierung am Zeugnisgeflecht der biblischen Überlieferungen und im Aufgebot der Wahrnehmungsweisen erschlossen wird, die durch soziale, kulturelle, wissenschaftlich-disziplinäre und andere Differenzierungen geprägt sind.[6]

Die einflußreichsten trinitätstheologischen Denkansätze der letzten Jahrzehnte sind entweder aus Mischformen von christologischer Orientierung und klassischem Theismus (in Anlehnung an die Zwei-Naturen-Lehre) hervorgegangen oder aus Konzepten »göttlicher Sozialität« erwachsen (wobei die Lehre von der Perichorese als Grundlage angenommen wurde). Beide Ansätze zur Entwicklung einer Trinitätstheologie haben zur Ablösung des klassischen Theismus beigetragen. Dennoch ließen sie sowohl das theologische Denken als auch die christliche Frömmigkeit unbefriedigt. Statt eine konsistente Lehre vom dreieinigen Gott zu entwickeln, blieben diese Ansätze entweder in binitarischem Denken stecken (mit allenfalls vagen Perspektiven auf den Heiligen Geist), oder sie verschwammen in quasi-mystischen Mutualitätsvorstellungen (»Sozialität« Gottes und »Sozialität« aller Dinge), die keine überzeugende Basis für einen Glauben boten, der nach Einsicht und Halt sucht.[7]

Durchgebildete Alternativen sind noch nicht deutlich absehbar. Klar aber zeichnen sich die ausgetretenen Pfade ab, auf denen immer wieder – vergeblich – Auswege aus den Schwierigkeiten gesucht wurden. Weder das gedankliche Spiel mit Derivaten des »unbewegten Bewegers« noch die theologische »Anwendung« moderner Konzeptionen von Subjektivität und Person brach-

---

6. Zur pneumatologischen Bestimmtheit dieses Verhältnisses und dieses Zugangs s. M. Welker, Gottes Geist. Theologie des Heiligen Geistes, Neukirchener Verlag: Neukirchen, 2. Aufl. 1993, 253ff.
7. Zur Kritik dieser Aporien, s. M. Welker, Kirche im Pluralismus, Kaiser: Gütersloh 1995, 42ff.

ten trinitätstheologisch überzeugende Erkenntnisse mit sich. Auch die fortgesetzte Vermehrung und Variation der linearen Relationsfiguren, die heute noch viele gängige Trinitätstheologien beherrschen (Liebender – Liebe – Geliebter; Ich – Anrede – Du; Gott kommt von – zu – als Gott etc.), läßt keine wesentlichen Fortschritte absehen. Mit den Denkansätzen reformatorischer Theologie (und mit einer stetig zunehmenden Zahl von Theologinnen und Theologen der Gegenwart) ist vielmehr überhaupt zu bezweifeln, ob sich auf der Basis von »top-down«-Spekulationen eine verantwortbare und überzeugende Gotteslehre entwickeln lassen wird. Die treffliche Einsicht Eberhard Jüngels, daß das Evangelium »als erfreuliches Wort nicht zu haben« ist, wo Theologie und Frömmigkeit »die irdische Existenz Gottes unter uns verachte(n) und Gott nur über uns Gott sein« lassen[8], wird nur in einem neuen trinitätstheologischen Denkansatz »von unten« bewährt werden.

»Viele Theologen sind instinktiv top-down Denker«, hat der theoretische Physiker und anglikanische Theologe John Polkinghorne in den Gifford-Lectures 1993/94 festgestellt. Er warnt: Wir Naturwissenschaftler »haben so oft in unserer Erfassung der physischen Welt gelernt, daß die ›evidenten allgemeinen Prinzipien‹ weder so evident noch so allgemein sind, wie man zunächst angenommen hatte.«[9] Polkinghorne plädiert deshalb dafür, die großen theologischen Spekulationen daraufhin zu befragen, ob und wie sie sich konsistent beziehen lassen »auf das, was wir vom Prozeß und von der Geschichte dieser gegenwärtigen Welt wissen«. Dieser Ansatz nimmt nicht nur den wissenschaftlich fruchtbaren Ansatz des modernen Denkens auf, das sich dem Rationalismus und Intellektualismus des Mittelalters entgegenstellt, indem es sich durchgängig auf Überprüfung und Stützung durch Beobachtung verpflichtet.[10] Er entspricht auch den Ursprüngen reformatorischen Denkens, das die Forderung einer Rückbindung aller Theologie an die Schrift schon 1518 mit der Planung einer antischolastischen Universitäts- und Wissenschaftsreform verbindet. Nicht nur die Kritik an scholastischer Philosophie und Theologie, sondern auch die Übernahme humanistischer Bildungskonzepte (Quellenstudium, philologische Kompetenz etc.) dienen der Neuorientierung in der theologischen Erkenntnissuche – »bottom-up«.

8. E. Jüngel, Thesen zur Grundlegung der Christologie, in: Unterwegs zur Sache. Theologische Bemerkungen, Kaiser: München 1972, 274ff., 278. Vgl. ebd.: »Ohne das *Ärgernis* der irdischen Existenz Gottes und der dieses Ärgernis bedenkenden Trinitätslehre ist das Evangelium von Jesus Christus als *erfreuliches* Wort nicht zu haben.«
9. John Polkinghorne, The Faith of a Physicist. Reflections of a Bottom-Up Thinker. The Gifford Lectures for 1993-4, Princeton University Press: Princeton 1994, 4, vgl. 4f.; Übersetzung M.W.
10. S. dazu Alfred North Whitehead, Wissenschaft und moderne Welt, Suhrkamp: Frankfurt 1984, bes. Kapitel I.

Dieser Ansatz »von unten« schließt keineswegs die Entdeckung christologischer, schöpfungstheologischer und pneumatologischer Machtformen aus, deren differenziertes Zusammenspiel die Trinitätstheologie zu erschließen hat. Im Gegenteil. Er wirkt aber einer Verwechslung dieser Machtformen mit bloß metaphysischen Errungenschaften und einfachen hochabstrahierten Commonsense-Vorstellungen entgegen. Er nötigt zur Entdeckung dieser Machtformen unter Orientierung an den komplexen Zusammenhängen der vielfältigen Zeugnisse der Schrift. Er steht in beständigem Konflikt mit allen gebastelten, von einem Einfall, einem Plausibilitätseindruck oder einer in mancher Hinsicht bewährten Denkfigur gesteuerten Versuchen, die Gottheit Gottes wahrzunehmen bzw. im Fragen und Suchen nach Gott zu orientieren. Auch eine lange eigene Tradition und Erfolgsgeschichte kann solche Denkfiguren und Verfahren nicht heiligen. Nur in ihrer Bewährung am Zeugnisgeflecht der über Jahrhunderte gewachsenen biblischen Überlieferungen, nicht allein in der konstruktiven Entfaltung der eigenen Binnenrationalität, gewinnen die Denkfiguren theologische Validität. Die Trinitätstheologie wird sich bewähren in der Unterscheidung der »Einheit« Gottes von der abstrakten Einfachheit eines letzten Referenzpunktes, eines »ultimate point of reference« (G. Kaufman), bzw. von der diffusen Komplexität einer »ultimate reality« oder von der prätendierten Kohärenz einer »alles bestimmenden Wirklichkeit« (R. Bultmann und W. Pannenberg). Sie wird die abstrakten und dualistischen Versuche, Gott und Geschöpfe zu unterscheiden, durch Differenzierungen ersetzen müssen, die Gottes Schöpfungsbezogenheit sowohl christologisch als auch inhaltlich-schöpfungstheologisch und pneumatologisch zum Ausdruck bringen.

Eine »bottom-up« denkende Theologie, die sich an den Zeugnissen der biblischen Überlieferungen messen läßt, wird nicht nur die reformatorische Einsicht aufnehmen und vertiefen, daß »Jesus Christus nicht ohne die Seinen ist«.[11] Sie wird auch erkennen, daß der schöpferische Gott nicht ohne die Geschöpfe sein und wirken will und daß der Geist nicht ohne die vom Geist Ergriffenen und Belebten bezeugt wird.[12] Dies stellt erneut vor die schon von Bonhoeffer aufgeworfenen, ungemein konsequenzenreichen Fragen, ob wir nicht a) Äquivalente zur christologischen Zwei-Naturen-Lehre für den ersten und dritten Glaubensartikel entwickeln müssen[13], b) ob nicht

---

11. Vgl. *Michael Welker*, Auferstehung, in: Glauben und Lernen 9, 1994, 39-49.
12. Vgl. *Michael Welker*, Was ist »Schöpfung«? – Genesis 1 und 2 neu gelesen, in: EvTh 51, 1991, 208-224; ders., Gottes Geist, a.a.O.
13. Dabei darf die Differenz des vollen Eingehens in die Geschöpflichkeit in der Inkarnation zur Schöpfungsbezogenheit von Schöpfer und Geist nicht verkannt werden. Auch möchte ich mich nicht dafür aussprechen, den »Natur«-Begriff in diesem Kontext beizubehalten. Er müßte aber auf der Basis einer trinitätstheologischen Grundlegung ersetzt werden. Der

gerade die Trinitätstheologie eine nicht-dualistische Unterscheidung von Gott und Geschöpfen zu entwickeln hätte, die der Komplexität der Bezogenheit des dreieinigen Gottes auf die Schöpfung Rechnung trägt.

2. Biblische Theologie, polykontextuelles und induktives Denken

Die Theologie wird im dritten Jahrtausend durch die Krise des klassischen Theismus und durch den Orientierungsbedarf der Kirchen in pluralistischen Gesellschaften mit neuer Wucht mit der reformatorischen Aufgabe konfrontiert, ihre dogmatisierten Formen und Inhalte auf der Basis der biblischen Überlieferungen zu überprüfen und zu erneuern. Sie braucht dafür Denkformen und Methoden, die ihr – anders als dies in vielen herkömmlichen Konzepten von »biblischer Theologie« der Fall ist – multisystemisch, historistisch, »bottom-up«, induktiv vorzugehen erlauben. Sie kann dabei nicht mehr den »Tag des geringen Anfangs« verachten (Ph. Trible unter Bezug auf Sach 4,10).[14]

Der Harvarder jüdische Bibelwissenschaftler John Levenson hat in seinem Aufsatz: »Warum Juden sich nicht für biblische Theologie interessieren«[15] nicht nur den »ausgeprägten Antisemitismus« kritisiert, der sich in vielen klassischen Werken führender protestantischer Exegeten finde.[16] Er hat auch jede Form von »Biblischer Theologie« abgelehnt, die eine bestimmte Denkform oder einen bestimmten Theoriezusammenhang als *die* Form und Systematik *der* biblischen Überlieferungen unterstellt oder zu erweisen versucht. Er kritisiert ebenso alle sogenannten »Biblischen Theologien«, die ein einziges Thema (z.B. Versöhnung, Bund, Gottesherrschaft, Heiligkeit Gottes etc.) als »*den* Inhalt« der biblischen Überlieferungen herauszuheben bzw. in sie hineinzulegen bemüht sind. Levenson urteilt: »Die Bemühung, eine systematische, einheitliche theologische Aussage aus den unsystematischen und polydoxen Materialien in der Hebräischen Bibel zu konstruieren, entspricht dem Christentum mehr als dem Judentum, da systematische Theologie im allgemeinen in der Kirche beherrschender und mehr beheimatet ist

---

»Consultation on Science and Theology«, Princeton, bin ich für fruchtbare Gespräche über trinitätstheologische »bottom-up«-Denkansätze sehr dankbar.
14. So *Phyllis Trible*, Gott und Sexualität im Alten Testament, Gütersloh 1993, Vorwort, – in skeptischer Reaktion auf die »Mighty-Acts-of-God«-Theologie.
15. In: EvTh 51, 1991, 402ff.; zuerst veröffentlicht unter dem Titel: Why Jews are not Interested in Biblical Theology, in: J. Neusner et al., Judaic Perspectives on Israel, Philadelphia 1987, 281ff.
16. Levenson, EvTh 51, 409ff.

als in der Jeschiva und in der Synagoge.« Gegenüber diesem, wie er sagt, »Drang der Christen zum Systematisieren« betont er den »hartnäckige(n) rabbinische(n) Widerstand dagegen, das Besondere im Allgemeinen verlorengehen zu lassen«.[17]

Doch trifft diese Charakterisierung von »Biblischer Theologie« tatsächlich auch auf diejenige Diskussion und interdisziplinäre Kooperation zu, die unter dieser Programmformel seit den 80er Jahren besonders in den USA und in Deutschland erfolgt? Geht es hierbei um die Suche nach der allintegrierenden Form, nach dem alles verbindenden Thema, nach der »einen großen Idee«, die alle biblischen Überlieferungen durchdringt? Wie Rolf Rendtorff in der Diskussion mit John Levenson schon zu sehen nahegelegt hat[18], erfaßt dessen Beschreibung kaum angemessen die führende christliche Fachexegese der Gegenwart. Sie erfaßt ganz gewiß nicht die sich durchhaltenden Anliegen und Ausprägungen der Forschung und des interdisziplinären Austauschs, die unter der Bezeichnung »Biblische Theologie« oder »Neue Biblische Theologie« u.a. in den *Overtures to Biblical Theology* (seit 1978), in der Zeitschrift *Horizons*, im *Frederick Neumann Symposium on the Theological Interpretation of Scripture* (seit 1986), im *Jahrbuch für Biblische Theologie* (seit 1987) oder im Projekt *Bible and Theology* (seit 1989) bzw. *Bible, Theology, and Cultural Critique* (ab 1996) an die Öffentlichkeit treten. Auch viele Ansätze zu feministischer und befreiungstheologischer Schriftauslegung der letzten Jahre fügen sich nicht in das von Levenson gezeichnete Bild. Die bewußt unter der Programmformel »Biblische Theologie« verbundenen Forschungen, Diskussionen und Dokumentationen unterscheiden sich vielmehr scharf von den von Levenson kritisch dargestellten Ansätzen »absoluter Betrachtungsweise«.

Sie nehmen nämlich die Bibel als eine – mit Heinz Schürmann formuliert – »erstaunlich pluralistische Bibliothek mit Traditionen über mehr als 1500 Jahre hinweg«[19] ernst. Sie setzen systematisch bewußt »pluralistisch« an. Ihnen sind die verschiedenartigen biblischen Überlieferungen mit ihren unterschiedlichen »Sitzen im Leben« gerade in ihren Differenzen wichtig. Gerade in ihren Differenzen können sie konkret, in spezifischer Hinsicht, auf die Wirklichkeit Gottes verweisen, die jede Zeit und Kultur auf ihre Weise zu erfassen sucht und die doch von keiner Zeit und Kultur erschöpfend auf »den Begriff« gebracht werden kann. Die theologischen Denk- und Forschungsansätze unter dem Titel »Biblische Theologie« nehmen ernst,

---

17. Levenson, EvTh 51, 421 und 423.
18. *R. Rendtorff*, Wege zu einem gemeinsamen jüdisch-christlichen Umgang mit dem Alten Testament, in: EvTh 51, 1991, 431ff.
19. *H. Schürmann*, Gottes Reich – Jesu Geschick, Freiburg 1983, 246.

daß die biblischen Überlieferungen kontinuierliche und diskontinuierliche, miteinander verträgliche und miteinander zumindest nicht direkt vermittelbare Erfahrungen Gottes und Erwartungen an Gott zum Ausdruck bringen. Sie nehmen ernst, daß nicht nur die kirchengeschichtlichen Aneignungen, sondern auch biblische Texte selbst Verzerrungen und Verstellungen von Perspektiven auf Gott und auf die von Gott beabsichtigte Wirklichkeit bieten können.

Dieser pluralistische Ansatz der Biblischen Theologie ist – in systematisch-theologischer Sicht – von der Einsicht geprägt, daß wichtige, ja zentrale theologische Begriffe in unseren Kulturen oft nur noch als Chiffren fungieren. Komplexe religiöse Leitbegriffe und Begriffszusammenhänge der biblischen Überlieferungen (z.B. Schöpfung, Welt, Sünde, Sühne, Opfer, Gerechtigkeit, Reich Gottes, Geist Gottes), die hohe Orientierungskraft besaßen, sind durch mehrfache Anpassung an kulturell eingespielte Denkgepflogenheiten, an bestimmte Rationalitätskonzeptionen und Moralen bis zur Unverständlichkeit hin abgeschliffen worden. Deshalb sind die Inhalte und Formen, die diese »großen theologischen Wörter« auf Begriffe gebracht haben, in ihren »Sitzen im Leben« und in ihrer *Komplexität und Kohärenz* neu zu erschließen. »Seek simplicity – and distrust it!« hatte A.N. Whitehead als wissenschaftstheoretische Grundregel formuliert. Nachdem die Theologie lange die Suche nach »simplicity«, nach einfachen, hochintegrativen Abstraktionen und nach schneller Plausibilitätsbeschaffung forciert hat, ist es nun an der Zeit, die schrift- und sachadäquate Komplexität und die komplexe Sachadäquatheit der Inhalte des Glaubens wiederzuentdecken. Nur auf dem Weg einer biblisch-theologischen Neuorientierung, die reduktionistischen und selektiven »Systematisierungen« kritisch gegenübersteht, werden die theologischen Inhalte wiedergewonnen werden. Nur aufgrund der Wahrnehmung ihrer differenzierten Realistik werden sie ihre vielfältige Fruchtbarkeit und inhärente Lebendigkeit wieder unter Beweis stellen können. Dies erfordert von der Theologie die Bereitschaft, ihre interdisziplinäre Verfaßtheit zu bewähren und die Auseinandersetzung mit einem mediokren rationalistischen Reduktionismus nicht zu scheuen, der sich seiner Klarheit »überhaupt« oder seiner unauffälligen Angepaßtheit an die allgemeine Kultur rühmt. Nur in der Unterscheidung trügerischer reduktionistischer Klarheit und gegenstandsadäquater Klarheit, sowie in der schwierigen *Unterscheidung* von schöpferischer Präsenz von Religion in der Kultur und Religion als »systemischer Verzerrung«[20] wird die Theologie ihrer Aufgabe gerecht werden.

---

20. Erste interdisziplinäre Ansätze, die noch in vielfältiger Hinsicht der Korrektur und Weiterentwicklung bedürftig sind, bietet der Band: Power, Powerlessness, and the Divine, ed. W. Schweiker et al., Scholaris Press Minneapolis 1996.

3. Erkenntnis der elementar gemeindlichen und ökumenischen Verfassung der Kirche und des schöpferischen Pluralismus

Der Theologie, die die Lebendigkeit Gottes ernst nimmt und sich immer neu auf die Orientierung an den über anderthalb Jahrtausende gewachsenen biblischen Überlieferungen verpflichtet, eignet eine »Freiheit unter dem Wort« (K. Barth)[21], die gestaltgebend ist nicht nur für die theologische Arbeit, sondern auch für das kirchliche Leben. Der Reichtum des »Wortes Gottes« und die vielperspektivische Erschließbarkeit der »pluralistischen Bibliothek ›Bibel‹« nötigen Theologie und Kirche zu einem Verständnis ihres Inhalts, zu einem Selbstverständnis und zu Organisationsformen, die beständig Komplexität und Kohärenz zu vermitteln streben.[22] Die nicht-monohierarchische und doch klare Verfassung einer schöpferisch-pluralistischen Kirche bedarf der Erkenntnis und der Pflege (wobei Pluralismus nicht, wie oft üblich, mit Relativismus und Individualismus oder staatlich gezähmtem Gruppenegoismus zu verwechseln ist). Die Kirche erwächst einerseits aus dem authentischen Kommunikationszusammenhang der durch Gottes Wort und in der Sakramentsfeier versammelten und verbundenen Gemeinde und der davon abgeleiteten Formen geistlichen Lebens. Sie ist andrerseits in der allen Kirchen gemeinsamen Rückbindung an die Schrift von ökumenischer Weite. Die Theologie des dritten Jahrtausends wird vor der Aufgabe stehen, Formen zu entwickeln, die die »Freiheit der Kirche unter dem Wort Gottes«, die Autorität der Schrift und die theologische und inhaltliche Konzentration[23] so aufeinander beziehen lassen, daß Ausbildung, Prüfung und Transformation konfessioneller, organisatorischer, institutioneller und anderer Gestaltwerdungen von Kirche in gemeindlicher und ökumenischer Perspektive angeregt und nach- und mitvollziehbar werden.

Den geschichtswirksamsten Konzeptionen von Kirche lagen entweder stratifizierte Ordnungsformen zugrunde, die die Kirche im Kern auf die klare Form einer bestimmten hierarchischen Figur festlegten. Oder aber sie waren von »kongregationalistischen«, »geselligen« oder »basisgemeindlichen« Konzepten geprägt, die vom elementaren Geschehen der freien Assoziation ausgingen und diese Dynamik dann dogmatisch oder moralisch zu rechtfertigen, zu steuern und zu prägen versuchten. Diese Spannung von stratifizierten Formvorstellungen und Orientierung an Assoziationsformen hat sich unter den Bedingungen der Moderne verschoben. Zwischen beide Seiten ist die Form der systemisch gefestigten funktionalen Differenzierung getreten. Sie

---

21. K. Barth, KD I/2, bes. 779ff.
22. Vgl. dazu W. *Schweiker* u. M. *Welker*, Power, Powerlessness, and the Divine, Introduction.
23. S. dazu die Punkte 1, 4 und 5.

hat die stratifizierten Formen in den Ruch »alteuropäischer« Überholtheit und die Assoziationsformen in den Schein chaotischer Vergeblichkeit gerückt. Während die großen monohierarchischen stratifizierten Formen sich tatsächlich nur im beständigen Rückzugsgefecht gegen grundlegende Einsichten der biblischen Überlieferungen und gegen den Freiheitsdrang in den Kulturen halten können, ist eine neue Spannung zwischen systemischen Konzepten von Religion und Kirche und assoziationstheoretischen Auffassungen aufgetreten, auf die sich – bewußt und unbewußt – gegenwärtig viele Erkenntnisinteressen richten. Eine Theorie oder eine Ekklesiologie, die beide Perspektiven vermittelt, steht aus. Entsprechend unklar ist das Selbstverständnis der Kirchen. Die neue Spannung schlägt sich aber nicht nur in ekklesiologischen Verlegenheiten der Theologie und in der öffentlich erkennbaren »Rollenunsicherheit« der Kirchen nieder[24]. Sie zeigt sich auch in der Verlegenheit der soziologischen Diskussion der Gegenwart, die die Kirche entweder als Subsystem eines Teilsystems (als »das Religionssystem«) der funktional differenzierten Gesellschaft verstehen möchte (z.B. N. Luhmann), oder als ein Ensemble von »zivilgesellschaftlichen« Assoziationen (z.B. J. Habermas) zu erfassen versucht. Während es der einen Seite nicht gelingt, die spezifische Systemizität der Kirche klar zu bestimmen, kann die andere Seite die Assoziation »Kirche« nicht klar von anderen zivilgesellschaftlichen Assoziationen unterscheiden.[25]

Die besondere Verfassung und Öffentlichkeit der Kirche, die systemische Formen und Assoziationsformen notwendig verknüpft, wird so verkannt. Daß die ökumenische Kirche aller Zeiten und Weltgegenden sich in zahlreiche Konfessionen mit deren geprägten perspektivischen Wahrnehmungen der Inhalte des Glaubens untergliedert, daß die Kirche sich vor allem in Millionen von gemeindlichen »Assoziationen« Tag für Tag, Woche für Woche aus der Konzentration auf Wort und Sakrament heraus erbauen und erneuern läßt, wird in diesen einseitigen Betrachtungsweisen nicht wahrgenommen. Bis heute fehlen uns (innerhalb und außerhalb der Theologie) Denkmittel, dieses Zusammenspiel und diese dynamischen Spannungen von systemischen Formen und Assoziationsformen zu erfassen und bewußt zu

---

24. W. *Huber*, Öffentliche Kirche in pluralen Öffentlichkeiten, in: EvTh 54, 1994, 157-180.
25. S. dazu die Auseinandersetzung mit Habermas, die D. Tracy und F. Schüssler-Fiorenza geführt haben, in: *Don S. Browning, Francis Schüssler Fiorenza (Hg.)*, Habermas, Modernity, and Public Theology, New York 1992; *E. Arens (Hg.)*, Habermas und die Theologie. Beiträge zur theologischen Rezeption, Diskussion und Kritik der Theorie kommunikativen Handelns, Düsseldorf 1989, bes. 115-144. Im Anschluß daran *M. Welker*, Kirche im Pluralismus, Gütersloh 1995, 11ff.; vgl. ferner: *ders.*, Niklas Luhmanns Religion der Gesellschaft, in: Sociologia Internationalis 29, 1991, Heft 2, 149-157.

kultivieren. Dieser Mangel wiederum führte dazu, daß die Kirche sich in ihrer Selbstbeschreibung gern an »Gegengrößen« orientierte, die eigentlich schon hinsichtlich der Universalität und der Authentizität der kommunikativen Formen unter ihrem Niveau waren. Sie tat dies, um sich in Abgrenzung von einem »Gegenüber« zu begreifen, in Europa vor allem im Blick auf das Verhältnis von »Kirche und Staat« oder »Kirche und Gesellschaft«.[26]

Die Theologie wird im dritten Jahrtausend das Selbstverständnis der Kirche als Ökumene in gemeindlicher Verfaßtheit bzw. als Gemeinde mit ökumenischem Bewußtsein und ökumenischer Ausstrahlungskraft entwickeln müssen. Sie könnte auf diese Weise falschen Ohnmachts- und falschen Irrelevanzvorstellungen entgegenwirken. Sie käme aber auch in die Lage, falsche Homogenitätsvorstellungen sowohl im Blick auf die Kirche als auch im Blick auf ihre kulturellen und sozialen Umgebungen durch einen »nuanced historical sense« und eine »subtle social analysis« aufzuheben.[27] Das ökumenische Selbstverständnis in gemeindlicher Perspektive wird provinzielle, regionalistische, chauvinistische und andere Verzerrungen von Kirche und Frömmigkeit problematisieren. Die gemeindliche Verfaßtheit der Kirche aller Zeiten und Weltgegenden aber ist unverzichtbar, um die Freiheit der Kirche unter dem Wort Gottes authentisch zu leben und zu bewähren. Dabei werden die Kirchen nicht umhin können, für die regelmäßige Verkündigung in immer neuer Schriftauslegung und Gegenwartsbezogenheit stärker als bisher interaktive Formen auszubilden.[28] Auch werden die Kirchen ein differenzierteres Zusammenspiel der »Ämter« und entsprechende Organisationsformen benötigen, um der Vielzahl der Charismen gerecht zu werden, die in den klassischen Großkirchen des Westens in der Gegenwart schon aufgrund der inneren und äußeren (auch der baulichen) Verfaßtheit beharrlich »gedämpft« werden.

Die Freiheit der Schriftauslegung dient nicht der regionalen Überzeugungsbildung in einer Gemeinde allein, sondern der ökumeneweiten Frage nach der Erkenntnis Gottes, nach der von Gott intendierten Wirklichkeit und der Wahrheit der religiösen Erkenntnis. Diese *ökumenische Verantwortung* im Suchen und Fragen nach Gott, die Verantwortung, die in jeder Verkündigung, in jeder versammelten Gemeinde akut wird, und umgekehrt die konkrete gemeindliche Authentizität, in der diese Verkündigung getragen und verantwortet wird, sind wichtig um der ernsthaften Suche nach Gottes Wort

---

26. S. dazu das Heft »Kirche-Staat-Gesellschaft«, EvTh 54, 1994, Heft 2.
27. Zur Entwicklung dieser Formen auch unabhängig von einer »Biblischen Theologie« s. C. *West*, Prophetic Thought in Postmodern Times. Beyond Eurocentrism and Multiculturalism, Bd. I, Monroe, Maine 1993.
28. Vgl. Welker, Kirche im Pluralismus, 53ff., 71ff., 99ff., 104ff.

und um der Lebendigkeit der Kirche willen. In dieser Suche und in der Bewährung ihrer Lebendigkeit ist die Kirche beständig mit ihrer eigenen Selbstgefährdung konfrontiert. Die große Selbstgefährdung der Kirche ist in den klassischen Großkirchen der Moderne durch massive, aber trügerische religiöse Unmittelbarkeitsansprüche Gott gegenüber und durch eine nicht weniger massive religiöse Moralseligkeit in vielfältigen Formen verschleiert worden.

4. Die kreuzestheologisch und hamartiologisch begründete Auseinandersetzung mit religiösem Moralismus und religiösen Unmittelbarkeitsansprüchen Gott gegenüber

Die christliche Theologie hat sich lange darauf spezialisiert, die »Selbstbezogenheit des Menschen« zum Zielpunkt ihrer Lehre von der Sünde und ihrer entsprechenden Praxis zu machen. Sie wird im dritten Jahrtausend klarer und realistischer die komplexeren Kräfte der Gefährdung und Zerstörung des individuellen und des gemeinsamen Lebens aufdecken müssen, die die biblische Rede von »Sünde« vor Augen hat. Wie lassen sich die Strategien der Verschleierung und Beschwichtigung kenntlich machen, wie lassen sich die Illusionen und Lebenslügen aufdecken, die geschöpfliche Selbstgefährdung und Selbstzerstörung in Nebel hüllen? Wie kann eine Kultur nüchterner individueller und öffentlicher Sündenerkenntnis gefördert werden, ohne nur den »moralischen Kampf aller gegen alle« (K. Barth) zu entfesseln und zu schüren? Wie kann die große irdische Macht der Zerstörungskraft der Menschen differenziert deutlich gemacht werden, ohne die Fatalität und die Nichtigkeit dieses Machtgebrauchs zu verkennen? Die Theologie kann die wirkliche Sündenerkenntnis nur fördern und einer vielgestaltigen Umkehr und Erneuerung nur zuarbeiten, wenn sie immer wieder neu von der Offenbarungskraft des Kreuzes Christi und von seiner Vergegenwärtigung in Verkündigung und Feier des Sakraments ausgeht.

In seinem Buch »Der gekreuzigte Gott« hat Jürgen Moltmann das Kreuzesgeschehen in seiner religionskritischen und in seiner politikkritischen Dimension differenziert erschlossen. Jesus von Nazareth wird als »Gotteslästerer« und als »Aufrührer« getötet.[29] Dieser Denkansatz muß aufgenommen und weiterentwickelt werden. Jesus von Nazareth wird im Namen der Religion, im Namen von zweierlei Recht, im Namen der herrschenden Politik und unterstützt von der »öffentlichen Meinung« zu einem schändlichen und qualvollen Tod verurteilt und hingerichtet. Das Kreuz konfrontiert also

---

29. S. Moltmann, Der gekreuzigte Gott, Kap. IV.

mit der grauenhaften Erkenntnis, daß Religion, Recht, Politik, Moral und öffentliche Meinung – lauter Errungenschaften, die der Frömmigkeit, der öffentlichen Ordnung, der allgemeinen Gerechtigkeit, der Förderung des Guten und der Gemeinschaft dienen sollen – zusammenwirken können, um Menschen, die sich dieser Errungenschaften bedienen, in die Gottesferne, die Unwahrheit, den Rechtsbruch, die Erbarmungslosigkeit und die Zerrüttung zu treiben. Die systemische Form der Sünde in facettenreicher Gestalt und die – aktive und passive – Eingebundenheit der Individuen in diese dämonische Macht werden »unter dem Kreuz« offenbar.

Daß eine Gemeinschaft von Menschen durch und durch verblendet sein kann, korrupt, unfähig, das Gute, das Gerechte, das Befreiende, das Gott Gemäße zu erkennen, das ist dem Rückblick auf die Weltgeschichte durchaus vertraut. Nur wenige Menschen würden nicht zugestehen, daß im »Dritten Reich« oder im Stalinismus völlig verdorbene, durch und durch falsch orientierte gesellschaftliche Verhältnisse geschaffen wurden, in denen die orientierenden Kräfte zur Verschwörung gegen das Leben eingesetzt worden sind. Doch selbst gegenüber solchen Verheerungen konfrontiert uns das Kreuz Christi mit einer exemplarischen grauenhaften Steigerung. Um Jesus ans Kreuz zu bringen, wirken nach dem Zeugnis der biblischen Überlieferungen Inländer *und* Ausländer, Besetzte *und* Besatzer, Juden *und* Römer, Juden *und* Heiden zusammen. Das heißt: die ganze repräsentative Welt kooperiert und konspiriert hier im »Willen zur Ferne Gottes« (H.-G. Geyer). Die »letzten Kontrollen« durch eine Weltöffentlichkeit, durch eine andere Rechtsordnung, durch ein fremdes Ethos, durch eine andere Religion oder doch wenigstens durch »den Feind« fallen hier aus. Nicht nur die Eliten, auch die versammelte »Menge«, die konkrete Öffentlichkeit, und selbst die engsten Vertrauten Jesu wirken hier zusammen. Das Kreuz Christi stellt uns eine unüberbietbare Tiefe, einen unüberbietbaren Verhängniszusammenhang der Zerstörungs- und Selbstzerstörungskraft der Menschen vor Augen. Es konfrontiert uns mit Chaos und Grauen. Es konfrontiert die Menschen mit ihrer abgründigen Kraft, gemeinsam Ungerechtigkeit, Lüge, Sinnlosigkeit und Hoffnungslosigkeit auszubreiten.

Die Theologie im dritten Jahrtausend darf diese Erkenntnisse nicht lediglich auf die einfache Selbstbeziehung »des Menschen« und »der Welt« zurückführen, die »in sich selbst verkrümmt« und gegenüber Gott »selbstzentriert« seien. Statt mit religiös verbrämten moralischen Appellen auf die scheinbar solipsistischen Menschen zuzugehen, wird sie die Menschen als Trägerinnen und Träger, aber auch als Opfer der systemischen normativen Kräfte und Machtformen ernstnehmen müssen. Diese Kräfte und Machtformen sind sowohl in ihrem jeweiligen zerstörerischen Zusammenspiel zu erfassen als auch in ihren möglichen fruchtbaren Interdependenzen zu erkennen. Orientierungshilfen in der Unterscheidung von zerstörerischen und fördernden normativen Formen in ihrem Zusammenspiel und in ihren Fortentwicklungen sind von einer sachbezogenen und realistischen Theologie zu erwarten. Dieser Erwartung entzieht sich die Theologie, wenn sie die Sündenerkenntnis der bloßen Moral überläßt und damit den Sachverhalt der Sünde notwendig dem Unverständnis und schließlich dem Spott preisgibt.[30] Gegenüber allen Tendenzen zur Moralisierung der Theologie und Frömmigkeit bzw. der religiösen Verklärung von Moralen ist deutlich geworden, daß es in der Moral um die Kommunikation wechselseitiger Anerkennung und Achtung, um das Wechselspiel des Gebens und des Entziehens von Achtung geht. Diese Kommunikation von Achtung kann aber von den verschiedensten Ausprägungen von Ethos besetzt und gesteuert werden! Die Theologie kann von ihren Grundlagen aus zur Erkenntnis der Ambivalenz und der Korrumpierbarkeit der Moral beitragen, ohne die (für menschliches Zusammenleben unverzichtbare) moralische Kommunikation pauschal herabsetzen zu müssen. Sie kann und muß Moral und Ethos unterscheiden helfen und zur Kultivierung eines für die »Macht der Sünden« sensiblen Ethos beitragen. Ganz entsprechend kann und muß sie zu kritischem, selbstkritischem und zugleich sorgsamem Umgang mit rechtlichen, politischen, massenmedialen und anderen Formen von Normativität anleiten.

Diese Aufklärung transindividueller Gestaltungskräfte des Lebens und die entsprechende transindividuelle Sündenerkenntnis erfordert eine gesteigerte Bildungsbereitschaft in der Theologie. Sie setzt auch die Bereitschaft voraus, das religiöse Gemisch von Frömmigkeit und Selbstgerechtigkeit, das die Theologie der Moderne immer wieder der individuellen religiösen und moralischen Empfindsamkeit überlassen hat, der kreuzestheologischen und hamartiologischen Kritik auszusetzen. Um diese theologische Grundhaltung nicht in eine ihrerseits zerstörerische, selbstgerechte und herrschsüchtige Theologie und Frömmigkeit münden zu lassen, bedarf es der Einübung aller Glaubenden in die theologische Grundunterscheidung von »Gesetz und Evangelium«.

5. Die Unterscheidung von Gesetz und Evangelium und die realistische Theologie

Die Theologie wird im dritten Jahrtausend die hohe Bedeutung der reformatorischen Grundunterscheidung von »Gesetz und Evangelium« wiederentdecken und in einer stärker biblisch orientierten und sachgemäßeren Weise,

---

30. S. dazu *S. Brandt* u.a., Sünde. Zu einem unverständlich gewordenen Thema, Neukirchen 1996.

als es der Reformation möglich war, vollziehen müssen. Sie wird dabei gängige Abstraktionen und Karikaturen des Gesetzes, seine Reduktion auf den Dekalog, aber auch zahlreiche wolkige Vorstellungen von »Evangelium« ersetzen. An die Stelle der vertrauten Duale »Indikativ und Imperativ«, »Forderung und Gabe«, »Zuspruch und Anspruch« werden differenziertere Einsichten in die innere Verfassung »des Gesetzes« und in seine »Aufhebung« (seine Relativierung und die Bewahrung seiner Intentionen) durch das Evangelium treten. Eine theologisch sachgemäße Erkenntnis des Gesetzes und seiner Pervertierbarkeit durch die Macht der Sünde wird die spannungsreiche, aber fruchtbare Hoffnungsgemeinschaft und Komplementarität von Kirche und Israel sichtbar werden lassen und es möglich machen, sie stärker mit Leben zu erfüllen. Die Erkenntnis der kulturbestimmenden Dynamik des normativen Formzusammenhangs im Gesetz und seiner dialektischen Beziehung zum Evangelium wird aber auch die interreligiösen Dialoge auf eine breite sachliche Basis stellen und dem am Ende des zweiten Jahrtausends vielbeklagten Verlust an »kultureller Kompetenz« in der Theologie entgegenwirken.

In der Unterscheidung von Gesetz und Evangelium wird die Theologie mit der Kraft anspruchsvoller normativer Zusammenhänge, mit ihrer zerstörerischen Deformation (unter der Macht der Sünde, exemplarisch offenbart am Kreuz Christi) sowie mit ihrer freiheitlichen und schöpferischen Wandlung (durch das Evangelium, die kommende Gottesherrschaft und die Geistausgießung) konfrontiert. Die normativen Zusammenhänge, die von vielen biblischen Überlieferungen und im Anschluß an sie unter den Inbegriff »das Gesetz« gebracht werden, weisen innere Strukturen und Entwicklungsdynamiken auf, die kulturübergreifend zu sein scheinen, die uns aber in ihren machtvollen Interdependenzen erst partiell durchsichtig sind.[31] Es handelt sich um normative Formzusammenhänge, die die kulturellen Entwicklungen steuern. Sie werden in den verschiedenen historischen, religiösen und gesellschaftlichen Kontexten inhaltlich unterschiedlich (wenn auch keineswegs beliebig variierbar) gefüllt.

Allen biblischen Gesetzesüberlieferungen ist gemeinsam, daß sie Normen enthalten, die die Sicherung des Rechts erwirken, Normen, die auf den Schutz der Schwachen, auf das Erbarmen, abstellen, und Normen, die dem

---

31. Ein gemeinsam mit Jan Assmann, Klaus Berger und Bernd Janowski veranstaltetes Oberseminar und Diskussionen im Heidelberger Graduiertenkolleg »Religion und Normativität«, vor allem aber zahlreiche Gespräche mit Alttestamentlern und Alttestamentlerinnen haben mir wichtige Einsichten in die kulturprägenden Potentiale »des Gesetzes« vermittelt. Sie haben aber auch deutlich gemacht, daß diese Potentiale aufgrund falscher Systematisierungen in Theologie und Common sense oft verstellt worden sind.

Kult, dem geregelten, öffentlich anschlußfähigen Gottesverhältnis, dienen (wobei der Kult nicht nur die Wahrnehmung Gottes, sondern rückwirkend auch komplexe Selbst- und Wirklichkeitswahrnehmungen der Gemeinschaft prägt). Die Interdependenz dieser Formzusammenhänge (Recht, Erbarmen, Kult) bedingt Entwicklungsdynamiken, in denen progressive Vervollkommnung und Verfeinerung der Normen mit der Abwehr ihrer Auflösung (die ja paradoxerweise gerade in ihrer Fortentwicklung droht!) einhergehen. So sichert, um nur wenige Zusammenhänge zu skizzieren, das Ethos des Erbarmens u.a. die Universalität des Strebens nach Reziprozität im Recht. Schon die frühe Schriftprophetie erkennt: Dort, wo das Erbarmen vernachlässigt wird, verkommt das Recht zu einer Defensivform für eine immer kleiner werdende Gruppe von Wohlhabenden. Das Recht wiederum wirkt paternalistischen und therapeutischen Gefällen in den vom Erbarmen bestimmten Moralen entgegen. Der Kult sichert die Verankerung dieser Normativität im kollektiven Erinnern und Erwarten, wohingegen Recht und Erbarmen auch auf die allgemeine Zugänglichkeit zum Kult abstellen und damit seine Stützungskraft stärken.

Von den biblischen Überlieferungen wird aber auch erkannt, daß nicht nur Defizite in Teilbereichen der Gesetzeserfüllung auftreten können, sondern *daß der gesamte Komplex des Gesetzes systematisch pervertiert werden kann.* Das Erbarmen kann persifliert, das Recht gebeugt und der Gottesdienst mißbraucht werden – ebenfalls in sich wechselseitig verstärkender Weise. Und dies kann unter dem Schein der Gesetzeserfüllung, unter dem Schein guter Moral, stabilen Rechts, aktiver Religiosität erfolgen! Die christliche Theologie, die sich der Aufgabe der Unterscheidung von Gesetz und Evangelium stellt, wird einerseits die Offenbarung der Verlorenheit der Menschen unter dem pervertierten Gesetz in jeder Gegenwart deutlich machen müssen. Sie hat andrerseits auf die rettende Kraft der kommenden Gottesherrschaft und auf das neuschöpferische Wirken des Geistes erhellend hinzuweisen, womit Gott unter Indienstnahme der Menschen jener Not und Pervertierung entgegenwirkt. Die trinitätstheologische Konzentration auf die Lebendigkeit Gottes (1.), die vorrangige Orientierung an den Zeugnissen der biblischen Überlieferungen (2.), die gelebte Freiheit unter dem Wort Gottes in der gemeindlichen und ökumenischen Kirche (3.) und die immer neue Rückbesinnung auf die Offenbarung der Verlorenheit der Welt unter dem Kreuz (4.) kommen genau dieser Grundorientierung zugute.

Die Theologie sollte exemplarisch deutlich machen, daß der Formzusammenhang, für den »das Gesetz« ein Inbegriff ist, nicht nur das kirchliche Leben, sondern in abgestufter Weise auch die allgemeine Kultur jedenfalls der westlichen Welt prägt. Sie sollte zeigen, daß dieser Formzusammenhang, seine Pervertierbarkeit und die Kräfte seiner Regeneration und Erneuerung nur um den Preis anhaltender Orientierungsunsicherheit ignoriert werden können.

Ein Beispiel solcher Orientierungsunsicherheit aus der jüngsten Geschichte stellt die intensiv geführte Debatte über Literatur und Moral dar, die das Buch von Harold Bloom, Der Kanon des Westens,[32] wenn nicht ausgelöst, so doch stark stimuliert hat. Bloom polemisiert gegen die Einforderung einer praktischen ethischen Funktionalisierung von Kunst und Literatur. Er sieht darin eine Problematisierung und Gefährdung »des literarischen Kanons« um der Repräsentation der moralischen und politischen »Stimmen« und »Bewegungen« in nationalen, ethnischen, sexuellen und anderen Differenzierungen willen. Er greift die Moralisierung und Politisierung, die pluralistische und multikulturelle Infragestellung »des Kanonischen« an und versucht, einen kanonischen Bestand von Literatur hochzuhalten, der dieser, wie er es sieht, nachmodernen »Relativierung« nicht ausgeliefert werden darf.

Vor dem Hintergrund eines differenzierten Konzepts von »Gesetz« lassen sich Blooms Intentionen, läßt sich aber auch seine Kurzsichtigkeit gut nachvollziehen. Bloom verkennt – einseitig auf die Dimension des Kultischen (bzw. einen Teilbereich des Kultischen: die literarischen Klassiker) fixiert – den spannungsreichen und dynamischen Zusammenhang zwischen kultischen Formen und Formen, die Gleichheit des Zugangs und Reziprozität auch in kultureller Kommunikation sicherstellen (Recht im weitesten Sinne) und Formen, die die Einholung von marginalisierten Perspektiven und Außenseitersichten gewährleisten (erbarmungsgesetzliche Formen). Er verkennt, daß die Kultur diesen Formzusammenhang gerade mit ihrer »pluralistischen« Differenzierung verschiedener »kontextueller« und sozialmoralischer Bewegungen aktiviert hat.

Ein »Kanon« – auch ein Komplex literarischer Klassiker – kann sich (nach Maßgabe der systematischen Erkenntnisse, die die Unterscheidung von Gesetz und Evangelium freisetzt), nur lebendig halten bzw. nur immer neu »imponieren« in einer beständigen, lebendigen Komplementarität mit Formen, die Reziprozität und Gleichheit im Zugang sichern, sowie mit Formen, die die Einholung von Außenseitern, Minderheiten und unterdrückten Perspektiven kontinuierlich anstreben. Wo der literarische »Kanon« diese Komplementarität nicht mehr verstärkt, wo er nicht mehr die komplementären Formen aktiviert und stimuliert, verliert er seine kulturelle Anziehungs- und Ausstrahlungskraft, sein »kultisches Gewicht«. Deshalb muß er – mit der Perspektive auf jenen Formzusammenhang – immer wieder vielperspektivisch problematisiert, angegriffen, transformiert, teils bestätigt, teils erneu-

---

32. *H. Bloom*, The Western Canon, Harcourt Brace: 1994.

ert werden, auch wenn er sich als »Kanon« und als »kultische« Größe gerade in seiner widerständigen Schwerveränderbarkeit bewährt.

Die Theologie kann diese Vorgänge als Infragestellung und als »Aufrichtung« des Gesetzes lesen und begreifen. Das erstarrte, pervertierte und nun gefährlich werdende Gesetz muß in seiner dämonischen Macht erkannt – und es muß durch eine ihm überlegene Macht »aufgehoben« und erneuert werden, um Gerechtigkeit, Erbarmen und Wahrheitserkenntnis zu fördern. In der wechselseitigen Infragestellung und Verstärkung der Formzusammenhänge »des Gesetzes« (Kult, Recht, Erbarmen) ist eine lebendige und kreative Normativität gewährleistet, der auch die klassische Literatur auf ihre Weise zuarbeitet. So gefährdet und erneuerungsbedürftig diese Normativität auch je ist – sie und ihr dynamischer Formzusammenhang bleiben unverzichtbar. Wer hier in elitärer Einseitigkeit über »Auflösung« und »Relativismus« klagt und Problematisierungen und Funktionalisierungen schmäht, verkennt die Kräfte, denen unsere Kultur eine entscheidende Tiefendynamik ihrer Entwicklung verdankt.[33]

Eine »realistische« Theologie wird ihre Erkenntnis »des Gesetzes« und ihre Unterscheidung von »Gesetz und Evangelium« in einer konstruktiven Kulturkritik und in einer Analyse systemischer Verzerrungen (systemic distortions) in Kultur und Gesellschaft bewähren müssen. Kultur und Gesellschaft nehmen schweren Schaden, wenn sie dieser prophetischen Sachlichkeit entbehren.

---

33. Ein weiteres aktuelles und exemplarisches Beispiel stellt in unseren Tagen H. Küngs Suche nach einem »Weltethos« mit ihren ungewollt erzeugten (statt beseitigten) Orientierungsproblemen dar. S. dazu *W. Huber*, Die tägliche Gewalt. Gegen den Ausverkauf der Menschenwürde, Freiburg 1993, 150ff.; *M. Welker*, Auf der theologischen Suche nach einem »Weltethos« in einer Zeit kurzlebiger moralischer Märkte. Küng, Tracy und die Bedeutung der neuen Biblischen Theologie, in: EvTh 55, 1995, 438-456.

Miroslav Volf

Theologie, Sinn und Macht

Einleitung

Das Gefühl, daß die akademische Theologie ihre Stimme verloren hat, ist heutzutage weit verbreitet. Viele Beobachter merken an, wie es Jeffrey Stout in *Ethics After Babel* tat, daß die Theologie nicht länger dazu fähig ist, »sich im öffentlichen Diskurs unserer Kultur als unverwechselbarer Beitrag Aufmerksamkeit zu verschaffen«.[1] Ähnlich beunruhigend ist der Verlust des Interesses der Kirche an der akademischen Theologie; während Gelehrte für andere Gelehrte und die Studierenden schreiben, hört das Ohr des Kirchenvolkes anderswo hin. Mit Hilfe der Massenmedien dominieren populäre Prediger und ein bunt gemischter Chor von Gesellschaftskritikern den Diskurs in der Kirche und der umfassenderen Kultur. Die Theologie steht am Rand. Wie einst die Prediger an den Straßenecken, so scheint auch sie zu einer Menge zu sprechen, die es zu eilig hat, um ihr mehr als einen flüchtigen Blick zuzuwerfen.

In ihrem Bemühen, die Unfähigkeit zu beseitigen, sich Gehör zu verschaffen, wenden sich Theologen und Theologinnen zunehmend Fragen der Methode zu. Bevor wir uns an die Kirche und die breitere Kultur wenden, glauben wir, daß es heilsam wäre, mit uns selber über die Bedingungen der Plausibilität und Intelligibilität unserer Rede zu sprechen. Das Problem dieser Strategie ist aber, daß sie um so selbstzerstörerischer wird, je länger man sie anwendet. Jeffrey Stout bringt es auf den Punkt: »... die ständige Beschäftigung mit Methodenfragen ist wie das Räuspern eines Redners: es kann nur eine gewisse Zeit andauern, bevor man die Aufmerksamkeit der Zuhörer verliert«[2].

Obwohl das Bild vom Räuspern lebendig und passend ist, ist es auch in zweierlei Hinsicht irreführend. Zum einen ist die theologische Methode der Strategie einer Ansprache ähnlicher als der Klarheit einer Rednerstimme. Das Erlernen der angemessenen Methode entspricht eher dem Beiwohnen von Unterrichtsstunden in öffentlicher Rede als dem Räuspern. Zum andern ist die Methode nie nur die Methode; »Methode ist Botschaft«. Ich meine

---

1. *Jeffrey Stout*, Ethics After Babel. The Language of Morals and Their Discontents, Boston 1988, 163.
2. Ebd.

dies nicht in dem banalen Sinn, daß die Art der Mitteilung selbst etwas aussagt. In einem viel tieferen Sinne haben alle größeren methodologischen Entscheidungen Auswirkungen für das Ganze des theologischen Gebäudes, und umgekehrt prägen alle größeren theologischen Entscheidungen die theologische Methode. Wie bei vielen Dingen im Leben ist es gut, über die Methode nachzudenken, solange man es nicht übertreibt.

Seit der Veröffentlichung von *The Nature of Doctrine: Religion and Theology in a Postliberal Age* vor mehr als einem Jahrzehnt, etablierte sich George A. Lindbeck, eine bedeutende ökumenische Gestalt, auch als wichtige Autorität »im theologischen Räuspern«, wenn ich zu Stouts etwas irreführender Metapher zurückkehren darf. Als guter Theologe und Methodiker ist Lindbeck mehr am Akt als am »endlosen methodologischen Vorspiel« interessiert, um eine weitere von Stouts Metaphern aufzugreifen. Deswegen ist Lindbecks methodologischer Vorschlag »die alte Praxis zu erneuern, das Universum in die biblische Welt hineinzuversenken«[3], darauf ausgerichtet, Theologen dazu auszubilden und sie zu befähigen, authentisch zur Kirche und zur Kultur als ganzer zu sprechen.

Nach der Lektüre von *The Nature of Doctrine* wollte ich allerdings nicht nur Theologie treiben, sondern auch mit Lindbeck darüber streiten, wie Theologie getrieben werden soll. Daß er in ähnlicher Weise auf viele andere wirkt, zeugt von der Macht seiner methodologischen Vision. Obwohl ich hier Lindbecks Vorschlag kritisch untersuche, ist mein Ziel, weniger seinen Frosch im Hals, als den meinen auszuräumen. Um die Metapher zu wechseln: ich beginne hier, die methodologischen Fundamente eines anderen theologischen Hauses zu legen, zum Teil mit seinen, zum Teil mit meinen eigenen Materialien.

Die Welt absorbieren

In seiner kurzen Studie über das Verhältnis zwischen New Haven (das für die sogenannte Yale-Schule steht) und Grand Rapids (das für den Neu-Calvinismus steht), stellte Nicholas Woltersdorff fest, daß es »keine tiefere Leitmetapher« im Denken von Theologen wie George Lindbeck gibt, als das Wort vom »Umkehren der Anpassungsrichtung«[4]. Anstatt nach Art der mo-

---

3. *George A. Lindbeck*, Christliche Lehre als Grammatik des Glaubens. Religion und Theologie im postliberalen Zeitalter, mit einer Einl. von Hans G. Ulrich und Reinhard Hütter, aus dem amerikan. Engl. von Markus Müller, Gütersloh 1994, 198 (engl. Originaltitel: The Nature of Doctrine. Religion and Theology in a Postliberal Age, Philadelphia 1984).
4. *Nicholas Woltersdorff*, What New Haven and Grand Rapids Have to Say to Each Other, Grand Rapids 1993, 2.

dernen Theologie die biblische Botschaft in die Konzepte der sozialen Welt, in der wir leben, zu übertragen, schlägt uns Lindbeck vor, diese mit Hilfe der biblischen Kategorien neu zu beschreiben. Vor dem Anbruch der Moderne haben die Christen Theologie »intratextuell« betrieben; nun, beim Untergang der Moderne, sollten sie wieder lernen dasselbe zu tun, diesmal allerdings in einer posttraditionellen und postliberalen Weise.

Die Stoßrichtung des Lindbeckschen Vorschlages richtet sich gegen die »liberale« Theologie, welche unter dem Vorwand der »Übersetzung« der biblischen Botschaft die Anpassung an die »außerbiblischen Wirklichkeiten« zum theologischen Programm erhob. Obwohl es solche Übersetzungen »einfacher machten, sich fortdauernd dem Glauben möglicher Glaubenden zu verpflichten«, tendierten die Übersetzungen in Lindbecks Sicht eher dazu »die Schrift zu ersetzen als zu ihr hinzuführen«[5]. Darüber hinaus führten sie dazu, daß sich Christen »der herrschenden Kultur an(paßten), anstatt sie zu prägen.«[6] Die Zeit ist gekommen, um die Richtung der Anpassung umzukehren: anstatt, daß die Welt den Text absorbiert, muß der Text die Welt absorbieren; anstatt, von gegenwärtigen Plausibilitäten, müssen wir uns von der inneren Logik der christlichen Story leiten lassen.

Gute Gründe sprechen für Lindbecks Kritik an der liberalen Art von Anpassung. In den gegenwärtigen entchristlichten, pluralistischen und sich rapide verändernden westlichen Kulturen werden nur solche religiösen Gruppen überleben und gedeihen können, die ob ihrem »Anderssein« nicht in Apologien verfallen. Die Anpassungsstrategie ist kurzfristig gesehen ineffektiv (denn man kann nicht durch Nachplappern prägend wirken) und langfristig selbstzerstörerisch (denn man paßt sich an etwas an, das man nicht selbst mitprägte). Es bedarf schon eines guten Stückes an Nonkonformismus, um die Identität des christlichen Glaubens zu wahren und seine fortwährende gesellschaftliche Relevanz abzusichern.

Aus der Ferne betrachtet – wenn man sich nämlich nur auf die Umrisse der Polarität einläßt, die Lindbeck zwischen dem »die Welt absorbierenden Text« (»Neubeschreibung«) und der »den Text absorbierenden Welt« (»Übersetzung«) aufbaut – ist sein methodologischer Vorschlag attraktiv. Wenn man die Sache aus der Nähe betrachtet, passieren allerdings merkwürdige Dinge. Die scharfen Umrisse der Polarität verwischen, und man ist sich nicht mehr sicher, wer eigentlich absorbiert und wer absorbiert wird. Schauen wir uns die Beispiele an, die Lindbeck für den die Welt absorbierenden Text anbietet. Es

---

5. *George Lindbeck*, »Scripture, Consensus, and Community«, in: Biblical Interpretation in Crisis. The Ratzinger Conference on Bible and Church, hg. Richard John Neuhaus, Grand Rapids 1989, 87.
6. Lindbeck, Christliche Lehre, 195.

überrascht nicht, daß er auf Augustins Verhältnis zum Platonismus und weiter auf das Verhältnis des Aquinaten zum Aristotelismus verweist, um aufzuzeigen, daß »eine Welt der Schrift... in der Lage ist, das Universum zu absorbieren«[7]. Es wäre hier allerdings ein geschärfteres Bewußtsein dafür zu erwarten, daß »das Universum« auch absorbierend gewirkt hat, und zudem eine größere Bereitschaft, den methodologischen Vorschlag durch solche Gegenabsorptionen prägen zu lassen. Wenn Lindbeck nun Schleiermacher (in seinem Verhältnis zum Deutschen Idealismus) Augustin und Thomas an die Seite stellt, fangen wir an, uns zu wundern, ob nicht die Polarität zwischen dem »die Welt absorbierenden Text« und der »den Text absorbierenden Welt« nichtssagend ist. Wenn wir schließlich erfahren, daß Thomas Huxley die Wissenschaft »in einer einfallsreichen biblischen Welt« betrieb, weil er mit dem Gegensatz »Rechtfertigung durch Verifikation« und »Rechtfertigung durch den Glauben« arbeitete, sind wir völlig perplex.[8] Ist Lindbecks Programm der Weltabsorption nicht zu einer nochmals anderen Form der kritisierten »Verschmelzung einer mit sich selbst identischen Story mit der neuen Welt, innerhalb derer sie wiedererzählt wird« geworden, nur, daß diese Verschmelzung diesmal durch die Nostalgie für die seit langem verlorene kulturelle Dominanz des Christentums motiviert ist? Ist sein »ökumenisches Sektierertum«, das der Einsicht entspringt, daß Religion nicht mehr die Fasern der gesellschaftlichen Welt erschafft und durchzieht, nur ein taktischer Zug, der darauf abzielt, die Kirche wieder in das Zentrum der Gesellschaft zu rücken?

Ich werfe Lindbeck nicht vor, nicht sektiererisch genug zu sein. Ich möchte vielmehr unterstreichen, daß er durch die Ambivalenz irregeführt wird, die den Ausdrücken wie »Neubeschreibung der Welt« und »Absorbierung der Welt« innewohnt. *Weil es schwierig ist zu sagen, wer in einem bestimmten Moment wen absorbiert, kann Lindbeck programmatisch behaupten, die textexternen Wirklichkeiten in die Welt des Textes zu absorbieren, und derweil heimlich den textexternen Wirklichkeiten erlauben, die Welt des Textes, die er zu bewohnen vorgibt, tiefgründig zu formen.*

Das Problem der Ambivalenz entsteht in Folge eines tieferen Problems mit den Metaphern vom »Umkehren der Anpassungsrichtung« und vom »Absorbieren der Welt«. Beide Metaphern unterstellen, daß es einen allgemeinen Weg gibt, wie man sich zur Kultur als ganzer verhalten kann: entweder man absorbiert sie, oder man wird von ihr absorbiert; entweder man paßt sie sich an, oder man paßt sich an sie an. Aus zwei Gründen scheitert aber ein solch allgemeiner Ansatz. Erstens: da man sich nie außerhalb der umfassenden Kultur befindet, ist diese Kultur Teil von einem selbst. Zweitens:

---

7. A.a.O., 170.
8. *George A. Lindbeck*, Barth and Textuality, in: Theology Today 43 (1986), 371.

die umfassendere Kultur ist nicht ein monolithisches Ganzes, sondern ein differenziertes Geflecht von Glaubensweisen und Praktiken. Da Kultur nie monolithisch ist, lehnt es John H. Yoder nach seiner vernichtenden Kritik an Niebuhrs klassischem Werk *Christ and Culture* zu Recht ab, eine neue Typologie des Verhältnisses zwischen »Christus« und Kultur zu entwerfen. Ausdrücklich verwirft er »eine völlig formale Antwort von der Art, auf welche die ganze Niebuhrsche Untersuchung hinausläuft, nämlich den Aufruf zu einer globalen Klassifizierung aller Kultur in einer Kategorie«.[9]

Wenn man anerkennt, daß »Kultur« nicht »monolithisch« ist (wie Yoder unterstreicht), und daß Christsein eine bestimmte Art und Weise ist, eine Kultur zu bewohnen (wie ich hinzufügen würde), dann muß man die Niebuhrsche Annahme verwerfen, daß man sich gegenüber der Kultur »als ganzer verhalten muß, als sei sie ein Monolith, den man entweder ganz bejahen, ganz verwerfen, ganz synthetisieren oder als Paradox betrachten muß«, oder, wie es Lindbeck sagen würde, ganz absorbieren muß.[10] *Es gibt keinen allein richtigen Weg, wie man sich gegenüber einer gegebenen Kultur als ganzer verhalten kann, selbst nicht einmal zu ihrer dominierenden Stoßrichtung; es gibt nur vielfältige Wege, wie man verschiedene Aspekte einer gegebenen Kultur von innen heraus anerkennen, verändern oder ersetzen kann.*[11]

Überschneidende Welten

Lindbeck regt an, daß die Theologie die »Innenwelt der Schrift« bewohnen soll. Wie anders könnte sie auch das Universum in die Welt des Textes absorbieren? Wie anders könnte sie die Welt mit den Augen der Schrift sehen? Ist dieser Vorschlag aber durchführbar? Aus schriftexternen Gründen würde ich behaupten, daß Lindbeck scheitern müßte, wenn er konsequent versuchte, die »Religion von innen heraus« zu explizieren, und dann von diesem Standpunkt »alles als der Innenseite zugehörig..., wie es durch die Religion interpretiert wird«[12], beschreiben würde. Ich möchte meine Argumentation damit beginnen, einen Aspekt des Denkens von Clifford Geertz zu untersu-

---

9. *John Howard Yoder*, How H. Richard Niebuhr Reasoned. A Critique of Christ and Culture, in: Authentic Transformation. A New Vision of Christ and Culture, hg. John Howard Yoder u.a., Nashville 1995, 38.
10. A.a.O., 56
11. S. dazu *Miroslav Volf*, Christliche Identität und Differenz: Zur Eigenart der christlichen Präsenz in den Modernen Gesellschaften, in: ZThK 92 (1995), 356-374.371ff.
12. Lindbeck, Christliche Lehre, 166.

chen, der Person also, welcher Lindbecks Vorschlag wohl mehr als jedem anderen Denker außer Hans Frei verdankt.

Religiöse Symbole, so behauptet Geertz, bieten eine »Perspektive«, eine »Weise des Sehens«, einen »Sinnrahmen«, eine »Welt«, in der man lebt. Bedeutsam ist nun, wie er dieses Leben in der Welt der Religion näher beschreibt. Er schreibt:

> Aber niemand, noch nicht einmal ein Heiliger, lebt die ganze Zeit hindurch in jener Welt, die die religiösen Symbole zum Ausdruck bringen. Die meisten Menschen leben nur für Augenblicke darin. Die ... ausgezeichnete Wirklichkeit der menschlichen Erfahrung – ausgezeichnet in dem Sinne, daß sie die Welt ist, in der wir am festesten verwurzelt sind ... –, ist die Alltagswelt der *Common sense*-Gegenstände und der praktischen Handlungen.[13]

Anstatt, daß wir die Welt der Religion einfach bewohnen, wie Lindbeck meint, bewegen wir uns in Geertz' Sicht in einem ständigen Wechsel zwischen religiösen und nicht-religiösen Welten. Diese Bewegung ruft in einer Person Veränderungen hervor, und mit der Veränderung in einer Person wird auch »die Welt des *Common sense* verändert, denn sie wird jetzt nur noch als Teil einer umfassenderen Wirklichkeit gesehen, die sie zurechtrückt und ergänzt.«[14] Wie die Veränderung einer Person nahelegt, ist die zeitliche Reihe von Einwohnungen der religiösen und nicht-religiösen Welten die äußere Dimension ihrer inneren »räumlichen« Differenzierung. Eine Person lebt in einer komplexen kulturellen Welt und gleichzeitig in einer Welt religiöser Symbole. Wir können von Geertz lernen, daß die Welt eines Christen nie einfach nur textintern ist, sondern immer »textintern und -extern« (oder eher »textextern und -intern«).

Nun ist selbst auch Geertz' Sicht der Dinge einseitig. Es reicht nicht aus, einfach die ständige Wechselbewegung zwischen zwei Welten zu konstatieren, die Koexistenz der beiden in ein und derselben Person und die Formung der Welt des *Common sense* durch die religiöse Welt. Talal Asad vertritt den Standpunkt, daß Geertz das Verhältnis der religiösen und der nichtreligiösen Welten nur unzureichend beschreibt, weil er nirgendwo darauf Bezug nimmt, »daß die religiöse Welt (oder Perspektive) von der Welt des *Common sense* beeinflußt ist«;[15] das Formen geht nur in eine Richtung, von der religiösen Welt zur Welt des *Common sense*. Lindbeck folgt Geertz' einliniger Rekonstruktion des Verhältnisses zwischen den beiden Welten und – entsprechend

---

13. *Clifford Geertz*, Dichte Beschreibung. Beiträge zum Verstehen kultureller Systeme, übers. v. Brigitte Luchesi u. Rolf Bindemann, Frankfurt a.M 1983, 86.
14. A.a.O., 90.
15. *Talal Asad*, Anthropological Conceptions of Religion. Reflections on Geertz, in: Man 18 (2, 1983), 250.

seiner eigenen starken Idee vom Einwohnen religiöser Symbole – betont, daß die Religion die Welt absorbieren soll. Wir bekommen bei Lindbeck nicht den Eindruck, daß die textinternen und -externen Welten sich in einem Gläubigen oder einer Gemeinschaft überschneiden und überlappen, oder daß die religiöse Welt durch die nichtreligiöse Welt geformt wird.

Lindbeck gelingt es, durch die einlinige Rekonstruktion des Einflusses zwischen religiösen und nichtreligiösen Welten die christliche Identität in sich verändernden Kulturen zu sichern. Aber der Gewinn an religiöser und theologischer Sicherheit wird um den Preis hermeneutischer Vereinfachung erzielt. Wir können unsere Kultur durch die Brille der religiösen Texte nur betrachten, *insofern wir diese Texte durch die Brille unserer Kultur betrachten*. Die Vorstellung, daß man die biblische Story einfach bewohnen könnte, ist hermeneutisch naiv, denn sie setzt voraus, daß diejenigen, die mit der biblischen Story kontrontiert werden, völlig aus ihren textexternen Wohnorten »heraus-gelöst« und in textinterne Wohnungen »um-gesiedelt« werden können. Weder das Herauslösen noch das Wiederansiedeln kann jemals wirklich gelingen; wir werden weiterhin unsere Kulturen bewohnen, auch wenn wir der biblischen Story begegnet sind. Deshalb reicht es nicht aus, – wie Lindbeck – in gut postliberaler Manier festzustellen, daß es keinen neutralen Standpunkt gibt und daß wir immer von Glaubens- und Lebenstraditionen geprägt sind. Ein angemessener methodologischer Vorschlag muß auch in Betracht ziehen, *daß es selbst für die Glaubensgemeinschaft keinen reinen Standpunkt gibt*. Kirchliche Nicht-Neutralität ist immer schon durch die Kultur geformt, welche die Kirche bewohnt.

Semiotische Systeme und Machtbeziehungen

Nehmen wir an, Lindbeck ist überzeugt: Er kann sich mit der Behauptung abfinden, daß Christen immer mehr als nur die textinterne Welt bewohnen, und er ist bereit, die notwendigen Anpassungen in seinem Programm, die textexterne Welt zu absorbieren, vorzunehmen. Ist aber der Begriff der »Textualität«, auf dem sein methodologischer Vorschlag beruht, theologisch plausibel? Ist Lindbecks Beschreibung der Religion als »kulturell-sprachliches System« adäquat?

Der »Text«, den wir nach Lindbeck bewohnen sollen, steht für »eine Art kulturelles und/oder sprachliches Grundgerüst und Medium ..., das die Gesamtheit von Leben und Denken formt.«[16] Als kulturell-sprachliches Medium besteht Religion sowohl aus einer Sprache, als auch aus einer entsprechenden

---

16. Lindbeck, Christliche Lehre, 56.

Lebensform. Die Sprache einer Religion sind »ihre Lehrsätze, kosmologischen Erzählungen oder Mythen und ethischen Anweisungen«; die Lebensformen einer Religion sind die »Riten, die sie praktiziert, (die) Empfindungen oder Erfahrungen, die sie (die religiöse Tradition) hervorruft, (die) Handlungen, die sie nahelegt, und (die) institutionellen Formen, die sie entwickelt«[17]. Ein religiöser Mensch zu sein bedeutet, ein solches kulturell-sprachliches System zu bewohnen; ein Christ zu sein bedeutet, »die Sprache, die von Christus spricht«, und ein entsprechendes Verhalten zu internalisieren.[18]

Wie verhalten sich jedoch »Sprache« und »Lebensform« zueinander? Lindbeck gibt uns keine präzise Antwort, aber es scheint, wie James J. Buckley bemerkt, als ob »die Analogie zwischen Religionen und Sprachen... die Analogie zu Kulturen, Lebensweisen und Lebensformen kontrolliert.«[19] Lindbeck, der hier Geertz klar folgt, ist hauptsächlich (wenn auch nicht ausschließlich) an den Religionen als »semiotische Systeme«[20] interessiert, als »Bedeutungssysteme, wie sie sich in den Symbolen materialisieren, die die eigentliche Religion ausmachen.«[21]

Wenn wir Lindbeck von Geertz her interpretieren – und er faßt seine Position selbst in der Geertzschen Begrifflichkeit zusammen – dann taucht ein bedeutsamer Gegensatz zwischen der Art auf, wie Lindbeck und wie das Neue Testament (und die christliche Tradition) von dem »Ort« spricht, den die Christen bewohnen. Im Neuen Testament lesen wir natürlich nichts davon, daß jemand »kulturell-sprachliche Systeme« oder »Texte« bewohnt. Viel prosaischer wird uns gesagt, daß Christen zum einen »in Korinth« oder »in Rom«, zum anderen auch »in Gott« oder »in Christus« leben. Sie bewohnen gleichzeitig »Korinth« und »Gott«, »Rom« und »Christus«. Das Neue Testament weiß durchaus um das Verhältnis zwischen Christen und der Sprache des Glaubens. Aber das Verhältnis wird genau umgekehrt wie das von Lindbeck zwischen den Christen und der christlichen »Story« postulierte bestimmt: das »Wort Christi« soll »reichlich unter ihnen wohnen«, nicht sie im Wort Christi (Kol 3,16); sie, »die Heiligen, und gläubigen Brüder und Schwestern« wohnen in dieser seltsamen doppelten Wohnstätte, die mit der ungewöhnlichen Wendung »in Kolossä, in Christus« (1,2) beschrieben wird.

Man könnte einwenden, daß mein Argument in naiver Weise biblizistisch sei. Lindbeck sage dasselbe, so könnte der Einwand weiter lauten, allerdings gehe er einen Schritt weiter und drücke den Sachverhalt in ei-

---

17. A. a. O., 57.
18. A. a. O., 98.
19. *James J. Buckley*, Doctrine in Diaspora, in: The Thomist 45 (1985), 449.
20. Lindbeck, Christliche Lehre, 41, Anm. 17.
21. Geertz, Dichte Beschreibung, 94.

nem zeitgenössischeren philosophischen und anthropologischen Jargon aus. Aber hinter der unterschiedlichen Sprache verbirgt sich eine unterschiedliche Perspektive. Man denke nur an das Offensichtliche. »Korinth« und »Gott«, »Rom« und »Christus« sind mehr als nur kulturell-sprachliche Systeme, mehr als nur Symbole und entsprechende Verhaltensweisen. »Rom« steht auch für politische Macht und Wirtschaft; »Korinth« steht auch für Triebe und Begierden. In Rom oder Korinth zu leben bedeutet, in ein Geflecht von politischen und wirtschaftlichen Interessen und Mächten verkettet zu sein, mit Trieben und Begierden umzugehen, die die eigene Persönlichkeitsstruktur prägen. Was bedeutet es aber, in Gott zu wohnen? Gemäß der christlichen Tradition liegt Gott sowohl den »semiotischen Systemen« (selbst denen, die nötig sind, um Zugang zu Gott zu erlangen!) als auch den vielfältigen Machtbeziehungen, mit denen semiotische Systeme immer verflochten sind, zugrunde. Gottes Verhältnis zu uns und das unsrige zu Gott ist deswegen immer mehr, als das Modell von »Sprache und Zeichen« zum Ausdruck bringen kann. Es ist zweierlei zu sagen, daß jemand »ein semiotisches System« bewohnt und daß jemand gleichzeitig »Korinth« und »Gott« bewohnt (selbst wenn »Korinth« und »Gott« uns kognitiv nur durch Zeichensysteme zugänglich sind).

Die Rede vom Einwohnen in kulturell-sprachlichen Systemen verschleiert uns tendenziell, was die Rede vom Wohnen in »Korinth« oder »Gott« impliziert, nämlich daß Christen immer durch mehr als nur durch das christliche kulturell-sprachliche System geprägt sind. Erstens, als Bürger und Bürgerinnen von »Korinth« werden wir durch die Strukturen unseres politischen und wirtschaftlichen Lebens geprägt und durch unsere Persönlichkeitsstruktur geformt. Obwohl das Zeichensystem, welches unsere Kultur dargestellt, diese Strukturen prägt, sind diese Strukturen zum Teil auch unabhängige Faktoren, die prägend darauf einwirken, wer wir sind und wie wir unseren Glauben ausüben. Zweitens, als solche, die in Gott wohnen, werden wir von Gott nicht nur durch die Sprache und die Verhaltensweisen berührt, die wir lernen, sondern auch in der Tiefe unserer Seele. Gott »berührt« uns, noch bevor wir kulturell-sprachliche Systeme bewohnen, und Gott wird uns weiter annehmen, wenn wir uns dafür entscheiden, aus diesen Systemen auszuziehen. All das läuft darauf hinaus, daß wir auf verschiedenen Ebenen über Strukturen, Kräfte und Erfahrungen sprechen müssen, wenn wir über den christlichen Glauben in der Welt sprechen, nicht nur über »kulturell-sprachliche Systeme« und ihren Einfluß darauf, wie wir die Welt sehen und uns in ihr verhalten.

Dieselben Kräfte, die uns als Christen prägen, prägen auch unser kulturell-sprachliches System. Ich kann meine Kritik an Lindbeck vielleicht durch eine arglose wenngleich, wie ich glaube, tiefgründige Frage verdeutlichen:

»Wenn ich in einem christlichen ›kulturell-sprachlichen System‹ verortet sein soll, wo ist dann dieses ›System‹ selbst verortet?« Wie ein aus Leinwand religiöser Bedeutungsinhalte zusammengesetztes Luftschiff schwebt Lindbecks kulturell-sprachliches System irgendwo in der Luft herum: wir brauchen nur einzusteigen, und schon sehen wir die ganze Wirklichkeit aus ihm heraus neu; weil wir in ihm sind, verhalten wir uns anders. Nach Lindbeck ist ein »kulturell-sprachliches System« zwar durchaus mit dem Rest der gesellschaftlichen Wirklichkeit verbunden, aber sozusagen nur von hinten her, kaum von vorne. Lindbeck erforscht, was ein »kulturell-sprachliches System« *mit der Welt* macht (und manchmal was *Menschen als Handelnde* mit Hilfe der semiotischen Systeme mit der Welt machen), aber *nicht was die Welt mit »den semiotischen Systemen« macht*. Die Bewegung geht nur in eine Richtung: ein kulturell-sprachliches System macht etwas mit der gesellschaftlichen Wirklichkeit, es erlaubt uns, sie aus einer andern Perspektive zu sehen und uns in anderer Weise in ihr zu verhalten. Unerforscht bleiben aber Fragen wie: Wessen bedarf ein semiotisches System, um zu entstehen, um am Leben erhalten zu werden und um die Dinge zu bewirken, die es offensichtlich bewirkt? Was hält das Luftschiff der religiösen Bedeutungsinhalte und ihrer entsprechenden Verhaltensweisen in der Luft?

Während ich Lindbeck im vorangegangenen Abschnitt (»Überschneidende Welten«) darauf drängte, die hermeneutische Tradition ernster zu nehmen, möchte ich ihn hier dazu drängen, einige wichtige marxistische und poststrukturalistische Einsichten nicht zu mißachten. Obwohl ich glaube, daß Michel Foucault die »Domäne bezeichnender Strukturen« herunter- und »Machtbeziehungen« zu Unrecht hochspielt,[22] behält er Recht mit seiner Warnung, Machtbeziehungen auf Sinnbeziehungen zu reduzieren;[23] »Semiologie« könnte durchaus ein Weg sein, den gewalttätigen Charakter des gesellschaftlichen Konflikts zu vermeiden, »indem man ihn auf die ruhige platonische Form von Sprache und Dialog reduziert«, wie Foucault meint.[24] Wenn wir zugeben, daß die Unterscheidung bedeutsam ist, die Foucault zwischen Machtbeziehungen und bezeichnenden Strukturen macht, müssen wir nach dem Zusammenspiel semiotischer Elemente und nichtsemiotischer Kräfte fragen, die in den Aufbau und die andauernde Kraft des christlich-semiotischen Systems verflochten sind.

---

22. *Michel Foucault*, Power/Knowledge. Selected Interviews and Other Writings 1972-1977, übers. von Colin Gordon u.a., New York 1980, 114.
23. *Michel Foucault*, Afterword: The Subject and Power, in: Michel Foucault. Beyond Structuralism and Hermeneutic, hg. von Hubert L. Dreyfus und Paul Rabinow, Chicago 1982²).
24. Foucault, Power/Knowledge, 115.

Wahrheit

Lindbeck kontrastiert seinen eigenen postliberalen und postkritischen kulturell-sprachlichen Religionsbegriff zum einen mit einem traditionell-vorkritischen »kognitivistischen« Religionsbegriff und zum andern mit einem liberal-kritischen, erfahrungs- und ausdrucksorientierten Religionsbegriff. Man kann den vorangegangenen Abschnitt als einen Versuch lesen, die erfahrungsbezogene Seite des christlichen Glaubens wiederzugewinnen, die durch Lindbecks kraftvolle und legitime Kritik am liberalen, erfahrungs- und ausdrucksorientierten Modell der Religion über Bord gespült wurde. In diesem Abschnitt möchte ich nun kurz einige Doppeldeutigkeiten seiner Kritik an der kognitivistischen Beschreibung von Religion untersuchen. Als »ein umfassendes Schema oder eine Erzählung, durch deren Gebrauch alle Lebensdimensionen strukturiert werden« besteht Religion, so behauptet Lindbeck, »in erster Linie nicht aus einer Reihe von zu glaubenden Aussagen, sondern stellt vielmehr ein Medium dar, in dem man sich bewegt, eine Reihe von Fertigkeiten, die man in der eigenen Lebensführung anwendet.«[25] Nun kommt bei der Interpretation dieses Satzes alles darauf an, was die Worte »in erster Linie« bedeuten. Wie sekundär ist die Seite der Religion, die sich in den zu glaubenden Lehrsätzen darstellt?

Die Frage läßt sich nicht einfach beantworten. Lindbeck behauptet durchaus, daß in manchen Religionen, wie dem Christentum, Wahrheit »von höchster Bedeutung« ist. Allerdings erfahren wir nie, welche Aufgabe die propositionale Seite der Religion hat; sie scheint untätig. Wenn Lindbeck beispielsweise Religionen miteinander vergleicht, richtet er seine Aufmerksamkeit nicht auf Wahrheitsansprüche, sondern auf die Fähigkeit der Religion, Menschen »der letztgültigen Realität und Güte (anzugleichen), die im Herzen aller Dinge liegen.«[26] Da Religionen die letztgültige Wirklichkeit und Güte selbst definieren, werden sie letztendlich daran gemessen werden, ob sie ihre eigenen Versprechungen halten können. Was zählt, ist die performative Seite der Religion. Eine religiöse Äußerung nimmt »die propositionale Wahrheit ontologischer Korrespondenz nur insofern an ..., als sie ein Vollzug einer Handlung, eine Handlung oder Tat ist, die diese Korrespondenz herzustellen hilft.«[27]

Wichtig an Lindbecks Betonung des Tuns ist die Einsicht, daß religiöse Sprache auf die Übereinstimmung nicht nur des Denkens, sondern des ganzen Menschen mit der Wirklichkeit Gottes ausgerichtet ist. Was einem aller-

---

25. Lindbeck, Christliche Lehre, 60.
26. A.a.O., 81.
27. A.a.O., 103.

dings zutiefst Sorgen bereitet, ist das kleine Wörtchen »nur« (das in ähnlichen Zusammenhängen wiederholt wird): eine religiöse Äußerung nimmt »die propositionale Wahrheit ontologischer Korrespondenz nur insofern an ..., als sie ein Vollzug einer Handlung« ist, so behauptet er. Dies scheint zu implizieren, daß propositional oder ontologisch wahre Behauptungen (wie »Christus ist Herr«) *propositional falsch* sind, wenn sie keinen entsprechenden Vollzug gewährleisten, oder von einem solchen begleitet sind. Umgekehrt sind propositional nichtssagende Behauptungen (wie, so meint Lindbeck, »Gott ist gut«) *propositional wahr*, wenn sie dazu verleiten, »(s)ich ernsthaft dem Denken und Handeln hinzugeben, als sei Gott ... gut«[28]. Lindbeck scheint zu meinen, daß religiöse Lehrsätze primär mit anderen religiösen Lehrsätzen verbunden sind. Diese sind alle gemeinsam und einzeln nicht deswegen wahr, weil sie der Wirklichkeit entsprechen, sondern weil und insofern sie sich die Wirklichkeit selber adäquat machen. Wenn ich recht sehe, ist dies die erkenntnistheoretische Seite der Religion als freischwebendes semiotisches System, das die Welt absorbieren möchte.

Bruce Marshall vertritt den Standpunkt, daß diese Interpretation Lindbecks (die von vielen anderen Auslegern geteilt wird) auf einem Mißverständnis beruht: ein adäquates Verhalten macht eine Aussage nicht ontologisch wahr, sondern liefert die Bedingungen »unter denen man einen Lehrsatz äußern kann, der eine wahre Aussage ist«.[29] Lindbeck pflichtet Marshalls Interpretation bei.[30] Obwohl ich gute Gründe habe, auf meiner Interpretation zu beharren, wäre es töricht von mir zu bestreiten, daß Marshall und Lindbeck den letzteren richtig verstehen. Denn wenn sie Recht haben, dann kann man von der ontologischen Wahrheit religiöser Äußerungen unabhängig vom Tun des in solchen Äußerungen Behaupteten sprechen, dann ist der kognitive Aspekt der Religion nicht länger untätig. Genau das, so denke ich, sollte man behaupten.

Unabhängig von der Frage, welches letztlich die richtige Interpretation Lindbecks ist, wäre es seltsam, die propositionale Seite der Religion herunterzuspielen. Phänomenologisch betrachtet, auf der Ebene der Selbstwahrnehmung religiöser Akteure nämlich, scheint Propositionalität ein integraler Bestandteil religiösen Glaubens zu sein. Geertz jedenfalls behauptet, daß Religion unter zwei Bedingungen Sinn stiftet: sie muß etwas versichern, und, was sie versichert, muß »den Anschein der Objektivität« haben.[31] »Was eine Religion über das innerste Wesen der Wirklichkeit aussagt, mag unver-

---

28. A.a.O., 106.
29. *Bruce D. Marshall*, Aquinas as Postliberal Theologian, in: The Thomist 53 (1989), 364.
30. *George A. Lindbeck*, Response to Bruce Marshall, in: The Thomist 53 (1989), 403.
31. *Clifford Geertz*, The Interpretation of Cultures. Selected Essays, New York 1973, 131.

ständlich, seicht, und allzu oft auch verkehrt sein; doch muß sie etwas ... aussagen.«[32] Darüber hinaus müssen die Aussagen nicht »als subjektive menschliche Vorlieben, sondern als dem Menschen auferlegte Lebensbedingungen einer in bestimmter Weise strukturierten Welt«[33] dargestellt werden. Was soviel heißen will, daß der »Sinn«, der religiösen Akteuren annehmbar ist, diesen nicht als ein aus willkürlichen Zeichen konstruierter Sinn erscheinen darf, sondern als ein Sinn, der aus (zumindest teilweise) wahren Behauptungen konstruiert ist.

Es könnte sein, daß ich mich im Bezug auf die »Religion« irre. Vielleicht werden in irgendeinem postkritischen Zeitalter religiös-semiotische Systeme florieren, wir werden wissen, daß sie nicht im üblichen Sinne des Wortes wahr sind, und dennoch werden wir sie unser Leben formen lassen, weil sie eine Welt projizieren, die wir gerne bewohnen. Nehmen wir es einfach einmal an. Sollen wir uns aber in einem solchen Zeitalter damit begnügen, unser eigenes christlich-religiöses kulturell-sprachliches System den vielen anderen hinzuzugesellen? Ich denke nicht. Oben vertrat ich den Standpunkt, daß es nicht der Zweck der christlichen Story ist, daß wir diese Story bewohnen. Im Gegenteil, die Story zeugt von der Neu-Schöpfung der Welt, die Gott vollbrachte, als Jesus Christus das Geflecht von Bedeutungen und Mächten betrat und das Gottesreich verkündigte und anbrechen ließ, als er gekreuzigt wurde, auferstand, und seither zur Rechten Gottes sitzt. Wenn dies gilt, dann besteht die *Wahrheit* der christlichen Story darin, in rechter Weise auf das »Tun« Jesu Christi und des Gottesgeistes hinzuweisen, und nicht darin, unser eigenes Tun hervorzulocken, wenngleich diese Story gerade darauf abzielt. Wenn *Gott* und die *Gnade Gottes* die eigentlichen Objekte der Religion und Theologie sind (anstatt, daß Religion und Theologie nur wirksame Rede über die Rede von Gott sind), dann müssen Religion und Theologie in ihrem Tiefsten propositional sein.[34]

Macht

Gleich ob religiöse Sprache wahr ist, weil sie Gott und der Geschichte Jesu Christi entspricht, oder weil sie diese Entsprechung hervorruft, ist es von zentraler Bedeutung für die Theologie, nicht einfach nur an den Lehrinhalten der religiösen Sprache interessiert zu sein. Wie Lindbeck zu Recht unter-

---

32. Geertz, Dichte Beschreibung, 59.
33. Geertz, Interpretation, 131.
34. Vgl. *Walter Kasper*, Postmodern Dogmatics. Toward a renewed discussion of foundations in North America, in: Communio (U.S.) 17 (1990), 189.

streicht, religiöse Sprache muß etwas *bewirken*. Das bringt uns nochmals zur Frage nach der Macht – nach diesem nichtsemiotischen Etwas, das zweifelsohne unser individuelles und soziales Verhalten prägt.

In seiner vielschichtigen Analyse von Wahrheit und Macht besteht Michel Foucault auf einer reziproken Beziehung zwischen den beiden (obwohl er dahin tendiert, die Wahrheit in ein Produkt der Macht aufzulösen). Einerseits entwickelt jede Gesellschaft mit dem ihr eigenen Geflecht von Machtbeziehungen und Machttechniken ihr eigenes »Wahrheitssystem«; andererseits ruft »Wahrheit« auch »Machtwirkungen« hervor.[35] Durch Machtmechanismen schafft und »vermittelt« eine Gesellschaft »ihr Wissen« und »sichert sich ihr Überleben unter dem Anschein des Wissens«.[36] Macht schafft Wahrheit; Wahrheit übt Macht aus. Ich nehme an, daß Lindbeck sich mit der Idee anfreunden könnte, daß Wahrheit Macht ausübt, denn er bekräftigt, daß eine wahre Story die Entsprechung mit der göttlichen Wirklichkeit schafft. Aber wie steht es mit der anderen Seite der Beziehung zwischen Macht und Wahrheit? Ich meine, daß es der Theologie obliegt, darüber nachzudenken, wie Macht in die Erschaffung und den Erhalt von »Wahrheit« verflochten ist.

Wenn wir deutlich zwischen dem unterscheiden, was »wahr« ist und was nur »als wahr gelten soll« – eine Unterscheidung, die zu treffen Foucault sich nicht allzu sehr befleißigt – dann ist die Idee, daß Wissen niemals ausserhalb von Macht funktioniert, theologisch sehr bedeutsam. In Foucaults Denken ist diese Idee eng mit der Behauptung verbunden, daß Macht nicht einfach nur hier oder dort verortet ist oder von dieser oder jener Person (etwa dem Herrscher) besessen wird. Statt dessen ist Macht »›immer schon da‹, und man befindet sich nie ›außerhalb‹ von ihr.«[37] Macht ist »mit dem gesellschaftlichen Raum flächengleich; es gibt keine Räume ursprünglicher Freiheit zwischen den Maschen ihres Geflechts.«[38] Folglich besitzt man Wissen oder selbst Wahrheit nur *innerhalb* vielfältiger Machtbeziehungen.

Es wäre nicht schwierig aufzuzeigen, wie eine solche (wenngleich modifizierte!) Beschreibung von Macht und Wissen aus theologischen Gründen verteidigt werden könnte. Ich setze hier einmal voraus, daß dies möglich ist, und möchte die Aufmerksamkeit nur auf die Folgen einer solchen Sicht der gegenseitigen Beziehungen von Macht und Wissen für das Verständnis des christlichen Glaubens und für die Aufgabe der Theologie len-

---

35. Foucault, Power/Knowledge, 131.
36. Michel Foucault, Language, Counter-Memory, Practice. Selected Essays and Interviews, übersetzt Donald F. Bouchard und Sherry Simon (Ithaca: Cornell University Press, 1977), 225.
37. Foucault, Power/Knowledge, 141.
38. A.a.O., 142.

ken. In der Theologie lassen wir uns leicht dazu verleiten, Foucaults Behauptung zu verwerfen und uns statt dessen in die Bekräftigung unserer »Glaubenssätze« (wenn wir traditionalistisch sind) oder der semiotischen Kraft unseres Sinnsystems (wenn wir postliberal sind) zu flüchten. Dies wäre jedoch ein schwerwiegender Fehler, ungeachtet der Tatsache, daß es oft genug geschieht. Obwohl in theologischen Schriften die Frage nach der Macht selten vorkommt, nimmt sie in der Bibel eine herausragende Rolle ein. Wir müssen genau auf die biblische Rede von der Macht achten und erforschen, welche Art von Macht Christen ausüben sollen. Meine Antwort darauf lautet, daß Christen weder »weltliche Macht« ausüben noch auf Macht grundsätzlich verzichten, sondern »*die Macht des gekreuzigten Christus*« sich zum Vorbild nehmen sollen

Man bedenke nur die Verbindung zwischen Weisheit und Macht, die sich auftut, wenn Paulus die »Torheit« und die »Schwäche« des Kreuzes in den beiden ersten Kapiteln des 1. Korintherbrief anspricht. Die »Herrscher dieser Welt« (2,8), die »Starken« (1,27), verstehen das Kreuz nicht; für sie ist es Torheit und Schwäche. Aber denen, die von Gott »berufen« (1,24) sind, ist das »Wort vom Kreuz« (1,18) – oder vielmehr der »gekreuzigte Christus« (1,23) selbst – sowohl Macht als auch Weisheit Gottes. Das Wesen der christlichen Kirche und ihrer Verkündigung, so argumentiert Paulus weiter, muß dem Leben dessen entsprechen, der verkündigt wird. Der gekreuzigte Christus muß »in Schwachheit und in Furcht und mit großem Zittern« (2,3) verkündigt werden, nicht mit »überredenden Worten menschlicher Weisheit, sondern in Erweisung des Geistes und der Kraft« (2,4f).

Man bedenke, daß der gekreuzigte Christus kein machtloser Messias ist; er ist ein Messias mit einer neuen Form von Macht – einer Macht dessen »was schwach ist« und »die Starken« zuschanden macht, einer Macht dessen »das nichts ist« und das zunichte macht, »was etwas ist« (1,28). Theologie, die als Nachdenken über das Wort vom Kreuz verstanden wird, muß in eine Gemeinschaft des Kreuzes einbezogen sein, *deren besondere Form der Schwäche eine neue Form von Macht ist, die in das Geflecht der Mächte dieser Welt eingesetzt wird.* Dieses neue Machtgeflecht schafft nicht die christliche Wahrheit und kann sie deshalb auch nicht ersetzen. Statt dessen unterstützt es die Wahrheit, nicht so sehr, indem es Plausibilitätsstrukturen anbietet, als dadurch, daß es einen Raum innerhalb der Machtgeflechte freimacht, in dem die Wahrheit über Christus – die immer auch eine Wahrheit über die Macht ist – ausgelebt werden kann; das neue Machtgeflecht erhält die Wahrheit, indem es, wenn man so will, Überlebensstrukturen anbietet. Das neue Machtgeflecht, welches die christliche Gemeinde sein sollte, befreit die Wahrheit, damit sie ihre eigene spezifische Form der Macht ausübt.

Zentrum und System

Wenn ich Lindbeck recht lese, dann ist sein Vorhaben zumindest teilweise durch den Wunsch motiviert, die Einheit der westlichen Kultur wiederzugewinnen, die infolge einer zunehmenden Entchristlichung verloren ging. Es ist die Sendung der Kirche in der postmodernen Welt, die breitere Kultur mit »den konzeptionellen und phantasievollen Begriffen, sowie der Grammatik und Syntax, mit der Wirklichkeit konstruiert wird«,[39] zu versorgen. Die Sprache des christlichen Glaubens muß wieder zur »Zunge«, zum Medium des breiteren kulturellen Gesprächs über die bedeutenden Themen des Tages werden. In seiner zur Kultur hin ausgestreckten Hand hält Lindbeck die »Welt der Schrift« und lädt ein, diese zu bewohnen. Sein missionarisches Programm ist es, die entchristlichte Welt zu rechristianisieren.

Wenn ich die gegenwärtigen Gesellschaften richtig beurteile, wird die Rechristianisierung der Kultur nicht mit Erfolg gekrönt sein, nicht etwa, weil die Welt schlechter wäre als sie zuvor war, sondern weil sie so strukturiert ist, daß sie alle Hände zurückweisen muß, die ihr in der Art helfen wollen, wie es Lindbeck vorzuhaben scheint. Während traditionelle Gesellschaften ein Zentrum aufwiesen, welches sie zusammenhielt und durch welches Einfluß auf das Ganze ausgeübt werden konnte, ist das in gegenwärtigen Kulturen nicht mehr der Fall. Was die Soziologie als funktionale Ausdifferenzierung der Gesellschaft bezeichnet – die Tatsache nämlich, daß sich verschiedene Untersysteme auf die Erfüllung bestimmter Funktionen spezialisieren, etwa im Bereich der Wirtschaft, des Erziehungswesens oder der Kommunikation – impliziert eine (relative) Selbständigkeit und Eigendynamik dieser gesellschaftlichen Untersysteme. Eigendynamik aber bedeutet den Widerstand der Untersysteme gegen die von außen her eingebrachten Werte.[40]

Es ist schwierig zu sagen, welche gesellschaftliche Rolle der christliche Glaube unter diesen Bedingungen einnehmen könnte. Eine der größten Herausforderungen für die heutige Theologie ist es, die gesellschaftliche Verantwortung der Christen in einer funktional differenzierten Welt neu zu überdenken. Sicher ist nur, daß die Rechristianisierung erfolglos bleiben wird, aus dem einfachen Grunde nämlich, weil der christliche Glaube sich nicht mehr im Zentrum einnisten kann, um von dort aus eine integrative Funktion

39. *George A. Lindbeck*, The Church's Mission to a Postmodern Culture, in: Postmodern Theology. Christian Faith in a Pluralist World, hg. Frederic B. Burnham, New York 1989, 39f.
40. Für eine kurze Zusammenfassung dieses Argumentes vgl. *Niklas Luhmann*, Paradigm lost. Über die ethische Reflexion der Moral. Rede anläßlich der Verleihung des Hegel-Preises 1989, in: Paradigm lost. Über die ethische Reflexion der Moral, hg. Niklas Luhmann und Robert Spaemann, Frankfurt a.M. 1991, 23f.

auszuüben; ein gesellschaftliches Zentrum existiert nicht mehr. Sollte die Unmöglichkeit einer Rechristianiserung der westlichen Kultur die Christen beunruhigen? Man könnte überzeugend darlegen, daß das Zentrum sowieso nicht der richtige Ort für den christlichen Glauben ist. Dieser Glaube wurde an den Rändern geboren, um der ganzen Menschheit zu dienen. Der Messias der Welt wurde vor den Toren gekreuzigt; der auferstandene Herr, ausgestattet mit aller Autorität im Himmel und auf Erden, erschien einigen wenigen und sandte sie aus. Wir sollten gesellschaftliche Marginalität nicht bedauern, sondern feiern. Sie darf allerdings nicht zum Ghetto werden, das von der restlichen Kultur durch die hohe Mauer einer nichtöffentlich-gemeinschaftlichen Binnensprache und den entsprechenden Lebensformen abgeschirmt ist. Vielmehr soll Marginalität der Ort sein, von dem aus die Kirche, indem sie die ihr eigentümliche Sprache spricht, sich zu öffentlichen Fragen äußert, und von dem aus die Kirche, indem sie an den ihr eigentümlichen Lebensformen festhält, Anstoß zu authentischen Umgestaltungen in ihrer gesellschaftlichen Umgebung gibt.

Die funktionale Ausdifferenzierung gegenwärtiger Gesellschaften ist eng verbunden mit ihrer nicht zu unterdrückenden kulturellen Pluralität, die durch einen raschen gesellschaftlichen Wandel noch verstärkt wird. Dies hat zur Folge, daß wir zwangsläufig eine multikulturelle und vielsprachige Welt bewohnen. In dieser Situation wäre es ein Fehler, wieder eine Glaubenssprache in Form einer universalen Metasprache auszugraben, die dann alle anderen Sprachen, die wir sprechen, vereinigt, eine christliche Version des universalen Esperanto der Moderne also, oder eine postchristliche Version eines vormodernen kulturellen Christentums. Robert Bellah schlägt vor, daß wir statt dessen »wirklich vielsprachig« werden. Wir sollen »die Sprache der Naturwissenschaften und der Psychologie dort sprechen, wo sie angemessen sind. Aber wir sollen auch die Sprache der Bibel und der Bürgerschaft ohne Scheu und gut sprechen.«[41]

Eine Theologie, die vielsprachigen Menschen angemessen ist, die wiederum in funktional ausdifferenzierten und kulturell pluralistischen Gesellschaften leben, sollte primär als eine nicht-systematische, kritisch-intellektuelle Bemühung aufgefaßt werden, ein Vorschlag, gegen den Lindbeck sicher nichts einzuwenden hätte. In Zeiten »anwachsender gegenseitiger Abhängigkeit, kultureller Verschiedenheit und geschichtlichen Wandels«, so argumentiert Stephen Toulmin, ist die intellektuelle Aufgabe der Natur- und Sozialwissenschaften nicht »neue, noch umfassendere Theoriesysteme mit universaler und zeitloser Gültigkeit zu entwerfen, sondern

---

41. *Robert N. Bellah*, Christian Faithfulness in a Pluralist World, in: Postmodern Theology. Christian Faith in a Pluralist World, hg. by Frederic B. Burnha, New York 1989, 89.

die Kompetenzbereiche selbst der am besten formulierten Theorien einzugrenzen, und den intellektuellen Reduktionismus zu bekämpfen, der sich während des Aufstiegs des Rationalismus festsetzte.« Wir sollen »der *Stabilität* und dem *System* weniger Aufmerksamkeit, der *Funktionalität* und *Anpassungsfähigkeit* mehr Aufmerksamkeit schenken«.[42] Dasselbe, behaupte ich, gilt auch für die Theologie. Je mehr unsere Theologien zu rigorosen und zeitlosen Systemen werden, desto weniger brauchbar werden sie in den verschiedenen Situationen unserer sich schnell wandelnden Kulturen sein (was keineswegs die Behauptung einschließt, daß diejenige Theologie, die sich am *wenigsten* als rigoroses System darstellt – eine willkürliche Anhäufung theologischer Behauptungen also – am hilfreichsten sein wird). Verwirkt eine so aufgefaßte Theologie ihren universalen Anspruch? Im Gegenteil: *weil* »Jesus Christus gestern und heute und für immer derselbe ist«, *weil* der christliche Glaube allen Zeiten und Orten gilt, deshalb müssen unsere Theologien auf das System verzichten; sie müssen kontextuell und flexibel sein.

Theologie zwischen Schmerz und Freude Gottes

Jürgen Moltmann – der seinem Publikum sowohl wunderschöne als auch komplexe theologische Melodien anbot und dabei das methodologische Räuspern zumeist auf sein privates Studierzimmer beschränkte – begann seine Leitansprache an die American Academy of Religion in Chicago (1994) mit den folgenden Worten: »Es ist einfach, aber wahr: Theologie hat nur ein Problem: *Gott.* Wir sind Theologen *um Gottes willen.* Gott ist unsere Würde. Gott ist unser Leiden. Gott ist unsere Hoffnung.«[43] Aber wer ist dieser Gott, so fragt er. Sowohl das Subjekt seines eigenen Daseins und ein leidenschaftlicher Liebhaber der Welt, so lautet seine Antwort. Und dann fährt Moltmann fort, indem er sich von der Vision Gottes dem Charakter seiner eigenen Theologie zuwendet:

Theologie entspringt für mich aus einer *Gottespassion*: Das ist die offene Wunde Gottes im eigenen Leben und in den gequälten Männern, Frauen und Kindern dieser Welt ... Theologie entspringt für mich zugleich aus der *Lebenslust Gottes*, die wir in der Gegenwart des lebendigmachenden Geistes erfahren, damit wir aus der Resignation aufstehen und das Leben hier zu lieben beginnen. Dies sind für mich die beiden Gotteserfahrungen Christi und darum auch die Fundamente christlicher Theologie: Die Lust Gottes und der Schmerz Gottes.

---

42. *Stephen Toulmin,* Cosmopolis. The Hidden Agenda of Modernity, New York 1990, 184.192f.
43. *Jürgen Moltmann,* Theology and the Future of the Modern World, Pittsburg 1995, 1.

Weil Gottes Freude und Gottes Schmerz nie durch die Mauern kirchlicher Gemeinschaften und Universitäten eingegrenzt sind, kann Theologie nie nur fromme Seelen nähren oder neugierige Geister auf der Universität erfreuen. Über Kirche und Universität hinaus ist die Welt, als Ort der kommenden Gottesherrschaft, der Horizont der Theologie. Um der Zukunft der Welt willen, des Objekts des Leidens und der Freude Gottes, muß Theologie nach Moltmann ein öffentliches Unternehmen sein, »eine öffentliche Theologie für ein öffentliches Evangelium.«[44]

Es war der Zweck meines kritischen Gespräches mit Lindbeck, die Rolle der *public theology* in einem postchristlichen, postindustriellen und postmodernen Umfeld zu überdenken. Ich vertrat den Standpunkt, daß Christen und ihre Theologien immer in eine bestimmte Kultur gestellt sind; wir verstehen den christlichen Glauben so wie wir es tun, weil wir ihn mit einer durch unsere Kultur gefärbten Brille lesen (»Überschneidende Welten«). Gleichzeitig beharrte ich darauf, daß die Wahrheit, welche Christen verkündigen und Theologen bewahren sollen, eine öffentliche Wahrheit ist, die an alle gerichtet und im Prinzip allen zugänglich ist (»Wahrheit«). Ich vertrat den Standpunkt, daß Christen und ihre Theologien immer in ein bestimmtes Feld persönlicher und gesellschaftlicher Kräfte gestellt sind – Triebe, Wünsche und Interessen, sowie Auseinandersetzungen um Güter und Macht (»Semiotische Beziehungen und Machtbeziehungen«). Gleichzeitig beharrte ich darauf, daß der christliche Glaube keinen Verzicht auf Macht fordert, sondern eine andere Form von Macht in das breitere Kräftefeld einführt – die Macht, die freigesetzt wird, wenn Menschen in die Fußstapfen des gekreuzigten Messias treten (»Macht«). Zum Schluß vertrat ich den Standpunkt, daß Theologie in einem postchristlichen und postindustriellen Umfeld den gesellschaftlichen Raum, den sie zu bewohnen gezwungen war – die Ränder – feiern und alle Spuren der Nostalgie für das Leben in gesellschaftlichen Zentren abwerfen soll. Von den Rändern her, in Form einer sich nicht als System artikulierenden, kontextuellen und flexiblen kritischen Reflexion, muß die christliche Theologie ihre Rolle, sich im Lichte der kommenden universalen Gottesherrschaft an die Öffentlichkeit zu wenden, ausüben.

Hiermit liegt dann eine Vision einer öffentlichen Theologie für ein öffentliches Evangelium vor: indem sie durch die Brille ihrer eigenen Kultur blickt, sieht sie die Stadt, deren Bauherr und Architekt Gott ist. Wo sie in vielfältige Machtbeziehungen gesetzt ist, setzt sie sich für die Schwachheit des Gekreuzigten als neuer Form der Macht ein. Wo sie an den Rändern wohnt, versucht sie die Herrschaft des dreieinigen Gottes für alle Lebensbereiche fruchtbar werden lassen.

---

44. Ebd.

Ohne eine Vision vergehen die Menschen, sagte der Prophet. Aber ohne Menschen, deren Herzen vom Schmerz und der Freude Gottes pulsieren, bleibt die Vision nicht mehr als verblassende Tinte auf einem Blatt Papier, Schallwellen, die im Raum verschwinden.[45]

Übersetzt von Steffen Lösel

---

45. Für hilfreiche Kommentare zu den vorangegangenen Versionen dieses Aufsatzes bin ich den Professoren Robert Cathey, Philip Clayton und Robert H. Gundry, den Mitgliedern der Fuller Restaurant Gruppe (besonders den Professorinnen Judith Gundry-Volf und Nancey Murphey), sowie meinem Assistenten Richard Heyduck zu großem Dank verpflichtet.

Ingolf U. Dalferth

Zeit für Gottes Gegenwart

I.

Wir leben in einer schnellebigen Zeit. Keine andere Generation hat so viele Aufbrüche in die Zukunft erlebt wie wir, und keine hat ihre Aufbrüche in so schneller Folge wieder korrigieren und revidieren müssen. Trägt morgen noch, was heute gilt, wenn doch schon heute kaum mehr hilft, was gestern galt? Immer schneller entschwindet die Vergangenheit, und unsere Schwierigkeiten wachsen, aus ihr für Gegenwart und Zukunft zu lernen. Wir sind skeptisch geworden und trauen unseren Traditionen nicht mehr. Erweisen sie sich doch zunehmend als untauglich, die Probleme unserer Gegenwart zu begreifen oder gar zu lösen, weil sie in Lebenserfahrungen gründen, die nicht die unserer Zeit und Epoche sind. Uns haben sie daher immer weniger zu sagen. Sie werden uns täglich fremder.

Für den christlichen Glauben in seiner überlieferten Gestalt gilt das in erschreckender Weise. Innerhalb und außerhalb der Kirchen breitet sich die Stimmung aus, in einer Zeit des Epilogs, der verblassenden Erinnerung und des vergeblichen Festklammerns am Gestern zu leben. Gott, so meinen viele, hat seine Zeit gehabt. Am Ende des 2. Jahrtausends scheint sie abgelaufen. Im Leben von immer mehr Menschen gibt es allenfalls noch Erinnerungsspuren an ihn. Aber nur wenige scheint das zu beunruhigen. Noch Nietzsche notierte zum Erschrecken seiner Zeit, daß wir Gott getötet hätten. Hundert Jahre später haben wir das Erschrecken verlernt. Gott ist uns weithin gleichgültig geworden. Wir leben, als gäbe es ihn nicht. Viele zumindest, und es werden immer mehr.

Natürlich ist das nicht das ganze Bild. Noch gibt es überall Spuren der Vergangenheit, Kirchen und Gemeinden, Christinnen und Christen, und gewiß gibt es auch Aufbrüche und Neuanfänge, innerhalb und außerhalb der etablierten Kirchen. Doch es ist unübersehbar, daß der Einfluß der Kirchen abnimmt und der Einspruch der Christen immer häufiger ungehört verhallt. Man traut ihnen nichts mehr zu, jedenfalls nichts für heute Maßgebliches. Man weiß nichts mehr mit ihnen anzufangen, und es fehlen Zeit und Interesse für sie. Wer kennt schon die Kirchen und den von ihnen vertretenen Glauben noch wirklich? Wer sieht in ihnen noch den verbindlichen Orientierungsrahmen zur eigenen Lebensgestaltung? Wer macht sich noch die Mühe, sich inhaltlich mit ihnen auseinanderzusetzen? Nicht an den kritischen Einwänden der aufgeklärten Vernunft, sondern schlicht an den sich beschleunigenden Geschwindigkeiten unserer alltäglichen Lebensprozesse drohen die christlichen Kirchen in Europa zu scheitern. Ihr Waterloo ist das Leben, nicht das Denken.

Gerade das macht die Situation so schwierig und theologisch so schwer zu handhaben. Dem schieren Tempo unserer Zeit scheinen die Lehren und Lebensformen der christlichen Kirchen nicht gewachsen. Ihr Einfluß verfällt rapide, weil immer mehr Menschen bei uns immer weniger von ihnen erwarten und immer seltener etwas für ihr Leben Wesentliches durch sie und in ihnen finden Man lebt mit wachsender Selbstverständlichkeit ohne sie. Kulturell und touristisch werden Kirchen, Kathedralen und Dome als Denkmale und Konzertsäle durchaus geschätzt. In ihrer eigentlichen Funktion als Stätten der gottesdienstlichen Versammlung der christlichen Gemeinde aber werden sie weithin gemieden. Man meint mündig zu sein, wenn man sich von ihnen und der Kirche absentiert. Und man glaubt sich am Puls der Zeit, wenn man den christlichen Glauben ignoriert, die Kirche als Institution kritisiert und ihr verärgert oder gleichgültig den Rücken kehrt.

Die Kirchen reagieren verunsichert. Sie ziehen sich, wie nicht nur die katholische Kirche, rigide auf ihre Rechts- und Lehrpositionen zurück, die sie autoritär oder fundamentalistisch zu behaupten und zu verteidigen suchen. Oder sie versuchen, wie nicht nur die evangelischen Kirchen, den Auszug zu stoppen, indem sie sich bis an die Grenze der Selbstaufgabe in eine Vielzahl von Unternehmungen auflösen, die sich gruppenspezifischen Interessen, Wünschen und Bedürfnissen widmen. Doch die bloße Verteidigung traditioneller Positionen ist ebensowenig ein Weg in die Zukunft wie die anbiedernde Anpassung an die schnell wechselnden Strömungen des Zeitgeistes. Beides beschleunigt vielmehr den Trend, gegen den man sich zu stellen sucht. Es verwundert daher nicht, daß in unserer durch die Medien geprägten Öffentlichkeit die Kirchen entweder gar nicht oder nur als Gegenstand von Kritik, Polemik oder Satire wahrgenommen werden. Innerliche und äußere Distanz dominieren. Wirklichkeitserschließende Lebensorientierung trauen ihnen und ihrer Botschaft immer weniger zu.

Es wäre verfehlt, das nur den oft beschriebenen gesellschaftlichen Pluralisierungs- und Individualisierungsprozessen anzulasten, so erheblich deren Rolle zweifellos ist. An dieser Entwicklung sind die Kirchen auch selbst schuld. In kaum zu steigernder Ungeschicklichkeit vermeiden sie kein Thema, das sie der öffentlichen Kritik ausliefert. Randthemen wie Homosexualität, Feminismus, Kirchenasyl, Empfängnisverhütung, Militärseelsorge, Kirchensteuereinzug oder der Bußtag beschäftigen Synoden, Kommissionen und Kirchenleitungen in geradezu grotesker Weise. Nicht weil sie für sich genommen nicht jeweils wichtig wären, sondern weil sie alles zu sein scheinen, mit dem sich die Kirchen noch intensiv beschäftigen und in der Öffentlichkeit in Erscheinung treten. Sie werden der binnenkirchlichen Wahrnehmung und der gesellschaftlichen Außenperspektive auf die Kirchen zu zentralen Fragen, weil den Kirchen der Blick für das Wesentliche durch aktuelle Tagesfragen, aber eben auch durch ihre eigenen Traditionen und Lehrbildungen verstellt ist. Folgefragen beherrschen die kirchliche Diskussion, während in Wirklichkeit die Grundlagen in Frage stehen.

II.

Daß sich die Kirchen mit ihren Traditionen, Lehrbildungen und überkommenen Lebensformen heute vor allem selbst im Weg stehen, ist ein oft und leider nicht zu Unrecht geäußerter Eindruck. Immer wieder wird daher Befreiung vom Ballast überkommener Lehre als Weg zur Erneuerung des geistlichen Lebens der Kirche und zur Wiedergewinnung ihrer gesellschaftlichen Relevanz in der Gegenwart propagiert. Doch die Vorordnung des Lebens, so richtig und wichtig sie ist, vermeidet die Fragen der Lehre nicht, sondern wirft sie gerade auf. Früher oder später stehen praktische Entscheidungen an, die inhaltliche Klärungen und Unterscheidungen erfordern und zu theologischen Lehrbildungen führen.

Das Leben, auch das Leben einer Gemeinschaft, besteht aus einer Serie von Entscheidungen, die gerade deshalb, weil sie oft auch anders hätten ausfallen können, unsere geschichtliche Identität bestimmen. Wir sind, was wir geworden sind. Das müssen und werden wir nicht bleiben; aber es wäre töricht zu meinen, wir könnten aus dieser Geschichte aussteigen und leben, als gäbe es sie nicht. Selbst die Entscheidung, ganz neu anfangen und ganz anders leben zu wollen, knüpft an vorausgehende Entscheidungen von uns und anderen an, die uns zu dem gemacht haben, was wir sind. Es mag gute Gründe geben, das nicht bleiben und fortsetzen zu wollen. Wir müssen dann versuchen, unserem Leben und unserer Geschichte eine andere Richtung zu geben. Das können wir nur, indem wir uns in ein kritisches Verhältnis zu unserer eigenen Geschichte setzen, also an das in ihr anknüpfen, was bewahrenswert ist, und das nicht fortsetzen, was das Leben beschädigt und behindert. Was das ist, mag strittig und Gegenstand von Auseinandersetzungen sein, auch wenn wir uns in vielen Fällen nicht zu streiten brauchen. Voraussetzung für eine solche Klärung ist aber in jedem Fall, daß wir unsere bisherige Geschichte kennen und zur Kenntnis nehmen. Denn ignorieren wir sie, lassen wir uns von den sie formierenden Entscheidungen und ihren Folgen undifferenziert weiterbestimmen und verspielen die Chance, unser

Leben selbstbestimmend zu gestalten. Umgekehrt heißt das aber auch, daß unser Leben nie gänzlich selbstbestimmt sein kann. Selbstbestimmung ist eine kritisch unterscheidende Operation im Blick auf all die Bestimmtheiten, die unser Leben jeweils schon prägen. Wir können und wollen uns diese nicht alle selbst so zu eigen machen, daß sie in unsere bewußten Entscheidungen über unser weiteres Leben eingehen. Wir wählen vielmehr aus. Wir nehmen bestimmte Entscheidungen auf und suchen andere zu korrigieren. Wir konzentrieren unsere Bemühungen auf manche Bereiche unseres Lebens und überlassen uns in anderen stärker dem Überkommenen. Wir entscheiden, wo uns an eigenem Entscheiden liegt und wo wir uns eher auf schon Entschiedenes verlassen. Denn wir wissen, daß man nicht stets immer wieder alles neu finden und entdecken kann, aber auch nicht ständig nur das wiederholen und fortsetzen muß, was man vorfindet. Deshalb suchen wir aus vergangenen Entscheidungen zu lernen und bemühen uns, nicht alle Fehler der Vergangenheit selbst zu wiederholen. Das gilt für unser individuelles Leben, das gilt für das Leben von Gemeinschaften, und das gilt auch für die Kirchen.

Es ist daher ebenso falsch, die in die Lehrbildungen und Traditionen der Kirchen eingegangenen Klärungen der Vergangenheit einfach zu vergessen und zu verabschieden, weil sie unserer Zeit nichts mehr zu sagen hätten, wie sie stur zu verteidigen und gegenüber einer immer verständnisloseren Öffentlichkeit bis zur letzten absurden Konsequenz zur Geltung zu bringen. Sie müssen in ihrer Relevanz für heute anstehende Entscheidungen erwiesen werden, und zwar so, daß Menschen sie sich auch zu eigen machen können, weil sie einsehen, was ihr Leben dadurch gewönne. Genau an dieser *Aneignung*, nicht an einer bloß abstrakten Verteidigung von Prinzipen muß den Kirchen liegen. Ihr Auftrag gilt dem Leben der Menschen, nicht der Apologie kirchlicher Lehre und Lebensform; sie haben den Menschen das Evangelium zu vermitteln und nicht die Lehrsätze und Verhaltensnormen, mit denen sie es schützend eingezäunt haben; und sie haben ihnen das Evangelium so zu vermitteln, daß sie es als gegenwärtige Wirklichkeit wahrnehmen können und nicht als einen tradierten Lehrzusammenhang und eine bloß traditionelle Lebensform mißverstehen müssen, die einer Zeit entstammen, die nicht mehr die ihre ist. Sakrosankt sind nicht die Lehrbildungen und Frömmigkeitsformen der Tradition, sondern allein das, was diese zu schützen und in ihrer Zeit zu praktizieren suchten: das Evangelium und der Glaube. Wollen die Kirchen ihre Lehr- und Lebenstraditionen daher ernst nehmen und auf ihre prägenden Erfahrungen und geschichtliche Identität nicht einfach verzichten, dann dürfen sie nicht deren zeitbedingte Formulierungen, situationsbestimmte Akzentuierungen und geschichtliche Gestaltungen als zeit- und kontextlose Wahrheiten und Normen verteidigen und als unhinterfragbare Prämissen deduktiver Argumentationen mißbrauchen. Sie müssen ihre Lehren und Lebensformen vielmehr geschichtlich verstehen, deren faktische Wirkungen von ihrem Inhalt und ihrer Intention unterscheiden, diese anhand der Schrift kritisch auf ihre Sachgemäßheit prüfen, ihre Übersetzbarkeit in die Problemlagen und Gestaltungsmöglichkeiten unserer Zeit erforschen und so insgesamt die Gültigkeit jeder Lehrbildung und Lebensform theologisch an ihrer Funktion messen, das im Wechsel der Zeiten in seiner Eigenart, Eindeutigkeit und Wahrheit zu schützen und im Lebensvollzug zu praktizieren, worum es aller ernsthaften Lehre und kirchlichen Weisung stets geht: das Evangelium und den Glauben.

So gewiß die Kirche um des gemeinsamen Lebens willen auf Lehre also nicht verzichten kann, so gewiß ist Lehre in der Kirche niemals Selbstzweck, auch wenn sie das immer wieder zu werden droht. Gerade weil sie ihre eigene intellektuelle Dynamik, denkerische Faszination und institutionelle Bedeutsamkeit entwickelt, steht sie immer wieder in Gefahr, in ihrem praktischen Charakter verfehlt, als System theoretischer Wahrheiten mißverstanden und zur Legitimation kirchlicher Machtansprüche mißbraucht zu werden. Deshalb ist es die Aufgabe der Theologie, sie stets an das zurückzubinden und von dem her zu kontrollieren, um das allein es ihr geht: das Evangelium und den Glauben. Ihnen hat alle Lehre zu dienen, und allein sie stehen niemals zur Disposition, nicht aber die Lehre. Im Konfliktfall sind deshalb, das ist reformatorische Grundeinsicht, das Evangelium und der Glaube gegen die kirchliche Lehre zur Geltung zu bringen. Nicht um diese zu verabschieden, sondern um sie an ihre Pointe zu erinnern und damit sachgemäßer und lebensfördernder um- und neuzugestalten. Denn das Evangelium ist kein Lehrsystem, sondern eine wirklichkeitserschließende und lebensverändernde Lebenskraft. Und entsprechend ist auch der Glaube, den das Evangelium hervorruft, mehr als Lehre, moralische Überzeugung oder religiöse Orientierung : Er ist die Wahrnehmung der Gegenwart von Gottes Liebe und als solche umfassender (also individueller und gemeinsamer) Lebensvollzug von Menschen vor und mit Gott. Auf diesen Lebensvollzug zielt alles kirchliche Handeln und Lehren, und nur was diesem praktischen Ziel dient, ist relevant.

Gilt das kirchliche und theologische Interesse an der Lehre daher nicht diesem Glauben, sondern den Lehrbildungen für sich genommen, verfehlt es das Leben und damit seine eigentliche Aufgabe. Der Glaube aber ist kein kompliziertes Lehrgebäude, das in seinen theoretischen und praktischen Konsequenzen nur noch für theologische Experten durchschaubar wäre. Er ist die – im Doppelsinn des Wortes zu verstehende – Wahrnehmung der einfachen, allen auf ihre Weise zugänglichen und doch von niemand zu ergründenden Lebenswahrheit der Gegenwart Gottes: *Gott ist gegenwärtig*. Er ist gegenwärtig als die Liebe, die sich in Jesus Christus erschlossen hat. Und diese Liebe ist hier und jetzt wirksam und dabei, Neues zu schaffen, die Welt zur Schöpfung zu wandeln und unsere Blindheit gegenüber Gott zu überwinden. Das ist das Evangelium[1], dem sich die Kirche verdankt und um dessentwillen es sie gibt. Die Wahrheit dieses Evangeliums hat die Kirche und haben die Christen mit all ihrem Reden, Denken und Tun zu verkünden, zu ergründen, zu belegen und zu leben. Allein darum geht es, und damit geht es um alles. Nichts tritt zu dieser einfachen Wahrheit hinzu, sondern aus ihr ergibt sich alles weitere.

Gott ist gegenwärig und in seiner Liebe hier und jetzt wirksam – aus dieser Einsicht lebt der Glaube, und das und nichts anderes ist das wirklich Wesentliche, das die Kirchen auch heute den Menschen in aller Deutlichkeit zu sagen schuldig sind. Das ist keine harmlose Botschaft, denn diesen Glauben gibt es nicht ohne die permanente *Anfechtung*, die der oft unerträgliche Widerspruch unserer faktischen Wirklichkeitserfahrung zu diesem Glauben darstellt: Wenn Gott als Liebe gegenwärtig wirksam ist, wie kann unsere Welt und unser Leben dann so sein, wie sie sind? Ohne von Sünde und von einer Schöpfung zu reden, die noch nicht ist, was sie sein soll und sein wird, läßt sich die Glaubenswahrnehmung der gegenwärtigen Wirksamkeit von Gottes Liebe nicht öffentlich verantworten. Wer auf die Rede von Sünde, Schuld und Verhängnis verzichten will, verharmlost den Glauben und spricht ihm gerade das ab, was ihn auszeichnet: daß er aufgrund seiner Wahrnehmung der Gegenwart von Gottes Liebe höchst sensibel macht (oder doch machen sollte) für die vielfältigen offenen und verdeckten Widersprüche gegen Gottes Liebe in unserer Erfahrungswelt. Glaubende leiden an diesen Widersprüchen, suchen sie zu beseitigen und wissen doch, daß sie diese Widersprüche durch ihr eigenes Tun nicht aus der Welt schaffen können, weil sie weder die Folgen ihres Handelns zureichend kontrollieren noch die Voraussetzungen ihres Lebens umfassend in den Griff bekommen können. Glauben gibt es deshalb auch nicht ohne die *Hoffnung* auf Gottes eigene Vollendung dessen, was als Gegenwart seiner Liebe wahrgenommen wird und doch oft nur kontrafaktisch bekannt werden kann. Christen zeichnet

---

1. Das Evangelium läßt sich natürlich nicht nur so, sondern auch anders formulieren: als Befreiung zur Freiheit, Befähigung zur Wahrheit, Erlösung von der Sünde etc. Aber die gewählte Formulierung hat den Vorteil, nicht nur schlicht zu sein und ohne gewichtige theologische Begriffe auszukommen, sondern auch so differenzierungsfähig, daß nicht von vornherein bestimmte Arten menschlichen Seins (Kinder, Alte, Senile, Behinderte etc) von dem ausgeschlossen sind, was das Evangelium verheißt. Denn wie immer man das Evangelium formuliert, es muß für alle Bereiche, Ebenen und Arten des menschlichen Lebens durchdekliniert werden können, weil es das – qualitativ und quantitativ – *ganze* menschliche Leben betrifft.

deshalb beides aus: Die reale Hoffnung auf die Durchsetzungskraft der Liebe Gottes, deren gegenwärtige Wirksamkeit sie wahrnehmen, und die kritisch-realistische Sicht der geschöpflichen Wirklichkeit und unserer menschlichen Möglichkeiten und Fähigkeiten, die defätistischer Lethargie und falschen Hoffnungen gleichermaßen wehrt. Denn ist Gott gegenwärtig, dann schöpft unser gegenwärtiges Leben auf weite Strecken die Möglichkeiten nicht aus, die ihm gegeben sind. Wir leben unter unseren Möglichkeiten, zu unserem eigenen Schaden. Und aus diesem Zustand werden wir nur herausfinden, wenn wir erkennen, was wir tun können und müssen und was wir nicht tun können und auch nicht zu tun brauchen, indem wir die Gegenwart von Gottes Liebe hier und jetzt wahrnehmen.

Das deutlich zu machen und darauf hinzuwirken, ist die Pflicht der Kirchen, aller Christen und nicht zuletzt auch der Theologie. Sie alle stehen auf je ihre Weise vor der Aufgabe, Sensibilität für Gottes Gegenwart zu wecken, also daran zu arbeiten, die Fähigkeit zur Wahrnehmung der Gegenwart Gottes in unserer Gegenwart zu schärfen. Das zu ermöglichen und nicht selbst auch noch zu behindern, ist die zentrale praktische Herausforderung für die Kirchen unserer Zeit. Und es ist eine der wichtigsten theoretischen Aufgaben gegenwärtiger Theologie, die dafür notwendigen gedanklichen Klärungen vorzunehmen, also zu entfalten, zu ergründen und kritisch zu untersuchen, was es heißt: *Gott ist gegenwärtig.*

III.

Grundvoraussetzung dafür ist, daß die Theologie aufhört, sich als Sozial- oder Humanwissenschaft zu gebärden und mißzuverstehen. Sie ist es ebensowenig wie eine Naturwissenschaft. Sie ist weder eine empirische noch eine historische Wissenschaft. Und sie kann auch keine Steuerungswissenschaft für das Religionssystem oder die Kirche sein, wenn sie nicht zunächst einmal etwas anderes und Grundlegenderes ist: *kritische Gotteserkenntnis,* die argumentativ die Wahrnehmungen der wirksamen Gegenwart Gottes entfaltet und die religiösen Symbolisierungen solcher Wahrnehmung auf ihre Wahrheit, Gültigkeit und Vernünftigkeit hin untersucht. Das Thema der Theologie in all ihren Variationen ist *Gott* – Gott in seiner vielgestaltigen Gegenwart in den vielfältigen Zusammenhängen unserer Welt und aller möglichen Welten, die sich seiner Gegenwart verdanken; dieses Thema ist ihr zugänglich über die kritische Rekonstruktion der *Wahrnehmungen der Gegenwart Gottes,* die ihr im Glaubensleben konkreter Glaubensgemeinschaften und in deren Symbolisierungen wahrgenommener Gottesgegenwart vorgegeben sind; ihr Maßstab für diese kritische Rekonstruktion ist die *Erkenntnis der Wirklichkeit Gottes*, die sich in diesen Symbolisierungen der Wahrnehmung Gottes und den darin mitgesetzten Selbst-, Welt- und Wirklichkeitsverständnissen ausprägt und aus ihnen analytisch erhoben werden kann; und sie formuliert diese Erkenntnis der Wirklichkeit Gottes – die auch dann, wenn sie die Wahrnehmenden selbst für gewiß halten, für das Denken nie abgeschlossen und unbefragbar ist, sondern nach Vertiefung, Verdeutlichung und argumentativer Begründung verlangt – in theologischen *Gotteskonzeptionen*, die stets vorläufig, für Fortbestimmung und Korrektur offen, vor allem aber von *Gott selbst* kritisch unterschieden sind, weil dieser das Maß aller Gotteserkenntnis und nicht unsere Gottes-

2. Daß *Gott* das Thema der Theologie ist und nicht irgendwelche *Vorstellungen, Gedanken oder Konzeptionen Gottes,* gilt auch und gerade dann, wenn der Theologie dieses Thema nur über die kritische Rekonstruktion vorgegebener *Gotteswahrnehmungen* und ihrer stets kontextbedingten Symbolisierungen zugänglich ist. Gerade weil ihr *Gott* niemals direkt und unmittelbar gegeben ist, kann sie sich ihrem Thema epistemisch nur auf dem Weg kritisch-hermeneutischer Analysen nähern, indem sie die ihr vorgegebenen Symbolisierungen wahrgenommener Gottesgegenwart so rekonstruiert, daß sie an jedem Punkt die realistische Fundamentaldifferenz zwischen *Gott* und den *Wahrnehmungen/Vorstellungen/Gedanken Gottes* kritisch geltend macht. Das heißt aber gerade nicht, daß sie sich nur mit Gottesvorstellungen u.ä., aber nicht mit Gott befaßte: Ihr Thema ist *Gott*, nicht irgendwelche Gottesvorstellungen. Methodisch aber kann die Theologie ihr Thema nur traktieren, indem sie sich auf die konkreten geschichtlichen Weisen einläßt, in denen von Gott geredet und der Glaube an Gott gelebt wird. Aus diesen erhebt sie das Gottesverständnis, das die entsprechenden Wahrnehmungen der Gegenwart Gottes und deren Symbolisierungen prägt, sowie das Selbst-, Welt- und Wirklichkeitsverständnis, das in diesen mitgesetzt ist. Durch die systematische Entfaltung dieser Verständniszusammenhänge gewinnt sie Kriterien, mit deren Hilfe sie dann wieder die Symbolisierungen von Gotteswahrnehmungen prüfen kann, die sie zu rekonstruieren und zu durchdenken sucht. Methodisch und epistemisch bewegt sich die Theologie also in einem kritischen Zirkel, aber gerade darin gleicht sie anderen Disziplinen, denen es um die Erkenntnis einer Wirklichkeit geht, die nicht durch diese Erkenntnisbemühung erst konstituiert wird. Sie kann nicht apriorisch entscheiden oder dekretieren, was hier wahr und falsch, adäquat oder inadäquat ist, sondern muß dies durch Erfahrung und ständige Korrektur ihrer Ergebnisse herausfinden und lernen.
Der Realismus dieses kritischen hermeneutischen Verfahrens wird am theologischen Umgang mit dem christlichen Glauben exemplarisch deutlich. Die präzise (kreuzestheologisch zu entfaltende) Verborgenheit der wirksamen Gegenwart Gottes unterstreicht, daß es für den christlichen Glauben keine Gotteserkenntnis ohne die Wahrnehmung der spezifischen *Verborgenheit* Gottes gibt: die Gegenwart Gottes kann nur unter Berücksichtigung seiner Verborgenheit wahrgenommen werden, und die Verborgenheit Gottes nur unter Berücksichtigung der *unterschiedlichen* Gegenwart *und* Verborgenheit Gottes *in Kreuz und Auferwekung Jesu Christi* und *in der Welt.* Die Folge ist, daß das Gottesverständnis, aber auch das Welt- und Menschenverständnis, durch irreduzible Differenzen geprägt sind. Diese markieren aber kein statisches Nebeneinander, sondern eine eschatologische Dynamik, insofern der *deus revelatus* gegenüber dem *deus absconditus,* die *neue Schöpfung* gegenüber der

erkenntnis das Maß Gottes ist.[2] Nur wo diese kritisch-realistische Ausrichtung auf *Gott* unmißverständlich ins Zentrum theologischer Arbeit gestellt wird, wo die Referentialisierungsleistungen religiöser Rede von Gott theologisch nicht unterschlagen und realistische Gottesrede aufgrund ihrer angeblichen Anstößigkeit für eine sich aufgeklärt dünkende Vernunft verschämt der religiösen Praxis und dem Glaubensleben überlassen werden, sondern in der Theologie selbst in Gestalt der kritischen Unterscheidung und Selbstunterscheidung aller Wahrnehmungen, Vorstellungen, Erkenntnisse und Gedanken Gottes von Gott selbst zur Geltung kommen, dort hat die Theologie etwas zu sagen und damit eine Zukunft, weil sie von einer Wirklichkeit spricht, die alle immer und überall angeht.

Gott ist einzigartig und läßt sich gerade deshalb auf keinen Teilbereich unserer Wirklichkeit einschränken oder auf eine Teilfunktion unserer gesellschaftlichen Wirklichkeiten reduzieren. Gott ist nicht die *tribal deity* der Christen oder irgendeiner anderen Religion oder Tradition, und Glaube an Gott ist kein religiöser Sonderglaube, den man als aufgeklärter Zeitgenosse ohne Schaden ignorieren könnte, weil er für Gläubige eine Funktion haben mag, für alle anderen aber keine Bedeutung besitzt. Die Bedeutung des Glau-

alten Welt, der *homo iustus* gegenüber dem *peccataor* Priorität besitzt und die Oberhand behalten wird. Auch die Theologie kann diese Differenzen nicht umgehen oder vermeiden. Auch sie hat keinen direkten, unmittelbaren oder besonderen Zugang zu ihrem Thema, der die präzise Verborgenheit Gottes umgehen könnte. Sie kann ihr Thema deshalb nur auf dem Weg über den Glauben und seine geschichtlichen Manifestationen behandeln kann, in denen die differenzierten Weisen der Gegenwart und Verborgenheit Gottes samt ihren kosmologischen, anthropologischen, ethischen usf. Folgen zum Ausdruck kommen. Methodisch ist Theologie daher nicht (unmittelbare) Rede von Gott, sondern Rede von ›Gott‹, aber eben nicht im Sinne einer bloßen Beschreibung der empirisch und historisch faßbaren Sachverhalte und Vorstellungsgehalte einer bestimmten religiösen Praxis, sondern in Gestalt einer kritischen Rekonstruktion dieser Praxis, die sich an der wahrgenommen Wirklichkeit der Gegenwart Gottes orientiert und in Fundamentalunterscheidungen wie der zwischen *Gott* und *Gottesvorstellungen*, *Glaube an Jesus Christus* und dem *Glauben von Christen*, *Kirche* und *empirischen Kirchentümern*, *Wahrheit des Glaubens* und dem *Inhalt christlicher Glaubensüberzeugungen zu einer bestimmten Zeit* usf. ausprägt. Ohne diese Unterscheidungen wäre theologische Rede von Gott kriterienlos der unklaren und klärungsbedürftigen Mischung aus Glaube und Aberglaube in der je vorfindlichen religiösen Praxis ausgesetzt. Andererseits kann sie sich diese Unterscheidungen nicht durch ein wie auch immer gefaßtes Vernunftkonzept vorgeben lassen oder aus einer Rationalitätskonzeption ableiten, sondern muß sie an den geschichtlichen Manifestationen des gelebten christlichen Glaubens selbst erarbeiten. Gerade weil ihr Thema Gott ist, sie dieses Thema aber nur auf dem Weg der kritischen Explikation vorgegebener Gotteswahrnehmung und ihrer Symbolisierungen behandeln kann, gehört theologische Rede von ›Gott‹ methodisch zu einer kritischen *Grammatik christlichen Glaubenslebens*, die deshalb normativ zu sein beansprucht, weil sie auf Gott zielt, wenn sie von ›Gott‹ spricht.

bens ist seine Wahrheit, und diese Wahrheit gilt für alle oder für niemand. Wenn Gott so gegenwärtig ist, wie die Christen glauben, dann haben es alle mit Gott zu tun, ob das von allen wahrgenommen wird oder nicht.

Einwände, die auf die Kontextualität des christlichen Glaubens, die angebliche Relativität seiner Wahrheit oder den autoritären Charakter seines Absolutheitsanspruchs verweisen, verwirren wohl zu unterscheidende Sachverhalte. Daß christlicher Glaube nur konkret und damit in kontextueller Bestimmtheit gelebt werden kann, macht seine Gültigkeit nicht abhängig von bestimmten Kontexten: Die Wahrheit christlichen Glaubenslebens hängt an der Wahrheit des Evangeliums, dem sich der Glaube verdankt, nicht umgekehrt. Es macht auch keinen Sinn zu sagen, dieser Glaube sei ›für mich wahr‹, aber nicht notwendig auch für andere. Was immer unter ›Wahrheit‹ verstanden wird: Wer sagt ›Das ist *für mich* wahr‹, sagt damit ›Ich glaube, daß es *wahr* ist‹, und beansprucht eben damit, daß es nicht nur für ihn, sondern auch für andere gilt. Die Wahrheit des Glaubens hängt nicht daran, daß sie geglaubt wird, sondern daß die Wirklichkeit so ist, wie geglaubt wird. Wenn aber wahr ist, daß Gott so gegenwärtig ist, wie der Glaube bekennt (nämlich als erbarmende und alles neu machende Liebe), dann gilt das universal, überall und immer und unbeschadet dessen, was wir davon halten oder wie wir uns dazu verhalten.

In diesem Sinn impliziert der Glaube an Gott eine realistische Einstellung zur Wirklichkeit. Damit ist er von grundlegend anderer Art als die postmoderne Attitüde, die vorgibt, zwischen Konstruktion und Wirklichkeit, Gott und unseren imaginativen Gottesbildern und Gottesvorstellungen nicht sinnvoll unterscheiden zu können. Wie immer, wenn eine halbe Wahrheit zur ganzen erklärt wird, wird damit alles falsch. Die richtige Einsicht in das unbegrenzte Diskurspotential der Sprache verführt dazu, sich von einer realistischen Einstellung zu den Wirklichkeiten, in denen wir leben, zu verabschieden. Daß damit eine der zentralen Errungenschaften aufgeklärten Denkens, die kritische *Unterscheidung von Wahrheit und Macht*, zunehmend unterminiert wird, wird meist nicht gesehen. Doch seit Sokrates gegenüber den Sophisten deutlich machte, daß die Wahrheit zu wissen etwas anderes sei als sich eine Meinung einreden zu lassen, war die *Unter*scheidung von Wahrheit und Macht für das europäische Denken gundlegend. An ihr hängen nicht nur Wissenschaft, Philosophie und Theologie im uns bekannten Sinn, sondern auch Moral, Politik und das Funktionieren demokratischer Gesellschaften. Auch wenn es in kaum einem Bereich völlig verläßliche Methoden zur Gewinnung von Wahrheitsgewißheit gibt, bedeutet das keineswegs, daß auf die kritische Frage nach der Wahrheit, nach dem, was unter allem Möglichen wirklich ist und in der Vielfalt des Gemeinten mit Recht Geltung beanspruchen kann, verzichtet werden könnte. Wo die damit anvisierten Unterscheidungen nicht mehr gemacht werden, wird verantwortliches Handeln und damit menschliches Leben unmöglich. Wo gehandelt wird, werden solche Unterscheidungen in Anspruch genommen, und in allen lebensrelevanten Bereichen wissen wir sie auch mehr oder weniger gut zu gebrauchen, was immer uns konstruktivistische Theoretiker einreden möchten. Versuchen wir aber nicht selbst nach bewährten Kriterien zwischen wahr und falsch, gültig und ungültig, möglich und wirklich zu unterscheiden, sondern überlassen das andern, wird Wahrheit mit der Meinung derer gleichgesetzt, die die Macht besitzen, oder – wie in unseren Gesellschaften – mit dem, was Mehrheiten glauben oder Medien glauben machen. Und wir sollten uns dann nicht wundern, daß in unseren Gesellschaften nicht mehr die Bemühung um Wahrheit und Wissen, sondern vor allem die Fähigkeit zählt, Sprache und Medien so zu benützen, daß Mehrheiten für die eigene Meinung oder die eigenen Interessen gewonnen werden. Wo die wirklichkeitserschließende Kraft der Sprache bestritten und ihr die Fähigkeit zur Referenz auf sprachunabhängige Wirklichkeit abgesprochen wird, steht zu befürchten, daß Wahrheit von Mehrheiten und Marktgesetzen abhängig gemacht wird. Selbst Religionen werden zunehmend nach diesem Muster betrachtet: als ein Markt der Möglichkeiten für Sinnangebote, aus denen wir nach unseren individuellen Wünschen und Bedürfnissen, aber nicht unter dem Gesichtspunkt von Wahrheit und Unwahrheit auswählen.

Die Theologie der vergangenen Jahrzehnte hat nicht unwesentlich zu diesen Entwicklungen beigetragen. Sie hat weithin das methodologische Dogma übernommen, daß nicht Gottes Wirklichkeit und wirksame Gegenwart, sondern allein die religiösen Phänomene menschlicher Existenz und Geschichte auf rational vertretbare und akademisch respektable Weise erforscht werden können, und sie hat – oft ohne dies zu merken – mit den Methoden der entsprechenden Wissenschaften auch deren Vorurteile übernommen. Was sich nicht auf empirischem und historischem Weg thematisieren lasse, sei Sache privater Überzeugungen, individueller Wünsche und Vorstellungen oder vielleicht noch sozialer Bedürfnisse, auf jeden Fall etwas, das allenfalls Gegenstand sozialwissenschaftlicher, nicht aber theologischer Untersuchungen sein könne.

Es ist höchste Zeit, daß sich die Theologie von diesem irreführenden methodologischen Dogma verabschiedet. Es gibt nichts, wovon sie reden oder was sie erforschen könnte, wenn es Gott nicht gibt. Es gibt keinen religiösen Sprachgebrauch oder irgendeine andere religiöse oder nichtreligiöse Aktivität, wenn Gott nicht gegenwärtig ist. Und es gibt keinen Glauben und kein ernsthaftes Gegenstandsfeld theologischer Reflexion, wenn Gottes Gegenwart nicht wahrgenommen werden kann. Es ist nicht die entscheidende Aufgabe der Theologie zu erklären, warum Menschen glauben, was sie glauben, und wie sie ihren Glauben erwerben oder erhalten (können), sondern was ihren Glauben wahr, gültig und vernünftig macht; und welche lebenspraktischen, psychologischen, sozialen Funktionen der Glaube an Gott auch immer erfüllen mag, er ist nur wahr und gültig, wenn es Gott gibt, und nur vernünftig, wenn es Gründe gibt, daß das, was von Gott geglaubt wird, wahr ist oder doch wahrscheinlicher als das Gegenteil. Es geht in der Theologie um Wahrheit, und zwar um eine Wahrheit, die sich nicht in dem erschöpft, was mit den Verfahrensweisen historischer und empirischer Wissenschaften zugänglich ist. Die Wahrheit des Glaubens ist nicht historisch oder empirisch begründbar, und Theologie ist keine historische oder anthropologische Sinnwissenschaft, sondern (im erläuterten Sinn) *kritische Gotteserkenntnis*.

Damit ist keineswegs bestritten, daß unser Wahrnehmen und Denken Gottes in vieler Hinsicht von früherem Wahrnehmen, Erfahren und Denken abhängt. Wir leben alle in einer Welt, in die wir hineingeboren wurden. Aber wir können nicht in ihr leben, ohne sie zu gestalten. Das gilt für unsere physische Umgebung ebenso wie für die sozialen und gesellschaftlichen Wirklichkeiten, in die wir hineinwachsen, und für die Sprachen, die wir lernen und deren Grammatik unser Sprechen und Denken dominiert. Wir leben in einer Welt, die wir nicht selbst geschaffen haben. Aber wir können nicht in ihr leben, ohne sie zu schaffen. Wir sind geschaffen, um uns und unsere Welt zu schaffen.

Es steht uns nicht frei, das zu tun. Wir können nicht entscheiden, nicht zu entscheiden. Wir können nicht wählen, nicht zu wählen. Wir können uns und unsere Welt nicht nicht schaffen. Was immer wir tun, wir hätten es auch anders tun können. Aber wir können nicht anders als zu entscheiden, zu wählen und zu handeln, und was wir entscheiden, wählen und tun geschieht stets unter Bedingungen, die nicht alle Möglichkeiten für uns auch eine reale Option sein lassen. Wir müssen uns im Blick auf das entscheiden, was für uns entschieden ist. Unser Leben und unser Denken steht unter einer doppelten Kontingenz, der wir uns nicht entziehen können.

Gerade die Kontingenzen unserer Existenz sind so die Notwendigkeiten, unter denen sich unser Leben vollzieht und die nicht zu unserer Disposition stehen. Vieles hätte anders sein können, aber da es nicht ist, haben wir realistisch mit seiner Wirklichkeit zu rechnen. Mit Gottes Wirklichkeit dagegen müssen wir rechnen, weil Gott nicht anders hätte sein können: Gott ist gerade deshalb Gott, weil er ist, wie er ist. Nimmt die Theologie das ernst, muß sie realistisch von Gottes Wirklichkeit reden. Das tut sie noch nicht, wenn sie die Kontingenzen unseres Lebens als Prämissen mißbraucht, um über das Postulat einer angeblich unvermeidlichen Kontingenzbewältigungspraxis auf die Notwendigkeit von Religion zu schließen. Solche Versuche, Religion funktional zu plausibilisieren und Gottesvorstellungen anthropologisch oder sozialpsychologisch zu instrumentalisieren, lassen die entscheidende kritische Frage offen, ob sich solche Gottesverehrung wirklich auf Gott richtet oder in den psychosozialen, zivilreligiösen und metapyhsischen Leistungen der entsprechenden Gottesvorstellungen und der mit ihnen verbundenen Kulte und Gemeinschaftsvollzüge erschöpft. Sie sind daher auch nicht gefeit gegen die mannigfachen Versuche, Gottesvorstellungen nach Maßgabe unserer jeweiligen Bedürfnisse, Wünsche, Erwartungen und Ansprüche zu gestalten, um sie leistungsfähiger für die Funktionen zu machen, die wir ihnen zumuten und die wir von ihnen erwarten. *Jedem seinen Gott, jeder ihre Göttin* und *für jede Lebenssituation die passende Gottheit* können keine Postulate einer Theologie sein, die ernsthaft realistisch sein will und als solche den Anspruch erhebt, ernst genommen zu werden. Denn entweder ist Gottes Wirklichkeit etwas, das sich nicht unserer (religösen oder theologischen) Thematisierung verdankt, sondern über deren Wahrheit und Falschheit, Sinn und Unsinn entscheidet, oder sie verdient nicht, so genannt zu werden, welche Funktionen die Bezugnahme auf Gott im Leben der Gläubigen auch spielen mag.

Realistisch ist Theologie also nicht schon dadurch, daß sie die religiöse Vielfalt ernst nimmt, die religiösen Ansichten auch anderer gelten läßt, die eigene Meinung nicht zum Maß aller Dinge erklärt und sich für das gleiche Recht aller religiösen Meinungen einsetzt. So gewiß Glaubensfreiheit das Recht und die Pflicht impliziert, gerade im Blick auf Gott dem eigenen Wahrheitsbewußtsein zu folgen, so wenig besagt sie, daß jeder Glaube gleich gültig, jede religiöse Meinung gleich richtig und kein (religiöses) Wahrheitsbewußtsein für andere kritisierbar wäre. Realistisch wird eine Theologie vielmehr erst dann, wenn sie sich um Kriterien bemüht, die über die Wahrheit, Gültigkeit und Vernünftigkeit eines Glaubens zu entscheiden erlauben *und* wenn sie diese Kritierien nicht schon hinreichend durch die Funktion dieses Glaubens im Leben der entsprechenden Glaubensgemeinschaft legitimiert sieht, sondern zuerst und vor allem in der dieser voraus- und zugrundeliegenden Wirklichkeit Gottes fundiert. Ihr Bemühen muß der kritischen, an der Differenz von *Gott* und *Gottesvorstellung* orientierten Erkenntnis Gottes und nicht nur der Erkenntnis der vielfältigen Gottesvorstellungen unterschiedlicher Gemeinschaften gelten. Nur dann wird sie das kritische Potential entwickeln können, sich auf Dauer der tristen Alternative zwischen orientierungsuntauglicher Urteilsenthaltung im Blick auf die Wahrheit oder Falschheit religiöser Glaubensansichten oder der fundamentalistischen Gleichsetzung der eigenen Meinung mit der Wahrheit zu entziehen. Denn sie weiß dann, daß es für alle (sie eingeschlossen) in jeder Situation darum geht, aus dem konfusen Mischzustand unklarer und undeutlicher Wahrnehmung von Gottes Gegenwart zu einer klareren, deutlicheren und vollständigeren Wahrnehmung der Gegenwart und Wirklichkeit Gottes fortzuschreiten. Nur eine Theologie, die realistisch darauf setzt, daß Gott stets real und wirksam gegenwärtig ist, kann mit gutem Grund überall nach Gottes Wirklichkeit suchen und bei allen nach der – wie gebrochen auch immer vorliegenden – Wahrnehmung seiner Gegenwart fragen. Denn sowenig wir entscheiden können, uns nicht zu entscheiden, so wenig können wir uns entscheiden, ohne das in der Gegenwart zu tun, oder uns in der Gegenwart entscheiden, ohne das in der Gegenwart Gottes zu tun. Wir müssen das nicht wissen oder wahrnehmen, damit es wahr ist, weil es nicht wahr wäre, wenn es nicht ganz unabhängig von dem gälte, was wir tun oder lassen, wissen oder nicht wissen. Das besagt aber gerade nicht, daß wir uns nicht um die Wahrnehmung (im Doppelsinn des Wortes) von Gottes Gegenwart bemühen sollten. Es ist eine triviale Wahrheit, daß wir nicht leben und handeln können, ohne in der Gegenwart zu leben und zu handeln; und es ist gleichfalls wahr, wenn auch nicht trivial, daß wir nicht in der Gegenwart leben und handeln können, ohne in der Gegenwart Gottes zu leben und zu handeln. Beides muß uns nicht bewußt sein, um leben und handeln zu können. Aber uns dessen bewußt zu werden hilft, unser Leben und Handeln realistisch zu orientieren. So klärt uns das erste darüber auf, daß wir in der Gegenwart und nicht in der Vergangenheit oder der Zukunft leben und handeln, daß wir also unsere Energie, unsere Zeit und unser Geld nicht darauf verwenden sollten, heute die Napoleonischen Kriege zu gewinnen oder hier und jetzt das tun zu wollen, was erst morgen getan werden kann. Und entsprechend klärt uns das zweite darüber auf, daß wir von dem Versuch ablassen sollten, vollständige Kontrolle über unser Leben und die Bedingungen unseres Lebens anzustreben: Wir können uns unsere Eltern nicht auswählen, wir können die unbeabsichtigten Konsequenzen unserer guten Handlungen nicht kontrollieren (um von den schlechten ganz zu schweigen), und wir können nicht an der Wirklichkeit vorbei (wenn es denn eine ist), daß wir alle in der Gegenwart Gottes leben.

IV.

Das und nichts anderes hat die Theologie auszuloten, zu entfalten und zu vertiefen. Sie hat im Wirrwar der Gegenwart die Kirche zu ihrer Sache zu rufen, indem sie beharrlich an das Evangelium der wirkkräftigen Gegenwart von Gottes Liebe erinnert. Gott ist allem gegenwärtig, was sich selbst, anderem oder anderen gegenwärtig ist. Gott ist jeder Gegenwart und der Gegenwart eines jeden Wesens so gegenwärtig, wie es für dieses im Verhältnis zu

Gott und seinen Mitgeschöpfen am besten ist. Denn Gott ist jeder Gegenwart nicht vage und unbestimmt, sondern so gegenwärtig, wie er sich in Kreuz und Auferweckung Jesu Christi definiert und erwiesen hat: als Leben wirkende, Gerechtigkeit schaffende, befreiende, alles neu machende, unerschöpfliche schöpferische Liebe. Als wirksame Vergegenwärtigung schöpferischer Liebe ist Gottes Gegenwart stets wirkkräftige Gegenwart, die nichts so läßt, wie sie es vorfindet. Gottes Liebe ist gegenwärtig wirksam, weil sie hier und jetzt das Beste für die will, auf die sie sich richtet. Das Beste aber ist für die Adressaten der göttlichen Liebe jeweils das, was das Potential ihrer Existenzmöglichkeiten im Verhältnis zu Gott auf die vollkommenste Weise realisiert, und was das im konkreten Fall ist, hängt von dem faktischen Zustand ab, in dem sich die Adressaten der Liebe Gottes je und je befinden.

Die konkrete Wirkweise von Gottes Liebe ist damit stets durch zwei Bedingungen bestimmt: den unveränderlichen Liebeswillen Gottes, seinen Geschöpfen die uneingeschränkte Realisierung ihrer Anlagen und Fähigkeiten in der Wahrnehmung der Gegenwart seiner Liebe bei ihnen zu ermöglichen *und* den jeweiligen Zustand, in dem Gottes Liebe ihre Adressaten je und je antrifft und den sie im Blick auf das anvisierte Ziel in einen angemesseneren Zustand weiterzuführen sucht. Weil ihre Adressaten aber unendlich vielfältig und deren Zustände höchst verschieden sind, ist Gottes Liebe nicht immer gleich, sondern in einer unendlichen Vielfalt verschiedener Weisen wirksam. Zwar ist es stets Gottes Liebe, die jede Gegenwart als letztgültige Wirklichkeit bestimmt, aber diese Liebe wirkt in jeder Gegenwart auf neue und unableitbare Weise, weil sie in höchster Sensibilität auf den Zustand ihrer Adressaten eingeht und das für sie je und je Beste sucht. Stets orientiert sich die Wirkgestalt der Liebe Gottes an ihren Adressaten, deren Andersheit sie respektiert, deren Möglichkeiten sie aufgreift und an deren jeweilige Fähigkeiten sie anknüpft. So wirkt Gottes Liebe in der nichtmenschlichen Schöpfung anders als dort, wo sie mit geschöpflicher Freiheit kooperiert. Weil Gott mit unserer Freiheit rechnet und nicht unter deren Ausschaltung, sondern Respektierung das für uns Beste zu erreichen sucht, bringt er sich nicht autoritär zur Geltung, sondern so, daß er uns als Schöpfer, Erlöser und Vollender ermöglicht, seiner Liebe in freier Anerkennung zu entsprechen. Trinitätslehre, Christologie und Pneumatologie sind die Lehrzusammenhänge, in denen die christliche *Theologie* das durchdenkt und ausarbeitet. Sie sind aber nicht der Gegenstand christlicher Verkündigung, sondern der theologische Versuch, diesen Gegenstand klar zu bestimmen und gegen Mißverständnisse zu schützen. Gegenstand christlicher *Verkündigung* ist allein die gegenwärtige Wirksamkeit der göttlichen Liebe, die sich in Jesus Christus erschlossen hat. Christen haben diese Liebe nicht etwa zur Wirkung, also Gott zu den Menschen zu bringen (wie könnten sie auch!), sondern sie haben diese darauf hinzuweisen und darauf aufmerksam zu machen, daß und wie Gottes Liebe in ihrem Leben und ihrer Gegenwart jeweils schon wirksam ist. Der christlichen Kirche kann es daher im Kern um nichts anderes gehen als darum, die Menschen ihrer Zeit für die verborgenen Wirkweisen der göttlichen Liebe zu sensibilisieren und zur Wahrnehmung der Gegenwart Gottes anzuleiten. Darauf hat die Theologie die Kirche immer wieder festzulegen, wenn sie sich in Allotria zu verlieren droht. Und deshalb hat Theologie nur eine Zukunft, von der sich zu reden lohnt, wenn sie ihr zentrales Thema, die *Gegenwart der Liebe Gottes*, nicht aus den Augen verliert.

Es ist höchste Zeit, daß sich die Theologie dafür wieder die notwendige Zeit nimmt. Sie ist nicht deshalb wichtig, weil sie zu allen möglichen Themen im Aufgreifen aller möglichen gerade aktuellen Methoden etwas zu sagen weiß, sondern weil sie ein eigenes Thema hat. Nur dieses Themas wegen verdienen ihre Beiträge zu den Themen anderer Disziplinen Gehör und Aufmerksamkeit. Sie darf sich nicht damit begnügen, sich von anderen Lebenszusammenhängen oder Wissenschaften die Probleme vorgeben zu lassen, mit denen sie sich beschäftigt. Und sie gewinnt nicht dadurch an Bedeutung, daß sie zu jedem nichttheologischen Problem auch noch einen theologischen Kommentar beisteuert, ob dies zur Lösung der anstehenden Probleme nun etwas beiträgt oder nicht. Verzichtet die Theologie auf den Anspruch, daß der Glaube Wirklichkeit wahrnimmt und in unverwechselbarer Weise Wirklichkeit erschließt, macht sie sich überflüssig. Nimmt sie es hin, sich auf eine Sinn- und Deutedisziplin zweiter Ordnung reduzieren zu lassen, die einer sekundären religiösen Deutung unterzieht, was sozialwissenschaftliche Analysen als komplexe Wirklichkeit unseres Lebens erschlossen haben, kann auf die Theologie als wissenschaftliche Disziplin verzichtet werden. Eine solche Theologie braucht keine Zukunft, weil sie nichts von wirklicher Bedeutung zu sagen hat.

Viele haben nicht ganz zu Unrecht den Eindruck, daß genau das der Fall sei: Theologie hat eine Vergangenheit, in der sie wichtig war, aber sie hat und braucht keine Zukunft, weil ihre Themen und Probleme heute in anderen Disziplinen besser aufgehoben sind. Ihre Zeit ist abgelaufen. Sie gehört zu einer in die Vergangenheit versinkenden Kulturepoche und hat ihre Schuldigkeit getan. Was von der Theologie an Erkenntnissen zu lernen war, haben längst andere Disziplinen in ihre Kompetenz übernommen. Künftig kann auf die Theologie verzichtet werden, weil sie heute keinen originären Beitrag zur Erfassung von Wirklichkeit mehr leistet, sondern sich gänzlich auf das beschränkt, was sie tendenziell schon immer war: Gruppenideologie.

Wer so argumentiert, der unterstellt, daß die Theologie zur wissenschaftlichen Erfassung dessen, was empirisch und historisch der Fall ist, nichts beizutragen hat, was in anderen Disziplinen nicht auch und besser erfaßt würde oder erfaßt werden könnte. Das ist richtig. Aber von der Theologie so etwas zu erwarten, war immer schon falsch. Es ist an der Zeit, daß die Theologie solchen falschen Erwartungen und den damit unvermeidlichen Enttäuschungen entgegenwirkt und klarstellt, daß sie keine empirische oder historische Wissenschaft, aber auch nicht nur eine sekundäre Organisationsform gesellschaftlicher Sinnprobleme und Sinnansprüche ist, sondern daß sie sich mit einer einzigartigen Realität befaßt: der Gegenwart Gottes. *Unsere Wirklichkeit ist mehr als das, was der Fall ist, weil Gott ihr gegenwärtig ist.* Das gegenüber den Wissenschaften, der Gesellschaft und der Kirche klar zu machen, ist die permanente Aufgabe der Theologie. Sie hat es mit etwas Einzigartigem zu tun: der wirksamen Gegenwart der Liebe Gottes. Diese Singularität kann sie nicht auf den wissenschaftlichen Wegen der Vereinfachung, Abstraktion und Generalisierung erfassen. Sie muß methodisch ihre eigenen Wege gehen, um Gottes Wirklichkeit zu thematisieren.[3] Solange sie sich daher ihre Probleme und Methoden von anderen Disziplinen vorgeben läßt, verfehlt sie ihr Thema. Sie irrt sich gleichermaßen über sich selbst und über die Wissenschaften, wenn sie sich durch Nachahmung wissenschaftlicher Methoden und Adaption empirischer Theorien als Wissenschaft unter Wissenschaften geriert, anstatt das zu tun, was ihre distinkte Aufgabe ist: Gottes Gegenwart bei seiner Schöpfung und so die Welt in ihrer ganzen Vielfalt als Schöpfung des dreieinigen Gottes zu thematisieren. Es ist höchste Zeit, daß die Theologie sich dafür die notwendige Zeit nimmt. Denn je mehr sie sich unmißverständlich auf *Gott* konzentriert, desto mehr wird sie zu sagen haben und desto weniger braucht sie sich um ihre Zukunft zu sorgen.

3. Vgl. *Ingolf U. Dalferth*, Der Eine und das Viele, in: Pluralismus und Identität. Veröffentlichungen der wissenschaftlichen Gesellschaft für Theologie, Bd. 8, hg. J. Mehlhausen, Gütersloh 1995.

Catherine Keller

Pneumatische Anstöße
Die Theologie Jürgen Moltmanns, der Feminismus und die Zukunft

I.

Wer eine Vision von Zukunft sucht, muß sich in die schattigen Schlupfwinkel der Gegenwart wagen. Dort, im Übergang zwischen Hell und Dunkel, ringt das Gewesene unaufhörlich, leidenschaftlich mit dem Möglichen, Jakob im Kampf mit dem Engel. Das Ausgeglühte, Ausgestandene hascht nach einer Zukunftshoffnung, einer Verheißung, nach der Erfüllung nicht irgendeines vagen *futurum*, sondern eines höchst konkreten *adventus*. Während sich die Dämmerung über das Ende unseres Jahrtausends senkt, suchen wir am Horizont nach den ersten Leuchtspuren eines künftigen, wahrhaft menschlichen Zusammenlebens. Wir bezweifeln seine Wahrscheinlichkeit. Und doch verteidigen wir blind, wie überbehütende Eltern, seine Möglichkeit – gegen alle Vorhersagen, gegen die Trends, gegen unsere eigenen Ängste. Dieses Ringen um eine Zukunft, die die Gegenwart heil macht, ist natürlich ein ureigenes Thema christlicher Eschatologie, wie sie Jürgen Moltmann in seinen Anfängen neu definiert hat. Doch inzwischen stehen wir alle am Ende dieses Jahrhunderts mit seinen gescheiterten Sehnsüchten und obszönen Befriedigungen. Wir können nicht mehr einfach nur die Zukunft programmieren und der Hoffnung befehlen. *Diese* Form von Eschatologie scheint mittlerweile allerorten, oder doch zumindest unter jenen Christen, denen die Schöpfung und ihre Geschöpfe wirklich am Herzen liegen, in Skepsis zu ersticken.

Im Angesicht des Burnouts der Utopie tun wir gut daran, nicht mehr die Hoffnung selbst oder ihre letzten Ziele in den Mittelpunkt unserer Bestrebungen zu stellen, sondern uns statt dessen um die *Quellen* für ein hoffnungsvolles Leben in der Gegenwart zu bemühen. Dieser Modus von Glauben als jener Wesenheit, die den Unkenrufen zum Trotz im Kampf ausharrt, bildet den Nährboden für eine Vielfalt theologischer Ressourcen und Ansätze, deren Kenntnisnahme und Diskussion inzwischen selbst zu einer wichtigen Quelle geworden ist. Ihre Unterschiede spiegeln verschiedene Facetten der Lehre vom Kampf mit dem Engel. Schon auf den ersten Blick offenbaren sich die Kraftquellen, um die es mir hier geht, von ihrem Wesen her als intersubjektiv, ja in gewissem Sinne trinitarisch. Statt uns eine starre Vision »der Zukunft« zu liefern, ringen sie um Erkenntnis, geben Anstöße, mühen sich um Heilwerdung.

Mein eigener, ganz und gar feministisch geprägter Zugang wird sich hier im Keim als Weisheits-Pneumatologie mehr oder weniger im Sinne Moltmanns artikulieren. Mehr, insofern Moltmann ansatzartig die Neo-Orthodoxie mit dem, was ich als feministische Theologie skizziere, in Entsprechung zu bringen versucht hat. Weniger, insofern diese Umwandlung bei ihm gestenhaft und zögerlich bleibt, immer in Gefahr, von seiner fast ausschließlich männlichen Rhetorik überdeckt und sowohl von den FeministInnen als auch von den Anti-FeministInnen unter seinen LeserInnen ignoriert zu werden.

Zunächst jedoch möchte ich einen Schritt zurück tun, *reculer pour mieux sauter*, einen Schritt in die Reflexion über meine eigene theologische Gegenwart, in der Moltmanns Einfluß in Facetten sowohl des Vergangenen als auch des Zukünftigen aufblitzt.

II.

Es gibt Erinnerungen, die uns nicht loslassen. Sie ragen aus dem Fluß des Gewesenen hervor wie Virginia Woolfs »moments of beings«. Sie tragen eine Möglichkeit in sich, die wir zum damaligen Zeitpunkt noch gar nicht bewußt ausschöpfen konnten. So jedenfalls erging es mir bei meiner ersten Begegnung mit Jürgen Moltmann, die mittlerweile zwei Jahrzehnte zurückliegt. Schon damals einer der Großen in der Theologie, erregte Moltmann großes Aufsehen an unserem Seminar. Seine Gastvorlesung, die parallel zu der großartigen Vorlesungsreihe von Elisabeth Moltmann-Wendel stattfand, geriet zum Lokalereignis. Ich selbst stand der Sache jedoch recht zwiespältig gegenüber. Für mich verkörperte Moltmann damals die mit politischer Progressivität gepaarte theologische Orthodoxie, die das Ethos unseres Seminars bestimmte, meine eigenen theopoetischen Neigungen jedoch enttäuschte und abstieß. Seine *Theologie der Hoffnung*, die ich schon damals schätzte, rettete die Zukunft aus einer statischen, liberalen Gegenwart, holte die Eschatologie aus dem Mief des Jenseits ins historische Diesseits zurück. Sie tat dies jedoch, indem sie die Hoffnung als das Wesen christlichen Glaubens gegen die Erfahrung ausspielte, die Zukunft gegen die Gegenwart. Diese polemische Tendenz, wie sie in einer nahezu durchgehend männlich dominierten Institution, die sich um genau diese Pole gruppiert, dogmatisch entfaltet wird, ging mir gegen den Strich. Das Patriarchat, wie ich es allmählich zu begreifen begann, besaß kein wirksameres Mittel als die Ent-Legitimisierung der Erfahrung (der Frauen). Mein noch im Wachsen befindlicher Feminismus, des bloßen Strebens nach Inklusivität im Stil einer Sonntagsschule überdrüssig, hatte in ganz unterschiedlichen philosophischen, psychologischen, mystischen und pluralistischen Ansätzen Nahrung gefunden. Sicherlich wurden meine synkretistischen Bestrebungen von übersteigerten und unreifen Ambitionen bestimmt, doch sie gehörten authentisch zu mir, sie waren lebendig, sie gaben mir Raum zum Atmen in der erstickenden Maskulinität von Vater, Sohn & Co. Und sie öffneten mir die Augen für die patriarchale Unterdrückung, in der ich lebte.

Und da kam nun Jürgen Moltmann und hielt in seiner lebhaften, wachen Art Vorlesungen in der Kapelle. Trotz aller Vorbehalte konnte ich die unterdrückerischen Antinomien, gegen die ich mich gewappnet hatte, in seinem Vortrag nicht ausmachen: *kein* Verbot der Erfahrung, der Innerlichkeit, der Spiritualität. Moltmann sprach nicht in sich gegenseitig ausschließenden Polaritäten, sondern in faszinierenden Ganzheiten. Deshalb ging ich beim anschließenden Empfang zu ihm und sprach ihn auf die Polarisierung an, in der sein Werk, so wie ich es vermittelt bekommen hatte, gefangen war. Mit der für ihn so typischen herzerfrischenden Offenheit erklärte er: »Aber nicht doch, Messianismus und Mystizismus sind Zwillinge.«

Getragen von einer Entwicklung, die auf eine Rundum-Reformation des Christentums abzielt, konnte ich meinen Weg stets in Eingebundenheit und Engagement gehen, oder, um B. Hooks berühmtes Bild zu gebrauchen, mich zwischen Mitte und Rand bzw., im theologischen Sprachgebrauch, zwischen *ekklesia* und *eschaton* frei bewegen. Durch Menschen wie Ruether zu einer feministischen Hochschätzung des messianisch-prophetischen Erbes hingeführt, konnte mich der Göttinnen-Traum reiner Immanenz nicht mehr locken. Das Postulat eines weiblichen, empathischen Kontinuums erschien mir zudem verzerrt nicht nur durch Romantizismen, sondern auch durch eine simplizistische Polemik gegen »das Christentum«. Durch die Begegnung mit Cobb und Whitehead in einen irreversiblen Rhythmus von Innen und Außen, Immanenz und Transzendenz, Natur und Geschichte versetzt, verführten mich meine mystisch-philosophischen Aspirationen nicht mehr wie früher dazu, die Forderung nach Öffnung für die Außenwelt zu ignorieren. Ich wollte den feministischen Mystizismus, der den Leib der Welt und die Welt des Leibes umschließt, nicht jene apolitische Frömmigkeit, die die Finalität des Daseins und das Fleisch flieht. Ich wollte Spiritualität, nicht als Mystizismus an sich, sondern im Sinne von Verwandlung und Erneuerung der Subjektivität in ihrer Bezogenheit auf ihren Ursprung.

Der Feminismus, speziell in seiner theologischen Ausprägung, verlangt einen konstruktiven wechselseitigen Austausch zwischen einer Prophetie pluralistischer sozialer Gerechtigkeit und einer öko-kosmologischen Rekonstruktion von Subjektivität. Mit anderen Worten, ein gewisser jüdisch-christlicher Messianismus und ein gewisser ökumenischer Mystizismus oder vielleicht besser eine ökumenische Spiritualität kooperieren in der konstruktiven feministischen Theologie, deren Wurzeln in der Schwelle zum nächsten Jahrtausend verankert sind. Erfreulicherweise ist aus Moltmanns eigener Weiterentwicklung in diesen Jahrzehnten der Produktivität Trost und Unterstützung für die Arbeit der FeministInnen in der Kirche erwachsen.

Moltmann befaßt sich unter der Überschrift »Pneumatologie« mit eben jenem Erfahrungs- und Bedeutungsbereich, um den es mir geht. Natürlich bleibt es fraglich, wieweit es überhaupt zu so etwas wie einer Begegnung oder gar Zusammenarbeit kommen kann. Es liegt mir denn auch fern, einen sich abzeichnenden Konsens unter den FeministInnen innerhalb der Theologie oder über die Theologie hinaus andeuten zu wollen, und erst recht einen Konsens zwischen Moltmann und der feministischen Theologie. Ja, hier überhaupt das Wort »Konsens« zu gebrauchen, wäre völlig illegitim, zumal es der zersplitternde, ständig neue Probleme schaffende Einfluß der Postmoderne zu einem noch viel entmutigenderen Unterfangen macht, »das Wesen« oder »den Inhalt« oder einen bestimmten »Geist« oder gar »*den* Geist« der feministischen Wissenschaft zu beschwören.

Das völlige Fehlen einer weitergehenden Beschäftigung mit der feministischen Theorie in Moltmanns sonst so vielseitigem Werk stellt dabei ein zusätzliches Hindernis dar. Etwaige Anspielungen, die zu finden sind, erscheinen verhüllt, defensiv oder höflich umschrieben. Ich bin mir deshalb bewußt, daß ich, wenn ich Überschneidungen zwischen der feministischen Theologie und Moltmanns messianischer Pneumatologie aufzeige, Moltmann selbst vielleicht gar kein so großes Kompliment mache, wie es das in meinen Augen ist. Soweit diese Bemühung überhaupt etwas einzutragen vermag, arbeitet sie auf jene Theologie der Zukunft hin, die meiner Ansicht nach einer frommen, nicht fundamentalistischen Zukunft des Christentums förderlich ist.

III.

Moltmann zieht wie ein gigantischer Magnet eine fast unübersehbare Mannigfaltigkeit traditioneller theologischer Richtungen (Neoorthodoxie, Postliberalismus, narrative und gemäßigt-evangelikale Theologie) an. Bestimmte, nicht mehr zu übersehende Entwicklungen, mögen sie auch noch so unaufdringlich vorgetragen werden, verdienen jedoch besondere Aufmerksamkeit von seiten des Feminismus. Es geht dabei nicht um eine bestimmte Form der Rhetorik, sondern um die dynamischen Kräfte, mit deren Hilfe die Energien christlicher Vergangenheit eine konstruktive Verwandlung erfahren, statt einfach in einer Gegenreaktion zu stagnieren. So ist es zum Beispiel nicht ohne Dramatik, wie Moltmann die Formel »immanente Transzendenz« zum Dreh- und Angelpunkt seiner Pneumatologie macht.[1]

Die »immanente Transzendenz« erwächst mitten aus seiner radikalen Rettung des Konzepts der »Erfahrung« – als Grundlage jeder Lehre vom Heiligen Geist, radikal auf dem Hintergrund einer deutschen Tradition protestantischer und kantianischer Orthodoxie, für die *Erfahrung* eine für die Theologie inakzeptable Quelle ist. In Kritik am Subjektivismus der Aufklärung, der Erfahrung zum Gegenstand rein individueller und anthropozentrischer Selbsterfahrung macht, und, wie ich meine, im Rückgriff auf seinen eigenen früheren Anthropozentrismus im Blick auf die »Geschichte«, verleiht er dem Begriff eine völlig neue und überraschende Weite, die bis in kosmische Relationen reicht. Diese anthropologische Weiterentwicklung war bereits im Eintreten für den »größeren Christus« in seinem Buch *Der Weg Jesu Christi* angelegt.[2] Ausgehend von der pneumatologisch begründeten Behauptung, daß wir »Transzendenz in jeder Erfahrung, nicht nur in der Selbsterfahrung, entdecken können«, proklamiert er die »Transzendenz, die den Dingen immanent ist und die auf induktivem Wege entdeckt werden kann«.

Wir werden eingeladen, »*Gott in allen Dingen zu erfahren*« und »*alle Dinge in Gott zu erfahren*«: das »Unendliche im Endlichen« wahrzunehmen und umgekehrt das Partikuläre in der Welt im Lichte des »umfassenden Horizont(s) (die Hervorhebungen stammen vom Autor)« lieben zu lernen.[3] Das ist nichts anderes als »Panentheismus«, wie Hartshorne definierte, um die Whiteheadsche Theologie sowohl vom klassischen Theismus reiner Transzendenz als auch vom Pantheismus reiner Immanenz zu unterscheiden. Dennoch hat Moltmann sich, wenngleich er wenigstens *en passant* die Affinität zu Whitehead zugibt, nach typisch barthianischer Manier weitgehend gegen solche ontologischen Einflüsse abgegrenzt.[4] Überdies gelangt er zu dieser rhythmischen Pneumatologie sehr stark aus seinem eigenen evangelikalen Prozeß heraus. Mit anderen Worten, das Konzept der immanenten Transzendenz vollzieht hier eine Art methodologischer Spielart seiner selbst – einen Akt der Transzendenz aus seiner eigenen Theorie heraus.

---

1. *Jürgen Moltmann*, Der Geist des Lebens. Eine ganzheitliche Pneumatologie, München 1991.
2. *Jürgen Moltmann*, Der Weg Jesu Christi: Christologie in messianischen Dimensionen. München 1989.
3. *Jürgen Moltmann*, Der Geist des Lebens: eine ganzheitliche Pneumatologie. München 1991, 49.
4. A.a.O., 47.

Dieser pneumatologische Empirismus stellt schon an sich einen theologischen Durchbruch dar. Seine Entsprechung mit dem, was so viele an der Prozeßtheologie und der populäreren Schöpfungstheologie fasziniert hat, macht ein heilsames Miteinander der verschiedenen progressiven theologischen Richtungen möglich. Noch wichtiger aber ist, daß er die göttliche Immanenz aus der Flugbahn der Tradition heraus offenbart, die die Transzendenz Gottes und der Zukunft auf Kosten einer jeden existentiell glaubwürdigen (nicht bloß glaubhaften!) Lehre von der Inkarnation oder dem Geist in unangebrachter Weise überbetont hat.

Sowohl Christologie als auch Pneumatologie haben in der etablierten Theologie seit Nicäa und Chalcedon als Ausnahmezustände der Immanenz fungiert, die die Regel der Transzendenz und ihre Herrschaft – »die Herrschaft des Vaters« – bestätigen. Damit hat die Christologie bis ins letzte Jahrhundert sowohl ihre historischen als auch ihre schöpfungstheologischen Dimensionen verloren. Ganz gleich, welche Blüten die Christolatrie im liturgischen Vollzug und im theologischen Schrifttum trieb, »Christus der Herr« verdunkelte den historischen Jesus und den kosmischen Christus. Ein wunderbarer Zaubertrick, der den patriarchalen Kräften des christlichen Großreiches und ihren zeitgenössischen Erben, die die Natur zerstören, äußerst gelegen kam. Damit war die Pneumatologie zu einem schattenhaften Nebengedanken geworden, durch die *filioque*-Formel, wie Moltmann pointiert deutlich macht, auf den Status einer bloßen Funktion der Vater/Sohn-Relation herabgewürdigt. Mit anderen Worten, ganz gleich, wieviel frommes Beharren auf den drei göttlichen Personen es auch gab, der Unterbau von zwei Dritteln der Trinität war zerstört.

Moltmanns »*ganzheitliche Lehre von Gott dem Heiligen Geist*« als »Gott *in, mit und unter* jeder alltäglichen Welterfahrung«, das heißt, als Ganzheit der Seele mit ihrem Leib und des Menschen mit dem Kosmos, schlichtet den Geschwisterzwist der beiden Zwillinge Messianismus und Mystizismus. Denn während der Messianismus sich auf die transzendente Dimension des göttlichen Werkes konzentriert, im Sinne der Schaffung einer übergeschichtlichen Zukunft, die den *status quo* richtet und übersteigt, verweilt der Mystizismus bei der Ganzheit, in, durch und auf die hin die Transzendenz immer schon immanent ist. Doch, so argumentiert Moltmann christologisch, nur im Leib begegnen sich ökologische Verantwortung und individueller Glaube. In dem Bekenntnis, das er mit und gegen Augustinus ablegt, wird diese »Ganzheit« für den Leser erfahrbar. Augustinus richtete an seinen Gott die Frage: »Was liebe ich, wenn ich dich liebe?« Und er beantwortete sie mit einer Negierung der Schönheiten der Welt. Moltmanns Antwort lautet: »Wenn ich Gott liebe, liebe ich die Schönheit der Körper, den Rhythmus der Bewegungen, das Leuchten der Augen, die Umarmung, die Gefühle, den Duft, die Laute dieser ganzen proteischen Schöpfung.«[5]

Das Mitschwingen mit dem Göttlichen in der Welt und mit der Welt im Göttlichen führt nicht zur Flucht aus der Welt oder zum Rückzug auf das Selbst: eine solche Spiritualität erhöht vielmehr die Sensibilität für die Schönheit und damit die Verantwortlichkeit für das Leiden und die Sehnsucht aller anderen endlichen Geschöpfe, Menschen, Tiere, Pflanzen und die unbelebte Natur. Gleichzeitig belebt sie die ermattenden Geister der Frommen, die immer in Gefahr sind, angesichts gegenläufiger Trends »auszubrennen«, und ermutigt sie, sich schon jetzt am Leben zu freuen und darin die Bruchstücke einer ersehnten Zukunft wiederzuerkennen. Daher die durchschlagende Wirkung von Moltmanns Gleichsetzung von »Spiritualität« mit »Vitalität«. In seinem leidenschaftlichen Versuch, sein Konstrukt vom Geist Gottes als »Lebenskraft der Geschöpfe« vom Nietzscheschen »Willen zur Macht« zu unterscheiden, der sich in Deutschland so absolut tödlich auswirkte, ist er ein großes Risiko eingegangen. Er hat die Spiritualität aus ihrem Dornröschenschlaf der Leib- und Lebensfeindlichkeit geweckt. Doch indem er »Vitalität« als »*Liebe zum Leben*« (Hervorhebung durch den Autor)[6] definiert, verknüpft er sie mit den Zielen der christlichen Ethik. »Mit den Zielen«, das heißt, mit dem, was die feministische Theologie »Wechselseitigkeit« oder »intakte Beziehung« nennt.

In Verbindung mit einem revolutionären Messianismus wird das Gefühl für Immanenz im Mystizismus zur Kraft für die Transzendierung der Geschichte. Um dem pneumatologischen Projekt und Moltmanns trinitarischem Beziehungsmodell treuzubleiben, sollten wir diesen Mystizimus vielleicht als eine Spiritualität der Beziehungen verstehen. »Spiritualität der Beziehungen« – ein Begriff, den ich einer kirchlichen Aktivistin aus El Salvador verdanke, die während des Krieges und nach dem enttäuschenden Versikkern ihrer Ideale mit Jugendlichen arbeitete –, weckt sogleich den Gedanken an das Ich, das sich in Beziehungen hineinbegibt, und an Beziehungen, die durch den Geist leben – und umgekehrt. Nur als pneumatologische Beziehungen haben Beziehungen die Tendenz, die strukturellen Deformationen, durch die die Geschichte das Versprechen von »Gerechtigkeit und Gnade« gebrochen hat, zu heilen.[7]

---

5. A.a.O., 98 (die Seitenangabe bezieht sich auf den englischen Text; d.Ü.).
6. A.a.O., 98.
7. *Michael Welker*, Gottes Geist: Theologie des Heiligen Geistes, Neukirchen 1993².

IV.

Es muß, wie ich hoffe, nicht eigens betont werden, daß diese Theologie der Beziehung, ganz besonders in Verbindung mit ihrer panentheistischen Tiefendimension, großen Anklang bei der feministischen Theologie findet. Rosemary Ruether, Elizabeth Johnson, Sallie McFague, Carter Heyward, Rita Nakashima Brock, kurz, die kritische Mehrheit jener christlichen FeministInnen, die bereit sind, sich auf die Konstruktion von Metaphern für das Göttliche einzulassen, stützen sich dabei auf ihre Analyse der Beziehungen als mitkonstituierendes Element der Subjektivität: Im guten wie im bösen werde ich ein Teil von dir, wie du ein Teil von mir wirst. Diese Analyse gewann ihren speziell feministischen Anstrich durch die Untersuchungen der revisionistischen Psychologie (Chodorow usw.) über die Herausbildung des Geschlechts (formation of gender) durch die frühesten, prägendsten Beziehungen in unserer Gesellschaftsordnung: *perichoresis* beginnt zu Hause. Die psychische Sozialisation in der modernen, patriarchalen westlichen Familie brachte Männer hervor, die durch den Ödipuskomplex schmerzhaft von der Mutter und damit von der Matrix der Beziehungen abgetrennt sind, und Frauen, die stark in der Empathie, aber schwach im eigenständigen Handeln sind und eher dazu neigen, mit dem anderen zu verschmelzen, als eine Beziehung mit ihm einzugehen. Simone de Beauvoir hatte die traditionelle Weiblichkeit deshalb ohne alle theologische Intention als »bloße Immanenz« verurteilt (dabei aber leider die männlich identifizierte Transzendenz unkritisch verherrlicht). Das feministische Beziehungsideal hat beide Deformierungen zu vermeiden gesucht; es zielt darauf ab, die Stärken, die innerhalb unseres empathischen Verbundenseins latent vorhanden sind, in das öffentliche Ausleben intersubjektiver Vitalität bei Frauen und Männern einzubinden. Moltmann versucht denn auch in der Tat, wenn auch zögernd – als ob ihm allzu enge Beziehungen Angst machten – diesen Netzwerk-Gedanken des Feminismus ernstzunehmen.

Eine neuere, dekonstruktivistische feministische Strömung stellt den relationalen wie den erfahrungsbezogenen Ansatz in Frage. Die von ihr ausgehende Kritik im Blick auf die Gefahr der »Verschmelzung« und Homogenisierung war richtig und hilfreich. Dennoch wird die konstruktivistische Arbeit in der feministischen Theologie, wie ich vermute, den radikalen Relationalismus – die lebendige Interdependenz von Beziehungen als Matrix unserer Erfahrungen und Ausgangspunkt theoretischen Arbeitens – wohl eher revidieren, als ihn ganz zu verwerfen.[8] Der anti-relationalistische Geist im

---

8. S. *Seyla Benhabib,* Situating the Self Gender, Communitiy and Postmodernism in Contemporary Ethics, New York 1992. *Iris Marion Young,* Justice and the Politics of Difference. Princeton 1990.

Feminismus, wie postmodern er von der Intention her auch sei, bedeutet leider eine Rückkehr zu dem überlebten Gedanken der Moderne von der Transzendierung des Objekts durch das isolierte Subjekt. Diese Subjektivität spiegelt getreulich, wenn auch unabsichtlich, die *imago dei* des klassischen Theismus. Der Gedanke, daß wir selbst und alle anderen Selbste, einschließlich der Selbste nicht-menschlicher Geschöpfe, die unsere Welt mitkonstituieren, eingetaucht sind in und hervorgehen aus einem unaufhörlichen Strom wechselseitig aufeinander bezogener Kräfte, stellt eine Bedrohung für die von der Aufklärung definierte humanistische Autonomie und die Theologie, die sie vorweggenommen hat, dar. Poststrukturalisten mögen hier einwenden, der Relationalismus laufe Gefahr, den »Unterschied« zu ignorieren. Ich würde dem entgegenhalten, daß allenfalls der »Unterschied« bedroht ist, der auf Autonomie aufgebaut ist. Es sind wohl eher die KritikerInnen als die VerfechterInnen des Relationalismus nicht in der Lage, zwischen Beziehung und »Verschmelzung« zu unterscheiden. Diese Unfähigkeit entspricht genau der Unfähigkeit des klassischen Theismus, zwischen Panentheismus und Pantheismus zu unterscheiden.

Doch inwiefern haben wir uns die Deformationen und Reformationen der Beziehungen im Blick auf den Geist als von der Geschlechtervorstellung geprägt, als *gendered*, vorzustellen? Das verstärkte Interesse an dem vom Geschlechtsbegriff geprägten Bilderinventar für Gott rührt nicht daher, daß irgendein denkender Mensch heute noch glaubt, Gott sei männlich oder weiblich, sondern daher, daß das Christentum – wie das Judentum – Gott als Person und damit innerhalb der patriachalen Matrix von Sprache und Kultur als ganz und gar männlich begreift. Das Thema der »inklusiven Sprache« wird theologisch interessant, ja dringlich, sobald klar wird, daß das, was Moltmann als »immanente Transzendenz« bezeichnet, unabhängig davon gar nicht vorstellbar ist. *Ohne* die Hinwendung zu Solidarität und Gleichheit in unserern Geschlechterbeziehungen wird die Erfahrung Gottes in allen Dingen und aller Dinge in Gott sich auf seltene Augenblicke der Spekulation oder Ekstase beschränken und kann nicht in eine pneumatologische Praxis lebendigen Zusammenlebens münden. Die unveränderte Herausbildung von Selbsten als entweder von der Beziehung losgelöst (»männlich« und »rational) oder aber in der Beziehung aufgelöst (»weiblich« und »mystisch«), die rein »transzendente« bzw. rein »immanente« Gottesbilder imitieren, hat hypnotische, stereotypisierende Kraft. Solange man ihr Raum gibt, wird sie die Solidaritäten und Koalitionen, durch die wir unsere Verschiedenheit für verantwortliche Beziehungen nutzbar machen und uns aus den endlosen Abhängigkeiten, in die uns der weltweite Kapitalismus verstrickt, befreien könnten, ständig sabotieren.

Im anderen Fall könnten die Menschen Befriedigung in der kreativen wechselseitigen Bindung aneinander und an alle anderen Geschöpfe sowie an die Quelle der Schöpfung selbst finden. Noch bevor es für diesen Planeten zu spät ist? Noch bevor die neue Schöpfung für einen Schöpfer, der nicht schafft, der nicht existiert, außer in der Beziehung zu den Geschöpfen, eine Unmöglichkeit wird? Darauf gibt es nur eine Antwort: *Wenn* die neue Schöpfung in unseren von Geschlecht, Rasse, Schicht und Kultur bestimmten Beziehungen *Fleisch werden* soll, *wenn* die richtige Beziehung eine Aufgabe ist, die der Glaube fordert, und nicht nur etwas, das das nachimperialistische Christentum ständig hinauszögert, *dann* müssen wir unsere leiblich-emotiven Verhaltensmuster verändern. Unsere selbstzerstörerischen Gewohnheiten, die sich mit unserem Geschlechterverständnis herausgebildet haben und die von der Theologie bestärkt werden, können nicht allein durch eine politisch oder doktrinär korrekte Überzeugung zurechtgerückt werden. Die Verhaltensmuster der Männlichkeit oder Weiblichkeit, der Gewalt oder des Masochismus, des Hochmuts oder der Selbstaufgabe tragen den Abdruck der »Sünde« und machen damit ganzheitliche und übergreifende Heilungsprozesse – Erlösung – notwendig.

Wenn die Sprache des Glaubens etwas bedeutet – und für das Volk des fleischgewordenen Wortes *sollte* sie etwas bedeuten –, dann genügt es nicht zu erklären, daß Gott geschlechtslos sei, und gleichzeitig festzuhalten: »Wir haben immer von Gott in der männlichen Form geredet, und dabei wollen wir auch bleiben.« Theologie an der Schwelle zur Apokalypse kann nicht umhin, sich mit einem Problem zu befassen, das bislang trivial schien: dem Problem der inklusiven Rede von Gott. Eine Erweiterung des Bildinventars für das Göttliche braucht an keiner Stelle in Widerspruch zu den biblischen Aussagen zu geraten. Doch das Lager der anti-inklusiven Sprache, das sich in einer Zeit, in der eine Fülle weiblicher Bilder, einige biblischen, einige nicht-biblischen Ursprungs, zur Verfügung stehen, in wachsendem Maße in der Defensive befindet, möchte es dem Geist am liebsten verbieten, außerhalb der Bibel am Werk zu sein.

Es liegt mir fern, die Vertreter der sexistischen Sprache mit allem, was dazu gehört, der schlimmsten Sünde, der »Sünde gegen den Heiligen Geist«, beschuldigen zu wollen. Doch ich gehe mit Michael Welker einig, daß die Arbeit der feministischen Theologie einen Ort des Wirkens des Heiligen Geistes in unserer Zeit darstellt.[9] Die Streitigkeiten innerhalb der feministischen Theologie zu kritisieren, mag durchaus verantwortlich gedacht sein, sich dagegen zu verwahren, daß sie eskalieren, zwingend notwendig – wer jedoch ihr berechtigtes Anliegen, der biblischen Tradition zu einer ange-

---

9. A.a.O.

messenen Beziehung zu den Frauen zu verhelfen, leugnet, greift den Geist des Christentums selbst an, denn nirgendwo sonst gibt es – zumindest in den USA – soviel lebensbejahende Lebendigkeit in Kirche und Theologie. Weil die Offenbarung von Gott, zu der wir Zugang haben, bestimmt ist von der Vorstellung, die wir uns von Gott machen, ist es weit mehr als der Zwang zur Korrektheit, der uns nötigt, unsere Sprache so zu erweitern, daß der Gleichheit der Frau im Bild Gottes durch weibliche Metaphern von Gott Rechnung getragen wird – es ist das Symbol und das Symptom einer kollektiv erarbeiteten *metanoia*.

Moltmanns Argument, daß Jesu Abba-Geheimnis zu seiner Zeit eine Verwerfung des Patriarchats darstellte, ist überzeugend und weist in dieselbe Richtung wie Elizabeth Schüssler Fiorenzas Rekonstruktion christlicher Ursprünge. Nach dem Jahrhundert Jesu hat das Beharren auf dem Vaterbild jedoch als Verstärkung des Patriarchats in Kirche und Gesellschaft und damit des ganzen Apparats eines herrschenden »Gottes der Kraft und Macht« gewirkt, dessen Transzendenz seine Immanenz zur Trivialität herabwürdigt. Je mehr meine Hochschätzung für Moltmann mit seinem Werk gewachsen ist, desto stärker spüre ich nicht Zorn, sondern Trauer darüber, daß er nicht bereit war, auch nur die Geschlechtspronomen für Gott dem post-patriarchalen Leben des Christentums anzupassen (und zwar nicht einmal durch das minimale Zugeständnis, einfach nur jeweils »Gott« zu schreiben, statt ein Pronomen zu gebrauchen). Obwohl ich diesen Sprachgebrauch bei einem zeitgenössischen Theologen als bewußte Zurückweisung und nicht als ein Versehen empfinde, habe ich mich doch nicht auf die Seite der meisten meiner Kolleginnen gestellt, die ihn ablehnen oder einfach ignorieren. Diese Verweigerung droht Moltmann ins Lager der Konservativen abzudrängen, die fast noch eifriger darauf bedacht sind, den Sexismus der Bibel zu bewahren als ihren Messianismus oder Mystizismus. Ich lese und analysiere ihn also weiterhin mit meinen StudentInnen, aber nur deshalb, weil in seiner Entdeckung von Gott-in-allen-Dingen und allen-Dingen-in-Gott bestimmte unmißverständliche, wenn auch vielleicht unbeabsichtigte Signale für ein korrektes Geschlechterverständnis hörbar werden.

V.

Noch ein Wort zu meinem eigenen Kontext: Während ich dies schreibe, sind die ökumenischen und protestantischen Kirchen der Vereinigten Staaten dabei, sich von dem schweren Schlag gegen den Feminismus, der auf die Re-Imagining Conference von 1993 folgte, zu erholen. Angefacht wurde die Kontroverse, die ihren Kristallisationspunkt in dem Namen *Sophia* fand, vom rechten Flügel der United Methodists und Presbyterians und dem Institute for Religion and Democracy, jener eigens zu dem Zweck geschaffenen Denkfabrik, der Befreiungstheologie, der feministischen Theologie und anderen theologischen Richtungen, die eine Herausforderung für die kapitalistische Philosophie darstellen, einen Denkzettel zu verpassen. Im Rahmen der bewußten Konferenz war eine ökumenische, weibliche und Leib-bejahende Liturgie um die biblische *Chokma/Sophia*-Tradition entwickelt worden. Diese Liturgie wurde zur Munition für eine Hexenjagd, die den Anfang einer Kampagne zur Disziplinierung und Einschüchterung »befreiungstheologischer« Seminare und pro-feministischer oder womanistischer Persönlichkeiten in der Kirche bildete.

Die Heftigkeit, mit der der Schlag geführt wurde, zeigt, wie stark die feministische und womanistische Verwandlung des Christentums bereits geworden war. In unserem Jahrhundert wurde wohl allenfalls der Streit zwischen Fundamentalisten und den Anhängern der Evolutionstheorie so erbittert geführt. In dem formalen Antwort-Dokument des *Bishop's Task Force Report on the Study of Wisdom* gelangte man schließlich zu so etwas wie einer Art konziliaren Vereinbarung, wie wir sie aus dem Altertum kennen, einer *weiseren* Vereinbarung übrigens als viele alte Konzilsbeschlüsse, wenn denn Weisheit Gerechtigkeit, Frieden und die Unantastbarkeit des Dialogs impliziert.[10]

Moltmann hatte, vorausblickend wie immer, bereits Möglichkeiten für eine angemessene Entgegnung auf eine derartige Sophiaphobie geschaffen. Es ist bemerkenswert, daß er sich genau in dem Augenblick, in dem er das Konzept der immanenten Transzendenz formuliert, auf die Weisheitstradition der Bibel beruft. Ja, der Text, der die ganze Argumentation seines Buches rechtfertigt, stammt aus der Weisheit Salomos, ein für Protestanten und Juden gleichermaßen extrakanonisches Buch: »›Gottes Geist erfüllt den Erdkreis, und er, der alles zusammenhält, kennt jeden Laut.‹ (Weish 1,7)«[11] Auf der Grundlage dieses Buches stellt er die Behauptung auf, daß »*ruah* und *chokma*, Geist und Weisheit, so nahe beieinander (sind), daß sie austauschbar werden«.[12] Schon in seinem Buch *Jesus Christus*, in dem er die Kriterien für die Rückkehr zur frühchristlichen Geist-Christologie niedergelegt hatte, die den Weg für seine voll entfaltete Pneumatologie bereitete, hatte Moltmann die wechselseitige Austauschbarkeit von Geist und Sophia zur Sprache gebracht: »Bei Geist und Weisheit handelt es sich üb-

---

10. Bishop's Task Force Report: The Study of Wisdom. in: The Circuit Rider, März 1995.
11. *Jürgen Moltmann*, Der Geist des Lebens. Eine ganzheitliche Pneumatologie. München 1991, 48.
12. A.a.O., 59.

rigens um weibliche Erscheinungsweisen Gottes. Geist – bzw. Weisheitstheologie ist die Voraussetzung für jede Sohn-Gottes-Christologie, sofern nach messianischer Überlieferung der mit dem Gottesgeist gesalbte Messias ›der Sohn Gottes‹ ist.«[13]

Die »weibliche Erscheinungsweise Gottes«, verkörpert in der Sophia, ist weder FeministInnen noch ihren GegnerInnen entgangen, die derartige Behauptungen, wenn sie von einer Frau stammten, sofort für häretisch erklären würden. Betroffen macht allenfalls Moltmanns beiläufige Vergeßlichkeit im Blick auf die kosmologische Bedeutung von Geschlecht. Ich rede hier nicht einem »kosmischen« Geschlechterverständnis das Wort, ich will die menschlichen sozio-biologischen Konstruktionen nicht ontologisieren. Die Frage ist aber, *wie* wir unseren Kosmos konstruieren. Weil unsere Fähigkeit zur Wahrnehmung unserer wechselseitigen Abhängigkeit als Geschöpfe, die oben angesprochen ist, zutiefst von Geschlechterstrukturen bestimmt ist, kann es meiner Ansicht nach kein Zufall sein, daß Moltmanns systematischer Sprung in die Dimension göttlicher Immanenz nur unter dem Zeichen einer transzendenten Frau erfolgen konnte.

Entscheidend bleibt, daß Moltmann mit *Chokma/Sophia* ein kosmologisches Bindeglied präsentiert: »Was die Psalmen an Geistesgegenwart in der Tiefe des menschlichen Herzens darstellen, das entfaltet die Weisheitsliteratur in der Weite des natürlichen Kosmos.«[14] Diese weibliche Weisheit ist eine »weltimmanente Ordnungsmacht«, und ist zugleich »transzendenten Ursprungs«. Während einige von uns sich unter dem Eindruck des Schlages, verschreckt durch den Vorwurf der »Göttinnenverehrung«, beeilten festzuhalten, daß *Sophia* nur ein Attribut sei, beharrt Moltmann darauf, daß Weisheit wie Geist nicht ein bloßes Attribut Gottes ist, sondern, in der Sprache der Väter, eine Hypostase. Das meint er mit »Gegenüber«. »In Gestalt der Weisheit ist der Geist ein gewisses Gegenüber in Gott selbst und stellt zugleich die göttliche Gegenwart in Schöpfung und Geschichte dar.« Von dieser Aussage ist es kein weiter Weg zur Schechina, der jüdischen Vorstellung vom göttlichen Gegenpart, der in der kabbalistischen Tradition grundsätzlich weiblich dargestellt wird. Die Schechina bezeichnet einen anderen Aspekt von Gottes Selbst-Manifestation, der seit *Der gekreuzigte Gott* entscheidend für Moltmanns Denken ist.[15] Sie ist »der Gott, der mit uns leidet«. Damit offenbart die Schechina, daß der Geist »*Gottes Empathie*« ist.[16]

---

13. Moltmann, Weg Jesu Christi, 93.
14. Moltmann, Geist des Lebens, 59.
15. Moltmann, Der gekreuzigte Gott, München 1972.
16. Moltmann, Geist des Lebens, 64.

Wenn wir nun davon ausgehen, daß der Zugang zur Empathie bei Männern systematisch unterdrückt und umgekehrt bei Frauen häufig auf Kosten jedweder Selbsttranszendenz kultiviert wird, dann ist die Geschlechteridentifikation dieser pneumatologischen Erscheinungsform nicht weiter überraschend. Damit soll keineswegs so etwas wie ein weibliches Privileg für die kenotische Gabe der Empathie oder ihre Spiritualisierung als theologische Modalität postuliert werden. In Abstraktion von ihrer schöpferischen Kraft wird hier Weiblichkeit zwar verherrlicht, aber doch lediglich in ihren traditionellen Funktionen festgeschrieben. Doch weil Geist-Sophia-Schechina in Moltmanns Werk niemals Immanenz isoliert von ihrer eigenen Transzendenz symbolisieren, werden Geschlechterstereotype vermieden; es besteht nicht die Gefahr, daß Weiblichkeit mit Immanenz, Männlichkeit mit Transzendenz gleichgesetzt wird, mögen die Begriffe historisch gesehen auch noch so belastet sein. Der Geist wirkt von innen heraus.

VI.

Am Rande, in den Ecken, den *eschata* von Moltmanns systematischem Opus zeichnet sich eine neue trinitarische Offenbarung ab. Verhüllt, aber eindeutig weiblich, ersetzt diese Trinität von Schechina, Sophia und Geist nicht etwa die Vater-Sohn-Version – die Geschichte läßt sich nicht einfach austilgen. Untereinander und mit ihren männlichen Code-Namen Jahwe-Vater, Christus-Logos und Spiritus austauschbar, spiegeln diese weiblichen jüdischen trinitarischen Personen die Trinität und bringen so auf spielerische, fast parodistische Weise Bewegung in das statische Dreieck, das die christliche Orthodoxie in Stein gehauen hatte. Unwillkürlich drängt sich der Gedanke an die zwei Dreiecke des jüdischen Sternsymbols auf. Gegenwart, Weisheit und Geist: sie bekräftigen liebevoll die Metaphern des nicht-patriarchischen Abba und des verletzlichen Kindes und beleuchten zugleich grell die Entstellung dieser Metaphern zum stärksten patriarchalen Machtmittel der Geschichte. Mit anderen Worten, dieses neue trinitarische Bild enthüllt und verschleiert zugleich die vermännlichte Trinität als das, was sie ist, eine *Apo-Kalypse*.

Die weiblich kodierte Trinität enthüllt die früheren und die *künftigen* pneumatologischen Dimensionen des Christentums und stellt zugleich ihren Endpunkt dar. Es geht nicht darum, daß hier Frauen im Kampf gegen Männer apokalyptische Rache für Jahrtausende des Kampfes von Männern gegen Frauen nehmen wollen. Es geht vielmehr um den auf Leben und Tod geführten Kampf um den Weg in die Zukunft. Die Zwänge ökonomischer und ökologischer Abschottung innerhalb der patriarchalen *oikonomia* der Moderne sind ungeheuer. Der patriarchale christliche Haushalt legte den Grundstein für die Strukturen des ökologischen Mords und Völkermords der Moderne. Das Mögliche sichtbar zu machen heißt, den unnatürlichen Apokalypsen am Ende dieses Jahrtausends eine Absage zu erteilen. Der ökumenische und ökologische Widerhall von Gottes leidender Schechina, von Gottes fleischgewordener Weisheit und Gottes einwohnendem Geist transzendieren und verkörpern zugleich die Sache der Gerechtigkeit für Frauen. Es ist, als ob der Geist einen Weg eingeschlagen hätte, der verlassen wurde, als das Christentum seinen Geschlechterambiguitäten, seiner Gemeinschaft stiftenden Komplexität und seinen perichoretischen Nuancen den Garaus machte, um dem Kaiserreich die kyriarchische Anbetung der Eins-heit zu verschaffen.[17]

Aber vielleicht klingt die Forderung, zu einer Version ursprünglichen Christentums zurückzukehren, die in den eigenen Augen die richtige ist, allzu abgedroschen, wird sie doch von jeder neuen christlichen Bewegung erhoben. Jede neue Bewegung kündet ihre ganz eigene Apokalypse an – im Aufdecken der Verderbtheit des Alten und in der Verkündigung des unbedingt anzustrebenden Neuen. Wir – jene von uns, die sich der »Neuen Reformation« verpflichtet fühlen, die sich in den vielfältigen und miteinander im Wettstreit liegenden globalen Ausprägungen post-kolonialen, womanistischen, feministischen, ökologischen, pneumatologischen und Befreiungs-Christentums Bahn bricht – dürfen unsere Zukunft nicht von der Vergangenheit trennen. »Die Theologie der Zukunft« muß paradoxerweise in der Vergangenheit wurzeln, ohne dabei der verbreiteten Neigung zu verfallen, die Vergangenheit zu romantisieren. Genauer noch, wir dürfen nicht jener der Vergangenheit angehörenden Form des Futurismus erliegen, der sich von jeglicher Vergangenheit lossagt. Das heißt, wir dürfen die Apokalypse nicht Wirklichkeit werden lassen. Inmitten all der zahllosen zerbrochenen Gemeinschaften und zerstörten Ökosysteme um uns herum erkennen wir die Auswirkungen wahrgemachter Apokalypsen: das Ende von Welten ohne Zeichen einer neuen Schöpfung.

Eine Theologie für das nächste Jahrhundert ist eine Theologie der Gegen-Apokalypse. Sie ist keine Anti-Apokalypse; sich der Vision des Johannes und ihrer Wirkungsgeschichte lediglich entgegenzustellen hieße, in den konservativen Chor der Anti-Utopisten und ihrer Auserwählten einzustimmen, die am liebsten alle »großen Entwürfe« abschaffen würden. Dabei haben auch die Meta-Erzählungen progressiver Bewegungen, die sich ja alle von dem melodramatischen und selbstzerstörerischen Dualismus von Gut und Böse ableiten, immer ihre Auserwählten, die gerettet werden. Die Theologie

---

17. Zu Kyriarchie und patriarchalen Haustafeln des patristischen Christentums vgl. *Elizabeth Schüssler Fiorenza*, Jesus: Miriam's Child, Sophia's Prophet, New York 1994.

der Zukunft aber springt nicht aufs Trittbrett der Befreiungs-Apokalypse und ihrer säkularisierten Revolution: dieses Vehikel ist auf Kosten genau der Zukunft, die es ansteuerte, verunglückt. Sein materialistischer Atheismus, seine ganze Antriebskraft blieb in gefährlicher Weise transzendent im Blick auf die Erde und unsere Beziehungen auf ihr.

Gegen-Apokalypse meint statt dessen eine dialektische Eschatologie der Weisheit: »Wer aber mich verfehlt, zerstört sein Leben«, erklärt sie, »alle, die mich hassen, lieben den Tod.« (Spr 8,36) Ihre Kirche der Zukunft umfaßt eine Zukunft, die Möglichkeit ist, reich und vielfältig – eine Möglichkeit, die verwirklicht werden kann in Empathie mit dem Leiden am Grund aller Apokalypsen und damit in Kontinuität mit unserer Vergangenheit und unseren Ahnen steht. Das Leiden – wie das der Märtyrer des Johannes auf Patmos unter dem Altar – bedarf der Rechtfertigung durch die Transformierung der Verhaltensmuster der Ungerechtigkeit, die es verursacht haben. Doch damit vollstrecken wir nicht nur ein transzendentes Urteil – wir gestalten die immanente Transzendenz einer heilmachenden Vision.

Nur so bewahren wir uns den Zugang zu den wunderbaren Energien von Leben und Tod, die aus unserer Vergangenheit fließen. Indem wir sie verwandeln, statt uns von ihnen loszusagen und sie zu unterdrücken, können wir sie vielleicht wiederverwertbar machen. Eine solche Ökologie von Traditon und Text erfordert jedoch, gerade weil die Vergangenheit die Gegenwart so fest im Griff hat, die der Zukunft zugewandte Lebendigkeit des Geistes. Nur auf diesem ökumenisch breiten, aber schwer erkennbaren pneumatologischen Weg kann eine Theologie der Zukunft in eine eigene vorhersehbare Zukunft hineinwachsen. Meiner Ansicht nach werden die progressiven Kirchen entweder aussterben und das Christentum den Reaktionären überlassen, oder das Christentum wird seine Ängste vor der Immanenz, vor Netzwerken, Frauen und Weisheit überwinden und sich damit selbst in die Zukunft transzendieren, die seiner bedarf. Dann aber wird dieses Christentum neue Formen des wechselseitigen Umgangs mit den anderen Religionen und gesellschaftlichen Bewegungen erarbeitet haben, soweit auch sie den großen Geist seines *eschaton* mit ihm teilen: die Erneuerung in Gerechtigkeit, Frieden und die Unantastbarkeit der Schöpfung.

Gehen wir also vorwärts, in dem Geist, in dem, wie ich glaube, Moltmanns neuer eschatologischer Rhythmus immanenter Transzendenz uns bewegen will, mit dem lebendigen Schwung einer messianisch und mystisch geforderten Gegenwart, einer Gegenwart, die erfüllt ist und überfließt vom Heiligen – einer immanenten Transzendenz. Der Gott, der die Schechina ist, der leidet und auf der Seite der Opfer der Geschichte steht, der die Sophia ist, deren »Wege Frieden sind«, der »Baum des Lebens für jene, die sie erlangen«, macht Gott selbst nur in und durch den Geist erfahrbar.

Geist – unserer und nicht unserer, meiner und nicht meiner zugleich – erschließt Möglichkeiten, die unsere Kräfte auf die Neue Schöpfung hinlenken können. Das heißt, auf die Erneuerung *dieser* Schöpfung – nicht auf die tödliche Erwartung des Endes dieser Welt. Wenn wir diese Welt zerstören, dann ist da kein Vati, der uns eine neue macht. Moltmann wäre mit diesem letzten Punkt vielleicht nicht einverstanden. Doch auch er ist der Ansicht, daß wir die Theologie der Gegenwart schreiben, die am Ende des Jahrtausends die Theologie der Zukunft unter Endzeitbedingungen sein muß.[18] Doch das ist alles andere als eine freudlose Aufgabe. Ganz im Gegenteil, eine gegen-apokalyptische Theologie vermeidet den bequemen Zynismus so vieler progressiver Richtungen. Ihr Geist, nicht mehr das fünfte Rad am Wagen, läßt den Karren nicht im Dreck stecken. Das Zusammenströmen von Energie aus der Vergangenheit und Möglichkeit der Zukunft, die gemeinsam unsere gegenwärtigen Quellen bilden, die Weisheit unserer Worte und die Inspiration unseres Geistes enthüllen und verhüllen sich letztlich nur in der und als die »Liebe zum Leben«.

---

18. Moltmann, Weg Jesu Christi, 64.

Gustavo Gutiérrez

Theologie, Spiritualität und Geschichtliche Praxis

In der Theologie gab es immer schon Bereiche, über die z.T. auch kontrovers diskutiert wurde. Das läßt sich wohl darauf zurückzuführen, daß, angesichts des Reichtums der christlichen Offenbarung, sich die Bemühungen des rationalen Glaubens und die dabei verwendeten Begriffe, um diesem Glauben Rechnung zu tragen, häufig als ungenügend erwiesen haben. Hinzu tritt noch der notwendige Anspruch der Theologie, die wichtigen christlichen Themen aufnehmen zu wollen, die sich aus den sich ständig verändernden historischen Gegebenheiten und von unterschiedlichen Anforderungen ergeben. Daher ergibt sich fast zwangsläufig, daß theologische Sprache immer auch Ungenauigkeiten aufweist. Gleichzeitig bleibt sie damit auch offen für Neuformulierungen, Präzisierungen und Richtigstellungen. In diesem Prozeß der Auseinandersetzung entstehen im Gespräch über den Glauben ständig neue Perspektiven. Diesbezüglich sollen nun einige Zugänge und Beispiele betrachtet werden.

I. Theologische Sprache und ihr Bedingungsfeld

Vor über fünfundzwanzig Jahren ist im lateinamerikanischen Kontext die sogenannte »Theologie der Befreiung« entstanden. In der damaligen Zeit erschien vielen Christen – trotz der neueren Versöhnungsbewegungen – der Aufbau einer gerechten Gesellschaft nicht zu den wichtigen Forderungen des Glaubens zu gehören.

Unter anderen Christen wiederum vollzog sich eine entgegengesetzte Entwicklung: Ihnen erschien die Solidarität mit den Armen und Unterdrückten in der lateinamerikanischen Situation ein ausschließlich soziales oder politisches Anliegen zu sein, bei dem der Glaube wenig oder auch gar nichts austragen konnte. Bei beiden Positionen waren immer auch Menschen vertreten, in deren Leben der Glaube trotz allem eine wichtige Rolle spielte oder zumindest gespielt hatte. In beiden Fällen kam eine »Trennung zwischen Glauben und Leben« zum Ausdruck, die zu einer Situation führen kann, die in den Dokumenten von Santo Domingo noch heute für fähig gehalten wird, »... erbärmliche Situationen von Ungerechtigkeit, sozialer Ungleichheit und Gewalt zu erzeugen« (Nr. 24, s. auch Nr. 96 und 161).

Es handelte sich also um einen Zustand, der das christliche Bewußtsein und die theologische Reflexion herausforderte. So wurde das Bemühen, zu einer Urteilsfähigkeit im Licht des Wortes Gottes beitragen zu wollen, zum Auslöser für diese Auseinandersetzung über den Glauben.

In diesem Sinne soll ein Urteil gebildet werden können, über die »radikalste, vollkommenste und wirksamste Verpflichtung, die man eingehen kann« gegenüber der bestehenden Armut und Ungerechtigkeit auf diesem Kontinent. Diese christliche Verpflichtung offenbart sich in dem Prozeß der Befreiung von all dem, was die Bevölkerung daran hindert, wie menschliche Wesen und wie Söhne und Töchter Gottes zu leben[1], und sie entfaltet eine Wahrheit, die komplex, konfliktträchtig und in verschiedener Hinsicht auch noch verborgen ist. Aus diesem Kontext heraus entsteht eine ständige Bewegung der theologischen Reflexion, die zugleich auch eine fortwährende Suche nach geeigneteren Begriffen ihres sprachlichen Ausdrucks bedeutet.

Diese Bemühungen wollen dabei ganz die Anerkennung des Geheimnisses der umfassenden und Sinn spendenden Liebe Gottes erwirken, die die menschliche Existenz in all ihren Dimensionen erfaßt. Denn keine Theologie kann als reine Reflexion, wie gültig auch immer sie sei, im eigentlichen Glauben ganz aufgehen.[2] Eine gerechtfertigte theologische Verschiedenheit im Kontext des Glaubens bedeutet vielmehr einen Reichtum für die Kirche.

Die theologische Aufgabe steht ganz im Dienst der Verbreitung des Evangeliums, sie muß sich daher ernsthaft um die Kommunikation und um das Verstehen der christlichen Botschaft bemühen[3]. Die Theologie ist eine Aufgabe, die sich in der Kirche vollzieht, wo sie den Niederschlag des Glaubens findet. Die Menschen, die sich dieser Aufgabe widmen, die Theologen also, folgen einer Berufung, die Johannes Paul II als »edel und notwendig« charakterisiert hat.

Diese Berufung entsteht »...im Inneren der Kirche und setzt voraus, daß ein Theologe auch als gläubiger Mensch Theologe ist, der seine Haltung als Gläubiger in der Gemeinschaft beweisen muß«. So verstandene theologische Arbeit – wird bei Santo Domingo gesagt – »...treibt die Arbeit im Dienste der sozialen Gerechtigkeit, der Menschenrechte und der Solidarität mit den Armen voran...« (Nr. 33). Sie muß dabei konsequenterweise eine Sprache verwenden, die unseren Zeitgenossen geläufig ist.

1. Das wird schon auf den ersten Seiten von *G. Gutiérrez*, Theologie der Befreiung, 9 vertreten.
2. Daran erinnerte Johannes XXIII im Rahmen der Eröffnung des Konzils in einem Einspruch, der seine Arbeiten charakterisiert: » die eine Sache ist die Substanz des ›depositum fidei‹, d.h. die Wahrheiten, die unsere verehrte Doktrin enthält, eine andere Sache aber ist es, in welcher Weise sie zum Ausdruck kommt.« (Gespräch vom 11.10.1962).
3. Siehe Johannes Paul II, Eröffnungsrede in Santo Domingo Nr. 7.

In diesem Zusammenhang ist es interessant zu beobachten, welche Stellung die evangelisierenden Optionen der Kirche und der Theologie im Alltag vieler Lateinamerikaner in diesen Jahren eingenommen haben, die vielen auch als esoterische Disziplin erscheinen konnte. Das gilt vor allem für die gläubigen, aber auch – wenn auch auf etwas andere Art – für die eher ungläubigen Lateinamerikaner. Von daher läßt sich auf eine neue Gegenwärtigkeit des Evangeliums in der lateinamerikanischen Gesellschaft schließen. Aus einer Perspektive der missionierenden Erneuerung, die von der Sorge um die Welt getragen ist, in der die Kirche lebt, befinden wir uns daher vor einem wichtigen Erfolg dieser Jahre.

Aus den bisher dargelegten Gründen sollte deutlich geworden sein, daß theologische Sprache parteiisch und unvermeidbar Schuldner des jeweils herrschenden Zeitgeistes ist und war. Die Geschichte belegt das immer wieder auf eine sehr glaubwürdige Weise. Deswegen muß man sich diesem christlich-theologischen Anliegen so nähern, daß es in seinen jeweiligen Kontext versetzt wird und dabei der Sinn der verwendeten Begriffe in ihrer jeweiligen Zeit respektiert wird. Tatsächlich haben gleiche Begriffe aus einfachen semantischen Gründen in verschiedenen geistigen Kontexten nicht unbedingt auch die gleiche Bedeutung. Es handelt sich nicht nur um den korrekten Sinn der Wörter, sondern auch um Prioritäten, um Gleichgewichte, um neue Herausforderungen, die darin jeweils mitschwingen. Niemand zweifelt z.B. daran, daß die internationale und nationale gesellschaftliche Situation vor zwanzig Jahren, sowohl auf der politischen wie auch auf der Ebene der Pastorale mit ihren Dringlichkeiten, nicht mehr der gegenwärtigen Lage entspricht.[4] Die soziale Wirklichkeit, in der Glaube gelebt wird, beeinflußt zugleich auch die Auseinandersetzung mit dieser Wirklichkeit.

Aus diesem Grunde muß jeder Versuch, neue Wirklichkeiten theologisch zu erfassen, ständig transparent gemacht werden. Die sprachlichen Ungenauigkeiten müssen im Rahmen des Möglichen überwunden werden. Dabei entstehen Akzentverschiebungen, und neue Fragen tauchen auf. In diesem Prozeß kommt es dann unweigerlich auch zu einer Klärung bezüglich der Themen und Konzeptionen. Noch dringlicher wird dieses Bemühen um adäquate Zugänge des theologischen Denkens, wenn es sich um brisante und

---

4. Die Gegenüberstellung von Texten z.B. von Medellín, Puebla und Santo Domingo reicht aus, um die Unterschiede des Sprachgebrauchs zu erkennen. Trotzdem bekundet die Vierte Konferenz zu unterschiedlichen Zeiten, daß die fundamentalen Optionen immer die gleichen geblieben sind. Das läßt sich auch an der Unterschiedlichkeit Themen ersehen, die die lateinamerikanischen Theologie in diesen Jahren angeschnitten hat. Einige dieser Punkte waren dort immer gegenwärtig und wurden durch Santo Domingo erneut belebt.

viel diskutierte Angelegenheiten handelt. An diesen Problemstellen ist der Dialog unbedingt notwendig und fruchtbar.

In der Tat erreicht man in einigen Fällen nicht die notwendige Klarheit, um von allen eindeutig verstanden zu werden. In anderen Fällen bewirkt die Brisanz des angeschnittenen Themas, daß die verwendeten Begriffe und Formulierungen Anlaß zu Interpretationen geben, die über das eigentliche Ziel des Autors zu dem Zeitpunkt hinausgehen. Trotz aller kontroversen Auffassungen gilt es aus den o.g. Gründen, die erscheinenden Hürden zu überwinden und auf legitime Einwände und Fragen zu antworten. Es geht dabei vor allem darum, unter der Voraussetzung, daß einige Gemeinplätze neu zu überdenken sind, sich eine Meinung zu bilden über deren jeweilige Stellung und ihren Einklang mit der allgemeinen Kirchendoktrin.Die politische »Theologie der Hoffnung« ist ein gutes Beispiel für ein theologisches Denken, das beständig um grundlegende und neue Einsichten bemüht ist, zugleich aber auch ein Gespür für neue Fragen entfaltet und somit immer wieder zu einer Präzisierung der theologischen Sprache beiträgt.

II. Theologie und Zeugnis

Die Gabe des Glaubens führt denjenigen, der sie frei aufnimmt, dazu, Jesus im Handeln und mit Worten zu folgen. So kündigte Gott auch das Evangelium an[5]. In der Dynamik des Glaubens befindet sich die Suche nach dessen Verstehen. »Ich glaube, um zu verstehen.« So faßte Anselm diese Bewegung – eine Formulierung, die die Jahrhunderte überdauert hat. Das ist es, was wir Theologie nennen. Theologie muß ihrerseits dazu beitragen, daß wir Christus treu und authentisch nachfolgen.

Wenn der in der Kirche gelebte christliche Glaube sich neuen Herausforderungen stellt, um sich anderen Menschen mitzuteilen, dann muß die Theologie die Frage nach den Bedingungen ihrer Reflexion stellen, durch die die biblische Botschaft verwirklicht wird. Es gibt zahlreiche historische Beispiele, mit denen das nachvollzogen werden kann. Es geht nicht darum, eine Aufgabe der christlichen Tradition erneut auszudenken, sondern vielmehr darum, die klassische Aufgabe zu vertiefen und gegebenenfalls zu aktualisieren, indem man tiefer zu den historischen Wurzeln und Traditionen der Kirche dringt.

Nichts anderes vollzog sich vor fast dreißig Jahren in Lateinamerika, als eine Reflexion, die »...orientiert am Evangelium und an den Erfahrungen

---

5. Siehe Verfassung *Dei Verbum* Nr. 4.

der dem Prozeß der Befreiung verbundenen Männer und Frauen...,«[6] eingeleitet wurde. In der Tat steht am Anfang immer das Evangelium, d.h. die Frohe Botschaft, die uns Jesus Christus bringt. Jedoch offenbart sie nicht nur den Gott unseres Glaubens, sondern sie enthüllt auch den letztendlichen Sinn des menschlichen Daseins. Jede Theologie ist ein Reden über Gott, Gott ist gewissermaßen ihr einziges Thema[7]. Aber an zweiter Stelle ist jede Theologie auch ein Reden über den Menschen, der Geschöpf ist, das Gott nach seinem Bilde und ihm ähnlich erschaffen hat.

Eine unserer eingangs aufgeworfenen Fragen bezog sich auf die Auseinandersetzung über den Glauben und ihrer Bedingungen. Es wurde zunächst nachdrücklich daran erinnert, daß in einem weiten und grundlegenden Sinne eigentlich jeder Christ Theologie betreibt.

Und tatsächlich erscheint eine solche Theologie »...spontan und unumgänglich in gläubigen Menschen, nämlich in jenen, die die Gabe des Wortes Gottes empfangen haben.«[8] Über diese Ebene entwickelt sich die Theologie wie eine systematische Disziplin.

Ohne die Gnade des Glaubens, in der Gott uns seine Liebe durch Christus offenbart hat, gibt es keine Theologie im engeren Sinne. Ohne den Glauben kann theologische Reflexion nur eine distanzierte religiöse Betrachtung sein. Tatsächlich aber heißt Theologie treiben, die Dinge im Lichte des Wortes Gottes zu sehen. Thomas von Aquin nannte diese Vorbedingung im ersten Teil seiner summa theologica »Teilnahme an der Wissenschaft Gottes«. Damit will gesagt sein, daß das Wort Gottes im Glauben aufzunehmen ist und aus diesem Glauben sich der letztendliche Sinn der menschlichen Existenz entfaltet. Daher kommt die grundlegende und bekannte Aussage der Befreiungstheologie: Die Theologie ist eine kritische Reflexion über die Praxis *im Lichte des Glaubens* (oder über das im Glauben angenommene Wort Gottes). Es geht im Kern also um das klassische *lumen fidei*, das den Angelpunkt dessen bildet, was in der traditionellen Schultheologie das formale Objekt der Theologie genannt wird.

Im Kontext der Theologie war die Anwendung des Begriffes »Praxis« relativ neu, er muß daher näher erläutert werden, um abwegige Deutungen zu vermeiden. Durch diese praxisorientierte Verstehensweise des Gegenstandes Theologie verbindet sich die Praxis innig und unmittelbar mit der »...Wiederentdeckung der Nächstenliebe als Mittelpunkt des christlichen Lebens...«.

---

6. Siehe Gutiérrez, Theologie der Befreiung. Es sind die ersten Zeilen des Buches.
7. Dieser Punkt wurde bei *G. Gutiérrez*, Reden über Gott, Lima 1986, entfaltet.
8. Siehe Gutiérrez, Theologie der Befreiung, 15.

Dieser Gedanke wird auch durch einen wichtigen paulinischen Text gestützt: »Der Glaube wird durch die Liebe am Nächsten tätig«. Daraus folgt, daß »...die Liebe Stütze und Kraft des Glaubens, der Hingabe an den Nächsten und damit an andere ist«. Also ist die Nächstenliebe »...die Grundlage der Praxis des Christen, seiner gestaltenden Präsenz in der Geschichte«[9]. Wir beziehen uns auf diese Grunderkenntnis und auf diese letzte Bedeutung, wenn wir von historischer Praxis sprechen.

Unsere mögliche Antwort auf die bedingungslose Liebe Gottes zu uns Menschen ist unsere Liebe zu Gott und die Liebe zu unserem Nächsten; zwei unzertrennbar miteinander verbundene Quellen, wie die Heilige Schrift immer wieder darstellt. Diese Quellen voneinander trennen zu wollen, bedeutete nach 1.Joh 4,20 eine Lüge, und wir wissen, daß in den johanneischen Texten die Lüge eine der schlimmsten Formen von Zurückweisung Gottes ist (s. Joh 8,44). Es geht also vor allem immer wieder um die Verbindung zwischen dem Glauben und dem Tun, eine Verbindung, die z.B. im Matthäus-Evangelium sehr hervorgehoben wurde und die einmal das bestimmende Thema der Kontroverse zwischen katholischer und evangelischer Theologie gewesen ist. Jedoch ist – wie K. Barth bestätigt – nur derjenige der wirkliche Zuhörer des Wortes Gottes, der es in die Tat umsetzt.

Dieses Tun hat seinen Ort auf der Ebene der Praxis, auf der Ebene des Handelns in der Geschichte im Dienste am Nächsten. Ein möglicher Ausdruck dieses Tuns ist das, was die Päpste den »Kampf für die Gerechtigkeit« nennen, d.h. das Engagement für eine vollständige Befreiung. Aber auch das konkrete und unmittelbare Handeln gegenüber dem Bedürftigen ist ein Ausdruck dessen. Die Liebe zum Nächsten aber ist das letztendliche Motiv für einen Christen, um am Aufbau einer gerechten Gesellschaft tätig zu werden. Um aber wirksam zu sein, muß sich diese Liebe für Mittel ihrer Umsetzung entscheiden, über die die Meinungen auseinandergehen. Weil auf bestimmten Mitteln immer wieder insistiert wurde und nur bestimmte Formen überhaupt diskutiert wurden, ist oft aus dem Blick geraten, daß diese ausgesuchten Mittel immer nur Provisorien sind und daß es sich eben immer nur um Mittel handelt. Es muß einfach erkannt werden, daß bei der Umsetzung in der Praxis Mittel zur Anwendung kommen, auch wenn sie nicht immer ausreichend als solche differenziert und definiert werden.

Es ist deshalb wichtig, jedes Mißverständnis zu vermeiden und den tiefen Sinn, der der Praxis zugrunde liegt, in das Bewußtsein zurückzuholen.

---

9. Siehe Gutiérrez, Theologie der Befreiung, 21. Siehe auch *N. Lobkowicz*, Theory and Practice, Notre Dame 1967, der die historische Entwicklung dieses ursprünglich aus der griechischen Philosophie stammenden Gedankens darstellt.

Das Gesagte erlaubt nun, Texte zu verstehen, die in anderen Zusammenhängen überraschen müssen und die in der Tat kritisiert wurden, wie der folgende: »Nur die geschichtliche Praxis ergibt letztendlich die wahre Interpretation des Sinnes, den die Theologie aufdecken kann.[10] Welcher Sinn aber wird durch den verstandesmäßigen Glauben enthüllt? Die Antwort ist eindeutig: Die Liebe Gottes; sie ist das Herz der Offenbarung, die uns der Vater erfahren läßt, indem er uns seinen eigenen Sohn sandte, wie es im Joh-Ev. heißt. Das ist die Bedeutung der Verkündigung des Reiches Gottes, um dessen Kommen in unsere Geschichte wir im Vater-Unser bitten, und damit um das Kommen der Liebe, des Friedens, der Gerechtigkeit und der Freiheit. Und es versteht sich von selbst, daß, wenn wir nicht lieben, als Antwort auf Gottes Liebe zu uns, daß, wenn wir nicht versuchen, Brüderlichkeit und Gerechtigkeit aufzubauen, wir nicht wirklich glauben. »Denn der Glaube ohne Taten ist ein toter Glaube«, heißt es – kurz gefaßt – im Jakobus-Brief (2, 17). Die Liebe Gottes in uns führt uns zur Nächstenliebe. Das ist der Kern dieser Botschaft. Er ist gleichermaßen in der Theologie verstanden als Weisheit – als Betrachtung über die Heilige Schrift –, und in der Theologie als rationales und systematisches Wissen.

Die biblischen Grundlagen, die zu dieser Auffassung führen, sind eindeutig und vielfach ausweisbar, aber auch die gegenwärtige Mentalität trägt zu ihrer Gültigkeit bei. Die Ausrichtung an der gegenwärtigen Wirklichkeit führte zur Wahl des Begriffes Praxis, mit den bereits genannten alten und grundlegenden Präzisierungen. Dieser Begriff erlaubt uns, den Anschluß an unsere Zeit zu finden, und mit Feuer und Engagement über einen wesentlichen Topos der christlichen Botschaft zu kommunizieren[11]. Wie eben auch Moltmann sagt: »Die Theologie existiert, um im Licht des Evangeliums über die gesamte christliche Existenz und ihre Praxis nachzudenken«.[12]

Tatsächlich ist es so, daß sich im Handeln der Liebe und in der Solidarität die Authentizität unseres Glaubens an den Gott bestätigt, der sein Reich in unserer Geschichte aufrichten will. Wir meinten genau diese Praxis und nicht nur eine, die die Menschlichkeit und die Berufung aller Menschen verkennt, Söhne und Töchter Gottes zu sein. Mit Recht schreibt K. Lehmann: »Der christliche Glaube hat eine unvermeidbare Neigung, sich im Tun zu bewahrheiten, doch kann er sich ohne Vorbehalte mit keiner Art von Praxis identifi-

---

10. Siehe Gutiérrez, Theologie der Befreiung, 31.
11. Der Hinweis auf die »Theologie der Befreiung« bezieht sich auch auf die Praxis der Christen im Kapitel XI, Abschnitt 4.
12. Siehe *Jürgen Moltmann*, Diakonía. En el horizonte del reino. (Santander, Sal Terrae, 1987), S.14. In den vorhergehenden Zeilen behauptete er, daß »...jeder Gläubige ein Theologe...« sei, 13.

zieren«[13] Diese Sichtweise ist auch von Johannes Paul II. zu verschiedenen Gelegenheiten hervorgehoben worden. Bezüglich der historischen und gewerkschaftlichen Realität der Solidaritätsbewegungen der Arbeiter sagt Johannes Paul II. z.B.: »Die Kirche ist zutiefst mit diesen Angelegenheiten verbunden, da sie sie als ihren Auftrag, als ihren Dienst ansieht, als *Bestätigung* ihrer Treue zu Christus, um tatsächlich Kirche der Armen sein zu können«[14]. Diese »Bestätigung« schafft zwar nicht an sich schon Wahrheit, sie beweist aber ihre Gegenwart im menschlichen Handeln und läßt ihre Ansprüche besser zum Vorschein kommen.

In der ganzen Bibel ist uns gesagt, daß am Anfang die bedingungslose Liebe Gottes war. Alles kommt von ihm. Gott liebte uns zuerst, so wird es im Johannes-Evangelium gesagt. In Gott hat alles seinen Anfang. Der Autor des Buches Hiob und auch Paulus erinnern mit unvergleichlicher Vehemenz immer wieder daran. In der Geschichte des Christentums fand diese Einsicht in das Wesen Gottes in der Gestalt des Lehrers Augustinus ihr bedeutsamstes Echo. Der augustinischen Lehre folgend, betonte – in erinnerungswürdiger Form – das Zweite Konzil von Orange (529), das auch in unserer eigenen theologischen Entwicklung eine entscheidende Rolle spielte[15], das Vorhandensein und die alleinige Vorrangstellung der Gnade Gottes in jeder guten Tat des Menschen.[16]

Jahrhunderte später hat die Auseinandersetzung über den Ablaß Martin Luther veranlaßt zu behaupten, daß nichts und niemand Bedingungen für die rettende Gnade Gottes aufstellen kann und daß Gott für diese Gnade ebensowenig eine Gegenleistung abverlangt. Durch menschliche Werke kann sie nie verdient werden. Allein der Glaube vermag zu erretten (*sola fide*). So versteht Luther den paulinischen Text, »... daß der Mensch durch den Glauben gerechtgesprochen werde, nicht durch das Gesetz« (Röm 3,28). In dieser Stelle kommt eine wertvolle Einsicht in bezug auf die Bedingungslosigkeit des Handelns Gottes zum Ausdruck. Diese Erkenntnis kann aber auch als Engführung gegenüber der Tragweite und des Sinnes der Antwort des Menschen im rettenden Prozeß mißverstanden werden.

Die Gnade ist zuerst vor allem eine Gabe, doch ist sie auch Aufgabe. Gnade und Anspruch bedingen sich gegenseitig. Auf die freie Gabe Gottes antworten Menschen mit ihrer Freiheit, und diese Freiheit äußert sich im Handeln. Aus der bedingungslosen Liebe Gottes entstehen somit ethische

---

13. *Karl Lehmann*, Befreiungstheologie, Madrid 1978; besonders das Kapitel »Methodologische und hermeneutische Probleme der Theologie der Befreiung«
14. Über die menschliche Arbeit, Nr. 82. (Unsere Hervorhebung).
15. J. L. Segundo.
16. vgl. Denzinger Nr. 200.

Fragen. Der Glaube läßt sich nicht auf Werke reduzieren, aber in den Werken kommt erst die Ernsthaftigkeit unserer Annahme dieser Gabe des Glaubens zum Ausdruck, und damit letztendlich auch die Wahrheit, als die im biblischen Sinne verstandene Loyalität und Treue. So kann der Glaube, der das Leben ist, über die Vermittlung der Werke, der Praxis und des Bekenntnisses verstanden werden.

III. Spiritualität und Befreiung

Spiritualität ist ein relativ neuer Begriff – er tauchte im französischen Sprachraum erst im siebzehnten Jahrhundert auf –, um das zu bezeichnen, was in der ersten Zeit des Christentums Nachfolge Christi genannt wurde (*sequella Christi*). Diese Nachfolge wird von Menschen vollzogen, die in einer bestimmten geschichtlichen Wirklichkeit und zu einer genau bestimmbaren Zeit leben.

»Die wachsende Armut von Millionen unserer Brüder«, wie die bischöfliche Konferenz von Santo Domingo (Nr. 179) sagt, bildet den elementaren und sehr konkreten Kontext, in den wir gerufen sind, Jünger Jesu zu sein. Diese Armut findet ihre Ursachen in der Ungerechtigkeit, den Folgen sozialer Konflikte und auch in der terroristischen und unterdrückenden Gewalt. Der Ruf in die Nachfolge Jesu gilt auch für die Anstrengungen und den Mut vieler Menschen, die bei der Verteidigung des Rechts auf Leben und der Freiheit des Evangeliums tätig sind. Diese Wirklichkeit fordert und ruft Christen dazu auf, sich mit den Opfern der Armut und der Gewalt zu solidarisieren. Diese Verpflichtung zur Nachfolge wird den Weg der Befreiung einschlagen, einer Befreiung von all dem, was diese Menschen in menschenunwürdigen und ungerechten Verhältnissen beläßt. Bei einer Betrachtung der Tiefendimension bedeutet dieser Prozeß auch eine Befreiung von der Sünde, von einem Egoismus, der immer wieder verkannt wird und der zur Unterdrückung und zum Leiden beiträgt. In der ernsthaften Entscheidung zur Nachfolge Christi liegt eine Umkehr, und damit beginnt das Verlassen eines alten Weges, und der neue Weg, der beschritten wird, führt uns zum Vater und zum Bruder.

Viele Christen haben sich in den siebziger Jahren in ihren Ländern dem »revolutionären Prozeß Lateinamerikas« angeschlossen. Abgesehen davon, daß es in diesem Prozeß in bezug auf die verwendeteten Begriffe sicher an einigen Stellen an Distanz fehlt und manches dabei auch noch nicht so recht ausgegoren erscheint, so läßt sich doch ein zentraler Ansatzpunkt bestimmen. Es ist die grundlegende Einsicht, daß Christusnachfolge die Vergegenwärtigung des Evangeliums und der damit verbundenen Ansprüche der Liebe und der Gerechtigkeit voraussetzt. Und das soll inmitten einer Welt geschehen, in der viele Menschen eines vorzeitigen Todes sterben, in der Arme ständiger Mißhandlung ausgesetzt sind, in der indianische und schwarze Kulturen und Rassen mißachtet werden, und in der Frauen immer noch ausgegrenzt werden. Es sind sehr schwere Bedingungen, in denen sich christliches Leben behaupten muß, und das betrifft sowohl die Dimension des Betens als auch die Dimension der Solidarität mit den Leidenden. Aber wir dürfen gewiß sein, daß es sich um einen herausfordernden und fruchtbaren Weg handelt, auf dem wir zugleich dem Gott unseres Glaubens und dem lateinamerikanischen Volk unsere Treue erweisen können.

Das Evangelium zeigt dabei nicht eindeutig einen bestimmten sozialen oder politischen Weg, doch lassen sich in ihm bestimmte Forderungen erkennen. Christen sollen diese Orientierungen bei der Wahl des Weges berücksichtigen, den sie für am wirksamsten erachten, um ungerechte Verteilungsverhältnisse und die Ausgrenzung von Benachteiligten zu beseitigen. Die Frage, die sich also immer wieder stellt, ist folgende: Wie kann man einen »heiligen« Weg gehen, im Sinne der prägnanten Formel aus der Bergpredigt: »Ihr nun sollt vollkommen sein, wie euer himmlischer Vater es ist« (Mt 5,48), unter dem Anspruch der Solidarität und Verpflichtung mit all jenen, die Armut, Mißachtung oder Ungerechtigkeit erleiden? Diese Anforderungen laden nun aber nicht nur ein, Antworten zu geben, die die Sozial- oder Wirtschaftsordnung betreffen, sie verlangen auch ein spirituelles Verhalten.

Eine der größten Herausforderungen entstammt dem Konfliktfeld des sozialen und politischen Bereiches. Dort werden verschiedene Formen der Konfrontation unter Menschen als gegeben und selbstverständlich betrachtet. Aber der soziale Konflikt besteht in unserer Welt fort, ob wir es wollen oder nicht. Das Wichtige an der christlichen Perspektive dabei ist das Festhalten an der Liebe zu jedem Menschen, auch inmitten von Gegensätzen und Streitigkeiten. Damit erscheint man in der sozialen Wirklichkeit als Gegner. Das ist nicht einfach, und man kann nicht allein durch gute Absicht die Unvereinbarkeit verschiedener Meinungen einfach verschwinden lassen, aber man kann ebensowenig deshalb jemanden zurückweisen oder gar hassen. Diesbezüglich sagt der Katechismus der katholischen Kirche: »Die Befreiung im Geiste des Evangeliums läßt sich nicht mit dem Haß gegenüber dem Feind als Menschen vereinbaren, wohl aber mit dem Haß gegenüber dem Bösen, das dieser als Feind verrichtet.«

Das geschichtliche Engagement ist ein notwendiger und unvermeidlicher Bestandteil des christlichen Lebens, aber eben doch nur ein Teil davon. Das christliche Leben ist vor allem die fröhliche und erfreuende Erfahrung der bedingungslosen Liebe Gottes, und eine ihrer wichtigsten Ausdrucksformen ist das Gebet.Dabei geht es nicht um eine Fluchtbewegung. Unter der Voraussetzung, daß nur die bedingungslose Liebe Gottes bis in unser Innerstes dringt und von dort aus überhaupt erst echte Liebe erwachsen läßt, findet die Solidarität mit den Armen der Geschichte in der Erfahrung des Gebets ihre Wurzeln. Dann kann sich eine Liebe entfalten, die in brüderlichem Handeln gegenüber den Nächsten ihren Ausdruck findet. Das Gebet ist die Quelle der Fröhlichkeit, die das Leben eines Christen kennzeichnet. Die gegenüber allen Menschen geübte Liebe, und die Fröhlichkeit, die zum Austausch mit anderen einlädt, verhindert, daß uns unsere gesellschaftlichen Position, aus der zu flüchten weder menschlich noch christlich ist, uns dazu führt, bestimmte Menschen zurückzuweisen oder sich gegenüber Angst und Bitterkeit zu verschließen.

Die Jesusnachfolge, also die Spiritualität, beinhaltet die verschiedenen Dimensionen des menschlichen Daseins.[17] Nichts kann von der Annahme der Gabe des Lebens ausgeschlossen sein. Die historische Dimension des tätigen Engagements und die kontemplative Dimension des Gebetes bereichern sich gegenseitig. Diese beiden Dimensionen waren von Anfang an in der uns hier beschäftigenden theologischen Sichtweise gegenwärtig und wurden sehr geschätzt. Diese beiden Dimensionen werden nun seit einigen Jahren »Praktiken« genannt, weil sie dem entsprechen, was tatsächlich als Gebetspraxis und als Solidaritätspraxis gelebt wird. Es handelt sich letztendlich um die Akzeptanz des Willens Gottes in unserem Leben. Das ist der eigentliche Gegenstand, der im Licht des Wortes Gottes, also im Licht der Offenbarung, in der Theologie reflektiert wird. Er macht aus dem gelebten Glauben einen reflektierten Glauben. Das Ziel dieser Anstrengungen ist zum einen die Treue der Christen und der gesamten Kirche gegenüber der Botschaft Jesu. Zum anderen besteht ein zentrales Anliegen darin, daß diese Treue glaubhafter, verständlicher und wirksamer im Heute unserer Geschichte wird.

Die Spiritualität der Befreiung, die im Keim schon vor einigen Jahrzehnten bestand, ist heute zu einer widerstandsfähigen Wirklichkeit in Lateinamerika geworden. Die Betonung der kontemplativen und der historischen Dimension jedes christlichen Lebens; das Studium biblischer Bücher, die zunächst nicht ausreichend zur Sprache gekommen sind; das Bemühen, Verbindungen zu entdecken zwischen der Geschichte der Spiritualität und dem Zeugnis vieler Menschen, die ihr Leben dem Evangelium widmeten, indem sie die Armut vorgezogen haben; all diese Elemente helfen bei der Interpretation und Relativierung anfänglicher Behauptungen. Es geht immer wieder

---

17. Unter anderem auch den ökologischen Aspekt, der immer dringender und wichtiger wird. Siehe dazu: *Jürgen Moltmann*, Gerechtigkeit schafft Zukunft, München 1989.

darum, einen tieferen Sinn der Ursachen zu finden und dabei zu versuchen, sich einem adäquateren sprachlichen Ausdruck anzunähern.

Die Theologie ist letztendlich eine Reflexion über die Nachfolge Jesu, die das Evangelium als den Weg zum Vater, der seine Liebe durch seinen Sohn offenbart hat, aufzeigt. Das ist der Bezugspunkt für die Theologie als vernunftgemäßem Wissen. Ebenso ist die Nachfolge aber auch der Bezugspunkt der Theologie als Weisheit. Darin entfaltet sich eine theologische Funktion, die sich – wie uns scheint – im lateinamerikanischen Kontext stärker gegenüber der anderen Funktion entwickelt hat. Es ist eine Theologie, die als Meditation über die Bibel in den Anfängen der Kirche zu einem Nährboden für das christliche Leben wurde. Wir glauben deshalb weiterhin, daß jede authentische Theologie auch eine spirituelle Theologie ist. Ihre Entwicklung stellt eine der großen Aufgaben dar, die uns in Lateinamerika bevorsteht.

Übersetzt von Matthias von Westerholt

Jon Sobrino

Theologie von den Opfern aus

Wir wissen nicht, wie die Theologie in der Zukunft sein wird, denn die sozio-kulturellen Paradigmen verändern sich schnell. Von Lateinamerika aus gesehen, schließt sich gerade ein Kreis, der mit dem zweiten Vatikanischen Konzil/Medellin begonnen hat und der sich in den Gemeinschaften der Volksbewegung (comunidades populares) und in der außerordentlichen Generation von Bischöfen (Dom Helder Camara, Proano, Don Sergio, Monsignore Romero) ausgedrückt hat. Seinen Höhepunkt hat dieser Prozeß in den zahllosen Märtyrern erreicht, – die ganze Bewegung war mit Hoffnung und Praxis der historischen Befreiung erfüllt. In dieser Periode war und ist die Theologie der Befreiung das theoretische Moment, das den Prozeß christlich dynamisierte.

Es ist die Frage, ob die erwähnten Wirklichkeiten auch in der sich anbahnenden Zukunft gegenwärtig sein werden und wie die christliche Theologie im lateinamerikanischen Kontinent aussehen soll? Grundsätzlich glauben wir, daß sie weiterhin eine Theologie der Befreiung sein muß. Ihre Begründung besteht darin, daß das, worin sich die Wirklichkeit verdichtet, weiterhin die Unterdrückung ist, die *Opfer* hervorbringt. Diese Opfer sind real, und in dem Maße, wie sie wirklich sind, hinterfragen sie die Theologie, sind jedoch zugleich diejenigen, die ihren Vollzug ermöglichen.

Die Opfer sind natürlich nicht die einzige *Wirklichkeit* unserer Welt, aber wenn sie nicht zentral ernst genommen werden, erfaßt man das Entscheidende unserer historischen Wirklichkeit nicht, und die Theologie wäre in ernster Gefahr, sich selbst wirklichkeitsfremd zu machen und in eine Art *Wirklichkeitsdoketismus* zu fallen, einen Doketismus, der, in jeder seiner Formen, immer ihre größte Gefahr darstellte.

Andere in diesem Buch werden die Zukunft der Theologie der Befreiung von anderen Perspektiven aus analysieren. Aber aufgrund des Gesagten und weil das vielleicht von einem, der in der Welt von Opfern lebt, erwartet wird, werden wir uns auf eine Reflexion darüber konzentrieren, wie wir die Zukunft der Theologie von den *Opfern* aus sehen. Das schließt ihre Wirklichkeit der Kreuzigung unmittelbar mit ein, aber auch ihre Sehnsucht nach Leben und ihre Hoffnung auf Auferstehung.

Am Ende dieser Einleitung soll noch erwähnt werden, daß wir in diesen Überlegungen das Werk J. Moltmanns vor Augen haben, nicht nur weil ihm dieses Buch gewidmet ist, sondern weil uns seine Überlegungen über die Opfer, ihr Kreuz und ihre Hoffnung – die in seiner Theologie so zentral sind – bei unseren eigenen Überlegungen geholfen haben.

1. Die Opfer und der Primat der Wirklichkeit

Gestatten Sie mir, mit einer persönlichen Erinnerung zu beginnen. Am 16. November 1989 wurden in San Salvador im Garten unseres Hauses sechs Jesuiten – alles Mitglieder meiner Gemeinschaft – zusammen mit zwei Frauen, Julia Elba und Celina, die bei uns arbeiteten, ermordet. Ich war gerade in Thailand, um einen Kurs in Christologie zu geben und erlitt deshalb nicht dasselbe Schicksal. Nachdem sie also Juan Ramòn Moreno umgebracht hatten, schleppten sie seinen Leichnam in mein Zimmer, und bei dieser Kraftanstrengung fiel zufällig ein Buch – ein einziges Buch – aus dem Regal, und wurde mit seinem Blut überdeckt. Das Buch war *Der Gekreuzigte Gott* von Jürgen Moltmann. Wenige Jahre danach kam Moltmann 1994 in El Salvador vorbei, um den Ort zu sehen, wo die Jesuiten umgebracht und beerdigt worden waren. Er kam nicht um zu lehren, sondern verbrachte lange Zeit in Stille und Meditation im Garten und in der Kapelle. Das ist die Anekdote.

Man kann über die Theologie in *Der gekreuzigte Gott* von Moltmann diskutieren – aber was in unserer historischen Wirklichkeit außerhalb der Diskussion steht, ist, daß es eine massive und grausame Kreuzigung gibt, die Monsignore Romero und Ignacio Ellacuria das gekreuzigte Volk nannten. Das Blut, das das Buch von J. Moltmann bedeckte, drückt diese gekreuzigte Wirklichkeit aus. Und daß ausgerechnet *Der gekreuzigte Gott* das Buch war, fügt dem theologische Tiefe hinzu. In der historischen Kreuzigung gibt es Letztgültigkeit, und in ihr macht sich Gott selbst gegenwärtig.

Hier möchten wir beginnen. Die Wirklichkeit bricht weiterhin unübersehbar in die gesamte Menschheit und in die Theologie ein, auch wenn sie es leider in blutiger und gekreuzigter Weise tut. Die Massaker in El Mozote, Haitì, Bosnien, Ruanda und die Armut im Tschad, Bangladesch, Nicaragua nehmen dem Ausdruck jeden Schatten der bloßen Metapher. Und obwohl jede Theologie theoretisch fordern kann, der Wirklichkeit bei ihrer Formulierung den Primat einzuräumen, sind es die Opfer, die sie ohne Ausweichmöglichkeit dazu zwingen.

1.1 Die Zeichen der Zeit und die Opfer

Der Wirklichkeit den Primat einzuräumen, bedeutet die »Zeichen der Zeit« ernst zu nehmen, und das kommt meiner Ansicht nach nicht häufig vor. Erinnern wir uns daran, daß dies von dem Zweiten Vatikanischen Konzil gefordert worden ist, welches in einem ersten Augenblick dasjenige als Zeichen der Zeit verstand, was eine Epoche charakterisiert (GS 4). Es handelt sich also um ein historisch-pastorales Konzept, dessen Unterscheidung nötig ist, damit die Theologie relevant sein kann. Demzufolge besteht das Problem darin, diese Zeichen zu kennen und vor allem nach dem Rang ihrer Bedeutung einzustufen. So ist zum Beispiel unsere Zeit durch den religiösen Dialog und Fragen der christlichen Theologie über Ökumene oder die Einheit in Christus charakterisiert. Und ebenso ist unsere Welt durch die ökologische Zerstörung charakterisiert, und die 20 oder 30 Millionen Menschen, die jedes Jahr an Hunger sterben. Es geht also nicht darum, zu ignorieren, sondern herauszustreichen, was unsere Epoche am meisten charakterisiert.

In Lateinamerika hat die Theologie der Befreiung das grundlegende Zeichen der Zeit in dem »Einbruch der Armen« (G. Gutiérrez), dem »gekreuzigten Volk« (I. Ellacuria) gesehen, Wirklichkeiten, die mit einem Begriff den ungerechten Tod, die Sehnsucht nach Leben und die Möglichkeit, für andere Erlösung zu erreichen, ausdrücken. Das Problem für die gegenwärtige und zukünftige Theologie ist, ob dies weiterhin das Zeichen der Zeit bleibt. Unserer Meinung nach ist dies so, in jedem Fall muß es jedoch die zentrale Frage bleiben. Wir betonen »Arme«, »Opfer«, »gekreuzigtes Volk« deshalb so stark, weil dies heute eine Sprache ist, die von vielen Intellektuellen und Theologen der Vergessenheit anheimgegeben ist, so als ob seine Wirklichkeit bereits überwunden wäre, und als ob ihr Konzept bereits ausreichend in die Theologie integriert wäre.

Auf der anderen Seite ist es sicher, daß der anfänglichen Analyse, die die Theologie der Befreiung über die Armut machte, andere Formen der Armut und der Unterdrückung hinzugefügt werden müssen (Rasse, Geschlecht, Kultur, Kaste, Umweltzerstörung...). Aber das nimmt der zentralen These nichts, die, allgemein formuliert, folgendes besagt: Bis heute und in absehbare Zukunft bleibt das Zeichen der Zeit das gekreuzigte Volk, dem das Leben und die Würde genommen wird. Und das betonen wir von Neuem, weil es genau das ist, was einige Theologen übergehen wollten, um sich nicht der Ungerechtigkeit und dem Tod stellen zu müssen. Daher erinnern wir kurz daran, wie unsere Welt ist.

a) Wenn wir uns fragen, wie es der *Spezies* Mensch geht, und dabei berücksichtigen, daß wir noch nicht von der menschlichen *Familie* reden, muß die

Antwort vielleicht sein, daß es ihr gut geht, vielleicht sogar zu gut, denn obwohl sie von der Auslöschung weit entfernt ist, ist gerade ihr Wachstum ein Teil des Problems. Trotzdem sterben von dieser Spezies – um nur ein einziges Beispiel zu nennen – jede Stunde 1500 Kinder an Hunger oder an Krankheiten, die mit dem Hunger zusammenhängen, mehr als 13 Millionen pro Jahr. Und man hat begonnen, eine neue Sprache zu entwickeln, um nicht nur von ausgebeuteten Menschen (billigen Arbeitskräften) zu sprechen, sondern von nicht beachteten, inexistenten Menschen. Die *Spezies* Mensch wird schlecht überleben und zur gleichen Zeit wachsen können, da ein großer Teil ihrer selbst praktisch zu einer anderen *Sub-Spezies* gehört, die gar nicht zählt. Die erste Welt braucht die Geographie der dritten Welt für ihre giftigen Abfälle und ihre Rohstoffe. »Was sie schon nicht mehr braucht, ist der größte Teil ihrer Bevölkerung« (F. Hinkelammert).

b) Wenn wir uns fragen, wie es der menschlichen *Familie* geht, ist die Antwort erschreckend. Die Vereinten Nationen hatten schon 1989 die Information, wegen der Grausamkeit ihrer Konsequenzen hat es jedoch Monate und Jahre gedauert, bis die Daten veröffentlicht wurden. Wenn 1960 in der Welt auf einen reichen Menschen 30 arme kamen, stehen heute, 20 Jahre später, einem reichen 60 arme gegenüber. Eduardo Galeano hat dies illustriert: »Ein US-Bürger hat den Wert von 50 Haitianern«. Und er fragt sich, gleichsam um unsere Zivilisation metaphysisch aufzurütteln, »was würde wohl passieren, wenn ein Haitianer den Wert von 50 US-Amerikanern hätte?« Und hier ist ein weiteres aktuelles Datum.

»1960 hat sich der ärmste Teil der Weltbevölkerung auf 2,3% des weltweiten Kapitalertrags (renta mundial) verteilt. Dieser Prozentsatz hat sich 1980 auf 1,75% verringert, und 1990 auf 1.45%. Währenddessen haben die 20% des reichsten Weltbevölkerungsanteils ihren Wert von 70,2% 1960 auf 76,3% 1980 und auf 80,7% 1990 erhöhen können (J. M. Mella Vàzquez).

Selbst wenn viele – auch in der Theologie – dies ignorieren, ist die Parabel, die die aktuelle Situation unserer Welt am besten beschreibt, die des reichen Prassers und des armen Lazarus (Lk 16,19-31). Es ist sehr zweifelhaft, ob die Brotkrümel – die versprochene Linderung – den Hunger aller Armen sättigen. Es gibt aber keinen Zweifel darüber, daß die Wirklichkeiten geleugnet werden bis dahin, daß das Konzept der Menschenfamilie verweigert wird.

c) Alledem muß hinzugefügt werden, daß die *Lösung*, die uns für die Zukunft angeboten wird, nicht menschlich ist. Dieser Lösung ist der Zwang zu der Entscheidung darüber inhärent, welche Völker leben und welche nicht leben werden. Ebenso die Frage, welche Prozentzahl innerhalb der armen

Länder, 40, 50 oder 60 % überleben werden und welche nicht, wer darüber entscheidet und wer nicht, damit das Leben und der Tod der Menschen nicht der Kälte des Marktes überlassen wird Genau das aber passiert gerade, und deshalb redet man heute mit aller Schärfe von der Idolatrie des Marktes. Dies kann weder eine Lösung für die *Spezies* Mensch und noch viel weniger für die menschliche *Familie* sein. Daher muß man das, was uns angeboten wird, als schlechte Lösung, die gut erscheint, demaskieren oder als Erpressung bloßlegen, die – gut oder schlecht – als die einzig mögliche erscheint. Sie wollen uns die »Geokultur der Verzweiflung und die Theologie der Unvermeidlichkeit« (X. Gorostiaga) als kulturelles Substrat aufzwingen. In anderen Worten, die Mächte dieser Welt haben es nicht nur erreicht, objektive und radikale Veränderungen – Revolutionen- zu lähmen und zu erdrücken, sondern auch ihren subjektiven Beweggrund: Die Hoffnung, daß der Wechsel möglich ist und daß sich die Mühe dafür zu arbeiten lohnt.

Um diesen Gedanken abzurunden, ist noch zu sagen, daß die angestrebte, unmenschliche Lösung zudem noch als christliche Lösung dargestellt wird und sogar die Sprache Jesu verwendet wird, um auszudrücken, daß die neoliberale Lösung in Richtung des Reiches Gottes für die Armen gehe... (M. Camdessus).

1.2 Die Gegenwart Gottes in den Opfern

Das gekreuzigte Volk charakterisiert unsere Epoche nicht allein, aber es ist die grundlegende Wirklichkeit und in unseren Augen zentral. Außerdem muß das Positive an unserer Welt – Hoffnung, Fortschritte in der Menschlichkeit – verstanden werden von seiner Fähigkeit her, die Geschichte des gekreuzigten Volkes zu wenden, und zwar so, daß die Utopie die Kehrseite der Prophetie darstellt. Auf diese Weise wird die Utopie ein Minimum/Maximum sein, wie es Monsignore Romero von dem Geschenk des Lebens aussagte. Am Ende aber muß es eine wahre Utopie für die Opfer sein.

Trotz alledem haben wir das für die Theologie Wichtigste am gekreuzigten Volk noch nicht erwähnt. Man muß sich dazu vergegenwärtigen, daß im Zweiten Vatikanum die »Zeichen« eine zweite Bedeutung haben. In Dokument Nr. 11 von *gaudium et spes* wird eine überraschende These aufgestellt: »Das Volk Gottes... versucht in den Geschehnissen, Forderungen und Sehnsüchten, an denen es mit seinen Zeitgenossen teilnimmt, die wahren Zeichen der Gegenwart oder der Pläne Gottes zu erkennen.« Die Zeichen, von denen dieser Text spricht, sind geschichtliche Wirklichkeiten, wie in dem oben genannten historisch – pastoralen Sinn, nur daß sie jetzt außerdem noch sakramental verstanden werden: Sie beschreiben nicht nur auf dichteste Art die Wirklichkeit, sondern sie sagen, daß sich in ihnen Gott gegenwärtig macht. Es sind Zeichen der Zeit in einem historisch-theologischen Sinn.

Die für die Theologie wichtigste Frage ist, wo sich diese Zeichen ereignen, und ob das historisch-pastorale Zeichen mit dem historisch-theologischen Zeichen zusammenfällt. Mit anderen Worten, die Frage ist nicht nur, ob das gekreuzigte Volk das ist, was unsere Welt am meisten charakterisiert, sondern ob es auch der privilegierte Ort der Gegenwart Gottes ist. Die Schrift, Medellín, Puebla, Monsignore Romero und die Theologie der Befreiung haben sich diese Frage ernsthaft gestellt. Das hat Moltmann vor vielen Jahren in einem anderen Kontext auch getan, als er sich gefragt hat, ob die *wahre* Kirche »in der Gemeinschaft, die sich durch das Wort und das Sakrament manifestiert, oder in der latenten Bruderschaft des universellen Richters, der in den Armen verborgen ist,« zu finden ist.

Die Theologie der Befreiung hat die Antwort gegeben, daß das gekreuzigte Volk auch der privilegierte Ort der Gegenwart Gottes ist. Und das erhellt die kühne Formulierung Moltmanns vom gekreuzigten Gott. Dem ist hinzuzufügen, daß diese theologische Lesart der Wirklichkeit ihre Geschichtlichkeit nicht nur nicht trivialisiert, sondern auch radikalisiert. Auf der anderen Seite ist es diese gekreuzigte Wirklichkeit, die es – bei aller Vorsicht, die man bei der Applikation menschlicher Sprache auf Gott haben muß – erlaubt und fordert, vom gekreuzigten Gott zu sprechen.

Was hier auf dem Spiel steht, ist das Tiefste des Glaubens, die Ehrlichkeit in bezug auf die Wirklichkeit und auf Gott, ohne von vornherein zu entscheiden, daß wir die tiefste Wirklichkeit der beiden Dinge bereits kennen würden. Daher haben wir mit dem begonnen, was am meisten dazu in der Lage ist, die Theologie in die historische Wirklichkeit zu bringen und was sie mystagogisch zu Gott bringt, nämlich die Opfer, das gekreuzigte Volk.

Und das erhellt auch einen weiteren wichtigen Punkt des Theologietreibens, den die Theologie der Befreiung von allem Anfang an so verstanden hat: Die Theologie ist der zweite Akt, der nach einer spirituellen Erfahrung und der Praxis kommt. Die Gegenwart Gottes im gekreuzigten Volk ermöglicht es, logisch von der Möglichkeit einer spirituellen Erfahrung in den Armen zu sprechen und verleiht der Praxis Dringlichkeit, die Gekreuzigten vom Kreuz herunterzunehmen.

2. Theologie von den Opfern her treiben

Nach all dem Gesagten wird die Notwendigkeit für die Theologie deutlich, der Wirklichkeit der Opfer den Primat zukommen zu lassen und eine Theologie zu formulieren, die diesem Primat entspricht, was wir im folgenden untersuchen wollen. Zweifellos wird dies, entsprechend der Veränderungen, die sich in der Geschichte ergeben, korrigiert und ergänzt werden müssen, aber wir glauben nicht, daß sie entfernt oder relativiert werden können, solange die Opfer das Zeichen der Zeit sind.[1]

2.1 »Die Wirklichkeit in ein Konzept heben«

a) In Übereinstimmung mit dem Gesagten muß die Theologie der *Wirklichkeit* vor dem *Text*, der *Gegenwart* vor der *Vergangenheit* logische Priorität geben, was sie im Prinzip jeder Wirklichkeit gegenüber, der sie sich zuwendet, tun kann, aber sie muß es noch viel eher tun – und genau das ist passiert – wenn sie sich den Opfern gegenüberstellt. Denn es ist wahrscheinlich die historische Wirklichkeit des Kreuzes und sein theologisches Korrelat, der gekreuzigte Gott, was die Intelligenz unruhig bleiben läßt, ohne daß ein Text, so wichtig er auch sein mag, sie zu beruhigen vermag. So ist es gut und notwendig für die Theologie, daß sie Gebrauch von *Texten der Vergangenheit* macht, die die Beziehung zwischen Gott und seinen Opfern erhellt, in diesem Fall paulinische und markinische Traditionen über das Opfer Jesu, die Gegenwart und das Schweigen Gottes am Kreuz, »der spekulative Karfreitag« von Hegel, das »nur ein leidender Gott kann helfen« von Bonhoeffer. All dies ist wichtig, um die Fragen von heute in dem Kontext der besten Tradition zu stellen und in ihr Konzepte zu entdecken, die dazu helfen, uns auf die richtige Fährte zu setzen, um eine Antwort geben zu können. Aber es ist aus zwei Gründen nicht genug, obwohl es gut und notwendig ist:

Der erste Grund ist, daß es sich um Texte der *Vergangenheit* handelt, während die Frage der Opfer weiterhin in der *Gegenwart* nachhallt und sie zur spezifisch gegenwärtigen Frage macht, einer Frage, die niemals zum Schweigen gebracht werden kann, obwohl es in der Vergangenheit bereits Antworten auf ähnliche Fragen gegeben haben mag. Und der zweite Grund ist, daß nicht einmal die stärksten *Texte* – seien sie aus der Vergangenheit oder der Gegenwart – in bezug auf ihr Text-sein genug Kapazität haben, um den

---

1. Die Vorgehensweise der Theologie der Befreiung, die wir hier zusammenfassen, haben wir in folgenden Schriften ausgeführt: Theologie in einer leidenden Welt. Die Theologie der Befreiung als intellectus amoris, in: Revista Latinoamericana de Teologia 15, 1988, 243-265; Wie treibt man Theologie?, in: Sal Terrae 5, 1989, 397-417; Die ›Zeichen der Zeit‹ in der Theologie der Befreiung, in: Varios, Fides quae per caritatem operatur, Bilbao 1989, 249-269; Epilog. Die Armen, Gekreuzigte und Erlöser, in: *Maria Lòpez Vigil/Jon Sobrino, Das Töten der Armen*, Madrid 1993, 355-370; Von einer Theologie nur der Befreiung zu einer Theologie des Martyriums, in: Revista Latinoamericana de Teologia 32 und 33, 1994, 131-161 und 215-241.

menschlichen und gläubigen Geist in angemessener Weise auf der Suche nach einer Antwort zu mobilisieren. Diese Kraft zu fragen und zu antworten kann nur aus der *Wirklichkeit* selbst kommen.

b) Demzufolge muß Theologie die Texte ernst nehmen, aber formal gesehen heißt Theologie treiben, die Wirklichkeit und das, was sie an Manifestation Gottes und an Glaubensantwort darauf enthält, in ein theologisches Konzept zu bringen. Das löst natürlich nicht die Pflicht auf, sich immer wieder an die Schrift zu halten, die als Kriterium fungiert, die Wahrheit nicht zu verlieren, und – positiv gesagt – als Vorrat an Totalität, der sich im Verlauf der Geschichte nicht punktuell erschöpft. Hier ist zu beachten, daß die Theologie der Befreiung, die so sehr auf der gegenwärtigen Wirklichkeit insistiert, wahrscheinlich auch diejenige ist, die am meisten auf der Vergangenheit Christi insistiert, indem sie Jesus von Nazaret in seiner konkreten Realität betrachtet.

Wer vor diesem Verständnis von Theologie erschrickt, muß sich fragen, ob die entgegengesetzte Konzeption nicht noch erschreckender ist: Die Theologie darauf zu reduzieren, die Wirklichkeit und die Offenbarung Gottes in der Vergangenheit zu erklären und die Texte, in denen uns das überliefert wurde, zu interpretieren, ohne jemals dem aktuellen Wort Gottes zu begegnen, und zwar in unmittelbarem Bezug auf Gott, und nicht nur in bezug auf Worte, die bereits vom Lehramt oder von anderen Theologien interpretiert worden sind. Mit anderen Worten: Die mögliche Manifestation Gottes in der Gegenwart nicht ernst zu nehmen, bedeutet zu akzeptieren, daß Gott entweder heute nicht mehr spricht oder daß sein Wort von der Theologie nicht gehört wird. Wäre das zweite der Fall, würde die Theologie ihre Essenz verlieren, oder sie würde sich darauf reduzieren, die Geschichte der Theologie zu interpretieren. Wäre ersteres der Fall, müßte die gesamte Theologie ein langes und respektvolles Schweigen einnehmen.

c) Aus dem Gesagten ist abzuleiten, daß man die Wirklichkeit, und nicht nur die Texte, als theologisches Argument verwenden kann und letztlich auch muß. Der Vorschlag ist delikat und gefährlich, und daher muß jede theologische Argumentation, die die Wirklichkeit verwendet, mit der Offenbarung Gottes verglichen werden. Das Wirklichkeitsargument ist offensichtlich wehrlos, aber es ist auch notwendig und fruchtbar.

Außerdem ist abzuleiten, daß gerade wegen der »theologischen« Einstellung zur historischen Realität diese Art, Theologie zu treiben mehr als andere Formen der Theodizeefrage ausgeliefert bleibt. Tatsächlich stellt sich für eine Theologie, die – auch wenn sie es nicht ausdrücklich anerkennt – faktisch und auf wirksame Weise einen »deistischen« Gott vorstellt, der in der

Vergangenheit gegenwärtig und aktiv war und es jetzt in der Gegenwart nicht mehr ist, das Theodizeeproblem mit geringerer Wucht. Nimmt man aber einen Gott an, der in der (tragischen) Wirklichkeit der Geschichte gegenwärtig ist, einen Gott, der außerdem als befreiender Gott, Gott des Lebens, Gott der Opfer bestimmt wird, ist die Theodizeefrage unvermeidlich und verletzend, sie hat aber den Vorteil, daß sie die Frage nach der Wirklichkeit Gottes heute immer lebendig hält. Und dieses *Heute* Gottes ist wesentlich in einer Theologie, die von den Opfern aus getrieben wird.

2.2 Der »intellectus amoris«

Es ist offensichtlich, daß die Welt der Opfer eine Reaktion verlangt, die sie radikal zu verändern sucht. Diese Reaktion muß auch die Theologie formen. Dies setzt voraus, daß die Theologie das Reich Gottes in seiner Gesamtheit von Transzendenz und Geschichtlichkeit zu seinem Hauptziel macht. Und es setzt voraus, daß das Ziel, es zur Sprache zu bringen, nicht in erster Linie dem dient, es zu verstehen, sondern auch es aufzubauen.

Dies ist zentral in der Theologie der Befreiung, die sich selbst als »die angemessene Theorie der Praxis des unterdrückten und gläubigen Volkes« (L. Boff), als »das ideologische Moment der kirchlichen und historischen Praxis« (I. Ellacuria) versteht. Dies bedeutet, daß die Theologie von Barmherzigkeit erfüllt sein muß, daß ihr theoretisches Denken von dem Leiden der Opfer bewegt sein muß und daß dieses Leiden die Praxis lenkt, die Gekreuzigten vom Kreuz zu nehmen. Anders gesagt, innerhalb der Triade *fides, spes, amor,* kann die Theologie – und in unseren Augen muß sie es – verstanden werden als *intellectus amoris,* die sich ihrerseits als *intellectus misericordiae, iustitiae , liberationis* konkretisieren muß.

Dieses Selbstverständnis der Theologie ist neu. Trotzdem ist es möglich, weil es wirklich ist – und so ist das Selbstverständnis der Theologie der Befreiung. Außerdem wissen wir nicht, daß es eine verpflichtende dogmatische Behauptung gäbe, nach der man die Theologie exklusiv oder primär als *intellectus fidei* verstehen müßte – und Moltmann hat schon vor Jahren den Vorschlag gemacht, daß die Theologie sich als *intellectus spei* in Entsprechung zu der *spes quaerens intellectum* verstehen solle. Letztlich ist dieses Verständnis der Theologie durch das letzte Ziel aller christlichen Aktivität gerechtfertigt und gefordert: Den Aufbau des Reiches Gottes. Es existiert also die Liebe *quaerens intellectum* und der *intellectus,* der dieser Suche der Liebe, der Barmherzigkeit und der Gerechtigkeit entspricht, ist die Theologie.

Aber jenseits der gerechtfertigten Präzisierungen, die wir gerade angeboten haben, glauben wir, daß es in einer leidenden Welt, in einer Welt der

Opfer, so wie wir es beschrieben haben, wesentlich ist, daß sich die Theologie selbst als *intellectus amoris* versteht. Zweifellos muß sie die Vermittlungen, die sie verwendet, überdenken, sie muß sich selbst kritisieren, sie muß »nach vorne schauen« (H. Assmann). Sie muß neu bedenken, daß die Verfahrensweise von der Praxis erfüllt sein muß, die gut mit folgenden Termini beschrieben werden kann: *Radikalität:* Dann geht es darum die »Geschichte zu verändern, Objektivität und *Realismus*: Dann handelt es sich darum, daß die Praxis wirkungsvoll sein soll, *Prophetie* und *Utopie*: Zu wissen, was es zu leugnen gibt und wohin man weitergehen muß. Aber man darf sich nicht im Grundsätzlichen täuschen: Wir leben in einer Welt, in der der christliche Glaube auf seine Verantwortung, sie zu verändern, nicht verzichten kann, und deswegen kann die Theologie auch nicht darauf verzichten Wir sehen daher nicht, daß die Theologie der Zukunft weniger, sondern noch mehr praktisch sein muß.

Darum wird man verstehen, daß es nicht bloße Rhetorik ist, wenn die Theologen der Befreiung wiederholen, daß sie mehr an der Befreiung denn an der Theologie interessiert sind. Und daß sie daher auch fragen, ob die Theologie wirklich befreit, oder ob sie im Gegenteil die Befreiung verhindert (indem sie die Unterdrückung zudeckt), oder ob sie, was noch schlimmer ist, Letzteres noch fördert. Von hier aus ist der bleibende Wert der Aufgabe zu sehen, die Juan Luis Segundo fordert: Die Befreiung der Theologie.

2.3 »Das Beschwerliche der Wirklichkeit auf sich nehmen« Verfolgung und Martyrium

Die Welt, die die Theologie zu verändern suchen sollte, ist grundsätzlich Sünde, das Gegenreich, Negativität und das alles auf aktive Weise: Wer gegen diese Welt angeht, muß damit rechnen, daß die Welt zurückschlägt. Einfach gesagt, wer Theologie als *intellectus amoris* treibt, muß bereit sein, das Beschwerliche der Wirklichkeit zu tragen.

Die Erfahrung zeigt, daß man, um die Negativität der Geschichte auszulöschen, gegen sie kämpfen muß – und man muß eine Art von Postmodernität überwinden, die ausschließlich tolerant ist. Man muß auch einen gewissen Optimismus der Moderne gegenüber überwinden, denn um die Negativität auszureißen, reicht es nicht, »von außen« dagegen anzukämpfen, sondern man muß es auch »von innen« tun. Das führt dazu, daß man das Negative auf sich nehmen muß und die Bereitschaft dazu voraussetzt, daß die Sünde ihre Kraft über diejenigen entlädt, die sie auf sich nehmen.

Diese Überzeugung kommt nicht allein aus Lateinamerika und auch nicht hauptsächlich aus theoretischen Analysen von Konzepten (obwohl die Thesen von R. Girardi dies beleuchten). Sie kommt auch nicht – was man heutzutage klarstellen muß – aus einer Opfersoteriologie. Sondern sie stammt aus einer Überzeugung, deren letzte Wurzel in der Verbindung einer redlichen Sicht der Geschichte und des christlichen Glaubens liegt. Und so hat I. Ellacuria häufig die Lieder des leidenden Gottesknechts erwähnt und sie zu etwas Zentralem gemacht. Nicht, daß sie etwa schmerz- oder opferverherrlichend wären, aber er hat in der Figur des Knechts etwas Zentrales gesehen: Um die Sünde auszureißen, ist es eine notwendige , wenn auch nicht hinreichende Bedingung, sie auf sich zu nehmen. In der Terminologie von X. Zubiri[2] gesagt, die Ellacuria beherrschte: Man muß, um »wirkungsvoll die Wirklichkeit auf sich zu nehmen«, die Opfer erzeugt, bereit sein, sie »auf sich zu nehmen«. Man muß sich von der Sünde der Welt betreffen lassen. Und es gibt etwas an der Sünde, was sich nicht verändern läßt, wenn man es nur von außen bekämpft, sondern nur, indem man von innen aus dagegen angeht. So formuliert, geht das *mysterium iniquitatis* auch den Theologen an, insofern es ihn, mehr oder weniger stark, in die Verfolgung und in das Martyrium führt.

Vielleicht scheinen diese Überlegungen manchen in einem Aufsatz, in dem es um die Theologie geht, fehl am Platz zu sein, aber unserer Meinung nach sind sie entscheidend. In erster Linie, weil es Theologen gegeben hat, die sich der Wirklichkeit gestellt haben, die versucht haben sie zu transformieren, ja mehr noch, auch in bezug auf ihr Theologe-sein bereit waren, sie auf sich zu nehmen, und die getötet wurden. Und zweitens, weil eine Haltung, die dies nicht ernsthaft erwägt, annimmt, daß die Welt, in der sie Theologie treibt, eine *tabula rasa* ist und nicht ein aktives Gegenreich, das gegen alles, was sich ihm widersetzt vorgeht – auch wenn es intellektuell ist. Nach meinem Urteil wäre das ein verhängnisvoller Fehler, nicht nur praktischer, sondern auch theoretischer Art. Wenn umgekehrt die Theologie (und der Theologe) niemals irgendeinen Angriff seitens der Mächte der Welt erleiden muß (auch wenn er von der kirchlichen Hierarchie kommt), kann man vermuten, daß es sich nicht um eine Theologie handelt, die sich den Wirklichkeiten stellt – die vor allem Opfer hervorbringt –, sondern um eine reduktionistische Theologie der Konzepte.

Wenn man mir eine kleine Ironie erlaubt, es ist gut, sich daran zu erinnern, daß es anfangs Theologen-Märtyrer gab, die die existentielle und theologische Reflexion über das Martyrium vereinten. So z. B. ein Ignatius von Antiochien oder ein Justin. In unseren Tagen nun war ein Ignacio Ellacuria

---

2. Xavier Zubiri, italienischer Philosoph, der in Innsbruck Philosophie lehrte, als Ellacuria dort studierte. Ellacuria wurde sein Assistent und Schüler, verfaßte seine philosophische Dissertation über dessen Denken und wurde sehr von ihm geprägt. (Anmerkung des Übersetzers)

ebenfalls Theologe und Märtyrer und hat als *Theologe* über das Verhältnis der beiden Dinge nachgedacht. Verfolgung und Martyrium waren für ihn vorhersehbare Dinge, die sich einstellen, wenn der Theologe »die Wirklichkeit auf sich nimmt.«

2.4 »Sich von der Wirklichkeit aufnehmen lassen« Theologie und Gnade

Die Wirklichkeit ist nicht nur Negativität, sondern auch Positivität, und deswegen muß die Theologie nicht die Wirklichkeit aufnehmen, sondern sich auch von ihr aufnehmen lassen. Mit dem Wort »aufnehmen« (cargar) spielend, sagte K. Rahner, daß das Evangelium eine schwere leichte Last ist, die jemanden um so mehr mit sich erfüllte, je mehr er sie auf sich nahm.« Etwas analoges könnte man von dem Verhältnis zwischen Theologie und Wirklichkeit sagen.

Die Grundannahme ist, daß es in der Wirklichkeit nicht nur Negativität gibt, sondern auch Positivität, daß nicht nur die Sünde existiert, sondern auch Gnade. Indem man die Wirklichkeit auf sich nimmt, nimmt man auch das auf sich, was in ihr an Gnade ist, womit die Wirklichkeit die Theologie aufnimmt. Und dies verifiziert sich in der Erfahrung.

Indem wir die Opfer aufnehmen, nehmen diese uns auf, bieten *Licht* an, um Inhalte kennenzulernen und um wiederzuerkennen, was immer schon Inhalt der Offenbarung gewesen ist, was jedoch unbeachtet geblieben ist. Es ist die Sorte von Licht, die der Gottesknecht anbietet, wenn von ihm gesagt wird, daß er »zum Licht der Nationen gemacht worden ist«. Die Opfer sind wie das Licht, über das kein Blick fällt, aber mit dem man sieht, was man sucht. Außerdem bieten die Opfer Inhalte für die Intelligenz an, deren Begriffe bereits vorher existiert haben mögen, aber die häufig unbekannt bleiben, und das Gewicht, das ihnen eigen ist, wird nicht erkannt.

Dies bedeutet, daß sich die Opfer in einen theologischen Ort verwandeln, in erster Linie nicht verstanden als ein kategorisches *ubi* (Fakultät, Seminar, Universität, Kurie, Gemeinschaft), sondern als substantielles *quid*. Und unsere Erfahrung entdeckt, indem sie Theologie von der Wirklichkeit aus treibt, wichtige Wahrheiten der Offenbarung Gottes wieder, die unbekannt oder verhüllt waren, und gibt ihnen zentrale Bedeutung. Das augenfälligste Beispiel dafür ist die Wiederentdeckung von Befreiung als einer zentralen Wirklichkeit der Offenbarung. Das anerkennen auch die beiden vatikanischen Instruktionen von 1984 und 1986. Die Theologie aber, die progressive Theologie eingeschlossen, hat dies jahrhundertelang ignoriert. Dasselbe kann man von vielen weiteren Themen sagen, vor allem, wenn sie dialektisch anvisiert werden: Reich und Gegenreich, Gott und Götzen, der größere und der kleinere Gott, Gnade und Sünde, Seligpreisungen und Unheilsworte, Märtyrer, die Kirche der Armen ... All dies hat die Welt der Opfer ermöglicht. Wenn uns die Paraphrase und das Paradox erlaubt ist, sind sie der *Sitz im Tode*, der jedem *Sitz im Leben* dazu verholfen hat, sich in einen christlicheren und realitätsbezogeneren zu verwandeln.

In der gleichen Wirklichkeit existiert also das Positive, das mit dem Negativen zusammen einbricht. Es ist nicht nur das Böse eingebrochen, sondern auch das Gute. Es ist nicht nur der Schrei der Opfer eingebrochen, sondern auch ihre Hoffnung und ihre Sehnsucht nach Befreiung. Daher möchten wir so, wie wir vorher die Theologie als *intellectus amoris* reformuliert haben, sie nun als *intellectus gratiae* reformulieren. Der letzte Grund für diese Bestimmung ist die christliche Annahme, daß Gott offen oder verborgen in den Opfern dieser Welt gegenwärtig ist. Daher ist von, für und mit den Opfern Theologie zu treiben, die Theologie, die mit der Wirklichkeit in Berührung gekommen ist.

Wir können nicht vorhersagen, wie die Theologie in der Zukunft sich gestalten wird, und wir haben anfangs gesagt, daß andere in diesem Buch andere Wege für die Theologie untersuchen werden. Aber so wie sich unsere Welt entwickelt und so wie sich Gott in Jesus manifestiert hat, glauben wir, daß im wesentlichen die Perspektive der Opfer gültig bleiben wird – auch wenn dies hoffentlich bald anachronistisch werden sollte – und in jedem Fall muß der Wirklichkeit der Primat zukommen, um sie zu verändern. Das heißt gar nicht, daß es nicht auch nötig wäre, »immer bereit zu sein, unsere Hoffnung zu begründen«, in den Worten von G. Gutiérrez, »Wie soll man den Armen sagen, daß Gott sie liebt?« – die erklärende Dimension der Theologie. Aber wir denken, daß die Theologie vor allem die Hoffnung hervorbringen muß, um in unserer Welt das Reich Gottes aufzubauen; in Ellacurias Worten: »das gekreuzigte Volk von dem Kreuz herabholen«, das ist die transferierende Dimension der Theologie. Das ist es, was die Wirklichkeit und Gott, der sich, mal offensichtlich, mal verborgen in ihr gegenwärtig macht, fordern.

Woher man die Hoffnung nehmen kann, die Wirklichkeit zu verwandeln, ist nicht etwas, was man von vornherein definieren könnte. Mich haben – ich weiß nicht, ob es daran liegt, daß ich von Märtyrern umgeben lebe – immer diese Worte von J. Moltmann inspiriert: »Nicht jedes Leben bietet Gelegenheit zur Hoffnung, wohl aber das Leben von Jesus, der in Liebe das Kreuz und den Tod auf sich genommen hat.« Und wir lesen es richtig, damit man uns nicht der Schmerzverherrlichung anklagt: Das Leben – auch wenn es nicht irgendein Leben ist, sondern eines, das von Barmherzigkeit und Liebe erfüllt ist – das Leben ist es, das die Hoffnung wachhält und das die Theologie aufnimmt.

Übersetzt von Burkhard Weber

M. Douglas Meeks

Die Zukunft der Theologie in der Gütergesellschaft

Die christliche Theologie im 21. Jahrhundert wird der Gefahr ausgesetzt sein, ihren Platz in der Gesellschaft zu verlieren. Theologie gehört dorthin, wo der dreieinige Gott die Schöpfung erlöst, das heißt unter die Armen und an die gefährdeten Plätze der Schöpfung. Aber Theologie kann nicht existieren ohne die Universität oder einen ihr ähnlichen Ort, an dem der menschliche Geist reflektieren kann, und ohne die Kirche als den Ort, an dem der Geist das Volk Gottes formen kann. Sowohl die Universität als auch die Kirche werden radikal durch die Marktgesellschaft bedroht. Die Theologie kann diese Institutionen nicht länger in derselben Weise voraussetzen wie sie seit einigen Jahrhunderten existierten. Die Theologie muß sich heute ihren eigenen *oikos* innerhalb der massiven oikischen Krisen der Ök-onomie, Ök-ologie und Ök-umene schaffen. In diesem Essay konzentriere ich mich auf die Theologie als Funktion der Kirche und auf die Gestalt des anwachsenden Kampfes der Theologie um Raum und Zeit in der Marktgesellschaft.

Jürgen Moltmann bietet uns, mehr als jeder andere zeitgenössische Theologe, einen Reichtum an Ressourcen an, um die Kirche neu zu konzipieren. Je mehr die Theologie ihre Aufmerksamkeit gegen Ende des 20. Jahrhunderts auf die Frage konzentriert, wie die Kirche in der Marktgesellschaft ihrem Auftrag gemäß leben und sogar überleben kann, umso wichtiger werden seine Beiträge. In diesem Essay werde ich Moltmanns Vorstellung von der Immanenz der dreieinigen Liebe Gottes weiterführen, denn sie schafft Raum und Zeit für die Kirche unter den sozialen Bedingungen einer Marktgesellschaft, welche zunehmend die Möglichkeiten der Kirche, öffentlich in Erscheinung zu treten, beschneidet.[1] Hierbei richte ich meine Aufmerksamkeit auf die Konkretisierung des göttlichen Seins als Liebe. Diese Liebe setzt den durch Güteraustausch konstituierten Beziehungen der Marktgesellschaft die »sich selbst verschenkenden« (*gifting*) Beziehungen der göttlichen Personen entgegen. Die Lebensfähigkeit der Kirche und somit auch der Theologie in der Marktgesellschaft

---

1. Vgl. besonders *Jürgen Moltmann*, Gott in der Schöpfung. Ökologische Schöpfungslehre, Gütersloh 1993⁴, 116-221 und *ders.*, Der Geist des Lebens. Eine ganzheitliche Pneumatologie, München 1991, 230-280 u.ö.

wird davon abhängen, ob die Kirche in einer Gütergesellschaft, in der die Gabe zunehmend zum Problem wird, eine »sich verschenkende« Gemeinschaft werden kann.

I. Die Kirche in der Marktgesellschaft

Keine gegenwärtige geschichtliche Wirklichkeit ist so durchdringend wie die Ausdehnung des Marktes in jede Region, jeden Ort und jedes Dorf der Welt. Der Markt wirkt Wunder. Er verändert die Welt, und in vielen Fällen zum Besseren. Aber der Markt wird die Welt nicht erlösen. Der Markt hat keine Macht gegen die Sünde, das Böse und den Tod, auch wenn wir mit seiner universalen Verbreitung und Effektivität prahlen. Und in vielerlei Hinsicht ist er ein gefräßiges Ungeheuer, das das Leben der Menschen und Gemeinschaften verschlingt, bürgerliche, nationale und staatliche Identitäten auflöst, und das Leben der Natur bedroht.

In Verbindung mit den sich beschleunigenden technologischen Innovationen im Informations- und Kapitalfluß untergraben die Kräfte des Marktes die kapitalistische Gesellschaft. Das »Ende des organisierten Kapitalismus« bedeutet nicht das Ende des Marktes, sondern vielmehr die Auflösung vieler gesellschaftlicher, bürgerlicher und kultureller Strukturen, die das Aufkommen und die Vorherrschaft der kapitalistischen Gesellschaften im 19. und 20. Jahrhundert begleiten.[2] Eine Grundannahme bleibt jedoch bestehen, daß nämlich die materielle Zukunft einer und eines jeden von uns, die wir in Übereinstimmung mit den Regeln des Marktes erstreben, und die durch die unsichtbare Hand der Technologie gelenkt wird, in einer gemeinsamen und für alle vorteilhaften Zukunft resultieren wird. In diesem Sinne können wir weiterhin von einer Marktgesellschaft inmitten des desorganisierten Kapitalismus sprechen.

Die Kirche am nordatlantischen Rand versteht sich inzwischen größtenteils als eine derjenigen Institutionen, die den bürgerlichen Sektor der kapitalistischen Gesellschaft umfassen. Indem sich dieser Sektor auflöst, verliert die Kirche ihre institutionelle Eingebundenheit und die verschiedenen Gründe, welche sie als notwendigen Bestandteil dieses Sektors erscheinen lassen. Gleichzeitig wird das Selbstverständnis und die Organisation der Kirche zunehmend durch die Logik des Marktes bestimmt. Nach Robert Heilbroner ist das Wesen unserer Gesellschaft *Anhäufung von Reichtum in Form von Macht* und die Logik unserer Gesellschaft *Güteraus-*

---

2. *Scott Lash und John Urry*, The End of Organized Capitalism, Cambridge 1987.
3. *Robert Heilbroner*, The Nature and Logic of Capitalism, New York 1985, 31-32, 141-148 u.ö.

tausch.³ Alles dreht sich um diese Sachverhalte. Stillschweigend glauben wir so sehr an sie, daß wir ihnen bereitwillig dienen und unser Leben nach ihrer Logik ausrichten. Es ist ihre Sprache, die alle Menschen fasziniert. Es ist zunehmend ihre Logik, von der Menschen Leben, Sicherheit und Zukunft erwarten.

An sich ist die Logik des Marktes ein menschliches Gut. Sie ist vielleicht die erfolgreichste Erfindung, welche je im Blick auf die menschliche Gesellschaft gemacht wurde. Niemand kann ihre ehrfurchtgebietenden Auswirkungen in der Moderne ableugnen. Dennoch zerstören viele der sogenannten neoklassischen, dem modernen Markt zugrundeliegenden Annahmen die Möglichkeit christlicher Nachfolge im Bereich der Wirtschaft. Sie engen zunehmend den öffentlichen Erscheinungsraum ein, in dem die Kirche existieren kann.⁴ Diese Voraussetzungen machen es der Demokratie auch unmöglich, Eigentum, Arbeit und Konsum so zu prägen, daß Gleichheit, Mitbestimmung und der Zugang zu Lebensunterhalt und Gemeinschaft für alle erhalten bleiben. Der Markt kann ohne diese Voraussetzungen und ohne viele der aus ihnen entsprungenen Institutionen florieren. Deshalb muß nicht der Markt an sich kritisiert werden, sondern vielmehr das, was Karl Polanyi »die Marktgesellschaft« nennt, eine Gesellschaft also, in der die Verteilung der Sozialleistungen ausnahmslos durch die Marktlogik kontrolliert wird.⁵ Alle Sozialleistungen werden produziert und verteilt als seien sie Güter.

Die Wirklichkeit der sich selbst verschenkenden Liebe Gottes jedoch, die in der Logik und dem Logos der *Gnade* ausgedrückt ist, kann unter den Gesetzen des Marktes nicht zur Geltung kommen. Die Logik des Marktes, also der Güteraustausch und die Anhäufung von Reichtum als Macht, läßt keinen Raum für jene in der Bibel erzählten Beziehungen und Verhaltensweisen, die durch maßloses Schenken gekennzeichnet sind, gegenseitige Selbsthingabe etwa, oder Diakonie und Verantwortung für die Schöpfung. Das Verschenken ist für die Bibel der bevorzugte Weg, Gottes Sein, das sich in der Liebe ausdrückt, und im Anschluß daran die besondere Seinsweise der *ecclesia* konkret zu beschreiben. Aufgrund dieser Parallelität ist es nicht weniger problematisch, von Gottes Gegenwart in der Marktgesellschaft zu sprechen, als von der Gegenwart der *ecclesia* in der Marktgesellschaft.

---

4. *M. Douglas Meeks*, God the Economist: The Doctrine of God and Political Economy, Minneapolis 1989, 47-73.
5. *Karl Polanyi*, The Livelihood of Man, New York 1977, 9 u.a. Vgl. auch Charles E. Lindblom, Politics and Markets: The World's Political-Economic Systems, New York 1977.

Wenn wir biblisch von der Kirche als dem »Haushalt Gottes« oder der *oikonomia tou theou* sprechen, müssen wir uns fragen, ob die Kirche tatsächlich in der Marktgesellschaft in Erscheinung tritt oder treten kann. Wo ist konkret der Ort und die Zeit der Kirche, wenn die Kirche selbst von der Marktgesellschaft absorbiert und größtenteils gemäß der Logik des Marktes organisiert wird? Wie konkret schafft die Gegenwart von Gottes Geist Raum und Zeit für die Verkörperung der Kirche, so daß sie tatsächlich öffentlich in Erscheinung treten und einen historischen Unterschied machen kann? Wie kann die Kirche der Ausbreitung des totalitären Marktes Einhalt gebieten, so daß sie, die in Gott wohnt, eine alternative *oikonomia* sein kann?

Seit der Wende des Jahres 1989 ist unzweifelhaft, daß marxistische, Keynes'sche und neoklassische Wirtschaftslehren nicht den Schlüssel für die Zukunft in der Hand halten. Die Annahmen der neoklassischen Wirtschaftslehre über Mensch, Geschichte, Natur und Staat regieren noch immer unsere Wahrnehmung des Marktes. Der Markt selbst jedoch scheint in Verbindung mit den neuen Technologien ohne die Kontrolle der neoklassischen Erwartungen und Gesetze zu funktionieren. Die ethischen Fragen, vor denen die Menschheit und zwangsläufig auch die christliche Kirche steht, sind daher: 1) Wie kann der Markt menschlicher gestaltet werden, so daß er der menschlichen Zukunft dienen kann? 2) Wie kann eine Ökonomie über den Markt hinaus geschaffen werden, so daß die volle Bedeutung der *Ökonomie* für Mensch und Natur verwirklicht werden kann?[6] Keine Frage: der Markt kann nicht überwunden werden. In der vorhersehbaren Zukunft wird die ganze öffentliche Ökonomie auf den Markt hin ausgerichtet sein. Aber die Gesetze des Marktes sind von Menschen geschaffen und können neuformuliert werden, um den Markt menschlicher zu gestalten.[7] Zudem wird weder der Markt, wie wir ihn derzeit begreifen und betreiben, noch irgendeine zukünftige Theorie und Praxis des Marktes dazu fähig sein, aus sich selbst heraus den globalen Haushalt herbeizuführen, in dem die Konflikte zwischen Völkern und mit der Natur nicht mehr zerstörerisch sind.

Welche Ökonomien des Lebens müssen jedoch dem Markt um einer humaneren *oikonomia* willen hinzugefügt werden? Gesetzt den Fall, es ist Menschen möglich, den Markt humaner zu gestalten: Welche anderen als die staatlichen Instrumente stehen uns für diese Aufgabe zur Verfügung? Können wir die neoklassischen Wege überwinden, mit deren Hilfe wir uns selbst, unseren Besitz, unsere Arbeit und unseren Konsum definiert haben?

---

6. Für ältere Bedeutungen des Begriffs *Ökonomie* vgl. Meeks, *God the Economist*, besonders 75-97.
7. Vgl. *Jürgen Moltmann*, Ist der Markt das Ende aller Dinge?, in: Die Flügel nicht stutzen. Warum wir Utopien brauchen, hg. W. Teichert, Düsseldorf 1994, 84-108.

Was könnte diese Definitionen in unserem öffentlichen Leben ersetzen? Unser Problem sieht dann etwa wie folgt aus: Ohne menschliche Gemeinschaften kann der Markt nicht humaner gestaltet werden, denn ohne die sie tragenden Gemeinschaften existieren keine bürgerlichen oder politischen Mittel für die Humanisierung der Wirtschaft. Aber die Marktgesellschaft hat die Tendenz, Gemeinschaften zu zerstören. Das altertümliche Verständnis des Begriffs *Ökonomie* schloß die Fragen ein, wie man eine Gemeinschaft errichten und erhalten kann, oder wie Mitglieder eines Haushalts aufeinander bezogen sind. Die moderne Wirtschaftslehre verarmt, weil sie diese Fragen ausschließt. Neuerdings ist es schon alltäglich geworden zu fragen, ob es irgendwelche Gemeinschaften gibt, die demokratische Werte hegen oder die Politik tragen können.[8] Unsere Frage ist, inwieweit es in der Kirche echte Gemeinschaften der Verwandlung geben kann.[9] Die Kirche muß sich in diesen Fragen engagieren, denn sie berühren sowohl ihr eigenes Überleben als auch die ihr durch den dreieinigen Gott aufgetragene Sendung.

II. Globalisierung und die Desorganisation des Kapitalismus

Nur wenige gegenwärtige Wirtschaftswissenschaftler zweifeln daran, daß die Wirtschaft einen weltweiten strukturellen Veränderungsprozeß durchmacht. Das *Industriezeitalter* macht dem *Informationszeitalter* Platz. Eine massive Reorganisation der Geschäftswelt und der Regierungsstrukturen haben in Verbindung mit einem nie dagewesenen Einfluß der Hochtechnologie, des weltweiten Finanzsystems und der Macht der elektronischen Medien zur Auflösung des organisierten Kapitalismus geführt. Dieser bestand aus etwa einem Dutzend komplex organisierter kapitalistischer Gesellschaften, die alle am Rande des Nordatlantiks lokalisiert waren.[10] Darüber hinaus gab es viele Gesellschaften mit mehr oder weniger kolonialistischen oder halbkolonialistischen Beziehungen zu diesem organisierten Kern. Der desorganisierte Kapitalismus ist die Epoche, in der verschiedene Prozesse und Verschiebungen im wirtschaftlichen Leben dieses Muster neu strukturiert haben. Beispielsweise fließen seit geraumer Zeit Kapital und Tech-

---

8. Vgl. beispielsweise *Robert Bellah u.a.*, Habits of the Heart: Individualism and Commitment in American Life, New York 1985, und *ders.*, The Good Society, New York 1991; *John Kenneth Galbraith*, The Culture of Contentment, New York 1992; *Christopher Lasch*, The True and Only Heaven: Progress and Its Critics, New York 1991.
9. Vgl. *Steve Tiptons* Kapitel »The Public Church« in Bellah u.a., The Good Society, 179-219.
10. Vgl. für das folgende *Scott Lash und John Urry*, Economies of Signs and Space, London 1994, 1-10, 314-320 u.a.

nologien in rund 170 souveräne Länder mit Marktwirtschaften, die alle entschlossen sind, den von ihnen errungenen Bereich zu verteidigen. Die Mobilität der Geschäftsleute, Touristen, Migranten und Flüchtlinge nahm enorm zu. Durch eine Zeit-Raum Verdichtung in den Finanzmärkten geschehen die Transaktionen des Marktes fast augenblicklich. Dies hat eine Ausweitung der Risiken, die keine nationalen Grenzen mehr kennen, und eine Ausweitung der Furcht vor diesen Risiken zur Folge.[11] Große Teile der Weltwirtschaft sind inzwischen internationale Dienstleister für Hersteller und Verbraucher. Der »Markt« entdeckte, daß er funktionieren kann, ohne Arbeit für Menschen zu produzieren. Diejenigen, die das Wissen meistern, die »symbolischen Analytiker«, wie sie Robert Reich nennt, sondern sich von den Produzierenden und Dienstleistenden ab.[12] Wo sie sich vom Gemeinwesen abspalten, erschaffen sie sich separate Lebensräume, Schulen und kulturelle Einrichtungen und tragen mit ihrer Arbeit und ihrem Reichtum nicht länger zum gemeinsamen Gut der Gesellschaft bei. Globalisierte Kultur- und Kommunikationsstrukturen befreien sich zunehmend von bestimmten Regionen und siedeln sich in Weltstädten an, die miteinander stärker verbunden sind als mit ihren jeweiligen Provinzen. In diesen Städten entwickelt sich eine Dienstleistungs- und Informationsklasse mit kosmopolitischem Geschmack, besonders für modische Konsumdienstleistungen, die meist von der einen oder anderen Immigrantengruppe bereitgestellt wird. Gesellschaftliche Klassen, herkömmlicherweise im Anschluß an symbolische Orte und Hierarchien organisiert, machen Platz für eine neue Art des kosmopolitischen, postmodernen Individuums, das neu

---

11. Schon John Maynard Keynes bezeichnete die Finanzmärkte der Welt als *Casino*. Durch Innovationen auf dem Gebiet der Informationstechnologie verwandelt sich das heutige, integrierte 24-Stunden Kasino vom klassischen Freihandelsplatz des Gewinn-Verlust-Wettbewerbs zu einer »neuen Form elektronischer Märkte, in denen das selbstinteressierte Verhalten eines jeden ›rationalen Spielers‹ das ganze System in Gefahr bringen kann, wenn nicht schnell, kooperativ und kollektiv gehandelt wird.« *Hazel Henderson*, New Markets and New Commons, in: Futures 27/2, 1995, 113. Bis zu einer Trillion Dollar in Wertpapieren (Derivate von Aktien, Gütern und Pfandbriefen) können an einem Tag gehandelt werden. Die weltweite Wertpapier- und Finanzindustrie ist zunehmend weniger in der Lage, den sich für alle Spieler vermehrenden Risiken bei Währungsspekulationen zu begegnen, wie wir im »Savings and Loan« Fiasko in den Vereinigten Staaten und dem Zusammenbruch der Barings Bank in England sahen. Mammutverluste an Derivaten und Schutzstrategien können ungeahntes Leiden für Millionen von Menschen hervorrufen und Institutionen überall auf der Welt destabilisieren. Die Risiken können nicht ohne neue weltweite Gesetze reduziert werden. Welches aber ist die gesellschaftliche Institution, die an den Computer des Weltkasinos und die satellitengesteuerte technologische Innovation heranreicht?
12. *Robert B. Reich*, The Work of Nations: Preparing Ourselves for 21st-Century Capitalism, New York 1991.

gestalteten kulturellen Räumen angehört (z.B. der Kunst-, Finanz-, Drogen-, Werbe- oder akademischen Welt). Darüber hinaus, und das könnte der wichtigste Punkt sein, ist die Desorganisation der kapitalistischen Gesellschaft durch eine abnehmende Effektivität und Legitimität der Nationalstaaten gekennzeichnet. Diese sind unfähig, die desorganisierten kapitalistischen Flüsse zu kontrollieren. Der Staat kann die Wirtschaft nicht länger regulieren.[13]

Der Prozeß der Globalisierung wird wechselweise von utopischen und distopischen Voraussagen begleitet. Das Ende des Kalten Krieges brachte die Aufhebung von enormen finanziellen, gesellschaftlichen und psychologischen Belastungen und die Erwartung ungeahnter Möglichkeiten, die sich im Computerchip und der Fiberoptik symbolisieren. Die distopische Perspektive sieht jedoch die Möglichkeit eines verheerenden Zusammenbruchs in Folge vielfältiger Krisen (Schuldenkrise, Armutskrise, Energie/Ökologiekrise) und der Zunahme von unzivilisierten, unregierbaren Zonen in der Welt und ihren Städten.

III. Gemeinschaft

Die gegenwärtige Soziologie beschäftigt sich viel mit dem Niedergang des gemeinschaftlichen Seins in der neuen Weltwirtschaft. In der auf Informationsaustausch gegründeten Wirtschaft stößt das menschliche Selbst auf einen immer schneller werdenden Umlauf von Gütern, Bildern, Geld, Ideen und anderen Menschen.[14] Die von einer Gemeinschaft geteilten Deutungen der Welterfahrung und die für eine Gemeinschaft charakteristischen Gebräuche (*shared meanings and background practices*) werden entleert, wenn ein entwurzeltes »Ich« in einem Prozeß der Individualisierung und Atomisierung aus der es umgebenden Gemeinschaft herausgelöst wird. Optimistischere Theoretiker glauben jedoch, daß die Entwicklung von verschiedenen Formen der Reflexivität die distopische Sicht des Zusammenbruchs der Gemeinschaft in der weltweiten Informationswirtschaft wettmachen kann. Ökonomien von »Zeichen und Raum« sind die Netzwerke, die Flüsse eines »Wirs« weltweiter Gemeinschaft. Diese kann eine Reflexivität entstehen lassen, in der das »Ich« dazu befähigt wird, die Gesetze und Ressourcen der gesellschaftlichen Struktur mitzuprägen und damit das eigene Leben zu bestimmen.

---

13. *Richard Barnett und John Cavanagh*, Global Dreams: Imperial Corporations and the New World Order, New York 1994.
14. Lash und Urry, Economies of Signs and Space, 314ff.

Scott Lash und John Urry beschäftigen sich mit zwei Modellen der Verkörperung der »globalen« Gemeinschaft: 1) das universalistische Modell, welches durch das marxistische Weltsystem[15] und den Funktionalismus Parsons repräsentiert wird, und 2) das partikulare und unmittelbare Modell, welches durch die Hegelsche »Sittlichkeit« repräsentiert wird, die nicht durch Gesetze geregelt wird.[16]

Der *universalistische* Ansatz betont die Entwicklung zunehmend abstrakt werdender Sozialbeziehungen, ein evolutionistisches Verständnis der Geschichte und eine liberale oder proletarische Vision der Emanzipation. Er stellt sich Gemeinschaften in einem abstrakten Raum und einer abstrakten Zeit vor, *worin* sich das gesellschaftliche Geschehen und Beziehungen ereignen. Diese Sicht der Gemeinschaft arbeitet noch immer mit den abstrakten Spielarten des Individualismus der Aufklärung.[17] Daher ist diese Sicht nicht in der Lage, ein wirklich geschichtliches Verständnis von Gemeinschaft vorzustellen, das die Grenzen der menschlichen Leiblichkeit und der sich daraus ergebenden Tragödie anerkennen kann. Darüber hinaus stellt die liberale theologische Tradition gerne weitreichende Behauptungen auf, was die möglichen Veränderungen in Richtung auf die Vollendung des Individuums und der gesellschaftlichen Gerechtigkeit anbetrifft, ohne darauf zu achten, wer die wirklichen geschichtlichen Träger einer solchen Veränderung sein könnten. In der Folge haben die kirchlichen Institutionen immer weniger öffentlichen Einfluß. Theologische Diskurse erliegen daher in der Tendenz oft einem um sich greifenden Fatalismus, was die Möglichkeiten einer Verwandlung der großen Institutionen anbetrifft. Dieser Fatalismus hat unsere Gesellschaft angesichts der Unzugänglichkeit des Marktes für demokratische Prozesse und

---

15. *Immanuel Wallerstein*, The Modern World-System, New York 1974, 1980.
16. Lash und Urry, Economies of Signs and Space, 315ff.
17. Nach Michael Welker erzeugt solch abstrakter Individualismus den falschen Schein realisierter Gleichheit und »unendlicher Gesprächsfähigkeit und Wandlungsfähigkeit. Ins Unbestimmte gebaut werden Verheißungen über völlige Gleichheit und beliebige Veränderbarkeit der Individuen und ›Strukturen‹ mittels Dialog, Vertrauen und Lernbereitschaft. Der Pluralismus des Geistes läßt diese Illusion durchschauen. Die Männer werden nicht zu Frauen und die Frauen nicht zu Männern, die Jungen werden zwar alt, aber die Alten nicht jung. Auch die befreiten Unterdrückten müssen mit ihrer Leidensgeschichte leben. Diese Faktoren, aber auch rassische und nationale Herkunft und die Zugehörigkeit zu einer bestimmten Phase der geschichtlichen Entwicklung legen den Dialogfähigkeiten ... beträchtliche Schranken auf. Geschöpfliche bereichernde und ungerecht unterdrückende Schranken, gute und schlechte, heilsame und isolierende, befreiende und dämonisch wirkende Beschränkungen sind zu beachten.« *Michael Welker*, Gottes Geist. Theologie des Heiligen Geistes, Neukirchen-Vluyn 1993[2], 36f.

die scheinbare Unmöglichkeit eines demokratisch strukturierten Wandels im Würgegriff.

Das *partikularistische* Verständnis von Gemeinschaft betont die unmittelbare Beteiligung des Einzelnen am Nexus gemeinsamer Deutungen der Welterfahrung und der für die Gemeinschaft charakteristischen Gebräuche. Das Cartesianische Verständnis von Zeit, Raum und Gesellschaft wird hier als metaphysische Verwirrung des Seins gegeißelt. Gemeinschaft wird durch die nicht regulierten (wenngleich erlernten) *Gewohnheiten* konstituiert. Diese Gewohnheiten entspringen bei Bourdieu dem *habitus*, bei Mac Intyre den Netzwerken unmittelbar zugänglicher *Werkzeuge und Gebräuche*, mit deren Hilfe Güter und andere Sinndeutungen routinemäßig produziert werden, oder in Gadamers Hermeneutik den *Vorurteilen*.[18] Laut Lash und Urry deutet dieses »Welt-Sein« in ästhetischer und hermeneutischer Reflexivität auf die Möglichkeit lokaler Spielarten des »Wir« hin und scheint es einen politischen Raum für neue Gemeinschaften und neue soziale Bewegungen zu eröffnen. In ihrer interpretierenden Beziehung zu den sozialen Bedingungen und dem Selbst spielt eine solche ästhetische und hermeneutische Reflexivität in Produktion und Konsum, in der Kritik und in der Begründung von Gemeinschaft eine aktive Rolle.

Aber die antidiskursive Welt der gemeinsam geteilten Deutungen der Welterfahrung und der charakteristischen Gebräuche kann auch die Welt des Rassismus, des Sexismus und des Klassenhasses sein. Lash und Urry suchen deshalb nach einem »kosmopolitischen« Weg für ein solches verwurzeltes Sein in »künstlich geschaffenen« Gemeinschaften. Lash und Urry können zwar aufzeigen, daß durch ästhetische Reflexivität viele neue Gemeinschaften geschaffen und das Selbst wieder erschaffen werden kann, um neuen Gemeinschaften beizutreten. Sie zeigen jedoch keinen Weg auf, mit dessen Hilfe Vorurteile, Gewohnheiten und gemeinsame Sinnentwürfe einer Gemeinschaft so geschaffen oder umgewandelt werden können, daß sie die radikal Anderen, die Fremden, einbeziehen können. Dies führt uns zu einer Überlegung über den besonderen Charakter der »Wirtschaftsordnung« im Haushalt Jesu Christi. Hier verkörpert sich Gottes als Gabe verstandene Liebe in der Beziehung zum Fremden. Da-

---

18. Piere Bourdieu, *Distinctions* (London: Routledge, 1984). Nach Bourdieu vollziehen sich Geschmacksurteile nicht gemäß dem Subjekt-Objekt-Modus. Sie sind schon für eine Gemeinschaft charakteristische Gebräuche, Annahmen also, die Geschmacksgemeinschaften von vornherein teilen. Wir leben immer schon mit ihnen, sie sind deswegen keine Regeln, denen gegenüber wir objektiv sein könnten. Sie sind die Vorausetzungen und unreflektierten »Hintergrundsgebräuche« von Geschmacksurteilen. Siehe auch Alasdair MacIntyre, *After Virtue*, 2nd ed. (Notre Dame: University of Notre Dame Press, 1984).

bei werden einerseits gesellschaftliche Fixierungen und Schichten durchbrochen, andererseits eine neue Zeit und ein neuer Raum für Gemeinschaft geschaffen.

IV. Gottes Oikonomia und die Gemeinschaft des »Antlitzes«

Wir sahen, daß die Kirche zu einem großen Teil von der Marktgesellschaft absorbiert und selbst in bedeutsamer Weise gemäß der Logik des Marktes organisiert ist. Können wir konkret von der Gegenwart Gottes in dem Geist sprechen, der Raum und Zeit für die Verkörperung der Kirche schafft, so daß die Kirche tatsächlich öffentlich in Erscheinung tritt und dadurch einen geschichtlichen Unterschied zum Ausdruck bringt? Wie kann sich die Kirche der Verbreitung der totalitären Tendenzen des Marktes entgegenstellen, so daß sie, die in Gott wohnt, eine alternative *oikonomia* sein kann?

Wenn wir uns nicht auf die kirchliche Gemeinschaft konzentrieren, wird es uns kaum möglich sein, öffentlichkeitswirksam für eine Veränderung der unterdrückenden Zustände auf den Gebieten von Wirtschaft und Politik einzutreten, die die massive menschliche Misere in der Weltgemeinschaft verursachen. Wir verfangen uns zu sehr in den aufklärerischen Wissenschaften des individuellen Subjekts und der Gesellschaft als ganzer und vernachlässigen darüber die zwischenmenschliche Gemeinschaft fast völlig, die aber die primäre Art der *ecclesia* ist. Ohne das, was Immanuel Lévinas die »Gemeinschaft des Antlitzes« nennt, wird es weder die radikale Kritik noch die alternative Gemeinschaft geben, die für die Freiheit von der Unterdrückung notwendig sind.[19] An dieser Stelle hilft uns Edward Farleys Unterscheidung der menschlichen Wirklichkeit in drei Sphären weiter. Er unterscheidet 1) die Sphäre der Subjektivität oder des Handlungssubjektes, 2) die soziale Sphäre und 3) die Sphäre der gegenseitigen menschlichen Beziehungen.[20] In ihrer zunehmenden Abhängigkeit von den psychologischen und soziologischen Wissenschaften verlieren Theologie und Ethik die Tatsache aus den Augen, daß sowohl das Böse als auch die Erlösung ihren primären Ort in der Gemeinschaft des Antlitzes haben.

In der Sphäre des individuellen Selbst gedeiht das Böse in Entfremdung, Ärger, Schuld und der aus dem Götzendienst herrührenden Gewalt. In der sozialen Sphäre taucht das Böse auf, in der Selbstverabsolutierung der Par-

---

19. Immanuel Levinas, *Totality and Infinity: An Essay on Exteriority*, übers. A. Lingis (Pittsburgh: Duquense University Press, 1969).
20. Edward Farley, *Good and Evil: Interpreting a Human Condition* (Minneapolis: Fortress Press, 1990).

tikularität einer Gruppe, die sich andere Gruppen gewalttätig zu Nutzen macht.[21] Die eigenartige Macht des Bösen drückt sich darin aus, daß es die Sphären des Selbst und der Gesellschaft von der zwischenmenschlichen Sphäre abtrennt und damit Erlösung in jeder dieser drei Sphären unmöglich macht. Wenn erst die Mechanismen des Marktes alle Beziehungen in der Gesellschaft bestimmen, dann trennen sie die Gemeinschaften des Antlitzes vom menschlichen Selbst und den gesellschaftlichen Körperschaften, Handlungsträgern und Strategien ab. Sie werden zu vermeintlich gutartigen Masken der Unterdrückung. Da Götzendienst und Selbstabsolutierung lediglich in der zwischenmenschlichen Sphäre überwunden werden können, geschieht Erlösung nur in der Sphäre der gegenseitigen Ko-Inhärenz der Menschen untereinander und mit der Natur. Wenn kulturell vermittelte Handlungsnormen, die der Kultur des Marktes entspringen, nur unter Bezugnahme auf die zwischenmenschliche Sphäre kritisiert und verändert werden können, dann sollten wir nach neuen sozialen Formen sowie einem neuen Raum und einer neuen Zeit für das suchen, was wir als *oikisch- perichoretische Beziehungen* in der Gemeinschaft des Antlitzes bezeichnen können.

Gemeinschaften des Antlitzes drücken sich in relativ konstanten Seinsweisen oder Beziehungen aus. Sie erfordern Strategien und Praktiken, Handlungsdisziplinen und politische Disziplinen. Es gibt viele verschiedene Disziplinen der kirchlichen Praxis mit ihren eigenen Kriterien des Antlitzes, die erinnert, zurückgewonnen, neu konzipiert und praktiziert werden müssen. In diesem Zusammenhang werde ich mein Augenmerk auf die kirchliche Gemeinschaft des Antlitzes lenken, die am Tisch des Herrn geformt wird. Dieser ist der ursprüngliche Ort, der alternativen Ökonomie des Haushaltes Jesu Christi.

V. Ökonomie in der eucharistischen Praxis

Die *ecclesia* ist eine Gemeinschaft des Antlitzes, in der die Sünde und Furcht des Menschen und die Macht des Bösen und des Todes in das Leben der Liebe Gottes hineingenommen werden. Hier wird die Macht der Liebe Gottes um der göttlichen Erlösung der Welt und der göttlichen Herrschaft der Herrlichkeit willen der Gemeinschaft gegeben. Diese Liebe schafft eine *oikonomia*, deren Habitus und charakteristische Gebräuche im Herrenmahl verkörpert werden. Die sich selbst gebende Liebe der dreieinigen Gemeinschaft am Tisch ist die formende Macht des Haushalts Jesu Christi. Sie ist der Ort der göttlichen Schöpfung von Zeit und Raum für Gottes alternative

21. Farley, Good and Evil, 260ff.

Ökonomie. Die eucharistische Ökonomie Gottes drückt sich in einsichtigen, objektiven Tischmanieren aus, welche den Ethos, die Zeit und den Raum der Ökonomie des dreieinigen Gottes unter den Bedingungen der Geschichte innerhalb der Gemeinschaft des Antlitzes strukturieren.

Tischmanieren sind so alt wie die menschliche Gesellschaft selbst. Keine menschliche Gesellschaft existiert ohne sie. Jede Gesellschaft gehorcht beim Essen Regeln, welche die weitesten gesellschaftlichen Übereinkünfte verkörpern und symbolisieren.[22] Die wichtigsten Regeln beim Essen sind einfach: 1) Wer nicht ißt, der stirbt. 2) Egal wie groß das Essen ist, man wird bald wieder Hunger haben. Wer zum Abendessen eingeladen wird, muß die Tischmanieren des Einladenden kennen und sich danach richten. Aus diesem Grunde ist allen Eltern und Gemeinschaften bewußt, daß Tischmanieren eine Frage von Leben und Tod sind. Jedes Essen wird im Licht dieser Sorgen bis zu einem gewissen Grade ritualisiert. Eigentümlich am eucharistischen Mahl ist, daß es darauf ausgerichtet ist, allen Geschöpfen Gottes den zum Leben, und zwar zum reichlichen Leben, nötigen Lebensunterhalt zu sichern.

Anthropologisch betrachtet sichern Tischmanieren das *Teilen* und verhindern *Gewalt*.[23] Die Menschen entwickelten die ihnen eigenen Hüften, um aufrecht stehen und die Hände und Arme frei verwenden zu können. Nur so konnten sie ausgestreckt werden, um anderen Menschen Nahrung zu geben. Indem die Menschen beschlossen, gemeinsam zu essen, das heißt ihr Essen zu teilen, zeichneten sie sich als Menschen aus. Mit der gelegentlichen Ausnahme einiger weniger Spezien, etwa den Schimpansen, sind Menschen die einzigen Kreaturen, die Nahrung nach Hause bringen, um sowohl mit Erwachsenen als auch mit Kindern zu teilen. Dieses Teilen ist das Fundament aller Tischmanieren. Tischmanieren existieren jedoch auch wegen der grundlegenden Bedrohung durch Gewalt. Sobald die menschliche Gesellschaft existierte, gab es Tischmanieren, die sicher stellten, daß wir zu den Essenzeiten aßen und nicht etwa gegessen wurden. Essen ist von Natur aus eine aggressive Tätigkeit, und die Werkzeuge, deren es bedarf, können leicht zu tödlichen Instrumenten bei Tisch werden. Tischmanieren sind gesellschaftliche Übereinkünfte, die genau deshalb entstanden, weil Gewalt so leicht beim Essen ausbrechen kann.

Die seltsamen Tischmanieren am Tisch des Herrn sind Gebräuche der *oikonomia tou theou* und deshalb auf mehr ausgerichtet als auf die Verhin-

---

22. *Margaret Visser*, The Rituals of Dinner: The Origins, Evolution, Eccentricities, and Meaning of Table Manners, New York 1991.
23. Für das Folgende vgl. Visser, 2-78. Natürlich entstellt sich jede Gemeinschaft durch Tischmanieren auch, denn diese dienen nicht nur dazu, jemanden in die Tischgemeinschaft einzubeziehen, sondern auch dazu, andere durch Snobismus und Klassensysteme von der Tischgemeinschaft auszuschließen.

derung von Gewalt und das Teilen dessen, was zum Erhalt des Lebens notwendig ist.[24] Sie verkörpern die oikisch-perichoretischen Beziehungen, die tatsächlich das Leben gegen den Tod, das Böse und die Sünde konstituieren. Sie sind Ausdruck der zwischengöttlichen und zwischenmenschlichen Beziehungen, die durch das Wort (logos/Logik) des Evangeliums in der Kraft des Geistes geschaffen werden.

Die oikisch-perichoretischen Beziehungen einer weltoffenen Kirche hängen von der Realpräsenz des Gastgebers ab. Nur dieser, Jesus Christus, kann die Gemeinschaft des Antlitzes schaffen, in der Götzendienst und Unterdrückung überwunden werden können. Die Realpräsenz Jesu Christi vermittelt sowohl die Vergangenheit Jesu (einschließlich der Vergangenheit Israels und der Schöpfung) als auch der Zukunft Jesu (einschließlich der Zukunft der Herrschaft der Rechtschaffenheit der dreieinigen Gemeinschaft über den Tod, das Böse und die Sünde).

VI. Das Antlitz des Fremden

Die Ökonomie der Gnade hängt davon ab, wer zum Abendessen eingeladen ist. Wenn wir nicht mit den Fremden essen, werden wir nie in der Lage sein, oikische Beziehungen mit den Armen zu begründen, die der Intention der Rechtschaffenheit/Gerechtigkeit der dreieinigen Gemeinschaft in irgendeiner Weise nahekommen. Die in der nordatlantischen Kultur verbreiteten, konventionellen moralischen Normen sind durch und durch egoistisch. Auch die Theologie und die Lebensformen der Kirche reflektieren oft diese in der Marktgesellschaft funktionierenden Kriterien: Selbstbesitz, das Individuum als je persönliche Hermeneutik und Gebieterin über die Wahrheit, und Menschlichkeit, von der wir glauben, sie tritt erst dann recht hervor, wenn wir uns von den anderen unterscheiden. In einer solchen privatistischen Kultur muß alle öffentliche Verantwortung in einer Art Gesellschaftsvertrag als

---

24. Am Tisch des Herrn haben wir dieselben Fragen im Blick auf Manieren und Rituale, die wir bei allen anderen Essen haben: Wer lädt ein? Wer ist eingeladen? Wie müssen Gastgebende und Gäste begrüßt werden? Was soll auf den Tisch gebracht werden? Wie sollen wir es servieren? Welches soll die Sitzordnung sein und wie kann das schwächste Glied seiner Portion versichert werden? Wann sollen wir mit dem Essen beginnen? Über was sollen wir sprechen? Wie sollen wir uns verabschieden? Welche Vorkehrungen sollen wir für das nächste Essen treffen? Dies sind natürlich die primären Fragen der Ökonomie, ungeachtet ihres Niedergangs in den modernen Wirtschaftswissenschaften. Es sind die primären Fragen der Beziehungen des Haushalts für das Leben und gegen den Tod. Die Art und Weise, wie diese Fragen in der Gemeinschaft des Antlitzes praktisch beantwortet werden, bestimmt die Möglichkeit und formt das Zeugnis der Kirche in der Ökonomie.

Selbstinteresse verteidigt werden.[25] Die Kirche ist nur eine freiwillige Vereinigung von Gleichgesinnten, die einander bei individuellen Entscheidungen helfen.[26] Weltoffenheit kann in diesem Zusammenhang auch als Egoismus aufgefaßt werden: Der oder die andere ergänzt mich, hilft mir, zu meinem eigenen Selbstverständnis zu gelangen, macht mich menschlicher. Die Kultur des Marktes sucht mit Begeisterung nach jedem erdenklichen Argument für den Egoismus; wir sind ganz darauf ausgerichtet, unsere Rechte im Sinne von Eigeninteresse zu verstehen. Es verwundert folglich nicht, daß der Diskurs über Gerechtigkeit so durch Zwietracht zerrüttet ist.[27]

Nur die Begegnung mit dem Fremden kann die Selbstverabsolutierung durchbrechen. Die Begegnung mit dem Fremden am Tische des Herrn ist der Anfang des Lebens, die Möglichkeit der Rechtfertigung vor Gott, das Wesen der Erlösung.[28] Es gibt zwei Arten, wie man Fremden begegnen kann, Menschen also, die radikal anders sind. Der Philosoph der individuellen Freiheit, *Jean Paul Sartre*, behauptet, daß wir, wenn wir einen Fremden treffen, auf einen *Blick* stoßen, einen Blick, der uns bedroht, weil der oder die andere uns festlegen und uns unsere Identität und Freiheit nehmen könnte. Deswegen gilt für Sartre: »Die Hölle sind die anderen.« Auf der anderen Seite bekräftigt der jüdische Philosoph *Emmanuel Lévinas*, daß wir, wenn wir einem Fremden begegnen, auf ein *Antlitz* stoßen. Ein Antlitz ist Ausdruck der Art und Weise, wie eine andere Person in der Welt ist, wie er oder sie die Welt erfährt. Lévinas sagt, daß das Antlitz des Fremden uns schockiert, daß es aber unsere einzige Chance ist, wahrhaft Mensch zu werden. Unsere Erlösung ist im Antlitz des Fremden eingeschlossen. Wir entdecken uns und unsere Erlösung nicht durch Selbstfindung, indem wir tiefer in uns selbst schauen, sondern indem wir dem Antlitz des Fremden begegnen. Der Ruf oder die Bitte des Anderen ist der Beginn des Lebens; die Bitte des Anderen gibt uns die Möglichkeit, frei und gerecht zu sein. Das Antlitz des Anderen stellt uns die Mittel zur Verfügung, die Absorption in Handlungszwang, in institutionelle Formen oder in die Politik zu brechen.

---

25. *John Rawls*, A Theory of Justice, Cambridge 1971.
26. *M. Douglas Meeks*, Hope and the Ministry of Planning and Management, in: Anglican Theological Review 64, 1982, 147-162.
27. *Alasdair MacIntyre*, Whose Justice? Which Rationality?, Notre Dame 1988.
28. Siehe Meeks, God the Economist, 82-89; *Michel Ignatieff*, The Needs of Strangers, New York 1985; *Thomas W. Ogletree*, Hospitality to the Stranger: Dimensions of Moral Understanding, Philadelphia 1985, 35-59; *Walter Brueggemann*, Interpretation and Obedience: From Faithful Reading to Faithful Living, Minneapolis 1992, 290-310.

VII. Seltenheit, Sättigung und Gabe

Wie die restliche Kultur des nordatlantischen Raums, so ist auch die Kirche durch den lähmenden Effekt ihrer Erfahrung von künstlicher Seltenheit und Sättigung beeinträchtigt. Die tiefste und notwendigste Voraussetzung für die Praxis der Logik des Marktes ist die Seltenheit.[29] Der Effekt der praktizierten Logik des Marktes ist die Sättigung. Sowohl Seltenheit als auch Sättigung töten den Geist ab und behindern das Leben mit dem Anderen. Künstliche Seltenheit erzeugt eine Lotteriekultur: Die anderen mögen es nicht schaffen, aber vielleicht ich. Sättigung löscht den Durst nach Gerechtigkeit. Seltenheit und Sättigung lassen nur eine Möglichkeit für die Verteilung dessen übrig, was notwendig für das Leben, und zwar für ein reichliches Leben, ist: die Logik des Austauschs. Der wirklich Andere kann in dieser Logik nicht erscheinen. Die Eucharistie jedoch untergräbt oder blockiert die Logik des Austauschs und schafft eine neue Gegenseitigkeit des Gebens. Eucharistisch-oikische Beziehungen schaffen den Raum und die Zeit, in denen wir »beschenkt werden« und uns selbst »verschenken« können. Es ist eine Ökonomie, in der Gottes Selbstgabe uns Raum schafft, zu geben.

Moltmanns Behandlung des internen Lebens des dreieinigen Gottes ist auch ein Bild der Kohärenz, Struktur und Substanz der christlichen Großzügigkeit. Moltmann führt die Trinitätslehre zu ihren praktischen Wurzeln in der Heilsökonomie Gottes zurück, das heißt zu der Art und Weise, in der Gott den Haushalt der göttlichen Schöpfung organisiert. Diese Sicht der Trinität eröffnet die Möglichkeit, Gottes Sein durch die hyperbolische Logik des Gebens zu denken. Die Gnadenhaftigkeit der Gabe Gottes ist das Geheimnis des Wesens Gottes. Gott schafft aus überströmender Güte heraus, nicht in einem freien Willensakt. Diese Fruchtbarkeit ist Gottes Selbstzurücknahme, die den Zweck hat, den Geschöpfen Gottes Raum zu geben. Sie ist aber auch Gottes Einwohnung in der Schöpfung Gottes. Die Trinität ist die Gemeinschaft von überschwenglicher, überströmender und sich selbst verströmender Güte. Die Gabe ist nichts anderes als Gott selbst. Gottes Sein als Liebe ist wesentlich auf den Anderen bezogen, es ist ekstatisch und leidenschaftlich. Ursprüngliches Geben folgt der Leidenschaft, die dem Akt des Gebens innewohnt. Gottes Sein als Liebe sucht Verbindung, eine Gesellschaft individueller Personen, die sowohl frei als auch miteinander durch Taten übermäßigen und gegenseitigen Gebens verbunden sind.

Welche Art der Ökonomie verkörpert und ermutigt Gott? Die biblischen Erzählungen weisen auf Gottes überwältigende Großzügigkeit mit den Menschen und der Schöpfung. Gottes Geben ist ein hyperbolisches, übermäßi-

---

29. Meeks, God the Economist, 17-19, 170-177.

ges und aufdringliches Geben. Als solches wird es zum Anstoß für all unser Geben. Die Gabe geht immer dem Weitergeben voraus. Aber Gottes Liebe sollte nicht so transzendent und idealisiert dargestellt werden, daß Gottes Zuwendung das menschliche Geben als Antwort ausschließt. Die Antwort auf Gottes Geben sollte nicht die Logik des Tausches sein. Gottes Geben schafft mehr als Dankbarkeit. Es schafft menschliche Gegenseitigkeit und weiteres Geben. Gott muß gebend empfangen werden. Gott strebt eine Gemeinschaft an, die Geben mit weiterem Geben beantwortet, die Beziehungen der gegenseitigen Verpflichtung und Verantwortung schafft. Gottes Übermaß schafft Raum und Zeit für menschliche Gegenseitigkeit. Christsein heißt in eine Struktur involviert zu sein, die sowohl Forderungen als auch Wohltaten beinhaltet.

Vergebung ist der Anfang einer neuen Ökonomie und einer neuen Logik der Verteilung, die Gnade heißt. Beim eucharistischen Mahl wird Gottes eigenes Leben als Geschenk gereicht, der Leib und das Blut Jesu Christi. Sie sind das Geschenk der göttlichen Vergebung, die einzige Macht, welche die Bande der Sünde, des Bösen und des Todes brechen kann.[30] Diejenigen, denen vergeben wurde, sind zu außerordentlicher Liebe imstande (Lk 7,36-50). Diejenigen, denen wenig vergeben wurde, lieben wenig. Sie horten, denn sie müssen sich fortwährend rechtfertigen und ihre eigene Unsterblichkeit aufbauen. Wenn uns vergeben wird und wir so sehr geliebt werden, daß Gott uns Gottes eigenes Leben für uns gibt, dann wird viel von uns erwartet. Und so verlassen wir dieses Mahl nicht nur als solche, die miteinander teilen und Gewalt verhindern, sondern als neue Geschöpfe, denen Kraft gegeben wird, mit dem Anderen zu leben.

Eine Ware ist ganz und gar aufgebraucht, wenn sie verkauft wird, denn nichts am Tausch versichert ihre Rückkehr. Das Schenken zeichnet sich dagegen durch die seltsame Eigenschaft aus, daß das Geschenk nach seinem Gebrauch keineswegs aufgebraucht ist. Das weitergegebene Geschenk bleibt reichlich vorhanden. Geschenke, die Geschenke bleiben, können reichlich zufrieden stellen, selbst wenn sie nur in kleiner Anzahl vorhanden sind.[31] Das »Schenken« ersetzt die aufgedunsene Sättigung, die vom narzistischen Konsum und dem Wettbewerb um seltene Güter herrührt, mit der befreienden Erfüllung, die vom Teilen herrührt.

Die eucharistische Seinsweise ist eine so große Freude, daß sie richtet und umwandelt. Sie ist ein so »absolutes« Urteil, daß wir nur dankbar sein können, daß es ein Geschenk ist. Weil wir die endlose Großzügigkeit Gottes erfahren, machen uns unsere resultierende Freude und unser Urteil wütend

---

30. Vgl. Farleys hilfreiche Überlegungen über die Vergebung in *Good and Evil*, 247ff.
31. Meeks, *God the Economist*, 179.

über die Armut. Wir sind schockiert, weil wir erkennen, daß es blasphemisch ist, nicht in der Seinsweise des Beschenktwerdens und Schenkens zu existieren. Die *oikonomia tou theou* hängt davon ab, daß die Großzügigkeit Gottes an andere weitergegeben und von anderen erlernt wird. Sie hängt ab von den Geschenken, die im Empfangen geben und Würde schaffen, wenn sie empfangen werden. Nur die gnadenhafte Sprache des Lobes kann in unserem öffentlichen Haushalt den Verdacht und Haß gegen das Beschenktwerden und Schenken brechen. Niemand in unserem öffentlichen Haushalt will einem anderen »sehr verpflichtet« sein, denn das würde definitionsgemäß den Verlust an Tauschfreiheit bedeuten. Wir müssen anfangen, oikische Beziehungen anders zu verstehen als der Markt sie begreift. Dann wird das Wunder, durch welches wir uns selbst und unsere Gemeinschaft als zu verschenkende Gabe verstehen, stattfinden.[32]

Die Tischmanieren am Tisch des Herrn werden zu den Manieren unseres ganzen Lebens. Unsere Manieren an diesem Tisch sollen unsere Manieren an allen Tischen werden. Wenn die Frage des Tisches des Herrn die Frage ist, ob alle Geschöpfe Gottes das tägliche Brot haben, dann muß die Kirche eine Bürgin politischer Verantwortung werden. Sie muß das gemeinsame, verantwortliche Leben praktizieren, das Leben gemeinsamer Entscheidungen, die das Antlitz des radikal Anderen einschließen, das Leben als Gespräch, das Leben in konziliarer und synodaler Existenz mit dem Fremden.

Wenn die Kirche als Haushalt Gottes im öffentlichen Haushalt so teilnehmen will, daß sie zum Leben führt, dann ist dies ein ehrfurchtsgebietendes, kompliziertes und fast unmögliches Vorhaben. Wir können diese Herausforderung nur mit dem Fremden angehen, der uns zu dem Mahl lädt, in dem der Erde und allen ihren Geschöpfen ein Zuhause verheißen wird. In diesem Mahl finden wir einen realistischen Ort, den Ort des Kreuzes, der es uns ermöglicht, von einer Ökonomie des Lebens gegen den Tod zu sprechen.

---

32. »Gott aber kann machen, daß alle Gnade unter euch reichlich sei, damit ihr in allen Dingen allezeit volle Genüge habt und noch reich seid zu jedem guten Werk; wie geschrieben steht (Psalm 112,9): ›Er hat ausgestreut und den Armen gegeben; seine Gerechtigkeit bleibt in Ewigkeit‹« (2Kor 9,8).»Der aber Samen gibt dem Sämann und Brot zur Speise, der wird auch euch Samen geben und ihn mehren und wachsen lassen die Früchte der Gerechtigkeit. So werdet ihr reich sein in allen Dingen, zu geben in aller Einfalt, die durch uns wirkt Danksagung an Gott. Denn der Dienst dieser Sammlung hilft nicht allein dem Mangel der Heiligen ab, sondern wirkt auch überschwenglich darin, daß viele Gott danken« (2Kor 9,10-12).

VIII. Der oikos der Theologie

Ich vertrat die Ansicht, daß nicht nur die Form, sondern auch die Lebensfähigkeit der Theologie im 21. Jahrhundert von dem öffentlichen Raum abhängen wird, in welchem die Kirche existieren wird. Die Arbeit der Theologie hängt im wörtlichen Sinne von der Schaffung einer alternativen *oikonomia* ab, in der oikisch-perichoretische Beziehungen selbstverschenkende und lebensspendende Beziehungen in der Gegenwart des Fremden verkörpern. Da diese *oikonomia* primär ein Werk des göttlichen Geistes ist, wird die Tagesordnung der Theologie eine trinitarische Pneumatologie im Antlitz utopischer und distopischer Gesellschaftssysteme sein.

Die Theologie im 21. Jahrhundert wird nach ihrem besonderen oikos oder Ort suchen müssen. Es ist außerordentlich schwierig zu sagen, wo eine Theologie, die durch die eucharistische *oikonomia* geprägt ist, ihren Ort finden wird. Fast keine Institution in der Marktgesellschaft verkörpert die Kommunion mit Fremden im Schenken. Klar ist jedoch, daß nur jene Theologien, die der *oikonomia tou theou* dienen, wirklich einen neuen Raum und eine neue Zeit für das Leben und die Arbeit der Theologie finden werden, wenn die Bedingungen der Marktgesellschaft die herkömmlichen Orte der Theologie auflösen wird.

Übersetzt von Steffen Lösel

James H. Cone

»Wir müssen die Wahrheit sagen«
Die Berufung zum Theologen

> Herr, ich habe meine Pflicht getan, ich habe die ganze Wahrheit gesagt und nichts für mich behalten.
>
> *Sojourner Truth*[1]

> Ich bin für Wahrheit, gleich wer sie sagt. Ich bin für Gerechtigkeit, gleich wer dafür ist oder dagegen. Ich bin zuallererst ein Mensch, und als solcher bin ich für wen und was auch immer der Menschheit *als ganzer* zum Wohl gereicht.
>
> *Malcolm X*[2]

Christliche Theologie ist eine Aufgabe, die der eigenen Hingabe an Jesus Christus entspringt, im Kontext einer Glaubensgemeinschaft, die Gottes Sinn für ihr Leben in der heutigen Welt zu verstehen sucht. Der Drang danach, christliche Theologie zu treiben, entspringt nicht zuerst intellektueller Neugier, obwohl die Theologie nicht anti-intellektuell ist. Die Motivation, theologisch nachzudenken, ähnelt der Motivation, das Evangelium zu predigen. Beide entspringen dem Glauben selbst. Wer predigt, verspürt die Dringlichkeit zu verkündigen, der Welt davon zu sagen, was Gott in Jesus Christus getan hat, um die Gefangenen zu befreien. In der Theologie verspürt man die Dringlichkeit zu *verstehen*, darüber nachzudenken, was das Evangelium in einer Welt bedeutet, die sich immer wieder verändert, die komplex ist und sich durch Unterdrückung auszeichnet. Ohne die geisterfüllte Verkündigung des Evangeliums kann es keine echte Feier der guten Nachricht der Erlösung geben – der Hoffnung, daß das Falsche zurecht gebracht wird. Ohne kritisches theologisches Nachdenken können wir nicht wissen, ob unsere liturgische Feier von dem zeugt, der das Herzstück des Evangeliums bildet, Jesus Christus. Theologie ist demnach Glaube, der das Verstehen sucht, der fordert, daß wir den Inhalt des Evangeliums, das wir predigen, kennen, und daß wir wissen, warum wir es predigen.

---

1. Zitiert nach *Carleton Mabee und Susan M. Newhouse*, Sojourner Truth: Slave, Prophet, Legend, New York 1993, 191.
2. The Autobiography of Malcolm X as told to Alex Haley, New York 1965, 366.

Um meine theologische Berufung zu klären, denke ich oft an meine frühen Jahre in Bearden, Arkansas, zurück, eine ländliche Gemeinde mit ungefähr 1200 Einwohnern. Ich erinnere mich an Bearden nicht aus nostalgischen Gründen. Wegen nachhaltiger rassistischer Spannungen in meinen Beziehungen zu den Weißen und wegen der immer noch bestehenden Ambivalenz in meinen Gefühlen den Schwarzen gegenüber kehre ich tatsächlich kaum dorthin zurück. Ich bin nicht Beardens geliebtester Sohn, und ich möchte es auch nicht sein. Meinem Bruder Cecil, der ebenfalls Theologe und Prediger ist, wurde diese Ehre von der Gemeinschaft der Schwarzen erwiesen, eine Auszeichnung, die er mit Freude annimmt und die er durchaus gut ausfüllt.

Ich erinnere mich an Bearden, weil es der Ort ist, an dem ich mich zuerst entdeckte und, um die Sprache des Propheten Jesaja zu borgen, wo »ich den Herrn sah« (6,1). In der Macedonia A.M.E. (African Methodist Episcopal) Church begegnete ich jeden Sonntag und auch an manchem Abend unter der Woche Jesus, durch erregende Predigten, inbrünstige Gebete, spirituelle Lieder und die leidenschaftlichen Zeugnisse der Menschen. Jesus war die vorherrschende Wirklichkeit in Macedonia und im schwarzen Leben von Bearden. Die Menschen gingen mit ihm durchs Leben und erzählten ihm von ihren Nöten, so als ob er ein vertrauter Freund wäre, der ihre Drangsale und Sorgen in dieser unfreundlichen Welt verstünde. Sie sangen Joseph Scrivens »What a Friend We Have in Jesus«, Charles Tindleys »Leave It There«, and Johnson Oatman, Jr.s »No, Not One!« mit tiefer Überzeugung und Leidenschaft. Sie drängten einander, »nie den Mut aufzugeben«, denn »es gibt keinen Freund wie den erniedrigten Jesus«, der »jede unserer Schwächen kennt«. »Bring Deine Last zum Herzen und laß sie dort.« Sie nannten ihn den »Wegbereiter«, den »Herzensaufrichter« und den »Verstandesregler«. Sie sagten auch, daß Jesus »das Maiglöckchen und der helle Morgenstern« sei, »das Rad in der Mitte eines Rades«, »die Rose Sharons und der Herr des Lebens«, eine »eine Hilfe in den großen Nöten, die uns getroffen haben«. Oft schrien und tanzten die Menschen, klatschten mit den Händen und stampften mit den Füßen, wenn sie in Lied, Predigt und Gebet die Macht der Gegenwart Jesu in ihrer Mitte verkündigten – »der sie aufbaut, wenn sie niedergeschlagen sind, und der sie stützt, wohin auch immer sie sich beugen«.

Jesus wurde auch zu einer wichtigen Präsenz in meinem eigenen Leben. Ich erinnere mich nicht mehr an das genaue Datum oder die Zeit, in der ich mich »Jesus zuwandte«, wie die Bekehrungserfahrung genannt wurde, und mich entschied, dem christlichen Weg zu folgen. Zuhause, in der Kirche, in der Schule, beim Spiel und in der Arbeit, immer war Jesus da, wie ein Anker in meinem Leben, diesem Sinn und Zweck gebend, und Hoffnung und Glauben in die letztendliche Gerechtigkeit der Dinge verleihend. Wie die Menschen von Macedonia sah ich in Jesus den Vertrauten und Retter, denjenigen, der mir die Stärke und den Mut gab, in einer durch die weiße Vorherrschaft definierten Gesellschaft schwarz zu sein. Er bewahrte mich vor der Krankheit des Hasses und erfüllte mich mit der Selbstliebe, die mir die Kraft verlieh zu wissen, daß ich nicht der wertlose Mensch bin, zu dem mich die Weißen machen wollten.

Atheisten gab es keine im »Baumwollgürtel«, wie der »farbige« Teil Beardens genannt wurde – keine Verkündiger von Nietzsches »Gott-ist-tot-Philosophie« und keine der »Gebildeten unter den Verächtern« der Religion, an die Friedrich Schleiermacher 1799 schrieb. Am nähesten kamen Nietzsches Atheisten und Schleiermachers »Gebildeten unter ihren Verächtern« die Bluesleute, die Maiswhiskey tranken, langsam und wollüstig zum tiefen, kehligen Klang der geilen, rohen, unter die Haut gehenden Musik in den Musikhöllen jeden Freitag- und Samstagnacht den Boogie tanzten. Die Töne von Muddy Waters, John Lee Hooker, T-Bone Walker, und Howlin' Wolf erfüllten die Bühne, wenn sie Melodien wie »Hoochie Coochie Man«, »Boom, Boom, Boom«, »Cold Cold Feeling« und »Somebody in My Home« seufzten, stöhnten und raunten. Solche Musik wurde »down home blues« und »lowdown dirty blues« genannt.

Im Gegensatz zu den Kirchenleuten fanden die Bluesleute die Sonntagsreligion von Jesus ungeeignet, um mit ihren persönlichen Problemen und den gesellschaftlichen Widersprüchen fertig zu werden, die sie während der Woche erfuhren. Während die Kirchenleute ihre Seele mit dem Lied »Lord, I want to be a Christian in my heart« beruhigten, überwanden die Leute im Schuppen, in den derben Häusern, ihr Leid, indem sie ihm mit stoischem Trotz begegneten, oder, wie es James Baldwin nannte, mit »ironischer Hartnäckigkeit«[3]: »I got the blues, but I'm too damned mean to cry.«

Meine Mutter erlaubte ihren Söhnen nicht, in den Schuppen zu gehen. Nicht nur war es der Ort, den zu meiden die Christen belehrt wurden; er war zu gefährlich. Jemand konnte mit dem Messer verletzt, angeschossen und sogar getötet werden. Die Bluesleute feierten hart und spät in die Nacht hinein. Zuviel Schnaps konnte einen Mann dazu bringen, die Kontrolle über seine Sinne zu verlieren und dabei den Fehler zu begehen, die Freundin, die Mutter, die Schwester oder die Frau eines anderen Mannes zu beleidigen. Das hatte dann eine Vergeltung zur Folge, bei der mit Sicherheit Blut floß. Gewalt war ein häufiges Vorkommnis freitags- und samstagsnachts, wenn schwarze Männer ihre Männlichkeit zu behaupten suchten, die ihnen von den Weißen unter der Woche genommen wurde.

Manchmal entstanden scharfe Spannungen zwischen den Zelebranten von Samstagnacht und denen von Sonntagmorgen. Dennoch respektierte jede Grup-

---

3. *James Baldwin,* Fire Next Time, New York 1964, 61.

pe die andere, denn beide wußten, daß sie, jede in ihrer eigenen Weise, versuchten, mit denselben Lebensnöten fertig zu werden. Einige Leute bewegten sich in verschiedenen Perioden ihres Lebens zwischen den beiden Gruppen, so auch mein Vater. Aber es war nicht möglich, gleichzeitig in beiden Gruppen ein angesehenes Mitglied zu sein, denn die Kirche verlangte, daß ein Individuum zwischen dem Blues und den Spirituals wählen sollte, zwischen der »Musik des Teufels« und den »süßen Melodien von Jesus«. Regelmäßig nahmen die baptistischen und methodistischen Kirchen, die einzigen schwarzen Denominationen in Bearden, Abtrünnige wieder in den Schoß der Gemeinde auf, vorausgesetzt sie bereuten ihre Missetaten und erklärten ihre Absicht, ein gutes und rechtschaffenes Leben im Dienst des Herrn zu führen. Mein Vater fiel ein paar Mal im Glauben, es wurde ihm zu hart, mit den Feindseligkeiten des Lebens fertig zu werden, ohne einen Schluck zu nehmen und mit den Bluesleuten herumzuhängen, und damit dem Leben ein wenig der Würze zu verleihen, die man in der Kirche nicht fand. Aber meine Mutter überwachte ihn genau, und Macedonia nahm ihn bereitwillig wieder in die Gemeinde der Gläubigen auf, so oft er öffentlich bereute.

Was mich in meiner Kindheit an der Jesusreligion am meisten verwunderte, waren nicht die Spannungen im schwarzen Leben zwischen Samstagnacht und Sonntagmorgen, sondern vielmehr die auffällige Gegenwart der Rassenschranke im Hause des Herrn. In Bearden, wie im Rest Amerikas, war der Sonntag der Tag der Woche, an dem die Rassentrennung am stärksten war, und elf Uhr wiederum die Stunde der stärksten Rassentrennung. Schwarze und weiße Christen hatten praktisch keinen sozialen oder religiösen Umgang miteinander, obwohl beide Gruppen Baptisten und Methodisten waren, dieselbe Bibel lasen, denselben Gott anbeteten und dieselben Glaubensbekenntnisse in ihren Kirchen rezitierten. Der einzige kirchliche Kontakt zwischen Schwarzen und Weißen fand statt, wenn ein oder zwei der sogenannten »guten« Weißen eine Einladung annahmen, in einer der schwarzen Kirchen Gottesdienst mitzufeiern. Die Weißen, die kamen, wurden an hervorgehobene Plätze gesetzt, um ihnen besondere Aufmerksamkeit wegen ihres Dienstes an der schwarzen Gemeinschaft zu zollen. Aber solche gesellschaftlichen Ereignisse waren selten, denn die Weißen wollten den Schwarzen nicht den Eindruck vermitteln, als seien die beiden Gemeinden in irgendeiner Weise gleichgestellt – weder in der Gesellschaft noch im Hause des Herrn. Obgleich die deutlich sichtbar postierten »Willkommensschilder« draußen vor den weißen Kirchen scheinbar allen Besuchern ein Zeichen gaben, sich ihnen beim Gottesdienst anzuschließen, wußten Schwarze, daß diese Einladung sie nicht einschloß. »Was ist das für ein Christentum, das Liebe predigt und Rassentrennung praktiziert?« Oft stellten mein Bruder und ich einander als heranwachsende junge Theologen diese Frage. »Wie können die Weißen Schwarze aus ihren Kirchen ausschließen und dennoch Jesus als ihren Retter und die Bibel als ihr heiliges Buch beanspruchen?« Wir beratschlagten, ob wir die theologische Integrität des weißen Glaubens testen sollten, indem wir versuchten, eine ihrer Kirchen für Schwarze zugänglich zu machen, hatten aber den Eindruck, daß die Gefahr körperlicher Verletzung zu groß war.

Ich hatte eine glückliche Kindheit, umgeben von liebenden Eltern, einer liebevollen schwarzen Gemeinschaft, vielen Freunden und zwei älteren Brüdern, die mir erlaubten, in unserer Beziehung ein Ausmaß an Autorität und Einfluß auszuüben, das meiner körperlichen Größe und Intelligenz nicht entsprach. Ich erinnere mich nicht daran, daß meine Menschlichkeit je gebrochen worden wäre. Um keine Zweifel aufkommen zu lassen: ich wuchs in der Zeit der Jim-Crow-Gesetze auf (den 40er und 50er Jahren). Ich besuchte Schulen mit Rassentrennung, trank Wasser von »farbigen« Trinkwasserbrunnen, saß im Kino auf dem Balkon und grüßte weiße Erwachsene, wenn nötig, an der Hintertür ihrer Häuser. Ich beobachtete auch die Verachtung und Brutalität, mit der das weiße Gesetz die Schwarzen bestrafte, die gegen den rassistischen Sittenkodex verstießen oder die seine Autorität infrage zu stellen wagten. Die Weißen in Bearden konnten, wie die meisten Südstaatler, hinterhältig und boshaft sein, weshalb ich, wie andere Schwarze auch, sie zu meiden suchte, wo immer dies möglich war, geradezu als seien sie giftige Schlangen.

Aber trotz des widerlichen Verhaltens der Weißen und der den Schwarzen aufgezwungenen, menschenunwürdigen Vorschriften, hatte ich eine wunderschöne Kindheit und wuchs ohne Angst oder Haß gegenüber irgendjemandem auf – weder weiß noch schwarz. Der Grund liegt hauptsächlich in meinem Glauben an Jesus, der mir durch die Spiritualität der schwarzen Christen von Macedonia und anderer schwarzer Kirchen in Bearden vermittelt wurde. Dieses Glaubens wegen wußte ich immer, daß mein Wert als Mensch nicht durch das bestimmt wurde, was andere über mich sagten, sondern vielmehr durch das, was Gott im Augenblick der Schöpfung und in der erlösenden Tat Jesu Christi sagte und tat.

Da ich in diesem Glauben fest gegründet war, blieb es für mich bedeutungslos, was Weiße über mich sagten. Ich wußte, »ich bin wer« – ein Kind Gottes, geschaffen für die Freiheit und für einen besonderen Dienst in der Kirche und der Welt. Rassistische Obszönitäten wie »nigger«, »coon« oder »spook«, die in meiner Kindheit so typisch für die Weißen der Südstaaten waren, gingen bei mir ins eine Ohr rein und aus dem andern raus. Manchmal schleuderte ich ihnen umgekehrt rassische Schimpfwörter wie »white trash« und »rednecks« ins Gesicht. Öfter noch lachte ich nur bei mir selbst und mit anderen Schwarzen über sie und bedauerte sie, denn ich hatte bald erkannt, was James Baldwin so ausdrückte: »*Wer andere herabwürdigt, würdigt sich selbst herab.*«[4]

Ich erinnere mich nicht daran, je in der Gegenwart von Weißen der Dinge wegen, die sie über mich oder über andere Schwarze sagten, Minderwertigkeitsgefühle gehabt zu haben. Ein Grund dafür war das leuchtende Vorbild, das mir mein Vater und meine Mutter gaben. Sie gehörten zu der Wolke von Zeugen, von denen Baldwin schrieb, daß sie »in den Klauen der schrecklichsten Umstände eine unbezwingbare und monumentale Würde erlangten.«[5] Sie lehrten mich, was Baldwin seinen Neffen lehrte: »Du kannst nur dann zerstört werden, wenn du glaubst, daß du wirklich das bist, was die weiße Welt einen *nigger* nennt.«[6]

Meine Eltern waren keine Nigger. Sie waren stark und selbstbewußt, widerstanden entschieden der weißen Vorherrschaft und zeigten kreative Führungsqualitäten und großen Mut, wenn sie und die Gemeinschaft der Schwarzen sich Feindseligkeiten gegenübersahen. Charlie und Lucy, wie die Leute in Bearden sie nannten, waren sehr intelligent, selbst wenn sie wenig Gelegenheit hatten, eine förmliche Ausbildung zu erwerben und nur mit der sechsten, bzw. der neunten Klasse abschlossen. (Mit Hilfe der Unterstützung und Ermutigung seitens meines Vaters ging meine Mutter später zurück, schloß die *high school* ab, auf der ihre Söhne vorher schon ihren Abschluß gemacht hatten, machte weiter und beendete vier Jahre später ihren Collegeabschluß. Dann kehrte sie nach Bearden zurück, um selbst zu unterrichten. Ich war von ihrer Entschlossenheit beeindruckt.) Ihre Ausbildung, so erzählten meine Eltern oft ihren Söhnen, kam aus einer »harten Schule« – der Erfahrung, mit Würde in einer Gesellschaft zu überleben, die eine schwarze Menschenwürde nicht anerkannte. Das Leben meiner Eltern, wie auch anderer armer Schwarzer (in Vergangenheit und Gegenwart), überzeugte mich davon, daß es nicht die Opfer von Ungerechtigkeit, sondern die für deren Unterdrückung am meisten Verantwortlichen sind, denen am ehesten die Menschenwürde abgesprochen werden muß.

Glücklicherweise erlaubte der Glaube von Macedonia nicht, zwischen höher- und minderwertigen Rassen zu unterscheiden. »Aus einem Blut«, so lernte ich zu Hause und in der Sonntagsschule, »schuf Gott alle Menschen: Schwarze, Weiße und andere Rassen, Männer, Frauen und Kinder.« Kein Mensch oder keine Gruppe ist besser als andere. Als Beweis für diese Behauptung zitierten die Prediger oft den Text des Propheten Maleachi: »Haben wir nicht alle einen Vater? Hat nicht ein Gott uns geschaffen?« (2,10)

4. A.a.O., 113.
5. A.a.O., 21.
6. A.a.O., 14.

Sie zitierten auch Paulus, wenngleich nur selektiv. Die doppeldeutigen und problematischen Texte, besonders im Brief an Philemon, wo Paulus den Sklaven Onesimus seinem Herrn zurückschickt, und im Brief an die Epheser, wo den Sklaven gesagt wird, daß sie »euren irdischen Herren ... als dem Christus (gehorchen)« sollen (Eph 6,5), mieden sie vorsichtig.

Die Prediger und Sonntagsschullehrer in Macedonia waren durchaus geschickt darin, biblische Texte auszuwählen, die ihre Menschenwürde stärkten. Sie zitierten oft den Brief des Paulus an die Kirche von Galatien, insbesondere den Teil, in dem es heißt: »Da ist nicht Jude noch Grieche, .. nicht Sklave noch Freier, ... nicht Mann und Frau.« Wir sind »alle einer in Chistus Jesus« (3,28) – Schwarze und Weiße genauso wie Menschen anderer Hautfarbe und mit anderen Eigenschaften. Wenn wir diesem Evangelium glauben und es in unserem Lebenstil internalisieren, wie es viele Schwarze in Bearden taten, verändert es uns. Es bewirkt, daß wir uns und andere lieben, und es macht uns dazu fähig, die Wahrheit mit einer Macht und Klarheit zu sagen und zu tun, die wir aus menschlichem Bestreben allein nicht erlangen können.

Seit der Zeit, in der ich mir meines Christseins bewußt war, wußte ich, daß ich das Evangelium an die Welt weiterzugeben habe. Man kann das Evangelium nicht für sich selbst behalten. Es muß mit denen geteilt werden, die geknechtet und deren Herzen gebrochen sind, denen »ganz da unten« (»lowly down under«), wie sie die große Folkloristin Zora Neale Hurston nannte. Da die Predigt in der schwarzen Gemeinschaft die vorherrschende Art war, das Evangelium weiterzugeben, entschied ich mich in dem frühen Alter von sechzehn Jahren für das geistliche Amt, eine Berufung, die ich anfangs ausschließlich mit Gemeindepfarrern und herumreisenden Evangelisten identifizierte. Aber selbst zu jener Zeit fühlte ich mich nicht bei allem wohl, was ich in den Kirchen an Vorkommnissen unter schwarzen Predigern und anderen Kirchenleitern mitbekam. Nicht nur schienen sie einen Anti-Intellektualismus zu tolerieren, ähnlich wie Weiße den Rassismus tolerierten; vielmehr beförderten sie ihn oft noch, wie die Weißen den Rassismus. Je weniger jemand wußte und je lauter jemand schrie, desto näher schien er bei Gott zu sein.

Ich konnte nur schwer glauben, daß der Gott Jesu, der von den Menschen als allmächtig und allwissend angesehen wurde, Unwissenheit duldete, als sei sie eine Tugend. Das widersprach allem, was mir meine Eltern und Lehrer über den Wert der Bildung und eines disziplinierten Verstandes beigebracht hatten. Es widersprach auch allem, was ich in Geschichtsbüchern über schwarze Sklaven las, die Leib und Leben aufs Spiel setzten, um Lesen und Schreiben zu lernen, damit sie besser die Bedeutung der Freiheit verstehen konnten, zu der sie Gott berufen hatte. Deshalb war ich tief beunruhigt von dem Anti-Intellektualismus, der viele Aspekte des pastoralen Lebens in der schwarzen Kirche durchdrang.

Als ich auf dem Shorter and Philander Smith College den Umfang des menschlichen Wissens in den Naturwissenschaften, der Literatur, Geschichte und Philosophie erforschte, wurde meine Sorge um ausgebildete, studierte Pfarrer und Pfarrerinnen noch größer. Für mich waren Religion und Bildung eng miteinander verflochten. Gemeinsam befreien sie Verstand und Geist von den Fesseln des Unwissens und der Unmoral. Sie gaben Menschen die Kraft, ihr Leben selbst in die Hand zu nehmen, die Geschichte zu beeinflussen und eine befreiende Zukunft zu schaffen. Ich war entschlossen, soviel Religion und Bildung zu erlangen wie nur möglich.

Wie konnten Pfarrer und Pfarrerinnen ein relevantes und befreiendes Evangelium in einer Welt predigen, die sie nicht verstanden? Wie können sie das Evangelium verstehen, ohne sorgfältig zu studieren, kritisch zu diskutieren und diszipliniert nachzudenken? »Eine Religion, die die Anwendung der Vernunft und des gesunden Menschenverstandes nicht verträgt«, sagte W.E.B. DuBois, »ist für einen intelligenten Hund ungeeignet.«[7] Daß ich einige auf kirchlichen Seminaren und auf Universitäten ausgebildete Pfarrer der A.M.E. Church und der Baptisten traf, die *kritisches* Denken und die Diskussion über das Wesen und die Funktion der Kirche ermutigten, bestärkte meine Überzeugung hinsichtlich des Wertes der Bildung und half dadurch, mir meinen Glauben zu erhalten, daß die Kirche ohne die kontinuierliche prophetische Kritik an dem, was sie in Jesu Namen sagt und tut, Gott nicht treu bleiben könne.

Obwohl ich während meiner Jahre im College zwei kleine Gemeinden der A.M.E. Church als Pfarrer betreute und plante, nach drei Jahren der Ausbildung im Seminar in diesen Dienst zurückzukehren, wußte ich, als ich mich zuerst für das geistliche Amt als meiner Berufung entschied, daß ich die Bedeutung des Evangeliums verstehen müßte, das mir zur Verkündigung anvertraut war. Wie konnte ich predigen, was ich nicht verstand? Die Suche nach einem umfassenden und schlüssigen Verständnis des Evangeliums in einer komplexen und sich verändernden Welt war das Hauptanliegen, das mich auf dem Garrett Biblical Institute (heute Garrett-Evangelical Theological Seminary) studieren ließ. Je mehr ich über das Evangelium lernte durch ein kritisches Studium der Bibel, der Geschichte, der Theologie und durch die Praxis im Dienst der Kirche, desto mehr schien ich davon wissen zu müssen und zu wollen. Ich wollte seine Bedeutungen für verschiedene gesellschaftliche, politische und kulturelle Kontexte in Vergangenheit und Gegenwart erforschen.

---

7. Zitiert nach *Manning Marable*, The Black Faith of W.E.B. DuBois: Sociocultural and Political Dimensions of Black Religion, in: The Southern Quarterly 23, 1985, 21.

Die (Systematische) Theologie wurde bald zu meinem bevorzugten Fach im Seminary, denn sie öffnete die Tür, um die Bedeutung des christlichen Glaubens für die gegenwärtige Zeit und Situation zu erforschen, in der ich lebte. Ich liebte das Hin und Her der theologischen Diskussionen und wartete ungeduldig auf jede Gelegenheit während und nach der Stunde, um meine Professoren, meine Kommilitonen und Kommilitoninnen in ein Gespräch über ein bestimmtes theologisches Thema zu verwickeln. Deshalb blieb ich in Garrett und auf der Northwestern University, um einen Doktortitel in Systematischer Theologie zu erwerben. Nachdem ich mein Doktorat im Herbst 1964 abgeschlossen hatte – ich schrieb eine Dissertation über die Anthropologie Karl Barths – glaubte ich, genug Wissen über den christlichen Glauben zu haben, um ihn an Menschen egal wo in der Welt weiterzugeben. Wer würde sich nach der Lektüre von zwölf Bänden der Barthschen *Kirchlichen Dogmatik* nicht angemessen ausgestattet fühlen?

Aber schwarze Studierende auf dem Philander Smith College in Little Rock, Arkansas (meiner ersten Lehrstelle), sowie die Bürgerrechtsbewegung und die Black-Power-Bewegung der 60er Jahre weckten mich aus meinem theologischen Schlummer. Als ich begann, mich aktiv in der schwarzen Freiheitsbewegung zu engagieren, die auf den Straßen überall in Amerika stattfand, entdeckte ich bald, wie begrenzt meine Ausbildung im Seminary gewesen war. Der Lehrplan in Garrett und Northwestern hatte sich nicht mit den Fragen befaßt, die schwarze Menschen stellten, wenn sie nach dem theologischen Sinn ihres Kampfes um Gerechtigkeit in einer weißen, rassistischen Gesellschaft suchten. Und als einzelne und isolierte Studierende in einem anspruchsvollen Bildungssystem hatten weder ich noch die wenigen schwarzen Vorzeigestudenten die intellektuellen Ressourcen, um sie zu artikulieren. Ich stellte fest, wie ungeheuer schlecht vorbereitet ich war, denn tief in meinem Innern wußte ich, daß ich der um Gleichberechtigung kämpfenden Gemeinschaft der Schwarzen nicht die Glaubenslehrsätze wiederholen konnte, wie sie von Barth, Bultmann, Niebuhr und Tillich für europäische Kolonisten und weiße Rassisten in den Vereinigten Staaten reinterpretiert worden waren. Ich wußte: Bevor ich irgendetwas Lohnendes über Gott und die Situation der Unterdrückung der Schwarzen in den USA würde sagen können, mußte ich eine theologische Identität entdecken, die sich in der Verantwortung sieht für das Leben, die Geschichte und die Kultur der afroamerikanischen Menschen.

In einem bestimmten Sinne hatte mich meine Ausbildung von meinem Volk weggezogen. Das Bildungsziel bestand darin, die theologischen Systeme der bekannten europäischen Theologen aus Vergangenheit und Gegenwart zu beherrschen. Als Studierende verbrachten wir den Großteil unserer Zeit gehorsam damit, ihre Ansichten über Gott, Jesus, den Heiligen Geist und die Kirche zu studieren. Wir lasen Bücher, hörten Vorlesungen und schrieben Arbeiten darüber. Aber als ich erkannte, welcher Gemeinschaft ich verantwortlich war, wollte ich mehr wissen, als nur das, was Europäer und ihnen nacheifernde, weiße Amerikaner über die heilige Realität dachten. Ich suchte nach einem Weg, wie man eine christliche Theologie aus der schwarzen Erfahrung von Sklaverei, Rassentrennung und dem Kampf um eine gerechte Gesellschaft heraus hervorbringen konnte. Wenn ich meine Professoren fragte, was Theologie mit dem schwarzen Kampf um Gerechtigkeit unter den Rassen zu tun hatte, schienen sie überrascht zu sein, die Frage war ihnen unangenehm, sie wußten nichts zu sagen und beeilten sich, mit dem Thema fortzufahren, so wie sie es verstanden. Mir wurde oft gesagt, daß Theologie und der Kampf um Gerechtigkeit unter den Rassen verschiedene Themen seien, wobei das letztere eigentlich in die Disziplinen der Soziologie und Politikwissenschaften hineingehöre. Obwohl ich ein beunruhigendes Unbehagen bei dieser Antwort verspürte, sagte ich zu meinen Professoren nicht viel darüber, wenn sie es vermieden, darüber zu sprechen, was das Evangelium schwarzen Menschen in einer weißen Gesellschaft zu sagen hatte, die sie als Unpersonen definierte.

Als ich das Seminary und die Universität verließ, explodierte in meinem theologischen Bewußtsein das Schwarzsein wie ein Vulkan nach vielen Jahren des Schlafes. Ich fand meine theologische Stimme. Unter Verwendung der kulturellen und politischen Einsichten von Malcolm X und Martin Luther King, Jr. entdeckte ich einen Weg, wie ich das, was ich über Theologie und Rasse zu sagen hatte, ausdrücken konnte. Damit verwarf ich nicht nur das Bedürfnis nach Anerkennung seitens meiner Professoren, sondern forderte sie selbst heraus, den Rassismus in ihren Theologien auszutreiben. Malcolm lehrte mich, wie man Theologie schwarz macht, und daß ich niemals mehr meine afrikanische Herkunft verachten durfte. Martin lehrte mich, Theologie als christliche Theologie zu entwickeln und zu bewahren. Ich wurde aus einem *Negro*theologen in einen *Schwarzen* Theologen verwandelt, verstand Theologie nicht länger als Analyse von in Büchern festgehaltenen Gottesideen, sondern als disziplinierte Betrachtung über Gott, die der Verpflichtung auf den politischen Kampf um Gerechtigkeit für die Armen entspringt.

Die Umkehr zum Schwarzsein war eine noch tiefere Metanoia-Erfahrung als die Umkehr zu Jesus. Es war eine spirituelle Umkehr, die radikal die Art verwandelte, wie ich die Welt und die Theologie betrachtete. Bevor ich dazu wiedergeboren wurde, schwarz zu denken, dachte ich, daß die Theologie nichts mit meiner Geschichte und Kultur zu tun hätte, daß sie vornehmlich von Europäern definiert wurde, die ich bestenfalls nachahmen könnte. Das Schwarzsein gab mir eine neue theologische Brille, die mich befähigte, die Grenzen weißer Theologie zu überschreiten und die meinen Verstand in die Lage versetzte, wilde und, an weißen Maßstäben gemessen, häretische Gedanken zu denken. Das Schwarzsein öffnete meine Augen dafür, die schwarze Geschichte und Kultur als die fruchtbarste Quelle der Gotteserkenntnis seit dem Abschluß des biblischen Kanons zu erkennen. Das Schwarzsein regte meinen Appetit an zu lernen, wie man Theologie mit einer schwarzen Handschrift betreibt und dabei nicht dem privilegierten weißen theologischen Establishment, sondern armen schwarzen Leuten verantwortlich ist. Die Revolution, die Malcolm X in meinem theologischen Gewissen anstieß, hatte zur Folge, daß ich mich nicht länger mit der intellektuellen Mittelmäßigkeit abfinden konnte, in der ich ausgebildet wurde. Je mehr ich mich auf meine Erfahrung verließ, desto mehr neue Gedanken über Gott und die Theologie wirbelten in meinem Kopf herum, so schnell, daß ich kaum meine Aufregung in Grenzen halten konnte.

Indem ich meine Erfahrung als Schwarzer zum Ausgangspunkt der Theologie machte, stellte sich die Theodizeefrage in einem tiefgründigen und heausfordernden Sinne, der auf der Universität nie erwähnt wurde. Für mich definierte James Baldwin das Problem in schmerzlicher Weise: »Wenn (Gottes) Liebe so groß war, und wenn Er alle Seine Kinder liebte, warum waren wir, die Schwarzen, so tief erniedrigt?«[8] Dies war eine existentielle, herzzerreißende Frage, die alles über den Haufen warf, was ich auf der Universität über das Problem des Bösen gelernt hatte. Sie zwang mich, immer tiefer in einer Quelle des Schwarzseins zu suchen, nicht nach einer Antwort, sondern nach einem Weg, Theologie zu treiben, der sie von der herrschenden Kultur Europas und Nordamerikas befreite.

Als ich *Black Theology and Black Power* (1969) und *A Black Theology of Liberation* (1970) schrieb, verstand ich plötzlich, was Karl Barth gefühlt haben muß, als er das erste Mal die liberale Theologie seiner Professoren in Deutschland verworfen hatte. Es war eine befreiende Erfahrung, frei zu sein von meinen neo-orthodoxen Professoren, befreit davon, die Theologie durch einen abstrakten theologischen Jargon zu definieren, der mit den über Leben und Tod entscheidenden Rassenfragen nichts zu tun hatte. Obwohl ich durch fast fünfzig Jahre von ihm getrennt war und mit vollkommen unterschiedlichen theologischen Situationen und Themen zu tun hatte, fühlte ich eine spirituelle Verwandtschaft mit Barth, besonders in seinem *Römerbrief* (1921) und seiner öffentlichen Auseinandersetzung mit Adolf Harnack, seinem ehemaligen Lehrer.

Wenn ich an diese Zeit der späten 60er Jahren zurückdenke, als weiße Theologen über die »Gott ist tot«-Theologie schrieben und redeten, während Schwarze in den Straßen kämpften und starben, steigt mir die Wut im Bauch noch einmal hoch. Ich war wütend und konnte es nicht für mich be-

---

8. Baldwin, 46.

halten. Wie Malcolm X hatte auch ich den Eindruck, daß ich der wütendste schwarze Theologe in Amerika sei.[9] Ich mußte ein deutliches Wort sagen gegen die Heuchelei, die ich in der Theologie, den Kirchen und der Gesellschaft wahrnahm. Damals also begann ich zu schreiben.

Es ist schwer, christlicher Theologe in einer universitären Umgebung zu sein, in der alles auf die dauerhafte Anstellung und die akademische Sicherheit ankommt. Man kann eigentlich davon ausgehen, daß das, was Theologen und Theologinnen sagen sollten, solche Belohnungen mit Sicherheit verhindert. Wenn ein Theologe schreibt, um größeres berufliches Ansehen und eine bessere Stellung zu erlangen, verfehlt er seine Berufung; er legt seine Berufung falsch aus, die doch darin besteht, die Wahrheit zu sagen über die vom Menschen bedingte Ungerechtigkeit. Wer schreibt, um sich akademische Anerkennung zu erwerben, läuft Gefahr, den Status quo, und somit die Ungerechtigkeiten, die dieser fortschreibt, stillschweigend zu unterstützen. Theologisches Schreiben sollte der spirituellen Tiefe des politischen Kampfes entspringen. Es sollte motiviert und aufrechterhalten werden durch unser Bedürfnis, den Glauben zu verstehen: in einer unter den Rassen zerrissenen, von Armut geschlagenen, in bezug auf die Geschlechter vorurteilsbeladenen und an Klassen ausgerichteten globalen Gesellschaft und Kirche. Wir sollten in der revolutionären Aktivität der Armen im Kampf um Gerechtigkeit nach der Wahrheit suchen. Wir sollten nach der Wahrheit suchen, von der Jesus versprach, daß sie Menschen frei machen wird.

Ich habe nicht begonnen über eine schwarze Befreiungstheologie zu schreiben, weil ich Weiße hasse oder sogar Freude daran empfinde, die Heuchelei des weißen Christentums zur Schau zu stellen. Ich hasse niemanden, denn es ist, wie Baldwin sagte, »ein Sack, der zu schwer zu tragen ist«. Deswegen empfinde ich absolut keine Freude daran, weiße Theologen und Theologinnen wegen des Rassismus ihrer Theologie zu beschimpfen, oder daran aufzuzeigen, wie unmenschlich und brutal weiße Christen in ihrem Verhalten Schwarzen gegenüber waren und sind. Mein einziges Bestreben ist, das zu sagen, was Malcolm X die »nackte, unverfälschte Wahrheit« nannte, so klar und eindringlich wie ich es vermag. Es ist mein Bemühen, meine Berufung als Theologe der Kirche zu erfüllen, in der ich dazu berufen bin, von Gottes befreiender Gegenwart in der Welt zu zeugen. Man kann in einer von Unterdrückung gezeichneten Gesellschaft weder die Wahrheit sagen noch den Willen Gottes tun, ohne bei den Leuten Anstoß zu erregen, die für die Unterdrückung verantwortlich oder mit den Feinden der Gerechtigkeit assoziiert sind.

---

9. Malcolm X wurde von vielen Leuten als »der wütendste Neger in Amerika« bezeichnet. Siehe seine »Autobiography«, 366.

Ich schreibe nicht über eine schwarze Befreiungstheologie, weil ich die Führung der afroamerikanischen Kirchen gerne kritisiere. Ich liebe die schwarze Kirche, und ich bin auch einer ihrer Führer. Aber, wie es Martin King sagt, »es kommt eine Zeit, in der Schweigen Verrat ist.« King bezog sich auf Amerikas Krieg in Vietnam. Aber seine Äußerung läßt sich auch auf andere Zeiten und Situationen der Ungerechtigkeit anwenden, besonders auf heute, im Blick nämlich auf Schwarze und Weiße und auf Kirchen, die oft die Spiritualität vom Kampf um Gerechtigkeit abtrennen. Ich kann nicht schweigend dabeisitzen, wenn ich schwarze Geistliche beobachte, die die Kirche von Richard Allen, Sojourner Truth, Jarena Lee, Fannie Lou Hamer und Martin Luther King, Jr. schänden. Schwarze Kirchenführer sollten darüber nachdenken, was der Prophet Amos zu den religiösen Leuten seiner Zeit sagte:

> Ich hasse, ich verwerfe eure Feste,
> und eure Festversammlungen kann ich nicht riechen ...
> Halte den Lärm deiner Lieder von mir fern!
> Und das Spiel deiner Harfen will ich nicht hören.
> Aber Recht ergieße sich wie Wasser
> und Gerechtigkeit wie ein immerfließender Bach!
> (5,21.23.24)

Dieser Text war einer der Lieblingstexte von Martin King. Er wiederholte ihn oft vor apathischen Schwarzen und selbstgefälligen Weißen, die nicht zu erkennen schienen, daß Christen ihre Identität nicht bewahren können, ohne sich aktiv am Kampf um Gerechtigkeit unter den Rassen zu beteiligen. Als King in Mississippi inmitten der extremen Not unter den schwarzen Armen große, teure weiße Kirchengebäude sah, mit ihren großen Kirchtürmen, fragte er: »Wer feiert in diesen Gebäuden Gottesdienst? Wer ist ihr Gott?« Wenn ich heute unter den Schwarzen ein ähnlich abstoßendes Phänomen sehe (fünf und sechs Millionen Dollar teure Kirchengebäude und Prediger, die mehr an persönlichem Gewinn und Status interessiert zu sein scheinen als am Wohlergehen der Armen), dann muß auch ich fragen: »Wer ist ihr Gott?« Wer ist unser Gott? Das ist für mich die alles entscheidende theologische Frage.

Wenn Theologen und Theologinnen die Eigenart des Evangeliums zu verstehen suchen, das die Kirche predigt, dann sollten sie auch täglich ihr Gewissen prüfen und ihre Motivationen untersuchen, warum sie Theologie oder Ethik studieren und schreiben. Etwa darum, weil wir uns um unseren persönlichen Gewinn oder Status sorgen? Trachten wir nach Anerkennung in einer akademischen Gemeinschaft, die wenig Interesse an der Gerechtigkeit und dem Wohlergehen der Armen hat? Wenn das der primäre Grund ist, dann müssen wir von uns selbst befreit werden, von der allgegenwärtigen Gefahr, daß wir höher von uns denken als wir es sollten. Natürlich ist es einfach, uns über solche Dinge etwas vorzumachen. Demut kann zu einer Form des Hochmuts werden. »Herr, blick' her auf uns, wir trachten nicht nach persönlichem Gewinn.« Gott behüte, daß wir so demütig werden, daß unsere Demut zu einer Form des Stolzes verzerrt wird.

Obgleich anzuerkennen ist, daß wir uns gut vor falscher Demut hüten müssen, gilt nichtsdestotrotz, daß echte Demut gut für die Seele und auch für die Entwicklung der eigenen Berufung zur Theologie ist. Wenn wir danach trachten, Gelehrte in der Kirche und für die Kirche Jesu Christi zu werden, dann sollten Status und persönlicher Gewinn sekundär gegenüber unserem primären Ziel werden, die Wahrheit zu tun und zu sagen. Der Erfolg im Beruf oder Studium der Theologie sollte sekundär werden gegenüber dem Ziel, Gott und den Nächsten zu lieben und im politischen Kampf der Schwachen und Hilflosen gegen die Reichen und Mächtigen Partei zu ergreifen. Wir sollten uns immer dessen erinnern, was Jesus sagte: »Denn wer sein Leben erretten will, der wird es verlieren; wer aber sein Leben verliert um meinetwillen und um es Evangeliums willen, der wird es erretten« (Mk 8,35). Dieser Spruch ist heute genauso wahr wie zu der Zeit, als Jesus ihn aussprach, und er ist für uns Geistliche, für uns, Pfarrer, Professoren und Theologiestudierende genauso wahr wie für Hausmeister, Hausangestellte und Sekretärinnen.

Niemand verstand diese theologische Wahrheit tiefer als Martin Luther King, Jr. In einer bekannten Predigt mit dem Titel »The Drum Major Instinct«, die er zwei Monate vor seiner Ermordung in der Ebenezer Baptist Church von Atlanta hielt, an der er neben seinem Vater zweiter Pfarrer war, anerkannte King den Wunsch in allen von uns, »wichtig zu sein, andere zu übertreffen, sich hervorzutun, die Parade anzuführen«, so wie der Trommelmajor in der Musikkapelle. Er hat dieses Gefühl in sich selbst nicht abgeleugnet, dieses Gefühl, der Erste sein zu wollen, ganz so wie es Jakobus und Johannes zeigten, als sie Jesus fragten, ob er ihnen gestattete, in seiner Herrlichkeit einer zur Rechten und einer zur Linken zu sitzen. Aber King erinnerte sich dessen, was Jesus den Söhnen des Zebedäus und auch den anderen Jüngern sagte, die sich über ihre Frage ärgerten. »Wer von euch der Erste sein will, soll aller Sklave sein.« (Mk 10,44) Der einzige Weg, um in der Welt Jesu groß und wichtig zu sein, ist des Geringsten Diener zu werden. Deshalb sagte King, daß er der Trommelmajor für die Wahrheit, den Frieden und die Gerechtigkeit sein möchte.

Als solche, die sich die Theologie zum Beruf erwählt haben, sollten wir Kings Beispiel folgen. Wir sollten schreiben und lehren, weil wir zu Dienern der Wahrheit berufen sind, entschlossen, sie menschlichem Verstehen so deutlich zu machen, daß niemand das Evangelium Jesu Christi predigen kann, ohne daran gemessen zu werden. Wer Theologie treibt, ist dazu berufen, nach der Wahrheit zu suchen, und wenn wir sie entdecken, dann müssen wir das tun, was schwarze Sklaven in ihrem spirituellen Lied so ausdrückten: »Go tell it on the mountain, over the hills and everywhere«. Dem Propheten Jeremia zufolge ist die Wahrheit wie »brennendes Feuer, eingeschlossen in unseren Gebeinen, und wir haben uns abgemüht, es auszuhalten, und wir können nicht mehr« (Jer 20,9). Wir müssen die Wahrheit sagen, mit all der intellektuellen Leidenschaft und Macht, die uns Gott gegeben hat. Nur dann können wir unsere theologische Berufung erfüllen.

Übersetzt von Steffen Lösel und Jutta Schreur

John B. Cobb, Jr.

Die vielgestaltige Zukunft der Theologie

Dieser Aufsatz handelt nicht von dem, was ich befürchte, sondern von dem, was ich erhoffe. Ich möchte hier davon absehen, daß ich mich besorgt frage, ob zur Mitte des nächsten Jahrhunderts noch eine Gesellschaft mit der Stabilität und den Mitteln existieren wird, um so etwas wie die gegenwärtige Universität oder das heutige kirchliche »Seminary« zu unterhalten. Ich möchte ebenfalls meine Besorgnis außer Acht lassen, daß die Kirche die Fähigkeit verlieren könnte, bedachtsame Menschen für ihren Dienst zu gewinnen, oder einfach nicht mehr das Geld haben wird, um diesen in irgendeiner Form eine theologische Karriere zu ermöglichen.

Ich gehe statt dessen, vielleicht unrealistischerweise, von einer Situation aus, die der unsrigen mehr oder weniger entspricht und male die Rollen aus, die, wie ich hoffe, die Theologie spielen wird.

Unter Theologie verstehe ich bewußt christliches Nachdenken über wichtige Themen.

Nicht die Sache allein macht einen Gedanken zum theologischen. Man kann über Gott, die Kirche, die Erlösung usw. auf ganz untheologische Weise nachdenken. So sind diese zwar grundlegende Gegenstände der Theologie, dennoch halte ich die bloße Beschäftigung mit diesen Themen noch nicht für ein theologisches Nachdenken. Die Beschäftigung kann z.B. lediglich um der akademischen Karriere willen und nicht zur Klärung des eigenen Christseins geschehen. Oder man kann diese Themen wie ein Historiker oder ein Soziologe, aber gerade eben nicht als Christ, angehen.

Andererseits kann man über jedes beliebige, wichtige Thema aus bewußt christlicher Perspektive nachdenken. Man kann sich mit Gesellschaftsfragen oder mit Geschlechterfragen oder auch mit Fragen nach den Grenzen heutiger Physik beschäftigen. Wenn eine Frage dem christlichen Glauben entspringt und unter dem Vorzeichen gestellt wird, daß der Glaube bei ihrer Beantwortung fruchtbar werden soll, kann jedes Thema theologisch behandelt werden.

Diese Definition richtet sich bewußt gegen die akademische Theologie, die lediglich durch ihren Gegenstand definiert wird.

Dieser Unterschied wird nicht immer so deutlich, da sich natürlich meistens Christen mit diesen Fragen auseinandersetzen, deren Glaube auch die

Art der Auseinandersetzung bestimmt. Ebenso überschreiten einzelne Gelehrte die Grenzen ihrer Fachbereiche und beschäftigen sich mit Themen, die zunächst einmal außerhalb liegen.

In den Vereinigten Staaten nimmt der Widerstand der Theologie gegen die Disziplinisierung allerdings rapide ab. Zunehmend werden diejenigen bevorzugt, die sich auf die klassischen Gegenstände der Theologie spezialisiert haben. Selbst jene, die sich persönlich als Christen verstehen, fühlen sich verpflichtet, ihren persönlichen Glauben aus der Beschäftigung mit diesen Themen herauszuhalten. Außer in der Systematischen Theologie, die sich der Disziplinisierung mehr als die anderen Gebiete widersetzt, gewinnt die Definition durch den Fachbereich gegenüber der christlichen Perspektive manchmal die Oberhand.

Genau aus diesem Grunde steht die Zukunft der Theologie als akademische Disziplin am meisten auf dem Spiel. Ich vertraue darauf, daß sie ihre Vorherrschaft verlieren wird. Es gibt zu viele dringende Aufgaben, zu deren Lösung die akademische Disziplin der Theologie keinen direkten Beitrag leistet, als daß man ihr gestatten dürfte, auch weiterhin den Großteil der menschlichen und finanziellen Mittel aufzusaugen, die für das Betreiben der Theologie bereit stehen.

Ich polemisiere seit geraumer Zeit gegen die Disziplinisierung der Theologie in den Vereinigten Staaten und bin fast soweit, dazu aufzurufen, daß wir diese Disziplin aufheben. Dennoch gehe ich nicht so weit. Wohl steht die Theologie immer in der Gefahr, ein rein inzestuöses Dasein zu führen, insofern sie sich nämlich darauf beschränkt, ihre Probleme der jüngsten Geschichte der Disziplin zu entnehmen, wie sie von anderen professionellen Theologen geschrieben wurde, um dann nur am Vorankommen dieser isolierten Gemeinschaft interessiert zu sein. Aber Theologie ist doch noch immer mehr als das. Sie kultiviert das Wissen einer größeren und längeren Tradition, die in der Tat das Leben und Denken von Christen (und anderen) prägt, selbst wenn diese nichts davon ahnen. Oft findet die Theologie in dieser Tradition Sachverhalte, die ein neues Licht auf den Prozeß unserer Gegenwartsbildung werfen und zeigt uns damit neue Möglichkeiten auf, die sich uns heute eröffnen. Sie erkennt, daß die Tradition des westlichen Denkens im Prinzip das eigentlich christliche Verständnis untergräbt und es damit von denjenigen, die sich dieser Tradition anschließen, leichtfertig verworfen werden kann. Im besten Falle gelingt es der Theologie einen Glauben zu formulieren, der die Probleme, die ihm die Geschichte stellt, in Rechnung stellt.

Das mangelnde Interesse an dieser Arbeit ist zum Teil der Kirche, zum Teil aber auch denjenigen anzulasten, die sich in den Disziplinen aufhalten. Die Kirche verliert sich allzu schnell in den alltäglichen Aufgaben und vergißt darüber, daß diese doch alle einem Glauben dienen, dessen intellektuell zu verantwortende Fortexistenz in der Welt unsicher geworden ist. Man erschaudert geradezu bei der Frage, wie Christen sich heute verstünden, hätte es nicht die Arbeit deutscher Theologen im neunzehnten Jahrhundert gegeben. Wie wenige nachdenkliche, aufgeschlossene Leute könnten sich heute Christen nennen! Die Kirche schätzt diesen Dienst ihrer treuen Gelehrten zu wenig.

Das Problem ist jedoch zu einem großen Teil auch bei denen zu suchen, die sich der Theologie professionell widmen. Oftmals ist in ihrer Forschung das durchaus echte Bedürfnis, eine glaubwürdige Theologie zu vertreten, nicht zu erkennen. Je stärker die Theologie zu einer Disziplin im üblichen akademischen Sinne wird, oder schlimmer noch zu einer ganzen Palette von Disziplinen, desto mehr verlieren die Theologen die Aufgabe aus den Augen, nachdenkenden Christen und Christinnen eine intellektuell zu verantwortende Theologie an die Hand zu geben.

Sie bieten Teilaspekte, aber nur wenige übernehmen die Verantwortung für die umfassende Aufgabe. Beschäftigte Kirchenmänner können sich nicht viel darum kümmern. Ja, selbst denjenigen in den verschiedenen Unterdisziplinen bleibt häufig weder Zeit noch Neigung, sich mit diesen Gelehrtenübungen zu befassen.

In den Disziplinen werden die Forschenden tendenziell dazu angehalten, jede Anstrengung, das Stückwerk zu einem Ganzen zusammenzusetzen oder die Bedeutung ihrer Arbeit für das größere Ganze darzulegen, zu bremsen. Das Problem ist nicht nur, daß ein Großteil der Arbeit von Spezialisten geleistet wird, die schlecht dafür ausgebildet sind, ihre Arbeit in einen größeren Zusammenhang zu stellen, sondern auch, daß ein Ethos begründet wird, das solche Aufgaben mit Argwohn betrachtet. Je weiter die theologischen Disziplinen in dieser Richtung fortschreiten, desto weniger Grund wird es für ihr Fortbestehen geben.

Nichtsdestotrotz gibt es innerhalb der Disziplinen auch Gegenbewegungen. Und bisher brachte jede Generation führende Theologen und Theologinnen hervor, die sich der Aufgabe weiterhin stellten, ihrer Zeit den Glauben sinnvoll zu vermitteln. Moltmann ist selbst ein glänzendes Beispiel seiner Generation. Und er hätte die Arbeit nicht leisten können, hätte er nicht ein enormes Aufgebot an gelehrter Forschung in den verschiedenen theologischen Disziplinen zur Verfügung gehabt, auf das er sich stützen konnte. Die Bedeutung der akademischen Disziplinen ist von daher nicht abzustreiten.

Bisher sprach ich von der Bedeutung, den Glauben immer wieder so auszudrücken, daß er berechtigte Fortschritte in der Geschichte des westlichen Denkens nicht ignoriert oder abstreitet. Es gibt noch eine andere, radikalere Aufgabe, zu der akademische Theologen gerufen sind. Sie sollen den sie umspannenden geistigen Horizont, in dem sie ihre Arbeit tun, mitgestalten. Es genügt nicht, den säkularen Zeitgeist bestimmen zu lassen, was wirklich und verläßlich ist, und daraufhin die Theologie zu reformulieren. Der Glaube hat einen Beitrag zum umfassenden Verständnis der Realität zu leisten. Er wird schwer beschnitten, wenn er sich lediglich anderen Sichtweisen unterwirft.

Diese Aufgabe läuft dem Selbstverständnis akademischer Disziplinen zuwider, jedenfalls in den Vereinigten Staaten. Von jeder Disziplin wird erwartet, daß sie sich um ihre eigenen Angelegenheiten kümmert und die anderen in Ruhe läßt. Der Philosophie wurde einmal die Aufgabe zugeschrieben, die jeweiligen Voraussetzungen der Disziplinen kritisch zu beleuchten und deren Ergebnisse miteinander in Verbindung zu setzen. Im zwanzigsten Jahrhundert hingegen entschied sie sich statt dessen dafür, zu einer Disziplin neben den anderen zu werden.

Da die von mir vorgeschlagene Definition der Theologie noch immer in gewisser Weise in Kraft ist, und weil es wenige Dinge gibt, die wichtiger sind als unsere Gesamtsicht der Wirklichkeit, ist der Impetus, sich an der Erschaffung einer solchen Gesamtschau zu beteiligen, nicht verschwunden. In Deutschland ragt das erstaunliche Werk Wolfhart Pannenbergs als Leistung eines einzelnen Theologen hervor. In den Vereinigten Staaten arbeiten wir an einer solchen gemeinsam unter den Rubriken Prozeßtheologie oder konstruktiver Postmodernismus. Das ist kein Vorhaben, das in irgendeine Disziplin paßt, auch nicht in die Disziplin der akademischen Theologie. Bisher wurde es nicht gänzlich von der fachbereichsmäßigen Organisation des Wissens ausgeschlossen. Ich hoffe, in den kommenden Jahren eine Wiederbelebung dieser durchaus kühnen theologischen Anstrengung zu sehen, wenn nämlich die negativen Folgen der Fragmentarisierung des Denkens und Lebens immer offensichtlicher werden. Ich bin bereit, mich für Universitätsreformen einzusetzen, die einem solchen Vorhaben zuträglich wären.

Ein dritter Typus der Theologie, der der Aufteilung des Wissens in die verschiedenen Fachbereiche trotzt, findet sich an deren Rändern. Thomas Altizer ist ihr beeindruckendster Vertreter. Während die Tendenz innerhalb der akademischen Disziplin dahin geht, die Probleme so zu übernehmen, wie sie in der Geschichte der Disziplin formuliert wurden, konzentriert sich Altizer auf die Gestalten und Bewegungen der Geistesgeschichte, in denen er die stärkste spirituelle Kraft wahrnimmt. Er geht, im Hegelschen Sinne, der Geschichte des Geistes nach. In der modernen Welt verfolgt er sie über Blake und Hegel bis zu Nietzsche und Joyce. Während der Geist früher durch christliche Theologen am Werk war, trifft dies in der modernen Welt nicht mehr zu, da die Theologen darin gespalten sind, ob sie die ausgesprochen christliche Tradition fortsetzen oder sich der heutigen Kultur anschließen sollen. Der Geist aber verlangt nach einem Denken ohne Verbotsschilder. Es geht mir hier nicht um Einzelheiten der Position Altizers, sondern um eine Theologie, die das, was die westliche Seele immer wieder neu prägt, kritisch beurteilt. Darin soll man das Werk Christi entdecken. Allgemeiner ausgedrückt geht es mir um eine theologische Beurteilung der Kultur.

Altizer befindet sich gegenüber kirchlicher Theologie am anderen Ende des Spektrums der Theologie, denn in seiner Sicht ist die Kirche kein Geistträger. Da ich aber Christus auch in der Kirche finde und die Kirche als den einen Platz ansehe, der unaufhörliches Zeugnis vom schöpferischen und erlösenden Werk Gottes in der Welt abgibt, habe ich eine andere Sicht.

Eine kirchliche Theologie wird dringend benötigt. Unter kirchlicher Theologie verstehe ich nicht kirchliche Dogmatik im Sinne Karl Barths, sondern schlicht und einfach christliches Nachdenken, das seine Themen nicht von der intellektuellen und wissenschaftlichen Tradition her bezieht, sondern vom Leben der Kirche. Die Disziplinisierung der Theologie hat allerdings dazu geführt, daß die meisten Mitglieder theologischer Fakultäten ihre Forschung nur selten so betreiben. Dabei stehen wir in den Vereinigten Staaten am Beginn einer Auseinandersetzung in der Kirche, die ebenso beunruhigend und kirchenspaltend zu werden droht wie die Kontroverse zwischen Fundamentalisten und Modernisten in den frühen Jahren dieses Jahrhunderts. Sie wird entfacht durch die Diskussion um Geschlechterrollen, Sexualität, Befreiung, Pluralismus und der radikalen Kritik an der Tradition, die repressiv und unterdrückerisch empfunden wird.

Als Christ über solche Fragen nachzudenken, ist intellektuell nicht weniger anspruchsvoll als die Arbeit in den akademischen Disziplinen. Es bedarf einer eigenen Gelehrsamkeit, wenn es von einem gewissen Niveau sein soll. Das mangelnde Engagement der meisten Gelehrten im akademischen Bereich ist jedoch auffallend. In Deutschland ist es nochmals Moltmann, der zeigte, daß die akademische Theologie nicht notwendigerweise den Kampf um die Seele der Kirche außer acht lassen muß. In den Vereinigten Staaten ist es in der Hauptsache eine kleine Schar von Feministinnen, die sich an dem Konflikt um die Kirche beteiligen und gleichzeitig ihre Position innerhalb der akademischen Theologie beibehalten. Ein paar konservative weiße männliche Professoren führen derweil die andere Seite an.

Ich schlage vor, daß das Seminary, als die Schule der Kirche, die Verantwortung für die theologische Führung in den Konflikten innerhalb der Kirche übernehmen sollte. Wenn die in den akademischen Disziplinen beheimateten Professoren und Professorinnen dies nicht tun können, oder nicht tun wollen, dann muß die Kirche Wege finden, um andere zu unterstützen, die keine derartigen Positionen haben, selbst wenn das eine Verkleinerung des Lehrkörpers bedeutete. Obwohl ich den Wert der akademischen Arbeit verteidigt habe, schätze ich die Aufgabe, den christlichen Glauben für das tatsächliche Leben der Gläubigen nutzbar zu machen, höher ein. Das gilt besonders dort, wo die Gläubigen sich in einem Zustand der Konfusion befinden, der das, was von den althergebrachten Kirchen noch übrig ist, zu schwächen und zu spalten droht.

Ich habe gezeigt, daß die kirchlichen Theologen und Theologinnen auf die akademische Theologie angewiesen bleiben würden. Sie müssen die Kirchen- und Theologiegeschichte kennen, wenn sie der Kirche helfen wollen, ihre Tradition im Blick auf neue Fragen in verantwortlicher Weise fruchtbar werden zu lassen. Ich glaube, daß die Kirche die Energien derer, die jetzt noch durch die Disziplinen gebremst werden, sinnvoll für diese, m. E. relevantere, Aufgabe nutzen könnte, wenn sie nur die Notwendigkeit dazu einsehen würde. Auf diese Weise würden die kirchlichen Seminare zu einem Ort werden, der den Studenten und Studentinnen eine bessere Vorbereitung auf ihr Amt gewähren würde.

Kirchliche Theologinnen und Theologen sind also Profis, die von ihrer Tradition durchdrungen sind. Sie müssen, im Gegensatz zu jenen, die sich auf die theologischen Disziplinen spezialisiert haben, darüber nachdenken, *wie* die Tradition, einschließlich der Bibel, dem Leben der Christen und Christinnen heute dienen kann.

Das beinhaltet, daß die traditionelle christliche Weisheit auch mit dem in Verbindung gesetzt werden muß, was wir von den Sozial- und Naturwissenschaften lernen. Ihre Aufgabe kann von daher nicht innerhalb einer bestimmten Disziplin erfüllt werden. Ihre besondere Fähigkeit wird darin bestehen, die Forschungsergebnisse der jeweiligen Disziplinen daraufhin abzuklopfen, inwieweit sie in der sich ständig ändernden Situation relevant sind. Das bedeutet, daß sie auch emotional an der Kirche und ihren Konflikten beteiligt sein müssen, um glaubwürdig zu sein.

Diese vielschichtige Aufgabe verlangt einen professionellen Status und eine Befreiung von anderer Arbeit. Momentan gibt es dafür keinen anderen institutionellen Rahmen als die kirchlichen Seminare. Allerdings darf nicht aus den Augen verloren werden, daß es eine Hauptaufgabe der kirchlichen Theologinnen und Theologen ist, mit Laien zusammenzuarbeiten.

Dies mag die Entwicklung von Positionen notwendig machen, die von den kirchlichen Seminaren abgekoppelt und an Orte angebunden werden, die für Laien leicht zugänglich sind. Andererseits sind kirchliche Theologinnen und Theologen ideale Lehrkräfte für diejenigen, die sich auf den Pfarrberuf vorbereiten, so daß sie in den Seminaren ebenso gebraucht werden.

Die Aufgabe der kirchlichen Theologie darf sich natürlich nicht darauf beschränken, die Laien über ihre Gedanken zu informieren. Sie muß auch das Aufkommen einer Laientheologie hegen und pflegen. In den Jahren nach dem Zweiten Weltkrieg gab es in den Vereinigten Staaten eine solche Art der Laientheologie. Kirchliche Verlage boten Bücher für interessierte Laien an, und es gab eine Zeitschrift mit dem Namen *Christian Scholar*, in der christliche Gelehrte aus Feldern außerhalb der Religion ihre Gedanken veröffentlichen konnten. Aber das alles ist verschwunden. Kann die Laientheologie wieder zum Leben erweckt werden?

Wenn es eine Erneuerung der Laientheologie geben soll, dann muß deren Wesen und Zweck in anderer Weise bestimmt werden. Früher wurden Professionelle aufgefordert, Bücher für Laien zu schreiben, in denen sie die Ergebnisse ihrer Fachbereiche zusammenfaßten. Damals war das sinnvoll, denn ein Großteil der Überlegungen in den Disziplinen war noch nicht so weit von den Anliegen der christlichen Laien entfernt. Dennoch ging es hauptsächlich darum, eine elitäre Gruppe von Laien über die Arbeit an den Universitäten auf dem laufenden zu halten. Da sich die Forschung der professionellen Theologen mehr und mehr auf den Fachbereich beschränkt, ist es absurd, anzunehmen, daß ihre Ergebnisse noch viele Laien interessieren oder von ihnen genutzt werden könnten.

Die Laientheologie umfaßte allerdings noch eine andere Dimension, die im Blick auf die Zukunft vielversprechend ist. Man erkannte, daß Laien an ihrem jeweiligen Arbeitsplatz dazu berufen waren, gerade dort als Christen und Christinnen zu leben und zu arbeiten. Professionelle Theologen erhoben keinen Anspruch darauf, sie darin anzuleiten. Laien, die sich ja nun gut an ihrem Arbeitsplatz auskannten, wurden dazu aufgefordert, sich ihre eigenen Gedanken zu machen.

Ich habe den Eindruck, daß dies in Deutschland viel weiter ging und erfolgreicher war als in den Vereinigten Staaten.

Es gibt gute Gründe, diese Art der Laientheologie in den Vereinigten Staaten wiederzubeleben, und ich werde meine Aufmerksamkeit unten etwas Ähnlichem zuwenden. Zunächst ist dies aber eine viel zu begrenzte Rolle für Laien. Sie kennen die Fragen, über die man sich in ihren Kirchen bis zur Zerreißprobe streitet, ebensogut wie die Professionellen. Die Professionellen liefern keine Anleitung zum Umgang mit diesen Fragen, und helfen den

Laien nicht, einen christlichen Standpunkt zu finden. Kein Wunder, daß das Niveau der Debatte so besorgniserregend ist!

Es ist für ein gesundes Überleben der Kirche von entscheidender Bedeutung, daß die Laien ihre Rolle als Theologen und Theologinnen wieder beanspruchen. Aber wenn das passieren soll, müssen wir verantwortbare Maßstäbe für eine Theologie definieren, die nicht ein jahrelanges Studium in den Bibelwissenschaften und der Kirchengeschichte voraussetzt. Ist das möglich?

Ich behaupte nicht, daß man in völliger Unkenntnis der Bibel und der Kirchengeschichte verantwortlich als Christ denken kann. Ein Teil des Problems besteht darin, daß das Niveau der christlichen Erziehung in unseren Kirchen so niedrig ist, daß viele Laien in der Tat nicht weit von totalem Unwissen entfernt sind. Einführende Überblickskurse auf breiter Basis für Laien zugänglich zu machen, wäre durchaus wünschenswert. Aber dennoch ist dies nicht der primäre Weg, um die Laien zu ermächtigen, selbstverantwortlich Theologie zu treiben.

Beginnen muß man bei den Themen, die die Menschen in der Kirche umtreiben. Gestern mag das die Ordination Homosexueller gewesen sein. Heute könnte es die Kontroverse darüber sein, ob der Heilige Geist mit *sophia* identifiziert werden soll. Morgen wird die zerstörende Wirkung unseres Wirtschaftssystems sowohl gegenüber den Armen als auch gegenüber der Umwelt vielleicht so offensichtlich geworden sein, daß sie zum Ruf an die Christen wird, radikal Position zu beziehen. Wir können nicht vorhersagen, welche Themen die Phantasie der Menschen gefangen nehmen wird. Wir können sie aber auf jeden Fall dazu ermutigen, bewußt als Christen über die Probleme, die eben anstehen werden, nachzudenken.

Einige Schritte in diese Richtung sind fast allen Laien möglich, wie gering ihr Wissen um die Tradition auch sein mag. Man braucht kein besonderes historisches Wissen, um die Voraussetzungen seiner gegenwärtigen Ansichten selbstkritisch zu betrachten. Man kann sich fragen, ob die eigene Meinung christlich ist und sich anschließend Gedanken machen, wie man das auch ohne ein extensives Studium der Tradition beurteilen könnte.

Wenn Laien erst einmal als Christen den Reflexionsprozeß über die Gegenwartsfragen beginnen, dann werden sie selbst ihren Bedarf nach mehr Wissen wahrnehmen. Einiges von dem, was sie wissen müssen, können sie aus leicht zugänglichen Büchern lernen. Anderes mag professionellere Hilfe erfordern. Dabei darf es nicht darum gehen, ihnen vorzuschreiben, was sie denken sollen, sondern darum, auf ihr selbst erkanntes Bedürfnis nach Information und dem nötigen theologischen Handwerkszeug einzugehen.

Ich sage nicht, daß eines Tages die Laien in großer Zahl die christliche Tradition extensiv studieren werden, aber ich bin überzeugt, daß viele in der Tradition eine ambivalente Quelle erkennen und sich dementsprechend verantwortlich mit ihr auseinandersetzen werden. Dies wird im Gespräch mit anderen Laien geschehen, so daß sie sich gegenseitig anregen und einander durch Kritik und Vorschläge helfen werden. Laien können als Laien im Blick auf die dringenden Fragen, die heute die Kirche in Unruhe versetzen, die weitaus besseren christlichen Denker werden als es die meisten Fachleute heute sind.

Es gibt keine Garantie dafür, daß die Laientheologie zu Ergebnissen führt, die allen zusagt. Sie könnte sogar die Debatten in den Kirchen verschärfen. Doch wenn diese Debatten ein ernsthaftes Ringen darum sind, das, was der Glaube in der Gegenwart fordert, zu verstehen, und nicht mehr nur aus dem hohlen Bauch und im Hauruck-Verfahren geführt werden, könnten sie einen christlichen Charakter annehmen, der ihnen im Moment fehlt. Wir dürfen hoffen, daß ein bewußt christliches Denken sich durch sein Bemühen auszeichnen wird, zu hören und anzuerkennen, was andere Christen zu sagen haben. In einer solchen Atmosphäre könnte die Kirche wirklich Kirche sein.

Es gibt noch eine andere Aufgabe der Laientheologie, ob professionelle Theologinnen und Theologen sich daran beteiligen oder nicht. Diese beginnt mit dem erneuten Nachdenken über die Bedeutung des Glaubens am Arbeitsplatz. In früheren Zeiten endete damit auch schon bereits das Nachdenken wieder. Heutzutage aber könnte man viel weiter gehen.

In den Jahren nach dem zweiten Weltkrieg blickte man in den Vereinigten Staaten ziemlich selbstgefällig auf die vorhandenen Institutionen, die man positiv beurteilte. Wenn christliche Fakultätsmitglieder über ihre Rolle in der Universität nachdachten, setzten sie den gegebenen Zustand der Universität zumeist selbstverständlich voraus. Ihre Rolle in Forschung und Lehre und die Methoden, die dabei angewandt wurden, wurden uneingeschränkt bewundert. Christliche Professoren und Professorinnen sahen ihre Berufung darin, treu in und für die Institution, gemäß den selbsterklärten und zum größten Teil in ihr verkörperten Zwecken, zu arbeiten.

Heute hat sich die Situation bemerkenswert verändert. Die Universitäten sind auf Kosten von Gemeinschaft und der Sorge um den Einzelnen zu monströsen Massenabfertigungen herangewachsen und sind vom militärisch-industriellen Komplex stark abhängig. Die Lehre wurde der, zumeist trivialen, Forschung untergeordnet. Es wurde eine Spezialisierung gefördert, die dazu geführt hat, daß die akademische Forschung für Studierende als auch für die Gesellschaft größtenteils irrelevant geworden ist. Die Forschung wurde zur bloßen Beschäftigungstherapie degradiert. In den Universitäten gibt es kein Urteilsvermögen mehr dafür, was Studierende bei ihrem Abschluß wissen sollten. Die Litanei der Übel könnte fortgeführt werden. Diese Kritikpunkte sind heutzutage Gemeinplätze.

Wenn Christen als Christen in einem solchen Kontext verantwortlich dienen möchten, müssen sie ernsthaft darüber nachdenken, was aus den Universitäten werden soll und wie sich diese in die entsprechende Richtung bewegen können. Das Nachdenken über solche Dinge wird sehr grundlegende Fragen über die eigentlichen Zwecke der Universität aufwerfen und von da aus zu einer grundsätzlichen Erarbeitung einer Struktur, die eine Realisierung solcher Zwecke ermöglichen könnte, führen.

Ähnliche Veränderungen geschehen in den öffentlichen Schulen, auf dem Gebiet des Rechts, in der Medizin, in der Wirtschaft, im Regierungsapparat, und praktisch auf jedem Gebiet des Lebens in den Vereinigten Staaten. Es ist unwahrscheinlich, daß Christen, die ernsthaft über ihre berufliche Situation nachdenken, selbstzufrieden auf den institutionellen Rahmen blicken werden. Die Frage ist allerdings, wie der christliche Glaube auf kritisch-konstruktive Weise bei der Betrachtung von Institutionen und Arbeitsplätzen nutzbar gemacht werden kann.

Ich habe noch nicht über die Kritik an der Kirche gesprochen. Das liegt zum Teil daran, daß ich es als Selbstverständlichkeit erlebe, daß sie sehr vorangeschritten ist. Keine größere Institution ist auch nur annähernd so selbstkritisch wie die Kirche. Weil wir Christen unaufhörlich die Kirche in Frage stellen, zum Teil in beträchtlichem Maße, sind wir qualifiziert und berechtigt, andere Institutionen zu kritisieren.

Obwohl ich über meine Hoffnungen und nicht über realistische Zukunftspläne schreibe, möchte ich nicht völlig utopisch sein. Ich gehe nicht davon aus, daß alle, oder die Hälfte, oder auch nur ein Zehntel der Laien im nächsten Jahrhundert ernsthaft Theologie treiben werden, aber vielleicht wird es ein Prozent tun. In meiner eigenen Denomination wären das momentan neunzigtausend. Das ist eine stattliche Zahl, die noch von anderen Denominationen ergänzt würde. Wenn einige hunderttausend Laien heute ihren Glauben für die Themen, die unsere Kirchen beschäftigen, fruchtbar werden ließen, würde sich der Charakter der Diskussion dramatisch ändern. Wenn nur ein Zehntel, selbst ein Hundertstel dieser Zahl eine ernsthafte theologische Kritik an den Arbeitsstrukturen an ihrem Arbeitsplatz einbringen würden, wären die Folgen explosiv. Es würde kaum Gefahr bestehen, daß das Christentum noch irrelevant erscheinen würde! Vielleicht würde man es hassen, aber sicher nicht ignorieren.

Eine Theologie, die ich sehr respektiere, fehlt in dieser Aufzählung dessen, was wir im nächsten Jahrhundert brauchen. Es ist die Befreiungstheologie. Ich nehme an, daß Befreiungstheologen und -theologinnen weiterhin eine

Rolle in den akademischen Disziplinen spielen werden, daß ihnen aber in der kirchlichen Theologie und der Laientheologie ein größerer Aufgabenbereich zugewiesen wird.

Es könnte allerdings sein, daß Befreiungstheologie zu einem selbständigen Locus der Theologie werden muß. In den Vorschlägen, die ich gemacht habe, wird ihren Beiträgen für die ganze Kirche ein größerer Raum eingeräumt, als es heute der Fall ist. Aber ihre Beiträge für die ethnischen Gruppen innerhalb der Kirche werden weiterhin einen besonderen und eigenen Ort erfordern. Wenn jede einzelne Minderheitengruppe momentan ihre eigene Stimme findet, dann liegt darin eine enorme Kraft. Lange unterdrückte Energien werden freigesetzt, und neue Einsichten treten zutage. Ein Großteil der derzeitigen Konflikte in der Kirche findet zwischen jenen statt, die sich für einen Raum einsetzen, in dem solche Stimmen gehört werden können, und jenen, die sich über den Hagel an Kritik an der etablierten Leitung und deren Handlungsmuster ärgern. In einer bestimmten Phase des Prozesses, in dem das eigene Erbe beansprucht wird, und man stolz auf die ihm eigene Perspektive blickt, ist eine besondere Geschlossenheit wichtig. An diesem Punkt müssen Befreiungstheologien das Werk von kleinen Gruppen von Nachdenkenden werden, die, in gewissem Maße von anderen derartigen Gruppen und vom Hauptstrom getrennt, zusammenarbeiten.

Im Laufe der Zeit wird dies immer weniger notwendig. Ich denke, daß feministische Theologinnen schon heute einen angemessenen Rahmen in den verschiedenen Theologien, die ich skizziert habe, finden können. Vor allem im Raum der kirchlichen Theologie und der Laientheologie könnten sie ihrer Forschung nachgehen, aber auch die akademischen Disziplinen bieten für manche von ihnen einen zufriedenstellenden Rahmen. Deswegen habe ich sie hier nicht einer besonderen Kategorie zugeordnet.

Andererseits kann es durchaus irreführend sein, wenn einfach allgemein von kirchlicher und von Laientheologie gesprochen wird. Es erscheint dann geradezu, als sei die Kirche in sich homogen. Die Bedürfnisse der Schwarzen aber werden sich auch in Zukunft erheblich von denen der Weißen unterscheiden. Neben denjenigen Themen, die unter den Schwarzen dieselbe Uneinigkeit schaffen wie unter Weißen, müssen die Schwarzen auch weiterhin ihr Selbstwertgefühl in einer Umgebung stärken, die sie herabwürdigt. Ebenso werden sie weiter die vorherrschende Kirche für ihren beharrlichen Rassismus kritisieren müssen. Diese Perspektive steht in Gefahr verloren zu gehen, wenn schwarze Theologinnen und Theologen schlicht unter den allgemeinen Überschriften, die ich anbiete, eingereiht werden.

Solange die Gesellschaft und die Kirchen in den Vereinigten Staaten ethnische Unterschiede aufweisen, solange jede Gruppe Erfahrungen macht und Erinnerungen hat, die sich von denen der anderen unterscheiden, solange jede Gruppe ihre legitimen Forderungen auf die größere Gruppe übertragen muß, Forderungen, die anders nicht in angemessener Weise gehört oder erfüllt werden, solange wird es wichtig sein, unter den akademischen Theologinnen, aber besonders unter den kirchlichen und unter den Laientheologinnen und -theologen Vertreter der Befreiungstheologie zu finden, die mit verschiedenen ethnischen Gruppen verbunden sind und diese vor der ganzen Kirche vertreten.

Übersetzt von Steffen Lösel und Sonja von Kleist

III. Themen

Hans Küng

Weltethos und Erziehung

Der Ruf nach Orientierung, Perspektiven, ethischen Grundlagen in einer sich immer weiter ausdifferenzierenden Industriegesellschaft erklingt heute gerade aus dem Raum der Pädagogik. Erzieherinnen und Erzieher, die tagtäglich mit Kindern und Jugendlichen zu tun haben, stellen in oft erschreckendem Ausmaß fest, wie vielen ihrer Schüler die Grundlagen abhanden gekommen sind, die früher selbstverständlich waren: Gebote, Regeln, Maßstäbe und Ideale. Das Bedürfnis nach einem verbindenden Ethos gerade in der Pädagogik ist von daher größer denn je. Deshalb will ich zum Einstieg in die Problematik ein Schlaglicht auf das werfen, was man die gegenwärtige »Orientierungskrise«, ja, den »Orientierungsdschungel« genannt hat. Bei der Frage nach dem Weltethos geht es nämlich nicht nur um ein Problem zwischen den Religionen. Die Gesellschaft als ganze ist herausgefordert, ihre ethischen Grundlagen selbstkritisch zu reflektieren.

I. Gewalt in den Medien

Ein beunruhigendes Ausmaß hat schon seit den 70/80er Jahren, besonders aber in den letzten drei Jahren, die Gewaltdarstellung in den Medien angenommen: durch die Massenverbreitung von früher unvorstellbar realistischen Darstellungen brutalster Gewalt und Grausamkeit auch unter Jugendlichen in Filmen des (vor allem »privaten«) Fernsehens und leicht zu vervielfältigender Videos, aber auch in zum Teil voyeuristischer TV-Berichterstattung. Diese Gewaltdarstellungen, in denen Mitleid, Nächstenliebe, Humanität gar nicht vorkommen, treten jetzt zu allen anderen Gefährdungen des Jugendalters, alten und neuen (Drogen), noch hinzu.

Natürlich ist diese Gefährdung nicht zu übertreiben, als ob das mehr oder weniger zufällige oder gelegentliche Ansehen eines solchen Filmes oder Videos schon bleibende Schädigungen mit sich bringen müßte. Andererseits aber ist die Gefährdung auch nicht zu verharmlosen, als ob, wie in einer unterdessen widerlegten »Katharsistheorie« (»Läuterungstheorie«) behauptet, die Gewaltbereitschaft durch den süchtigen Konsum solcher Videos und die Gewöhnung an Gewalt abgebaut werden könnte, als ob das Ansehen von Folter, Vergewaltigung, Sadomasochismus und Totschlag je jemand friedlicher gemacht hätte. Das Gegenteil ist, neuen Untersuchungen zufolge[1], der Fall: Gewaltbereitschaft und aggressives Handeln wird durch die Gewaltbilder enthemmt, angeregt, stimuliert, bis hin zum Begehen von Delikten.

Daß zwischen Gewaltdarstellungen in Video- oder Fernsehprogrammen und der Gewaltbereitschaft besonders von Jugendlichen ein kausaler Zusammenhang besteht im Sinne einer *Verstärkung der Gewaltbereitschaft*, ist leicht verständlich, wenn man ein Vierfaches bedenkt. Horror- und Gewaltdarstellungen können bei exzessivem Sehen zur Kompensation, Identifikation, Imitation und Projektion führen:

(1) zur *Kompensation*: Gerade Jugendliche, die von Kind auf unter Selbstwertstörungen litten, unter der Angst, schwach und ohnmächtig zu erscheinen, gerade Jugendliche, die den Beziehungspersonen und ihren strengen Strafen hilflos ausgeliefert waren, können ihre Schwäche mit Hilfe von (verbotenen!) Gewaltvideos durch Phantasien eigener Stärke und der Stärke der Clique kompensieren;

(2) zur *Identifikation*: Besonders die in ihrem Selbstwert Gestörten können sich identifizieren mit Gestalten des Films, aber dies nicht (wie normalerweise die Erwachsenen) mit den Opfern, sondern *mit den Tätern*: Wie diese wollen sie sich dann cool geben, abgebrüht, als harte Männer, Rambos, die mit allen ihren Gegnern und Gefahren fertig werden und am Ende siegen werden. Gerade Jugendliche nehmen leicht im Fernsehen dargestellte Verhaltensmuster latent in ihr eigenes Verhaltensrepertoire auf (vgl.»Montags-Syndrom« auf Schulhöfen);

(3) zur *Imitation*: Man gewöhnt sich an die Gewaltbilder, übernimmt die Rechtfertigungsstrategien (in den Filmen breitgetretenes Notwehr- und Nothilfeargument) und neutralisiert die eigene Tat. Die Nachahmung wird so erleichtert. Untersuchungen von Inhaftierten haben eine besondere Anfälligkeit ergeben. Sie verarbeiten solche Machwerke anders als Nichtdelinquente: Inhaftierte beobachteten genauer, erkannten die Realisierbarkeit und haben in bestimmten Fällen ein einzelnes Verbrechen Zug um Zug imitiert;

(4) zur *Projektion*: Wer in seinem Selbstwertgefühl bereits gestört ist, ist hochbefriedigt, wenn er seine eigene dunkle Seite in andere hineinlesen kann: in Minderheiten, Schwache, von der Gesellschaft Verachtete. Auf diese Weise wertet er sich selber auf; gehört er doch zu einer Elitegemeinschaft – als Weißer, Deutscher, Eingesessener. Deshalb findet

---

1. Vgl. die Feldstudien von *R. H. Weiß* über das Verhalten badenwürttembergischer und sächsischer Schüler, veröffentlicht unter dem Titel »Gewaltmedienkonsum Video-Gewalt 1992« sowie »Sächsische Jugendstudie 1992«, zu beziehen über das Oberschulamt Stuttgart. Vgl. ebenso: *M. Scheungrab*, Filmkonsum und Delinquenz, Regensburg 1994.

sich das Phänomen der Sympathie für die rechte Szene und Skinheads nicht nur bei gewissen unterprivilegierten Schichten, sondern auch bei sogenannten Normalfamilien in kleinbürgerlichem Milieu (mehr von Kleinstädten als von Großstädten), die, unterschwellig von vielen Problemen belastet, Angst haben vor Konkurrenz und sozialem Abstieg.

Das zerstörerische Potential von inhumanen, sadistischen, frauen- und fremdenfeindlichen Videos, welche Gewalt verherrlichen und als einzige Konfliktlösung vorgaukeln, ist erheblich. Deshalb fordern heute breite Bürgerbewegungen[2] zu Recht zwar nicht ein völlig gewaltfreies, wohl aber ein humaneres Fernsehen und Schluß mit der Werbung im Kontext von Gewalt und menschlichem Leid: einen verantwortungsvollen Umgang der Sender mit Gewaltdarstellungen und die effektive Durchsetzung bestehender gesetzlicher Regelungen.

Doch ein entscheidendes Ergebnis bisheriger Forschungen ist festzuhalten: Ob es durch den visuellen Gewaltkonsum zu langfristigen Schädigungen und persönlichkeitsverändernden Wirkungen kommt, *hängt vom Individuum ab*, das diese Machwerke konsumiert. Damit ist nicht nur die individuelle psychologische Ausgangslage gemeint: ob der Konsum allein geschieht oder in einer Clique, ob nur gerade zur Ablenkung oder um sich selber in eine bestimmte Welt einzuspinnen. Damit ist vor allem das familiäre, schulische und soziale Milieu gemeint: ob das Kind in der Familie Ablehnung und Gefühllosigkeit oder aber Geborgenheit, Sicherheit und Beziehungsoffenheit erleben und ein stabiles Selbstwertgefühl entwickeln konnte, ob auch durch die Schule ein starkes Ich gefördert wurde, das mit den inneren und äußeren Bedrohungen der Pubertät fertig wird; ob schließlich das soziale Milieu Fremdem, Ungewohntem und Neuem gegenüber feindlich oder aufgeschlossen eingestellt ist. Aber wie soll das geschehen, wenn Kinder, die bis zum 11./12. Lebensjahr ohnehin nur schwer zwischen fiktionaler Gewalt in Spielfilmen und realer Gewalt in Nachrichtensendungen unterscheiden können, heute in einem »Orientierungsdschungel« leben?

II. Der Orientierungsdschungel

Übertreibe ich? Wohl kaum. Denn wir leben in einer Zeit, wo – so geschehen in Liverpool – ein zweijähriges Kind langsam und überlegt von zwei Zehnjährigen ermordet wurde. Wo Jugendliche Häuser anzünden, Grabstei-

---

2. Etwa die »Initiative Gewaltverzicht im Fernsehen« des Detmolder Psychologen K. A. Richter mit einer Viertelmillion Unterschriften; vgl. Focus Nr. 26 (1994).

ne schänden, sich in Banden zusammenrotten und Exzesse fremdenfeindlicher Gewalt ausleben. Selbst der »Spiegel« konnte nicht umhin, 1993 in einer Titelgeschichte[3] eine »Orientierungskrise« zu beklagen, ja, einen »Orientierungsdschungel«. Heute sei es zu einer »in der Kulturgeschichte beispiellosen Enttabuisierung« gekommen: »Die jüngste Generation muß mit einer Werteverwirrung zurechtkommen, deren Ausmaß kaum abzuschätzen ist. Klare Maßstäbe für Recht und Unrecht, Gut und Böse, wie sie sich noch in den 50er und 60er Jahren von Eltern und Schulen, Kirchen und manchmal von Politikern vermittelt wurden, sind für sie kaum noch erkennbar.«

So sehr also die Medien und das Profitdenken ihrer Profiteure eine Mitschuld tragen mit ihren Reality-, Brutality- und Porno-TVs, so liegen doch die Ursachen der zunehmenden physischen Verrohung, sprachlichen Verwilderung, ungezügelten Selbstverwirklichung, der abgesunkenen Schamschwelle, der Spirale von Zynismus, Gewalt und Obszönität tiefer. Der Herausgeber der größten deutschen Wochenzeitung »Die Zeit«, Theo Sommer, redet nach den vielen Skandalen in Politik, Wirtschaft und Gewerkschaft auch den Intellektuellen ins Gewissen: »Ganz gewiß müssen auch die Intellektuellen des Landes in sich gehen. Viele von ihnen haben die Selbstverwirklichung bis zum Exzeß gepredigt; haben Tugend, Anstand, Stil verlacht; haben die postmoderne Beliebigkeit eine Zeitlang so weit getrieben, daß nach der Devise ›Alles geht‹ nichts mehr verpönt war. So wurde die Gemeinschaft auf dem Altar der Gesellschaft geopfert. Die Maßstäbe lösten sich im ätzenden Säurebad der Kritik auf.«[4]

Das alles heißt: Zur Gegensteuerung ist neben anderen Faktoren (Politik, Gesetzgebung, Justiz) vor allem die *Pädagogik* gefragt: eine reflektierte Pädagogik, die weder autoritär noch antiautoritär ist, die bei Jugendlichen Freiheitsräume respektiert und doch auf Autorität nicht verzichtet. Denn gerade das Kind muß gesagt und zugleich vorgelebt bekommen, was seine ethische Pflicht ist, was human und was inhuman ist, was gerecht und was unrecht, was fair und was unfair, was ehrlich und was verlogen. Und in Familie, Schule und Kirche muß das Kind lernen, wie man human miteinander umgehen und Konfliktlösungen ohne Gewaltanwendung anstreben soll. Grundverhaltensmuster in den Familien sind doch vielfach dafür verantwortlich, wenn die Jugendlichen sich im Leben nicht zurechtfinden, Angst vor der Zukunft haben, keinen richtigen Beruf finden, gewalttätig werden ... Und wenn Kinder weder in der Familie noch in der Schule von zentralen Geboten der großen religiösen Traditionen je etwas gehört haben »Du sollst nicht töten«, »Du sollst nicht stehlen«, »Du sollst nicht lügen« muß man

---

3. Der Spiegel, Nr. 9 (1993).
4. Die Zeit vom 21.05.1993.

sich nicht wundern, wenn viele sich an nichts mehr halten und gerade das ausleben, was »Spaß« macht. Mit Recht weisen Pädagogen darauf hin, daß die Prävention gegen Gewalt frühzeitig einsetzen und langfristig angelegt sein muß.

Ich argumentiere hier nicht als saurer Moralapostel, der mit erhobenem Zeigefinger Ethos als Knechtung des Menschen verkündet. Ethos ist ohnehin nicht nur eine Frage an die »Jugend« (kein kulturkritisches Lamento ist hier gemeint), sondern an die heutige Gesellschaft überhaupt, die angesichts demokratisch legitimierter Pluralität von Lebensstilen und Lebenskonzepten sich die Frage nach dem ethisch Verbindenden immer wieder neu zu stellen hat, soll sie nicht eines Tages im Chaos oder in einer Diktatur enden. Hinzu kommt: Diese Orientierungskrise ist bekanntlich nicht nur ein Problem für Europa, sondern auch für Amerika und besonders auch für das Gebiet der früheren Sowjetunion und China, also ein Weltproblem. Die Frage des Ethos wird von daher buchstäblich zu einer Frage nach dem Welt-Ethos.

III. Religionen – unfähig zum Frieden?

Wo aber sind die glaubwürdigen Autoritäten, Traditionen oder Instanzen, die ein solches Ethos den Jugendlichen vermitteln könnte? Kann man hier einfach generell die großen religiösen Traditionen beschwören? Kann man auf die Religionen und ihre Repräsentanten hinweisen, um das Weltproblem des Ethos-Defizits und der Orientierungskrise in den Griff zu bekommen? Kaum. Denn sind nicht gerade die Religionen wegen ihrer Rückwärtsgewandtheit und ihres Machtdenkens heute in ihrer Glaubwürdigkeit vielfach so heruntergekommen, daß sie für die Pädagogik als Autorität und Vorbilder kaum taugen? Haben nicht gerade die Religionen durch vielfache Aggressivität ihre Friedensunfähigkeit immer wieder neu unter Beweis gestellt? Sind die Religionen nicht wie die Nationen von Hause aus friedensunfähig, von Natur aus aggressiv? Sollen ausgerechnet sie glaubwürdig ein Weltethos ins Spiel bringen oder gar garantieren?

Eine ernste Frage zweifellos: Liegt den Religionen, gerade weil sie es mit dem Absoluten und absolut geltender Wahrheit zu tun haben, die *Aggressivität* nicht sozusagen im Blut? Fördert ein arrogantes Auserwähltheitsbewußtsein nicht die Aufteilung der Welt in Auserwählte und Verdammte, in Erlöste und Heiden, in Gute und Böse?[5] Ist ihnen die Bereitschaft zu gegne-

---

5. Von dieser Problemstellung geht aus das vom Schweizer Nationalfonds in den Jahren 1989-92 geförderte Forschungsprojekt von Prof. *R. Friedli*, Religionen und Friede. Der Einfluß spirituell-religiöser Erfahrungen in Konfliktsituationen. Eine empirische Untersuchung zur

rischen Auseinandersetzungen nicht sozusagen angeboren, so daß es denn auch immer wieder zu Aggresionen gekommen ist, zu gegnerischen Auseinandersetzungen, ob in impulsiv-spontaner Abwehr oder mit bewußter Absicht der Schädigung oder Verletzung des jeweils Andersgläubigen?

– Findet sich diese Aggressivität nicht besonders bei den *prophetischen* Religionen semitischen Ursprungs (Judentum, Christentum und Islam), die ja schon von einem Gegenüber von Gott und Mensch und so von einem Modell religiöser Konfrontation ausgehen?

– Ist Aggressivität aber nicht auch den Religionen indischer Herkunft keineswegs fremd, so sehr sie von einer *mystischen*, auf Einheit hin tendierenden Grundstimmung getragen sind und im Zeichen religiöser Inneneinkehr stehen (frühe indische Religion der Upanishaden, Buddhismus, Hinduismus)?

– Ja, findet sich Aggressivität nicht selbst bei jenen Religionen *weisheitlicher* Ausprägung, die an sich im Zeichen der Harmonie stehen, den Religionen chinesischer Tradition (Konfuzianismus, Taoismus)?

Aggressivität, ein Droh-, Angriffs- und Kampfverhalten also, gegen Nichtchristen, Nichtmuslime, Nichthindus, Nicht-Hanchinesen? Allüberall Religionen, die Streit nach innen oder nach außen verursacht haben, blutige Konflikte, »Religionskriege«; die Kriege wenn auch nicht immer direkt verursacht, so doch des öfteren legitimiert und inspiriert oder zumindest stillschweigend gebilligt und verhindert haben? So fragen sich denn in der Tat nicht nur Religionslose: Sind die Religionen nicht eher ein Hindernis als eine Hilfe bei der Erziehung zum Frieden? Ja, sind die Religionen nicht geradezu ein Schulbeispiel für jene Grundthese heutiger Pädagogik, daß Aggressivität nun einmal mit dem Wesen des Menschen gegeben ist, und so eben auch mit Religion – immerhin einem Grunddatum des Menschen.

IV. Aggressivität und Friedenserziehung

Ein gewisses Maß an Aggressivität, darin stimmen heute Biologie, Psychologie und Anthropologie mehr als früher überein, ist für Tiere und Menschen, und so auch schon für das Kind, einfach notwendig, um in einer vorgegebenen Gesellschaft überleben zu können. Deshalb kann man sich fragen: Ist Aggressivität nicht einfach unser Schicksal, uns schon genetisch bestimmt, so daß man sich gar nicht darüber wundern sollte, daß auch die

---

Friedenserziehung, publiziert in zwei Bänden unter dem Titel »Religionen und Friedfertigkeit. Untersuchungen zur Friedenserziehung« mit Beiträgen von G. Gebhardt, C. J. Jäggi u. R. Friedli.

Religionen ihren Teil zum »Homo homini lupus« beitragen, also jenes Maß an Aggressivität mitbekommen haben, die nun einmal die Bestie im Menschen charakterisiert?

Allerdings darf heute die große Kontroverse zwischen biologisch orientierten Wissenschaftlern, der orthodoxen Psychoanalyse und den deutschen Verhaltensforschern oder Ethologen aus der Schule von Konrad Lorenz einerseits und den amerikanischen Psychologen und Naturwissenschaftlern, etwa den amerikanischen Behavioristen à la B. F. Skinner andererseits als überholt angesehen werden: jene Kontroverse zwischen
– denjenigen, die den Menschen vor allem als *genetisch vor-programmiert* ansehen, also in seinen Verhaltensformen, Handlungsweisen und Reaktionen von ererbten Programmen angetrieben und gesteuert[6] und
– den anderen, die den Menschen vor allem als *umweltgesteuert* sehen: geprägt durch Einflüsse der Mitwelt, abhängig von sozialen Bedingungen, vielfältig gesellschaftlich konditioniert und somit in seinem Verhalten weithin voraussagbar.[7]

Heutzutage ist man sich weithin einig, daß grundlegend *beides* gilt: Der Mensch ist sowohl genetisch vorprogrammiert wie umweltgesteuert, aber beides eben *nicht total*. Denn ein Mensch, total von seiner Erbmasse vorprogrammiert oder total von seiner Umwelt konditioniert, wäre gar kein Mensch mehr. Er wäre ein Tier oder ein Roboter. Positiv gesagt, und dies ist für jede Pädagogik grundlegend: In den Grenzen des Angeborenen und des Umweltbestimmten ist der Mensch frei: frei im Gegensatz zur Abhängigkeit von Instinkt, Zwang und Macht, frei im Sinne von Wahl, von Selbstbestimmung, von Autonomie, frei also durchaus auch, einem bestimmten triebhaften Impuls zu folgen oder ihm zu widerstehen.

Dies bedeutet für die *Aggressivität*: Auch sie ist *vererbt*, ist im Genom verankert, wie die Triebtheorie (Freud) oder Instinkttheorie (Lorenz) annehmen. Daraus folgt: Sie ist nicht einfach religiös zu verteufeln, moralisch zu bekämpfen und sozusagen gesetzlich abzuschaffen. Insofern ist Aggressivität tatsächlich nur, wie Konrad Lorenz freilich einseitig formuliert, »das sogenannte Böse«, das scheinbar Böse, das jedenfalls auch sein Gutes hat. Inwiefern? Ohne aggressive Energie könnte wie das Tier so auch der Mensch den anderen Wesen gegenüber sein Terrain gar nicht behaupten und nicht

---

6. Vgl. *K. Lorenz*, Das sogenannte Böse. Zur Naturgeschichte der Aggression, Wien 1963; *ders.*, Über tierisches und menschliches Verhalten. Aus dem Werdegang der Verhaltenslehre. Gesammelte Abhandlungen, Bd. I-II, München 1965. Einen guten Überblick gibt *I. Eibl-Eibesfeldt*, Grundriß der vergleichenden Verhaltensforschung. Ethologie, München 1972³.
7. Vgl. *B. F. Skinner*, Beyond Freedom and Dignity, New York 1971; dt.: Jenseits von Freiheit und Würde, Hamburg 1973.

für den notwendigen Abstand sorgen. Ein spannungsfreies Zusammenleben gibt es nicht. Ohne aggressive Energie könnte schon das Kind sich gegen die Einengung oder Überbehütung seiner Eltern nicht durchsetzen, könnte es sich in dem nun einmal von Kind auf gegebenen Wettbewerb mit anderen Kindern gar nicht entwickeln und steigern, lernte es nicht, zu agieren und zu reagieren, sich durchzusetzen und zu kämpfen, kurz, könnte es gar nicht Selbstvertrauen entwickeln und selbständig, erwachsen werden. Insofern ist etwa die aggressive soziale Exploration im Trotzalter oder in den Flegeljahren zur Auslotung und Ausweitung des Handlungsspielraumes des Kindes und für das vernunftgeleitete Durchsetzungsvermögen des Heranwachsenden gegen die Widerständigkeit der Menschen- und Sachwelt einfach notwendig. Nur so kommt es zur Entfaltung, Behauptung und Selbstverwirklichung der Person.

Von daher ist schon deutlich: Eine Friedenserziehung, die versuchte, die Aggressivität, den Ärger, Wut, Zorn, die Gereiztheit des Kindes durch Verbote, Sanktionen und Einschränkung der Eigenaktivitäten von vornherein nicht hochkommen zu lassen, die also die Triebbefriedigung, die sich ja auch schon beim Spiel, bei Wettkämpfen und Gerangel, aber auch bei ernsthaftem Streit Ausdruck verschafft, möglichst zu behindern, eine solche Erziehung führte nur zur Frustration, die sich dann früher oder später erst recht in Aggression (oder – wenn verinnerlicht – in einer Neurose) auswirken müßte. Mit anderen Worten: Die *autoritäre Friedenserziehung, die jegliche Aggressivität unterdrückt und Duckmäusertum fördert, verfehlt ihr Ziel.* Aggressivität kann durchaus wertvoll sein und braucht nicht die Schädigung des anderen einzuschließen, wenn sie persönliche Stärke statt mit schlagenden Fäusten mit schlagenden Argumenten demonstriert.[8]

Doch dies ist nur die eine Seite der Problematik: Die Aggressivität ist ja nicht völlig vererbt, sie ist auch *erlernt*, konditioniert; sie ist nicht nur vom Genom gesteuert, sondern wird im Milieu erprobt und geformt. Aggressivität ist also auch Ergebnis eines Beobachtungs- und Verstärkungs-Lernens, wie die Aggressionstheorie des sozialen Lernens (Bandura, Walters) annimmt. Im Gefolge seiner Sozialisation lernt das Kind auch im Spiel wie im Ernst agieren und reagieren. Natürlich lernt das Kind immer aufgrund angebore-

---

8. Nötigung oder Verletzung des Anderen sollte also nicht von vornherein in die Definition von Aggressivität eingeschlossen werden. Richtig bemerkt *E. v. Gebsattel*, Art. Aggression, in: Lexikon der Pädagogik, Bd. I, Freiburg 1952, S. 40: »Das Studium des beutesuchenden, des brünstigen, des verfolgten, sich oder die Brut verteidigenden Tieres erweist, daß es kein ursprüngliches Bedürfnis der Lebewesen gibt, das auf Schädigung und Vernichtung der fremden Lebenssphäre primär abgestellt wäre; alle Angriffshandlungen von Tieren sind, auch wo ihr vernichtender Effekt deutlich wird, nur als Vollzugsweisen des Selbsterhaltungs- oder des Geschlechtstriebes auszulegen.«

ner Lernmechanismen. Doch heißt dies nicht, daß es aufgrund neuer Erfahrungen nicht auch *umlernen* kann und vielleicht soll. Auch angesichts biologisch bedingter Impulse oder Triebfedern ist der Mensch ja keineswegs wie das Tier sozusagen instinktiv auf ein bestimmtes Verhalten festgelegt; ist er doch fähig, um geistiger oder politischer Ziele willen sogar bis zur Erschöpfung freiwillig zu hungern.[9] Und so ist auch schon das Kind den Reizen, die Aggressionen auslösen können, keineswegs einfach ausgeliefert. Es kann sie vielmehr willentlich unterbinden und so seine Aggression zügeln lernen. Die Gemeinschaft und Vorbilder helfen ihm normalerweise zu unterscheiden, in welchen Situationen Aggression angebracht ist und welchen nicht, wann ein Trieb zu befriedigen ist und wann nicht.

Dabei hat sich in der neueren Diskussion herausgestellt, daß keineswegs jede Aggression auf Frustration beruht, wie die Frustrations-Aggressions-Theorie des amerikanischen Psychologenteams von Yale (J. Dollard, N. Miller) noch in den 30er Jahren annahm: als ob jede Aggression durch Nichtbefriedigung eines Triebes zustandekäme und durch Wunschbefriedigung verhindern werden könnte, so daß eine Verhinderung der Aggression durch Verhinderung der Frustration und Befriedigung der Triebe anzustreben wäre.[10] Auch für die heutige Verhaltensbiologie ist jede monokausale Aggressionstheorie überholt, und ist die Frustration nur eine Ursache neben anderen.

Dieser zweite Aspekt der Aggressivität hat pädagogisch nicht weniger schwerwiegende Konsequenzen: Eine Friedenserziehung, die meinte, man müsse das Kind einfach »wachsen lassen«, man müsse seine Wünsche so weit wie irgendwie möglich befriedigen, um einen aggressionsfreien und friedfertigen Menschen entstehen zu lassen, führt nicht zum erhofften Abbau der Aggressivität, sondern zu dem auf längere Sicht verhängnisvollen Ausleben der vermeintlich aufgestauten Aggressionsenergien. Was sich beim kleinen Haustyrannen noch amüsant ausnimmt, kann sich beim egomanen oder gewalttätigen Pubeszenten oder Adoleszenten in seiner Gefährlichkeit als recht bedrohlich erweisen. Aber so ist es nun einmal: Wenn schon beim Kind ein Bedürfnis nach dem anderen befriedigt wird und die nächsten Bezugspersonen in extremer Nachgiebigkeit jeglicher Auseinandersetzung ausweichen, so führt das gerade nicht zur Aggressionsfreiheit, sondern zu aggressivem Anmelden immer wieder neuer Bedürfnisse. Es ist also gerade umgekehrt: Nur wenn das Kind schon frühzeitig und konsequent einsichtige

---

9. Ich halte mich in der folgenden Beurteilung an die erhellenden Ausführungen der Freiburger Privatdozentin *Dr. Gabriele Haug-Schnabel,* Das neue Verhältnis biologischer Grundlagen von aggressiver Verhaltensweisen (Manuskript 1994).
10. Vgl. *L. Berkowitz* (Hg.), Roots of Aggression. A Re-examination of the Frustration-Aggression-Hypothesis, New York 1969.

und gerechte Grenzen gesetzt erhält, kommt es zu dem letztlich auch vom Kind ersehnten klärenden Ergebnis und zum Abebben der sozial so wichtigen aggressiven sozialen Exploration. Und es lernt, statt aggressiv konstruktiv auf Bedrohungen zu reagieren. Der Jugendliche weiß dann im Prinzip, wie weit er gehen darf und daß er nicht einfach Individualist und Egoist sein kann. Mit anderen Worten: Auch die *antiautoritäre Friedenserziehung, die jegliche Aggressivität meint tolerieren zu müssen, verfehlt ihr Ziel*; sie stellt sich nur blind gegenüber der gefährlichen Dynamik der Aggressivität, die auf die Dauer höchst destruktive soziale Folgen haben kann; jede Aggression erzeugt weitere Aggressionen.

V. Gewalt- und Friedenspotentiale in den Religionen

Man braucht also keineswegs mit Sigmund Freud oder Konrad Lorenz eine im Biologischen wurzelnde einheitliche Triebquelle anzunehmen, einen dem »Lebenstrieb« entgegengesetzten »universalen Todestrieb«, einen Gewalt- und Tötungsinstinkt, als Basis alles aggressiven Verhaltens oder mit Alfred Adler den Willen zur Macht als einheitliche Antriebsquelle. Gerade wenn man wie heute die meisten Forscher eine *Vielzahl der Ursachen von Aggressivität* kennt, so kann man sich der Einsicht kaum verschließen, daß auch der religiöse Mensch, daß *auch Religionen* ein gewisses – und natürlich ebenfalls ambivalentes – *Aggressionspotential* besitzen. Auch Religionen zeigen, wenn sie überleben wollen, eine gewisse Aggressionsbereitschaft mit dem Ziel des Machtgewinns, des Besitzes, der Verteidigung des Territoriums, der Anhängerschaft, etwa

– wo sie sich in ihrer Glaubenssubstanz angegriffen und zur Verteidigung herausgefordert sehen (wirklich im Fall der Religionsverfolgung, vermeintlich im Fall des Fundamentalismus);
– wo sie sich auf ihren ureigenen Territorien durch »Mission« einer anderen Religion (oder Konfession) bedroht sehen (so etwa die östliche Orthodoxie angesichts der römischen Reevangelisierungsoffensive);
– wo sie sich frustriert sehen aufgrund eines nicht mehr zu übersehenden historischen Versagens (so der konservative Islam angesichts verpaßter und doch drohender Modernisierung oder Säkularisierung);
– wo in dem nun einmal faktisch bestehenden Wettbewerb der Religionen eine bestimmte Religion (oder Konfession) zu kurz zu kommen scheint _

In solchen Fällen zeigen also auch Religionen, zeigen auch religiöse Menschen aggressives Verhalten, das mit der Heils- und Wahrheitsfrage verbunden wird. Dieses braucht aus sich noch nicht unbedingt schlecht zu sein, sondern kann als Selbstbehauptung verstanden werden – solange es nicht auf

Schädigung der anderen aus ist, so lange es nicht auf prinzipiell unfriedliche Koexistenz, auf kalten oder gar heißen Krieg zielt, wie dies leider immer wieder der Fall war. Zeigt es sich doch gerade in den großen Krisengebieten unserer Zeit, wie verderblich sich religiös gefärbte Aggressivität auswirken kann, wenn sie nicht bewußt gezügelt wird; hier ist nichts zu beschönigen.

Andererseits haben gerade in den vergangenen Jahrzehnten Religionen anders als zuvor gezeigt, daß sie fähig sind, bei sich selber und bei anderen das gefährliche Aggressionspotential abzubauen und *Friedenspotentiale* zu entwickeln, die in ihren Ur-Kunden und Leitgestalten grundgelegt sind. Daß sich das Verhältnis insbesondere zwischen den früher verfeindeten christlichen Kirchen seit dem Vatikanum II grundlegend verändert hat, ist bekannt. Bekannt sind Fakten auch aus dem *politischen Bereich*:
- Der Frieden zwischen Deutschland und Frankreich ist nicht durch Eurotechnokraten, sondern durch moralisch und religiös motivierte Menschen zustande gekommen.
- Die Verständigung zwischen Deutschland und Polen ist wesentlich durch religiös-kirchliche Kreise vorbereitet worden.
- Die Revolutionen in der früheren DDR und in Osteuropa sind entscheidend durch religiös motivierte Menschen angeführt, aber auch vor Gewaltanwendung und Blutvergießen bewahrt worden.
- Die friedliche Ablösung mancher diktatorialer Regimes, etwa auf den Philippinen und in Südafrika, aber auch in Mittel- und Südamerika wäre ohne die vermittelnde Tätigkeit in diesem Fall der christlichen Kirchen kaum möglich gewesen.

VI. Weltethos als Beitrag der Religionen zum Frieden

Ein weiterer wichtiger Bereich ist der Bereich der ökumenischen Verständigung zwischen den Weltreligionen. Auch hier sind bemerkenswerte Fortschritte erzielt worden, welche die Glaubwürdigkeit der Religionen im Blick auf die Legitimierung eines gemeinsamen Weltethos verstärken kann. Zum ersten Mal in der Geschichte der Religionen haben sich Vertreter aller Religionen auf dem Weltparlament in Chicago im September 1993 auf einen gemeinsamen ethischen Grundtext einigen können: auf eine *»Erklärung zum Weltethos«*, in der ein minimaler Grundkonsens bezüglich verbindender Werte, unverrückbarer Maßstäbe und moralischer Grundhaltungen formuliert ist.[11] Vertreter aller großen Weltreligionen wollten

---

11. Vgl. *H. Küng – K.-J. Kuschel* (Hg.), Erklärung zum Weltethos. Die Deklaration des Parlamentes der Weltreligionen, München 1993.

mit diesem »Weltethos« keine neue Weltideologie, auch keine einheitliche Weltreligion jenseits aller bestehenden Religionen, erst recht nicht die Herrschaft einer Religion über alle anderen begründen. Mit »Weltethos« wollten sie einen schon bestehenden Grundkonsens bezüglich verbindender Werte, unverrückbarer Maßstäbe und persönlicher Grundhaltungen bewußtmachen. Denn getragen waren sie von der Überzeugung: Es wird keine neue Weltordnung geben ohne ein Weltethos. Und ohne Weltethos kein Weltfrieden.

Diese Weltethos-Erklärung ist gerade auch für die *Pädagogik* heute von größter Bedeutung. Denn sie verbindet das Prinzip der *Elementarisierung* mit dem Prinzip der *Konkretisierung*. Das heißt: Die Weltethos-Erklärung sieht alle Religionen einig in der Grundforderung: »Jeder Mensch (ob Mann oder Frau, weiß oder farbig, reich oder arm) muß menschlich behandelt werden«, und in jener » Goldenen Regel«, die sich seit Jahrtausenden in vielen religiösen und ethischen Traditionen der Menschheit findet und sich bewährt hat. Sie lautet positiv: »Was du willst, daß man dir tut, das tue auch den anderen«. Gerade aus dieser humanen Grundhaltung heraus läßt sich jene sterile, ausschließlich aggressive Gegeneinstellung meiden, welche die Selbstliebe mit Fremdenhaß verbindet, den eigenen Erfolg mit der Niederlage des Anderen, die eigene Macht mit der Ohnmacht des Anderes und die so alles menschliche Mit- und Füreinander vermissen läßt.

Diese Goldene Regel sollte unverrückbare, unbedingte Norm für alle Lebensbereiche, für Familie und Gemeinschaften, für Rassen, Nationen und Religionen. Konkretisieren läßt sich dieses Prinzip durch vier umfassende uralte Imperative der Menschlichkeit, die sich in den meisten Religionen dieser Welt finden:

(1) »Du sollst nicht töten«: die Verpflichtung auf eine Kultur der Gewaltlosigkeit und der Ehrfurcht vor allem Leben,
(2) »Du sollst nicht stehlen«: die Verpflichtung auf eine Kultur der Solidarität und eine gerechte Wirtschaftsordnung,
(3) »Du sollst nicht lügen«: die Verpflichtung auf eine Kultur der Toleranz und ein Leben in Wahrhaftigkeit,
(4) »Du sollst nicht Unzucht treiben«: die Verpflichtung auf eine Kultur der Gleichberechtigung und die Partnerschaft von Mann und Frau.

Dies alles ist nicht nur den Erwachsenen gesagt, sondern auch schon den Kindern und den Heranwachsenden. Eine reflektierte Pädagogik wird schon im Kindesalter auf wirkungsvolle Prophylaxe zielen.

VII. Ethos schon im Kindesalter lernen

Gewiß: Die gegenwärtige Situation ist oft zum Verzweifeln: aufgrund einer »in der Kulturgeschichte beispiellosen Enttabuisierung« werden die seit Jahrtausenden in den meisten religiösen und ethischen Traditonen sich findenden Imperative der Menschlichkeit vielfach nicht mehr überzeugend weitertradiert. Das *Hoffnungsvolle* aber an der gegenwärtigen Situation ist, daß aufgrund der in der Religionsgeschichte beispiellosen ökumenischen Bewegung gerade diese uralten Regeln der Humanität wieder neu in Erinnerung gerufen werden und das Bedürfnis nach einem Bewußtseinswandel nicht nur (1) im Bereich von Ökonomie und Ökologie, (2) von Krieg und Frieden und (3) der Partnerschaft von Mann und Frau, sondern auch im Bereich des Ethos überhaupt immer weitere Kreise erfaßt.

Deshalb steht gerade die Pädagogik hier vor einer gewaltigen Aufgabe, und die Erklärung des Parlaments der Weltreligionen hat gerade die *pädagogische Komponente eines Weltethos* bezüglich jener vier Imperative der Menschlichkeit überdeutlich ausgesprochen:

Zum *ersten Imperativ*:
A. Aus den großen alten religiösen und ethischen Traditionen der Menschheit aber vernehmen wir die Weisung: *Du sollst nicht töten!* Oder positiv: *Hab Ehrfurcht vor dem Leben!* Besinnen wir uns also neu auf die Konsequenzen dieser uralten Weisung: Jeder Mensch hat das Recht auf Leben, körperliche Unversehrtheit und freie Entfaltung der Persönlichkeit, soweit er nicht die Rechte anderer verletzt. Kein Mensch hat das Recht, einen anderen Menschen physisch oder psychisch zu quälen, zu verletzen, gar zu töten. Und kein Volk, kein Staat, keine Rasse, keine Religion hat das Recht, eine andersartige oder andersgläubige Minderheit zu diskriminieren, zu »säubern«, zu exilieren, gar zu liquidieren.

B. Gewiß, wo es Menschen gibt, wird es Konflikte geben. Solche Konflikte aber sollten grundsätzlich ohne Gewalt im Rahmen einer Rechtsordnung gelöst werden. Das gilt für den Einzelnen wie für die Staaten. Gerade die politischen Machthaber sind aufgefordert, sich an die Rechtsordnung zu halten und sich für möglichst gewaltlose, friedliche Lösungen einzusetzen. Sie sollten sich engagieren für eine internationale Friedensordnung, die ihrerseits des Schutzes und der Verteidigung gegen Gewalttäter bedarf. Aufrüstung ist ein Irrweg, Abrüstung ein Gebot der Stunde. Niemand täusche sich: Es gibt kein Überleben der Menschheit ohne Weltfrieden!

C. Deshalb sollten schon junge Menschen in Familie und Schule lernen, daß Gewalt kein Mittel der Auseinandersetzung mit anderen sein darf. Nur so kann eine *Kultur der Gewaltlosigkeit* geschaffen werden.

Zum *zweiten Imperativ*:
A. Aus den großen alten religiösen und ethischen Traditionen der Menschheit aber vernehmen wir die Weisung: *Du sollst nicht stehlen!* Oder positiv: *Handle gerecht und fair!* Besinnen wir uns also wieder neu auf die Konsequenzen dieser uralten Weisung: Kein Mensch hat das Recht, einen anderen Menschen – in welcher Form auch immer – zu bestehlen oder sich an dessen Eigentum oder am Gemeinschaftseigentum zu vergreifen. Umgekehrt aber hat auch kein Mensch das Recht, sein Eigentum ohne Rücksicht auf die Bedürfnisse der Gesellschaft und der Erde zu gebrauchen.

B. Wo äußerste Armut herrscht, da machen sich Hilflosigkeit und Verzweiflung breit, da wird um des Überlebens willen auch immer wieder gestohlen werden. Wo Macht und Reichtum rücksichtslos angehäuft werden, da werden bei den Benachteiligten und Marginalisierten unvermeidlich Gefühle des Neides, des Ressentiments, ja, des tödlichen Hasses und der Rebellion geweckt. Dies aber führt zu einem Teufelskreis von Gewalt und Gegengewalt. Niemand täusche sich: Es gibt keinen Weltfrieden ohne Weltgerechtigkeit!

C. Deshalb sollten schon junge Menschen in Familie und Schule lernen, daß Eigentum, es sei noch so wenig, verpflichtet. Sein Gebrauch soll zugleich dem Wohl der Allgemeinheit dienen. Nur so kann eine *gerechte Wirtschaftsordnung* aufgebaut werden.

Zum *dritten Imperativ*:
A. Aus den großen alten religiösen und ethischen Traditionen der Menschheit aber vernehmen wir die Weisung: *Du sollst nicht lügen!* Oder positiv: *Rede und handle wahrhaftig!* Besinnen wir uns also wieder neu auf die Konsequenzen dieser uralten Weisung: Kein Mensch und keine Institution, kein Staat und auch keine Kirche oder Religionsgemeinschaft haben das Recht, den Menschen die Unwahrheit zu sagen.

B. Dies gilt besonders:
- Für die Massenmedien,
- für Kunst, Literatur und Wissenschaft,
- für die Politiker und die politischen Parteien,
- für die Repräsentanten von Religionen schließlich: Wenn sie Vorurteile, Haß und Feindschaft gegenüber Andersgläubigen schüren, wenn sie Fanatismus predigen oder gar Glaubenskriege initiieren oder legitimieren, verdienen sie die Verurteilung der Menschen und den Verlust ihrer Gefolgschaft.

Niemand täusche sich: Es gibt keine Weltgerechtigkeit ohne Wahrhaftigkeit und Menschlichkeit!

C. Deshalb sollten schon junge Menschen in Familie und Schule lernen, *Wahrhaftigkeit* in Denken, Reden und Tun einzuüben. Jeder Mensch hat ein

Recht auf Wahrheit und Wahrhaftigkeit. Er hat das Recht auf die notwendige Information und Bildung, um die für sein Leben grundlegenden Entscheidungen treffen zu können. Ohne eine ethische Grundorientierung freilich vermag er kaum das Wichtige vom Unwichtigen zu unterscheiden. Bei der heutigen täglichen Flut von Informationen sind ethische Maßstäbe eine Hilfe, wenn Tatsachen verdreht, Interessen verschleiert, Tendenzen hofiert und Meinungen verabsolutiert werden.

Zum *vierten Imperativ*:
A. Aus den großen alten religiösen und ethischen Traditionen der Menschheit aber vernehmen wir die Weisung: *Du sollst nicht Unzucht treiben!* Oder positiv: *Achtet und liebet einander!* Besinnen wir uns also wieder neu auf die Konsequenzen dieser uralten Weisung: Kein Mensch hat das Recht, einen anderen zum bloßen Objekt seiner Sexualität zu erniedrigen, ihn in sexuelle Abhängigkeit zu bringen oder zu halten.
B. Wir verurteilen sexuelle Ausbeutung und Geschlechterdiskriminierung als eine der schlimmsten Formen der Entwürdigung des Menschen. Wo immer – gar im Namen einer religiösen Überzeugung – die Herrschaft eines Geschlechts über das andere gepredigt und sexuelle Ausbeutung toleriert, wo immer Prostitution gefördert oder Kinder mißbraucht werden, da ist Widerstand geboten. Niemand täusche sich: Es gibt keine wahre Menschlichkeit ohne partnerschaftliches Zusammenleben!
C. Deshalb sollten schon junge Menschen in Familie und Schule lernen, daß Sexualität grundsätzlich keine negativ-zerstörende oder ausbeuterische, sondern eine schöpferisch-gestaltende Kraft ist. Sie hat die Funktion einer lebensbejahenden Gemeinschaftsbildung und kann sich nur entfalten, wenn sie in Verantwortung für das Glück auch des Partners gelebt wird.[12]

VIII. Herausforderung für die Erziehung heute

Daß Prozesse des Bewußtseinswandels mittelfristig und langfristig angelegt sein müssen, ist eine uralte Erfahrung. Deshalb ist es von größter Bedeutung, daß auf allen Ebenen begonnen wird, die Weltethos-Erklärung zu diskutieren und gerade Schülern und Jugendlichen durch besondere didaktische Maßnahmen aufzuschließen. Es ist für mich keine Frage, daß im Ethik- und Religionsunterricht heute ein solcher Text behandelt werden sollte. Er sollte zum unverzichtbaren Bestandteil des Lehrplanes werden. Und dies aus drei Gründen:

---

12. Vgl. Erklärung zum Weltethos III, 1-4 (gekürzt).

(1) Dieses Dokument ist von besonderer *Glaubwürdigkeit*. Es stammt nicht von einer kirchlichen Institution, deren Interessen es vertritt und die bei vielen Jugendlichen heute auf Mißtrauen stößt. Sie ist getragen von Menschen aus allen Religionen und Regionen dieser Welt, die hier ihre eigene Überzeugung zum Ausdruck gebracht sehen.

(2) Das Dokument ist der *Ausdruck gelebter Pluralität*. Nicht nur Menschen aus verschiedenen religiösen Traditionen können dieses Dokument akzeptieren, sondern auch nichtreligiöse Menschen. Dies ist wichtig insbesondere für Jugendliche, die in einer agnostisch- bis atheistischen Umgebung aufgewachsen sind. Die Weltethos-Erklärung fordert denn auch ausdrücklich eine Zusammenarbeit von glaubenden und nichtglaubenden Menschen: »Die in dieser Erklärung ausgesprochenen Prinzipien können von allen Menschen mit ethischen Überzeugungen, religiös begründet oder nicht, mitgetragen werden.«

(3) Das Dokument zeigt gleichzeitig eine enge *Verbindung von Religion und Ethos*. Es kann auf diese Weise das immer stärkere Auseinanderdriften von Religion und Ethik mit auffangen helfen. Mit diesem Dokument können Brücken geschlagen werden zwischen den verschiedenen Überzeugungen, welche auch in der heutigen Schülerschaft vorhanden sind. Sie kann ethisch und religiös orientierte Schüler wieder stärker zusammenbringen.

Auf diese Weise kann ein gesellschaftlicher Diskurs in Gang gesetzt werden, der über den Raum auch der Pädagogik weit hinausgehen muß. Denn nicht nur Lehrer und Schüler, auch andere gesellschaftliche Gruppen sind hier angesprochen: Ärzte genauso wie Geschäftsleute, Juristen ebenso wie Journalisten. Schon in »Projekt Weltethos« habe ich deutlich zu machen versucht – und ich gestatte mir bei dieser Gelegenheit dies in Erinnerung zu rufen:[13]

- Wir brauchen *Menschen* in allen Kontinenten, die sich bezüglich der Menschen anderer Länder und Kulturen besser informieren und orientieren, die Impulse anderer Religionen aufgreifen und dabei zugleich Verständnis und Praxis der eigenen Religion vertiefen.
- Wir brauchen insbesondere Männer und Frauen der *Politik*, welche die neu entstandenen Probleme der Weltpolitik nicht nur aus der Perspektive strategischer Oberkommandos oder des Weltmarktes sehen, sondern die eine internationale Friedenskonzeption zu realisieren trachten, in der die religiös gespeisten Sehnsüchte der Menschen in Europa und in der Welt nach Versöhnung und Frieden aufgehoben sind.

---

13. Vgl. *H. Küng*, Projekt Weltethos, München 1990, 168-171.

- Wir brauchen darüber hinaus Männer und Frauen der *Wirtschaft*, welche die Menschen anderer Länder und Kulturen – hierzulande oder im Ausland – nicht nur als Dienstleistende verzwecken oder als Handelspartner rein ökonomisch funktionalisieren, die vielmehr über ihren schmalen ökonomischen Sektor hinaus die Menschen ganzheitlich sehen und sich einfühlen in die je anderen Geschichten, Kulturen und Religionen.
- Wir brauchen *Wissenschaftler* nicht nur mit mehr quantitativ-statistischem Hintergrundwissen, sondern mit geschichtlichem, ethischem, religiösem Tiefenwissen. Wissensvermittlung ohne Wertmaßstäbe führt in die Irre.
- Wir brauchen schließlich auch *Kirchen*, die, allen gegenwärtigen Restaurationstendenzen zum Trotz, auf neue geistige und religiöse Herausforderungen nicht hierarchisch-bürokratisch re-agieren, vielmehr nach innen und außen basisnah und problembewußt agieren: nicht zentralistisch, sondern pluralistisch organisiert; nicht dogmatisch, sondern dialogisch eingestellt; nicht selbstzufrieden um sich kreisend, sondern bei allen Zweifeln des Glaubens selbstkritisch und innovativ die Fragen der Zukunft angehend. Praktisch brauchen wir:
- eine *Theologie* und theologische Literatur, die das interreligiöse Gespräch im Interesse des Friedens geistig-intellektuell voranbringen;
- einen *Religionsunterricht*, Religionslehrer und Religionsbücher, die im Dienst der interreligiösen Wissensvermittlung stehen und diese Aufklärungsarbeit als praktische Friedenserziehung begreifen.

Deshalb dürfte es hilfreich sein, sich zu fragen, wie für Kinder und Jugendliche folgende *Lernziele einer ökumenischen Friedenspädagogik*[14] erreicht werden können:

- Lernen, eine Wertordnung einzuhalten, in welcher der Respekt der Menschenwürde an der ersten Stelle steht.
- Lernen, sich in andere einzufühlen.
- Lernen, Gefühle auszudrücken und im Dialog mit dem Gegenüber zu besprechen.
- Lernen, Konflikte konstruktiv auszutragen und mit Aggression gewaltfrei umzugehen.
- Räume schaffen für eigenverantwortliches Handeln.
- Glaubwürdige Vorbilder setzen und sich an solchen orientieren.

---

14. Vgl. Verein für Friedenspädagogik e. V. (Hg.), Gewaltfrei leben. Informationen für Eltern, ErzieherInnen und LehrerInnen, Tübingen 1993, S. 9 . Wertvolle Anregungen finden sich bei *G. Gebhardt*, Zum Frieden bewegen. Friedenserziehung in religiösen Friedensbewegungen, Hamburg 1994 . Es geht um eine Darstellung der Friedensarbeit von Pax Christi Suisse Romande, der Weltkonferenz der Religionen für den Frieden und der japanisch-buddhistischen Bewegung Rissho Kosei-kai.

Ohne Streit geht es nicht im Menschenleben. Aber die Regeln humanen Streitens, das bei aller persönlichen Betroffenheit und Verletztheit durchaus zu gegenseitigem Verständnis und gegenseitiger Achtung führen kann, wollen schon vom Kind gelernt sein.[15] Nur so läßt sich für eine neue Generation in allen Religionen jene Religiosität heranbilden, die unsere Zeit braucht: eine Religiosität mit einem Fundament, aber ohne Fundamentalismus; eine religiöse Identität, aber ohne Exklusivität; eine Wahrheitsgewißheit, aber ohne Fanatismus.

---

15. In den bereits zitierten Informationen des Vereins für Friedenspädagogik Tübingen sind »einige Regeln für erfolgreiches Streiten« entwickelt (S. 11):
1. Das Problem sofort ansprechen: Nicht zu lange abwarten, wenn ungute Gefühle sich aufstauen. Möglichst in der Situation oder kurz danach, wenn Gelegenheit dazu ist, das Problem ansprechen.
2. In der Ich-Form sprechen: Je mehr ich bei Konflikten von meinen Gefühlen und meinen Empfindungen spreche, um so besser lernt mich mein Gegenüber kennen und verstehen. – In einer Streitsituation »ich« anstatt »du« zu sagen, hat noch einen weiteren Vorteil: Ich muß Farbe bekennen und mir selbst klar werden, was ich nun eigentlich möchte. Meine Offenheit fördert zudem die Offenheit der andern.
3. Sich nicht unterbrechen: Ich lasse mein Gegenüber ausreden und höre aufmerksam zu, ohne sie/ihn zu unterbrechen. Dabei achte ich insbesondere auf Gefühle, Bedürfnisse, Interessen, die sie/er äußert. Ich versuche, die Interessen, Bedürfnisse, Gefühle der anderen herauszuhören und darauf einzugehen.
4. Das Gegenüber direkt ansprechen und dabei anschauen: Wenn ich etwas mitteilen oder loswerden möchte, spreche ich die betreffende Person direkt an. Also nicht zur ganzen Gruppe sprechen, wenn nur eine/r gemeint ist.
5. Eine gemeinsame Problemsicht finden: Worum geht es bei dem Streit? Wo werden von mir die Ursachen, wo werden sie von meinem/r KonfliktpartnerIn gesehen? Ist es möglich, eine gemeinsame Problemsicht zu finden?
6. Beim Thema bleiben: Ich bleibe beim Problem, für das ich meine Lösung suche. Ich lasse auch nicht zu, daß mein/e KonfliktpartnerIn von einem Thema zu anderen springt.
7. Beschuldigungen und Verletzungen vermeiden: Gegenseitige Vorwürfe bringen keine Klärung und Lösung des Problems, sondern verhärten die Fronten.

Wolfhart Pannenberg

Das kirchliche Amt und die Einheit der Kirche

Die Verständigung über das kirchliche Amt ist häufig als die schwierigste Aufgabe der ökumenischen Dialoge bezeichnet worden. Dieses Urteil ist sicherlich berechtigt angesichts der großen Verschiedenheit zwischen den Mitgliedskirchen des Weltkirchenrates hinsichtlich ihrer Ordnungen in bezug auf die Aufgaben der Gemeindeleitung und Lehrverkündigung. Die aus der Reformation hervorgegangenen Kirchen kennen neben dem durch Ordination übertragenen Pfarramt mehr oder weniger stark akzentuierte presbyterale Formen der Gemeindeleitung und synodale Formen überörtlicher Kirchenleitung. Dabei ist heute, abgesehen von den Aufgaben der Wortverkündigung und Seelsorge das Bewußtsein für die theologische Besonderheit des Pfarramtes neben den andern kirchlichen Diensten, wie sie durch die Verbindung der Berufung zum Pfarrer mit einer gottesdienstlichen Ordination hervorgehoben ist, wenig geklärt. Das gilt auch für das Verhältnis zwischen dem heute in den evangelischen Kirchen wahrgenommenen Pfarramt und dem altkirchlichen Bischofsamt. Die lutherische Reformation verfügte hier über sehr viel deutlichere und differenziertere Vorstellungen, die auch in die lutherischen Bekenntnisschriften eingegangen sind. Das Dokument der gemeinsamen römisch-katholischen und evangelisch-lutherischen internationalen Kommission über »Das geistliche Amt in der Kirche« (1981) hat auf dieser Grundlage ein differenziertes Bild erarbeitet und auch ein bemerkenswertes Maß an Verständigung mit der katholischen Seite erzielt. Doch schon die Aufnahme des altkirchlichen Modells einer dreifachen Gliederung des ordinierten Amtes in Episkopat, Presbyterat, Diakonat in der Limaerklärung über das kirchliche Amt (1982, Nr. 19-21) ist in den lutherischen Kirchen zwar mit Respekt zur Kenntnis genommen, aber kaum rezipiert worden. Die lutherische Lehre hat seit den Bekenntnisschriften des 16. Jahrhunderts immer die Einheit des mit Wortverkündigung und Sakramentsverwaltung beauftragten Amtes betont. In einer Stellungnahme zu den Untersuchungen über die Lehrverurteilungen des 16. Jahrhunderts hat der dazu eingesetzte Ausschuß der VELKD 1991 erklärt, dieses eine Amt sei das Amt des Pfarrers. Aus ihm seien die gemeindeübergreifenden Ämter bis hin zum regionalen Bischofsamt ausgegliedert worden. Demgegenüber sei die Auffassung »abzulehnen, daß das gemeindeübergreifende Bischofsamt das primäre, eigentliche Amt der Kirche sei«, wie es das II. Vatikanische Konzil behauptet habe. Diese Auffassung verkenne, daß »die dem Pfarramt zukommende Aufgabe der öffentlichen Verkündigung und Sakramentsverwaltung ... der zentrale kirchliche Dienst« sei, »für den das Amt gestiftet ist (CA V).«[1] Allerdings hat der VELKD-Ausschuß anerkannt, daß in der alten Kirche »das Amt des Bischofs auf der lokalen Ebene der Ortsgemeinde angesiedelt war« (a.a.O.), so daß die Kritik des Ausschusses sich eigentlich nur dagegen richtet, daß eine »gemeindeübergreifende« Gestalt des Bischofsamtes dem Pfarramt vorgeordnet wird als das eigentliche Amt der Kirche.

Es ist zu fragen, ob die Differenz zum heutigen römisch-katholischen Verständnis des Bischofsamtes hier richtig beschrieben ist. In der Kirchenkonstitution des II. Vatikanischen Konzils werden die Bischöfe nämlich nicht als Vorsteher regionaler Kirchenverbände bezeichnet, sondern LG 23 werden die Bischöfe als »sichtbares Prinzip und Fundament der Einheit in ihren Teilkirchen« charakterisiert. Diese *ecclesiae particulares* werden im gleichen Artikel (Abs. 4) auch »Ortskirchen« genannt, und dieser Begriff der *ecclesia localis* erscheint in Art. 26 nochmals unter der Bezeichnung *congregatio localis* und mit Berufung auf den neutestamentlichen Gebrauch des Kirchenbegriffs. Nun kann man sicherlich einwenden, daß die heutigen römisch-katholischen Bischöfe faktisch Träger eines regionalen Leitungsamtes sind, wenn sie auch als Vorsteher von Ortskirchen bezeichnet werden. Aber es ist doch nicht bedeutungslos, daß die *Theologie* des Bischofsamtes dieses Amt mit dem Begriff der Ortskirche verbindet. Unklar bleibt freilich, wie dieser Begriff seinerseits zu verstehen ist. Doch immerhin bietet hier besonders LG 26 einen Ansatzpunkt dafür, den Begriff der Ortskirche im Sinne der an einem bestimmten Ort versammelten gottesdienstlichen Gemeinde aufzufassen. Karl Rahner erwähnte in seinem Kommentar zu diesem Artikel die auf dem Konzil geäußerte Kritik an einer zu einseitig von der Gesamtkirche her bestimmten Sicht der Kirche. LG 26 habe versucht, dieser Kritik Rechnung zu tragen, so daß die Konstitution immerhin diese »Sichtmöglichkeit« erlaube: »man *kann* von der konkreten Gemeinde ausgehen, in der sich die Predigt des Wortes Christi und die Proklamation seines heilbringenden Todes im Abendmahl ereignet, Christus selbst so im Wort und Sakrament und in Bruderschaft als das eschatologische Heil gegenwärtig ist und so *Kirche* ist im wahren Sinne des Wortes. Man kann auch von da aus dann das Verständnis der Kirche als ganzer erreichen, weil diese selbst *wahrhaft da* ist (*vere adest*) in der Ortsgemeinde«.[2] Im Text von LG 26 heißt es nicht *vere adest*, aber sachlich gleichbedeutend, daß in diesen Ortsgemeinden Christus gegenwärtig ist, *cuius vir-*

---

1. Lehrverurteilungen im Gespräch. Die ersten offiziellen Stellungnahmen aus den evangelischen Kirchen in Deutschland, 1993, 149.
2. LThK 2.Aufl. Erg.Bd. I,1966,243.

tute consociatur una, sancta catholica et apostolica Ecclesia. Der ganze Absatz ist einer der wichtigsten Ansatzpunkte einer *communio*-Ekklesiologie in der Kirchenkonstitution. Da von daher auch die Aussagen über das Amt der Bischöfe als Vorsteher der Partikularkirchen gedeutet werden können, verkennen die Ausführungen des VELKD-Ausschusses über das römisch-katholische Verständnis des Bischofsamtes dessen Komplexität und kontrastieren allzu vereinfachend dieses Amt als ein regionales Amt dem lutherischen Amtsverständnis. Statt dessen hätte auf den Klärungsbedarf hingewiesen werden sollen, der an dieser Stelle innerhalb des römisch-katholischen Verständnisses des Begriffs der Ortskirche im Hinblick auf sein Verhältnis zur Gesamtkirche und hinsichtlich der Bestimmung des Bischofsamtes als eines lokalen oder aber regionalen Amtes besteht. Daß die katholische Lehre an der Bezeichnung »Bischof« für »das primäre, eigentliche Amt der Kirche« festhält, hätte dagegen nicht beanstandet werden sollen, trotz der Mehrdeutigkeit, die angesichts des heutigen, beinahe ausschließlich auf ein regionales Amt bezogenen Sprachgebrauches entsteht. Es wird sich zeigen, daß es vom urchristlichen Prozeß der Herausbildung des Bischofsamtes her gute Gründe gibt, sich in der Theologie des kirchlichen Amtes am Bischofsamt als der klassischen Ausprägung für »das primäre, eigentliche Amt der Kirche« zu orientieren, obwohl damit keine Option für den Primat eines regionalen Leitungsamtes gegenüber dem Amt der Verkündigung und Sakramentsverwaltung im Gottesdienst der Ortsgemeinde verbunden sein darf. Der Ausschuß der VELKD hätte auf der Verbindung des Bischofsamtes mit dieser letzteren Funktion insistieren sollen, statt den Gebrauch der Bezeichnung »Bischof« für ein ausschließlich regionales Amt als normal anzuerkennen und auch die römisch-katholische Amtslehre darauf festzulegen. Auf der andern Seite werden die Sachgründe für die »Ausgliederung« gemeindeübergreifender episkopaler Ämter aus dem mit Verkündigung und Sakramentsverwaltung beauftragten Pfarramt zu wenig ekklesiologisch gewürdigt. Solche Ausgliederung wird zwar als »wegen der gemeindeübergreifenden Identität des Evangeliums sachgemäß« anerkannt,[3] aber nicht auf die Aufgabe der Wahrung der Einheit der Kirche in der Einheit des apostolischen Glaubens bezogen, der auf seine Weise schon das Amt des Pfarrers oder Bischofs auf der Ebene der Ortsgemeinde dient. Wenn aber dieser Sachzusammenhang vernachlässigt wird, kommt das Verhältnis von örtlichen und gemeindeübergreifenden Aufgaben des kirchlichen Amtes nicht in angemessener Weise in den Blick.

Zur Klärung dieser Zusammenhänge soll im folgenden von den urchristlichen Wurzeln des altkirchlichen Bischofsamtes ausgegangen werden. Im Anschluß daran soll das Verhältnis von örtlichen und überörtlichen Auf-

---

3. Siehe den in Anm.1 zit. Text 149 z.29f.

gaben des kirchlichen Amtes erörtert werden und in Verbindung damit auch die Aufgabe eines besonderen Dienstes an der Wahrung der Einheit der Gesamtkirche.

I. Das Bischofsamt als Dienst an der Einheit der Ortskirche in der Lehre des Evangeliums

In den Anfängen der heidenchristlichen Kirche sorgte die Autorität der Apostel für die Bewahrung der Gemeinden im Glauben an den gekreuzigten und auferstandenen Herrn. Nach dem Tode der Apostel hat es in der zweiten und dritten Generation des Urchistentums offensichtlich eine Phase der Unsicherheit hinsichtlich der Wahrnehmung und Fortsetzung dieser Funktion gegeben. Die Wandercharismatiker und Evangelisten (Eph 4,11), in denen der Typus des von Ort zu Ort reisenden Apostels sich fortsetzte, konnten für die Bewahrung der Gemeinden im Glauben ihrer apostolischen Gründer keine Garantie bieten, sondern bedurften ihrerseits der Prüfung an dieser Norm (vgl. Did. 11f.), wie es sich in Korinth schon zu Lebzeiten des Apostels Paulus gezeigt hatte (2 Kor 11). Die Gemeindeämter, nämlich einerseits die aus dem Judentum stammende Ältestenverfassung, andererseits die bei Paulus erwähnten Ämter von ortsansässigen Lehrern (1 Kor 12,28, Röm 12,7, vgl. Eph 4,11), sowie der Vorsteher von Hausgemeinden (Episkopen), denen »Diakone« zur Seite standen (Phil 1,1), hatten andere Funktionen und zunächst auch nicht die Autorität, die für die Fortsetzung des apostolischen Dienstes an der Einheit der Gemeinde in dem von ihr ursprünglich empfangenen Glauben an das Evangelium erforderlich war. Die Vorstellung, daß die Apostel von sich aus Bischöfe als Nachfolger eingesetzt hätten, wird zwar durch die Pastoralbriefe nahegelegt. Sie erweist sich aber als fiktiv, wenn diese Briefe nicht von Paulus, sondern erst Jahrzehnte nach seinem Tode unter seinem Namen geschrieben worden sind, wie heute die große Mehrheit der Exegeten annimmt. Gerade die Entstehung pseudonymer Paulusbriefe läßt sich allerdings als Ausdruck des Bemühens begreifen, in den Jahrzehnten nach dem Tode des Apostels die Orientierung an der mit seiner persönlichen Autorität verbundenen Lehre festzuhalten und in den Verfassungsproblemen der nachapostolischen Zeit zur Geltung zu bringen. Dabei lassen die Pastoralbriefe die Tendenz erkennen, das Episkopenamt aus der Beschränkung seiner Funktion auf gottesdienstliche Hausgemeinden zu lösen und auf die Gesamtgemeinde eines Ortes zu beziehen und seine Aufsichtsfunktion mit der Verantwortung für die Lehre zu verbinden.[4] Diese

---

4. Siehe dazu *J. Roloff*, Der erste Brief an Timotheus, 1988, 175ff.

Lösung hat sich im zweiten Jahrhundert gegenüber anderen Modellen, vor allem gegenüber einer entsprechenden Erweiterung der Zuständigkeit des Ältestenkollegiums, durchgesetzt. Entscheidend scheint dabei die Bindung der Verantwortung für die Bewahrung in der Einheit des apostolischen Glaubens an eine Person und nicht an ein Gremium gewesen zu sein. Umgekehrt wurde aber die Gemeindeleitung durch ein Ältestenkollegium in Zuordnung zur besonderen Funktion des *episkopos* bewahrt. Daß dem Bischof im gottesdienstlichen Leben der Gemeinde dann auch der Vorsitz bei der Feier der Eucharistie zufiel, ist aus der besonderen Verantwortung des Bischofs für die Einheit der Gemeinde im apostolischen Glauben leicht zu verstehen. Kommt doch in der Feier der Eucharistie mit der Gegenwart Christi im Mahl zugleich die in ihm begründete Einheit der Gemeinde zur Darstellung.

Dieser historische Befund hat erhebliche Konsequenzen für die Theologie des kirchlichen Amtes. Obwohl die Vorstellung, daß die Apostel persönlich Bischöfe als ihre Nachfolger eingesetzt und damit das altkirchliche Bischofsamt begründet hätten, als Produkt einer Idealisierung des historisch komplexeren und allem Anschein nach erheblich weniger geradlinig verlaufenen Vorgangs beurteilt werden muß, waren doch der Sache nach die frühchristlichen Bischöfe tatsächlich Nachfolger der Apostel in ihrer Verantwortung für die Bewahrung der Gemeinden in der Einheit des von den Aposteln empfangenen Evangeliums. Diese Funktion konnte das umgebildete und erweiterte Episkopenamt durch die Verbindung von Lehrautorität und Leitungsfunktion wahrnehmen, wobei nicht alle Leitungsaufgaben in der Hand des Bischofs zusammengefaßt sein mußten, sondern nur diejenigen, die in unmittelbarem Zusammenhang mit der Aufgabe der Bewahrung der Gemeinden in der Einheit des apostolischen Glaubens stehen. Das so umgebildete Bischofsamt erwies sich in der Geschichte der Kirche als tatsächlich geeignet, die Verantwortung für die Bewahrung der Gemeinde in der Einheit des apostolischen Evangeliums wahrzunehmen. Es ist darum nicht nur ein Beispiel einer der Form nach beliebigen, also grundsätzlich auch ganz anders möglichen »Ordnung« des Gemeindelebens. Die im frühkirchlichen Bischofsamt Gestalt gewordene Verbindung von Gemeindeleitung und Lehre ist vielmehr als die in der Kirche klassisch gewordene Lösung der Aufgabe zu würdigen, die Gemeinden in der Einheit des apostolischen Glaubens zu bewahren.

Diese Aufgabe wird nun aber entscheidend durch das Wort der Lehrverkündigung wahrgenommen. Wie das apostolische Evangelium im Prozeß der Ausbildung des Bischofsamtes als vorgegebene Norm fungierte, so ist das Amt des Bischofs auch in seiner Ausübung dazu da, dem Worte Gottes zu dienen, indem es lehrt, was von den Aposteln her überliefert ist (vgl. LV 10). Dabei ist das Verhältnis von Person und Amt nicht dasselbe wie bei den

Aposteln. Das paulinische Evangelium ist durch den Apostel selbst zugleich verbürgt. Den bischöflichen Nachfolgern im apostolischen Amt hingegen ist das Evangelium, wie es im neutestamentlichen Schriftenkanon bezeugt ist, als Norm ihrer Lehrverkündigung vorgegeben.[5] Daraus ergibt sich auch, daß der Auftrag des Bischofsamtes in dem an das Evangelium gebundenen Glauben der Gemeinde verwurzelt ist, so sehr es andererseits den Gemeinden gegenüber die Autorität des Evangeliums und Jesu Christi selber repräsentiert. In dieser Gegenseitigkeit ist die Forderung nach Beteiligung der Gemeinden an der Wahl ihrer Bischöfe und bei der Ausübung ihrer Leitungsfunktion begründet. Die Gemeinde getaufter Christen kann wegen ihrer Bindung an das Evangelium auch die Funktion eines Korrektivs der Tätigkeit des Amtsträgers haben. Denn die christliche Gemeinde ist, wie Luther gesagt hat, durch ihre Bindung an das Evangelium und den Empfang des Geistes dazu befähigt, »Lehre zu urteilen«. Die katholische Tradition spricht an dieser Stelle vom *sensus fidelium*. Die bischöfliche Lehrverkündigung steht den Gemeinden nicht, wie die der Apostel, als ihrem Glauben schlechthin vorgeordnete Instanz gegenüber, sondern ist auf die Rezeption durch den Glaubenssinn der Gemeinden angelegt und angewiesen.

Das reformatorische Amtsverständnis, wie es maßgeblich in CA 5 zum Ausdruck kommt, entspricht im wesentlichen dieser ursprünglichen Aufgabe und Funktion des Bischofsamtes. Die Bezeichnung als Predigtamt enthält die reformatorische Korrektur an einem Amtsverständnis, das die Aufgabe der Lehrverkündigung weitgehend vernachlässigt hatte. Heute wird man auch im römisch-katholischen Verständnis sowohl des Bischofsamtes wie auch der Teilhabe der Presbyter an diesem Amt die Aufgabe der Verkündigung des Evangeliums an die erste Stelle gerückt finden (PO 4, vgl. LG 21). Die Aufgabe der Sakramentsverwaltung entspricht dem Vorsitz vor allem bei der Eucharistiefeier, der dem altkirchlichen Bischof wegen seiner besonderen Verantwortung für die Einheit der Gemeinde im apostolischen Glauben zuerkannt wurde. Die Verantwortung für die Einheit im Glauben und die darin begründete Aufgabe der Leitung der Gemeinde wird in den Aussagen von CA 5 über das kirchliche Amt nicht besonders hervorgehoben. Sie ist allerdings indirekt in der Aussage von CA 7 über die Bedeutung der Lehre des Evangeliums und der Sakramentsverwaltung für die Einheit der Kirche enthalten, wenn man beachtet, daß für diese Funktion nach CA 5 das von Gott gestiftete Predigtamt zuständig ist. Außerdem wird in CA 28,21f. die mit Lehrverkündigung und Sakramentsverwaltung verbundene Aufgabe der Jurisdiktion ausdrücklich genannt.

---

5. Vgl. die Auseinandersetzung des Vf. mit *J. Ratzinger*, Das neue Volk Gottes. Entwürfe zur Ekklesiologie, 1969, 115, in: Systematische Theologie 3, 1993, 415f.

In neueren ökumenischen Dokumenten über das geistliche Amt wird der Gesichtspunkt der Leitung der Gemeinden in Verbindung mit der Aufgabe der Lehrverkündigung stärker betont als das in der Augsburger Konfession der Fall war. So heißt es in dem Dokument der Internationalen lutherisch/römisch-katholischen Kommission über das geistliche Amt in der Kirche 1981, daß sich in nachapostolischer Zeit ein besonderes Amt »um der Leitung der Gemeinden willen als notwendig« erwies (n.17). Es sei als Hirtendienst mit dem »Dienst der Einheit an der Gemeinde und zwischen den Gemeinden« verbunden (n. 27). Von daher sei nach katholischer Auffassung auch der Vorsitz des ordinierten Amtsträgers bei der Feier der Eucharistie zu verstehen, weil diese »das Sakrament der Einheit« sei (n. 28). Aber auch nach lutherischem Verständnis stehe »das Amt im Dienst der Einheit der Kirche« (n. 29). Hinzuzufügen ist nur, daß dieser Dienst grundlegend durch die Lehrverkündigung, die Verkündigung des Evangeliums, wahrgenommen wird: So wird der Zusammenhang mit dem reformatorischen Verständnis des Bischofsamtes als Predigtamt deutlich.

In der Limaerklärung über das kirchliche Amt 1982 ist ebenfalls der Zusammenhang zwischen der Aufgabe der *Lehrverkündigung* und der Wahrung der *Einheit* der Kirche betont worden. Es heißt dort, die Kirche brauche »Personen, die öffentlich und ständig dafür verantwortlich sind«, die Kirche »auf ihre fundamentale Abhängigkeit von Jesus Christus hinzuweisen, und die dadurch innerhalb der vielfältigen Gaben einen Bezugspunkt ihrer Einheit darstellen« (n. 8). Diese Formulierung ist auch deshalb wichtig, weil sie die Besonderheit des ordinierten Amtes der Kirche im Verhältnis zu den vielerlei Charismen im Leben der Gemeinde deutlich macht. Die Besonderheit des ordinierten Amtes der Kirche besteht eben in seiner Verantwortung für die Einheit im apostolischen Glauben an Jesus Christus, und diese Verantwortung wird in erster Linie durch die öffentliche Lehrverkündigung wahrgenommen.

In der reformatorischen Betonung der *Öffentlichkeit* der Lehrverkündigung und Sakramentsverwaltung, zu der nach CA 14 eine ordnungsgemäße Berufung erforderlich ist, liegt ebenfalls ein Bezug auf die Einheit der Kirche. Es handelt sich dabei nämlich um die *kirchliche* Öffentlichkeit, die Gemeinschaft der Christen. Auf sie bezieht sich die Amtsausübung in Lehrverkündigung und Sakramentsverwaltung. Der Bezug auf die Einheit der Gesamtkirche, der in diesem Begriff der kirchlichen Öffentlichkeit liegt, begründet auch das Erfordernis der Ordination. Wenn der Bischof oder Pfarrer in seiner Ortskirche die Aufgabe wahrzunehmen hat, sie durch seine Lehrverkündigung in der Einheit des apostolischen Glaubens zu bewahren, so handelt es sich dabei um den Glauben der Gesamtkirche, und darum ist die Berufung in dieses Amt nicht nur eine Angelegenheit der betreffenden einzelnen Ortskirchen. Darin, daß die Berufung in das Amt durch den Träger eines regionalen Aufsichtsamtes der Kirche vollzogen wird unter Beteiligung von anderen ordinierten Amtsträgern, kommt die gesamtkirchliche Relevanz des Dienstes an der Einheit der Kirche zum Ausdruck, der durch die Ordination mit dem Auftrag zur öffentlichen Lehrverkündigung und Sakramentsverwaltung weitergegeben wird. Die Verantwortung für die Einheit der Glieder einer örtlichen Gemeinde im Glauben des apostolischen Evangeliums steht in einem Zusammenhang mit der in Jesus Christus begründeten Einheit der ganzen Christenheit. Die in Jesus Christus begründete Einheit der Gesamtkirche wird durch den ordinierten Amtsträger in seiner örtlichen Gemeinde repräsentiert. Darum ist er auch für die Glieder seiner Ortskirche »Bezugspunkt« ihrer Einheit, wie das Limadokument sagt, aber eben auch nur »Bezugspunkt«, nicht aber *principium et fundamentum* ihrer Einheit, wie es das II. Vatikanische Konzil in einer unglücklichen, weil höchst mißverständlichen Formulierung von den Bischöfen gesagt hat (LG 23), ebenso wie vom Amt des Papstes in bezug auf die Gesamtkirche (LG 18). Prinzip und Fundament der Einheit der Kirche ist mit 1 Kor 3,11 allein Jesus Christus: »ein anderes Fundament als das, das gelegt ist, kann niemand legen: das ist Jesus Christus«. Die ordinierten Amtsträger der Kirche, gleich auf welcher Ebene ihres Lebens, dienen der in Jesus Christus begründeten Einheit der Kirche. Das ist ihr Auftrag. Insofern sind sie in ihrem jeweiligen Tätigkeitsbereich »Bezugspunkt« der Einheit. Sie sind nicht selber »Prinzip und Fundament« der Einheit, sondern *repräsentieren* Christus als das Prinzip und Fundament der Einheit seiner Kirche. Das nämlich sagt auch das lutherische Bekenntnis von den Amtsträgern der Kirche, daß sie in Ausübung ihres Auftrags zur Lehrverkündigung und Sakramentsverwaltung die Person Christi repräsentieren (*repraesentant Christi personam propter vocationem ecclesiae*, Apol 7,28). Denn der Amtsträger handelt anstelle Christi selbst, nach dem Wort Jesu: »Wer euch hört, der hört mich« (Lk 10,16). Das ist der Auftrag, den er (oder sie) durch seine Ordination empfängt, und das impliziert, daß gerade nicht der Bischof oder Pfarrer, sondern Jesus Christus selbst Prinzip und Fundament der Einheit seiner Kirche ist.

II. Die Notwendigkeit einer überörtlichen Sorge für die Einheit der Gemeinden im apostolischen Glauben

Die bisherigen Ausführungen haben im Sinne des lokalen Charakters des altkirchlichen Bischofsamtes zwar einerseits das Bischofsamt als die in der Kirche klassisch gewordene Lösung der Aufgabe behandelt, für die Bewahrung der Gemeinden in der Einheit des apostolischen Glaubens zu sorgen, andererseits aber dieses Amt mit dem nach reformatorischer Lehre von Gott gestifteten Predigtamt des Ortspfarrers identifiziert. Die lutherische Reformation hat mit der Gleichsetzung von Ortspfarramt und Bischofsamt bewußt an altkirchliche Verhältnisse angeknüpft. Sie stützte sich dabei auf Angaben des Kirchenvaters Hieronymus in seiner Auslegung von Tit 1,5-7, die auch in die für das Mittelalter maßgebliche Kirchenrechtssammlung des Decretum Gratiani (I,95,5) aufgenommen worden sind und die mittelalterliche Diskussion über das Verhätnis von Presbyteramt und Bischofsamt tief beeinflußt haben. Luther schrieb dazu in seiner Schrift von Winkelmesse und Pfaffenweihe 1533, daß in der alten Kirche Bischof und Pfarrer anfänglich »ein ding gewest« seien (WA 38,237,23). Es habe »ein igliche Stad ...einen Bischoff gehabt, wie sie itzt Pfarrhern haben«. Die These des lokalen Charakters des altkirchlichen Bischofsamtes ist das wichtigste an dieser reformatorischen Auffassung, heute neu bestätigt durch die exegetischen Einsichten zur Entstehung des Bischofsamtes in nachapostolischer Zeit. Die damit verbundene, auf Hieronymus zurückgehende Auffassung von einer ursprünglichen Gleichrangigkeit von Bischofsamt und Presbyteramt hat demgegenüber nur untergeordnete Bedeutung. Wir wissen heute, daß dies im 2. Jahrhundert nur eine der Lösungen der Frage nach dem Verhältnis des damals neuen Bischofsamtes zur älteren Einrichtung der Gemeindeleitung durch Presbyter gewesen ist.

Trotz ihrer Betonung des lokalen Pfarramtes als der Grundgestalt des von Gott gestifteten Predigtamtes hat die lutherische Reformation die Notwendigkeit gemeindeübergreifender, überörtlicher Ämter in der Kirche nicht bestritten, und sie hat sogar die gebräuchlich gewordene Verwendung des Wortes »Bischof« für ein solches regionales Aufsichtsamt übernommen, obwohl sie doch das örtliche Pfarramt als die ursprüngliche Form des Bischofsamtes erkannt hatte. Dieser Sprachgebrauch ist nicht nur Ergebnis einer zufälligen Bedeutungsverschiebung, sondern auch sachlich gerechtfertigt, weil es bei dem regionalen Amt der mittelalterlichen Bischöfe wie auch der heutigen evangelischen Landesbischöfe um dieselbe Aufgabe geht wie beim lokalen Bischofsamt der alten Kirche, nämlich um die Bewahrung der Gemeinschaft der Christen in der Einheit des apostolischen Glaubens, nun allerdings in bezug auf die Gemeinschaft der Ortsgemeinden untereinander und ihrer Pfarrer. Es handelt sich also beim regionalen Bischofsamt um ein Amt der Lehraufsicht und der Integration der Gemeinden einer Region in der durch den Bischof repräsentierten Einheit des apostolischen Glaubens der Kirche.

Die Notwendigkeit einer Aufsicht über die Lehrverkündigung der Pfarrer hatte sich in Kursachsen schon im Laufe der zwanziger Jahre des Reformationsjahrhunderts erwiesen und wurde durch die seit 1526 durchgeführten

Visitationen bestätigt. In diesem Sinne hat die Augsburger Konfession in ihrem letzten Artikel (CA 28) auch ein regionales Bischofsamt bejaht. Die Aufgabe dieses Amtes ist nach CA 28,20f im Prinzip dieselbe wie die des Pfarrers: »das Evangelium predigen, Sünde vergeben, Lehre urteilen und die Lehre, so dem Evangelio entgegen, verwerfen und die Gottlosen, deren gottlos Wesen offenbar ist, aus christlicher Gemein ausschließen, ohn menschlichen Gewalt, sonder allein durch Gottes Wort«. Zur Aufgabe der Lehrverkündigung wird hier betont die Verurteilung der Irrlehre und die Aufgabe der Kirchenzucht hinzugefügt. In diesen Dingen seien die Pfarrer und Gemeinden den Bischöfen »nach göttlichem Recht« (*iure divino*) Gehorsam schuldig (CA 28,22). Die lutherische Reformation hat sich intensiv um Beibehaltung und Erneuerung eines solchen regionalen Bischofsamtes bemüht, ist damit allerdings in Deutschland nicht erfolgreich gewesen. Die Gründe dafür hingen mit dem Problem der apostolischen Amtssukzession zusammen. Aber auf diese historischen Gegebenheiten kann jetzt nicht näher eingegangen werden. Es ist jedoch wichtig zu sehen, daß es bei den überörtlichen Ämtern der Kirche, zunächst also beim regionalen bischöflichen Aufsichtsamt, um dieselbe Aufgabe geht, die bei der Entstehung des Amtes der örtlichen Gemeindeleitung durch den frühchristlichen *episkopos* maßgeblich war: Es ist die Aufgabe der Bewahrung der Gemeinden in der Einheit des apostolischen Glaubens. Diese Aufgabe stellt sich nicht nur auf der Ebene der Ortsgemeinden, sondern auch im Blick auf die Gemeinschaft der Ortsgemeinden. Zu diesem Zweck wurden in der frühen Kirche einerseits Synoden der Ortsbischöfe entwickelt, in denen jeder Ortsbischof die ihm anvertraute Gemeinde vertrat, andererseits die Ämter des Metropoliten oder Erzbischofs, der als Vorsteher einer Kirchenprovinz für Einberufung und Leitung von Pronvinzialsynoden zuständig war und dessen Zustimmung für Bischofswahlen in seiner Provinz erforderlich war.

Von daher ist auch verständlich, inwiefern die sog. apostolische Amtssukzession der Einheit der Kirche im Glauben dient, weil sie nämlich Ergebnis der Mitwirkung der Gesamtkirche oder jedenfalls einer Kirchenprovinz bei der Amtsübertragung ist. Das wiederum ist Ausdruck der Kirchengemeinschaft, die zu suchen und zu wahren jede einzelne Ortskirche gehalten ist, weil sie selber nur Kirche ist in Gemeinschaft mit allen andern Gliedern des Leibes Christi, der im Zentrum jedes örtlichen Gottesdienstes gegenwärtig ist.

Im christlichen Westen ist die Metropolitanverfassung schon seit dem frühen Mittelalter verfallen oder zumindest in ihrer Bedeutung stark eingeschränkt worden durch die Ansprüche des Königtums einerseits, des römischen Bischofs andererseits auf Mitwirkung bei Wahl und Ernennung der Bischöfe, wobei sich im Investiturstreit bekanntlich Rom durchsetzte. Die

Eigenständigkeit der Kirchenprovinzen ist jedoch von Zeit zu Zeit wiederbelebt worden, in der Gegenwart durch die Einrichtung nationaler Bischofskonferenzen. Aus evangelischer Sicht sollte die Notwendigkeit einer Sorge für die Einheit der Kirche im Glauben an das eine apostolische Evangelium auch im Verhältnis der Ortsgemeinden zueinander, im Zusammenhang einer Provinz, einer Nation und schließlich der ganzen Christenheit nicht bestritten werden. Insofern ist mit Recht betont worden, daß die lutherische Reformation auch für die Notwendigkeit eines Petrusdienstes an der Einheit der Gesamtchristenheit prinzipiell offen ist. Es fragt sich nur, welche Gestalt ein solcher Dienst auf überörtlicher und schließlich auf gesamtkirchlicher Ebene haben muß, um selber in Übereinstimmung mit dem Evangelium zu erfolgen.

An erster Stelle ist zu betonen, daß die Sorge für die Einheit der Kirche auf allen Ebenen eine Aufgabe der Lehre des Evangeliums und ihrer Rezeption durch die Gemeinschaft der Christen ist. Die evangelischen Kirchen leiden darunter, daß die Aufgabe des Lehramts heute fast ausschließlich auf der örtlichen Ebene der gottesdienstlichen Verkündigung der Pfarrer wahrgenommen wird. Im Reformationszeitalter war das anders. Das ganze 16. Jahrhundert hindurch gab es ein lebendiges Bemühen um den Lehrkonsens zwischen den einzelnen Territorialkirchen, die sich der lutherischen Reformation zugewandt hatten. Diese Bemühungen fanden ihren Niederschlag im Prozeß der Entstehung lutherischer Bekenntnisschriften und bildeten damit auch den Maßstab für eine wirksame Visitationspraxis, also für die Lehraufsicht über die in den Ortsgemeinden stattfindende Verkündigung. In späteren Jahrhunderten wurde der Lehrkonsens der Bekenntnisschriften als im 16. Jahrhundert abgeschlossen behandelt, damit aber zunehmend historisiert. Im Bewußtsein des wachsenden geschichtlichen Abstandes hat sich die Anwendung des Lehrkonsenses der Bekenntnisschriften in der Lehraufsicht über die örtliche Verkündigung zunehmend als schwierig erwiesen. Das Ergebnis ist, daß Visitation im Sinne einer Lehraufsicht heute kaum noch stattfindet, weil die Grundlage dafür fehlt, das Bemühen um die aktuelle Fortschreibung des Lehrkonsenses der Reformation. Die lutherischen Landesbischöfe ihrerseits nehmen nur punktuell, hier und da einmal, eine Lehrverantwortung wahr angesichts aktueller Kontroversen über den Glauben und den Lebensstil der Christen im Sinne der apostolischen Weisungen. Dabei wären die lutherischen Bischöfe und mehr noch die Bischofskonferenz diejenigen Instanzen, die am ehesten noch der herrschenden Verwahrlosung in Sachen der christlichen Lehre entgegentreten könnten und das im Sinne der Aussagen von CA 28 auch als zentrale Aufgabe des ihnen anvertrauten Amtes verstehen sollten. Die Synoden können diese Aufgabe von sich aus nicht erfüllen, schon von ihrer Zusammensetzung her, weil sie nicht in der Weise der altkirchlichen Bischofssynoden die zu Urteilen in Fragen der Lehre erforderliche Kompetenz haben. Die Synoden sind auch kirchenrechtlich nicht legitimiert zur Wahrnehmung eines Lehramts, weil die Lehrgrundlage der Kirche im Bekenntnisstand festgelegt ist. Die heutigen Synoden könnten sich nur im Zusammenwirken mit den Bischöfen der vernachlässigten Sorge für die Einheit der gegenwärtigen lutherischen Kirchen in der Lehre des apostolischen Evangeliums annehmen. Dafür genügt es nicht, den Bekenntnisstand des 16. Jahrhunderts zu wiederholen, sondern dazu bedarf es neuer Bemühungen auf der Basis eines heute vertretbaren Schriftverständnisses und in Auseinandersetzung mit den Herausforderungen der Moderne.

In der Kirche der *doctrina evangelii* also fehlt heute auf den überörtlichen Ebenen des kirchlichen Lebens das notwendige Bemühen um den *consensus de doctrina*. Das mag als ein hartes Urteil erscheinen, insbesondere dann, wenn man den Lehrkonsens für hinreichend gesichert hält durch den in den Kirchenverfassungen festgelegten Bekenntnisstand. Doch die darin enthaltenen historischen Grundlagen evangelischen kirchlichen Selbstverständnisses haben sich als nicht ausreichend erwiesen für eine effektive Lehraufsicht, wenn es darum geht, in den aktuellen Auseinandersetzungen der Zeit die Einheit der Kirche im Glauben des apostolischen Evangeliums zu wahren. Die Landeskirchen und ihre Zusammenschlüsse haben sicherlich nicht ausnahmslos die Aufgaben einer gemeinsamen Lehrverantwortung versäumt. Solche Ausnahmen sind neben Erklärungen der theologischen Ausschüsse, deren Verbindlichkeit aber zweifelhaft bleibt, die kirchlichen Denkschriften, die allerdings mehr an aktuellen Fragen der Welt als an den zentralen Themen christlichen Glaubens interessiert sind. Eine Ausnahme stellen auch die ökumenischen Dialoge dar, die jedoch weitgehend, jedenfalls bei den bilateralen Verhandlungen, auf der Basis des Bekenntnisstandes des 16. Jahrhunderts geführt werden.

Die Klage über den weitgehenden Ausfall des Lehramts in den evangelischen Kirchen oberhalb der örtlichen Ebene der gottesdienstlichen Verkündigung der Pfarrer enthält nicht *eo ipso* eine Option für die Art und Weise, wie ein solches Lehramt in der römisch-katholischen Kirche wahrgenommen wird. Überörtliche Funktionen kirchlicher Lehre brauchen nicht einseitig auf eine höchste Spitze konzentriert zu sein. Ihre Wahrnehmung auf einer mittleren Ebene kann durchaus eine gewisse kirchliche Verbindlichkeit besitzen als Ausdruck repräsentativer Urteilsbildung einer Teilkirche der Christenheit zu einer gegebenen Zeit, ohne damit Endgültigkeit zu beanspruchen und kritische Diskussionen abzuschneiden. Allerdings kann der Glaube einer Teilkirche kein anderer sein als der auf das apostolische Evangelium begründete Glaube der Gesamtchristenheit. Darum muß es in der

Kirche immer wieder auch das Bemühen um den weltweiten Konsensus der Christenheit über ihren Glauben geben. Solche Bemühungen haben ihr Vorbild in den ökumenischen Konzilien der alten Kirche. Doch auch der Lehrkonsens eines allgemeinen Konzils kann sich als zwar gesamtkirchlich repräsentativ und insofern verbindlich, aber braucht sich nicht als endgültig im Sinne definitiver Festlegung einer Lehrform zu verstehen. Vielleicht sind schon die Dokumente des II. Vatikanischen Konzils ein Beispiel solcher Offenheit. Darin weist dieses Konzil vielleicht voraus auf den Stil künftiger ökumenischer Konzilien der Gesamtchristenheit. Dabei wäre auch das Verhältnis eines für die Einheit der Gesamtchristenheit im Glauben des apostolischen Evangeliums ständig verantwortlichen Amtes zu der Autorität ökumenischer Konzilien neu zu bedenken. Ein solcher Petrusdienst ließe sich vielleicht am ehesten als ein Dienst der Vermittlung zwischen den Teilkirchen der Christenheit denken, und zwar auch im Hinblick auf die Aufgabe der Wahrung ihrer Einheit im apostolischen Glauben.

Elsa Tamez

Wenn sich der Horizont bewölkt
Überlegungen zur utopischen Vernunft bei Qohelet

Prof. Jürgen Moltmann hat sich durch seine Beiträge über die Hoffnung ausgezeichnet. Zu seinem Gebutstag widme ich ihm diesen Artikel, der – in aller Hoffnungs-losigkeit – versucht, in Zeiten messianischer Dürre Auswege zu finden.[1] Qohelet ist ein Buch, das man lesen sollte, wenn sich die Zeitabläufe gegen den Menschen zu verschwören scheinen: der Horizont bewölkt sich, die Gegenwart ist ohne Hoffnung und die ruhmreiche Vergangenheit ist vergessen.

I. Die Gegenwart: restlose Hoffnungslosigkeit (*hebel*)

Hoffnung auf eine veränderte Zukunft zu haben, bedeutet nach dem Theologen und Wirtschaftswissenschaftler Franz Hinkelammert eine Bedrohung für die Stabilität des gegenwärtigen kapitalistischen Systems, welches der Überzeugung ist, daß schon sein Vollzug auf direktem Weg zu der vollkommenen Gesellschaft führt.[2] Dies ist die Hoffnung aller und andere Hoffnungen zu erzeugen bedeutet, gegen die einzig mögliche Hoffnung zu stehen. Deshalb darf man keine anderen Hoffnungen haben, sondern muß in der Erwartung (mit ihren jeweiligen Neuanpassungen) der versprochenen Hoffnung leben. Wenn dem so ist, ist das Nachdenken über Utopien für all jene, die nach neuen Lebensmöglichkeiten für alle suchen, eine notwendige Aufgabe.

Ebenso wie unsere Gegenwart, behauptet auch die von Qohelet erzählte Welt, daß es unter der Sonne nichts Neues gibt. Alles ist *eine einzige Sinnlosigkeitt,* eine riesige Leere, »Schweinerei«, »Scheiße«. Dieses Gefühl der Sinnlosigkeit wird mit dem hebräischen Begriff *hebel* ausgedrückt. Qohelet relativiert die gängige Theologie der überkommenen weisheitlichen Traditi-

---

1. Ein Teil dieses Artikels entspricht einer Vortragsreihe, die ich in Honduras bei der Gelegenheit des Strachan-Lehrstuhls am lateinamerikanischen biblischen Seminar gehalten habe.
2. Vgl. *Franz Hinkelammert*, La lógica de la exclusión del mercado capitalista mundial y el proyecto de liberación (Die Logik des Ausschlusses vom kapitalistischen Weltmarkt und der Plan der Befreiung), in: América Latina: resistir por la vida , 1994

on und auch die Theologie der prophetischen Messiasverheißungen, indem er sie mit der Alltagserfahrung konfrontiert und dabei mangelnde Übereinstimmung feststellt. Die theoretischen Schemata der Theologie entsprechen nicht den geschichtlichen Herausforderungen seiner Zeit. Es ist weder ein Messias in Sicht, noch eine Bestrafung der Übeltäter, noch eine Belohnung der Gerechten.

Die von Hoffnungslosigkeit und Ohnmacht geprägte Sicht ist in all seinen Überlegungen gegenwärtig, aber mitten in dem Schweigen Gottes, vom Beginn des Schweigens Gottes an und unter dem Schweigen Gottes denkt Qohelet über konkrete Möglichkeiten nach, aus diesen Zeiten messianischer Dürre herauszukommen. In seinem Buch gibt er weise Ratschläge aus dem alltäglichen Bereich, wie man am besten überleben und den heftigen Angriffen einer Gesellschaft widerstehen kann, die nach dem Motto lebt: Rette sich wer kann!

Qohelet oder Prediger ist ein Protestbuch. Der hebräische Begriff Qohelet kann sowohl »derjenige, der in einer Versammlung ist« als auch »derjenige, der disputiert oder argumentiert« bedeuten.[3] Seine nicht erzählte Welt, das heißt, die tatsächliche Welt, in der der Text entstanden ist, behauptet das Gegenteil von Qohelet: alles ist neu. Fachleute der hellenistischen Epoche weisen darauf hin, daß damals ein erstaunlicher struktureller Wandel, wie nie zuvor, stattgefunden hat[4]. Er begann vor allem nach dem Tod Alexanders des Großen, unter der Herrschaft der ägyptischen Ptolemäer, also in der Zeit, in der das Predigerbuch geschrieben wurde (zwischen 280 und 230 v.Chr.). Es gab Neuerungen auf allen Gebieten: bei den militärischen Techniken, in der Art und Weise der Machtausübung durch Alexandria, in der königlichen Verwaltung und in der Finanzpolitik, beim Prägen von Münzen, bei der Steuererhebung in Ägypten und in den Provinzen, bei den in der Landwirtschaft angewandten Technologien, im Handel, der expandierte und in den philosophischen Diskussionen. In dieser Epoche wurden auch mathematische und

---

3. Für *Graham Ogden* ist »derjenige, der argumentiert« die angemessenere Übersetzung. (Vgl. Neh 5,7), Qohelet, 1987, 27.
4. Vgl. *M. Rostovtzeff*, Histoire économique et sociale du monde hellénistique, 1989; *Martin Hengel*, Judaism and Hellenism , 1974, 6-57; *M. Rostovtzeff*, Greece, 1963, 258-300; *M. Ralf*, La época helenística, 1963 ; *Helmut Koester*, Introducción al Nuevo Testamento. Historia, cultura y religión de la época helenística e historia y literatura del cristianismo primitivo, 1988, 73-345 (Einführung ins Neue Testament. Geschichte, Kultur und Religion der hellenistischen Epoche und Geschichte und Literatur des frühen Christentums); *Stephan de Jong*, Quítate de mi sol! Eclesiastés y la tecnocracia helenística, in: RIBLA 11, 1992, (Geh mir aus der Sonne! Der Prediger Salomo und die hellenistische Technokratie).

physikalische Entdeckungen gemacht, die bis heute Gültigkeit besitzen. Die geographische und wirtschaftliche Struktur Ägyptens unter den Ptolemäern erforderte eine straff gelenkte und zentralisierte, stark durchorganisierte Verwaltungsstruktur. Die aus dem Osten stammende Vorstellung von der Vergöttlichung des Königs, wurde von den Griechen übernommen, mit der griechischen Logik verbunden und in die Tat umgesetzt. In der absoluten Macht des Königs, der unterdessen zum Gott und damit zum Eigentümer des Landes geworden war, vereinte sich die Wirksamkeit der Griechen.

Warum leugnet der Autor eigentlich die Existenz des Neuen, da er gar nicht unter der davon am stärksten betroffenen Bevölkerung war?[5] Die Gründe können verschiedene sein: Entweder er ist so scharfsinnig und kühn in seiner Analyse, daß er die negativen Folgen (für Nicht-Griechen) der neuen hellenistischen Wirtschaftsordnung herausfiltert, obwohl diese nicht auf der Hand liegen, oder er ist einfach ein Konservativer, der vor allem Fremden Angst hat und skeptisch gegenüber allem Neuen ist. Wir neigen zur ersten Erklärung.

Aber dies ist gar nicht die Frage, die uns interessiert. Das Interessante ist, daß der Autor nicht fähig zu sein scheint, explizit eine Utopie zu gestalten, die die Existenz als eine Struktur der Möglichkeit auffaßt, mit dem Ziel, sich auf etwas zuzubewegen, das sich von der versklavenden Arbeit (*amal*) unterscheidet, von der ständigen Selbstzensur, von dem Mangel an Solidarität, von dem Angstzustand vor dem drohenden Tod, und gleichzeitig für diese Utopie zu kämpfen. Qohelet besitzt nicht die Kraft, an etwas zu glauben, das ihn zu einem verändernden Handeln führen würde. Die »*hebel-ianische*« Stimmung vernebelt ihm den Horizont. Doch wir werden weiter unten sehen, was aus dem Dilemma hervorgehen wird, wenn es ihm einerseits gelingt die Unmöglichkeit, die Zukunft zu ergründen, auf einen transzendenten Gott zu übertragen, der auf geheimnisvolle Weise handelt und für alles die entsprechende Zeit einrichtet, und er andererseits kategorisch behauptet, daß man in der Gegenwart nichts Gutes erleben kann (dies wäre: mitten in der harten Arbeit fröhlich zu essen und zu trinken). Dies ist nicht seine verwirklichte Utopie, denn auch dies wäre in letzter Konsequenz seines Denkens *hebel*, weil es nicht alle machen könnten; und außerdem ist es flüchtig, wie auch das Heranwachsen und die Jugend (11,10). Alles ist *hebel* . Die beste Perspektive wird jedoch die von einem pragmatischen Standpunkt aus sein. Versuchen wir seine versteckte Utopie genauer zu analysieren.

---

5. Man nimmt an, daß Qohelet ein Weiser der Aristokratie ist.

II. Die versteckte Utopie Qohelets[6]

Als Hinkelammert das neoliberale Denken untersucht, das vorgibt realistisch und ausdrücklich anti-utopisch zu sein, kommt er zu dem Schluß, daß auch der Neoliberalismus seine versteckte Utopie besitzt, denn er bezieht sich wiederholt auf unrealistische Horizonte, die die menschlichen Bedingungen übersteigen. Dies veranlaßt Hinkelammert festzustellen, daß die Existenz von Utopien zur menschlichen Seinsweise gehört. Deswegen weist er auf Folgendes hin:

»Kein menschliches Denken wird sich außerhalb des utopischen Horizontes bewegen können. Denn gibt man ausdrücklich vor, ein »realistisches« Denken »ohne Utopie« zu haben, schleichen sich die eigenen utopischen Horizonte unabsichtlich wieder ein.«[7]

Wenn dem so ist, kann unsere Person Qohelet weder anti-utopisch noch nichtutopisch sein, obgleich er es durch mehrere Behauptungen wie etwa »das Krumme kann nicht gerade werden« (1,15; vgl. 7,13) zu sein scheint. Tatsächlich aber ist er es nicht, obwohl die pessimistische Einstellung bei ihm überwiegt. Man wird auch berücksichtigen müssen, daß diese Abhandlung wie ein widersprüchlicher Monolog der Subjektivität unterliegt. Zum Beispiel rühmt er einerseits die Toten und die nicht Geborenen, weil sie die großen Gewalttaten und Ungerechtigkeiten, die unter der Sonne begangen werden, nicht sehen müssen (4,2-4). Er begückwünscht auch die Fehlgeburten im Gegensatz zu denen, die zweitausend Jahre gelebt und gearbeitet haben, ohne ein einziges Jahr zu genießen (6,6). Auf der anderen Seite kommt er aber zu dem Schluß, daß das Leben besser sei als der Tod, und die Toten nicht mehr an der Bewegung des Lebens unter der Sonne teilnähmen, denn sie kennen weder Liebe, noch Haß, noch Neid (9,4-6). An dieser Stelle erscheint das einzige Mal das Wort Hoffnung: »Jeder, der unter den Lebenden ist, hat noch Hoffnung, denn ein lebender Hund ist besser als ein toter Löwe.« (9,4). Diese Aussage gehört nicht zu den überschwenglichsten, um die Hoffnung lebendig oder den Horizont offen zu erhalten. Bei Qohelet muß man andere Wege beschreiten, um seine utopischen Horizonte zu entdecken. Man kann dies von drei Seiten her angehen. Erstens mittels der Negation, das heißt, wenn alles »Schweinerei« ist, was kann dann die Nicht-Schweinerei, das »Nicht-hebel« sein? Das ist die Ebene der unausgesprochenen Wünsche, die aus der Ableh-

---

6. Für die Analyse verwenden wir die Basiskategorien von *Franz Hinkelammert*, grundlegend in seinem Buch Crítica de la razón utópica , 1984, und in »El cautiverio de la utopía: Las utopías conservadoras del capitalismo actual, el neoliberalismo y la dialéctica de las alternativas«, in: Pasos 50, 1993, dargestellt.
7. Hinkelammert, El cautiverio de la utopía ..., 13.

nung der Gegenwart hervorgehen. Eine zweite Ebene ist der utopische Horizont mit dem expliziten Wunsch, der von der Bejahung des gegenwärtigen Lebens im alltäglichen Bereich ausgeht. Und drittens gibt es die Ebene der expliziten Glaubenszuversicht in den allmächtigen und unergründlichen Gott, der irgendwann in der Geschichte das verwirklichen will, was für die Menschen unmöglich zu erreichen ist: einfach Mensch zu sein.

1. Unausgesprochenen Wünsche, die aus der Ablehnung der Gegenwart resultieren

Wir finden vier wichtige Wünsche: den Wunsch, die Zeitläufte zu verstehen, den Wunsch nach Gerechtigkeit und Freiheit, den Wunsch nach Glück und den Wunsch, den Tod zu überwinden.

1) Der Wunsch, die Zeitläufte zu verstehen, und seine Unerfüllbarkeit
Eine der stärksten Enttäuschungen Qohelets ist die Unfähigkeit, die Zukunft zu erkennen und die Vielschichtigkeit dessen zu verstehen, was sich gegenwärtig unter der Sonne ereignet. Er kann nicht verstehen, warum die *hebel*-Gegenwart und die theoretischen Schemata der Tradition, die die Gegenwart eigentlich erklären wollen, nicht zusammenpassen.

Es scheint, daß allein das Erkennen für ihn schon die Rettung bedeutet, denn es ist wichtig zu wissen, was sich ereignen wird, um die Gegenwart »der Schweinerei« zu ertragen und sich zu organisieren. Aber je mehr er sich um Weisheit und Erkenntnis bemüht, desto weniger gelingt es ihm zu erkennen oder zu verstehen (6,12; 7,24; 8,7). Die Erkenntnis und die Weisheit verursachen Schmerz und Mühsal (1,17.18), denn was er herausfindet ist, nach seinem Verständnis, alles *hebel*. Er kann die Absichten Gottes vom Anfang bis zum Ende nicht verstehen und sagt:

Er hat alles schön gemacht zu seiner Zeit, und er hat auch die Ewigkeit (olam) in ihre (der Menschen) Herzen gelegt, nur daß der Mensch das Werk nicht ergründen kann, das Gott gemacht hat von Anfang bis zum Ende (3,11).

Ewigkeit (olam) kann hier verschiedene Bedeutungen haben: unbegrenzte Dauer, das Entfernte, das Verborgene oder die Summe alles Konkreten, das heißt, die Gesamtheit der geschichtlichen Ereignisse. Der Mensch hat also die Fähigkeit, über das Bestehende hinaus etwas zu verstehen. Und trotzdem ist es für Qohelet unmöglich die ganze Wirklichkeit zu verstehen. Das Werk Gottes überrascht ihn und übersteigt seine Erwartungen. In 8,17 wiederholt er nochmal, daß er trotz eingehender (rah) Beobachtungen, die Werke Gottes nicht verstehen kann.

Die Unfähigkeit, weder die Zeitläufte noch die Absichten der Gottheit zu erkennen, verursacht ihm Schmerzen, weil er dadurch keine zusammenhängende Praxis entwickeln kann. Indem ihn dies daran hindert, sich als Mensch zu verwirklichen, vermindert es sein Menschsein. Während er Zeichen sucht, die ihm einen Weg weisen (11,1-6), tappt er im Dunkeln. Also weiß er nicht einmal was für ein Übel über die Erde kommen kann (11,2). Qohelet stellt fest, daß die Weisheit besser ist als das Geld und die Stärke und weitere Dinge. Aber auch die Weisheit hat ihre Grenzen und er kritisiert sich selbst wegen soviel Weisheit.

Da der Erzähler die zeitlichen Abläufe objektiv nicht überblicken und sie nicht vernünftig ordnen kann, betrachtet er sie nochmal und verlegt sie in einen Bereich außerhalb seines Bewußtseins: er versetzt sie ins Reich Gottes. Die Zeitläufte weisen über sich hinaus, er kann ihnen nur noch eine utopische Bedeutung zuweisen. Dies allerdings erlaubt ihm, menschlich zu werden, denn es erlaubt ihm, seine eigenen Grenzen zu erkennen, das heißt seine menschliche *conditio*. Die Aussage, darauf zu vertrauten daß alles seine Zeit und seine Stunde hat, ist der utopische Satz, der dem Leben eine Ausrichtung verleiht. Allein von dem Glauben an dieses Ereignis her kann er sich in die eigentlich von ihm verworfene Gegenwart fügen und sie mit einem gewissen Maß an Ruhe und Sicherheit ertragen. Wenn es eine Zeit des Geborenwerdens und des Sterbens, des Umarmens und des Verzichts auf Umarmung, des Liebens und des Hassens gibt, dann muß es auch eine Zeit des *hebel* und eine Zeit des *Nicht-hebel* geben. Das Neue, dessen Existenz Qohelet bestreitet, wäre dann die Ankündigung der Nicht-hebel-Zeit. Das ist insofern utopisch, als sich dies unabhängig von menschlicher Anstrengung ereignet. Er glaubt daran, daß es irgendwann eintreffen wird, weiß aber nicht wie. Er kann dafür Zeichen ausmachen, ähnlich den Wolken voller Wasser (11,3), kann aber den Zeitpunkt ihrer Ankunft nicht bestimmen. In dieser Betrachtungsweise verwandelt sich die Zeit in eine Struktur der Möglichkeit.

2) Die Wünsche nach Gerechtigkeit und Freiheit in der Gesellschaft
Die Ablehnung der Gegenwart impliziert den Wunsch nach Gerechtigkeit für die Armen und Unterdrückten. Die Schlüsselwörter der Abhandlung deuten darauf hin. Die Gesellschaft steht Kopf, wo Recht herrschen sollte, gibt es Ungerechtigkeit (3,16), die Macht liegt in den Händen der Unterdrücker, die Armen werden mit Gewalt unterdrückt und es gibt niemand, der die Tränen abwischt (4,1). Der Staat kommt seiner Verantwortung für Gerechtigkeit und soziales Auskommen nicht nach (5,7) und die Gewaltherrschaft des Königs ist unerträglich. Man kann keine Kritik üben, weil der König handelt, wie es ihm gefällt, als ob er Gott wäre (8,3.4), und weil er überall Spione unterhält (10,20).

Die Gesellschaft des *Nicht-hebel* bei Qohelet ist eine Gesellschaft, in der Gerechtigkeit, Recht und Freiheit regieren. Das ist seine Utopie. Da er sie nicht explizit benennt und sie nicht für machbar hält, nicht einmal teilweise, kann er auch nicht angeben, wie man sich ihr nähert, oder was man durch eigenes Tun dazu beitragen kann, daß sie sich nähert. Nochmal: er sieht in dem Glauben an das Alles-hat-seine-Zeit eine Möglichkeit. So verstehen wir ihn in 3,17 und 8,4-7.

Die Struktur der Möglichkeit verschafft ihm nicht, wie man beobachten kann, die Kenntnis über den chronologischen Ablauf der Zeiten, sondern den Glauben an die Existenz von reifen oder günstigen Zeiten.

3) Der Wunsch nach Glück
Der Wunsch nach Glück erscheint explizit in dem Refrain »es gibt nichts besseres als mit Fröhlichkeit zu essen und zu trinken ...«. Er taucht auch auf, wo die Gegenwart wegen der Sklavenarbeit (amal) abgelehnt wird. Betrachten wir es von dieser Seite. Alle mühevolle Arbeit, um Reichtümer anzusammeln, ist nichts wert, wenn »sich die Seele selbst um das Gute *(tob)* betrügt« (4,8), oder wenn »man viele Jahre lebt und keines der Reichtümer genießt« (6,6). Das Glück hat also etwas mit der ermüdenden Arbeit zu tun. Er verwirft nicht die Arbeit an sich, sondern ihre versklavende Abart, bei der man das Arbeitsprodukt nicht genießt. Das Genießen des Arbeitsproduktes ist der angemessene Lohn, ist der angemessene Anteil *(helec)*. Nicht das Geld ist es, sondern die Freude am Arbeitsvorgang (2,10). Aus diesem Grund legt er nahe, mit Ruhe zu arbeiten: »Besser eine Hand voll mit Ruhe als beide Fäuste voller Mühe, den Wind zu erhaschen« (4,6). Was aber bedeutet für ihn genau das Glück? Er kann es an diesen Stellen nicht genau beschreiben. Er hält nur fest: man muß genießen. Möglicherweise bezieht er sich dabei auf die Freude in der meßbaren Zeit, die man täglich erlebt. Aber er ist noch nicht zufrieden mit dem wahren Glück, weil es sowohl lange wie auch kurze Zeiten umfaßt. Deshalb fragt er sich: »Denn wer weiß, was des Menschen Glück *(tob)* im Leben ist, in all seinen *hebel*-Lebenstagen, die er wie einen Schatten verbringt? Oder wer will dem Menschen sagen, was nach ihm kommen wird unter der Sonne?« (6,12).

In diesem letzten Vers kann man deutlich wahrnehmen, daß das Problem des Todes Qohelet beunruhigt.

4) Der implizite Wunsch, den Tod zu ergründen
Qohelet beglückwünscht die Toten und die Fehlgeburten, die in der Unterwelt sind, nicht weil er gerne unter ihnen wäre – wir haben oben bereits gesehen, daß er es vorzieht unter den Lebenden zu sein – , sondern weil sie weder die Unterdrückung noch die Ungerechtigkeiten seiner Welt erleben.

Qohelet will nicht sterben. Er drückt das nicht so deutlich aus, aber er ist zum Beispiel darüber verärgert, daß der Gerechte genauso wie der Gottlose sterben muß und dies ohne jeden Unterschied (9,2f.). Um seinen Gedankengang zu verstehen, kann man es negativ ausdrücken: für Qohelet muß der Übeltäter sterben, nicht so aber der Gerechte. Der Unterdrücker verübt sein Leben lang Schlechtes, wird aber nicht verurteilt und stirbt schließlich einfach. Der Gerechte tut Gutes sein Leben lang, ihm aber wird seine Güte nicht angerechnet und er erhält schließlich dieselbe Rechnung wie der Übeltäter: den Tod. Und die Lebenden vergessen die Verstorbenen. Aber damit nicht genug, Qohelet geht bis zum Äußersten. Der Tod macht nicht nur die Menschen unterschiedlichen Ranges gleich, sondern stellt auch das Vieh und die Menschen gleich (3,20f.). Qohelet formuliert keine Auferstehungsvorstellungen, denn im Judentum des 3. Jahrhunderts vor Christus gab es diese Diskussion noch nicht, oder sie hatte gerade erst begonnen. Darüber besteht aber keine Klarheit.

Der Tod ist ein Unglück, gegen das der Mensch nichts machen kann (vgl. 8,8). Die Zeit des Todes wird als schlecht bewertet, als Zeit der Finsternis (11,8). Und schlecht ist auch, daß der Mensch den Zeitpunkt seines Eintreffens nicht erfahren kann: »Denn der Mensch weiß auch seine Zeit nicht, sondern wie die Fische gefangen werden in dem verderblichen Netz, und wie die Vögel sich in der Schlinge verstricken, so werden auch die Menschen verstrickt zur bösen Zeit, wenn sie plötzlich über sie fällt.« (9,12).

Schon weil der Tod eine gegebene, unbesiegbare Realität ist, weil kein Mensch den Ort jenseits des Todes kennt, und weil man den Moment seines Eintreffens nicht kennt, akzeptiert Qohelet ihn, und indem er ihn akzeptiert, erkennt er auch seine eigene menschliche Bedingtheit an. Von dieser Einsicht her, schlägt er zwei mögliche Alternativen vor: (1.) das Eintreffen des Todes nicht beschleunigen, indem man Schlechtes tut; und (2.) das gegenwärtige Leben intensiv genießen, besonders bevor das Altern, das den Tod unabänderlich ankündigt, beginnt (vgl. 11,7-12,7).

Gerade weil seine Welt *hebel* ist, ist es unentbehrlich, beim Versuch, die Zeiten zu erkennen, geschickt zu sein. In Zeiten der Unterdrückung muß man »auf Katzenpfoten gehen«. Deshalb sagt er, daß man sich in günstigen Zeiten freuen und glücklich sein soll, während man in widrigen Zeiten nachdenken und erkennen muß (7,14). Wenn die Gesellschaft Kopf steht, weil es dem Gerechten schlecht und dem Übeltäter gut geht, darf man nicht zu gerecht und nicht zu schlecht sein, denn in solchen verkehrten und repressiven Situationen können die Extreme vorzeitig zum Tod führen (vgl. 7,16-19).

Diesen Ausweg vorzuschlagen ist nicht der ideale Ausweg. Und so kann er ihn gelegentlich auch als *hebel* bezeichnen, aber er ist wenigstens das Beste, was man in einer alltäglichen Lebenssituation tun kann, um der Realität der Unterdrückung zu widerstehen und nicht frühzeitig zu sterben. Hier handelt es sich keineswegs um Zynismus oder Gleichgültigkeit, sondern um geschichtlichen Realitätssinn in einem berechenbaren oder zeitlich bestimmbaren Augenblick. Die Auffassung von der Gottesfurcht, die unten noch genauer untersucht werden wird, wird uns einen besseren Schlüssel liefern, um zu verstehen, wie der hoffnungslosen Ohnmacht entgegenzuwirken und ebenso, wie die Fähigkeit zu erhalten ist, sich in Freiheit und ohne Schuldgefühle an dem sinnlichen Leben zu erfreuen.

Die andere Möglichkeit, mit der er versucht, dem Tod Terrain abzuluchsen, besteht darin, das gegenwärtige Umfeld von *hebel,* das dem Tod ähnlich ist, mit dem Mittel des Vergnügens zu unterbrechen. Dies soll geschehen, bevor die Lebensenergie nicht mehr dafür ausreicht und bevor der Tod kommt, diese Welt der Finsternis, in der es kein Leben gibt. Die Verkettung mit dem zukünftigen und ewigen Tod, Aufenthaltsort des Menschen, ist auch *hebel* (11,8, vgl. 12,5).

Diese Ratschläge sind an die Jugend gerichtet, die die Gegenwart voll auskosten soll, die sich mit dem befassen soll, was Herz und Augen anzieht. Die Jugend soll das Leiden aus dem Körper entfernen (11,9-12), soll das Vergnügen in Freiheit genießen. In diesen Zeiten des Genusses empfiehlt er, an den Schöpfer zu denken, bevor das gegenwärtige Leben zu Ende geht (12,2), bevor die Kräfte durch das Altern fehlen (12,3-6) und bevor man unwiderruflich stirbt (12,7). Dieses Vergnügen soll weder für einen selbst, noch für den Nächsten destruktiv sein, deswegen betont Qohelet, daß man in vollem Maße genießen *und* dabei wissen soll, daß Gott alle Werke richten wird (11,9). Gott ist hier Grenzzeichen für das Genießen – zum Schutz für die Menschen.

Qohelet hat keine Furcht vor dem zukünftigen Tod, aber er liebt ihn auch nicht oder lädt gar zum Selbstmord ein, er nimmt ihn wie eine unvermeidbare Realität an, gegen den man mit vielen Tagen materiellen Glücks das Spiel gewinnen kann, bevor er endgültig kommt. Auf diese Weise verspottet er den Tod, obgleich er ihn schließlich akzeptieren muß. Wer das Leben inmitten der vielen Sklavenarbeit nicht genießt, der erlaubt dem Tod frühzeitig zu kommen. Denn das Gegenteil des Todes ist nicht einfach das Leben, sondern das Leben, das mit all seiner Sinnlichkeit gelebt wird. Der Glaube daran, daß alles seine Zeit hat: eine Zeit des Geborenwerdens und eine andere Zeit des Sterbens. Dies ist es, was ihm ermöglicht, den Tod weder zu fürchten noch zu lieben und das wirkliche Leben in dem Zeitraum zwischen Geburt und Sterben auszunutzen.

2. Die ausdrücklich gangbare Alternative:
Bejahung des materiellen und des sinnlichen Lebens im Alltag

Nachdem Qohelet seine Welt untersucht und mit Realitätssinn beobachtet hat, daß die Horizonte für eine nahe Zukunft verschlossen sind, schlägt er vor, die Gegenwart dadurch zurückzuweisen, daß er das konkrete und sinnliche Leben gerade in dieser Gegenwart annimmt. Er schlägt nicht vor, die guten vergangenen Zeiten aus dem Gedächtnis hervorzuholen und sich damit zufrieden zu geben, die Erinnerungen wiederzukäuen. Ebensowenig schlägt er vor, jetzt in der Illusion einer besseren Zukunft zu leben, denn alles hat seine Zeit und das Glück wird zu seiner Zeit schon kommen. Beide Haltungen würden bedeuten, die Gegenwart zu akzeptieren und vor ihr zu resignieren. Seine ausdrückliche Alternative dazu ist, jetzt, mitten im *hebel*, das zu leben, was dem *Nicht-hebel* ähnlich sein könnte: ein unbegrenztes Glück und dabei zu wissen, daß alles seine Zeit und seine Stunde hat.

Dies ist ein guter, gangbarer Ausweg. Wenn die Zukunft düster ist und die Vergangenheit zur Entfremdung führt, muß man das Bewußtsein auf die Gegenwart ausrichten. Aber auch die Gegenwart kann sich, bedingt durch das Fehlen explizit gestalteter, utopischer Horizonte oder der den Vorfahren gemachten Verheißungen, für das Bewußtsein als Zwangsjacke enthüllen. Also bleiben ihm innerhalb der Gegenwart verschiedene Alternativen: der Zynismus, die Resignation, der Selbstmord oder die Haltung, die sich in der Gegenwart auf ein anderes Denken ausrichtet, ein Denken, das sich von der vom System »der Schweinerei« aufgezwungenen Logik, das heißt, dem *hebel*, unterscheidet.

Wir kehren zur Möglichkeit der Bejahung des konkreten Lebens in der Gegenwart zurück, beziehen jetzt aber die von Qohelet nicht erzählte Welt mit ein. Die Logik des hellenistischen Produktionssystems basiert auf der Sklavenarbeit. Die wirtschaftliche und politische Verwaltung bestimmt den Arbeitsrhythmus und macht daraus eine Zeit der Unmenschlichkeit, in der das Subjekt nichts zählt. Die religiösen Leiter seines Volkes, führende Persönlichkeiten des Tempels, bestimmen den Lebensrhythmus durch die Erfüllung des mosaischen Gesetzes und durch die Opferfeiern mit. Das Subjekt, das dem Gesetz blind gehorcht, wird so zum Objekt. Seine Schritte werden nicht mehr durch sein Bewußtsein gelenkt, sondern durch die Bedingungen der hellenistisch-ptolemäischen Verwaltung und durch die Anforderungen des Tempelritus. Qohelet schlägt vor, dem eine andere Logik entgegenzusetzen, eine Logik, die sich vom Herzen (das das eigene Bewußtsein ist) und von den Augen (das, was das Subjekt sieht) bestimmen läßt. Diese Logik nimmt das Subjekt so an wie es ist. Die beste Art und Weise, sich an dieser Logik zu orientieren, findet man nicht, wenn man versucht, innerhalb eines geschlossenen Denksystems zu leben. Dies ist in jener Zeit nicht möglich. Dieses Denken kann nur den negativen Charakter der Gegenwart, das *hebel*, aufzeigen. Deswegen ist das Denken, mit dem man dem *hebel* am besten entgegentritt die Bejahung des Lebens, d. h. mit Freude Brot zu essen und Wein zu trinken mit der Person, die man liebt und dies mitten in der Sklavenarbeit zu tun. Dies ist der zentrale Inhalt des Refrains, der sechs Mal wiederholt wird.[8] Er durchschreitet die Schlüsselbereiche der Abhandlung Qohelets: Qohelet arbeitet, handelt, untersucht, denkt nach, sucht und gelangt zu dem Schluß, daß es nichts besseres gibt als dieses alltägliche Handeln. In jedem Refrain gibt es unterschiedliche Details. Die umfangreichste Form ist die letzte:

Geh hin und iß dein Brot mit Freuden, trink deinen Wein mit fröhlichem Herzen, denn deine Werke haben Gott schon gefallen. Zu allen Zeiten seien deine Kleider weiß und lasse deinem Haupte niemals Salbe fehlen.

Freue dich des Lebens mit der Frau, die du liebst, an allen Tagen deines eitlen (hebel) Lebens, die dir Gott unter der Sonne gibt, an allen eitlen Tagen; denn das ist dein Teil (helec) am Leben und an deiner Arbeit, mit der du dich mühst unter der Sonne.

Alles, was dir vor die Hände kommt, es zu tun, das tu nach deiner Kraft; denn bei den Toten, wo du hingehst, gibt es weder Tun noch Arbeit, weder Erkenntnis noch Weisheit. (9,7-10)

Mit dieser Bejahung des konkreten Lebens bringt Qohelet, ohne es ausdrücklich zu nennen, die Zeichen des Neuen in der Zeit zur Sprache, nämlich das eschatologische Gastmahl, die Utopie, die wir schon aus Jes 62,9 kennen.

Wir irren keineswegs, wenn wir denken, daß dieser Vorschlag von einer individualistischen, isolierten Person gemacht wird, die keine andere Gesellschaft duldet als die der Geliebten. Dennoch tritt Qohelet mit Bestimmtheit für die Gemeinschaft mit anderen ein, denn besagte gemeinsame Beziehung gibt Kraft und hilft, das Leben besser zu gestalten (vgl. 4,9-12).

Die Utopie des Festes im Alltag ist der einzig mögliche Ausweg für Qohelet: die Gegenwart abzulehnen, indem man sie positiv gestaltet, das heißt, das bejaht und lebt, was die Gegenwart unfähig ist anzubieten: Ausruhen, Freude, gemeinsames Essen, in einem Rhythmus, in dem der organisierte Zeitablauf keine Bedeutung hat. In diesem Sinne bedeutet dies, die Ewigkeit mitten in der berechenbaren Zeit zu leben, ohne sich dessen bewußt zu sein, weil die Minuten nicht gezählt werden. Hier zählt die Zeit nicht wie Gold, wie etwa in der Wirtschaft, in der Finanzwelt, an der Börse und bei der Produktion, die durch Sklavenarbeit erbracht wird. Was zählt ist die Kehle und die miteinander auf dem Fest geteilte Freude. Hier zählen die lebendi-

---

8. Vgl.: 2, 24-26; 3, 12f.; 3, 22; 5, 17-19; 8, 15 und 9, 7-16; 11, 9f. erscheint der Rat an die Jugendlichen, sich zu freuen und die Jugend zum Glücklichsein zu nutzen.

gen Körper und das irdische Leben, das dem ewigen Tod vorausgeht. Wenn der Tod ewig ist, wie in 12,5 gesagt wird, muß das Leben gelebt werden, als ob es auch ewig wäre und das bedeutet, intensive Momente, in denen es kein Bewußtsein der Zeit gibt, zu leben und auszukosten.

An anderen Stellen, an denen der Refrain vorkommt (2,24-26), wird gesagt, daß dies aus der Hand Gottes kommt. In diesem Bewußtsein kann das Subjekt das Leben ohne Schuldgefühle genießen. Das mosaische Gesetz, wie es von den Leitern am Tempel ausgelegt wurde, forderte regelmäßige Reinigungsriten. Qohelet orientiert sich an einem anderen Denken, und er sagt in dem noch deutlicheren Abschnitt 9,7-9:»deine Werke haben Gott schon gefallen«. In einer *Nicht-hebel*-Welt wird die Freiheit absolut. Dies aber ist nur möglich, weil sich die Freiheit auf eine fröhliche Welt mit gemeinsam geteiltem Standpunkt (Intersubjektivität) beschränkt und sich nicht am Gesetz, sondern an einem Denken orientiert, das auf die Anerkennung des Subjekts zielt, unabhängig vom Gesetz.[9]

Dies ist die explizite Utopie Qohelets, obwohl er sie gar nicht als solche erkennt, da er alles Neue in den geschichtlichen Zeiten bestreitet. Utopie kann sie nur sein, wenn ihre vollkommene Realisierung in der Geschichte für alle Menschen unmöglich ist.[10] In der Tat, kann es nicht ständig Feste geben, wie Qohelet hervorhebt. Sich in Weiß zu kleiden und das Haupt mit Öl zu salben bedeutet, sich ein Festkleid für das Gastmahl anzulegen. Dennoch dürften dies vor allem poetisch und symbolisch ausgedrückte Wünsche sein,[11] die in einer Wirklichkeit entstehen, in der einerseits, bedingt durch die Fremdherrschaft, in Produktion, Handel, Meritokratie und Kriegsführung Effizienz gilt, wobei die Menschen, besonders die Landarbeiter, Sklaven wie Freie, auf der Strecke bleiben und in der andererseits vor Ort der Tempel Opfer zur Reinigung fordert und zur Erfüllung des Gesetzes auffordert.

Nun können aber nicht alle auf ausreichende Mittel für Essen und Trinken zurückgreifen und haben auch nicht einen Geliebten oder eine Geliebte, um das Leben zu genießen. Wichtig in diesem Zusammenhang ist, daß die

---

9. Hier interpretieren wir die paulinische Theologie von der Rechtfertigung allein aus Glauben und nicht durch die Werke des Gesetzes. Das Gesetz, das von der Sünde mißbraucht wird, entfremdet das Bewußtsein des Subjekts und versklavt es. Der Glaube, der gleichwertig zu der Orientierung an einer anderen Logik, der des Geistes, ist, transzendiert das Gesetz und stellt den Menschen darüber. *Elsa Tamez*, Contra toda condena, 1991
10. Hinkelammert nennt die Utopie die Errichtung unerreichbarer Welten. Die Politik sei die Kunst des Möglichen, die sich an der Vorgabe des Unmöglichen orientiert. (Vgl. Crítica de la razón utópica).
11. Wie es Rizzante und Gallazzi ausdrücken: das Alltägliche erscheint wie ein kleiner Psalmgesang, in: RIBLA 14, 1993, 82

Wünsche Qohelets nicht im Konjunktiv, sondern im Imperativ ausgedrückt werden. Die tatsächliche Welt ist für ihn *hebel,* weil der Arbeiter sein Produkt nicht genießen kann, sondern ein anderer es genießt und das ist *hebel.* Das Produkt der eigenen Arbeit zu genießen ist dagegen *Nicht-hebel.* Es geht ihm aber um mehr, denn sein Nachdenken sucht die Allgemeingültigkeit, den Reichen einbegriffen (5,19).[12] Er rät auch dem Reichen, seine Güter zu genießen, weil der dies in seiner hebel-Welt gar nicht kennt oder weil ein Ausländer die Güter genießt, oder er sie bei schlechten Geschäften im Auf und Ab des Marktes verliert, oder weil er sich damit quält, Reichtümer anzusammeln. Dieser Lebensstil erlaubt ihm nicht, weder die Freude im alltäglichen Leben zu erkennen, noch das Brot zu teilen. Und er nimmt nicht sich selbst nicht als Subjekt, sondern seine Reichtümer als wichtiger wahr. Der utopische Horizont bei Qohelet ist, daß alle Welt das materielle Leben genießt und dies vor allem auch zu tun weiß.

Auf der anderen Seite, und dies ist wichtig, ist die Alternative zur genießerischen Erfahrung des körperlichen Lebens, das ohne Bedenken mitten in der harten Zeit und den fordernden Gesetze, in die Tat umgesetzt werden soll, nicht der Vorschlag einer parallelen Lebensweise, die gegenüber der Macht der ptolemäischen Maschinerie mit ihrem entmenschlichenden Wirken oder gegenüber dem Strafmaß der Bestimmungen des mosaischen Gesetzes gleichgültig wäre. Es handelt sich nicht um eine Genußerfahrung, die durch Gleichgültigkeit die unmenschlichen Verwüstungen der Macht in ihrer Zeit, unterstützen würde. Sie ist auch nicht durch Gefühle wie zynische Ohnmacht und Lieblosigkeit gegenüber den noch schwächeren Opfern der Wirtschaftspolitik gekennzeichnet. Qohelet erklärt sehr deutlich, daß man die Freude am Leben mitten in der Sklavenarbeit, mitten im *hebel* feiern soll. Und das ist, so glauben wir, die größte Herausforderung und Beleidigung für die, die die Würde des Lebens mißachten. Diese Interpretation ist keineswegs unsinnig. In der Steinritzkunst (glyptica) des alten Mesopotamiens finden sich Szenen, in denen bei Beerdigungen die Teilnehmer heilige Gastmähler mit Musik, Tanz, Getränken und sexueller Liebe feierten. Dies sollte die Lebenskraft darstellen, die dem Tod die Stirn bietet. Sie verspotteten den Tod, indem sie auf dem Leben beharrten.[13] In diesem Sinne erlangt der Vorschlag, der aus dem alltäglichen Bereich kommt, eine größere Bedeutung für die wirtschaftlich-politisch-religiöse Makrostruktur. Es geht also nicht um den Versuch, sich der Utopie so zu nähern, daß man parallel und

---

12. Möglicherweise macht er hier eine Anspielung auf seine aristokratischen Zeitgenossen, die auch der Herrschaft des ptolemäischen Reiches unterliegen und deren Eigentum jederzeit vom König konfisziert werden kann.
13. Vgl. *Marvin H. Pope,* Song of Songs, 210ff.

isoliert von der *hebel*-Welt eine Gemeinschaft gründet,[14] die keinen Eindruck auf die *hebel*-Welt macht. Qohelet schlägt am Schluß und vielleicht inkonsequenterweise vor, die Logik der »Schweinerei« dadurch herauszufordern, daß man in ihr selbst eine Logik der »Nicht-Schweinerei« vorlebt, deren Kern das Essen und Trinken mit Freude und das Genießen des Lebens mit einer geliebten Person ist. Es ist seltsam: Zunächst hatte ihn die Unkenntnis über die Zeitabläufe entmenschlicht, weil sie ihn unbeweglich machte, jetzt aber macht die Durchdringung des Horizontes ihn menschlicher, denn sie verweist ihn auf sich selbst, wenn er in der Freude seinen Körper spürt und die Leiblichkeit mit jemandem teilt.

3. Die unmögliche Alternative.
Die Glaubens-Zuversicht in den allmächtigen Gott

Die Verzweiflung von Qohelet zeigt sich in seiner Ohnmacht gegenüber der *hebel*-Welt, die ihn umgibt. Die Schlüsselbegriffe in dem Anfangsgedicht (1,4-11) lassen auf die Existenz einer sich selbst regulierenden Maschinerie schließen, die keine Einmischungen zuläßt. In dieser Welt haben die alltäglichen Ereignisse weder eine Bedeutung noch beeinflussen sie den fast perfekten Ablauf der eintönigen Ereignisse des Universums. Alles ist *hebel* und man kann nichts dagegen unternehmen (1,14f). Wir versuchen jetzt die widersprüchlichen Wechsel im Bewußtsein Qohelets, mit dem er die sinnlosen Ereignisse zu verstehen sucht, und seine Theologie, die ihm hilft, die Zeiten zu lesen, und letztlich zu überleben, zu betrachten.[15]

Mit Weisheit zu untersuchen, was unter der Sonne geschieht, ist eine mühevolle Aufgabe, die Gott den Menschen gegeben hat (1,13). Die weise Erkenntnis »der Tollheiten und Torheiten« bringt »Grämen und Schmerz« mit sich (1,17.18). Und dies, weil der Mensch das Absurde der Wirklichkeit, die riesige Leere, den *hebel*, nicht mit letzter Gewissheit verstehen kann. Die überkommene Weisheit besteht darin, daß Gott alle Dinge schön und gut erschaffen und den Menschen gut gemacht hat. Die Erfahrung in seiner Welt aber widerspricht dieser Voraussetzung an allen Ecken und Enden.

---

14. Wie Vasco de Quiroga in einigen Dörfern des eroberten Mexikos versucht hat, die Utopie von Thomas Morus umzusetzen. Dort waren diejenigen, die sich an diesen Dörfern beteiligten, die Privilegierten der Utopie, während die anderen Eingeborenen auf brutale Weise ausgebeutet wurden, ohne daß sie zu ihrer Verteidigung revoltiert hätten.
15. In dem Text gibt es keine Befehle und es gibt auch gar keinen Grund dafür, denn es handelt sich hier um einen Kampf um das eigene Bewußtsein. Der Auftrag ist unsere eigene *relecture*.

Qohelet versteht dies nicht und verallgemeinert sein Unverständnis: Gott hat alles wunderschön gemacht, dem Menschen gelingt es aber nicht, das ganze Werk Gottes, vom Anfang bis zum Ende, zu verstehen. Es gelingt ihm nicht, obwohl Gott ihm die Fähigkeit ins Herz gelegt hat, das am weitesten Entfernte zu verstehen (3,11). Und wenn er sich noch so sehr abmüht, die Absichten Gottes in der Geschichte zu verstehen, er wird es nicht schaffen, nicht einmal der Weise (8,17).

Qohelet versteht nicht und fährt in seinem theologischen Gedankengang fort: Gott hat die Menschen gerecht gemacht, diese aber haben die Situation verdorben (7,29). Dies ist ein Schritt, mit dem er die Ereignisse in seiner Welt zu verstehen sucht. Und dennoch versteht man damit das Werk Gottes nicht, denn er macht sich in seiner Allwissenheit für alles, was sich unter Sonne ereignet, verantwortlich: also ist Gott für die elende Welt Qohelets verantwortlich. In 7,13 ist Gott derjenige, der das Krumme gekrümmt hat: »Sieh an das Werk Gottes, denn wer kann das aufrichten, was Gott gekrümmt hat?«. Gott ist auch verantwortlich dafür, daß einige die Produkte ihrer Arbeit genießen können und andere nicht. Diese Tatsache wird als großes und schmerzliches Übel beschrieben (6,1.2).

An einem Punkt aber kommt das Nachdenken Qohelets an seine Grenze: Gott ist Gott und der Mensch ist ein Mensch. Gott ist stärker und mit der Gottheit kann man nicht rechten. Dies stellt er wie eine bekannte Tatsache vor, die ohne Geheimnis ist: »Was da ist, ist längst mit Namen genannt und bestimmt ist, was ein Mensch sein wird, darum kann er nicht streiten mit dem, der viel mächtiger ist als er.« (6,12).

Mit diesem Schritt überträgt der Erzähler seine Ohnmacht auf die Transzendenz, auf die Gottheit. Seltsamerweise geschieht bei diesem Schritt, bei dem er seine Ohnmacht eingesteht, genau das Gegenteil: Sein Geist gerät in Bewegung und eröffnet ihm die Möglichkeit, das Ideal des Lebensgenusses jetzt auf gangbare Weise mitten im *hebel* geschichtliche Realität werden zu lassen. Dies ist der unentbehrliche Schritt, der ihm ermöglicht, sein Bewußtsein wiederherzustellen und durch eine Haltung ohne Furcht, Mühsal und den niederschmetternden Todeskampf des *hebel*, seine Welt wiederherzustellen. Hier ist Gottesfurcht (5,7) notwendig. Sie ist »der Anfang aller Weisheit« in den Sprüchen und gilt, nach dem Anhang[16] (12,9-14) unseres Textes, der nachträglich von zweiter Hand geschrieben wurde, »für alle Menschen« (12,13).

Die Bedeutung des Begriffes ›Gottesfurcht‹ (iara) hat nichts mit ›Angst haben‹ zu tun. Bei Qohelet ist damit gemeint, den Abstand anzuerkennen,

---

16. Es ist deutlich, daß der zweite Epilogist, der den Anhang 12,13f. eingearbeitet hat, die Gottesfurcht nicht so versteht wie Qohelet. Für Qohelet hat die Gottesfurcht nichts mit der Erfüllung der Gebote zu tun.

der Gott und die Menschen voneinander trennt.[17] Das heißt, sein numinoses und außerordentliches Wesen anzuerkennen, das die Menschen erschreckt, weil es unerforschlich, unvorhersagbar, ein unergründliches Rätsel ist. Gott ist ein Geheimnis. Er setzt die Grenzen der menschlichen Möglichkeiten. Wie ein Spiegel oder eine klare Quelle läßt er seine Geschöpfe ihre menschliche Bedingtheit erkennen. In diesem Sinn ermöglicht die Anerkennung Gottes als Gott die Verwirklichung des Menschen. Paradoxerweise bedeutet die Gottesfurcht gerade »fürchte dich nicht« und lädt mitten in der mühevollen Arbeit zum Ausruhen ein. Die Gottesfurcht ist eng bezogen auf das Verhalten des Menschen und seine Einstellung zum Leben. Sie beinhaltet deshalb einen starken Vertrauensaspekt.[18] Erkennt man die menschlichen Grenzen an, kann sich das Bewußtsein innerhalb des Rahmens der Möglichkeit entfalten, denn um das Unmögliche wird sich Gott kümmern, allerdings auch mittels der menschlichen Subjekte. Alles bleibt vor dem Angesicht Gottes, ohne in das Geheimnis einzudringen (9,1).

Die Ohnmacht des Menschen führt ihn zur Dimension des Glaubens. Dies vermittelt seinerseits Lebensenergie. Wie wir oben erwähnt haben, richtet Qohelet die Welt neu auf den *Nicht-hebel* aus, indem er ihr Zeiten zuweist, die Gott gnädig ansieht. Während die *hebel*-Zeit den Mensch gleichgültig macht und ihn lähmt, befreit ihn der Glaube daran, daß alles seine Zeit und seine Stunde hat. Die Zeiten liegen in Gottes Händen, und wer ihn fürchtet, d. h. wer seine eigenen Grenzen anerkennt, dem wird es gut ergehen. Das ist die Kraft des Glaubens, obwohl er sie im Jetzt der Gegenwart nicht erfährt. Er glaubt daran, daß Gott zu gegebener Zeit handeln und gerecht urteilen wird (3,17f.; 8,12f.).

Wenn man zu diesem Punkt gelangt ist, wird deutlich, daß die explizite Alternative Qohelets, die Bejahung des konkreten Lebens ist. Es beinhaltet die Freude, Brot zu essen, Wein zu trinken und den Genuß des Lebens mit einer geliebten Person. Es bestehen dabei weder Unverantwortlichkeit noch Gleichgültigkeit gegenüber den Geschehnissen der Ausbeutung unter der Sonne. Es geht vielmehr um den Wetteifer für das Leben, weil man in der Gnade Gottes mitten in der Sklavenarbeit und damit in Ablehnung der unmenschlichen Logik der Ausbeutung unbesorgt sein darf.

Übersetzt von Markus Wittig

---

17. *Jenni/Westermann*, Diccionario Teológico Manual del Antiguo Testamento, 1978, 1066 (Theologisches Handwörterbuch zum Alten Testament).
18. *Franz Mussner*, Tratado sobre los judios, 1983, 98 (Traktat über die Juden).

Rosemary Radford Ruether

Christliche Anthropologie und Geschlecht

Seit mehr als dreißig Jahren ist die produktive theologische Arbeit Jürgen Moltmanns für mich und mein eigenes theologisches Denken eine Inspiration. Seine Anliegen liefen parallel zu vielen meiner eigenen Anliegen. 1967 las ich den Meilenstein seiner Theologie, die *Theologie der Hoffnung* – zu einer Zeit, als ich zum ersten Mal anfing, christliche Hoffnung und soziale Gerechtigkeit zusammenzudenken. Er ist einer der wichtigen europäischen Theologen, die im kontinuierlichen Dialog mit der Arbeit lateinamerikanischer Befreiungstheologen stehen. Als ich mich mit wachsendem Interesse der ökologischen Krise und ihrem Zusammenhang mit der christlichen Sicht der Schöpfung zuwandte, war sein wichtiges Buch *Gott in der Schöpfung* eine große Hilfe – ein Werk, das ich den Studierenden in meinen Veranstaltungen zur Schöpfungstheologie regelmäßig angebe.

Seine kontinuierliche Reflexion über die christliche Anthropologie ist hilfreich für meine eigenen Gedanken zu diesem zentralen Thema. Feministische Theologinnen und Kirchenfrauen wurden durch die Art und Weise ermutigt, wie er zu diesem Thema mit seiner Frau Elisabeth Moltmann-Wendel in ihren gemeinsamen Büchern *Humanity in God* (1983) und *God His and Hers* (1991)[1] vorbildlich zusammengearbeitet hat.

In diesem Essay möchte ich im Geist eines weitergehenden Dialogs einige Überlegungen anstellen über »christliche Anthropologie und Geschlecht«.

Christliche Anthropologie in ihrer klassischen theologischen Entwicklung läßt eine tiefe Ambivalenz gegenüber Frauen erkennen. Auf der einen Seite scheint das paulinische Credo, daß in Christus weder männlich noch weiblich ist (Gal 3,28), alle Unterschiede des Geschlechts aufzulösen und Frauen im erlösten Menschsein auf eine Stufe mit Männern zu stellen. Wenn Frauen in den klassischen Gesellschaften der hebräischen und griechisch-römischen Welt als minderwertig und untergeordnet definiert wurden, scheint die paulinische Aussage zwei mögliche Interpretationen zu bieten: entweder diese Unterordnung ist sündhaft und widerspricht Gottes Absicht mit der Schöp-

---

1. *Jürgen Moltmann*, Gott in der Schöpfung: Ökologische Schöpfungslehre, München 1987³; ders. und *Elisabeth Moltmann-Wendel*, Humanity in God, New York 1983; diess., God, His and Hers, New York 1990, dt. Als Mann und Frau von Gott reden, Gütersloh 1991.

fung oder aber sie kam als Strafe für die Sünde zustande und wurde nun durch die Erlösung hinweggenommen, wodurch die ursprüngliche Gleichheit der Frau mit dem Mann wiederhergestellt und erneuert wird. Beide Interpretationen wurden in der Geschichte des Christentums geltend gemacht, die letztere in der klassischen Tradition, die erste in der modernen liberalen Theologie. Eine dritte Interpretation, wonach der patriarchale Gott der Schöpfung und der egalitäre Gott der Erlösung unterschiedliche Gottheiten sind, wurde durch die christliche Ablehnung der marcionitischen Spaltung in den Schöpfer- und Erlösergott ausgeschlossen. Ein Schlüssel zum christlichen Denken ist die Überzeugung, daß der eine Gott beides ist, Schöpfer und Erlöser. Der Gott der Genesis und der Gott, der der Vater Jesu Christi ist, ist ein und derselbe. Jesus, der Christus, der erlösende Messias, ist der Logos, durch den die Welt im Anfang geschaffen wurde (Hebr 1,1-5; Kol 1,15-20).

Der Behauptung, daß Frauen gleichen Anteil an der Erlösung in Christus haben, wurde jedoch widersprochen. Man bestand darauf, daß Frauen weder in der Gesellschaft noch in der Kirche repräsentative Autorität ausüben können. Dies Insistieren auf der fortgesetzten Unterordnung von Frauen in der christlichen Gesellschaft und Kirchenordnung findet Ausdruck in der Behauptung, daß Frauen durch ihre Natur Christus nicht abbilden können und daß der Mann von Natur aus das Haupt der Frau ist, beauftragt von Gott, Herrschaft über sie in der Familie und in der Gesellschaft auszuüben.[2]

Dies Beharren auf der weitergehenden Unterordnung der Frauen wurde durch die unterschiedliche Kombination zweier Aussagen gerechtfertigt: die angeborene Minderwertigkeit von Frauen liege in der Natur der Dinge und/ oder die Frau stehe als Strafe für ihre Sünde unter männlicher Unterjochung. Man kann diese Auffassung in der folgenden »double-bind«-Formulierung zusammenfassen: Frauen sind von Natur aus untergeordnet, aber auch von Natur aus widersetzlich. Sie wurden unter männliche Herrschaft gestellt, sowohl um ihre natürliche Unterordnung zu bestätigen als auch um sie für ihre sündhafte Rebellion gegen diese zu bestrafen. Aber wie ist diese Behauptung der ursprünglichen Unterordnung und ihre Bestätigung in der christlichen Gesellschaft zu vereinbaren mit der paulinischen Aussage, daß in Chri-

---

2. Das erste Argument ist eher typisch für Katholiken, vgl. die Erklärung der Kongregation für die Glaubenslehre zur Frage der Zulassung der Frauen zum Priesteramt (InterInsignores) vom 15.10.1976. Das zweite wird eher von evangelikalen Protestanten vertreten, vgl. dazu *Donald Grey Barnhouse*, The Wife with Two Heads, in: Letha Scanzoni und Susan Seta, Woman in Evangelical, Holiness and Pentecostal Tradition, in: Rosemary Keller und Rosemary Ruether (Hgg.), Women and Religion in America: 1900-1968, New York 1986, 262f.; Letha Scanzoni, The Great Chain of Being and the Chain of Command, in: Janet Kalven und Mary I. Buckley, Women's Spirit Bonding, New York 1984, 41-55.

stus »weder männlich noch weiblich« ist? Die unterschiedlichen Ausprägungen christlicher Anthropologie sind mehr oder weniger bewußte Versuche, diesen Widerspruch zwischen der Gleichheit in Christus und der fortgesetzten Unterordnung im Christentum zu versöhnen, indem man den Status von Frauen auf unterschiedliche Weise zur ursprünglichen Schöpfung, zu Fall und Erlösung in Beziehung setzte. In diesem Essay werde ich die unterschiedlichen Varianten dieser Verhältnisbestimmung systematisch und in ihrer Entwicklung in klassischen und modernen christlichen Positionen untersuchen. Ich werde dann von einer zeitgenössischen feministischen Perspektive aus die Möglichkeit einer Neuinterpretation dieser Tradition untersuchen.

I. Geschlecht und Schöpfung

Sind Frauen als Ebenbild Gottes geschaffen? Sind Frauen voll und gleich »menschlich«? Das sind die Schlüsselfragen, mit denen wir Auffassungen zum Status von Frauen in der ursprünglichen Schöpfung untersuchen. Moderne christliche Theologien, sogar konservative, versichern, daß Frauen als »Ebenbild Gottes« gleich sind. Aber oft nehmen sie implizit an, daß es in der Art und Weise, wie Männer und Frauen Gott abbilden, einen Unterschied gibt, der Unterordnung rechtfertigt. Man glaubt, daß sich die Gottebenbildlichkeit im heterosexuellen Paar widerspiegelt, in dem Mann und Frau zusammen das vollständige »Ebenbild« ausmachen. Das aber heißt, daß weder Frauen noch Männer in sich selbst vollständig sind. Damit wird außerdem die Vorstellung der Komplementarität in das Konzept der Gottebenbildlichkeit hineingetragen. Männliche Führung der Frau und die Hilfsfunktion der Frau für den Mann werden damit für die Vorstellung der »Gottebenbildlichkeit als Beziehung« selbstverständlich. Diese moderne Strategie, Frauen in die Gottebenbildlichkeit durch die Betonung der »Differenz in Beziehung« einzuschließen, weicht von der klassischen christlichen Tradition der Kirchenväter ab. Dort gab es zwei Auffassungen zum Verhältnis von Frau und Gottebenbildlichkeit. In der östlichen Tradition wurde die Gottebenbildlichkeit mit der Seele identifiziert und als spirituell und asexuell betrachtet. Frauen und Männer haben nach ihrer geistigen Natur gleichermaßen erlösungsfähige Seelen. In der ursprünglichen Schöpfung gab es keine Unterordnung, aber auch nicht Geschlecht, Sex oder Fortpflanzung. Geschlechtliche Körper entstanden als Resultat des Falls, was sowohl Sünde und Tod wie auch die Notwendigkeit von Sex und Fortpflanzung nach sich zog.[3]

---

3. Z.B. *Gregor von Nyssa*, De Opif. Hom. 16

Die westliche Tradtion, repräsentiert von Augustin, behauptete dagegen, daß die Unterordnung zur ursprünglichen Schöpfung gehörte, nicht aber Sünde und Tod. Die Gottebenbildlichkeit bezieht sich dort auf die Seele in ihrer rationalen Natur und in ihrer Repräsentation der Herrschaft Gottes über die Natur. Nur Männer besitzen diese Fähigkeit zur Herrschaftsausübung, während Frauen die Natur oder den Körper repräsentieren, die unter der Herrschaft stehen. Für Augustin fehlt Frauen in sich selbst deshalb die Gottebenbildlichkeit und sie haben nur dadurch Bezug zu ihr, daß sie unter der Herrschaft des Mannes in sie eingeschlossen sind.[4] Für Augustin ist das Bild Gottes im Menschen androzentrisch und korporativ. Sein Wesen ist die Eigenschaft der Rationalität als herrschaftliche Macht, die vom Mann als Individuum über seine eigenen körperlichen Leidenschaften und vom Mann als korporatives Oberhaupt der Schöpfung über Frauen und den Rest der Natur ausgeübt wird. Augustins Sicht spiegelt die patriarchale gesetzliche Tradition des männlichen Oberhaupts der Familie als korporatives Individuum wider.

Diese Unterschiede der griechischen, lateinischen und modernen Interpretationen werfen grundlegende Fragen zum Verhältnis von Gottebenbildlichkeit und Geschlecht auf. Wie wird das Verhältnis von Seele, Geist oder Verstand zum Geschlecht und zum geschlechtlichen Körper gesehen? Oder sind Menschen eine Einheit von Körper und Seele/Geist? Sind damit geschlechtliche Unterschiede auch verantwortlich für Unterschiede in der Art, wie Männer und Frauen denken? Im modernen feministischen Denken wird diese Frage erweitert durch die Unterscheidung von »sex« und »gender«, wobei »sex« biologische Unterschiede bezeichnet, während »gender« als sozial konstruiert gilt.[5] Die Unterschiede in den griechischen und lateinischen Interpretationen von »Imago Dei und Geschlecht« weisen auch hin auf ein unterschiedliches Verständnis der Bedeutung der Gottesebenbildlichkeit als Eigenschaft des Menschseins. Ist das Bild Gottes im Menschen ein gemeinsames Wesen von Gott und Mensch oder eine gemeinsame Rolle? Der Verfasser von Gen 1,27 intendierte das zweite. D.h., Menschen sind wie Gott nicht in einem ontologischen Sinn, sondern indem sie Gott in seiner Herrschaft über den Rest der Schöpfung repräsentieren oder sie mit ihm teilen. Obwohl diese Rolle als Repräsentant der Herrschaft Gottes Adam als

---

4. *Augustin*, De Trinitate 7.7.10; s. auch *Kari Borresen*, Subordination and Equivalence: The Nature and Role of Woman in Augustin and Thomas Aquinas, Washington D.C. 1981, 15-34.
5. S. *Mary Field Belenky, u.a.*, Women's Ways of Knowing, New York 1986; *Ann Snitow, Christine Stansell und Sharon Thompson*, The Powers of Desire: The Politics of Sexuality, New York 1975, 157-210.

Gattung gegeben ist, nahm der priesterschriftliche Verfasser zweifellos an, daß sie in der Praxis vom patriarchalen Mann ausgeübt wird.[6] Wie Phyllis Bird in ihrer sorgfältigen Exegese der Stelle gezeigt hat, wird die Gottebenbildlichkeit, die Adam als Gattung zusprochen ist, nicht identifiziert, sondern unterschieden vom Geschlechterunterschied, den die Menschen mit den Tieren, nicht aber mit Gott teilen. Damit kann die Gottebenbildlichkeit nicht in einem buchstäblichen Sinn mit dem männlichen oder weiblichen biologischen Geschlecht identifiziert werden. Aber weil Herrschaft nur von patriarchalen Männern ausgeübt wird und nicht von Frauen oder Sklaven, sind es patriarchale Männer, die die Rolle des Ebenbildes Gottes als korporatives Individuum für die ganze Gemeinschaft ausüben.

Mit der Aufnahme des griechischen Seele-Leib-Dualismus in das christliche Denken begannen Christen, die Gottebenbildlichkeit als ontologische Ähnlichkeit von Gott und Mensch zu denken. Sie hat ihren Ort in der unsterblichen Seele, von der man glaubte, daß sie teilhat am ewigen geistigen Sein Gottes. Der Körper wird als Träger von Sünde und Tod gesehen, während die Seele der Teil von Menschen ist, den sie mit dem Göttlichen teilen. Die Seele wird als selbst-subsistentes Wesen betrachtet, das ursprünglich ohne den sterblichen Körper ist. Die Seele wird in einen sterblichen Körper gesteckt, als einem Ort, an dem sie sich bewähren muß, oder als Fall in die Sünde, aber die Seele muß den Körper aufgeben, um in ihren reinen Zustand zurückzukehren. Die Seele, obwohl ursprünglich ohne Körper, galt außerdem als von Natur aus rational, und damit als männlich. Der Mann der herrschenden Klasse ist somit der normative Mensch, während Frauen und Sklaven zustande kommen durch ein Versagen der Seele, den Körper zu kontrollieren und durch ihre Reinkarnation in »niedrigeren« Zuständen.[7] Obwohl das griechische Christentum die Reinkarnation zurückwies, spiegelt seine Abspaltung einer asexuellen, geistigen Seele von einem geschlechtlichen Körper diese platonische Anthropologie wider. Augustin bildet eine Synthese aus Elementen der platonisch essentialistischen und der hebräisch funktionalen Sichtweise der Gottebenbildlichkeit. Das Ebenbild Gottes ist als rationale Seele normativ männlich und übt Herrschaft aus über Frauen, Körper und Natur. Obwohl das griechische Christentum das Ebenbild Gottes mit der asexuellen Seele identifiziert, die sowohl Männer wie Frauen besitzen, während Augustin ein

---

6. *Phyllis Bird*, Male and Female He Created Them: Gen 1:27b in the Context of the Priestly Account of Creation, in: Harvard Theological Review 74, 1981, 129-59 und ihre Weiterentwicklung dieses Essays in: Kari Borresen, Image of God and Gender Models, Oslo 1992, 11-34.
7. *Plato*, Timaeus, 23.

korporatives Konzept der Gottebenbildlichkeit als Herrschaft annimmt, die Frauen eben nicht besitzen, sondern unter der sie stehen, tendieren beide Traditionen auch dazu, »Weiblichkeit« als eine Eigenschaft der Seele wie auch des Körpers zu denken. Sie wird verbunden mit sinnlichen Gefühlen und einem Mangel an Willenskraft, den psychischen Eigenschaften des Körpers. Deshalb glaubt man, daß Frauen auch die Gleichwertigkeit des Verstands fehlt und sie eine defiziente Rationalität besitzen und damit eine minderwertige Seele.[8] Dennoch nahm die asketische Tradition an, daß, wenn Frauen bekehrt werden, besonders wenn sie das Geschlechtsleben zugunsten der Keuschheit aufgeben, diese Inferiorität der Seele überwunden wird und sie »männliche und mannhafte« Seelen bekommen.[9] Ob diese neue Mannhaftigkeit der Seele bei christlichen Jungfrauen eine neue Dispensation Gottes oder die Wiederherstellung einer Eigenschaft ist, die Frauen ursprünglich hatten und die mit dem Fall verlorenging, ist unklar. Einige radikale Asketen, behaupteten, daß die christliche Jungfrau durch ihre Verwandlung zu geistlicher Männlichkeit Autonomie gewinnt. Aber die meisten Kirchenväter, im Osten wie im Westen, schreckten vor dieser Implikation zurück. Stattdessen legten sie nahe, daß die erlöste Frau ihr Erlöstsein durch doppelte Selbstverleugnung und durch Unterwerfung unter Männer, besonders ihre geistigen Oberhäupter in der Kirche, zum Ausdruck bringt.

II. Geschlecht und Sünde

Christliche Anthropologie ist nicht eindeutig bezüglich der Frage, ob Frauen in Gottes ursprünglicher Schöpfung gleich waren und gleichermaßen an der Gottebenbildlichkeit Anteil hatten. Die griechischen asketischen Traditionen deuten eine ursprüngliche Gleichheit der Seele und damit eine gemeinsame Gottebenbildlichkeit an. Dies steht aber im Widerspruch zu Auffassungen, die die Frau als von Geburt an minderwertig betrachten – aufgrund ihrer körperlichen und psychischen Weiblichkeit, und wegen ihres Platzes in der Schöpfungsordnung, in die sie unter der Herrschaft, die der patriarchale Mann als korporativer Repräsentant der Herrschaft Gottes ausübt, eingeschlossen ist. Aber alle klassischen Traditionen stimmen darin

---

8. *Rosemary Ruether*, Misogynism and Virginal Feminism in the Fathers of the Church, in: dies. (Hg.), Religion and Sexism: Images of Women in the Jewish and Christian Traditions, New York 1974, 150-173.
9. *Kari Vogt*, Becoming Male: A Gnostic and Early Christian Metaphor, in: Borresen, Image of God, 172-187.

überein, daß sie die Priorität der Frauen bezüglich der Sünde betonen, und als ihre Konsequenz die Unterwerfung der Frauen. Für die egalitäre Tradition heißt das, daß Frauen ihre ursprüngliche Gleichheit verloren haben und in Unterordnung »gefallen« sind. Für die Tradition, die Frauen schon immer als untergeordnet betrachtete, verdoppelt sich ihre Unterordnung im Stand des Falls: sie gilt als Strafe und als Mittel der Sühne für ihr erstes Vergehen. Frauen werden durch schmerzhaftes Gebären und die Unterwerfung unter ihren Ehemann bestraft, wie der Genesistext nahelegt. Das freiwillige Aufsichnehmen dieser Strafe ist aber für Frauen auch eine Möglichkeit, zum Heil zu gelangen. Damit trägt die christliche Theologie sowohl die Geschlechterdifferenz wie auch die Vorstellung von der Frau als Sündenbock in ihre Auffassung von Sünde und Fall hinein. Das Schweigen von Frauen in der Kirche, ihre Marginalisierung im Hinblick auf öffentliche Leitungsaufgaben und ihr unterdrückter und sklavischer Status entsprechen ihrer Natur, sind aber gleichzeitig auch Strafe für ihre Rebellion. Männer besitzen damit die Rechtfertigung, diese Unterdrückung zu verdoppeln, um jegliche Anzeichen weiterer weiblicher Rebellion zu bestrafen. Die widerspruchslose Akzeptanz auch ungerechter Repression ist der Weg der Frau zum Heil durch Leiden; ein Leiden, das sie verdient und das sie doch zur Sühne für ihre Sünde nutzen kann. Dies ist die Theologie des »Gewalt-gegen-Frauen-Syndroms«.[10] In der christlichen Tradition besteht eine Verbindung von Frau und Sünde auch aufgrund der platonischen Verknüpfung von Frausein, Körper, Sterblichkeit und dem Bösen. Der Körper gilt als Quelle von Begierden, die die unsterbliche Seele in Sünde und Tod hinunterziehen und die sie ihre ursprünglich reine Natur vergessen lassen. Sex gilt als extremer Ausdruck für die Neigungen des Körpers zu Sünde und Tod. Die Verbindung von Weiblichkeit mit dieser Auffassung von Sex und Körper bedeutet, daß Frauen von Natur aus eher zur Sünde neigen als Männer. Frauen aus dem Weg zu gehen heißt darum, der Sünde aus dem Weg zu gehen. Frauen zu unterdrücken heißt dann, ihre Neigung zur Sünde und ihre Fähigkeit, Männer zur Sünde zu verführen, zu unterdrücken.

In der Erzählung in Gen 3 verbirgt sich aber eine dritte Möglichkeit der Interpretation. Die Unterwerfung von Frauen ist weder eine Ratifikation ihrer ursprünglichen Unterordnung noch eine Strafe für die Sünde ihrer Aufsässigkeit, sondern ist selbst sündhaft. Die ursprüngliche paradiesische Gleichheit von Mann und Frau ist verlorengegangen durch die Aufrichtung

---

10. Christliche Frauen, die versuchen, sich von gewalttätigen Männern zu trennen, beschreiben oft die Bedeutung einer solchen Theologie für ihre frühere Akzeptanz der Gewalt gegen sie, vgl. die Aufsätze in: *Joanne C. Brown und Carole R. Bohn (Hg.)*, Christianity, Patriarch and Abuse: A Feminist Critique, New York 1989.

von Herrschafts- und Unterordnungsverhältnissen. Sünde herrscht in menschlichen Beziehungen durch diese ungerechte Form entstellter Beziehung. Diese Interpretation wird aber lediglich in modernen feministischen Theologien vorgelegt.[11]

III. Geschlecht und Erlösung

Hier kommen wir zurück auf die grundlegende paulinische Aussage, daß »in Christus weder männlich noch weiblich ist«. In der christlichen Tradition hat dies bedeutet, daß Frauen gleichermaßen durch Christus gerettet sind, sie also gleichermaßen eingeschlossen sind in die Erlösung durch Christus, und gleichermaßen wie Männer zu taufen sind. Es hat auch bedeutet, daß Frauen, auch wenn sie nicht gleich sind im Hinblick auf Macht und Verstand, sie dennoch genauso zur Heiligkeit fähig sind. Da Heiligkeit und nicht Macht oder Gelehrtheit im Himmel zählt, ist es genauso wahrscheinlich, daß Frauen einen hohen Rang im Himmel haben wie Männer.[12] Aber diese Gleichheit in Christus, in der Taufe und bezüglich ihrer Fähigkeit zur Heiligkeit werden zum Status von Frauen in Kirche und Gesellschaft auf unterschiedliche Weise in Bezug gesetzt. Für den größten Teil der klassischen Tradition sollen Frauen ihre Heiligkeit anders als Männer ausüben. Obwohl Demut sowohl für heilige Männer wie auch für heilige Frauen angebracht ist, gilt sie doch normativ für Frauen als Frauen. So entspricht freiwillige Akzeptanz ihrer Unterwerfung sowohl ihrem Platz in der »Natur« und ist gleichzeitig als Sühne für ihre Sünde der Weg zur Heiligkeit. Radikale Asketen deuteten an, daß die erlöste Frau ihre Unterwerfung unter den Mann hinter sich läßt, wenn sie enthaltsam lebt, und damit eine neue »Virilität« und Unabhängigkeit erwirbt. Wenn weibliche Asketen dies im Sinne einer unabhängigen Kontrolle ihrer eigenen religiösen Gemeinschaften geltend machten, stieß dies im allgemeinen auf Widerstand bei männlichen Kirchenführern.[13] Erst in modernen feministischen Theologien hat man angefangen,

---

11. *Rosemary Ruether*, Sexism and God Talk: Toward a Feminist Theology, Boston 1983, 159-192.
12. S. *Eleanor McLaughlin*, Women, Power and Holiness in Medieval Christianity, in: Rosemary Ruether und Eleanor McLaughlin (Hg.), Women of Spirit: Female Leadership in the Jewish and Christian Traditions, New York 1979, 99-130.
13. Die Geschichte katholischer Nonnen als ein Kampf um Selbstbestimmung gegenüber der klerikalen Hierarchie muß erst noch geschrieben werden. S. z.B. *Mary Ewens*, Women in the Convent, in: Karen Kenelly, American Catholic Women, New York 1989, 17-47; *Madonna Kolbenschlag*, Authority, Community and Conflict, Kansas City 1986.

die Geschlechterbeziehungen im Hinblick auf Schöpfung, Sünde und Erlösung anders zu interpretieren: Wenn ursprüngliche Gleichheit unsere wahre Natur ist und Herrschaft bzw. Unterwerfung Ausdruck von Sünde, dann ist die Wiederherstellung bzw. Entwicklung egalitärer Beziehungen sowohl Mittel wie auch Ausdruck von Erlösung.

Diese Bekräftigung der Gleichheit als ursprüngliche und erlöste Beziehung der Geschlechter wirft jedoch implizit die Frage auf, in welcher Beziehung »Geschlecht« zu »Menschsein« steht. Nehmen wir eine geschlechtsneutrale oder eine geschlechtlich inklusive (androgyne) Definition des Menschseins an, die für Männer und Frauen gleichermaßen gilt? Können wir dann von Erlösung als der »vollen Menschwerdung« von Männern und Frauen sprechen und eine Gleichheit behaupten, wobei das volle Menschsein des einen das Menschsein des anderen bestätigt? Oder ist es unmöglich, die Vorstellung eines generischen Menschseins von seiner androzentrischen Geschichte, in der der Mann die Norm des Menschseins und die Frau defizitär in Bezug auf diese Norm ist, zu befreien? Müssen Frauen eine neue Definition »guten Frauseins« aufstellen, die sich vom normativen androzentrischen Menschsein unterscheidet? Besteht zwischen Männern und Frauen eine größere Differenz hinsichtlich des Geschlechts als eine Ähnlichkeit der Art, so daß wir kein Konzept eines gemeinsamen Ideals der Art konstruieren können, das Männer und Frauen gleichermaßen anstreben können bzw. sollten? Brauchen wir unterschiedliche Ideale für männliches und weibliches »Menschsein«? Und wenn dem so ist, können wir eine hierarchische Bewertung dieser unterschiedlichen Normen vermeiden, sei es, daß die männliche oder die weibliche Norm als überlegen bewertet wird? Diese Fragen beschäftigen die moderne westliche Anthropologie und verhindern, daß feministisches Denken zu einem Konsens über die Frage gelangt, was mit der »Gleichheit« von Männern und Frauen gemeint ist.

IV. Von den klassischen zu modernen christlichen Anthropologien

Die klassische christliche Anthropologie, wie sie von Augustin formuliert wurde, ist geprägt von einer dominanten patriarchalen Auffassung. Sie kombiniert die Vorstellung der Unterwerfung von Frauen nach ihrer ursprünglichen Natur und deren Vertiefung durch den Fall, den Frauen durch fortgesetzte Unterwerfung in Kirche und Gesellschaft sühnen. Diese weitergehende Unterwerfung im Stand der Erlösung ist Ausdruck sowohl ihrer Natur wie Strafe für die Sünde, wobei letztlich ihre Erlösungsfähigkeit und Gleichheit im »Himmel« durch freiwillige Akzeptanz ihrer Niedrigkeit bestätigt wird. Die augustinische Anthropologie wurde im 13. Jahrhundert von Thomas von Aquin durch die Aufnahme der aristotelischen Philosophie neu formuliert. Thomas übernahm die aristotelische Auffassung von der angeborenen Minderwertigkeit von Frauen im Hinblick auf Geist, Wille und Körper und daraus folgend die Annahme ihres unvollkommenen Menschseins. Ihre Unterworfenheit ist Ausdruck ihrer Minderwertigkeit und ihrer Unfähigkeit zur Selbstbestimmung. Thomas interpretiert die Idee, daß Frauen in der ursprünglichen Schöpfungsordnung untergeordnet sind durch die Annahme der Minderwertigkeit ihrer weiblichen Natur auf eine Weise, wie sie bei Augustin noch nicht vorhanden war.[14] Dies führt zu der weitergehenden Behauptung, daß Christus männlich sein mußte, um volles oder »perfektes« Menschsein zu besitzen und daß nur der Mann als Priester Christus repräsentieren kann, eine Anthropologie, die hinter der zeitgenössischen päpstlichen Behauptung steht, daß Frauen Christus nicht abbilden können.

In der Reformation formulieren Luther und Calvin Varianten dieser klassischen anthropologischen Tradition. Luther lehnt sich an die asketische Tradition an, daß Frauen ursprüngliches gleiches Gegenüber des Mannes im Paradies waren, ihr Vorrang in der Sünde sie aber diese ursprüngliche Gleichheit verlieren läßt. Die Unterordnung von Frauen in der Gegenwart ist Ausdruck ihrer Strafe für die Sünde.[15] Calvin dagegen kommt der Auffassung Augustins näher. Die Unterordnung von Frauen unter den Mann ist Ausdruck einer von Gott gegebenen Schöpfungsordnung, impliziert aber keine angeborene Unterordnung. Als durch Gottes Gnade erwählte Sünder stehen Frauen und Männer auf gleicher Ebene, aber die Frau soll ihre Erwählung durch freiwillige Unterwerfung auf ihrem rechtmäßigen Platz als Untergeordnete und Hilfe des Mannes zum Ausdruck bringen.

Neben dieser dominanten patriarchalen Anthropologie läuft eine Tradition, die man in den mystischen und millenialistischen Strömungen des christlichen Denkens findet. Die von einer Minderheit vertretene Tradition geht davon aus, daß Frauen und Männer in der ursprünglichen Schöpfung als androgyne Wesen spirituell gleich waren. Mit dem Fall entstanden die Sexualität, der Tod und die Trennung der Geschlechter. In der Erlösung werden Geschlechtlichkeit und Sterblichkeit überwunden, und die Menschheit gewinnt ihre ursprüngliche androgyne Natur wieder. Erlösung wird verbunden mit Enthaltsamkeit und ist die Wiederherstellung spiritueller Ganzheit, die die Geschlechtertrennung überwindet. Frauen werden in der Erlösung vom »Fluch Evas«, dem schmerzhaften Kindergebären und der Unterwer-

---

14. *Thomas Aquinas,* Summa Theologica, pt. 1, q. 92; s. auch Borresen, Subordination and Equivalence, 141-78.
15. *Martin Luther*, Lectures on Genesis: Gen 2:18, 3:16, in: Luther's Works, vol. 1, hrsg. Jaroslav Pelikan, St. Louis 1958, 115.202-3.

fung unter ihre Ehemänner, befreit. Sie werden ganz, erlangen ihre »mannhafte und männliche« Natur wieder und sind fähig, auch als Lehrerinnen und Prophetinnen in der Kirche Leitungsaufgaben zu übernehmen.[16] Elemente dieser Theologie spiritueller Gleichheit in Schöpfung und Erlösung finden sich in der frühen christlichen Gnosis. Sie wurden in asketischen mystischen und millenialistischen Bewegungen im Mittelalter und der Reformation und auch in modernen Bewegungen wie den anglo-amerikanischen Shakern wiederentdeckt.[17] Das amerikanische Denken im 19. Jahrhundert erlebte eine Verschiebung in der Geschlechterideologie. Die klassische Trennung zwischen patriarchalischen und millenialistischen Traditionen verwandelte sich in eine neue Aufspaltung zwischen liberalen monistischen und romantischen dualistischen Anthropologien.

Liberaler Monismus behauptet, daß es eine universale gattungsmäßige menschliche »Natur« gibt, die alle Menschen gleichermaßen teilen. Diese menschliche Natur ist charakterisiert durch Vernunft und moralisches Gewissen. Menschenrechte und Gleichheit vor dem Gesetz werden mit dem Besitz dieser gattungsmäßigen menschlichen Eigenschaften identifiziert. Weil alle Menschen diese Eigenschaften haben, haben sie auch die gleichen Menschenrechte und sollen vor dem Gesetz gleich sein. Der Liberalismus identifizierte diese Gleichheit mit einer ursprünglichen Natur, die alle Menschen aufgrund der »Schöpfung« haben. Ungleichheit gesetzlicher Rechte oder gesellschaftliche Hierarchie beruhen nicht auf einer von Gott geschaffenen »Naturordnung«, sondern sind Ausdruck einer von Menschen geschaffenen Unordnung der Natur, die ungerechte rechtliche Unterschiede verursacht. Die liberale Revolution ist deshalb sowohl eine Wiederherstellung der ursprünglichen Natur wie auch ein neues Zeitalter der Erlösung, in dem Regierungen auf der Grundlage »natürlicher Gleichheit« geschaffen werden.[18]

16. Zur gnostischen Anthropologie s. Vogt, Becoming Male; *Rosemary Ruether*, Women in Utopian Movements, in: Rosemary Ruether (Hg.), Women and Religion in America: The Nineteenth Century, New York 1981, 47-48.
17. Zur Theologie der Shaker s. *Marjorie Procter-Smith*, In the Line of the Female: Shakerism and Feminism, in: Catherine Wessinger (Hg.), Women's Leadership in Marginal Religions, Chicago 1993, 23-40. Zur Kirchenordnung und ihrer historischen Entwicklung bei den Shakern s. *Karen Nickless und Pamela Nickless*, Sexual Equality and Economic Authority: The Shaker Experience, 1784-1900«, in: Wendy Chmielewski (Hg.) u.a., Women in Spiritual and Communitarian Societies, Syracuse 1993, 119-32.
18. S. als klassisches Beispiel für den liberalen Gleichheitsgedanken »Condorcet's Pleas for the Citizenship of Women«, in: Journal de la Societe de 1789 (3 July 1790). Englische Übersetzung : Fortnightly Review 13:42 (June 1870), 719-20, s. auch Rosemary Ruether, Sexism and God Talk, 102-4.

Liberale Feministinnen versuchten, für Frauen dieselbe Gleichheit vor dem Gesetz in Anspruch zu nehmen. Aber sie wurden durch den uneingestandenen Androzentrismus der liberalen Definition der »menschlichen Natur« enttäuscht. Normatives Menschsein wurde identifiziert mit öffentlichen männlichen Funktionen, von denen Frauen historisch ausgeschlossen waren. In den liberalen Verfassungen des 18. und 19. Jahrhunderts blieben Frauen und andere untergeordnete Menschen weiter von den »Menschenrechten« ausgeschlossen, weil man auch weiterhin davon ausging, daß die Rechte, die Menschen qua Natur gehören, Rechte sind, die vom weißen, mit Besitz ausgestatteten Mann ausgeübt werden sollen. Der weiße Mann galt auch weiterhin als korporatives Individuum, das sowohl für sich selbst wie auch für diejenigen »unter ihm« handelt, d.h. abhängige Frauen, Kinder und Bedienstete. Durch eine Reihe sozialer Revolutionen und Reformen wie die Abschaffung der Sklaverei, das allgemeine Wahlrecht für Männer und das Frauenwahlrecht, wurden die Menschenrechte auf alle Erwachsenen (die weder im Gefängnis noch geistig unfähig sind) ausgedehnt. Damit entstand ein durchgehender Individualismus, der teilweise die Vorstellung eines Familienoberhaupts als korporative Person zerbrach. Aber Frauen blieben auch weiterhin benachteiligt in einem Gleichheitsschema, das auf öffentlichen Funktionen und Berufen basiert, die die private Sphäre und die Funktion und Arbeit von Frauen in ihr ignorieren. Damit sind Frauen in liberalen Systemen sowohl überarbeitet und stehen in ihrem Streben nach Gleichheit auf verlorenem Posten, weil sie gleichzeitig in ihrer öffentlichen Beschäftigung »gleich« wie Männer sein müssen, während sie auch den Löwenanteil der Arbeit in der Familie haben.

Romantische binäre Anthropologien betonen die besonderen Aufgaben von Frauen in der Familie und die mit ihr verbundenen unterschiedlichen »weiblichen« psychischen Eigenschaften, die der androzentrische liberale Monismus ignoriert. Männer und Frauen werden als komplementär definiert, d.h. man geht aus von einer ergänzenden Beziehung besonderer und gegensätzlicher seelischer Eigenschaften. Männer sind maskulin, d.h. rational, aggressiv und autonom. Frauen sind »feminin«, d.h. intuitiv, passiv und übernehmen Hilfsfunktionen. Nur zusammen bilden diese beiden unterschiedlichen Hälften ein ideales Ganzes. Romantische Anthropologie beurteilte die weiblichen Eigenschaften, verbunden mit Liebe und Altruismus, oft als moralisch höherwertiger. Männliche Aggression und männlicher Egoismus müssen durch weiblichen Altruismus verfeinert und veredelt werden. Dies binäre Verständnis von Mann und Frau als maskulin und feminin führte zu einigen unterschiedlichen sozialen Idealen. In der konservativen romantischen Vorstellung werden männliche und weibliche Unterschiede mit der öffentlichen bzw. privaten Sphäre verbunden. Frauen sollen sich aus der Öffentlichkeit heraushalten und den Mann im Heim durch hingebungsvolles Muttersein veredeln. Viktorianische Frauenreformerinnen verschoben diese Sichtweise und bestanden darauf, daß Frauen in die öffentliche männliche Sphäre eindringen und sie durch soziale Reformen verbessern, so daß die Öffentlichkeit mehr wie das »traute Heim« würde. Separatistische Feministinnen übertrieben ihre Annahme weiblicher moralischer Überlegenheit mit ihrem Vorschlag, Frauen sollten sich von Männern überhaupt fernhalten und eine unabhängige weibliche Welt schaffen, die auf den höherstehenden weiblichen Qualitäten aufgebaut ist.[19] Feministische Anthropologie heute ist gespalten zwischen dem doppelten Erbe des liberalen Monismus und des romantischen Dualismus. Sie sucht immer noch nach einer befriedigenden Synthese, mit der man gleichzeitig daran festhalten kann, daß Frauen »gleich« und doch auf eine Weise verschieden sind, von der oft stillschweigend angenommen wird, daß sie männlichen Neigungen gegenüber moralisch überlegen ist.

V. Jenseits der Androgynie
Auf dem Weg zu einer feministischen Anthropologie

Eine feministische Anthropologie muß einen androzentrischen Monismus, der generisches Menschsein mit männlichen Eigenschaften des öffentlichen Lebens identifiziert, überwinden und ebenso über die romantische binäre Aufspaltung in maskuline Männer und feminine Frauen hinausgehen. Wir müssen ansetzen bei der Überzeugung, daß die Eigenschaften wie Rationalität und Autonomie, Intuition und Altruismus, die in der patriarchalen Kultur als maskulin und feminin etikettiert werden, Fähigkeiten von Männern und Frauen sind. Nur wenn wir alle Eigenschaften, die in diese binären Gegensätze aufgespalten werden, zusammenbringen, bekommen wir eine Ahnung, was ein »ganzes« menschliches Wesen sein könnte. Es genügt jedoch nicht, diese Eigenschaften in ihrer traditionellen Form als »androgyne« Einheit des Maskulinen und Femininen zusammenzukleistern. Denn ihre binäre Aufspaltung ist auch Ausdruck einer entstellten Beziehung von Männern als überlegen und Frauen als untergeordnet und ist damit auch eine Entstellung der richtigen Beziehung dieser Eigenschaften.

Wir brauchen eine transformative Synthese, in der Rationalität und Intuition, Autonomie und Bezogenheit, wechselweise transformiert werden. Wir müssen auch erkennen, daß Männer und Frauen aufgrund des Zusammenwirkens von biologischer Entwicklung und Sozialisation diesen Weg zur

---

19. Ruether, Sexism and God Talk, 104-9.

Ganzheit von verschiedenen Seiten her machen. Indem beide einander helfen, jene Aspekte des Selbst zu entwickeln, die durch Geschlechterstereotype tendenziell unterdrückt wurden, kommen sie allmählich zu Ganzheit und Gegenseitigkeit. Frauen müssen Männern helfen, mehr Beziehungsfähigkeit und Männer Frauen, mehr Unabhängigkeit zu entwickeln. Während man von Frauen traditionellerweise angenommen hat, daß sie dies für Männer tun, haben sich Männer selten berufen gefühlt, Frauen ihrerseits auf diese Weise zu unterstützen.

Was bedeutet dies Verständnis des Menschseins als Weg zur Ganzheit über Geschlechterstereotypen hinaus für unser Verständnis der theologischen Konzepte Gottesebenbildlichkeit, Sünde, Gefallensein und Erlösung? Ich glaube, es heißt, daß unser Verständnis der Gottebenbildlichkeit nicht auf Geschlechterstereotypen aufgebaut werden kann, auch nicht auf einer androgynen Komplementarität von maskulin und feminin. Weiter darf sie auch nicht auf der Vorstellung von der Herrschaft über unterworfene Menschen oder auf der Aufspaltung von Geist und Körper basieren. Die ganze Schöpfung muß gesehen werden als das »Körperwerden« des Wortes und der Weisheit Gottes, die sakramental in allen Wesen gegenwärtig sind. Wenn Gott in der Schöpfung gegenwärtig ist durch einen konstanten Prozeß neumachender und lebenschaffender Beziehung, und indem er alle Dinge zueinander in Beziehung bringt – dann bringen Menschen die Gegenwart Gottes am besten zum Ausdruck, wenn sie diesen schöpferischen und heilsamen Prozeß selbst zur Geltung bringen.

Sünde ist das, was diesen schöpferischen und heilsamen Prozeß zerstört und entstellte Beziehungen von Herrschaft und Ausbeutung schafft, wobei die eine Seite einer Beziehung erhöht wird, indem die andere erniedrigt wird und verarmt. Sexismus und alle Formen ausbeuterischer Herrschaft sind damit nicht gottebenbildlich, sondern Formen der Sünde. Erlösung ist der Prozeß der Umkehr aus entstellten Beziehungen und die Neugründung des Selbst in heilsamer Bezogenheit.

In welcher Beziehung steht dann menschliche Geschlechtlichkeit überhaupt zur Gottebenbildlichkeit? Zuerst müssen wir festhalten, daß Gott, der ja kein irgendwie geartetes Säugetier ist, nicht in einem buchstäblichen Sinn geschlechtlich ist. Gott ist weder männlich noch weiblich und ist doch in und durch alle Beziehungen, auch die geschlechtlichen. Wenn wir geschlechtliche Bilder metaphorisch für Gott gebrauchen, müssen wir das auf eine Art tun, die dies als metaphorisch und nicht buchstäblich offenkundig macht. Unsere Metaphern müssen sowohl Mann wie auch Frau einschließen und zwar in einer komplexen transformativen Synthese, die uns über Stereotypen hinaus auf unseren Weg zur Ganzheit weist. Diese Ganzheit ist darüber keineswegs ein Ideal, das wir kennen, sondern geht uns voran in eine nicht abgeschlossene Zukunft wie die Erlösung selbst noch unabgeschlossen ist. Die Gottebenbildlichkeit darf nicht mit dem Herrschaftsauftrag identifiziert werden. Sie kann auch als »Statthalterschaft« nur unter dem vorsichtigen Vorbehalt neu interpretiert werden, daß wir erkennen, daß unsere Berufung zur Sorge für das »Ganze« der Schöpfung ein Korrektiv ist gegenüber der Tatsache, daß die Menschen erst in jüngster Zeit als dominante Spezies auftreten und diese Dominanz destruktiv gebrauchen. Wir sind aber nicht die »Herren«, sondern wir sind berufen, umzukehren zu einer Sorge für die Erde, die diese erhält und nicht zerstört.

Schließlich müssen wir fragen, wie Individuation und Familie oder Gemeinschaft in unserer Anthropologie der Geschlechter verbunden sind. Patriarchale Anthropologie basierte auf der Annahme, daß der Mann (der freie Angehörige der herrschenden Klasse) nicht nur ein Individuum ist, sondern eine korporative Person, Ober«haupt« einer »Körper«schaft von Personen, nämlich Frauen, Kindern und Sklaven. Erst durch die Auflösung dieses Familienkonzepts als Grundlage von Rechten für einen Individualismus, in dem jeder Erwachsene autonom ist, wurde Frauen gesetzliche Eigenständigkeit zugeschrieben. Der liberale Individualismus abstrahiert Männer und Frauen als isolierte »Atome«, die nur von ihrem eigenen Interesse angetrieben werden, von ihrem sozialen Kontext.

Eine feministische Anthropologie muß ein Verständnis von Männern und Frauen als eingebettet in und verantwortlich für das gemeinschaftliche Leben der Familie wiedergewinnen – aber nicht so, daß das Personsein von Frauen hinter der korporativen Repräsentation des männlichen »Familienoberhaupts« verschwindet. Stattdessen müssen wir uns Männer und Frauen als relational und individuiert vorstellen – in einem interaktiven Prozeß. Die eheliche Beziehung von Männern und Frauen wird zu einem gegenseitigen Bund für die Interdependenz und die Individuation beider Partner. Die Erziehung der Kinder ist die gemeinschaftliche Aufgabe beider Eltern mit dem Ziel, daß männliche und weibliche Kinder fähig werden zu derselben Gegenseitigkeit in Interdependenz und Individuation als Personen um ihrer selbst willen.

Feministische Anthropologie muß sowohl die patriarchale Familie, in der nur der Patriarch als volle Person gilt, wie auch den liberalen Individualismus zurückweisen, wo alle Menschen als autonome Personen unabhängig von Beziehungen gelten, um die Vision neuer Familien in einer neuen Gesellschaft ins Auge zu fassen, in der Individuation und Gemeinschaft zueinander in Beziehung gesetzt werden können.

Übersetzt von Claudia Rehberger

Elisabeth Moltmann-Wendel

Wohnt in meinem Fleisch nichts Gutes?

I.

Die Klage des Paulus: In meinem Fleisch wohnt nichts Gutes, hat eine lange, tragische Kirchen- und Theologiegeschichte von Körperangst, Körperverdrängung und Körperhaß hervorgebracht. Wie keine andere theologische Strömung hat inzwischen die Feministische Theologie den in der Theologie offenen oder versteckten Dualismus von Seele und Körper aufgedeckt und die konkreten Orte dieser Spaltung aufgezeigt. Es sind Frauen, die in einer langen Kirchengeschichte unsichtbar gemacht und diskriminiert wurden, die mit ihren Körpern verdinglicht und zu Objekten von Lust und Haß wurden. Gewalt an Frauen, sexuelle Aubeutung und Übergriffe, wie sie heute in allen Gesellschaften offenkundig werden, zeigen noch einmal, wie wenig es gelungen ist, Frauen als ebenbürtig und ihre – und die Körper von Menschen überhaupt – als gute Schöpfung Gottes anzunehmen.

Theologische Frauenforschung hat die Ursprünge dieser fatalen Tradition aufgezeigt, die nicht mit der christlichen Geschichte begann, aber nach anfänglichem Gleichheits- und Ganzheitsdenken in der Jesusbewegung und in der frühen Christenheit sehr schnell im Christentum auf fruchtbaren Boden stieß. Das konservative Ethos, wie es sich schon in den Haustafeln des Neuen Testaments zeigt, der Einfluß stoischer Sexualethik, die nicht in der Lust, sondern in der Reproduktion das Ziel der Fortpflanzung sah, die Abkehr von hebräischen ganzheitlichen Denkmustern und die Übernahme aristotelisch-dualistischer Vorstellungen waren Etappen zu einem christlich legitimierten religiösen Dualismus. Daran änderten auch spätere kritische Einbrüche – etwa bei Hildegard von Bingen – wenig. Frauen wurden mit Natur und Körper identifiziert, und das machte möglich, sie zur Mutter und Heiligen hochzustilisieren, sie zugleich aber – auf Grund des eigenen, unberechenbaren und zu fürchtenden Körpers als Verführerin, als schwach und als Hure zu fürchten und zu verachten. Frauenkörper waren in der abendländischen Tradition Gefäße, die der Mann zu füllen, zu beherrschen und zu besitzen beanspruchte.

Der nach jüdisch-christlicher Tradition auf alles Fleisch, alle Körper ausgegossene Geist, wie es sich die Apostelgeschichte und Texte der frühen Christenheit vorstellten, ergriff zunächst Frauen und Männer und gab ihnen verschiedenste Funktionen in den Gemeinden. Derselbe Geist wurde später an das Amt und in der sich institutionalisierenden Kirche damit an den Mann gekettet. An die Stelle der Geisterfülltheit der jungen Christenheit trat die hierarchische Ordnung der Kirche, die Frauen schließlich von allen wichtigen Ämtern ausschloß. Durch die Kirchengeschichte gab es immer wieder Bewegungen, in denen Frauen sich geisterfüllt und geistberechtigt zu Worte meldeten. Doch sie wurden auch stets wieder zurückgedrängt oder letzten Endes in eine hierarchische Ordnung eingegliedert. Dabei spielte das Mißtrauen gegenüber der Frau und ihrer Körperlichkeit eine Rolle. Die Tabus, die in der Jesusbewegung und Teilen der frühen Kirche aufgehoben waren, kehrten wieder zurück. Die levitischen Reinheitsgesetze, die den Körper der Frau betreffen, die mit anderen Reinheitsgesetzen, die den Umgang mit Speisen und den Toten regelten, ihre Gültigkeiten verloren hatten, hielten wieder Einzug. Die Folge war, daß nicht nur Seele und Körper der Frau, sondern auch Geist und Körper in kirchlichen Dauerzwist gerieten.

Für Feministische Theologie, die Frauen in aller Welt wieder zu Selbstachtung und Selbstverantwortung verhelfen will, ist der Konflikt zwischen Seele und Körper allerdings nur ein Nebenwiderspruch innerhalb eines größeren Konfliktes. Der Hauptwiderspruch liegt für sie in den ungerechten Strukturen von Rassismus, Sexismus und Klassismus zum Anspruch der Botschaft vom Reich Gottes. Diesen Widerspruch aufzudecken und an seiner Beseitigung zu arbeiten, ist eine gesellschaftliche Aufgabe. Ganzheit, in der Himmel und Erde, Immanenz und Transzendenz, Seele und Körper, Natur und Technologie wieder zusammenfinden, ist die Vision, die Feministische Theologie bewegt. Doch diese Vision ist noch lange nicht eingelöst. Ganzheit setzt voraus, daß die Wurzeln der dualistischen Theologie überwunden werden. Heilung der Welt ist das Programm Feministischer Theologie, und diese Heilung ist keine individuelle, sondern eine gesellschaftliche Aufgabe, in der Frauen sich als Hebammen sehen, die einer Gesellschaft zum Leben verhelfen will, die Unterschiedlichkeit erlaubt, ermutigt, bestätigt und auch segnet. Der befreite Leib, der Körper nicht mehr von der Seele abgespalten, der Körper vom Geist bewegt, sind deshalb auch nur Phänomene am Rande eines größeren Heilungsprozesses.

Die Analysen und Beobachtungen des Frauenkörpers innerhalb der patriarchalen Gesellschaft fallen entsprechend negativ aus. Feministische Theologie bemüht sich, seine Abhängigkeit von Männern, männlichen Normen und einem abendländischen Wertesystem aufzuzeigen: Der Frauenkörper dient fremdbestimmten Schönheitsidealen, hat Normen und genormte Maße aufzuweisen, dient als Kultobjekt und ist vor allem stets fügsam und anpassungsfähig. Gravierend sind die Analysen über Gewalt am Frauenkörper, die in den letzten Jahren entstanden sind: durch Inzest, Vergewaltigung in der Ehe und auf den Straßen, durch Empfängniserzwingung im Krieg in Bosnien. Aber auch die Medizin, die sich eigentlich dem Körper des Menschen verpflichtet sehen müßte, scheint noch in alten Herrschaftsmustern gefangen: Der Frauenleib ist zu einem öffentlichen Ort geworden, in den alle Wissenschaftler ungeniert hineinsehen, ohne sein Geheimnis zu wahren.[1] In der In-Vitro-Befruchtung wird ganz einfältig der Frauenleib mit Tuben und Ampullen, also Gefäßen, verglichen, die dem formgebenden männlichen Samen als Materiallieferantin und Aufbewahrungsort zu dienen habe.

Nur eine Erneuerung und Heilung der Erde, nur eine gesellschaftliche Veränderung ungerechter Strukturen kann demnach letzten Endes die Körper von Frauen befreien. Körper/Leib wird aus einer individuellen zu einer sozialen Kategorie. Inseln solcher Erneuerungen sind deshalb auch und vor allem kollektiv zu denken: Frauenkollektive, wie Frigga Haug sie sich vorstellt, um den aufrechten Gang zu proben, die Frauenkirche, die in der Feministischen Theologie diese Funktion erfüllt. Gemeinschaften sind notwendig, um gesellschaftliche Schäden zu beheben.

II.

Doch innerhalb des Feminismus und der feministischen Spiritualität sind auch weibliche Körpererkenntnisse entstanden, die die verhärteten patriarchalen Strukturen unterminieren und individuelle Neuansätze ermöglichen. Sie sind auch für Feministische Theologie wichtig geworden.

Erstens: Da der Frauenkörper am männlichen Leistungsmaß, an männlicher Stärke, kontinuierlicher Leistungsfähigkeit, Einsatzmöglichkeit gemessen wird, haben Frauen begonnen, ihre eigenen Wertmaßstäbe zu entdecken. Der gemeinhin als schwächer als der Mann, labil und anfällig geltende Frauenkörper wird dabei zu einem flexiblen, ungeheuer wandlungsfähigen medizinischen Wunder, dessen Wunden sich bei der Geburt z.B. überraschend schnell schließen. Seine angebliche Passivität bei der Empfängnis hat sich als biologischer Irrtum erwiesen. Frauen können sich heute von falschen Zuschreibungen befreien und ihre eigenen Werte erkennen und nach ihnen leben.

Zweitens: Psychologische Untersuchungen von Anne Wilson Schaef zeigen, daß Heilung ein Prozeß ist, der mit der Unterstützung und Hilfe des Heilenden im Kranken selbst stattfindet, während Heilung im männlichen Denkmuster als Anstoß von außen kommt.[2] Heilung braucht also keine Au-

---

1. Siehe dazu und zu folgendem: *Elisabeth Moltmann-Wendel*, Mein Körper bin Ich, Gütersloh 1994. Englisch-amerikanische Ausgabe: I am my Body, London 1994.
2. *Anne Wilson Schaef*, Weibliche Wirklichkeit, Wildberg 1985, 154.

toritäten, eher HelferInnen, die die Lebensenergien frei zu machen suchen und den Prozeß der Selbstheilung unterstützen. Drittens: Im weiblichen Körper kann ein Urwissen freigelegt und Lebensenergien zurückgeholt werden, die unter falschen Zuschreibungen zurückgehalten waren. Instinkte können geweckt werden, die in einer eindimensionalen, rationalen Herrschaftskultur verkümmert waren. Die Individualität und Originalität, die in jeder Person ist, kann freigelegt werden, die unter einer Decke von Angst, Passivität und Unwissen verborgen waren. Selbstbewußtsein und Selbstbestimmung kann weibliches Leben prägen. Körper-Selbstbestimmung kann dann auch frei von jeder alten oder neuen Ideologie machen. Solche Körper-Heilungen weden auch als politische Prozesse verstanden, die die Dualismen auf der Erde auflösen. Heilende Kräfte zu entwickeln ist für unser Überleben notwendig. Viele dieser Vorstellungen kommen aus der matriarchalen Spiritualität, in der die Göttin als die uns innewohnende Kraft gesehen wird, die mit ihrer Lebensenergie den Kosmos erhält. Solch Bild der Göttin lehrt Frauen, »sich selbst als göttliche, die Aggressionen als gesund, ihre Körper als heilig«[3] zu sehen.

Aber Spuren solcher Vorstellungen begegnen auch im feministisch-theologischen Denken wieder, so wenn »Gnade und Erlösung nicht jenseits der menschlichen Natur liegen, sondern Gnade und Sein in Gott der menschlichen Natur selbst innewohnen« (R. Ruether).[4] So wenn Energien im Menschen schlummern, die geweckt und mobilisiert werden. So wenn die koreanische Theologin Chung Hyun Kyung auf der Weltkirchenkonferenz in Canberra den Heiligen Geist, den sie meist »Sie« nannte, mit der ostasiatischen Ki oder Chi, dem kosmischen Lebensatem, parallelisierte. (Ki oder Chi ist mit dem ursprünglichen platonischen Eros im Abendland zu vergleichen). Von ihren Basisfrauen bekam sie die Botschaft für Canberra: »Richte ihnen aus, daß sie nicht zuviel Energie darauf verwenden sollen, den Geist anzurufen, denn der Geist ist schon hier bei uns. Stört sie nicht durch eure ständigen Anrufe. Sie wirkt schon stark unter uns. Das einzige Problem ist, daß wir nicht Augen haben, sie zu sehen, und Ohren, sie zu hören, weil wir mit unserer Gier beschäftigt sind... Sag ihnen also, sie sollen Buße tun.«[5]

In der Feministischen Theologie sind die Frauen im allgemeinen zurückhaltender mit solchen Körpervorstellungen. Die eindrücklichen Grundlagen

---

3. *Starhawk*, Witchcraft as Goddesreligion, in: Ch. Spretnak, The Politics of Women's Spirituality, New York 1982.
4. *Rosemary R. Ruether*, Unsere Wunden heilen, unsere Befreiung feiern, Stuttgart 1988, 103.
5. S. Elisabeth Moltmann-Wendel (Hg.), Die Weiblichkeit des Heiligen Geistes, Gütersloh 1995, 176f.

für eine feministische Moraltheologie, die Beverly Wildung Harrison 1981 »das Leibsein« nannte, ist kaum aufgegriffen und kaum weitergeführt worden. Sie griff damit Gedanken von James B. Nelson und Tom Fr. Driver auf, kam aber auch parallelen Gedanken von Adrienne Rich (To think through the body) 1976 und Christa Wolf (Mit dem Körper begreifen) 1978 nahe. Harrison basierte auf Ruethers Forschung zu den unseligen Leib-Geist-Dualismen und den damit zusammenhängenden negativen Einschätzungen der Frau. Sie deckte eine entleiblichte Rationalität im männlichen theologischen Denken auf und forderte, daß Feministinnen »mit unserem Leib, unserem Selbst« beginnen. Alle Erkenntnis sei letzten Endes »leibvermittelte Erkenntnis«, die in unserer sinnlichen Wahrnehmung wurzelt. Diese aber vermittelt uns unsere Verbundenheit mit der Welt. »Wenn wir nicht tief in unserem Leib, in uns selbst leben, wird auch die Möglichkeit sittlicher Beziehung zwischen uns zerstört.«[6] Wie kommt es, daß in der Feministischen Theologie der Körper seither so selten ins Zentrum rückt? Haben Frauen Angst, daß man sie vielleicht wieder auf diese Körper festlegen wird und alte Frauenideologien aufbrechen?

Rosemary Ruether setzt sich mit dieser Frage kurz auseinander. Für sie liegt in der Theologie der Göttinnenreligion die Proklamation, daß alles Existierende gut sei, und sie vermißt darin einen Mangel an Verständnis für historische Sünden und an Bereitschaft, sich für die Schlechtigkeit sozialer Systeme mit zur Verantwortung ziehen zu lassen. Damit verfehle die Göttinnenreligion eine realistische Einschätzung der gegenwärtigen Situation.[7]

Catherine Keller, die sich fast als einzige erfreulich weit in die Körperdimensionen hineinwagt, Gedanken von Harrison aufgreift und »das Personsein ganz und gar im Fleisch verwurzelt sieht«, warnt allerdings auch vor einer Identifikation von Selbst und Körper, vor einem »Jubel über unsere Körperlichkeit«. Diese Art Materialismus ließe keinen Raum für eine wechselseitige Beziehung und Transformation von Körper und Seele/Geist.[8]

Der Körper ist also im feministisch-theologischen Denken sowohl Mahnmal für die unerlöste und uneinsichtige Welt als auch Sinnbild für Veränderungsfähigkeit, für das Mögliche. Das Wissen um unsere Verfangenheit in patriarchalen Strukturen macht es schwer, das Heil bereits präsentisch zu sehen.

Eine Rückbesinnung auf die synoptischen Frauenheilungsgeschichten könnte hier korrigierend wirken. Wie es kaum eine Theologie je herausgestellt hat, ist hier die Gegenwart des Heils, die Heilung, das Thema. Die

---

6. *Beverly Wildung Harrison*, Die Macht des Zorns im Werk der Liebe, in: Brooten/Greinacher, Frauen in der Männerkirche, München 1982, 200.
7. A.a.O., 124.
8. *Catherine Keller*, Penelope verläßt Odysseus, Gütersloh 1993, 311ff.

Persönlichkeit der Frau und die Gesundung ihres Körpers, also Selbst und Körper, fallen dabei in einer Weise zusammen, daß sie alle alten und neuen theologischen Körperverdrängungen Lügen strafen. »Dir geschehe, wie du willst!« – »Gehe hin in Shalom und sei gesund von deiner Plage!« – »Sei los von deiner Krankheit!« – diese drei Sätze, die Frauenheilungen begleiten und die stets mit Berührungen einhergehen, zeigen eine andere Sicht. Schon hier kann sich dies Einssein von Körper und Seele, Körper und Selbst, Körper und Geist ereignen. In der messianischen Zeit ist das Heil auch immer wieder schon präsent, ist auch der Körper ein erlebbarer Ort und ein Raum des Göttlichen. Feministische Theologie, die vor allem auf die Aufdeckung der entehrten Körper fixiert bleibt, geht an ihrer biblischen Grundlage vorbei. Schon hier ist das Heil erfahrbar. Schon hier drängt es zur Darstellung des befreiten Leibes. Körper/Leib ist nicht nur eine soziale Kategorie. Sofern wir auch Individuen sind, gehört Leib/Körper zu uns als etwas Eigenes, individuell Befreites und zu Erneuerndes.

III.

In den gerade von Frauen wiederentdeckten biblisch-christlichen Traditionen gibt es verschiedene Vorstellungen, die Geist und Leib aufs engste zusammenschließen und die zu einer Neubesinnung über das Verhältnis von Geist und Leib herausfordern.

Einmal die neutestamentlichen Frauengeschichten, die stets von Heilungen begleitet werden und für die Jesus zur zentralen Figur wird, denn »er zerriß den Körper-Seele-Dualismus, indem er Frauen akzeptierte, wie sie waren, einschließlich ihrer Körper« (Aruna Gnanadason)[9].

Zweitens der Heilige Geist als Frau und Gebärerin. Von ihr sagt die Inderin Leelamma Athyal: »Der Heilige Geist ist die Herrin und Geberin des Lebens, und die Frau kooperiert mit ihr, insofern sie eine wichtige Rolle bei dem Werden des Lebens spielt«.[10]

Drittens: das Bild von der Kirche als Leib. »Nicht Seele oder Verstand oder innerstes Selbst, sondern der Leib ist Bild und Modell des Kirche-Seins« (Elisabeth Schüssler Fiorenza).[11]

Die Jesus-Frauengeschichte, der weibliche, gebärende Geist, die Kirche als Leib Christi sind also kaum eingelöste Vorstellungen, durch die wir un-

---

9. *Aruna Gnanadason*, Die Zeit des Schwiegens ist vorbei, Luzern 1993, 116.
10. *Leelamma Athyal*, Frauen und die Lehre vom Heiligen Geist, in: E. Moltmann-Wendel (Hg.), Die Weiblichkeit des Heiligen Geistes, Gütersloh 1995, 143f.
11. *Elisabeth Schüssler Fiorenza*, Zu ihrem Gedächtnis, München 1988, 416f.

sere Scheu, Geist und Leib konkret zusammenzusehen, überwinden können. Hilfreich sind Mary Greys Reflexionen über Geist, der nicht-hierarchisch, nicht-jenseitig, nicht-die-Person-auslöschend gedacht ist und die neuen Körpererfahrungen intensiviert und transzendiert.[12]
Geist schafft Kommunikation im Hören und Zuhören. Er fördert das Stumme, das Ungehörte, das Formlose heraus und bringt es ins Dasein. Schon 1974 hatte eine der frühen feministischen Theologinnen, Nelle Morton, gesagt: »Wir erfuhren Gottes Geist als einen, der Menschen hören lehrt. Das Wort kam und kommt als menschliches Wort, menschlicher Ausdruck der Menschlichkeit. Der schöpferische Akt des Geistes besteht nicht darin, daß Worte erklingen, sondern daß das Wort, der Atem und die Sprache des Geschöpfs gehört werden. Die Erfahrung wird gemacht, wo der Geist in der Gemeinschaft gegenwärtig ist und die pfingstlichen Feuerzungen bewegt. Er ist in der Gemeinschaft gegenwärtig und hängt nicht ab von einem Star, einem Experten oder von dem Sachverstand, den eine hierarchische Struktur einem einzelnen zuspricht... Wir lernen, mit dem ganzen Körper zu horchen, mit dem Auge zu hören, mit dem Ohr zu sehen und mit dem Gehör zu sprechen, weil wir wissen, daß der Geist gegenwärtig ist, und zwar dynamisch und nicht statisch.«[13]

Geist braucht den Körper, aber er wirbelt ihn durcheinander: die Augen, die gewöhnt sind zu sehen, hören die Ohren, die gewöhnt sind zu hören, sehen – unser abgesicherter Körper gerät in fruchtbare Unordnung.

Geist schafft ferner Ganzheit, verbindet körperliches, sexuelles und psychologisches Leben. In ihm werden Menschen ganz, und mit ihm wird man Menschen in ihrer Ganzheit gerecht. Und schließlich berührt Geist uns im Innersten unseres Seins »auf der Ebene des Archaischen und Instinktiven und macht das Spielerische, Freudvolle und Ekstatische lebendig.«

Geist bringt also neue Dimensionen unseres Seins zutage und verbindet Menschen auf ungewohnte Weise. Geist berührt dabei zutiefst die Körper von Menschen. In diesen Reflexionen treffen Geist und Leib zusammen. Der Körper ist nun nicht mehr verachtet, unsichtbar gemacht und gefürchtet. Er ist in seinen tiefsten Erfahrungen und in seinen nie gesehenen Fähigkeiten als Schöpfung Gottes wieder gesehen. Charakteristisch für dieses Geistverständnis ist, daß er nicht in geheimnisvollerem Alleingang wirkt, sondern etwas *mit*tut: mitschaffen, mitgestalten, mitverwalten oder durch Bewegung, Prozesse veranschaulicht wird.

12. *Mary Grey*, Wohin fliegt die Wildgans?, in: E. Moltmann-Wendel (Hg.), Die Weiblichkeit des Heiligen Geistes, Gütersloh 1995, 143f.
13. *Nelle Morton*, Auf dem Wege zu einer ganzheitlichen Theologie, in: E. Moltmann-Wendel (Hg.), Frau und Religion. Gotteserfahrungen im Patriarchat, Frankfurt 1983, 208f.

Der Ort solcher neuen Erfahrungen ist in der Feministischen Theologie die Frauenkirche, die Gegenkultur zum Patriarchat. Hier werden Wunden geheilt, die in Vergewaltigung, durch Gewalt, Krankheit, Inzest geschlagen sind. Hier wird Trauer ermöglicht, hier werden verborgene Energieströme motiviert und wird von der Gruppe Heilung zusagt. Hier wird Befreiung von Fremdbestimmung und unterdrückerischen Strukturen gefeiert, so daß die wahre Beziehung zu unserer physischen Realität, zum Körper, zur Erde und zum Göttlichen wiederhergestellt wird. In solchen Ritualen und in solcher Gemeinschaft wird der Weg für Geist freigemacht, wird das Einssein von Geist und Leib lebendig. Noch ist die kirchliche Wirklichkeit fern von solcher Versöhnung und bedarf der heilenden Initiativen. Doch hier begegnen sich bereits Gott und Körper, finden Geist und Leib ihren Platz.

Doch gibt es jenseits solcher Kirche auch Heil? Hat der Satz: »Extra ecclesia nulla salus est« nicht auch stets Zwänge und Ängste hervorgerufen?

Feministische Theologie ist eine Befreiungstheologie, die die ungerechten Strukturen der Gesellschaft wie Sexismus, Rassismus und Klassismus aufdecken muß. Dazu bedarf es soziologischer Analysen und theologischer-historischer Forschungen. Dazu bedarf es eines geschärften Gewissens, um auf die immer wieder neu sichtbar werdenden Unrechtsstrukturen und ihre Opfer aufmerksam zu machen. Doch Aufklärung und Anklage sind nicht das einzige, wozu Feministische Theologie da ist. Frauen brauchen heute Symbole, Bilder, Vorstellungen, mit denen sie ein eigenes, selbstbestimmtes Leben führen können. Und diese Bilder, Vorstellungen, Symbole müssen ganzheitlich sein: Körper, Seele und Geist umschließen. Sie dürfen nicht nur kognitiv Freiheit vermitteln. Sie dürfen nicht nur zu einer neuen Moral auffordern, die Wille und Handeln motiviert, aber die unbewußten, die körperlichen Dimensionen links liegen läßt.

Es genügt aber nicht, das Heil und das Heilende in Kollektiven, wie in der Frauenkirche als einzigem Ort neuen Lebens festzumachen. Viele Frauen leben zudem einsam oder in abgelegenen Gegenden, wo eine Frauengruppe und eine Frauenkirche überhaupt nicht denkbar ist. Wir brauchen Bilder für die Gegenwart des Heils und der Heilung, mit denen Frauen leben, ihre Einsamkeit ertragen, ihre Hoffnung ausdrücken und ihre Ganzheit erfahren können. Der Prozeß des Heilwerdens, die Praxis, sich als ganz zu erleben, ist ein kaum beachtetes Thema der Feministischen Theologie. Dabei geht es nicht um die Flucht aus der Wirklichkeit, auch nicht um die Individualisierung der religiösen Erfahrung. Es geht letzten Endes um den Leib, den Körper, den Ausgangsort unserer Unterdrückung, Entfremdung, Entehrung, den wir wieder positiv besetzen müssen.

Hilfreich dafür sind m.E. folgende Bilder: Die Vorstellung von der bedingungslosen und alle einschließenden Liebe Gottes zu uns, die sich ausdrückt in den Sätzen: Ich bin gut, ich bin ganz, ich bin schön.[14]

Die befreiende Erfahrung, sich von falschen Zuschreibungen lösen zu können, die Mediziner, Wissenschaftler aller Art sich über Frauen und Frauenkörper machen und dabei zu eigenen Wertvorstellungen kommen: ich bin stark und ich kann auch schwach sein, ich bin flexibel, ich bin unabhängig. Mein Körper ist mein Freund/meine Freundin. Mein Körper bin Ich.

Sich des eigenen Denkens durch den Körper vergewissern. Die Sinne entfalten und ausfahren, die Fülle der Aspekte genießen, eine eigene Rationalität wachsen lassen, sich selbst sagen dürfen: Ich bin, also denke ich.

Den Erfahrungen des Heiligen Geistes sich aufschließen, der/die unsere engen Körperräume sprengt, unsere uns antrainierten Grenzen überschreiten läßt, der uns erweitert und bereichert und in den kosmischen Reigen einführt.

Wir brauchen die Vision der Ganzheit, wir brauchen das Programm von der Heilung der Welt und unserer Mitarbeit. Wir brauchen Klage und Anklage. Wir brauchen die Frauenkirche. Aber wir brauchen auch ebenso notwendig Schritte zur persönlichen Praxis des Heilwerdens, denn in meinem Fleisch darf Gutes wohnen.

---

14. *Elisabeth Moltmann-Wendel*, Das Land, wo Milch und Honig fließt, Gütersloh 1985, 158ff.

Paul Ricœur

Theonomie und/oder Autonomie

Als Ausgangspunkt meiner Untersuchung in Bezug auf den Offenbarungsgedanken habe ich die Offenbarung des mosaischen Gesetzes gewählt, die sich in den »Zehn Geboten« konzentriert. Zwei Beweggründe haben meine Wahl bestimmt. Einerseits kann der moralische Strang als Rückgrat der hebräischen Bibel betrachtet werden, trotz der übrigen Offenbarungsmodalitäten, die ebenfalls Berücksichtigung finden werden. Andererseits bietet die Vorstellung eines Gesetzes mit göttlichem Ursprung, überliefert durch einen von Gott inspirierten Gesetzgeber, Gelegenheit zu einer radikalen Konfrontation mit einer der Forderungen der Moderne, nämlich derjenigen nach moralischer Autonomie, wie sie uns in der kanonischen Formulierung vorliegt, die der Kantianismus ihr gegeben hat; in der Tat muß der Gedanke einer Gesetzgebung göttlichen Ursprungs auf den ersten Blick als eine Form der Heteronomie erscheinen, die diametral der angenommenen Autonomie des moralischen Bewußtseins entgegengesetzt ist.

Meine Untersuchung gliedert sich in zwei Schritte: Zunächst werde ich mich in einem ersten Abschnitt fragen, ob es möglich ist, der Idee der Theonomie eine Form zu geben, die ausschließt, daß man sie in der späteren Diskussion noch mit der Heteronomie als dem Gegensatz der Autonomie verwechseln kann. In einem zweiten Abschnitt werde ich eine Dialektik der Theonomie und der Autonomie entwerfen, in der die Autonomie selbst in neuen Begriffen gedacht werden muß, die bewirken, daß sie zumindest nicht mehr in Gegensatz zur Theonomie steht, die ihrerseits in neuen Kategorien gedacht werden muß, wenn sie nicht sogar mit der Autonomie als vereinbar erscheint.

I. Die Theonomie denken

Unter dieser Überschrift möchte ich zwei Punkte besprechen. Der erste Punkt betrifft Ort und Lage des ethischen Moments der Offenbarung im Verhältnis zu all den verhältnismäßigen Modalitäten, die dazu beitragen »Gott zu nennen«, um einen möglichst geschmeidigen Ausdruck zu verwenden. Dieses erste Unterfangen besteht zum großen Teil in der Bestimmung dessen, was man, unter Berücksichtigung der Verschiedenartigkeit der literarischen Gattungen, die in der hebräischen Bibel gegenwärtig sind, wie Erzählung, Gesetzgebung, Prophetie, Hymne, Weisheitssprüche etc., den »*skripturalen Sitz*« (Verortung?) der göttlichen Gesetzgebung nennen könnte.

1. Die erste Überschneidung, die hervorgehoben werden muß, ist die Verflechtung der Gesetzesstiftung mit dem Rezitativ der Befreiung (Auszug aus Ägypten, Durchquerung der Wüste, Wanderung hin ins gelobte Land etc.). Diese Verflechtung erscheint einem noch erstaunlicher, falls es stimmt, daß *Bericht* und *Gesetz* zwei verschiedenen Traditionen angehören, die erst im nachhinein in einer einzigen Erzählung durch einen genialen Überarbeiter vereint wurden. Dies ist die hermeneutische Ausgangslage.

Einmal ist dabei von Bedeutung, daß die Gesetzesstiftung an einen Akt der Befreiung gebunden erscheint, der die erzählerische Identität des Volkes Israel begründet: »Ich bin der Herr, dein Gott, der ich dich aus Ägyptenland, aus der Knechtschaft, geführt habe« (Ex 20). Das Gesetz ist also das eines freien Volkes oder zumindest eines zur Freiheit berufenen Volkes. Doch die Kehrseite ist ebenso wichtig: Derart eingebettet in einen erzählerischen Rahmen, scheint das Gesetz untrennbar von einer Gabe zu sein, die ein erzählenswertes Ereignis darstellt: Die Gesetzesstiftung wird so ihrerseits zu einem grundlegenden Ereignis. Die Wirkung dieser Überschneidung ist also doppelt: Einmal erhält der Befreiungsbericht eine präskriptive Untermalung, und zugleich wird dem Präskriptiven nach und nach ein erzählerischer Ausdruck verliehen.

Eine zweite bemerkenswerte Überschneidung führt uns aus dem erzählerischen Rahmen des Exodus heraus, jedoch nicht aus dem Rahmen des Pentateuch: sie bezieht sich auf das Verhältnis zwischen der Erinnerung an die identitätsstiftenden Ereignisse und den *Schöpfungsberichten,* die in der Genesis überliefert sind. Diese beschränken sich keineswegs nur auf die zwei wohlbekannten Berichte in Gen 2-3 und Gen 1, sondern sie umfassen die gesamte Folge grundlegender Ereignisse jedweder Art, die in gewisser Hinsicht die Energie eines Anfangs in der Geschichte fortsetzen, der einer mythischen Zeit angehört, die nicht mit der historischen Zeit in Einklang zu bringen ist; die Berufung der Propheten von Abraham bis Moses ist Teil dieser Folge grundlegender Ereignisse. Inwieweit ist diese Nähe zwischen dem Gesetz und den für eine Welt grundlegenden Berichten von Bedeutung für das Verständnis des Begriffes der Theonomie? Die Schöpfungsberichte bringen wesentlich den Gedanken eines Ursprungs ein, der älter ist als jede Geschichte, einer Vorgängigkeit, die jeder Erinnerung vorausliegt.

In einem gewissen Sinne hat das Gesetz an dieser Vorgängigkeit einer immer schon dagewesenen Schöpfung teil. Aber das ist nicht alles: Die Schöpfungsberichte besitzen diesen widersprüchlichen Zug, daß sie ein Ereignis überliefern, das keinen Zeugen hat. Dies hat zur Folge, daß dieses Ereignis nicht in der quasi Gegenwart einer Vergangenheit, die wieder in Erinnerung gerufen wird, ver-gegenwärtigt werden kann; diese widersprüchliche Situation erhellt einen erstaunlichen Aspekt unserer Schöpfungsberichte, nämlich daß sie nicht nur Schriften darstellen, sondern Abschriften/Nachschriften von Berichten sind, die ihrerseits immer schon vorgängig sind. Es scheint so zu sein, als könnte allein durch die Bericht-igung (!) der je vorgängigen Berichte die Vorstellung eines absoluten Anfangs angedeutet werden, dadurch nämlich, daß sie vor jeden Bericht zurückgreifen. Überträgt man diesen erstaunlichen Zug der Schöpfungsberichte auf die Berichte, die die Gesetzesstiftung betreffen, so ist man angehalten, diese Stiftung als ein Ereignis ohne Zeugen zu denken, zumindest jedoch mit einem Zeugen, der sich der erzählerischen Aneignung entzieht. Diese Bemerkung könnte einige Anomalien zusammenkommender Berichte bezüglich der Begegnung zwischen Moses und Gott, der Schrift und der Übergabe der Gesetzestafeln, ihre Zerbrechung und ihre Neufassung aufhellen. Hierzu fügt sich, was uns die historisch-kritische Methode bezüglich der Arbeit des Neufassens von je älteren Schriften lehrt, die eine Parallele zwischen dem Status jener Schriften, die man Gesetzgebungsschriften nennen kann, und denjenigen der Schöpfung zur Regel macht: So wird auch hier die radikale Vorgängigkeit, die den Ursprung des Gesetzes aller Aneignung entzieht, durch eine Schicht von immer schon vorgängigen Gesetzgebungen hindurch ins Auge gefaßt.

Erst an dritter Stelle müßte man den Bezug zwischen dem Pentateuch als Ganzem und den *prophetischen* Schriften, die die alten Rabbiner in zwei verschiedene Kategorien einordneten (das Neue Testament nennt so »das Gesetz und die Propheten« als zugleich vereintes und unterschiedenes Paar), erwähnen. Wichtig ist hier nicht das Voraussehen besonderer Ereignisse, sondern der durch die Aufeinanderfolge von Katastrophen und Wiederherstellungsprophezeiungen geprägte Rhythmus von Tod und Auferstehung. Während die Identität des Volkes in den traditionellen Berichten mit Bezug auf vergangene Befreiungen verwurzelt war, führt die Konfrontation mit dem Bevorstehen der Zerstörung in der Wahrnehmung der Geschichte die Note einer grundlegenden Bedrohung ein, der nur durch die Hoffnung, ohne Gewähr eines messianischen Heils, begegnet werden kann. Man kommt nicht umhin, das Gesetzgebungsganze eines befreiten Volkes wieder in das Licht einer Dialektik von Bedrohung und Hoffnung zu rücken. Eine der bemerkenswertesten Wirkungen, die dabei zum Vorschein gelangt, stellt die qualitative Veränderung der göttlichen Weisung dar: Sie erscheint zunehmend weniger als von außen auferlegt, sondern vielmehr im Herzen eingraviert. Die Propheten Jeremia und Ezechiel sind die Zeugen dieser Verinnerlichung der göttlichen Weisung: Im prophetischen Futur wird hier ausgesprochen, daß das Gesetz nicht mehr auf Steintafeln, sondern in lebendigen Herzen aus Fleisch und Blut geschrieben stehen wird. Die Stimme bleibt die eines Anderen, aber eines Anderen in uns.

Man kann dieses Kapitel nicht schließen, ohne den Rückstoß zu erwähnen, den die *Weisheitsschriften* auf das literarische Ganze, bestehend aus den Berichten, den Gesetzen und den Prophezeiungen, ausgeübt haben; die Meditation der Weisen, betrachtet man sie in ihrer äußersten Vielfalt (Sprüche, Buch Jesus Sirach, Buch Hiob), läßt die erzählerische Identität sich mit der Weisheit der Nationen besprechen, die im gesamten früheren Nahen Osten – und das seit Jahrtausenden – Problemen hinsichtlich des Ursprungs des Bösen, der Gerechtigkeit und der Belohnung und, mehr als alles andere, des Rätsels ungerechtfertigten Leidens begegnete. Doch die Weisheit beschränkt sich nicht allein auf die Weisheitsschriften, sondern sie strahlt bis in das Herz der anderen literarischen Gattungen aus; ein gutes Beispiel sind die Berichte über den Sündenfall, die man als Formen der Weisheit betrachten kann, welche nachträglich in ein erzählerisches Gewand gehüllte Weisheit geworden sind. Alle Anfänge sowie alle für die Welt und das Gesetz grundlegenden Ereignisse werden kraft der Weisheit nicht nur problematisiert, sondern man kann sogar soweit gehen zu sagen, daß sie mittels der Weisheit begrifflich werden: Von der Gesetzesstiftung als Theonomie kann man lediglich in Begriffen der Weisheit sprechen.

2. Nach dieser Übersicht über das, was man die biblische Einrahmung des Imperativs nennen könnte, gilt es, sich auf das Gesetz selbst zu konzentrieren, um das eingehend zu betrachten, was man seine *Konsistenz* nennen könnte. Ich verstehe darunter nicht allein die Frage, worin dieses Gesetz besteht, sondern die Frage nach der *Solidität* der Zehn Gebote, die uns scheinbar wie ein Monolith entgegenragen, und aller Gesetzgebungen, die im textuellen Raum mit legislativem Unterton um sie herumkreisen.

Ich werde mich eingängig mit drei Aspekten beschäftigen, die ich in aufsteigender Form eines Crescendo präsentieren werde.

Der erste Aspekt betrifft den *verhältnismäßigen (relationalen)* Charakter des Gesetzes, sowohl in seiner horizontalen Dimension als Band zwischen Menschen als auch in seiner vertikalen Dimension als Beziehung zwischen Gott und Mensch. Wir berühren hier das wohlbekannte Problem des Verhältnisses zwischen der Idee des Gesetzes und der Kategorie des Bundes bzw. Bündnisses. Der Bund konfrontiert einen verhältnismäßigen Gott mit einem ebenfalls verhältnismäßigen Menschen. Gewiß ist die Beziehung zwischen Gott und Mensch eine ungleiche Beziehung; dies ist von großer Bedeutung für die Vorstellung von Theonomie selbst. Die Exegeten haben zu diesem Anlaß das hethitische Modell der ungleichen Bündnisse zwischen

Herr und Vasall angeführt. Doch so ungleich diese Beziehung des Bündnisses auch sein mag, so enthält sie doch eine erstaunliche Gegenseitigkeit als Austausch von einander geleisteten *Versprechen*. Dem *abverlangten* Versprechen des Gehorsams antwortet das *gegebene* Versprechen des Beistandes. Ein Band gegenseitiger Treue wird so geknüpft: Zwei Zusagen werden so untereinander verschmolzen. Dieser doppelt »promissive« Charakter des Bündnisses ist für das Verständnis des Theonomiegedankens bedeutsam. Einerseits ist der Andere nicht mehr der Ganz-Andere, sobald er die Geschichte der Menschen begleitet und für sie die Stellung des »vor Gott« einrichtet. Andererseits – und an dieser Stelle beginnen wir die spätere Diskussion vorwegzunehmen – kann man sagen, daß das Versprechen von oben das Versprechen von unten in die Verantwortung nimmt. Dies ist die andere Seite der Kategorie des »vor Gott«: Eine freiwillige Zustimmung innerhalb einer dennoch ungleichen Beziehung ist gefragt. Insbesondere im Deuteronomium begegnet man einer derart starken Betonung der menschlichen Initiative, die so in der von Gott auferlegten Weisung enthalten ist: Ich habe Leben und Tod, Gut und Böse vor dich hingestellt; wähle das Gute, und du wirst leben.

Die Folgen dieser bipolaren und korrelativen Struktur des Bündnisses sind zahlreich. Ich werde nur zwei von ihnen erwähnen.

Die erste betrifft die Korrelation zwischen den zwei Tafeln und noch genauer zwischen dem Verbot: »Du sollst keine anderen Götter neben mir haben ...« und dem anderen Verbot: »Du sollst nicht töten«. Das Band zwischen den zwei Tafeln kann als Implikation des relationalen Charakters des Bündnisses und der Polarität angesehen werden, die es zwischen den beiden Partnern, Gott und Mensch, einführt.

Eine zweite Folge ist eher suggestiver Natur: Könnte man nicht sagen, daß die Korrelation zwischen den beiden Partnern, den zwei Akten des Versprechens, den beiden Treueverpflichtungen, erst der Idee der »*Imago Dei*« Sinn verleiht, die mit Beginn der Schöpfungsberichte auftritt: »Lasset uns Menschen machen, ein Bild, das uns gleich sei« (Gen 1,26)? Man kann diese Formulierung für einen weisheitlichen Ausdruck inmitten des Erzählerischen halten. Unter den Implikationen der »*Imago Dei*« müßte man die Vorstellung einer Imitation Gottes betrachten, die in dem Gehorsam gegenüber dem Gesetz besteht. Ein Widerhall dieser Vorstellung einer Imitation ist noch in der Bergpredigt vernehmbar: »Darum sollt ihr vollkommen sein, gleichwie euer Vater im Himmel vollkommen ist« (Mt 5,48).

Der zweite Aspekt, den ich eingängig behandeln möchte, betrifft die Hierarchie, die unter den Normen herrscht. Es ist dies ein unter modernen Juristen bekanntes Problem: Die Gesetze befinden sich nicht alle auf derselben Ebene, insbesondere auf verfassungsrechtlichem Gebiet; selbst wenn man von einem »verfassungsrechtlichen Ganzen« sprechen kann, muß man doch zwischen den allgemeinen Rechtsprinzipien und den festgelegten verfassungsrechtlichen Regeln unterscheiden (in diesem Zusammenhang besteht der amerikanische Philosoph/Rechtsgelehrte Ronald Dworkin auf der Unterscheidung zwischen Prinzipien, die einer ethisch-politischen Zielsetzung entspringen und einer Interpretation offenstehen, und den Regeln, die sowohl weitaus bestimmter sind als auch der Eindeutigkeit näherstehen). Ähnlich steht es mit dem »gesetzgeberischen Ganzen« des Pentateuch. Die historisch-kritische Exegese hat uns gelehrt, den »Bündniskodex« des Exodus 20-22ff. vom eigentlichen Dekalog zu unterscheiden; noch bedeutungsvoller ist die Unterscheidung zwischen apodiktischen, d.h. direkt anweisenden Gesetzen (tue dies, tue jenes) und kasuistischen, d.h. Gesetzen, deren Anwendung bei Eintritt eines bestimmten Falles erfolgt (falls ein Mensch dieses oder jenes tut, dann erfolgt diese oder jene Strafe).

Doch bedeutender als diese Verschiedenheit, die verschiedene Traditionen und Überarbeitungen widerspiegelt, ist genauer die als hierarchisch zu kennzeichnende Struktur, die aus der Nebeneinander- und Zusammenstellung der beiden Codices folgt. Man kann sagen, daß sie einer zweifachen Schwingung unterliegen: einmal in Richtung des Grundlegenden oder Ursprünglichen, dann in Richtung des Konkreten und Alltäglichen. Die erste strebt danach, zusammenzufassen, zu vereinfachen und von oben her zu vereinheitlichen; sie findet ihren Ausdruck in dem Gebot: »Du sollst lieben den Ewigen, deinen Gott, von ganzem Herzen und von ganzer Seele und aus allem Vermögen«. Die andere Schwingung trägt dazu bei, die zunehmend feineren Maschen der Gesetzgebung fast unbestimmbar zu verzweigen, komplexer zu machen und zu vervielfachen. Diese hierarchische Struktur ist zum rechten Verständnis des Begriffs der Theonomie wesentlich: Bevor die Theonomie durch den dritten Aspekt genauer umrissen wird, erlaubt die Hierarchie, *das* Gesetz und *die* Gesetze zu unterscheiden, ja sie einander entgegenzusetzen.

Doch erst der dritte Aspekt setzt den Schlußpunkt auf diese bedeutende Dialektik.

Als ich weiter oben von einer aufsteigenden Linie, einem Crescendo sprach, dachte ich an diesen dritten Aspekt. Indem wir das Gesetz, welches uns anweist, Gott mit dem ganzen Herzen, der ganzen Seele und dem ganzen Denken zu lieben, an die Spitze der Gesetze stellen, haben wir noch nicht das Wesentliche hervorgehoben: nämlich, daß es sich hier um das Gebot *zu lieben* handelt. Dies muß verwundern: Kann einem geboten werden zu lieben? Kann die Liebe Gegenstand eines Gebots, einer Weisung sein? Kant hat dieses Problem gelöst, indem er die Liebe aus dem affektiven Bereich verbannte und sie in der praktischen Sphäre unter dem Titel »praktischer Liebe« unterbrachte. Was Freud angeht, so sah er in dieser Weisung das unmögliche Gebot schlechthin, das in seinen Augen die jüdisch-christliche Anmaßung, der Liebe eine göttliche Begründung geben zu wollen, verdammte.

Ich für meinen Teil habe bei Franz Rosenzweig im »*Stern der Erlösung*« den Ansatz zu einer Antwort auf dieses gewaltige Rätsel gefunden. Der jüdische Philosoph, der ein Zeitgenosse des Unheils war, das der Erste Weltkrieg angerichtet hat, zögert nicht, zwischen *Gebot* und *Gesetz* zu unterscheiden. Seiner Meinung nach kann die Liebe in Form des Gebots angeordnet werden. Handelt es sich dabei um einen rhetorischen Kunstgriff? Keineswegs. Dieses Gebot ist lediglich dasjenige, das vom Liebenden an seinen Geliebten ergeht: »Liebe mich!« Aber ist dies noch ein Gebot? Ja, wenn man hinter der Weisung die Mahnung, die inständige Fürbitte der Liebe vernimmt, die inständig zur Erwiderung aufruft: »Das Gebot der Liebe kann nur kommen aus dem Munde des Liebenden. Nur der Liebende, aber er auch wirklich, kann sprechen und spricht: liebe mich!« So sehen wir den Imperativ des Berges Sinai unvermutet in die Nachbarschaft des Hohelieds gestellt. Wir hatten dies nicht in dem Abschnitt, der der »skripturalen« Ortsbestimmung des Gesetzes vom Berge Sinai gewidmet war, vorgesehen. Die jüdische Liturgie des Shabbat unterläßt nicht, im rituellen Rahmen diese auf den ersten Blick unschicklich erscheinende Nachbarschaft zu verwirklichen. Mir bleibt an dieser Stelle nicht ausreichend Zeit, um zu erklären, wie Franz Rosenzweig zu dieser radikalen Erklärung gelangt. Erinnern wir lediglich an den dreiteiligen Aufbau des »*Sterns der Erlösung*«, in dem die Meditation über das Gebot die mittlere Position einnimmt, nämlich diejenige, der der Philosoph den umfassenden Titel der Offenbarung gibt und die er zwischen die Schöpfung und die Erlösung stellt. Die Schöpfung betrifft im sehr eigentümlichen Wortschatz von Franz Rosenzweig den »immerwährenden Grund der Dinge«, die Offenbarung betrifft die »ewige Zukunft des Reiches«. Das Gebot zu lieben bildet so den Angelpunkt zwischen dem, was man die hinter uns liegende Schöpfung und den vor uns liegenden Messianismus nennen könnte. Drei tiefgreifende Zeitlichkeiten sind ineinandergestrickt, drei Gestalten der Ewigkeit zeichnen sich ab gemäß der Unterscheidung zwischen einer der Erinnerung entzogenen, vorausliegenden Vergangenheit, einer erneuerten Gegenwart und einer unaufhörlich bevorstehenden Zukunft oder besser Zukünftigkeit oder Ver-zukünftigung (wie man von Vergegenwärtigung spricht). Man achte auf den ausschließlichen Charakter der Liebesbeziehung, der diese Begegnung, dieses Zusammentreffen von Gott und Seele bestimmt; dieser Bezug entäußert sich erst in der zukünftigen Dimension des Messianismus in Werken; erst jetzt vervielfacht und zerstreut sich das Gebot in die Gesetze und erhält der Mensch das Gegenüber eines Nächsten.

Die beiden ersten Züge der Theonomie werden durch den dritten Zug sowohl vervollständigt als auch rekapituliert. Rekapituliert: Das Gebot fußt auf dem immerwährenden Grund einer aller Erinnerung entzogenen und vorausliegenden Vergangenheit der Schöpfung; es erhebt sich in der unaufhörlichen Gegenwart der Weisung zu lieben; es verzweigt sich in Richtung der Zukunft in den immer schon enger gefaßten Maschen der Gesetze des gemeinschaftlichen Lebens. Doch die Beschreibung der Theonomie ist erst mit dem dritten Aspekt vollständig. Es drängt sich uns eine Formel auf, die unsere ganze Diskussion über die Vorstellungen von Heteronomie und Autonomie leiten wird: *Liebe verpflichtet.* Die Idee einer gebotenen zwischenmenschlichen Liebe, die in gewisser Weise horizontal verläuft, empört nur, sobald sie von ihrer Quelle, dem Liebesgebot, abgeschnitten wird. Daß die Liebe des Liebenden verpflichtet, mag wohl überraschen, empört jedoch nicht.

Vielleicht verfügen wir ja auch über einige Vorahnungen von diesem großen Rätsel in den allergewöhnlichsten Lebenslagen, angefangen mit der Geburt eines Kindes. Die Verletzlichkeit des Kindes verpflichtet allein kraft der Tatsache seines Daseins. An dieser Stelle kreuzen sich die Wege zweier jüdischer Denker, die einander vielleicht nie begegnet sind: Franz Rosenzweig, Autor des »*Sterns der Erlösung*«, und Hans Jonas, Autor des »*Prinzips Verantwortung*«. Sie begegnen und ergänzen einander. Denn die Liebe verpflichtet zur Verantwortung gegenüber dem *Verletzbaren*, wie Jonas es nennt. Das Liebesgebot erscheint uns im Lichte dieser Verantwortung, die präzis auf das Verletzliche gerichtet ist, das so unserer Obhut und Pflege anvertraut ist, klarer. Die Implikationen sind unermeßlich, inbegriffen diejenigen, welche die politische Ordnung angehen: Hans Jonas versäumt nicht, die Verletzbarkeit des Staates, dessen Geschick uns überantwortet ist, der Verletzbarkeit des Kleinkindes, die uns in die Pflicht nimmt, anzunähern.

So bleibt nur, dieser Formel »Liebe verpflichtet« die ihr angemessene Entsprechung zu geben. Mein Vorschlag wäre, hier von liebendem Gehorsam zu sprechen. Die Korrelation zwischen beiden Formeln respektiert gleichzeitig die Dissymmetrie der Verpflichtung und des Gehorsams und die Gegenseitigkeit zwischen zwei Formen der Liebe.

Im Vorangehenden haben wir nur den skripturalen Sitz des Gesetzes in Betracht gezogen, der durch den hebräischen Kanon der Bibel begrenzt wird. Ich will dennoch nicht die Aspekte außer acht lassen, um die uns das Neue Testament hinsichtlich der Problematik des Liebesgebots bereichert. Die Rhetorik des Exzesses, der an das Gebot, seine Feinde zu lieben, gebunden ist, spare ich mir für den zweiten Teil dieser Untersuchung auf. Ich werde mich deshalb hier am Ende dieses ersten Abschnitts auf den göttlichen Ursprung dieses Gebots beschränken, d.h. die Tatsache, daß Gott selbst die Liebe als Qualität zugeschrieben wird und sozusagen die »Nennung« Gottes krönt.

Wir verdanken die augenfällige Formel: »denn Gott ist die Liebe« (1 Joh 4,8) dem Apostel Johannes. Man könnte sich vielleicht darüber wundern, daß ich augenscheinlich diese Formel in eine Art Anhang zur Exegese des mosaischen Gesetzes und seiner bemerkenswerten Auslegung bei Rosenzweig verbanne. Doch dem ist nicht so. Indem der Apostel Johannes Gott selbst als Liebe qualifiziert, sagt er zweifellos etwas Neues. Man darf dennoch nicht der Versuchung unterliegen, beide Testamente einander entgegenzusetzen und so die Einheit der Theonomieproblematik aus den Augen zu verlieren. Es geht darum, die berühmte Formel des Deuteronomiums: »Höre, Israel, der Herr (YHWH) ist unser Gott, der Herr (YHWH) allein« (Dtn 6,4) und die erhabene Verkündung des Johannesbriefes einander anzunähern und zu verstehen. Ich wende auf die zweite Formel die Mittel an, die eine Theorie der Metapher bereitstellt, die auf dem Gedanken einer »ikonischen Steigerung« der Bestandteile einer Aussage beruht, darin der eine Terminus durch den anderen ikonisch gesteigert wird. Anders ausgedrückt: Was man »vor« der Metapher von Gott dachte, wird durch die ungewöhnliche Zuschreibung der Liebe verändert, wie ebenso verändert wird, was man »zuvor« von der Liebe dachte. Einerseits wird das Bekenntnis eines »einzigen« Gottes erhöht, gemäß dem hebräischen »Schema« (Höre, Israel), wo die Betonung auf dem Verbot, sich von Gott ein Bild zu machen, und auf der Schelte der Bilderglaübigen liegt. Andererseits wird auf symmetrische Weise unser Vorverstehen der Liebe ikonisch gesteigert, die von Auflösung durch die verschiedenen Werte der Liebe als ἔρως, φιλία und ἀγαπή bedroht ist. Metaphorisch auf Gott bezogen wahrt die Liebe ihre analoge Einheit, ihre Gewandtheit, sich von einem Pol des Erotischen zum anderen zu bewegen bis hin zur »devotio mystica«, der mystischen Hingabe. Kurzum, die Metapher: »denn Gott ist die Liebe« legt nahe, Gott *als* Liebe zu denken, mit allen eben erwähnten Konnotationen, und die Liebe *als* Gott, gemäß dem strengen Bilderverbot. So darf die Verkündigung des Johannes meines Erachtens nicht die des »*Schema*« im Sinne des Deuteronomiums ersetzen: Sie entwickelt und bereichert dieselbe vielmehr »ikonisch«.

Mit dieser Korrelation zwischen beiden Formen der Liebe endet unser erster Abschnitt, und zugleich kündigt sich eine neue Problematik an, in der die Theonomie empfänglich dafür sein wird, mit der Autonomie konfrontiert zu werden und einen anderen Platz als den der Heteronomie einzunehmen.

II. Von der Theonomie zur Autonomie

Folgende These möchte ich zur Diskussion stellen: Die Theonomie ist weit davon entfernt, sich einer Ethik der Autonomie entgegenzusetzen, versteht man sie als liebenden Gehorsam. Vielmehr verhilft sie der Autonomie zur *Vollendung*. Um jedoch ihrerseits mit dem liebenden Gehorsam in Einklang zu kommen, muß die Autonomie ihr Schicksal von demjenigen der *Selbstgenügsamkeit* unabhängig machen; diese Selbstkritik der Autonomievorstellung hat ihre positive Kehrseite in dem Ausgleich zwischen der Autonomie und der Verantwortung für den anderen, in einem sehr verwandten Sinne zu demjenigen, den Emmanual Lévinas diesem Ausdruck gibt.

Auch in diesem zweiten Abschnitt möchte ich etappenweise voranschreiten.

1. Zum Ausgangspunkt wähle ich den Punkt, an dem wir weiter oben angelangt sind: Liebe verpflichtet. Auf diese Weise haben wir den *Ursprung* der moralischen Verpflichtung in dem Gebot, zu lieben, hervorgehoben; nunmehr ist es an der Zeit, den *Weg* der Verpflichtung nachzuzeichnen. Dazu schlage ich vor, von der Dialektik zwischen Liebe und Gerechtigkeit auszugehen. Wohl weiß ich, daß sich dieser Gegensatz so, d.h. in diesen Begriffen weder in der hebräischen Bibel noch auch, in letzter Instanz, im Neuen Testament findet. In beiden Testamenten ist die Liebe Gerechtigkeit und die Gerechtigkeit Liebe. Doch man kann gerechtfertigterweise die Ansicht vertreten, daß der weitere Lauf der Geschichte eine Spannung freigelegt hat, die seit dem Ursprung vorhanden war; im übrigen erwähne ich diese Spannung nur, um eben der Entkoppelung zwischen diesen beiden Begriffen zu widerstehen und um den einen durch den anderen zu bereichern. Die Absicht ist dabei, zu zeigen, daß die Liebe nicht weniger Gerechtigkeit, sondern mehr Gerechtigkeit verlangt. So soll nun über dieses Mehr an Gerechtigkeit zwischen den Menschen gesprochen werden, das durch den liebenden Gehorsam verlangt wird.

Wir verdanken Kierkegaard eine Reflexion über die Dimension der Liebe, die über die ethische Sphäre hinausweist. Er sieht in der Geschichte der »Fesselung/Ligatur Isaaks« (Gen 22), die man zu Unrecht die »Opferung Isaaks« nennt, das Ausnahmemodell, das die Pflichtroutine ins Wanken bringt. Abraham, der Glaubensritter, ist gerechtfertigt, weil er es gewagt hat, aus Liebe zu Gott gegen das Gebot, das den Mord verbietet, zu verstoßen. Genau diese Ausnahme Abrahams offenbart den *grundlegend exzessiven* Charakter der Liebe gegenüber der Gerechtigkeit. Schon des öfteren habe ich in meinen vorangehenden Arbeiten die Logik der überquellenden Fülle, die charakteristisch ist für eine Ökonomie der Gabe, wie ich es nenne, der Logik des Ausgleichs, die in den verschiedenen Sphären der Gerechtigkeit herrscht, gegenübergestellt: So in der Sphäre der ausgleichenden Gerechtigkeit, die es darauf absieht, wie Kant es in seinen Schriften zur *Rechtslehre* zeigt, verschiedene Freiheitssphären miteinander zu vereinbaren, trotz der Hindernisse, die derselbe Kant unter dem Titel der »ungeselligen Geselligkeit« (Kant: Idee zu einer allgemeinen Geschichte in weltbürgerlicher Absicht, 4. Satz, A392) stellt; in der Sphäre der distributiven Gerechtigkeit, deren Ziel ist, den größtmöglichen Grad an Gleichheit in den ungleichen Verteilungen einzuführen, soweit dies mit der Produktivität und ganz allgemein mit der Effizienz der Gesellschaft vereinbar ist; zuletzt in der Sphäre der korrektiven Gerechtigkeit, die sich einmal direkt auf der Ebene des Strafgesetzes in der Anstrengung ausdrückt, zwischen Strafe und Delikt eine Verhältnismäßigkeit herzustellen, und dann indirekt auf der Ebene des Sozialrechts unter den diversen Formen der Wiederumverteilung, die versucht, das Versagen der distributiven Gerechtigkeit auszugleichen, sobald dieses Versagen ganze soziale Gruppen zum Ausschluß vom sozialen Band verdammt.

Der Exzeß dieser Logik der überquellenden Fülle drückt sich im Verhältnis zur Logik des Ausgleichs zunächst in einem Mißverhältnis aus, das zwischen beiden Begriffen (Liebe und Gerechtigkeit) einen Raum für praktische Vermittlungen eröffnet, die fähig sind, die Gerechtigkeit in ihrem grundlegendsten moralischen Vorhaben zu bestärken.

Dieses Mißverhältnis kündigt sich zunächst in der Sprache an. Denn die Liebe spricht, jedoch in einer anderen Art Sprache als die Gerechtigkeit. Der Liebesdiskurs ist zunächst ein Lobpreisungsdiskurs: In der Lobpreisung erfreut sich der Mensch des Anblicks des Gegenstandes, der über alle anderen Gegenstände seiner Sorge herrscht. Das Sprachspiel, das der Lobpreisung entspricht, ist die Hymne, die Anrufung: »Glückselig, wer ...«. Wenn ich diese Bemerkung über die Sprache der Liebe dem annähere, was weiter oben über den seltsamen Charakter des Gebots, zu lieben, gesagt wurde, so werde ich von einem poetischen Gebrauch des Imperativs sprechen, der von der liebenden Einladung über die inständige Bitte bis zum Zorn der verratenen Liebe reicht. Im übrigen kann das Metaphorisierungsvermögen, das sich mit den Ausdrücken der Liebe verbindet, unter den Stern der Poetik der Hymne, erweitert zu derjenigen des Gebots, gestellt werden. Derart erzeugt die Liebe eine auf- und absteigende Spirale zwischen den durch die Begriffe ἔρως, φιλία und ἀγαπή unterschiedenen Affekten. Eine Analogie ist so »erfunden«, d.h. zugleich gefunden und erschaffen, zwischen den Affekten, die man nur zu Unrecht, wie Nygren in seinem berühmten »*Eros und Agape*«, einander entgegensetzt. Verglichen mit der Liebe, die nicht argumentiert, sondern sich erklärt, wie man in 1 Kor 13 sieht, läßt sich die Gerechtigkeit zunächst innerhalb der kommunikativen Aktivität anhand einer Konfrontation zwischen

Ansprüchen und Argumenten in typischen Konflikt- und Prozeßsituationen erkennen, sodann durch eine Entscheidungsfällung, die die Debatte unterbricht und den Konflikt entscheidet. Die Rationalität dieses Vorgangs ist durch die prozeduralen Maßnahmen, die alle Phasen desselben regeln, gesichert. Die Prozedur ihrerseits wird durch einen Formalismus bestimmt, der keine Schwäche darstellt, sondern gerade die Stärke der Gerechtigkeit ausmacht, indem er der Waage, die wiegt, das Schwert hinzugibt, das die Entscheidung fällt. Dieser Formalismus macht sich in der Dialektik von Liebe und Gerechtigkeit die Logik des Ausgleichs zunutze, deren allererster Ausdruck die Gleichheit aller vor dem Gesetze ist: Gleichartige Fälle auf gleiche Art zu behandeln, darin besteht die Anwendung der Gerechtigkeitsregel auf die juridische Ordnung. Die distributive und die ausgleichende Gerechtigkeit sind ebenfalls prozeduralen Regeln unterworfen, die ebenso formal sind wie diejenigen, die der juridischen Ordnung vorstehen.

Die Liebe hat vielleicht gerade auf dieser Ebene des Formalismus eine besondere Rolle zu spielen inmitten der Institutionen, die ihm die sichtbaren Umrisse des positiven Rechts geben, dem die Bürger direkt unterworfen sind und dem sie Gehorsam schulden. Meine Eingebung ist hier, daß der *Gerechtigkeitssinn*, der diesen Formalismen zugrundeliegt, nicht den eindeutigen und einseitigen Charakter besitzt, den sich die Gesetze des positiven Rechts geben. Dieser Sinn, den man ein vernünftiges Gefühl nennen kann, pendelt zwischen zwei Ebenen hin und her, die von der Mehrdeutigkeit dieses Sinnes zeugen. Auf dem niedrigeren Niveau, auf dem sich die Vertragskonzeptionen bewegen, deren Gegenstand der Ursprung des Rechtes ist, vertreten durch Hobbes, Rousseau, Kant bis zu Rawls, ist die Basishaltung der Vertragschließenden, die man sich in einer hypothetischen Situation vor dem Vertragsschluß vorstellt, diejenige einer gegenseitigen *Uninteressiertheit*, eines *Desinteresses* in dem starken Sinne eines Interesses, das unbeeinträchtigt von Neigung ist und das jeder der Vertragschließenden zu befördern sucht.

Auf dem höheren Niveau drückt sich das Ideal, das der Gerechtigkeitssinn im Auge hat und das unsere Empörung angesichts der schreienden Ungerechtigkeiten der Welt, wie sie ist, offenbart, in dem Wunsch nach gegenseitiger Abhängigkeit, Verbundenheit, ja sogar gegenseitiger *Verschuldung* aus.

Die gemeinschaftliche Zusammenarbeit, die z.B. die Gerechtigkeitsgrundsätze bei Kant verstärken soll, veranschaulicht dieses Hin- und Herpendeln zwischen Wettbewerb und Solidarität, insofern die Kalküle, die zum Vertragsschluß führen, ein höheres Gefühl als nur das gegenseitiger Uninteressiertheit, aber ein weniger tiefgehendes als das Gefühl wechselseitiger Verschuldung stiften.

Besteht also die Aufgabe der Liebe nicht darin, dem Gerechtigkeitssinn dazu zu verhelfen, sich auf das Niveau einer wahrhaften Anerkennung zu erheben, so daß jeder sich als Schuldner jedes anderen fühlt? Also muß ein Übergang geschaffen werden zwischen einer Liebe, die nur um ihrer selbst willen gepriesen wird aufgrund ihrer Höhe und ihrer moralischen Schönheit, und einem Gerechtigkeitssinn, dem zu Recht jeder Rückgriff auf eine Mildtätigkeit verdächtig ist, die versucht, an die Stelle der Gerechtigkeit zu treten, ja sogar vorgibt, Männer und Frauen guten Gewissens von ihr zu befreien. Die Dialektik muß der gesonderten Untersuchung der Titel der Liebe und der Gerechtigkeit Folge leisten. Zwischen der Verwirrung und der Entgegensetzung bleibt ein schwer beschreitbarer Weg zu erkunden, auf dem die aufrechterhaltene Spannung zwischen den unterschiedlichen und manchmal entgegengesetzten Forderungen der Liebe und der Gerechtigkeit zum Anlaß für verantwortliche Verhaltensweisen würde. Was wir weiter oben über die von der Liebe erzeugte Verpflichtung gesagt haben, bringt uns auf den Weg solcher Verhaltensweisen. Wenn die Liebe tatsächlich verpflichtet, so verpflichtet sie zu allererst zur Gerechtigkeit, aber zu einer Gerechtigkeit, erzogen durch die Ökonomie der Gabe. Es hat den Anschein, als suchte die Ökonomie der Gabe die Ökonomie des Ausgleichs zu durchdringen.

Vor allem in der Ausübung des moralischen Urteils in einer gegebenen Situation, wenn man in Konflikten mit verschiedenen Pflichten Partei ergreifen muß, oder in Konflikten zwischen dem Respekt gegenüber der Regel und der Sorge um besondere Menschen oder in den schwierigen Fällen, in denen es nicht um die Wahl zwischen dem Guten und Schlechten, sondern zwischen dem größeren und dem kleineren Übel geht, plädiert die Liebe im Namen des Mitgefühls und des selbstlosen Großmuts zugunsten einer Gerechtigkeit, die entschlossen den Sinn einer gegenseitigen Verschuldung höher stellt als die Konfrontation uninteressierter Interessen. Doch dieses Mitgefühl und dieser selbstlose Großmut finden auch auf der Ebene der Institutionen ihren Ausdruck. Das Strafgesetz kennt mildernde Umstände, Strafbefreiungen, Amnestien. Angesichts der sozialen Ausgrenzung stellt die korrektive Gerechtigkeit ein wenig die Stimme der Liebe auf dem Gebiet der distributiven Gerechtigkeit dar. Selbst die internationale Politik wird durch die Liebe in Form außergewöhnlicher Akte der Verzeihung berührt, wofür der Kniefall Willy Brandts in Warschau ein Beispiel ist oder die Bitte um Verzeihung des Königs Juan Carlos gegenüber den Juden für ihre Vertreibung aus Spanien am Ende des 15. Jahrhunderts ...

2. Die zweite Art und Weise, wie die Liebe die Gerechtigkeit zu ihrem höchsten Ideal bekehrt, besteht darin, durch die beispielhafte Kraft der Ausnahme zur *wirksamen Universalisierung* der moralischen Regel beizutragen.

Diese Eingebung führt die Deutung à la Kierkegaard der »Fesselung Isaaks« in Gen 22 fort. Es ist dort gesagt worden, daß die »Außerkraftsetzung« der Ethik die Grenze des Gesetzes anzeigt. Mein Vorschlag ist hiervon ein wenig verschieden und ergänzend. Könnte es nicht sein, daß die Ausnahme eine andere Art der Grenze offenbart als diejenige, der das Kategorische als solches unterworfen ist? Ich denke hier an die *faktischen Grenzen*, die dem Kategorischen durch die *geschichtliche Erfahrung* gesetzt werden.

Die Empfehlung, die ich hier gebe, betrifft direkt die Diskussion, die die zeitgenössischen Moralisten in zwei Lager teilt, einmal einen formalen Universalismus, zu dem sich Karl-Otto Apel und Jürgen Habermas bekennen, und sodann einen konkreten Kontextualismus, vertreten durch M. Sandel, M. Walzer, Charles Taylor und Alisdair MacIntyre. Der formale Universalismus schließt sich der prozeduralen Rechtskonzeption an, die weiter oben Erwähnung fand. Der konkrete Kontextualismus legt die Betonung auf die kulturellen Begrenzungen, die die juridischen und politischen Praktiken von Gemeinschaften betreffen, deren innerer Konsens auf einem immer begrenzten Verständnis des Guten und Verbindlichen beruht. Kann man nicht angesichts dieser scheinbar unüberwindlichen Antinomie sagen, daß der Universalismus, der sich bei Kant in der Idee einer *ausnahmslosen* Verpflichtung und bei Apel und Habermas in der Idee einer idealen Kommunikationsgemeinschaft ohne Grenzen und Fesseln ausdrückt, der Erprobung durch die tatsächliche Praxis ausgesetzt, immer nur in der Form eines »im Anfange begriffenen«, ja nur vorgeschützten Universalismus verwirklicht wird, während er auf die Anerkennung durch andere Kulturen wartet? Die Anwälte dieses Universalismus müssen also anderen Kulturen Gehör schenken, die ebenfalls über authentische Universalien verfügen, die sie geltend machen wollen und die wie die unseren in tatsächliche Praktiken eingebettet sind, die das Zeichen kultureller Begrenzungen tragen und die zu den unseren symmetrisch sind.

Wäre es nicht also die Aufgabe der Liebe, zur Verringerung dieser Spaltung zwischen dem Ideal eines restriktionsfreien Universalismus und dem Kontextualismus, in dem die kulturellen Unterschiede vorherrschend sind, beizutragen?

Die biblische Welt, zunächst jüdisch, dann christlich, bietet vorbildlich gewordene Beispiele dieser Erweiterung von kulturell begrenzten Sphären in Richtung einer tatsächlich universellen Anerkennung. Der wiederholte Aufruf des Alten Testaments, auch die »Witwe, die Waise und den Fremden, der in der Türe steht« einzuschließen – anders gesagt, der andere, der die Gastfreundschaft genießt –, verdeutlicht auf beispielhafte Weise den Druck, den die Liebe auf die Gerechtigkeit ausübt, damit diese entschlossen Praktiken der Ausgrenzung begegnet, die vielleicht die Kehrseite jedes starken sozialen Bandes darstellen. Das Gebot, seine Feinde zu lieben, wie es die Bergpredigt berichtet, bildet das eindrucksvollste Beispiel. Die imperativische Form, die dem »neuen Gebot« gegeben wird, verweist es in die ethische Sphäre. Doch seine Verwandtschaft zu dem Gebot »liebe mich«, das Rosenzweig vom Gesetz unterscheidet, zeichnet es als ein Gebot aus, das über die ethische Sphäre hinausweist, insoweit es auf einer Ökonomie der Gabe beruht, sobald es im vorhinein auf jede Gegenseitigkeit Verzicht leistet. Im übrigen verbindet Jesus das Gebot, seine Feinde zu lieben, mit anderen außergewöhnlichen Verhaltensweisen, die gegen die Ausgleichslogik der gewöhnlichen Gerechtigkeit verstoßen. Doch das Gebot, seine Feinde zu lieben, nimmt einen hervorragenden Platz unter allen Herausforderungen gegenüber dem gesunden moralischen Menschenverstand ein, insofern er direkt das Gebot »Du sollst nicht töten« des Dekalogs betrifft. Das Gebot, seine Feinde zu lieben, ist nur durch die Erweiterung des Begriffs des Nächsten neu, der nicht den kulturellen Restriktionen, die von den kontextualistischen Theorien unterstrichen werden, entgeht. Die Schwere der Weisung ergibt sich aus der Tatsache, daß die genannten Restriktionen bis heute als konstitutiv für das politische Band gelten. Machte nicht Carl Schmitt aus der Kategorie Freund/Feind ein Kriterium des Politischen? Der gegenwärtige Zustand des internationalen Rechts bestätigt diese Diagnose. Und war der Krieg nicht immer Motor der Geschichte der Nationen und Staaten, wie dies der erschreckende Verlauf des 20. Jahrhunderts auf unheilvolle Weise dokumentiert hat? Tatsache ist, daß das internationale Recht gegenwärtig nicht in der Lage ist, der uneingeschränkten Universalität der Gerechtigkeitsregel eine angemessene institutionelle Form zu geben. Das Ideal eines »Ewigen Friedens«, um den Titel der berühmten Schrift Kants aufzunehmen, muß also noch für lange Zeit in der Utopie Zuflucht suchen. Zumindest argumentiert Kant in Begriffen einer der Verbannung des Kriegs vom Feld zwischenstaatlicher Beziehungen geschuldeten Gerechtigkeit und eines einklagbaren Rechts zugunsten dieser Verbannung. Er beweist so, daß der Friede selbst die Einforderung eines Rechts ist.

Ist es also nicht die Aufgabe der Nächstenliebe, diese konkreten Annäherungen der internationalen Politik in Richtung auf einen ewigen Frieden zu *motivieren*? Tatsächlich scheint die Beendigung der Leiden, die sich die Völker gegenseitig zufügen, keinen ausreichenden Grund für einen »Friedensschluß« abzugeben. Es hat den Anschein, als ob ein Verlangen nach Mord, das stärker ist als die Furcht vor dem Tode, die Völker von Zeit zu Zeit ergreife und ins Verderben treibe. Könnte man den Haß, der wesensgleich mit der Identitätsforderung zahlreicher Völker zu sein scheint, ohne diesen kollektiven Todestrieb erklären? Diese müßten vielmehr damit beginnen, sich die Leiden in Erinnerung zu rufen, die sie anderen Völkern zugefügt haben, bevor sie ihre ruhmreiche und elende Vergangenheit wiederkäuen. Doch diese Sinneswandlung, diese μετάνοια der Erinnerung scheint nur von der Liebe ausgehen zu können, von jenem Eros, bei dem Freud sich anläßlich des Näherrückens seines eigenen Todes fragte, ob er jemals über Thanatos triumphiere! ...

Ich will mich von diesem Thema, inwieweit der Exzeß zur geschichtlichen Verwirklichung des abstrakten Universalismus beiträgt, nicht verabschieden, ohne zuvor noch ein anderes Beispiel biblischen Ursprungs zu erwähnen, das der Ausnahme eine noch vielversprechendere Ära der Verwirklichung eröffnet. Ich denke an das Apostelwort: In Jesus Christus gibt es weder Juden noch Griechen, weder Mann noch Frau, weder Freie noch Sklaven. Es herrscht mehr als nur eine heimliche Verwandtschaft zwischen dieser Verkündung, diesmal im Indikativ zur Kennzeichnung der »verwirklichten« Eschatologie ausgesagt, und dem Gebot, seine Feinde zu lieben, insofern als das, was die durch die paulinische Aufzählung genannten Gruppen trennt, bestenfalls auf gegenseitiger Unkenntnis, schlimmstenfalls Haß, gar Krieg beruht. Insbesondere bedurfte es fast zweier Jahrtausende, bevor die Sklaverei gesetzlich abgeschafft wurde, d.h. der Besitz und folglich der Handel mit menschlichen Personen. Um ehrlich zu sein, hat man wohl immer gewußt, daß Personen keine Dinge sind. Dennoch gab es immer menschliche Wesen, die nicht für Personen angesehen wurden. Die Liebe drängt die Gerechtigkeit zur Erweiterung des Kreises der gegenseitigen Anerkennung. Und oft verfolgt die Liebe ihr Werk der Bekehrung auf der Ebene des Gerechtigkeitssinnes, durch Überschreitungen der geltenden Ordnung mit Hilfe beispielhafter Ausnahmen.

3. Eine scheinbar von diesem Druck, den die Liebe auf die Gerechtigkeit ausübt, verschiedene Wirkung betrifft die *Einmaligkeit* und die *Unersetzbarkeit* von Personen. Die Liebe wirkt nicht nur auf den Umfang, die Extension, wie bemerkt, sondern auch auf die Intensität. Vielleicht müssen wir an dieser Stelle noch einmal auf das »Gott allein« der monotheistischen Verkündung in der hebräischen Bibel zurückkommen. Ich habe weiter oben auszudrücken versucht, daß die Formel des Johannes »denn Gott ist die Liebe« diese Verkündung nicht abschaffe, sondern metaphorisch fortentwickle. So gäbe es dann zwischen dem ersten und dem sechsten Gebot eine spiegelartige Beziehung. Rosenzweig begreift im übrigen das Gebot »liebe mich« so, daß es sich nur an die Seele allein richtet, und behält so dem, was er Erlösung nennt, den Übergang zur Vielheit der Nächsten vor. Könnte man also nicht sagen, daß das hebräische und johanneische Glaubensbekenntnis der Anerkennung der Personen als jeweils *einmalige* zur *Verstärkung* kommt?

Warum ist dieses *Zuhilfekommen* wünschenswert? Ein erster Grund ist, daß es keinen moralisch absolut zwingenden Grund dafür zu geben scheint, daß bereits die Verschiedenheit der Personen als solche ein Gegenstand der Verpflichtung ist. Gewiß, die Praxis des Rollentauschs in der Konversation, die unterschiedliche Position der sozialen Akteure in allen Transaktionen, der irreduktible Unterschied der individuellen und kollektiven Erinnerungen, zuletzt die Suche nach der individuellen Verantwortung in den Fällen, in denen Schäden wiedergutgemacht werden müssen oder Strafen verhängt werden sollen, in allen diesen Fällen hat es den Anschein, als machten diese sozialen Situationen aus dem Unterschied zwischen den Personen einen irreduktiblen Bestandteil der *conditio humana*. Doch alle diese Betrachtungen scheinen auf der Ebene der Tatsachen, nicht des Rechts zu bleiben. Man erkennt dies sehr gut an der sich am Horizont genetischer Eingriffe abzeichnenden Möglichkeit – die zur Zeit noch im Zustand der Wunschvorstellung ist –, durch Klonen eine unbegrenzte Anzahl menschlicher Exemplare herzustellen. Warum sollte dies verboten werden? Vielleicht weil in der gemeinsamen Moral die Verschiedenheit an die Andersheit gebunden ist und weil die Andersheit die Bedingung einer gegenseitigen Anerkennung ist? Zweifellos. Doch was verbietet uns, eine Ausnahme von dieser üblichen Überzeugung zu machen? Und woher bezieht diese Überzeugung ihre Kraft?

Die Notwendigkeit eines Zuhilfekommens macht sich auf andere Weise bemerkbar. Die Gerechtigkeit unterscheidet sich von der Freundschaft und von den zwischenmenschlichen Beziehungen insgesamt dadurch, daß sie nicht auf dem Angesicht eines Gegenüber beruht, also auf dem Vermögen, uns aufzufordern, das vom Gesicht ausgeht, von jedem Gesicht, das mir gemäß der eindrucksvollen Formel Emmanuel Lévinas' sagt: »Töte mich nicht!« Das Gegenüber der Gerechtigkeit ist der Andere ohne Gesicht, d.h. alle jene anderen, mit denen ich durch rechtliche Bande durch eine Vielzahl von Institutionen hindurch verbunden bin. Das Gegenüber ist nicht mehr ein Du, sondern jeder. Doch wie hält man das »*jeder*« davon ab, zum »*man*« zu werden? Das »*jeder*« ist nicht distributiv: Jedem das Seinige; jedem, was ihm zusteht; und dies bis in die ungleichen Verteilungen. Das »*man*« ist anonym; es gerinnt zu einer ununterscheidbaren Masse. Ist es also nicht die Aufgabe der *Einbildungskraft* der Liebe und ihres *vereinzelnden* Blickes, das Privileg des Gegenübers als und im Angesicht auf all jene Beziehungen mit anderen ohne Gesicht zu übertragen? Es steht hier ebenso wie mit der Feindesliebe, die die Gültigkeit der politischen Differenz zwischen Freund und Feind verneint. Hinsichtlich der Problematik des »*jeder*« will die Liebe die Spaltung zwischen dem Du und dem Dritten leugnen. Auf diese Weise würde die Liebe dazu beitragen, die Unersetz- und Unaustauschbarkeit der Personen in allen Rollentäuschen zu wahren.

4. Ein weiterer Grund, von der Liebe zu erwarten, daß sie die Gerechtigkeit davor bewahrt, sich auf Abwege zu begeben, ergibt sich aus der gegenwärtigen Diskussion hinsichtlich der Grundlagen der Gerechtigkeit. Weiter oben wurde die Debatte zwischen Universalismus und Kontextualismus erwähnt. Eine andere Debatte wird durch den Einwand eröffnet, den Kants aufsässige Schüler, unter anderen Apel und Habermas, im Namen einer Ethik der Kommunikation an Kant richten. Ihrer Meinung nach findet die Probe auf die Verallgemeinerbarkeit zu einer Regel, der das Subjekt die Maxime seines Handelns unterziehen muß, in einem Monolog des Subjekts mit sich selbst statt. Der Einwand ist vermutlich in Bezug auf Kant schlecht begründet: Kants Schriften zur *Rechtslehre* setzten verschiedene typische Situationen voraus, in denen das Zusammenbestehen der Sphären freiheitlichen Handelns durch die Uneinigkeit und alle Anfeindungen, denen das soziale Band ausgesetzt ist, gefährdet ist. Wie immer es sich auch bei Kant damit verhalte, die Frage ist, ob es einer kommunikativen Ethik wahrhaftig gelingt, ihre dialogische Berufung vor jedem Rückfall in die monologische Einsamkeit zu bewahren. Was bleibt von der Einzigartigkeit und der Andersheit der Gesprächspartner übrig, wenn die zur Argumentation aufgerufenen Subjekte zuvor alles das ablegen müssen, was unsere Moralisten für einfache Konventionen halten? Wenn ihre Überzeugungen nur Konventionen sind, was unterscheidet dann die Partner voneinander außer ihren Interessen? Allein ein lebendiger Sinn für die Andersheit der Personen kann die dialogische Dimension vor jeder Reduktion auf den Monolog, den ein ununterscheidbar gewordenes Subjekt hält, schützen. Einzigartigkeit, Andersheit und Gegenseitigkeit sind die äußeren Voraussetzungen der dialogischen Strukturen der Argumentation. Doch gibt es einen besseren Garanten für diese Trilogie als die Liebe?

5. In den vorangehenden Abschnitten lag die Betonung auf den verschiedenen Weisen, auf die die Liebe der Gerechtigkeit unter die Arme greifen kann, indem sie ihr hilft, sich auf ihr anspruchsvollstes Niveau zu erheben und dort zu halten. Im gegenwärtigen Abschnitt möchte ich die Vorstellung nahebringen, daß die Liebe auch die Gerechtigkeit vor ihren exzessiven Ambitionen auf der Hut sein läßt. Der Exzeß liegt hier nicht mehr auf seiten der Liebe in Form der Ausnahme, sondern seitens der Gerechtigkeit in Form der Hybris. Die Dialektik zwischen Liebe und Gerechtigkeit nimmt so eine entschieden kämpferische Gestalt an.

Ich möchte hier auf den Sinn der Abhängigkeit zurückkommen, durch den ich von Anbeginn das religiöse Gefühl charakterisiert habe. Sich selbst überlassen bringt dieser Sinn der Abhängigkeit eine theonome Ordnung mit sich, die der moralischen Autonomie diametral entgegengesetzt zu sein scheint. Doch was anschließend über die metaphorische Identität zwischen dem alleinigen Gott des Auszugs im Deuteronomium und dem »Gott ist die Liebe« des Apostels gesagt wurde, sodann über die Vorrangigkeit des Liebesgebots gegenüber allen Gesetzen, erlaubt den Sinn der *Abhängigkeit* durch den der *Vorgängigkeit* zu vervollständigen – der nicht möglich ist ohne das, was ich bereitwillig eine *grundlegende Passivität* nennen würde: »Weil du geliebt wurdest, liebe nun auch du.« Man darf nicht zögern, jene Vorgängigkeit auf die Gesetze zu beziehen, die wir apodiktisch genannt haben: Man kann sagen, sie kämen von Gott, wenn auch nicht in der mythischen Form der Berichte vom Sinai und der Übergabe der Gesetzestafeln an Moses, so doch kraft ihrer Nähe zum Gebot der Liebe, das von Gott ausgeht, der die Liebe ist. Dies ist meinem Dafürhalten nach der einzig hinnehmbare Sinn des Begriffs der Theonomie: Die Liebe verpflichtet, haben wir gesagt; das, wozu sie verpflichtet, ist der liebende Gehorsam.

Diese Theonomie als liebender Gehorsam muß nunmehr der Autonomie des Kantschen Imperativs und der kommunikativen Version desselben gegenübergestellt werden.

Einerseits würde ich hervorheben, daß der liebende Gehorsam die Verantwortung gegenüber dem Anderen hervorruft, in dem Sinne, wie Lévinas dies vom Angesicht sagt, dessen Aufforderung mich in dem Maße zur Sorge um den Anderen aufruft, daß ich mich sogar dem Anderen als seine Geisel unterwerfe und mich dem Gestus der Substitution beuge, d.h. an Stelle des Anderen sein Geschick leide. In diesem Sinne erzeugt die Theonomie, verstanden als ein Aufruf zum liebenden Gehorsam, die Autonomie, verstanden als Aufruf zur Verantwortung. Wir rühren hier an einen delikaten Knoten, an dem sich eine gewisse grundlegende Passivität einer aktiven Übernahme der Verantwortung anschließt, die keinen anderen Raum zur Ausübung hat als die Kommunikation, die Suche nach Anerkennung und im äußersten den Wunsch nach Konsens. Diese Verbindung zwischen Vorgängigkeit des Gesetzes und der verantwortlichen Spontanität hallt noch bis in das gemeinsame Gewissen nach; in der Gestalt der »Stimme des Gewissens« belegt das Gesetz seinen nicht nur unterdrückenden und verbietenden, sondern strukturierenden Charakter. Sicherlich findet man kein besonderes Gesetz, das nicht im Laufe der Geschichte von Menschen eingerichtet wurde. Die Theorie des positiven Rechts entbehrt nicht des Beweisgrundes. Doch die Legalität des Gesetzes ist ebenso einrichtend wie eingerichtet. In gewisser Weise ist sie immer schon da, ebenso wie die ganze symbolische Ordnung, auf die sich bei letztem Hinschauen jede Erziehung und vielleicht jede Psychotherapie stützt.

Andererseits würde ich vor einer Überhöhung der Autonomie warnen. Packt man sie bei ihrem rationalen Kern, so enthält sie mehrere Aussagen, die ihren vollen Sinn erst in einer Ethik der verantwortlichen Spontanität entfalten. Welches sind diese Aussagen? Zunächst auf der Ebene einer Semantik der Verpflichtung die Behauptung, das Gesetz sei die »*ratio cognoscendi*« der Freiheit und die Freiheit die »*ratio existendi*« des Gesetzes. Anders ausgedrückt, es gibt ein Gesetz nur für freie Menschen, und es gibt keine Freiheit, ohne sich einer Verpflichtung zu unterwerfen. Wenn die Verpflichtung auf der menschlichen Ebene die Form des Imperativs annimmt, so nur aufgrund der Widerspenstigkeit der sinnlichen Neigungen; und wenn der Imperativ kategorisch ist, so im Sinne der Abwesenheit einer an die Verpflichtung geknüpften Einschränkung. Doch woran erkennt man den kategorischen Charakter eines Imperativs? Man erkennt ihn an der Fähigkeit bestimmter Maximen unseres Handelns, mit Erfolg die Probe auf die Verallgemeinerbarkeit zu bestehen. Dies vorausgeschickt, kann man genau die Punkte angeben, an denen sich die moralische Autonomie als unvereinbar mit der Theonomie erweist, selbst dann, wenn man darunter den liebenden Gehorsam versteht. Die Konfrontation findet an genau zwei Punkten statt. Zunächst auf der Ebene des Bandes zwischen Freiheit und Gesetz, dann auf dem Niveau der Regel der Verallgemeinerbarkeit.

Meines Erachtens darf letztere keinen Anlaß zu einem Konflikt geben, insofern sie nur ein Kriterium, eine Probe, einen Probierstein darstellt, um die Moralität einer Absicht zu erkennen und sie von einem verkappten Interesse zu unterscheiden. Die Verantwortung, zu der der liebende Gehorsam aufruft, ist nicht nur nicht unverträglich mit diesem Kriterium, sondern verlangt dasselbe geradezu, wenn sie vernünftig und nicht gefühlsmäßig sein soll.

Bleibt der kritische Punkt der *selbstgenügsamen* Definition der Autonomie. Man kann Zweifel daran hegen, daß es Kant gelungen sei, dieses Prinzip auf sich selbst zu gründen. Charakterisiert er nicht das Bewußtsein, das wir von diesem synthetischen Urteil *a priori* haben, das die gegenseitige Solidarität von Gesetz und Freiheit bewirkt, als eine »Vernunftgegebenheit«, was nichts anderes bedeutet, als die Moralität selbst für eine Gegebenheit zu halten? Gewiß ist diese Gegebenheit die praktische Vernunft selbst, d.h. das *praktische Vermögen* der Vernunft. Doch einmal abgesehen von der Unklarheit der Vernunft»gegebenheit«, kann man sich die Frage stellen, ob die menschliche Freiheit sich nicht einem anderen als sich selbst öffnet, sobald man diese Fähigkeit selbst auf der Ebene der individuellen Bewußtseine befragt. Sicherlich kann man den Menschen als ein Subjekt definieren, das *fähig* ist: fähig sprechen, zu handeln, zu erzählen, sich die Verantwortung für seine Akte zuschreiben zu lassen. Doch ist die Fähigkeit, dies Vermögen tatsächlich verfügbar? Besteht das Böse nicht gerade darin, daß mir diese Fähigkeit auf radikale Weise genommen wurde? Dies ist eine These von Kant selbst in seiner Schrift »Die Religion innerhalb der Grenzen der blossen Vernunft«. Die Reflexion über die Religion hebt in diesem Werk tatsächlich mit einer Meditation über das radikal Böse an und geht weiter mit einer Untersuchung der Bedingungen der Wiederherstellung des moralischen Subjekts: Findet sie aus eigenen Kräften oder mit Unterstützung von woanders her statt? An dieser Stelle erwacht die aus der Moralphilosophie verstoßene Antinomie wieder in der Religionsphilosophie zum Leben. Das wenige, das Kant hier der Vorstellung einer gnadenreichen Hilfe zugesteht, genügt, um der praktischen Philosophie nicht zu untersagen, sich der besonderen Dialektik zwischen Autonomie und dem, was auf der streng moralischen Ebene Heteronomie genannt wird, zu öffnen. Sicherlich ist die Religionsphilosophie nicht die Moralphilosophie. Doch kann man derart die Abschottung zwischen Moral und Religion aufrechterhalten, zwischen einer Moral auf der einen Seite, die das *Prinzip* der Verpflichtung und das Gesetz von jeder Inbetrachtziehung der *menschlichen Fähigkeit*, dem Gesetz zu gehorchen, trennt und andererseits einer Religion, die nach Kant keinen anderen Gegenstand hat als die Wiederherstellung des moralischen Subjekts, d.h. als die Restauration oder, um es noch deutlicher zu sagen, als die Einsetzung eines moralisch *fähigen, vermögenden* Subjekts?

Alsdann bliebe die Frage, ob die kommunikative Ethik eher dazu in der Lage ist, die Verpflichtung zur Diskussion und Argumentation aus sich heraus zu begründen, die dazu gedacht ist, die Schwierigkeiten, die sich mit »Vernunftgegebenheit« verbinden, zu beseitigen und den Kriterien der Verallgemeinerung einer Maxime von Anfang an eine dialogische Form zu geben. Der Selbstbegründungsanspruch der Ethik der Diskussion erscheint mir Ausfluß der *Hybris* der praktischen Vernunft zu sein, die ich vorher bereits erwähnte, Hybris, vor der Kant sich in acht genommen hatte. Doch einmal gesetzt, Karl-Otto Apel gelänge es, die Skeptiker von der Solidität seiner transzendentalen Pragmatik zu überzeugen, so bliebe ihm doch, genau wie Kant, die *Fähigkeit* und den *guten Willen* der Protagonisten der öffentlichen Diskussion in Betracht zu ziehen. Auf diesem Niveau der Motivation, der Bereitschaft (die von den Deutschen *Gesinnung* genannt wird), eher als auf demjenigen der eigentlichen Argumentation, würde ich versuchen, den liebenden Gehorsam und das, was man den Eintritt in die Diskussion, den Zugang zur Fähigkeit, miteinander zu reden, nennen könnte, zu verbinden. Warum letztendlich eher den Diskurs als die Gewalt, um die berühmte Entgegensetzung Eric Weils zu Beginn seiner »*Logik der Philosophie*« aufzugreifen? Das Problem soll in dem Augenblick als gelöst gelten, in dem die Protagonisten entscheiden, in ihren Konflikten nur noch auf das Argument des besten Arguments zurückzugreifen. Sie unterliegen dem Einwand des »performativen Widerspruchs« erst, wenn sie einmal die Schwelle der Argumentation überschritten haben.

Diese letzten Bemerkungen knüpfen an diejenigen der vorangehenden Abschnitte an: Müßte die kommunikative Ethik nicht die Hilfe einer verpflichtenden Liebe empfangen, die über die Ethik hinausweist, um in der Lage zu sein, die ihr so teure Unterscheidung zwischen kommunikativer Vernunft und instrumenteller oder strategischer Vernunft aufrechtzuhalten? Was kann in Wahrheit die Spaltung zwischen den zwei Ebenen praktischer Vernunft besser vermeiden als die Nächstenliebe?

Michael Theunissen

Protophilosophische Theologie

Was immer ein Nichttheologe von einer künftigen Theologie wünschen mag – seine Wünsche werden notwendigerweise etwas leichtfertig sein. Lastet doch auf ihm nicht der Anspruch, das Wünschbare verwirklichen zu müssen. Um die Leichtfertigkeit in Grenzen zu halten, wird er gut daran tun, von seinen vielfältigen Wünschen allein die vorzutragen, welche die Außenbereiche theologischer Wissenschaft betreffen. Die Theologie der Gegenwart, vornehmlich die evangelische, hat sich ihrer externen Aufgaben auf drei Gebieten mit mehr oder weniger großem Engagement angenommen. Besonders viel Energie hat sie, im Schatten von Auschwitz, in die Neubestimmung ihres Verhältnisses zum Judentum investiert. Immerhin aufgenommen ist das Gespräch mit den anderen Weltreligionen. Und einen beträchtlichen Teil theologischer Arbeit bildet die Auseinandersetzung mit den geistigen Strömungen, sozialen Problemen, ökonomischen Triebkräften und politischen Verhältnissen unserer Zeit. Niemand wird leugnen wollen, daß auf diesen Gebieten noch Beträchtliches zu leisten ist. Vor allem auf den zwei letztgenannten Feldern steht die Theologie vor gewaltigen Herausforderungen. Es ist ihr noch nicht gelungen, den Absolutheitsanspruch des Christentums so zu formulieren, daß sie der Gefahr entgeht, es gegen konkurrierende Religionen abzuschotten. Vielleicht hat sie auch noch nicht genügend Mut zu einer von ihrer Eigensubstanz genährten Deutung unserer Zeit aufgebracht. Benjamins genuin theologische Deutung des Barockzeitalters hat keine auch nur einigermaßen ebenbürtige Nachfolge gefunden. Gewiß wäre Benjamins Umgang mit dem deutschen Trauerspiel auf unsere Epoche nicht übertragbar. So sehr auch noch auf die meisten Menschen des zu Ende gehenden Jahrhunderts zutrifft, daß sie unfähig sind, ihren Gnadenstand zu realisieren, so wenig gilt für sie, daß sie in einem durchdringenden Bewußtsein ihres der Sünde anheimgefallenen Schöpfungsstands leben. Gleichwohl bleibt ein Desiderat, authentisch christliche Begriffe wie Sünde und Gnade mit modernen Erfahrungen, die sich in ihnen nicht unmittelbar wiedererkennen können, zu vermitteln. Von alledem soll hier nicht oder jedenfalls nicht direkt die Rede sein. Ich möchte die Aufmerksamkeit der Theologen auf einen Außenbereich lenken, der für die Zukunft ihres Geschäfts auf den ersten Blick relativ unerheblich scheint. In der Vergangenheit formulierte sich das Selbstverständnis des

Christentums vorrangig im Dialog mit der griechisch geprägten Philosophie. Demgegenüber gehört zu den Eigentümlichkeiten gegenwärtiger Theologie, daß ihr dieser Dialog nicht mehr sehr wichtig ist. Sie trägt daran sicherlich keine Schuld. Die Gründe für das Verstummen des Dialogs liegen in der Sache, in der Sache sowohl der Theologie wie der Philosophie. Auch im folgenden geht es nicht um den Appell, den Dialog fortzusetzen. Ein durchaus zukunftsträchtiges Projekt scheint aber die Rückbesinnung auf ein Griechentum zu sein, das über griechische Philosophie weit hinausreicht. Die Theologen dürften sich von ihr Impulse für die Rezeption und produktive Verarbeitung all dessen erhoffen, was heute unter dem vagen, aber doch sachhaltigen Titel der Religion firmiert. Von einem nicht auf die Philosophie fixierten Blick auf das Griechentum her erschließt sich manches sowohl an der diffusen Religiosität, die sich der tieferen Gemüter bemächtigt hat, wie auch an den klassischen, namentlich im Frühidealismus entwickelten Konzepten einer freien Religion.

I.

Für die Art und Weise, wie die gerade im Protestantismus bis vor kurzem fast ausschließlich herrschende, erst in jüngster Zeit ein wenig zurückgedrängte Theologie philosophisches Denken wahrnahm, sind Entgegensetzungen kennzeichnend, die kaum je in Frage gestellt, geschweige denn revidiert wurden: Theologie hat es mit dem lebendigen Gott zu tun, Philosophie gelangt nicht über die Idee des Absoluten hinaus, über eine Idee, die im übrigen jede Überzeugungskraft verloren hat; Theologie nimmt Zeit ernst; Philosophie kann sich nicht loslösen von ihrem Anfang mit einem zeitenthobenen Sein; Theologie läßt sich auf Geschichte ein, Philosophie bleibt ihrer traditionellen Frage nach einem ungeschichtlichen Seinsgrund verhaftet; der Theologie öffnet sich die Zukunft, Philosophie verweilt in der Erinnerung einer ewigen Vergangenheit. Die Reihe solcher Oppositionen ließe sich beliebig fortsetzen. Sie haben in der Zeit nach dem Tode Hegels eine vorher nie dagewesene Konjunktur erlebt. Eine ihrer Hauptquellen in dieser Zeit waren Kierkegaards *Philosophische Brocken,* in denen nicht zuletzt ihr temporales Verständnis vorgebildet wurde. Schwört doch Kierkegaard das Christentum auf einen Augenblick ein, mit dem Ewigkeit als Zukunft sich eröffnet, das Griechentum hingegen, auf dem Wege seiner Identifikation mit dem Platonismus, auf eine Erinnerung, in der sich eine zeitlos-ewige Vergangenheit auftut. Ihren letzten Ursprung aber haben die im nachhegelschen Denken verfestigten Grenzziehungen in der frühen Abgrenzung christlicher Theologie gegen das Griechentum.

Nun war die Abgrenzung vornehmlich der westlichen, römisch geprägten Theologie gegen das Griechentum mit einer Hypothek belastet, die alle späteren Grenzziehungen bis in unsere Tage hinein mitbelastet: Theologie konfrontierte sich in ihr ausschließlich mit einer Philosophie, die aus einer Abstraktion von älteren Erfahrungen hervorgegangen war. Gegen sie grenzte sie sich derart ab, daß sie den Abstraktionsvorgang selbst nicht mitreflektierte. Infolgedessen ignorierte sie ihrerseits die Erfahrungen, von denen in der Philosophie abstrahiert worden war. Diese zweite Abstraktion wirkte sich um so nachhaltiger aus, als die Theologie sich im wesentlichen auf eine Konfrontation mit der bereits voll ausgebildeten Philosophie beschränkte. Der bewußtlosen Reproduktion des für diese Philosophie konstitutiven Abstraktionsvorgangs fielen aber Erfahrungen anheim, die der Theologie an sich entgegenkommen. Parmenides, Erfinder der Ontologie und Metaphysik, die das philosophische Denken in Europa fortan prägen sollten, hatte seinen Gegenstand, das rein Seiende, in welchem mit Entstehen und Vergehen alle Bewegung in der Zeit und alle Geschichte getilgt ist, aus einer Negation der Welt gewonnen, die vor ihm, in der zweihundertjährigen Epoche einer kulturbildenden Lyrik, als eine sich unablässig verändernde und uns mitverändernde, uns überwältigende und in sie verstrickende beschrieben worden war.

Die Abstraktion von dieser Welt blieb in der Geschichte der europäischen Philosophie so mächtig, daß nach einigen Versuchen Nietzsches, ihre Macht zu brechen, sogar noch Heidegger, der ja dem abendländischen Denken auf seinen vergessenen Grund gehen wollte, vor ihr kapitulierte. Sieht doch auch Heidegger, fixiert auf die gewissermaßen offiziöse, die mit den ionischen Naturspekulationen sich formierende Philosophie, von der scheinbar vor- und außerphilosophischen *Sophia* fast vollständig ab. Soweit die Theologie ihm folgte, hat sie sich wiederum ihren Spielraum einengen lassen.

Es ist an der Zeit, den Mangel, an dem die frühe Abgrenzung der Theologie gegen das Griechentum litt, zu beheben und sich über den Erfahrungsgehalt des schon von der Philosophie verdrängten und von der Theologie gänzlich verabschiedeten Denkens der Griechen zu verständigen. Zugegebenermaßen enthält die Annahme eines Erfahrungsgehalts dieses Denkens einen Vorgriff auf das erst noch zu Zeigende: daß da gerade auch von einem Gott auf nachvollziehbare Weise gesprochen werde. Um die Hypothese zu verdeutlichen, um also zum Ausdruck zu bringen, daß das Denken, von dem im folgenden die Rede ist, nicht als das unphilosophische genommen wird, das es als ein vor- und außerphilosophisches zu sein scheint, sei es *proto*philosophisch genannt. Die Proto*philosophie* ist, der hier leitenden Annahme zufolge, zugleich Proto*theologie*. Gefragt wird nach einem Denken, das sowohl der etablierten Philosophie wie auch der etablierten Theologie, sei sie christlich oder nicht, vorausliegt. Seine Sache hat noch nicht die Bestimmtheit des manifest theologischen Gottesbegriffs. Es unterscheidet sich im übrigen kaum weniger von dem Typ frühgriechischer Theologie, die seinerzeit Werner Jaeger für die Theologie des frühen Griechentums schlechthin ausgegeben hat. Die frühgriechische Theologie im Sinne Jaegers ist nämlich im Grunde nur die Vorgeschichte der Philosophischen Theologie als einer Disziplin klassischer Philosophie.

An einer Wiedergewinnung des im protophilosophischen und prototheologischen Denken verborgenen Erfahrungsgehalts müßten beide, die Philosophie und die Theologie, interessiert sein, weil sie beide durch die Abnabelung von ihm Schaden genommen haben. Indem sie sich davon immer weiter entfernten, haben sie sich nicht nur den Zugang zu einzelnen Erfahrungen abgeschnitten; sie haben sich auch und vor allem die Möglichkeit versperrt, gleichsam im Vorhof ihrer jeweiligen Domänen miteinander zu kommunizieren. Beide sind über das ihnen vorgelagerte Denken hinausgegangen, die Theologie auf eine Dogmatik zu, die keine Manifestationen eines unbestimmt bleibenden Göttlichen lehrt, sondern die bestimmte und einmalige Offenbarung Gottes in Jesus Christus, die Philosophie in Richtung auf eine Metaphysik, die das göttlich Gründende zur *Causa prima* macht. Zwischen einer zur dezidierten Offenbarungstheologie avancierten Gotteslehre auf der einen Seite und einer in den Rahmen der aristotelischen Ursachenlehre eingehängten *theologia naturalis* auf der anderen gibt es kaum noch eine erfolgversprechende Kommunikation. Darin scheint mitbegründet zu sein, daß gleichzeitig mit dem Schwinden des theologischen Interesses an der Philosophie diese ihrerseits ihr einst so lebendiges Interesse an der Theologie fast vollständig verloren hat. Hierfür kann der Standpunkt, den Heidegger gegenüber der Theologie einnimmt, lehrreich sein. In der Sicht Heideggers gibt es zwischen dem Gott, zu dem wir beten können, und dem zum höchsten Seienden ernannten Gott der Metaphysik keine tragfähige Brücke mehr. Darum muß, so der Nachmetaphysiker, ein Denken, das den Gott des Gebets als den ganz anderen anerkennt, in der Überwindung aller Metaphysik bei einem Sein haltmachen, das kein Seiendes ist und darum auch nicht das höchste Seiende sein kann. Der Scheidung heterogener Bereiche liegt ein Kommunikationsabbruch zugrunde.

Aber völlig abgebrochen ist die Verbindung zwischen Philosophie und Theologie in Wirklichkeit nicht. Sie könnten einander in dem Bereich begegnen, der von den Endpunkten ihrer Wege aus gesehen ein Zwischenbereich ist. Nur werden sich beide Parteien damit abzufinden haben, daß sie statt einer umfassenden Kommunikation bestenfalls eine Vorverständigung über geteilte oder auch nicht geteilte Prämissen erreichen können. Zur Bescheidenheit sind sie schon deshalb genötigt, weil sie sich in einem Medium treffen müßten, das beiden gleichermaßen fremd ist, in dem der Dichtung.

Hier genügt es nicht, daß die Theologie, einer bekannten Forderung Heideggers gemäß, statt der Sprache der herrschend gewordenen Philosophie ihre eigene Sprache spricht. Sie müßte eine Fremdsprache erlernen, genauso wie die Philosophie. So begrenzt aber auch die Verständigungschancen in jenem Zwischenbereich sein mögen – es ist doch allemal besser, sie zu ergreifen als an ihnen vorüberzugehen. Hätte die evangelische Theologie die ihr vom prototheologischen Denken gebotene Chance genutzt, so wäre sie vielleicht mit mehr Erfolg der Gefahr zur Selbstghettoisierung entgangen, die sie heute bedroht. Erspart geblieben wäre ihr dann wohl auch die nicht selten an ihr zu beobachtende Sprachlosigkeit angesichts einer Moderne, die bewußt oder unbewußt an jenes Denken anknüpft. Die immer noch tonangebende Theologie eines sich einkapselnden, konfessionalistisch verengten Protestantismus weiß wenig zu sagen zu der Vision Hölderlins, der im Rückgriff auf Pindar und die attischen Tragiker Christus mit den griechischen Göttern vereint, es sei denn, daß sie die Heterodoxie einer solchen Vision beklagt; und selbst da, wo ihr keine Häresie entgegentritt, wie im kryptotheologischen, die göttliche Kraft der Mnemosyne mobilisierenden Erinnerungsdenken von Marcel Proust, das sie über Benjamin sogar an die jüdische Tradition anschließen könnte, verfällt sie in verlegenes Schweigen.

Ein derartiges Verstummen verrät den Ursprung der ghettoisierenden Grenzziehungen, von denen anfangs die Rede war. Es reproduziert die alte Abschottung gegen das Griechentum. Schaut man näher hin, so sieht man, daß die Unfähigkeit zur Aneignung des Griechentums selbst noch der theologischen Auseinandersetzung mit modernen Transformationen des Judentums eine Schranke setzt. Die Verständnislosigkeit der ohnehin spärlichen Stellungnahmen von Theologen zu Benjamins unleugbar waghalsiger Synthese von Messianismus und Materialismus ist ein Beispiel dafür, wie die Bereitschaft, sich auf solche Transformationen einzulassen, genau dort erlahmt, wo das aus den Quellen des Judentums schöpfende Denken faktisch auch frühgriechische Erfahrungen erneuert. Dies sollte gesagt sein, damit der Versuch, den frühgriechischen Erfahrungen bei Theologen Geltung zu verschaffen, nicht falsch aufgefaßt werde. Der Versuch versteht sich keineswegs als Konkurrenzunternehmen zu den aktuellen Bemühungen um eine Neubestimmung des Christentums aus seinem Verhältnis zum Judentum. Im Gegenteil: Er will durchaus auch jüdische Wurzeln europäischen Geistes freilegen. Die abstrakte Entgegensetzung von Christentum und Griechentum setzt dessen Absonderung vom Judentum voraus. Allzusehr hat die Einengung des Blicks auf den Gegensatz von Monotheismus und Polytheismus das Verbindende zwischen den antiken Kulturen des Mittelmeers aus dem Gesichtsfeld gerückt. Natürlich ist das Trennende zwischen ihnen nicht zu leugnen. Es kommt nur darauf an, es vom Verbindenden her selbst besser zu begreifen.

II.

Um kenntlich zu machen, daß die Sache des protophilosophischen und prototheologischen Denkens weder schon der persönliche Gott ist, der sich einmalig offenbart, noch die Erstursache, an der die Kette der Ursachen in der Welt hängt, empfiehlt es sich, sie vorsichtig als das *Göttliche* zu umschreiben. Es wird auch gut sein, von ihr den Offenbarungsbegriff gänzlich fernzuhalten, selbst den einer in der Geschichte sich wiederholenden Offenbarung. Neben der einen Offenbarung, an die der Christ glaubt, und den vielen Offenbarungen, die in anderen Religionen für Tatsachen gehalten werden, scheint es etwas Drittes zu geben: ein gewissermaßen unterhalb der Offenbarungsebene liegendes Sich-Zeigen von Göttlichem in der Welt. Der Offenbarungsbegriff ist zu anspruchsvoll, als daß er das Kleine und Unscheinbare, in welchem Göttliches vielleicht nur flüchtig aufblitzt, gelten lassen könnte. Allerdings dürfen wir das Göttliche der protophilosophischen Theologie nicht mit dem *theion* verwechseln, das Aristoteles gegen den *theos*, den Gott selbst, abgrenzt. Eine solche Abgrenzung erlaubt es gerade nicht. Am ehesten können wir es nämlich dem unbekannten Gott gleichsetzen, den Paulus in Athen verehrt fand. Selten wird es im frühen Griechentum als das Göttliche angesprochen. Es verbirgt sich meistens hinter dem Namen einer Gottheit aus dem Pantheon der griechischen Volksreligion. Aber selbst da, wo dies der Fall ist, meint es einen Erfahrungsgehalt, für den der Name der jeweiligen Gottheit nur eine Chiffre ist. Es reicht in eine Formation des religiösen Bewußtseins, die tiefer liegt als der offizielle Polytheismus, wenn sie auch nicht die Stätte des Gottes ist, den Xenophanes gegen die Volksreligion mobilisiert hat. Unverstellt und unverfälscht begegnet es in der Rede von *einem* Gott, an den durchaus zahlreichen Stellen, an denen entweder gar kein Artikel gebraucht wird oder ein *tis* die Unbestimmtheit noch stärker zum Ausdruck bringt, als es im Deutschen der unbestimmte Artikel tun könnte. Die Unbestimmtheit zeigt aber nur gegenständliche Unbestimmbarkeit an, die Unmöglichkeit jeder identifizierenden Vergegenständlichung. Mit ihr geht eine sogar sehr eindrückliche Bestimmtheit der Erfahrung einher. Die Rede von einem Gott, zumal die von irgendeinem, artikuliert die Erfahrung eines Wunders. Sie bezeugt, daß eine übermenschliche Macht eingegriffen hat, um ein Geschehen, das kein Mensch zu Ende führen könnte, zu vollenden oder eine Lage, über die ein Mensch zu verfügen meinte, umzuwenden, sei es zum Guten, sei es zum Schlechten. Das in einem Gott verkörperte Göttliche markiert eine unüberwindbare Schranke menschlichen Planens und Handelns.

An diesem Punkt tritt die bisher fast nur negativ definierte, gegen die Metaphysik abgehobene Sache des protophilosophischen und protoetheologischen Denkens in ihrer eigenen Verfassung hervor. Von Aristoteles her und ausgehend von seiner alternativen Konzeption des Göttlichen können wir immerhin noch etwas an der inneren Verfaßtheit unserer Sache wahrnehmen. Das aristotelisch gedachte Göttliche unterscheidet sich von dem Gott selbst vor allem dadurch, daß es nicht getrennt von der Welt existiert, sondern den Kosmos durchwaltet. Es ist das Ganze. Auch das Göttliche des anfänglichen Denkens versammelt in sich auf gewisse Weise das Ganze, aber nicht als weltumspannende Totalität, sondern nur insofern, als mit ihm erfahrbar wird, wie es jeweils im ganzen um uns und unser Dasein steht. Ähnlich verhält es sich zu dem ersten Grund, der in der metaphysischen Frage nach dem Ganzen mit zur Debatte steht. Obwohl es nicht der alles tragende Grund sein will, der andere Gründe auf den zweiten Platz verweist, ist es doch ein Gründendes. Für den Pindar der Enkomien zum Beispiel enthüllt es sich in der Innenansicht eines Menschen, der Großes vollbracht hat und das Gelingen seines Werks auf mehr zurückführt als bloß auf seine eigene Leistung und seine eigene Anlage.

Der Vergleich mit dem Ganzen und dem Grund der aristotelischen Metaphysik kann auch noch etwas deutlicher machen, inwiefern das von beidem zu unterscheidende, wiewohl nicht abzuscheidende Göttliche auch und gerade uns Heutige anzusprechen vermag. Gewiß müssen auch wir noch Gott, wenn wir denn von ihm reden wollen, in Übereinstimmung mit der metaphysischen Tradition irgendwie als das Ganze denken. Evident erscheint nach wie vor, daß Gott seinem Begriffe nach das sei, *quo maior non cogitari potest,* über das hinaus nichts Größeres sich denken läßt. Als das Ganze der Welt können wir ihn aber nicht mehr ohne weiteres *erfahren,* zum einen weil fraglich ist, ob wir überhaupt noch einen erfahrenden Zugang zur kosmischen Totalität haben, zum anderen weil dieses Ganze, selbst wenn es noch erfahrbar sein sollte, eher ungöttliche oder gar widergöttliche Züge trägt. Zugänglicher dürfte uns das perspektivisch abgeschattete, an den Rändern dunkle Ganze sein, gerade weil es ständig in Frage gestellt ist. Stehen wir mit ihm doch selbst auf dem Spiel.

Auch der bescheidene Begriff von einem Gründenden, das nicht der Grund schlechthin sein will, mag in der gegenwärtigen Bewußtseinslage hilfreicher sein als der vollmundige Grundbegriff einer monarchisch gesinnten Philosophie des Absoluten. Sicherlich zählt die von der Metaphysik nachgezeichnete Figur des Grundes zu den überlieferten Begriffen, auf die wir nur um den Preis des Verzichts auf eine denkende Vergewisserung Gottes verzichten könnten. Der Grundbegriff gibt eine der Bedingungen an, die erfüllt sein müssen, soll die philosophische Rede von Gott noch einen ausweisbaren Sinn haben. Er darf aber nicht an der Moderne vorbei restauriert werden. Die Moderne löst stabile Entitäten in Prozesse auf und kann darum auch keinen rein substrathaft gedachten Grund bestehen lassen. Sie hat zwar noch quasi-theologische Systeme ausgebildet, aber in letzter Konsequenz nur solche, die Gott wie alles andere prozessualisieren. Insofern muß Theologie, will sie nicht ihren Gegenstand aus dem Auge verlieren, hinter die Moderne zurückgehen. Denn Gott verkäme zu einem leeren Wort, sobald man ihn restlos zu einem bloß prozessierenden verflüssigte. Die Idee eines Gründenden, das seine Macht im Lebensprozesse des einzelnen erweist, könnte der Theologie immerhin mit dazu verhelfen, so hinter die Moderne zurückzugehen, daß sie nicht an ihr vorbeigeht. Sie taugt zumindest als Problemtitel, als Hinweis auf die Frage, wodurch das Prozessierende, in das wir selbst verstrickt sind, über sich hinausweist. Eine stärkere Orientierung an dieser Idee könnte die Theologie nicht zuletzt davon abhalten, einen Grund in Anspruch zu nehmen, der als Effizienzursache zum Komplement eines alles Geschehen steuernden Telos gerät. Sie wäre, mit anderen Worten, ein Mittel zu dem Zweck, Kurs auf das *Eschaton* zu halten, eine Stütze für die Eschatologie. Auf die Eschatologie wird zurückzukommen sein.

Das Ganze und das Gründende ist das Göttliche des protophilosophischen Denkens, dies nun in unvermitteltem Gegensatz zum Gott der Metaphysik, als ein Gott, zu dem Menschen beten. *Wie* es das Ganze und *wie* es das Gründende ist, zeigt sich überhaupt erst im Gebet. Betend wenden wir uns letztlich an einen Gott, dem unser Leben im ganzen anheimgegeben ist. Unseren Dank statten wir ihm als dem ab, der uns durch unser vergangenes Leben geführt hat, und unsere Bitte richten wir an den Schutzherrn unseres zukünftigen Lebens. Darum tendiert das Gebet sowohl als Bitte wie erst recht als Dank dazu, seine unmittelbare Gestalt eines auf sich vereinzelten Aktes von sich abzustreifen und selbst zu einem das gesamte Leben durchdringenden Vorgang zu werden. Ineins damit versichern wir uns betend des uns Gründenden. Je und je begegnet uns darin das Göttliche als das, was uns Halt gibt, als der Boden unter unseren Füßen, den wir ständig zu verlieren in Gefahr sind. Nirgends sonst begegnet uns das Gründende so. Der Beter, der Gott als gründend erfährt, wird seiner aber zugleich als eines geschichtlich Handelnden inne. Wer betend dankt, erinnert sich der göttlichen Eingriffe in sein eigenes Leben oder das anderer; und wer betend bittet, hofft darauf, daß der mit dem Namen Gottes Angerufene in den weiteren Gang der Dinge eingreife. Der Gott des Gebets handelt geschichtlich, sofern er kein vorausbestimmtes Schicksal vollstreckt, sondern den Beter, wie wir sagen, ›erhört‹, also ihm nicht nur zuhört, sondern auch antwortet, mit Taten, zu denen ihn das Gebet bewegt.

Im Gebet ist demnach der sich uns je neu zuwendende Gott eins mit dem uns seit je gründenden, der Gott, der uns entgegenkommt, eins mit dem, der uns immer schon zuvorkommt. Insofern werden Betende auch am Gott Abrahams, Isaaks und der Propheten einer Seite ansichtig, nach der er ebensowohl ein Gott der Philosophen ist. Dies ist die Seite, die vor aller etablierten Philosophie und Theologie das sogenannte archaische Denken beleuchtet hat. Das in die frühgriechische Dichtung investierte Denken hat damit zugleich einen Punkt vorgezeichnet, an dem Philosophie und Theologie wieder ins Gespräch kommen könnten. Gerade als Philosoph wünsche ich mir eine Theologie, welche die im Gebet zu machende Gotteserfahrung erhellt, im Anschluß an eine Tradition, in der sie sich als selbst betende, in Gebetsform vorzutragende Theologie verstanden hat. Und ich wünsche mir als ihren Partner eine Philosophie, die den Glauben an einen lebendigen Gott aus der Binnenperspektive betender Menschen nachvollzieht, statt von außen her das Ende der Religion zu verkünden und sich dabei den Anschein zu geben, als konstatiere sie eine Erfahrungstatsache. Philosophen werden mit dem Bittgebet größere Schwierigkeiten haben als mit dem Dankgebet, jedenfalls solange sie Ewigkeit mit Unveränderlichkeit gleichsetzen. Aber Bitten und Danken sind im Gebet je schon ineinander reflektiert. Dem Bitten muß selbst das Gefühl der Dankbarkeit dafür zugrunde liegen, daß wir bitten *dürfen*. Sonst vermag es sich nicht von der Zweideutigkeit zu befreien, die es leicht zur Instrumentalisierung Gottes für die eigenen Belange verfälscht. Das Danken seinerseits setzt die Möglichkeit des Bittens voraus. Dies liegt an der Art, *wie* im Gebet der sich uns zuwendende Gott mit dem uns gründenden eins ist. Die beiden Aspekte kommen derart zur Deckung, daß das Gründen selbst als Zuwendung erfahren wird, als eine, um die wir Tag für Tag neu bitten müssen.

III.

Mit den Erläuterungen zum Begriff des Göttlichen ist die Sache der protophilosophischen Theologie erst nur vage umrissen. Näher betrachtet ist die latente Theologie der mit Pindar zu Ende gehenden, der sogenannten archaischen Epoche eine Theologie der Zeit, nicht bloß eine unter anderem auch Zeit behandelnde, sondern eine, die den unbekannten Gott vornehmlich in der Zeit sucht. Auch der Begriff des Göttlichen läßt sich erst unter dem Gesichtspunkt der Zeit genauer erfassen. Dies um so mehr, als das Denken jener Epoche Zeit zur geschichtlichen fortbestimmt, zur Geschichte. Der Ausdruck ›Geschichte‹ ist natürlich nicht schon der Kollektivsingular, den erst das 18. nachchristliche Jahrhundert verwenden kann, kein Terminus für die eine Weltgeschichte, deren Agens auch ein einheitliches Subjekt sein müßte. Im Zusammenhang mit dem frühen Griechentum von Geschichte und nicht bloß von Geschichten zu reden, scheint gleichwohl sinnvoll. Zum einen kennt das frühe Griechentum eine Geschichte, die über das Leben von Individuen hinausreicht und mehrere, potentiell unzählbar viele Generationen umfaßt, also nicht nur Lebensgeschichte ist. Zum andern schreitet dieser überindividuelle Prozeß insofern geschichtlich voran, als er, allen nachträglichen Deutungen zum Trotz, keine zyklische Struktur besitzt, geschweige denn eine ewige Wiederkehr des Gleichen wäre. Wenn Solon in seiner Musenelegie sagt, daß Zeus für unsere Freveltaten, soweit er sie nicht schon in unserem eigenen Leben vergilt, unsere Kinder oder Kindeskinder bestrafen werde, dann denkt er an einen generativen Zusammenhang, in den die Strafe des Gottes unvorhersehbar und keineswegs nach dem Gesetz von zyklisch geregelten Naturvorgängen hineinschlägt. Die alte, seit Karl Löwiths Buch *Weltgeschichte und Heilsgeschehen* zum Dogma verfestigte Vorstellung, daß ›die Griechen‹ geschichtliche Perioden zyklisch angeordnet hätten und daß eine geradlinig fortschreitende Geschichte erst im Gefolge des Christentums konzipiert worden sei, ist ein auf so späten Historikern wie Polybios gestütztes Konstrukt, das auf den anfangs berührten Vorurteilen über einen unüberbrückbaren Gegensatz von Griechentum und Christentum aufbaut. Schon in den Homer zugeschriebenen Epen begegnet uns ein anderes, allerdings auch vom linearen Modell verschiedenes, am Ineinandergreifen von Vergangenheit, Gegenwart und Zukunft orientiertes Geschichtsverständnis, und auf die protophilosophischen Texte Hesiods dürfen wir geradezu die Entstehung einer Geschichtstheorie zurückdatieren, für die der geschichtliche, nach Hesiod vom goldenen zum eisernen Weltalter forttreibende Prozeß nicht wieder in seinen Anfang zurückläuft.

Die so verstandene Geschichte ist für die Dichterdenker der archaischen und auch noch der klassischen Epoche die bevorzugte Wirkungsstätte eines Gottes, auf den die Hoffnung sich richtet, daß er den schuldverstrickten Gang der Dinge zum Guten wende. Aber nicht erst als geschichtlich qualifizierte, schon als eine im alltäglichen Leben des einzelnen erfahrene zeichnet sich die Zeit, um welche die Poesie von Hesiod bis Sophokles kreist, vor der modern aufgefaßten durch einen Überschuß aus, der sich nur im Rückgang auf ihr theologisches Fundament begreifen läßt. Dies gilt für alle ihre Formen, für die Zeit als Tag (*emar*) und die vom Schicksal (*moira* oder *aisa*) bestimmte Zeit, die den Tag zu einem *moiridion* oder *aisimon emar* macht, ebenso wie für *aion, chronos* und *kairos*. Eine vollständige Darstellung der protophilosophischen Theologie hätte die Begegnung mit dem Göttlichen in sämtlichen Zeitformen zu untersuchen. Im vorgegebenen Rahmen müssen wir uns mit einem Beispiel begnügen. Die Wahl des Beispiels kann nicht schwer fallen. Nicht alle aufgezählten Zeitformen hatten im frühen Griechentum von Anfang an paradigmatische Geltung; sie erlangten sie vielmehr nacheinander, ungefähr in der Reihenfolge ihrer Aufzählung.

Begriffe, die für uns zentrale Zeitbegriffe sind, wie der chronologische, standen für die Griechen keineswegs seit je im Mittelpunkt. Sie standen entweder, so der Begriff der chronischen Zeit, am Rande der Verständigung über temporale Verhältnisse oder hatten, wie *aion* und *kairos*, noch gar keine oder nur eine beiläufig temporale Bedeutung. Die historische Entwicklung entspricht aber dem inneren Aufbau des frühgriechischen Zeitverständnisses. Die zuerst hervorgetretenen Zeitformen sind die elementarsten, die späteren die komplexeren. Demnach ist die auch in der Sache ursprünglichste Form die Tageszeit; sie liegt allen anderen Formen zugrunde. So ist eine modellhaft vereinfachende Betrachtung geradezu genötigt, sich vorzugsweise an sie zu halten.

Die ökonomisch notwendige Beschränkung auf das Modell der Tageszeit beeinträchtigt das Interesse an der theologischen Substanz frühgriechischen Denkens nur unwesentlich. Nicht von ungefähr bringt schon die anfängliche Reflexion auf den Tag die Begegnung mit dem Zeitgott auf eine für alles Spätere maßgebliche Weise zur Sprache. Ausgerichtet am Paradigma des Tages, artikulieren der Dichter der Odyssee und im Anschluß an ihn der früheste Lyriker, Archilochos, die erste emphatische Erfahrung, welche die Griechen mit der Zeit machten, die Erfahrung, daß wir dem Tage ausgesetzt sind und im Wechsel der Tage keine Identität ausbilden können. Schon für diese Dichter war sie aber eine religiöse Grunderfahrung: Mit dem Tag liegt zuhöchst der Gott auf uns, in dessen Hand der Tag seinerseits liegt. Diese Grunderfahrung kennzeichnet die protophilosophische Theologie der Zeit als eine in einem eigentümlichen Sinne *negative*. Primär kommt es darauf an, am Beispiel der Tageszeit die Eigentümlichkeit dieser Art von negativer Theologie der Zeit herauszuarbeiten. Auch und gerade an ihrer Negativität läßt sich der Unterschied zwischen dem protophilosophischen Denken und der etablierten, metaphysisch verfaßten Philosophie ablesen. Negative Theologie ist das vor allem in die Lyrik eingegangene Denken nach ihrer eigentümlichen Bestimmtheit nicht in der Form, die der Neuplatonismus ausprägen wird. Die Neuplatoniker betreiben eine negative Theologie, die schlechthin negativ ist und auch bleibt. Sie beschränken sich auf negative Aussagen über Gott, weil nach ihrer Überzeugung jede positive Aussage, als eine von weltlichen Verhältnissen präformierte, Gott selbst in die endliche Welt hinabziehen würde. Demgegenüber gehen die archaischen Lyriker, trotz der Unbestimmtheit ihres Gottes, vom Negativen nur aus. Sie setzen bei ihm nur an, um ihm das Positive zu entlocken. In dieser Charakterisierung ihres Tuns werden freilich auch die Begriffe des Positiven und des Negativen anders verwendet. Die Begriffe beziehen sich als Interpretamente der protophilosophischen Theologie nicht auf das positiv Sagbare beziehungsweise das allein durch Negation Anzuzeigende, sondern auf Realitäten, auf eine Wirklichkeit, unter der wir einerseits leiden und die uns andererseits beglückt. Affirmative Fülle nimmt das Göttliche als das Beglückende an, das mitten in der Welt aufscheint. Die in diesem Sinne negative Theologie der Zeit wandelt sich jedoch auf dem Wege von Archilochos zu Pindar, und das Resultat ihrer Wandlung verdient aus heutiger Sicht besondere Aufmerksamkeit. Die Zeit, unter der wir leiden, indizierte anfangs nur dadurch ein Göttliches, daß sie den Menschen ihre Verfallenheit an die Welt vor Augen stellte und damit die Fremdheit des Göttlichen für die Menschen oder deren Ferne vom Göttlichen. Die im Hinblick auf die Fremdheit oder Ferne in sich negative Erfahrung des Göttlichen wurde ineins mit der negativen Zeiterfahrung gemacht, als eine Erfahrung des Anderen, das uns Menschen von sich abstößt oder von dem wir abgeschnitten sind. Im Gegensatz dazu löst sich die Erfahrung des Göttlichen bei Pindar, indem sie zu einer emphatisch positiven wird, von der negativen Zeiterfahrung ab, als ein Prozeß, der nur mit ihr beginnt und im Weiteren über sie hinausgeht.

Der zwischen Archilochos und Pindar stattfindende Wandel mag nicht leicht zu erkennen sein. Denn er vollzieht sich auf dem Boden eines identisch bleibenden Paradigmas, eben des Tages. Von Anfang an werden die in den Tag hineinlebenden Menschen als ephemere Wesen begriffen, als *ephemeroi*, und das heißt ja: als Wesen, auf denen der Tag liegt. Gleichwohl läßt sich der Abstand zwischen der eigentlich archaischen und der archaisierenden Version von negativer Theologie der Zeit bei näherem Hinsehen ermessen. Wenn Archilochos behauptet, die Menschen dächten jeweils so, »wie der Tag ist, den Zeus heraufführt« (fr. 131 West), so fundiert er die Herrschaft des Tages über uns in der Herrschaft des Gottes über den Tag, und dies derart, daß er zugleich zu verstehen gibt: Unser Leiden unter der Tagesherrschaft muß sich durch den Gedanken, daß wir in ihr dem undurchschaubaren Willen eines Gottes preisgegeben sind, noch steigern. Positiv kann man diese Gotteserfahrung nur insofern nennen, als eben die Erschütterung durch eine opake Fremdheit ein Göttliches anzeigt, das *tremendum* im *fascinosum et tremendum* des Heiligen. Und wenn der dem frühesten Lyriker noch nahe Semonides den Menschen vorhält: »als Tageswesen leben sie wie Vieh« (fr. 1 West. 3-4), so bleibt er, wenn er zu dem Gott hinüberblickt, eher noch tiefer im Negativen der hiermit ausgesprochenen Zeiterfahrung befangen: Die Menschen, die wie Vieh leben, weil sie die Zukunft nicht wissen und darum für schlechterdings Nichtwissende gelten müssen, sind unendlich entfernt von einem Gott, der das Ende von allem weiß, und sie erfahren dessen Ferne in der Erfahrung ihres ephemeren Daseins mit.

Ganz anders Pindar. Es genügt, an die berühmten Verse gegen Schluß seiner 8. Pythischen Ode zu erinnern: »Tageswesen! Was ist einer? Was ist einer nicht? Eines Schattens Traum der Mensch! Aber wenn gottgegebener

Glanz kommt, strahlendes Licht ist dann bei den Menschen und sanft ihre Lebenszeit« (vv. 95-97). Da *kommt* der Glanz des Göttlichen – in einem von der negativen Erfahrung des Tages sich ablösenden Prozeß, der die Nacht des ephemeren Daseins mehr und mehr erleuchtet. In die Welt, die Pindar nach dem Vorbild der Homerischen Unterwelt ausmalt, scheint im Augenblick der Erfahrung des Ausgeliefertseins an sie nicht einmal ein *Ab*glanz des Göttlichen hinein. Um so heller erstrahlt das Göttliche, sobald es kommt und das Dunkel dieser Welt durchbricht. Hier treibt einer nicht nur überhaupt Theologie der Zeit und auch nicht nur die negative, in der das Göttliche im Hintergrund negativer Welterfahrungen verharrt; hier entsteht eine negative Theologie der Zeit, in der das Göttliche zum Gegenstand einer eigenen, das Negative ins emphatisch Positive umwendenden Erfahrung wird.

Mit einem der etablierten Philosophie entlehnten und darum nur hilfsweise verwendbaren Begriff können wir den Prozeß, der im Abstoß von einer negativen Zeiterfahrung auf Göttliches zuläuft, im verbalen Sinne des Wortes als *Transzendenz* definieren. Das der Herrschaft einer entfremdenden, letztlich versklavenden Zeit ausgesetzte, nicht ausgelieferte Leben der Menschen wird transzendiert und dadurch zur Gemeinschaft mit dem Göttlichen befreit. Die besondere Attraktivität der spätarchaischen Konzeption negativer Zeittheologie liegt aber nicht zuletzt in dem Gedanken, daß die Transzendenz zweifacher Art ist. Zum einen ist sie ein *Einbruch*, der Einbruch des Göttlichen in das Leben und die Welt der Menschen. Das Göttliche, zu dem die Menschen befreit werden, ist hier selbst das Befreiende. So begegnet uns Transzendenz in dem soeben angeführten Spätwerk Pindars. Der gottgegebene Glanz kommt in der Weise, daß er in unser Dasein einbricht, ohne unser Zutun. Zum andern ist die Transzendenz, was wir gewöhnlich unter ihr verstehen, wenn wir das Wort verbal verwenden: ein uns aufgegebenes Transzendieren oder Übersteigen, ein *Überstieg* der Menschen über das Dasein, als das und in dem sie sich zunächst vorfinden.

Lehrreich an der spätarchaischen Konzeption ist, wie sie die Transzendenz qua Überstieg mit der Transzendenz qua Einbruch vermittelt. Ihr zufolge ist der Überstieg im Einbruch begründet. Nicht in allen Zeitformen ist das Verhältnis der beiden Transzendenzen zueinander so ausgewogen wie im Element der Tageszeit. Mit der Veränderung der Zeitformen verändert sich das wechselseitige Verhältnis der Transzendenzmomente mit, dergestalt, daß die übersteigende Transzendenz fast vollständig hinter der einbrechenden zurücktreten kann. In dem Plötzlichen etwa, als das die schicksalhaft von Glück in Unglück, von Unglück in Glück umschlagende Zeit den Blick auf ein Göttliches freigibt, bricht dieses mit einer Vehemenz in unser Leben ein, die einen Überstieg zu ihm auszuschließen scheint. Nie aber ist das Umgekehrte der Fall. Es gibt keine übersteigende Transzendenz ohne die gewissermaßen objektive, die einbrechende, zu der ein Gott selbst die Initiative ergreifen muß. Darum verbietet sie uns, sie subjektiv zu nennen. Sie ist von Menschen zwar zu vollbringen, aber nicht zu leisten. Die Kraft zu ihr empfangen wir allererst aus dem Göttlichen, durch dessen Einbruch. Zum Göttlichen protophilosophischen Denkens gehört wesentlich mit, daß es, zu Ende gedacht, primär ein einbrechendes ist und erst sekundär eines, auf das hin Menschen sich und ihre Welt übersteigen. Es ist so sehr das Einbrechende, daß man den Satz geradezu umkehren muß: Das Einbrechende ist das Göttliche.

Mit der Feststellung des Primats der einbrechenden Transzendenz ist die der übersteigenden Transzendenz gesetzte Schranke noch nicht einmal zureichend erfaßt. Auf eine Grenze stößt sie nicht erst dort, wo sie auf eine ursprünglichere Transzendenz verweist. Sie hat ihre Grenze schon in sich. Wir können sie nämlich nur fragmentarisch vollbringen. Im Proömion zur 6. Nemeischen Ode komponiert Pindar aus dem Zusammenspiel von einbrechender und übersteigender Transzendenz eine Theoanthropologie, die gegen die Vorstellung von einer unüberbrückbaren Kluft zwischen Gott und Mensch, wie er sie bei Semonides vorfand, eine am Überstieg orientierte Alternative geltend macht. Wohl sind Gott und Mensch in der Tat getrennt, durch eine »Kraft«, die ausschließlich im Besitz der Götter ist, so daß diesen auf seiten der »Nichtwissenden« buchstäblich ein »Nichts« gegenübersteht. Aber eben in Anbetracht der Kraft, die in uns wirkt, ohne unsere eigene werden zu können, glaubt Pindar sagen zu dürfen: »und doch – wir kommen den Unsterblichen in etwas nahe« (vv. 4-5). Der Überstieg auf das Göttliche zu, ohnehin abhängig von einer Kraft, die aus dem Göttlichen selbst quillt, wird in dem wirkmächtigen Proömion zusätzlich durch das Wörtchen ti depotenziert. Wir können uns dem Göttlichen nur ein wenig nähern, sofern der Überstieg nie am anderen Ufer ankommt. Er bleibt sozusagen in der Luft hängen. Dies ist ein räumliches Bild für einen zeitlichen Sachverhalt. Der Überstieg muß Stückwerk bleiben, weil er ein Prozeß ist, der sich nicht zu stabilisieren vermag. Das Fragmentarische an ihm beruht darauf, daß er als ein je im Augenblick zu vollziehender auch nicht über den Augenblick hinausgelangt. Wir erfahren Göttliches nicht nur in seinem Einbruch und auch nicht nur als Quelle und Ziel unseres Überstiegs. Wir erfahren es ebensowohl und vielleicht am nachhaltigsten in der Unselbständigkeit und Instabilität dieser menschlichen Art von Transzendenz, in der Unverfügbarkeit der Quelle und Unerreichbarkeit des Ziels aller Versuche, uns ihm zu nähern.

Die Annahme einer Zwiefalt der sowohl einbrechenden wie übersteigenden Transzendenz und die Anerkenntnis einer nicht nur äußeren Abhängigkeit des Überstiegs vom Einbruch sind für die vollendete Konzeption negativer Zeittheologie gleichermaßen konstitutiv. Beides zusammen ist auch geeignet, ihr in der gegenwärtigen Bewußtseinslage eine wichtige Korrektivfunktion zu verschaffen. In der Moderne hat sich die übersteigende Transzendenz immer mehr verselbständigt, mit dem Ergebnis, daß sie schließlich zu einem Gemächte wurde, das den ideologiekritischen Verdacht einer Erzeugung Gottes aus menschlichen Kompensationsbedürfnissen auf sich ziehen mußte. Der Gottesbegriff selbst ist durch die zunehmende Subjektivierung der Transzendenz ausgehöhlt worden. Die sogenannte Postmoderne, zu der, recht verstanden, auch das Seinsdenken des späten Heidegger gehört, fällt demgegenüber ins entgegengesetzte Extrem; sie zelebriert den reinen Einbruch. Derart vom Überstieg losgelöst, wird der Einbruch mythisch. Was sich heute in vielen Bereichen abspielt, ist eine Wiederkehr des von der Moderne Verdrängten in mythisierter Gestalt. Das zeigt nicht zuletzt der Denkweg Heideggers. Die frühe Fundamentalontologie hatte, jedenfalls in ihren schlechtesten Ausprägungen, die Neigung, die übersteigende Transzendenz auf sich zu fixieren, ohne jede Rücksicht auf eine einbrechende. Das späte Seinsdenken tendiert umgekehrt zu einer Verabsolutierung des Einbruchs, dem es, wiederum in seinen schwächsten Manifestationen, mit allen Beiträgen des Subjekts auch den Überstieg aufopfert. Seine Wahrheit ist, daß es dem Einbruch die Priorität sichern will. Doch gibt es seine eigene Wahrheit preis, wo immer es um der Souveränität des Einbruchs willen die Zwiefalt der Transzendenz leugnet. Eine Besinnung auf die vollendete Konzeption negativer Zeittheologie könnte beide Einseitigkeiten zurechtrücken, die moderne Entwurzelung des Überstiegs und die postmoderne Mythisierung des Einbruchs, ohne daß sie Gefahr liefe, den Einbruch um sein Vorrecht zu bringen.

IV.

Für eine Besinnung auf diese Konzeption zu werben, kann natürlich nicht heißen: ihre Fragwürdigkeit zudecken. Die Fragwürdigkeit namentlich Pindars, bei dem die negative Theologie der Zeit voll aufgeblüht ist, tritt hervor, sobald man die Legitimationsfunktion seiner Dichtung für eine um ihre Privilegien kämpfende Adelsschicht in den Blick rückt. Ein anderer Lyriker, Peter Rühmkorf, hat dem Apologeten einer absterbenden Gesellschaft »unerträgliche Großmannsideologie« und hymnisches »Gehudel« vorgeworfen, eine Sprache des »elitären Feiertagsvokabulars« und »dichterischen Hoflieferantentums«. Für Rühmkorf repräsentiert Pindar den »Typ des Allzweckschreibers schlechthin, korrupt genug, jedem Duodez-Tyrannen die göttliche Abkunft anzudichten«. Die ihrerseits nicht ganz untypische Kritik, die sich in den sechziger Jahren des Beifalls sicher sein konnte, richtet sich zwar selbst. Aber einiges an ihr muß gerade Theologen zu denken geben. Der Gott, den Pindar anruft, ist ein Gott der Sieger, nicht der Opfer, und das Licht, das von seinem Gott her in die Welt fällt, überstrahlt die, die ohnehin im Licht stehen, nicht die Armen und Geschundenen auf der Schattenseite dieser Welt. Pindars Denken entlarvt Religion auch als die, die Karl Barth der Offenbarung entgegensetzt, als eine, in der die göttliche Macht zum verlängerten Arm der weltlichen gerät. Insofern bildet es für das ganz Andere des christlichen Gottes eher eine Negativfolie. Zwischen dem Garanten weltlicher Macht und dem Gekreuzigten klafft ein Abgrund.

Daß ein solches Denken christlichen Theologen gleichwohl etwas zu sagen hat, liegt an seiner Zerrissenheit. Ungeachtet dessen, daß es tatsächlich den Herrschenden zu Diensten war, verbirgt sich in ihm ein utopischer Gehalt, der über die bestehende Welt hinausweist, auch über die der Herrschenden. Insofern enthüllt es sich am Ende sogar als eine Vorform von Eschatologie. Es gehört mit zur Vorgeschichte der Art von Theologie, für welche die eschatologisch verfaßte eines Jürgen Moltmann einsteht. Pindar weist die einbrechende Transzendenz am Glück aus, die übersteigende an der Hoffnung. Anders als seine Vorgänger, für die Hoffnung weithin Illusion war, kann er sie affirmieren, weil er sie letztlich auf den unbekannten Gott gründet. Seine Vision eines in der Zeit erscheinenden Gottes konkretisiert sich zur Theologie der Hoffnung.

Am Widerstreit von oberflächlicher Herrschaftsideologie und untergründiger Eschatologie wird nur besonders deutlich, was die protophilosophische Theologie überhaupt charakterisiert: In ihr opponiert griechisches Denken gegen sich selbst. Die gleiche Selbstentzweiung verrät sich in ihrem Verständnis der Schicksalszeit. Von früh an war griechisches Denken ein Schicksalsdenken, das im Ungewissen ließ, ob ›Gott‹ nicht bloß ein anderer Name für Moira ist. Homer kann sich nicht entscheiden, ob Zeus mit Moira zusammenfällt oder ihr gehorchen muß oder seinerseits Herr über sie ist. Aber schon Hesiod ergreift dezidiert diese dritte Möglichkeit; seine Theologie verfolgt den Prozeß, in welchem Zeus sich über die Schicksalsmächte, über Chaos und Nacht, erhebt und sie in die Defensive drängt. Pindars Idee des Plötzlichen verschärft den antifatalistischen Ansatz. Im Plötzlichen verschwindet die schicksalhaft bestimmte Zeit, und der Gott, der darin aufblitzt, trennt sich vom Schicksal, indem er dessen vorhersehbaren Wechsel unvorhersehbar stillstellt.

Nicht zufällig hat Platons an diese Idee anknüpfender Gedanke eines mitten in die Zeit fallenden, aber nicht selbst zeitlichen Augenblicks, wie Beierwaltes zeigen konnte, über Dionysios Areopagita, Meister Eckhart und andere tief in die Christologie hineingewirkt. In der Theorie des Plötzlichen ist ein griechisches Denken am Werk, das im Hinausgehen über sich bis an die

Grenze des christlichen geht. Christliche Theologie sollte sich gewiß nicht erneut der griechischen anheimgeben, auch nicht der vormetaphysischen. Aber sie sollte bei aller Distanz dessen eingedenk sein, daß jedenfalls die vormetaphysische, die in der Metaphysikkritik des späten Platon wiederauflebt, in ihrer Entzweiung ein progressives Potential freisetzt. Vor einem Schicksal, das wirkliche Geschichte verhindert und darum für Christen nur das mystifizierte Objekt eines Gegenglaubens sein kann, schützt sie selbst schon den geschichtlich handelnden Gott.

Christian Link

Der Weg der Erfahrung:
Bemerkungen zum theologischen Wahrheitsproblem

Zu den wichtigen methodischen Einsichten, die wir Jürgen Moltmanns Entwurf einer messianischen Theologie verdanken, gehört die Erkenntnis, daß Gott und Welt sich nicht gegeneinander definieren lassen. Eine von Joh 1,14 ausgehende Theologie hat das immer gewußt, aber sie hat aus diesem Wissen – aus dem weltlichen »Einwohnen«, »Mitleiden« und »Begleiten« Gottes – noch kaum Konsequenzen für ihren Erkenntnisweg gezogen. Darum gehört die Berufung auf *Offenbarung* noch immer zu den als Zumutung empfundenen, »unausweisbaren« Behauptungen, die das theologische Argumentieren von der Wirklichkeitswahrnehmung anderer Wissenschaften trennt. Das müßte durchaus nicht so sein, wenn man es wagte, den Begriff bei seinem alltagssprachlichen Wortsinn zu behaften. »Das ist mir eine Offenbarung!« – diese Redensart gibt zu verstehen, daß wir die vertrautesten Zusammenhänge bisher nicht richtig gesehen und erfaßt haben, daß es vielleicht nur einer halben Drehung des Kopfes bedürfte, um sie unter einer ganz anderen Perspektive neu zu Gesicht zu bekommen. Moltmann spricht in seiner Schöpfungslehre von »teilnehmendem« Erkennen, einem Erkennen, das nicht ›auf Distanz‹ geht, sondern in die »wechselseitigen Beziehungen des Lebendigen« eintritt,[1] das also damit rechnet, daß im Vorgang des Erkennens eine Beziehung zwischen ›mir‹ und dem ›anderen‹ realisiert wird, die mich zugleich auf den (immanenten) Grund alles Lebendigen, auf Gott, verweist.

Für diesen elementaren Vorgang hat unsere Sprache das Wort *Erfahrung* geprägt. Erfahrung erwirbt man bekanntlich nur dann, wenn man sich ungewohnten, neuen Situationen und Verhältnissen aussetzt und dabei auch seine eigenen Grenzen, die Grenzen alles Voraussehens und Machenkönnens und damit die Grenzen alles Dogmatismus, kennenlernt. Wenn mit solcher Erfahrung »alle unsere Erkenntnis« beginnt (Kant), auch die »Erkenntnis der Natur als Schöpfung Gottes« (Moltmann), dann lohnt es sich, der Frage nach-

---

1. *Jürgen Moltmann*, Gott in der Schöpfung. Ökologische Schöpfungslehre, München 1985; vgl. a.a.O., 35: »Je besser die Erfahrungen und Erkenntnisse, die Fragen und Aporien der gegenwärtigen Situation erkannt und aufgenommen werden, desto klarer und unzweideutiger kann der Schöpfungsglaube sprechen.«

zugehen, auf welchem *Wege* sie uns zur Anerkennung von Sachverhalten nötigt, die wir theologisch mit dem Begriff »Offenbarung« zu umschreiben pflegen. Daß hier ein ernst zu nehmendes Problem vorliegt, zeigt die in der neueren Religionsphilosophie seit langem diskutierte Forderung einer Wahrheitskontrolle (»Verifikation«) theologischer Aussagen. Wenn also Erfahrung – noch vor der Frage, wie sie zustande kommt und warum sie gelingt – zunächst nur bedeutet, sich selbst auf den Weg zu machen, um im Gegensatz zu allem bloß Gedachten, auf Autorität hin Angenommenen oder geschichtlich Überlieferten etwas zu *erkunden*, kennenzulernen und selbst zu sehen: müßte dann die Behauptung etwa der Existenz Gottes nicht einem Umgang mit der sogenannten Wirklichkeit entspringen und umgekehrt eine bestimmte Einstellung zu dieser Wirklichkeit ermöglichen, die grundsätzlich jedermann zumutbar ist?

I. Die Leistung der Erfahrung

Verständigen wir uns in einem ersten Schritt über den Sinn dieses Frageansatzes: Was setzen wir voraus, wenn wir von der Theologie erwarten, daß ihre Aussagen einer Erfahrung entspringen und sich umgekehrt in eine Erfahrung übersetzen lassen sollen, die wir in und mit der Welt machen? Daß der Begriff der Erfahrung zu den unaufgeklärtesten Begriffen gehört, die wir besitzen, wird heute mit Recht beklagt. Man wird sich jedoch, um überhaupt einen Ausgangspunkt zu finden, auf die elementare Beschreibung einigen können, Erfahrung bestehe darin, aus der Vergangenheit für die Zukunft zu lernen (im Sinne der Alltagsweisheit: »Gebranntes Kind scheut das Feuer«). Auf unsere Erfahrung – das sei hier ohne jeden Beweis vorausgesetzt – können wir uns in weiten Grenzen verlassen. Erfahrung »gelingt«; wir verstehen mit ihrer Hilfe die Welt; sie weist uns verläßlich in die Welt ein. Es muß eine Art prästabilierter Harmonie zwischen der Struktur der Welt und der Struktur unserer Erfahrung geben. Die Welt ist unserer Erfahrung weitgehend (wenn auch nicht prinzipiell) erschlossen. Erfahrung ist an den Bereich alltäglichen Handelns und Hervorbringens gebunden. Sie erwächst aus der *Gewöhnung* als jenes Sich-Auskennen, das uns bei der Einrichtung unserer Welt leitet. Darum hat sie nach Aristoteles keinen »Logos«, sie kann über ihr Vorgehen keine Rechenschaft geben. Sie kennt die Regeln nicht, denen sie folgt, sondern setzt sie unbewußt voraus. Erfahrung in dem hier umschriebenen Sinne entsteht »aus vielen Erinnerungen an denselben Sachverhalt«[2]. Darin liegt zweierlei:

2. *Aristoteles*, Metaphysik 980 b 28.

(1) Erinnerung ist das Vermögen, sich Vergangenes zu vergegenwärtigen und zwar so, daß es ausdrücklich *als* Vergangenes, jetzt Abwesendes präsent wird. Deshalb muß die Vergangenheit selbst mitwahrgenommen werden. Wahrnehmung von Vergangenheit als Vergangenheit ist Wahrnehmung von Zeit, Erfahrung also gründet in der Wahrnehmung von Zeit. »Zeit« wiederum ist die Grundverfassung all dessen, was ist.

(2) Aus der Vergangenheit für die Zukunft läßt sich nur »lernen«, wenn eine vergangene Situation als dieselbe bzw. als eine ähnliche wiedererkannt wird. Die Erfahrung scheint also nicht nur einen Sachverhalt als solchen, sondern diesen als einen wiederkehrenden und insofern als einen »allgemeinen« zu entdecken. »Erfahrung ist Erkenntnis eines allgemeinen Sachverhaltes aufgrund von Wahrnehmungen.«[3]

Nimmt man beides zusammen, so besteht die Leistung der Erfahrung in folgendem: Sie weist mich als ein zeitliches Wesen in den Zeitzusammenhang der Welt ein. Sie hebt zeitlich markante (»wiederkehrende«) Ereignisse heraus. Das aber tut sie – ihrer zeitlichen Struktur entsprechend – nicht so, daß sie das wiederkehrende »Allgemeine« als eine zeitlose Wahrheit präsentiert, sondern so, daß sie es zeit- bzw. situationsgemäß deutet. Das Herausheben hat den Sinn einer Interpretation: Jetzt regnet es, jetzt ist es Zeit, ein schützendes Dach aufzusuchen. Erfahrung ist – so gesehen – niemals neutral. Sie gibt mir niemals das ›Faktum‹ »es regnet«, sondern immer die Deutung: »Vergiß den Regenschirm nicht!« Erfahrung ist als eine sinnvolle Deutung meiner Lebenswelt in sich »stimmig«, sie kann mich nicht täuschen. Täuschen kann ich mich nur, wenn ich aus meiner Erfahrung falsche Schlüsse ziehe: wenn ich die Fatamorgana, die ich sehe, für ein wirkliches Wasser halte. Darum setzen wir den Einklang von Erfahrung und Wirklichkeit voraus und müssen das tun. Nur unter dieser Voraussetzung ist es möglich und hat es einen Sinn, nach der erfahrbaren Wahrheit der Welt zu fragen.

Welches Verständnis von *Wahrheit* ist in dem hier entwickelten Ansatz impliziert? Man nennt eine Erkenntnis nach der Tradition der Logik dann und nur dann »wahr«, wenn die Aussagen, in dem sie ausgesprochen wird, in nachprüfbarer Weise mit dem Sachverhalt übereinstimmen, von dem diese Aussagen reden. Dieser »wissenschaftliche« Wahrheitsbegriff entspricht indessen schwerlich der charakterisierten Erfahrungssituation, denn er lebt von Voraussetzungen, die die Erfahrung selbst gar nicht kennt. Er setzt, um das Wichtigste zu nennen, voraus, daß alle Erkenntnis sich in der logischen Form des *Urteils* aussprechen läßt, also – in der Schulterminologie ausgedrückt – »zweiwertig« ist: Die logisch begriffene Wahrheit steht in einem symmetrischen

---

3. C. F. von *Weizsäcker*, Der begriffliche Aufbau der Physik (ungedruckte Vorlesung); vgl. ders., Aufbau der Physik, München 1986², 47ff., 100ff.

Verhältnis zu möglicher Falschheit. Von dieser Symmetrie weiß die Erfahrung nichts; es gibt keine »falschen« Erfahrungen. Der wissenschaftliche Wahrheitsbegriff ist darum – streng genommen – auf Erfahrung gar nicht anwendbar, sondern allein auf die im Urteil bereits *interpretierte* Erfahrung. Er fragt, ob meine Interpretation – meine Vorstellung von der Sache – mit dem Sachverhalt selbst »übereinstimmt«, wobei es ein bis heute ungelöstes Problem ist, wie eine Vorstellung bzw. das sprachliche Gebilde einer Aussage mit einem »Sachverhalt« soll übereinstimmen können. Formuliert man den Sinn dieser »Übereinstimmung« mit Aristoteles – eine Aussage ist wahr, wenn in ihr verbunden ist, was in den Sachen (›pragmata‹) verbunden, und getrennt, was in den Sachen getrennt ist – , so setzt man voraus, daß es »Sachverhalte« nur für sprachfähige Wesen gibt. Das scheint eine sinnvolle Annahme zu sein. Man setzt ferner voraus, daß der durch »Übereinstimmung« definierte Begriff von Wahrheit nur auf unsere Aussagen *über*, d.h. auf unsere Interpretation *von* Erfahrung anwendbar ist, sagt aber zugleich, daß, wenn wir im Rahmen dieser Theorie überhaupt von Wahrheit reden wollen, wir notgedrungen interpretieren müssen. Das ist eine sehr viel problematischere Annahme. Sie hat zur Folge, daß wissenschaftliche (und so auch theologische) Sätze zum überwiegenden Teil Aussagen über *Aussagen* statt über *Sachverhalte* formulieren.

Denn diese Interpretation – das verlangt die Form des Urteils – geschieht durch Begriffe, die ein *logisch* (»zeitlos«) Allgemeines umgrenzen, das mit dem wiederkehrenden Allgemeinen, das die Erfahrung hervorhebt, nicht ohne weiteres in eins gesetzt werden darf. Schon die Frage nach einer »Übereinstimmung« ist also nur dann möglich und sinnvoll, wenn man davon ausgeht, daß ein begrifflich Allgemeines mit Gewißheit empirisch bestätigt werden kann. Selbst wenn man offen läßt, in welchen Grenzen eine solche Bestätigung tatsächlich erreichbar ist: diese Annahme impliziert, daß der Horizont begrifflicher Allgemeinheit – der Horizont des Denkens – grundsätzlich abbildbar sei auf den Horizont der Erfahrung, daß also die Erfahrungssituation hinsichtlich der sie bestimmenden Faktoren grundsätzlich der Erkenntnissituation entspricht.

Hier liegt offenbar der Nerv des Problems. Denn mit welchem Recht dürfen wir unterstellen, daß es eine derartige Korrespondenz zwischen der logischen Struktur der Aussage und der Struktur der Erfahrung gibt? Zwar liefert auch die Erfahrung ein Allgemeines, aber sie läßt dieses »wiederkehrende« Allgemeine – eine biologische Species oder eine elliptische Planetenbahn – nur am Einzelfall sehen. Man kommt dem Rätsel, daß es überhaupt allgemeine Sätze gibt, die die Berechnung von Sonnenfinsternissen über Jahrtausende ermöglicht haben, nicht bei, wenn man sagt, man gebrauche Hypothesen bis zur Falsifizierung.[4]

4. Vgl. *C. F. von Weizsäcker*, Die Einheit der Natur, München 1971, 124.

II. Die »Wahrheit« der Erfahrung

Man kann das hier sichtbar gewordene Problem auch so ausdrücken und sagen: Solange wir Erfahrungen »machen«, können wir auf Wahrheit gar nicht reflektieren. Denn Erfahrung hat immer auch den Charakter des unmittelbar-spontanen Erlebens. Das Erlebnis aber fragt nicht wie das Denken nach »wahr« und »falsch«. Es kommt dieser Frage zuvor, indem es den Erlebenden dorthin stellt, wo sich »wahr« und »falsch« gewissermaßen erst entscheiden. Es läßt ihm nicht die Möglichkeit, die das urteilende Denken ihm einräumt, die Distanz des Zuschauers, sondern macht ihn – im Bilde gesprochen – zum Mitspieler. Darum sind Erfahrungen in einem Sinne ›wahr‹, der von der Logik, der Theorie gar nicht erreicht werden kann. Ihre ›Wahrheit‹ steht nicht, wie die Wahrheit des Urteils, in einem symmetrischen Verhältnis zu möglicher Falschheit. Es ist der *geschichtliche*, über jeden feststellbaren Abschluß hinausdrängende Charakter der Erfahrung, der eine solche (theoretisch wünschbare) Symmetrie unmöglich macht. Wie freilich in einem geschichtlichen Prozeß Wahrheit überhaupt definiert werden könnte, hat noch niemand angegeben.

Andererseits besitzt keine der *klassischen* Definitionen, die wir kennen – Wahrheit als Übereinstimmung oder Wahrheit als Konsens – ein *Kriterium* ihrer Wahrheit. Fraglich gewordene Wahrheit kann nur mit Hilfe nicht fraglich gewordener Wahrheit überprüft werden. Ein Konsens kann nur dauern, wenn er der Überprüfung durch weiteren Diskurs, ob er eigentlich Konsens sei, standhält. Das ist ein Zirkel, freilich ein unvermeidbarer. Er ist unvermeidbar, solange wir die Wahrheit nicht »haben«, sondern nach ihr suchen, oder schärfer ausgedrückt: solange die Grenzen, innerhalb derer wir Wahrheit verstehen und »definieren«, *unsere* Grenzen sind, das heißt durch die Perspektive unseres Sehens bzw. Erkennens gezogen und dann wieder überholt werden. Er besagt, daß Wahrheit der Überprüfung fähig und bedürftig ist; er besagt aber auch, daß unser reflektiertes Reden von Wahrheit und die ihm entsprechende Erfahrung, die im Vorgang des Überprüfens gewonnen wird, einen unreflektierten Umgang mit Wahrheit voraussetzt, ja notwendigerweise von ihm herkommt.[5]

Diese Herkunft ist in der griechischen Bestimmung der Wahrheit als »Unverborgenheit« zum Ausdruck gebracht. Sie ist keine Definition der Wahrheit, auch kein Oberbegriff, unter den dann einzelne Wahrheiten fal-

---

5. Die Einsicht in die präreflexive Erschlossenheit der Welt, die auch der Wissenschaft im Rücken liegt, verdanken wir insbesondere dem sogenannten »linguistic turn« der neueren Sprachphilosophie, die sich vornehmlich als Kritik eines transzendentalen Vernunftbegriffs etabliert.

len könnten. Unverborgenheit bezeichnet vielmehr das simple Faktum, daß wir Wahrheit nur überprüfen können, weil wir immer schon in ihr leben. Sie umreißt den Horizont, in dem so etwas wie eine Wahrheitstheorie allererst möglich wird. Darum kann die Berufung auf Unverborgenheit zwar kein Argument in einem Diskurs sein, gleichwohl aber ist sie – daran kann die Theologie nicht vorbeigehen – geradezu ein Stilelement nicht nur der Sprache, sondern auch der Gedankenführung etwa des Johannes-Evangeliums (Joh 16,13; 18,37 u.ö.)

Die neuzeitliche Wissenschaft hat in der ihr eigenen methodischen Einstellung die hier vorgeschlagene Argumentationsrichtung umgekehrt. Sie versucht, die Wahrheitsfrage am Leitfaden eines zuvor erstellten begrifflichen Entwurfs zur Entscheidung zu bringen, den sie der Erfahrung zur Begutachtung vorlegt – in der Annahme, die Erfahrung könne ihn kompetent »bestätigen«. Genauer noch: Während sie voraussetzt, die Wahrheit der Welt lasse sich aus der (unterstellten *begrifflichen*) Struktur der *Erfahrung* erschließen, sind wir davon ausgegangen, daß die Erfahrung selbst nur aus der ihr vorgegebenen (uns weithin *unbekannten*) Struktur der *Welt* zu verstehen sei, daß sie also von sich aus gar keine Kompetenz habe, über einen begrifflichen Entwurf zu befinden. Dann aber bleibt uns nur übrig, in der Rolle des »Schülers, der sich alles vorsagen läßt« (Kant), von ihr zu lernen.

Am Beispiel wird es deutlich. An der Wahrheit der Worte: »Über allen Gipfeln ist Ruh' ...« kann niemand zweifeln, der überhaupt eine dichterische Aussage aufzunehmen versteht.[6] Sie trägt eine Evidenz in sich, die hinter der Evidenz logischer Wahrheiten nicht zurücksteht. Zugleich aber ist offenkundig, daß sie sich keiner der uns bekannten Wahrheitsnormen unterwerfen läßt. Wir empfinden es als unangemessen, ihr den Status einer Hypothese zuzuschreiben und nach den Bedingungen zu fragen, unter denen sie wahr sein könnte. Woran liegt das? Gewiß nicht daran, daß das Gedicht von ungreifbaren Gefühlen oder Stimmungen Goethes spräche. Es redet ja tatsächlich von den Gipfeln und der Ruhe, die jeder andere zur selben Stunde ebenso hätte erfahren können. Es scheint die Struktur der hier aufgewiesenen »Sachverhalte« zu sein, die den Weg der wissenschaftlichen ebenso wie den der existentialen Interpretation als einen möglichen Zugang zur Wahrheit dieser Worte ausschließt. Die Ruhe, von der das Gedicht redet, meint weder eine physikalisch meßbare Windstille, noch zielt sie auf eine »Gestimmtheit« des menschlichen Daseins. Sie benennt eine Verfassung der Welt, die den Unterscheidungen der Logik wie den Verhaltensformen der Menschen vorausliegt. Dementsprechend ist Wahrheit hier nicht in der Form des

---

6. Ich beziehe mich im Folgenden auf die Analyse von *G. Picht*, Bildung und Naturwissenschaft, in: C. Münster/G. Picht, Naturwissenschaft und Bildung, Würzburg o.J. (1953), 76ff.

Urteils ausgesprochen: Wer? – die Ruhe, ist wo? – über allen Gipfeln. Der Sachverhalt, auf den sie zielt, läßt sich in der logischen Form der Aussage gar nicht zur Darstellung bringen. Eine »Übereinstimmung« von Aussage und Sachverhalt, wie sie die Tradition der Philosophie als Ausweis »wahrer« Rede verlangt, scheint hier nicht möglich zu sein. Es scheint nicht möglich zu sein, die namenlose Ruhe der Welt, in die das Gedicht seine Leserinnen und Hörer hineinnimmt, mit dem Instrumentarium der Logik oder mit einer Hermeneutik des menschlichen Daseins »nachprüfbar« zu machen, zu »verifizieren«. Und doch können wir sie zweifelsfrei erfahren.

Die eigentümliche Leistung der Erfahrung, die hier zum Zuge kommt, besteht darin, uns für die Begegnung mit »Wirklichkeit« zu öffnen und dadurch jeden Vorbegriff von der Sache zu korrigieren. Erfahrung steht hier nicht im Dienst der *Erklärung*, sondern – so müßte man im Unterschied zu ihrem neuzeitlichen Begriff sagen – im Dienst der *Erzeugung* von Wirklichkeit. Daß die Aussage, zu der sie uns nötigt, nicht »falsch« werden kann, ist so gesehen der geradezu »logische« Ausdruck der Tatsache, daß der Horizont, in dem sie die Phänomene aufsucht, die Welt selber ist, nicht aber der Projektionsschirm des menschlichen Bewußtseins. Denn wir können nur deshalb »Welt« verstehen und Erfahrungen in ihr »machen«, weil wir selbst Teil der Welt sind.

III. Erfahrung als weltliche Sprache der Offenbarung

Was tragen diese Überlegungen für das der Theologie aufgegebene Wahrheitsproblem aus? Der Erfahrungsbereich, in dem sich die Theologie gegenwärtig bewegt und bewegen muß, ist negativ durch die Erfahrung mit einigen Jahrhunderten deterministischen Denkens und der daraus hervorgewachsenen Physik und Technik bestimmt, positiv erschließt er sich allein aus der Offenbarung des biblischen Gottes. Einerseits scheint die in der Neuzeit ausgebildete Gestalt der Rationalität dem Glauben keinen Raum zu lassen, andererseits erschließt sich die uns zugängliche Wahrheit der Offenbarung nur im Raum unserer eigenen Geschichte. Daraus ergibt sich das Problem: Kann man das Bekenntnis zu Gott als dem Schöpfer von Himmel und Erde heute glaubhaft nachsprechen und gleichzeitig dahingestellt sein lassen, ob die Natur, mit der sich der Naturwissenschaftler befaßt, etwas mit diesem Gott zu tun hat? Das scheint nicht gut möglich zu sein. Läßt man sich aber auf diese Problemstellung ein, dann muß man die *These* des Glaubens als *Hypothese* in die wissenschaftlich verfahrende Theologie einführen. Die Beschreibung der theologischen Aufgabe durch den Begriff der Hypothese mag ungewohnt sein; problematisch ist sie deshalb noch nicht. Denn die der

Vernunft und Erfahrung *zugänglichen* Gründe des Glaubens darzulegen, hat die Theologie von jeher als ihre vornehmste Aufgabe begriffen, seit sie in der Formel der »fides quaerens intellectum« ihr Selbstverständnis als Wissenschaft ausgesprochen hat. Vor ein Problem stellt sie erst die *neuzeitliche* Prägung des hier verwendeten Hypothesenbegriffs. Der gegenwärtige Sprachgebrauch versteht unter Hypothesen »Mutmaßungen« (conjectures) über bestimmte Bereiche der sogenannten Wirklichkeit, die an der Erfahrung zu prüfen sind, und zwar dadurch, daß ihre Konsequenzen mit den tatsächlichen Gegebenheiten konfrontiert werden. Im Idealfall müßte sich Gott demnach wie eine (noch unbekannte) Konstante in der Formel eines Naturgesetzes zur Evidenz bringen lassen.

Nach allem bisher Gesagten ist Erfahrung damit nicht nur überfordert, sondern – was schwerer wiegt – in ihrer spezifischen Leistung, uns *zeitlich* (und darum wiederholungsbedürftig) in unsere Welt einzuweisen, verkannt. Sie bestätigt unsere Mutmaßungen anders als der Experimentalphysiker. Vögel »verifizieren« die Vermutung des Regens, indem sie den schützenden Baum aufsuchen. Die »tatsächlichen Gegebenheiten«, mit denen die Folgen ihrer Vermutung konfrontiert werden, sind also nicht die sogenannten Fakten, die man nur zur Kenntnis zu nehmen, zu »registrieren« hätte, sie werden vielmehr durch ihr eigenes Verhalten erst geschaffen. Will man den Vorgang theoretisch beschreiben, so müßte man sagen: Erkenntnis wird hier als Anerkennung begriffen, und das ist nach Hegel bekanntlich nicht nur ein kognitiver Akt, sondern das Resultat eines Kampfes auf Leben und Tod, ein Vorgang, der den *Erkennenden* real verändert, ihn im Blick auf seine Selbstbestimmung gleichsam neu konstituiert. Die Hypothese bestätigt sich an einem »Sachverhalt«, in den er selbst mithineingehört. Anders gesagt: Die Möglichkeit der Erkenntnis kommt erst in Sicht, indem sie verwirklicht wird, und zwar so, daß der Erkennende selbst mit seinem ganzen Verhalten ihre Verwirklichung ist. Damit verlagert sich das Problem der Wahrheit von seinem klassischen Aufenthaltsort, dem Urteil, nun auf die Frage, wie ich aktuell Geschehenes wahrnehme. Es ist nicht länger ein Problem meiner adäquaten *Prädikation* (bzw. Interpretation) von Wirklichkeit, sondern wird zur Frage meines adäquaten *Eingehens* auf sie. Auf diesem Wege – so lautet die These – »verifiziert« die Erzähltradition der Bibel die Existenz Gottes.

Zur Erläuterung zwei charakteristische Szenen! Zu den markanten Ereignissen der Geschichte Israels gehört das Scheitern der Befreiung, an das die hebräische Bibel in dem Bericht über die Verschärfung der Arbeitsbedingungen des Volkes in Ägypten erinnert (Ex 5). Die Erzählung schildert das Mißlingen auf verschiedenen Ebenen – dem Rollenverhalten Pharaos und der israelitischen Aufseher und schließlich der Rolle des Mose –, die sprachlich und sachlich miteinander verknüpft sind. Pharao handelt »böse an diesem Volk« (V.23), die Aufseher erkennen, »daß es böse mit ihnen steht, weil man sagte: Ihr dürft eure tägliche Leistung an Ziegeln nicht vermindern« (V.19). Sie wenden sich mit der Klage an Pharao: »Warum verfährst du so mit deinen Knechten?« (V.15), und auf diese bedrückende Realität *geht* Mose *ein*, indem er den Vorwurf der Aufseher aufgreift und ihn wie selbstverständlich nun gegen *Gott* wendet: »*Herr*, warum handelst *du* böse an diesem Volk?« (V.22). Er zieht Gott in die scheinbar hoffnungslose Situation hinein, indem er ihn in die böse Lage der Aufseher und die Hartherzigkeit Pharaos verwickelt. Warum? Weil in den Augen der Erzählung nur so ein angemessenes *Eingehen* auf die deprimierende Realität möglich ist. Die »Wahrheit«, auf die sie es abgesehen hat, folgt der Spur der Erfahrung. Hier zählt nicht das *Faktum*, die Auswegslosigkeit der Unterdrückung, sondern die *Deutung*, die die Möglichkeit des Wandels vorwegnimmt. Verstanden wird das Scheitern erst dann, wenn es mit Gott zusammengebracht wird. Die Wahrheit, für die der Name »Gott« einsteht, läßt sich also nicht auf die Pole von »wahr« und »falsch« verrechnen, sie bewegt sich vielmehr auf der Spanne zwischen »möglich« und »wirklich«. Gerade deshalb kommt es zu einer höchst befremdlichen Identifikation: Pharaos und Gottes Handeln verschmelzen zu *einem* Geschehen. »Pharaos böses Handeln wird in den Worten des Mose zu *Jhwhs*, zu *Gottes* bösem Handeln. So wird die Erfahrung von Menschen, daß Pläne scheitern und Hoffnungen zuschanden gehen können, zur Erfahrung mit und zur Frage an Gott.«[7]

Sieht man die Dinge so, dann verlieren die traditionellen Gegensätze ihr Gewicht. In der biblischen Wahrnehmung der Wirklichkeit treffen Vernunft *und* Glaube ohne das Risiko eines tödlichen Konfliktes zusammen. Dazu ein weit bekannteres zweites Beispiel! Es tat dem Glauben an das Schilfmeerwunder keinen Abbruch, daß der erzählende Bericht für die sich teilenden Wassermassen eine »natürliche« Erklärung zur Hand hatte, den Ostwind, den Gott zur rechten Zeit die Flut trockenlegen ließ (Ex 14,21). Die »vernünftige« Erklärung steht der Anerkennung eines göttlichen Handelns durchaus nicht im Wege – all denen zum Trost, die davon überzeugt sind, daß der Glaube seine Wahrheit überhaupt nur im Durchschreiten eines Weges findet, auf dem sich auch die Naturgesetze bewähren! Hier also liegt nicht das Problem. Die für unser neuzeitliches Denken *ungewöhnliche* Pointe besteht vielmehr darin, daß die Bibel keinen Versuch unternimmt, die *singuläre* Erfahrung in einen *allgemeinen* Bezugsrahmen (etwa unseres Wissens oder unserer Erwartung von göttlicher Hilfe) einzuordnen, sondern ganz im Gegenteil aus der *Singularität* des Ereignisses den Maßstab seiner theologischen Verbindlichkeit gewinnt. Erfahrung wird hier offen-

---

7. *J. Ebach*, »Herr, warum handelst du böse an diesem Volk?«, in: Concilium 26, 1990, 431.

bar auf eine andere Weise verrechnet, so nämlich, daß jetzt alles Gewicht auf das Eintreffen des Windes »zur rechten Zeit« fällt. Denn der Ostwind als solcher ist nichts Wunderhaftes. Zum *Wunder* wird er erst durch das Beteiligtsein der Menschen, die ihn gerade jetzt brauchen. Die Flüchtenden nehmen eine »objektive« Wirklichkeit als ihre eigene, ihnen zur Rettung bereitgestellte *Möglichkeit* wahr, durch die sie ihr Überleben, also sich selbst, und zugleich ihr Verhältnis Gott gegenüber *verwirklichen*. Dabei geht es zunächst um eine Möglichkeit im Sinne der Physik. Es läßt sich nichts physikalisch Unmögliches verwirklichen. Ebenso offenkundig aber geht es hier um *mehr*, um die Möglichkeit einer Welt, in der wir *mit* unserer Physik noch einmal eine ganz andere neue Erfahrung machen. In dieser Erfahrung – das ist die Pointe der Erzählung – begegnen wir dem Geheimnis des seiner Welt zugewandten Gottes.

Läßt sich auf dem hier nachgezeichneten Weg ein Stück weit verständlich machen, wie es zur *Konstitution* dessen gekommen ist, was in Kirche und Theologie als *Wahrheit* weitergegeben und interpretiert wird? Wie kommt es zur Entdeckung der Welt als Schöpfung Gottes, wie zur Prädikation eines leidenden Menschen als Messias der Völker? Ich will mit einer scheinbar elementaren Feststellung beginnen: Biblische Aussagen sind nicht von der Art, daß sie einer Erklärung bedürften. Um sie zu verstehen, muß man sich gewissermaßen in ihr Vorfeld begeben und die »*Bearbeitung*« der Wirklichkeit studieren, die zu ihrer Aussage geführt hat. Es hat jedenfalls keinen Sinn zu behaupten: Die »Offenbarung« sagt uns, daß Gott die Welt mit der und der Absicht geschaffen hat. Denn wir wissen nicht, an welche Instanz wir mit dieser Behauptung gewiesen werden. Sinnvoll ist diese Redeweise nur dann, wenn sie uns auf den Moment der Wahrnehmung eines ›Anlasses‹ in der eigenen Gegenwart aufmerksam macht, der uns überraschend zum ›Wiedererkennen‹ bestimmter Traditionselemente führt, die in den biblischen Schriften oder im Gedächtnis der Kirche ruhen.[8] Denn solches Wiedererkennen setzt ja voraus, daß es einen Umgang mit der Wirklichkeit, eine »Bearbeitung« der Realität gibt, die uns genau das sehen läßt, was die Theologie auf den Begriff der Schöpfung oder der Erlösung gebracht hat. Hier müssen Andeutungen genügen.

Kein Westeuropäer wird sich heute wie zu Keplers Zeiten durch den Aufweis einer naturgesetzlichen »harmonia mundi« von der wirksamen Präsenz eines Schöpfers überzeugen lassen, während er angesichts der ökologischen Krise, deren Folgen ihn selbst bedrohen, den Schöpfungscharakter der Welt – wenigstens via negationis – erfahren oder richtiger: erleiden kann. Was

---

8. Dieser Vorschlag geht auf *D. Ritschl*, Zur Logik der Theologie, München 1984, 106f., 135f., zurück.

aber erfährt er hier? Gewiß nicht das naturgeschichtliche Anfangsdatum der Welt, denn das entzieht sich aller Erfahrung, wohl aber sich selbst in seiner Angewiesenheit auf die Natur. Will sagen: Er entspricht dem ursprünglichen Sinn von Erfahrung gerade darin, daß er der Natur nicht als Cartesianer gegenübersteht, sondern sich in einem Verhältnis wechselseitiger Abhängigkeit zu ihr befindet, das er so oder so realisieren muß. Seine Erfahrung kennt keine neutrale Welt; er deutet die Welt mit jedem Eingriff, den er an ihr vornimmt, und gerade das Unzulängliche seiner Deutungen, das sich im Phänomen der Krise manifestiert, zeigt ihm, daß seine Erfahrung unter anderen Bedingungen steht als diejenige, auf die sich der Biologe oder der Physiker beruft. Er nimmt die Natur im Horizont der Zeit wahr, und zwar der *geschichtlichen* Zeit, die befristet ist, die drängt und zu Ende geht, und bekommt sie insofern gleichsam in einem Überschuß über ihre bloße Tatsächlichkeit zu Gesicht, als eine Natur, die für ihren Bestand und ihre Dauer nicht selber aufkommen kann. Das verbindet ihn am augenfälligsten mit der Perspektive der *biblischen* Erzähler, nur daß *sie,* was dort im Schatten verfehlter Möglichkeiten sichtbar wird, im Licht gelungener Verwirklichung wahrnehmen. Hier fällt, um es pointiert zu sagen, das Erlebnis überstandener Gefahr, die Bereitschaft, zu den eigenen Grenzen in Beruf und Familie zu stehen, aber auch die Freiheit zu Muße, Genuß und Feiern ins Gewicht. Diese Erfahrungen, die die Zukunft einer neu vermessenen Erde für unsere an ihren Krisen leidende Gegenwart in Anspruch nehmen und uns ahnen lassen, was die Welt über ihren gegenwärtigen Habitus hinaus sein *könnte*, haben die biblische Erkenntnis der Schöpfung nachhaltiger bestimmt als der zeitlose Anblick des »gestirnten Himmels über mir«.

Ohne den Weg dieser Erfahrung ist erst recht die *christologische* Symbolik nicht zu verstehen, die einen leidenden Menschen ins Zentrum von Himmel und Erde stellt (1 Kor 2,2). Man muß sich, um das zu erkennen, freilich von einer Sichtweise trennen, die das Leiden ausschließlich auf die Kette seiner Ursachen zu verrechnen versucht und es auf diese Weise »objektiviert«. Denn die Ursachen unseres Leidens erfahren wir gerade nicht. Woran wir leiden – ob an den gestörten Funktionen unseres Körpers oder an der wie abgebrochenen Zukunft des eigenen Lebens – ist etwas anderes, das sich auch mit dem kausalen Begriff der Folge nur unzureichend ausdrücken läßt. Wer leidet, weiß, daß in seinem Verhältnis zur Welt etwas verfehlt wird, daß hier etwas nicht realisiert werden kann, was gelebt werden will. Die spezifische Leistung der Erfahrung, uns eine in sich stimmige, sinnvolle Deutung unserer Lebenswelt an die Hand zu geben, scheint hier gerade nicht zu gelingen; die Verläßlichkeit der Außenwelt zerbricht. So ist das *Leiden* Ausdruck einer fundamentalen »Entfremdung«: wir leben im Entzug einer Wahrheit, auf die wir als Teilnehmer am Spiel der Welt doch gar nicht verzichten können. Es meldet einen Verlust. Es offenbart nicht nur die Übermacht eines zerstörerischen Prinzips, sondern – ursprünglicher noch! – das, was durch Zerstörung bedroht wird: die klaren Verhältnisse des Lebens, die unter der offensiven Macht des Todes zu zerbrechen drohen, die Menschlichkeit, die sich unter dem Druck zivilisatorischer Normen in Barbarei verwandelt, und nicht zuletzt die Zukunft der Erde, die unter dem Zugriff des homo faber wie das Eis der Gletscher zerschmilzt. Darin allerdings manifestiert sich zugleich seine unersetzliche *kritische Funktion*, an die die biblische Überlieferung in der Gestalt des leidenden Gottesknechts (Jes 53) und der Passion Jesu erinnert. Im Leiden wird eine Verantwortung für die Welt übernommen, die vom Denken in den uns bekannten Spielarten der Rationalität gar nicht wahrgenommen werden kann, geht es hier doch nicht um die Zukunft einer planbaren Gestalt der Welt, sondern um die Zukunft dessen, was in Christus »Fleisch« geworden ist. Darum ist der leidende Christus nicht der Gescheiterte, von der Welt Widerlegte. Sein Leiden wird vielmehr autorisiert durch die Verheißung einer Zukunft, die den Menschen aller Völker die ihnen heute noch verweigerten Lebensmöglichkeiten offenhält. Darin liegt seine Wahrheit.

Läßt sich, so lautet die Leitfrage, auf dem Weg der Erfahrung der Wahrheitsanspruch theologischer Aussagen verständlich machen? Daß Erfahrung auf Wegen gewonnen wird, die auch abseits von Tradition und Autorität verlaufen können, begründet unser Vertrauen in diese Quelle unserer Welterkenntnis. Erfahrung will das Wissen von der Welt und vom Menschen auf deren eigenstem Gebiet provozieren. Begründen kann sie theologische Aussagen darum noch nicht, denn Gott läßt sich in die selbstverständlichen Gegebenheiten *dieses* Gebietes nicht aufrechnen. Eins aber kann sie, und das ist für den Vorgang des Verstehens entscheidend: Sie kann den Bezugspunkt dieser Aussagen in unserer Alltagswelt genau markieren, sie kann unser Wissen für das Ereignis der Gegenwart Gottes, für die weltliche »Sprache« seiner Offenbarung öffnen, und zwar weit über die hier genannten Beispiele hinaus: Weil wir *Stellvertretung,* in der ein anderer uns unseren Platz freihält, im eigenen Leben erfahren oder doch erfahren können, wissen wir, was die Identifizierung Jesu mit dem Gottlosen, das Ereignis der »Rechtfertigung«, bedeutet. Weil wir mit der *Liebe*, in der wir uns selbst nicht die Nächsten sind, schon in der profanen Erfahrung vertraut sind, verstehen wir die johanneische Gleichung: »Gott ist Liebe« (1 Joh 4,16). In all diesen theologischen Aussagen geht es um Möglichkeiten, in die auch menschliches Leben ständig hinausschwingt, gleichgültig, ob es sie je verwirklicht oder nicht. Ihr Wahrheitsanspruch allerdings greift höher hinaus. Er besagt, daß die volle Spannweite zwischen bloßer Möglichkeit und realisierter Wirklichkeit tatsächlich durchschritten ist und daß eben dafür die weltlich erfahrbare

Gegenwart Gottes einsteht, seine Nähe, auf die sich nach Paulus die Freiheitssehnsucht der gesamten »seufzenden« Kreatur richtet (Röm 8,19 ff.). Deshalb hängt ihre Aussagekraft und damit ihr verbindlicher Sinn daran, daß die Welt auf diese Hoffnung tatsächlich ansprechbar, daß es die Sprache ihrer eigenen »autonomen« Hoffnungszeichen ist – die Sprache der Menschenrechte, der Toleranz oder der Freiheit als politischer Realität – , die von ihnen aufgenommen und in ihrer Wahrheitsfähigkeit unter Beweis gestellt wird. Das schließt nicht aus, daß hier manches abgestoßen, manches überholt, nichts unbesehen oder unverändert weitergeführt wird. So gewinnen theologische Sätze eine Legitimität, die unerkannt bliebe, wollte man es bei der an sich richtigen, traditionellen Feststellung bewenden lassen, daß die Offenbarung sich selbst interpretiert.

Gerhard Marcel Martin

Zur Idee einer Theologie des Lachens
Eine Skizze nach vorn

»...bis zum Äußersten gehen,
dann wird Lachen entstehen...«
Samuel Beckett

»Genitivtheologien« (Theologie des/der...) haben ihre Ansprüche und ihre Grenzen. Sie versuchen, unter einem einzigen Stichwort die Gesamtbewegung theologischer Denkbemühungen zu bündeln und zu stimulieren – so die »Theologie der Hoffnung«, die »Theologie der Revolution« und die »Theologie des Spiels«, Entwürfe, an denen Jürgen Moltmann in den sechziger und siebziger Jahren maßgeblich beteiligt war. In meiner Skizze möchte ich in dem Sinn an das Programm einer »Theologie des Spiels« anknüpfen, als ich bei der hebräischen Wurzel dieses Stichwortes bleibe; »śāḥaq« heißt nämlich im Stamm Piel »spielen«, im Stamm Kal »lachen«. Ausgehend von einer physiologischen und anthropologisch-philosophischen Interpretation von »lachen« will ich anhand von zentralen biblisch-theologischen Stichproben zu verstehen versuchen, was es heißt, wenn Menschen und gar Gott selbst – im körperlich realsten Sinn des Wortes – »lachen«. Danach möchte ich leitsatzartig erörtern, was am soweit entfalteten Projekt einer »Theologie des Lachens« sowohl von den Methoden wie von den Inhalten her zukunftsweisend und programmatisch sein könnte für theologische Denk- und Lebensbewegungen des 21. Jahrhunderts.

Genitivtheologien haben weitgehende Ansprüche und deutliche Grenzen; dies mag bei einer »Theologie des Lachens« als besonders problematisch erscheinen. Denn »lachen« ist nur eine unter zahllosen anderen menschlichen Erlebens- und Ausdrucksformen; und wo es nicht krankhaft zwanghaft nicht aufhören will, ist es zugegebenermaßen etwas Augenblickhaftes und relativ Seltenes. Die Zurücknahme des Lachens und die Zurückhaltung im Lachen gehören zu den – durchaus umstrittenen – Errungenschaften des keineswegs nur neuzeitlichen Zivilisationsprozesses. Schon Platon kritisierte Homer, weil bei ihm die Götter lachen (Politeia 388 E); und im III. Buch des »Staates« sollen auch die Wächter keine Lachfreunde sein, weil Lachen immer mit der Gefahr der Sinneswandlung und des Umsturzes verbunden ist (vgl. Jurzik 15; Heinrich 19f). Mit dieser Kritik sind wir aber bereits bei der möglicherweise grundstürzenden Universalität des Lachens. Eben dieses konkrete, leiblich realisierte, zeitlich begrenzte Lachen kann ganze Sinn- und Seinswelten lockern, erschüttern und in sich – das heißt auch: im Lachen – zusammenfallen lassen. Lachen ist also ein zwar sehr eingeschränktes, dann aber auch nicht weniger als alles in sich hineinziehendes Phänomen. Gerade so könnte eine »Theologie des Lachens« von einem konkreten Phänomen ausgehend perspektivisch sehr weit führen.

I. Zur Physiologie und Phänomenologie des Lachens

Ausgangspunkt meiner Idee zu einem derartigen theologischen Gedankenweg ist, »lachen« so lange wie möglich wörtlich zu nehmen und es nicht zügig mit Lächeln, Ironie, Humor oder dem Ausdruck von Freude in eins zu setzen. Lachen ist vorsprachliche und nachsprachliche elementare »Sprache« des Körpers, der in vehementer Selbsterschütterung sprachlos zu reden beginnt, wo andere Sprach- und Ausdrucksmöglichkeiten, geformte Kultur und Religion zum Verstummen gekommen sind. Um diesen Ausgangspunkt zu markieren, folgen einige Grundsätze zur Physiologie und zur anthropologisch-philosophischen Interpretation des Lachens.

Lachen ist eine induzierbare, dann aber kaum steuerbare, quasi automatisch ablaufende Körperreaktion, die aus »klonischen Spasmen des Zwerchfells«, kurzen heftigen Atemstößen bis zur Atemnot und aus unwillkürlichen Kontraktionen der Gesichtsmuskulatur besteht. Andere Muskelpartien sind entspannt; dadurch werden viele Körperpartien, besonders der Schulterbereich, in die zentrale Körpererschütterung passiv einbezogen. Hinzukommt eine Stimmäußerung auf einem der Vokale, in der der ganze Körper Resonanzraum wird. Weiter noch zur Physiologie: »Der Unterkiefer vibriert oder ist zurückgezogen..., und der Kopf wird bei sehr starkem Gelächter zurückgeworfen; der Oberkörper streckt sich und neigt sich sogar etwas zurück, bis... Ermattung und Schmerz im Zwerchfell und der Bauchmuskulatur den Körper zur Entlastung deutlich beugen lassen. Das ganze arterielle Gefäßsystem weitet sich«; dadurch erröten Gesicht und Hals (G. V. N. Dearnborn nach Jurzik 23).

Sehr wichtig ist mir Helmuth Plessners Zugang zum Lachen. Während der Mensch fähig ist, Gefühle und Stimmungen in einen gestalteten Ausdruck zu bringen, ist das Lachen in gewissem Sinne vor-kulturell. »Während Zorn oder Freude, Liebe und Haß, Mitleid und Neid usw. am Körper eine symbolische Ausprägung gewinnen, welche den Affekt in der Ausdrucksbewegung erscheinen läßt, bleibt die Äußerungsform des Lachens... undurchsichtig und bei aller Modulationsfähigkeit weitgehend in ihrem Ablauf festgelegt.« In dem Sinne *hat* der Mensch im Lachen keinen Körper mehr, der unter seiner Regie ist, sondern er *ist* Körper; der Körper selbst führt Regie. Nach Plessner treten Lachen und Weinen »als unbeherrschte und ungeformte Eruptionen des gleichsam verselbständigten Körpers in Erscheinung. Der Mensch verfällt ihnen, er fällt – ins Lachen, er läßt sich fallen – ins Weinen. Er antwortet in ihnen auf etwas, aber nicht mit einer entsprechenden Formung, die der sprachlichen Gliederung, der mimischen Gebärde, Geste oder Handlung an die Seite zu stellen wäre. Er antwortet – mit seinem Körper als Körper wie aus der Unmöglichkeit heraus, noch selber eine Antwort finden zu können.« (Plessner 225, 234f)

Schließlich scheint mir zum Grundverständnis des Lachens von großer Bedeutung, daß es keineswegs mit nur einer Stimmung, etwa mit der Freude in Zusammenhang steht. Vielmehr: »Es gibt nichts, worüber nicht gelacht werden kann – das Lachen berührt das Höchste und Niederste im Menschen –, und es scheint keinen Affekt zu geben, mit dem sich das Lachen nicht verbinden könnte. Es gibt Gelächter des Spottes, des Hohns, das von Herzen Lachen, Lachen aus Verzweiflung wie aus Verlegenheit; es gibt das unbekümmerte und hysterische Lachen, das Lachen des Triumphes und der Verachtung, das Lachen in den Tod.« (Jurzik 14)

II. Saras Lachen

Die Erzählung vom Besuch der drei Männer bei Abraham aus Gen 18 gilt als die klassische Lach-Geschichte des Alten Testamentes. Sara hört, wie die Männer Abraham sagen, übers Jahr kämen sie wieder und dann habe sie, Sara einen Sohn.

11 Abraham und Sara aber waren alt, vorgerückt an Jahren, und Sara ging es nicht mehr nach der Frauen Weise. 12 Da lachte Sara bei sich und dachte: Nun ich verbraucht bin, soll ich noch Liebeslust empfinden, und mein Herr ist alt! 13 Da sprach Jahwe zu Abraham: Warum lacht denn Sara und denkt: Sollte ich wirklich noch Mutter werden, wo ich doch alt bin? 14 Ist denn irgend etwas zu schwer für Jahwe? Übers Jahr um diese Zeit werde ich wieder zu dir kommen, dann hat Sara einen Sohn. 15 Sara aber leugnete: Ich habe nicht gelacht!; denn sie fürchtete sich. Aber er sagte: Nein, du hast gelacht. 16 Dann aber machten sich die Männer auf von dort. (Westermann 330)

Im folgenden soll etwas detaillierter gezeigt werden, wie schwer sich durchaus repräsentative moderne Ausleger mit dem Lachen Saras tun, wie aufs Ganze gesehen wenig angemessen, ja manchmal zum Lachen reizend ihre Kommentare sind – um auf diesem Weg eine elementarere, physiologisch und psychologisch, wie ich meine, besser begründete alternative Lektüre nahezulegen.

Im klassischen Genesis-Kommentar von Hermann Gunkel kommt Abraham zunächst gut weg; und Saras Reaktion wird ziemlich sachgemäß interpretiert. Aber dann finden sich doch deutlich interpretative Eintragungen, die Saras Lachen gleich auf verschiedenen Ebenen moralisieren, verinnerlichen und gleich doppelt funktionalisieren. Um beim letzteren anzufangen: Das Lachen wird funktionalisiert, wenn der »Zweck« der ganzen Szene dahingehend bestimmt wird, daß sich uns – der Namensätiologie wegen – »das Wort ›Lachen‹ einprägen (soll), das deshalb viermal wiederholt wird« – und daß diese Szene »das wunderbare Wissen der Männer... zeigen« soll: »sie kennen die verborgensten Gedanken«. Darin steckt auch eine Verinnerlichung; verinnerlicht wird die Geschichte, wenn behauptet wird, die Männer hätten dies Lachen ja gar nicht gehört, denn Sara »lachte ja nur ›in sich hinein‹«. Moralisiert wird schließlich, wenn die Rückfrage der Männer an Abraham »Warum lacht denn Sara...?« so gedeutet wird, daß die Besucher nun »beinahe böse« werden. (alle Zitate Gunkel 198)

Kaum überzeugender ist ein zweiter klassischer Genesiskommentar: Auch Gerhard von Rad interpretiert das Lachen Saras merkwürdig verharmlosend und psychologisch kaum überzeugend: »Was Sara hört, kann sie nur belustigen; und sie wehrt auf eine etwas derbe Weise die Sache als unsinnig ab.« (v. Rad 175) Nach unserem Ausgangspunkt ist Lachen keineswegs notwendig in Beziehung zu Belustigt-Sein. Und ist denn ein berechtigtes Gegenargument zu finden gleich Abwehr? Weiter v. Rad: »In dem Satz ›ist denn etwas zu wunderbar für Jahwe?‹ kommt die Erzählung auf ihre Höhe... Eben noch das ungläubige und vielleicht auch ein wenig häßliche Lachen, und nun dieses Wort, das entrüstet die Denkweise (Rationalisierung!) straft (Moralisierung!), die Jahwes Allmacht mißtraut. Natürlich hat Sara nicht grundsätzlich und in bewußtem Unglauben (Theologisierung!) Jahwe abgesagt; ihr Lachen bleibt vielmehr eine psychologisch begreifliche Beiläufigkeit (Verharmlosung!), – gerade so, wie sich eben der Unglaube so oft äußert (Generalisierung!). ...Sara, von den Gästen derart erkannt, gibt nun ihr Versteck auf, um in Verwirrung und Unbesonnenheit abzuleugnen.« (v. Rad 176) (Auch hier wird moralisiert und ihr Platz außerhalb der Männergesellschaft als »Versteck« sozial mystifiziert.)

Ich schlage einen kurzen Umweg ein: Interessant und und viel zu wenig in Sachen Lachen diskutiert ist, daß in der alttestamentlichen Überlieferung nicht nur die Frau Sara, sondern auch der Erzvater Abraham im selben Zusammenhang in der späteren Quelle der Priesterschrift (P) lacht. In Gen 17 sagt Gott zu Abraham, auch von Sara, nicht nur von Hagar, wolle er ihm einen Sohn geben. »Da warf sich Abraham auf sein Angesicht und lachte und sprach bei sich selbst: Einem Hundertjährigen sollte noch (ein Sohn) geboren werden? Und Sara sollte mit neunzig Jahren noch gebären?« (Gen

17,17; Zürcher Bibel) Unübersehbar ist P treu gegenüber der Tradition des Motiv des Lachens und damit auch treu gegenüber der Namensätiologie: »Isaak« hat etwas mit »lachen« zu tun, wie immer diese Namensherleitung näher von den Erzählern oder den Interpreten konstruiert oder rekonstruiert wird – wörtlicher: Gott/El lacht, oder der Vater oder das Kind selbst lacht; assoziativer: »Isaak« verweist auf das Lachen der Mutter oder das Lachen derer, die von dieser unglaublichen Geburt einer uralten Frau hören (vgl. Westermann 324f).

Und nun ist interessant: In der priesterschriftlichen Erzählung wird Abraham – anders als Sara in Gen 18 – *nicht* auf sein Lachen angesprochen, ihm wird kein Prozeß gemacht; es wird konstatiert, und in gewisser Weise wird über es hinweggegangen. Um so interessanter reagieren die Kommentatoren. Davon hier nur eine gewichtige und weitgehend positive Stichprobe: Zunächst formuliert von Rad zwar: »Dieses Lachen Abrahams führt uns jedenfalls an den äußersten Rand des psychologisch Möglichen. Verbunden mit dem pathetischen Gestus der Anbetung ist es ein geradezu schauerliches Lachen, todernst und jenseits jedes Spaßes, Glaube und Unglaube hart aneinanderstellend« (v. Rad 172). Hier nimmt von Rad immerhin eine wichtige Spur auf, nur daß vielleicht nicht »Glaube« und »Unglaube«, sondern eine radikale Erwartung des Glaubens einer profanen realitätsgerechten Alltagserfahrung gegenübergestellt ist, wie auch das Lachen Abrahams nicht an den »Rand« führt, sondern vielleicht doch eher mitten hinein in das psychologisch-physiologisch Gewöhnliche. Aber dann kommt von Rad mit einem Zitat von Delitzsch zu einer durchaus angemessenen Interpretation: »Die Zusage, die Abraham in anbetender Bereitschaft empfing,« »war so gewaltig paradox, daß er unwillkürlich (!) lachen mußte««. (v. Rad 172) Hier wird eingeräumt, daß der Körper autonom spricht, wo es dem Menschen die Sprache verschlägt. Damit sind wir aber auch bezüglich des Lachens von Sara näher an einer angemessenen Interpretation, die ich in größerer Nähe zu Claus Westermanns Kommentar von 1981 in sechs Punkten so komprimiert wie möglich vortragen möchte:

1. Saras Lachen darf nicht zu früh rationalisiert, moralisiert, psychologisiert, verinnerlicht, theologisiert, generalisiert und verharmlost werden. Saras Lachen *ist* zunächst einmal – Lachen! »Daß Sara bei sich, רקרבה, lachte, braucht nicht notwendig zu bedeuten, daß dieses Lachen unhörbar war. B Jacob sagt hierzu: ›Das Lachen ist nicht innerlich – ein solches Lachen gibt es nicht.‹ Das hebräische Verb צחק wie das deutsche ›lachen‹ bezeichnet als solches eine Äußerung.« (Westermann 340f)
2. Saras Lachen ist nicht nur dann »eine ganz natürliche Reaktion«, wenn sie die Besucher für Menschen, für fremde Männer hält (so Westermann 340), sondern auch und gerade angesichts göttlicher Verheißung (vgl. Abraham in Gen 17).

3. Pointiert: In Saras Lachen äußert sich nicht – wie selbst noch Westermann (341) behauptet – der »Unglaube«, sondern der Glaube. Nur weil Sara sich dem Widerspruch zwischen ihrer realen Existenz und der für genauso real gehaltenen Verheißung aussetzt, weil sie ihn zuläßt und auf sich wirken läßt, lacht sie. – Ganz entsprechend gilt für Abraham, fokussiert auf die Körpersprache: Anbetung und Lachen schließen sich nicht aus!
4. Also: Saras Lachen ist eine *angemessene* Reaktion. Die Verheißung betrifft (und widerspricht) ihrer ganzen, auch und gerade ihrer körperlichen Existenz. »Der Mensch antwortet ›als Körper‹, weil er keine andere Antwort weiß.« (Jurzik 42)
5. Die Rückfrage Jahwes: »Warum lacht denn Sara?« *muß* nicht als Verweis oder Vorwurf verstanden werden, sondern ist für mich sehr viel plausibler – und nicht moralisierend – der Versuch, die sprachlose Körpersprache – soweit das überhaupt möglich ist – schließlich doch noch in Sprache zu transponieren. Es ist der Anfang eines durchaus auch theologischen Diskurses, ein Beitrag zur *Theologie* des Lachens: »Ist denn irgend etwas zu schwer für Gott?« (V. 14a) Das heißt: Saras Alter und Gottes Möglichkeiten werden explizit nebeneinandergehalten. Insofern beantwortet der fortlaufende Text die Warum-Frage selbst; und Saras nachträgliche Verleugnung ist um so unangemessener wiewohl sozial und psychologisch verständlich: »Sara aber leugnete: Ich habe nicht gelacht!« (V. 15a) (Hier meldet sich – wenn nicht bei Sara, so doch beim Erzähler – die Zensur des patriarchalen Über-Ichs.)
6. Um so erstaunlicher ist der Schluß der Erzählung: Jahwe diskutiert und moralisiert nicht, sondern behaftet Sara bei ihrem Lachen. »Nein, du hast gelacht.« (V. 15b) »Dann aber machten sich die Männer auf von dort.« (V. 16a) Jahwe negiert die Negierungsversuche Saras. Warum? Weil es zu ihrer Geschichte, zu ihrer Lebens- und zu ihrer Körpergeschichte gehört und gehören wird; fast als sagte Jahwe: Lach' ruhig weiter; du wirst schon sehen... Du hast gelacht. Dein Lachen ist angemessen. (Und, mit leichter Ironie im narrativen Netz:) Wie sollte Isaak Isaak heißen, wenn du leugnest, daß du gelacht hast?!

III. Zum Wortfeld »lachen« im Alten und Neuen Testament

Ich komme noch einmal zurück zur hebräischen Wurzel »śāḥaq« (vgl. Bartelmus). »śāḥaq« deckt im Stamm Piel das Wortfeld: scherzen, sein Spiel treiben mit, tanzen, spielen. Mir ist wichtig, daß dieses Verb in keinem seiner verschiedenen Stämme eine moderate Mittellage anspricht (»sich freuen« im Sinne von »lächeln«, welcher Art auch immer, oder soziales Grinsen), sondern daß es eine genauso vitale wie abgründige und ekstatische Dimension meint. Wenn David vor der Lade »tanzt« (2Sam 6), wenn Sauls und Davids Leute in ein tödliches Kampf«spiel« geraten (2Sam 2), wenn Simson vor den Obersten der Philister »spielt« und dabei das Festhaus mit allen Feinden darin zusammenstürzt (Ri 16), dann sind hier darin äußerste aggressive und libidinöse Energien auf dem Plan.

»Lachen« in der Bibel – Kal von »śāḥaq« – taucht statistisch gesehen am häufigsten im Zusammenhang mit der Sohnesverheißung an Abraham und Sara und damit in der Verbindung mit dem Namen »Isaak« auf. Einen anderen Schwerpunkt hat das Verb in der weisheitlichen Literatur (etwa in den Sprüchen und bei Hiob sowie beim Prediger: »Weinen hat seine Zeit, und Lachen hat seine Zeit«. (Koh 3,4). – Im Neuen Testament taucht das Verb »geláo« überhaupt nur an drei Stellen auf. In der Feldrede des Lukas heißt es: »Wehe euch, die ihr jetzt lacht; denn ihr werdet trauern und weinen.« (Lk 6,25 b). Eine entsprechende Umkehrung findet sich in Lk 6,21 b: »Selig seid ihr, die ihr jetzt weint...«. Schließlich Jak 4,9: »Euer Lachen verkehre sich in Trauer...« Damit wird Lachen in der Gegenwart ausgeschlossen und ist auszuschließen; »lachen« gibt es allenfalls im Futur.

Zweifellos sind hier wichtige Spuren für den Entwurf einer »Theologie des Lachens«. Diese Spuren möchte ich aber hier nicht weiter verfolgen; dies wäre auch nur sinnvoll, wenn es ähnlich intensiv betrieben würde wie an Gen 17/18.

IV. Ein Definitionsversuch

Dietmar Kamper und Christoph Wulf haben in der Einleitung ihres Sammelbandes »Lachen – Gelächter – Lächeln« versucht, ein paar genereller gültige Sätze über das Lachen zu formulieren. Auch sie setzen mit der Physiologie des Lachens ein. Die relativ abstrakte Beschreibung mag hinreichendes Anschauungsmaterial an unserem Interpretationsversuch von Gen 17 und 18 haben:

»Das Lachen ist eine Reaktion des Körpers... Der Lachende überläßt seinen Körper sich selbst...; der Körper übernimmt für ihn die Antwort auf eine nicht mehr beherrschbare Situation... das Lachen selbst entsteht in Folge wiedersprüchlicher Bewegungen im Inneren des Subjekts, sei es, daß sich eine gespannte Erwartung in nichts auflöst, sei es, daß unterschiedliche psychische Einstellungen aufeinandertreffen...

Im Lachen stoßen zwei Unvereinbarkeiten aufeinander, die einen Riß im Inneren des Menschen auslösen, durch den sich das Gelächter seinen Weg sucht... Einbruch des Anderen, Entmachtung des Vertrauten auf der einen Seite und eine momentane, die Grenzziehung aufhebende Versöhnung, ein Einverständnis mit dem Fremden auf der anderen Seite, beides sind Erfahrungen des Lachens.« (Kamper/Wulf 7f)

Gäbe es ein solches »Einverständnis«, ein Sich-Überlassen nicht, dann dominierte die Angst, die Erstarrung vor dem Anderen, Neuen, Fremden. Die anthropologische Grundopposition besteht eben nicht aus dem Gegenüber von Lachen und Weinen, sondern Lachen und Weinen auf der einen Seite stehen tödlicher Erstarrung auf der anderen entgegen.

Wer oder was aber ist dieses Andere und Fremde? Im radikalsten Fall ist es Gott selbst – Gott der Befreier, Gott der Vernichter, die Möglichkeiten Gottes, die querstehen zu menschlich Erwartbarem und Erfahrenem: »Ist denn irgend etwas zu schwer für Jahwe?« (Gen 18,14a) Damit kommt man aber zum abgründigsten und zentralen Punkt einer »Theo«-logie, einer Gotteslehre des Lachens.

V. Gott lacht

Hier tauchen nun freilich die tiefsten menschlichen und göttlichen Probleme unseres Themas auf. Wo vom Lachen Gottes die Rede ist, geht es deutlichst um eine sehr menschliche Rede von Gott, um »Anthropomorphismen«, d.h. um menschliche Phantasien, Projektionen und Vorstellungen von Gott. Wie könnte Gott, der so keinen Körper hat und kein Körper ist, lachen?! Und selbst von dem fleischgewordenen Sohn Gottes, vom wahren Menschen und wahren Gott Jesus Christus, wird an keiner Stelle der Bibel und auch in theologischer Tradition nur äußerst selten und weitgehend abweisend diskutiert, daß und ob Er gelacht habe. (Eine ausgiebige Auseinandersetzung mit diesen Fragen findet sich unter sehr instruktivem Bezug auch auf Umberto Ecos »Name der Rose« in den neueren Veröffentlichungen Karl-Josef Kuschels zur Theologie des Lachens.)

Im Alten Testament gibt es mindestens vier Stellen, an denen von Gottes Lachen und von seinem Spott gegenüber den Gottlosen die Rede ist (Ps 2,4; Ps 37,13; Ps 59,9; Prov 1,26; vgl. Voeltzel, bes. 51ff.). Hält man sich auch hier – bewußt dem Anthropomorphismus nicht ausweichend – an das Verständnis des Lachens, soweit es bis jetzt herausgearbeitet worden ist, heißt dies für das Lachen Gottes, daß Gott selbst in Widersprüchen lebt, die durch Sprache, Ausdrucksgebärde, Handlung nicht mehr lösbar sind, daß es Situationen gibt, die auch Ihm die Sprache verschlagen und wo auch Er nichts mehr tun kann. Es ginge dann um den Widerspruch zwischen Seiner Wirklichkeit und menschlichen Lebensverhältnissen, die dadurch freilich in ihrer Bedeutung ungeheuer aufgewertet wären, sind sie doch so stark, daß sie selbst Gottes (All)macht Paroli bieten können. (Dem Himmelreich kann Gewalt angetan werden! Mt 11,12) Gottes »Lachen« müßte dann verstanden werden als keineswegs distanzierte gütige oder harmlose Heiterkeit.

»Humor« wäre ein völlig unangemessenes Stichwort des Verstehens. Vielmehr ginge es in Seinem Lachen um die Entladung einer auch und selbst für Ihn unlösbaren Spannung. Auch dieses Sein Lachen wäre kein spezifischer qualifizierter Gefühlsausbruch, nicht Ausdruck Seiner Freude, auch nicht Seines Triumphes, Seiner Rache oder Seiner Verzweiflung, sondern eine Energiemanifestation; und auch diese Aussage über *Gottes* Lachen dürfte genauso wenig verharmlost, rationalisiert, verinnerlicht oder moralisiert werden wie die Geschichte von Abrahams und Saras Lachen.

Nur *einen* Schritt weiter: Gott ist wesentlich zu verstehen durch und als diese Energie. Und noch einen Schritt weiter: Diese Energie ist »Gott« – wie in Thessalien das Lachen als heiligster, gnädigster Gott verehrt wurde, und wie es in der römischen Religion den Augenblicksgott Rediculus gab (Schmitz 140,144): Gott als das Lachen, die genauso unwillkürliche wie willkürliche Lebensbewegung selbst.

Der mexikanische Schriftsteller Octavio Paz erwägt in einem Essay über »Die Rückseite des Lachens«, daß das Lachen älter ist als die Götter – »Die Welt begann mit einem Gelächter und endet auch so.« –, und daß in diesem Sinne die Sonne »lacht«. (Paz 56, 62)

Damit öffnen sich weite Horizonte der Religionsgeschichte: Kosmogonien und Kataklysmen im ekstatischen Tanz und im wilden Spiel. Wo Schöpfung ist, ist auch Zerstörung. Freilich kommt man so – ausgehend vom Alten Testament, fortschreitend in die Religionsgeschichte – weit fort vom Gott der Offenbarung zum dunklen, zum unbekannten Gott, zum deus absconditus. Ja selbst diese beruhigende Unterscheidung läßt sich nicht länger halten. Sie geht mit und im Lachen auf und unter. Lachen – egal welchen Subjekts; jedenfalls aber das Lachen Gottes – macht den Unterschied zwischen deus revelatus und deus absconditus, zwischen Gott als Grund und Abgrund des Lebens selbst zunichte. Dennoch: In diesem Lachen triumphiert das Leben. Lachen ist eine Lebensbewegung, das Gegenteil von Tod und Erstarren. Lachen ist eine Antwort, kein ohnmächtiges Verstummen oder ein Schweigen, das auf Abwesenheit schließen lassen könnte oder müßte: Gott lacht.

Noch ein religionsgeschichtlicher Verweis aus Israels unmittelbarer Nachbarschaft: El, der Gott aus Ugarit, lacht in dem Augenblick, wo sich im Kultdrama die Wendung vom Tod zum Wiederaufleben Alijan Baals ankündigt. (Vischer 129) Lachen erhebt sich in der Übergangszone der schlechthin kontradiktorischen Wirklichkeiten von Tod und Leben. Aber wo gelacht wird, siegt das Leben in welchen und durch welche Katastrophen hindurch auch immer. Maria Caterina Jacobelli hat abendländisch christliches Frömmigkeitsmaterial von Jahrhunderten kombiniert mit religionsgeschichtlichen Überlieferungen aus Ägypten, Griechenland und Japan und das mittelalterliche und noch lange in der Neuzeit weiter wirkende Osterlachen verortet am Übergang einer kosmischen und menschlichen Krise, durch das Lachen hindurch zum Sieg des Lebens. »Das Lachen in seiner ursprünglichen und eigentlichen Bedeutung... ist nicht nur dem Leben eigen und im Reich der Toten verboten, sondern Schöpfer des wirklichen oder ewigen Lebens, Fülle des Lebens der Gottheit und des Kosmos.« (Jacobelli 106, vgl. dies. bes. 71ff)

Ein letzter religionsgeschichtlicher Verweis auf den Bestattungshymnus X.18 des Rigveda aus der indischen Frühzeit:

> »Die Lebenden sind
> von den Toten
> getrennt
> heute hat der Heilige
> Ritus uns bereit
> gemacht zum Tanz
> zum Leben und Lachen.«
> (vgl. Pfleiderer 349)

Zurück ins Evangelische Gesangbuch: Mit den Spuren kultischen und rituellen Lachens sind wir bereits zurückgekehrt zu Themenstellungen der theologischen Anthropologie – bei der Erlaubnis, bei der Ermöglichung, bei der Wirklichkeit menschlichen Lachens: der Mensch angesteckt vom Lachen Gottes?! Solche Spuren lassen sich finden noch in neuzeitlicher protestantischer Gesangbuchfrömmigkeit: »Lacht der finstern Erdenkluft,/lacht des Todes und der Höllen,/ denn ihr sollt euch durch die Luft/eurem Heiland zugesellen.« (Berlin 1653, EKG 330, V. 8) – Rudolf Alexander Schröder (1938): »O Christenheit, sei hoch erfreut...«: »Hab gute Zeit,/steh, Christenheit,/lache, wo sie dräuen...« (EKG 225, V.5) (Beide Passagen sind im neuen »Evangelischen Gesangbuch« getilgt.) Trotzdem/gerade so: Bei Paul Gerhardt finde ich die tiefste theologische Begründung und die glückhafteste Metapher dieses evangelischen Lachens: »Die Sonne, die mir lachet,/ist mein Herr Jesus Christ... (EG 351, V. 13).

VI. Der Blick nach vorn

Theologie reflektiert religiöse Lebens- und Denkvollzüge in ihren politischen und sozialen, in ihren ästhetischen und biographischen Bedeutungen. Die Skizze zu einer »Theologie des Lachens« impliziert programmatische Erwartungen an gegenwärtige und inskünftige theologische Denkbewegungen. Dabei geht es mir nicht um extravagante Designs mit entsprechend kurzen Halbwertzeiten, sondern um solide, plausible und darum mehrheitsfähige Strukturmuster. Die Faktoren, die im folgenden weitgehend nur noch aufgezählt werden können, sind auch keineswegs originell. Gerade bei kreativen theologischen Denkern wie Jürgen Moltmann wird man sie an vielen Stellen immer schon und immer wieder berücksichtigt finden. Daß Anspruchsvolle und Programmatische steckt wohl vielmehr in der Erwartung der Bearbeitung der Vollzahl und in der Forderung einer komplexen, theologisch reflektierten Kombination der genannten Faktoren.

1. Zukunftsfähige Theologie ist und bleibt bibelorientiert. Im ökumenischen Dialog und im Dialog der Religionen bringt sie das ihr eigene und spezifische Ausgangsmaterial und dessen Wirkungsgeschichte ein. Nur so gibt sie ihre Identität nicht preis; nur so ist sie als Dialogpartnerin relevant.
2. Zukunftsfähige Theologie muß sich so lange wie möglich den Text- und den Lebensphänomenen in und außerhalb von Texten aussetzen, sie wahrnehmen, ihnen standhalten; nur so kann es gelingen, daß theologisch nicht zu früh rationalisiert, psychologisiert, verinnerlicht und moralisiert wird (sei es in Richtung Idealisierung, sei es in Richtung Verurteilung).
3. Zukunftsfähige Theologie ist dialogoffen im kritischen und rezeptiven Blick auf Materialien der Religionsgeschichte und eigener und fremder Frömmigkeits- und Kulturgeschichte (Liturgie, Brauchtum, Volksreligion).

Entsprechend müßte sich eine »Theologie des Lachens« beteiligen an der Diskussion um Bachtins These der mittelalterlichen Lachkultur (vgl. Haug, Moser, Schindler). – Zu einer extrem positiven Einschätzung paraliturgischer und brauchtumsmäßiger Dimensionen – gerade den Brauch des Osterlachens betreffend – kommt Jacobelli. Gerade die Volksfrömmigkeit bewahre und tradiere, wie verdeckt und sich selbst unbewußt auch immer, zentrale Glaubensaussagen. Im Rückbezug auf H. Wolff formuliert sie: »Unter den verwirrenden Aspekten des *Osterlachens* würde sich also eine sakrale Wirklichkeit verbergen, die nur auf diese volkstümliche, plebejische und ›untergrundartige‹ Weise in der Kirche Raum findet«: die Gegenwart leibhaftiger Lust, der Triumph des Lebens über den Tod. Die »vox populi«, der »sensus fidelium« »erfassen und bewahren« nicht weniger als »die Wahrheit« (Jacobelli 68f, 105).

4. Zukünftige Theologie ist körperorientiert. Leibhaftige Erfahrung gilt ihr, wo immer dies möglich ist, als Ausgangspunkt und als Medium ritueller, spiritueller und lebenspraktischer Vollzüge und deren Reflexion.
5. Zukunftsfähige Theologie bleibt Theo-logie; sie muß sich in ungleich radikalerer Weise als gewohnt den Gottesfragen in und außerhalb biblischer Traditionen stellen: Gott als »Ursprung«, als Grund und Abgrund der Welt. Erst von einer absoluten transzendenten Wirklichkeit vor, ohne und nach menschlicher Existenz und göttlichen Offenbarungen aus ge-

winnen zentrale Glaubensaussagen (wie etwa: Gott ist die Liebe. Das Reich Gottes ist nahe.) ihre Konturen; nur so sind sie das Unselbstverständlichste und zugleich das Not-wendigste auf der Welt.
6. Zukunftsfähige Theologie wird die Breite strukturell sehr verschiedener inner- und außerbiblischer religiöser Strömungen wahrnehmen sowie kritisch reflektieren und miteinander ins Gespräch bringen müssen. Gegen die Engführungen einer geschichtsphilosophisch-soteriologisch zentrierten messianischen Theologie müssen die erfahrungstheologisch und lebenspraktisch orientierten Ansätze der biblischen »Weisheit« (für viele ForscherInnen bis in die Jesusüberlieferung hinein wirksam) neu und verstärkt in den Blick kommen. Ebenso müssen die Geschichte und innerweltliche Erfahrungen sprengenden und transzendierenden Strömungen von Mystik und Apokalyptik, die beide auch in der biblischen Tradition keineswegs ort- und wirkungslos waren und sind, eine zukunftsfähige Theologie stark mitprägen. Nur so bleibt sie nicht von vornherein hinter gegenwärtigen, keineswegs nur, aber auch religiösen Katastrophen- und Entgrenzungserfahrungen und -erwartungen – den Dialog abbrechend, bevor er angefangen hat – zurück.

Literaturverweise

Bachtin, Michail: Literatur und Karneval. Zur Romantheorie und Lachkultur, München 1969.
Bartelmus, Rüdiger: Art.: śāḥaq/ṣāḥaq, in: ThWAT VII, 730-745.
Gunkel, Hermann: Genesis, Göttingen 1964[6].
Haug, Walter: Das Komische und das Heilige. Zur Komik in der religiösen Literatur des Mittelalters, in: ders.: Strukturen als Schlüssel zur Welt. Kleine Schriften zur Erzählliteratur des Mittelalters, Tübingen 1989, 257-274.
Heinrich, Klaus: »Theorie« des Lachens, in: Kamper, Dietmar/Wulf, Christoph (Hg.): Lachen – Gelächter – Lächeln. Reflexionen in drei Spiegeln, Frankfurt a.M. 1986, 17-38.
Jacobelli, Maria Caterina: Ostergelächter: Sexualität und Lust im Raum des Heiligen, Regensburg 1992.
Jurzik, Renate: Der Stoff des Lachens. Studien über Komik, Frankfurt a.M./New York 1985.
Kuschel, Karl-Josef: »Christus hat nie gelacht«? Überlegungen zu einer Theologie des Lachens, in: Vogel, Thomas (Hg.): Vom Lachen. Einem Phänomen auf der Spur, Tübingen 1992, 106-128.
ders.: Lachen. Gottes und der Menschen Kunst, Freiburg i.Br. 1994.
Moser, Dietz-Rüdiger: Lachkultur des Mittelalters? Michael Bachtin und die Folgen seiner Theorie, in: Euphorion 84, 1990, 89-111.
Paz, Octavio: Die Rückseite des Lachens, in: ders.: Essays I. Frankfurt a.M. 1984 (suhrkamp taschenbuch 1036) 41-64.
Pfleiderer, Beatrix: Anlächeln und Auslachen: Die Funktion des Lachens im kulturellen Kontext, in: Kamper/Wulf (vgl. unter Heinrich) 338-351.
Plessner, Helmuth: Lachen und Weinen. Eine Untersuchung der Grenzen menschlichen Verhaltens, in: ders.: Gesammelte Schriften VII, Frankfurt a.M. 1982, 201-387.

Von Rad, Gerhard: Das erste Buch Mose. Genesis, Göttingen 1964.
Schindler, Norbert: Karneval, Kirche und die verkehrte Welt. Zur Funktion der Lachkultur im 16. Jahrhundert, in: Jahrbuch für Volkskunde NF 7, 1984, 9-57.
Schmitz, Hermann: Das Göttliche und der Raum. System der Philosophie III/4, Bonn 1977.
Vischer, Wilhelm: »Der im Himmel Thronende lacht«, in: Stamm, Johann Jakob/Wolf, Ernst (Hg.): Freude am Evangelium. Alfred de Quervain zum 70. Geburtstag am 28. September 1966, München 1966, 129-135.
Voeltzel, René: Das Lachen des Herrn. Über die Ironie in der Bibel, Hamburg-Bergstedt 1961.
Westermann, Claus: Genesis. 2. Teilband. Genesis 12-36, Neukirchen-Vluyn 1981.